普通高等教育“十二五”规划教材

大学体育与健康教育

主编 郭秀文　陈仁伟

科学出版社
北京

内 容 简 介

本书在汲取国内外先进的专业理论和方法的基础上，结合多年来教学改革的成功经验进行课程建设创新，构建本书的教学体系，力求以最新的理论知识、最科学的学习方法引导学生，并且在内容的选取上注重健身与文化相结合。本书共21章，第1章至第6章为理论部分，包括运动的生理性基础，运动损伤等内容；第7章至第21章主要简述了篮球、排球、乒乓球、羽毛球、网球、珍珠球、艺术体操、瑜珈、武术等项目的基本技术和竞争规则。

本书既可作为大学生体育课的教材，又可作为大学生自学、锻炼的课外辅导性读物，亦可作为大学生体育教师的参考用书。

图书在版编目(CIP)数据

大学体育与健康教育/郭秀文，陈仁伟主编—北京：科学出版社，2015.9
普通高等教育“十二五”规划教材
ISBN 978-7-03-045443-0

Ⅰ.①大… Ⅱ.①郭…②陈… Ⅲ.①体育-高等学校-教材
②健康教育-高等学校-教材 Ⅳ.①G807.4

中国版本图书馆CIP数据核字（2015）第192070号

责任编辑：李淑丽 任俊红 / 责任校对：胡小洁
责任印制：赵 博 / 封面设计：华路天然工作室

科学出版社 出版
北京东黄城根北街16号
邮政编码：100717
http://www.sciencep.com
文林印刷厂 印刷
科学出版社发行 各地新华书店经销
*
2015年9月第 一 版 开本：787×1092 1/16
2018年8月第四次印刷 印张：26 1/4
字数：625 000
定价：49.20元
（如有印装质量问题，我社负责调换）

本书编委会

主编 郭秀文 陈仁伟

参编 （按姓氏笔画排序）

王红梅	王宏伟	王宗兵	邓云玲
成　功	师德明	米　艳	李　航
杨文娟	张　丽	张惠珍	陈　辛
段晓霞	高　瑞	董德平	韩　梅

目　录

第 1 章
健身运动的生理学基础

健康是人类亘古至今不变的追求，社会越发展人类对健康的期望值越高。健身运动就是以强身健体为目的所进行的身体活动。通过健身运动人们可以增进身心健康，增强体质，并能更好地适应现代社会发展与环境的变化。随着越来越多生产劳动被机械或智能机器人替代以及人们出行更多借助交通工具，使得人们身体活动的机会越来越少，运动不足成了当今社会威胁人类健康的因素之一。2002 年，世界卫生日的主题就是“运动有益健康”（move for health）。大学生正处于身心发展的关键时期，健身运动对促进身心健康发展具有重要意义。

1.1 健身运动对身体机能的影响

大学生处于青春发育后期，身体仍有很强的可塑性，经常参加健身运动，对形成健壮匀称的体格、端正健美的姿态是非常必要的。而且，在健身运动时，机体主管身体运动的大脑细胞和神经常常处于兴奋与抑制交替转换的过程中，这样可使大脑的调节功能、反应速度等方面得到良好的发展，改善大脑皮层的工作能力，如思维敏捷、判断能力强等，真正使大学生成为德、智、体全面发展的有用人才。

1.1.1 健身运动对身体各系统的作用

人体是由不同系统组成的有机体。人体通过一定的身体运动，可以有效地改善人的形态、机能，提高身体素质和基本活动能力，促进智能发展，培养良好的道德品质和心理品质，提高社会适应能力等。

1. 对运动系统的影响

人体运动系统由肌肉、骨骼和关节组成，是人们工作、劳动和运动的器官。

1）对骨骼的影响

通过身体锻炼，骨骼在形态结构方面会发生明显的变化，可使骨密质增厚，骨变粗，骨小梁的排列根据张力和压力更加整齐有规律，这是由于骨的新陈代谢加强。骨的血液循环得到改善，从而在形态结构上产生良好的结果。随着形态结构的变化，骨骼变得更加粗壮和坚固。在抗折、抗弯、抗压缩和抗扭转方面的性能都有了提高。

大学生仍处于青春发育期，骨的新陈代谢仍较旺盛。这个时期进行合理的身体锻炼，能促进骨的生长。运动过程中，骨所承受的压力，对软骨板的生长能起到良好的刺激作用，可以促进软骨板的增长，加速骨的生长。但是，体育锻炼的项目不同，对人体各部分骨的影响也不同。经常从事下肢活动的跑、跳等运动对下肢骨的影响较大，对上肢的影响甚微；而经常从事举重、投掷运动，对上肢骨影响较大，对下肢骨影响较小。所以要求全面进行身体锻炼，才能更好地促进骨的生长发育。

2）对肌肉的影响

我们参加的体育活动，都表现为肌肉的收缩使身体产生运动，肌肉工作加强，血液供应增加，蛋白质等营养物质的吸收与储备能力增强。通过锻炼身体，人体的肌肉发生明显的变化：一方面，肌纤维变粗，数量增加，肌肉中的脂肪减少，因而使肌肉变得更加粗壮、结实，肌肉力量也得到增强；另一方面，肌肉本身在质的方面也有了变化，肌红蛋白和肌糖原增加，肌肉中的毛细血管大量开放，这就使经常锻炼的人的肌肉比一般人有更多的物质储备。经过锻炼，肌纤维和肌腱的联结以及肌腱和骨骼的联结也变得比一般人结实。此外，提高了神经系统对肌肉的控制能力，使得肌肉反应迅速、准确和协调。

3）增强关节的灵活性和稳定性

经常从事体育锻炼，可使骨关节面骨密度增厚，从而能承受更大的负荷。因为体育活动可使肌腱和韧带增粗，在骨附着处直径增大，胶原纤维含量增加，单位体积内细胞数目增多。体育锻炼增强了关节周围肌肉的力量，加上肌腱和韧带的增粗、关节软骨的增厚，加大了关节的稳固性。关节稳固性的提高增强了对关节的保护作用，但这往往会减少关节活动幅度。系统的柔韧性练习可以增大关节囊周围肌腱、韧带和肌肉的伸展性，从而使关节活动幅度增加。所以，在进行力量性练习时，应配合相应的柔韧性练习，使力量和柔韧素质同时得到发展。

2. 对心血管系统的影响

心血管系统由心脏、血管和血液三部分组成，它担负人体新陈代谢中的运输任务。心脏是血液循环的总枢纽，其机能主要是运输体内新陈代谢过程中所需要的氧气、营养物质和排出二氧化碳等代谢物质。

参加身体锻炼时，由于体内能量消耗的增加和代谢物的增多，需要提高心脏机能，加快血液循环，以适应运动时的身体需要，这就使血液循环系统得到锻炼，在结构、机能方面得到改善。

1）心脏增大

运动时，心脏的工作负荷加大，致使心率适当增加，血液流量增大，全身血循环得到改善。在心肌得到锻炼，冠状动脉循环也得到改善的情况下，心肌获得充足的营养，长此以往就会使心肌发达、心室壁增厚，致使心脏体积增大。

2）心输出量增加

运动时，由于心交感神经活动加强，心迷走神经减弱，同时肾上腺髓质分泌肾上腺素和去甲肾上腺素增多，使心率加快，心肌收缩力加强，搏出量增加。由于骨骼肌的节律收缩的泵血功能和呼吸运动的加强也有利于静脉血液回流，增加心脏输出量。

3. 对呼吸系统的影响

呼吸系统由呼吸道（包括鼻、喉、气管和支气管）和肺组成。呼吸道是呼吸运动时气体的通道，肺是进行气体交换的场所。

1）呼吸肌增强

体育活动时，为了满足人体各组织所需要的氧气量，一方面要加大呼吸深度，另一方面还要加快呼吸频率，这样就使呼吸肌（肋肌、肋间肌、腹肌、膈肌等）得到了锻炼，增加了呼吸肌的力量和耐力。因为呼吸有力，呼吸肌发达了，胸围也增大了，呼吸运动的幅度得到扩展，呼吸差增大。一般人的呼吸差（尽量吸气和呼气的胸围差）只有 5～8 厘米，而经常锻炼的人呼吸差可达 8～16 厘米。这样呼吸时气体交换得更充分。

2）肺活量增加

大学生年龄段的肺活量，男子为 3500～4000 毫升，女子为 2500～3000 毫升，少年儿童肺活量较青年人小，中老年肺活量随年龄的增长而逐步减小。肺活量反映肺的储备力量和适应能力，也反映呼吸器官的最大工作能力。因此，常把肺活量作为评定呼吸机能的重要指标。安静时只有 10％的肺泡在呼吸，而运动时大部分肺泡都在呼吸气体，活动使肺泡增大而富有弹性。

经常进行体育活动的人肺弹性增大，呼吸肌的力量增强，所以肺活量比不活动的人要大得多，一般可增大 20％左右。

3）加大呼吸深度

一般大学生安静时每分钟呼吸为 12～18 次，女子比男子稍快，儿童、少年、中老年人都比青年人快。但很少参加体育锻炼的人呼吸是浅而快的，而经常锻炼的人，由于呼吸肌力量增强，能加大呼吸深度，使每分钟呼吸次数减少，呼吸深而慢。大学生健身跑爱好者安静时可减少到 8～12 次/分。深而缓的呼吸具有很多优越性，在每次呼吸后呼吸肌有较长的休息时间，因而不易疲劳，能承受更大的负荷量，而不经常参加活动的人由于肺活量小，换气效率低，运动时容易气喘。

当人体在运动时，肌肉活动所产生的二氧化碳，能刺激呼吸中枢，使呼吸加快、加深，以促进二氧化碳的排出及氧气的吸入。运动时，一般人的呼吸频率可达 40～50 次/分（安静时为 12～16 次/分），深度为安静时的 5 倍，通气量每分钟可达 70～120 升（安静时为 6～8 升）。大学生经常从事体育锻炼，能促进呼吸系统的发育，提高其机能水平。少年运动员由于呼吸系统、心脏血管系统的机能水平较高，他们的最大吸氧量也比一般少年要大，这使得他们在剧烈运动中的工作能力比一般少年要强，能承受较大强度的运动训练。此外，经常参加体育锻炼的大学生，呼吸系统对各种病菌侵袭的抵抗力明显增加，患上呼吸道疾病的概率也明显减少。

4. 对神经系统的影响

神经系统是人体发育最早、最快，成熟最早的系统。大学生处于脑细胞建立联系的上升期，大脑神经细胞的分化机能迅速发展，达到成人水平。在神经系统的发展上，特别是在大脑皮质的结构和功能上发生了巨大变化。虽然大学生的大脑基本成熟，体积和重量不再增加，但在学习、生活等复杂环境条件的影响下，皮层细胞活动数量迅速增加，大脑两半球各个部分之间的联络神经纤维也大量增加。神经元联系扩大、脑回深化，第二信号系统最高调节能力大大增强，第一和第二信号系统的联系完善起来，为思维发展创造了良好的物质条件。

大学生积极参加各种体育锻炼，可以使他们掌握多种运动技能，改善肌肉工作的协调关系，提高他们从事运动的能力和技术水平，这些都促进了神经系统机能的改善和发展。这是由于在体育锻炼中，运动器官的每一个动作，都以刺激的形式作用于神经系统，使神经系统的兴奋与抑制过程得到增强，神经活动的平衡性与灵活性得到提高，使神经细胞反应迅速、灵活且不易疲劳。因此，运动后人们会感到精神愉快、思维敏捷，可以提高学习和工作效率。此外，睡前适当的放松活动，还可以使原来兴奋的神经细胞，得到更好的抑制，使人体得到充分的休息与睡眠。

1.1.2 大学生进行健身运动的要求

1. 培养良好的运动健康意识

坚持身体运动可以增进健康，但并非人人都具备这种意识。大学生想当然认为自己年轻，身体是最好的，是不需要锻炼的。这是完全错误的认识，是对人体科学的模糊认识。许多大学生宁愿把时间花在一些无用的消耗上，也不想参加身体锻炼，这主要是由于文化与精神素养差，缺乏对运动健康应有的认识，从而形成了运动健康意识危机的现状。

强烈的运动爱好和健康意识，不是一种简单的兴趣，而是经过不断努力学习、不断接受教育、不断发展自我、认识提高到一定水平而形成的结果。强烈的健康意识是人从事运动健康的动力，所以许多发达国家对青少年十分注重这种强烈意识的培养。培养运动健康的意识，第一要不断提高个人的文化素养，丰富知识面；第二要把个人的健康与生活、工作、学习和家庭的幸福紧密地联系在一起；第三要认识到健康生存的真正价值；第四由先强迫自己到主动参加运动健身活动；第五要把身体运动作为生活与生存必不可少的内容。

2. 不断学习和掌握健身运动的科学知识

在参加运动健身时，必须要有科学的知识来指导自己，不能想怎么运动就怎么运动，不能把身体运动理解为一项简单活动。只有合理的运动负荷，才能促进健康。大学生应该把运动健身作为一门重要的学科进行研究与利用，同时要把提高个人的健康水平作为自己终生的课题进行系统的研究与实践，在不同的年龄阶段、不同的身体状况，用不同的科学知识指导自己进行身体运动，努力促进机体健康发展。

3. 遵守健身运动的各项原则

健身运动和专业运动训练一样，有其严格而规范的原则，不可随心所欲。体育运动卫生原则有循序渐进原则、全面性原则、系统性原则和区别对待原则等，遵守这些原则是使身体运动获得效益的基本保证，否则可能适得其反，甚至在运动中造成损伤，危害健康。

4. 随时观察自己身体的变化情况

人体在长期坚持运动过程中，由于运动负荷的变换，机体可能发生各种变化，如运动负荷过大使身体产生不适应状况；运动方法不当使身体受伤或影响个人情绪等。另外，经过一段时间的锻炼，机体健康水平提高了，有必要改变运动负荷。很好地掌握自己身体变化的状况，对于改进运动方法、手段和负荷提供了良好的信息依据，能使人体向更健康的方向发展。

5. 参加身体运动必须有利于学习、工作与生活

参加身体锻炼活动既消耗时间，又消耗人体的精力，如果因多占用了时间，或身体产生过度疲劳等不适应状况而影响个人的学习、工作与生活，那就首先得调整自己的身体锻炼时间或运动负荷，绝对不应该顾此失彼。实践证明，适宜的身体锻炼活动对于学习、工作与生活都有积极的促进作用。这就需要制订一个切实可行的锻炼计划，并且要在不同的阶段、不同的环境条件下进行反复的修改和调整，使身体锻炼与人的一切正常活动融为一体，成为人体健康生存的有机联合体。

1.1.3　身体素质锻炼要求

身体素质是指人体各器官系统的机能通过肌肉活动所表现出来的基本活动能力。它主要包括力量、速度、耐力、灵敏和柔韧性等。

1. 力量素质

力量素质是指人体肌肉工作时克服或对抗阻力的能力。人体的各项运动几乎都是对抗阻力产生的，故任何一项运动都需要有一定的力量作基础。同时，力量素质又是其他各项素质的基础。研究表明，有计划的力量练习可改善骨骼的状况，对女子来说更是如此，因为女子骨内无机盐含量较男子少，骨密质厚度较薄，并且女子失钙的速率比男子快，而力量练习可防止失钙以及推迟骨质疏松症的发生。力量练习还可加强关节周围的力量，防止肌肉和韧带的损伤。

男孩的力量在 16 岁以前随年龄增加而逐渐增加，16 岁以后增加速度开始减慢，22～23 岁达到高峰，以后又随着年龄增长而减小。女孩在 13 岁以后力量开始缓慢增加并有下降趋势，16 岁又回升，18～22 岁可达最高峰，以后又随年龄增加而减小。男女间 18～23 岁差异最大。大学生正是锻炼力量素质的最佳时期，可进行肌肉力量训练。

2. 速度素质

速度素质是指人体进行快速运动的能力。速度在运动中主要表现为反应速度、动作速度和位移速度三种形式。发展速度素质练习应在精力充沛、运动欲望强的情况下进行，这样的练习效果较好，而且不易出现运动损伤事故。在发展力量素质的同时，要注意力量素质与灵敏性素质的发展，如提高和增大跑的频率和步幅等，以及在高速行进中注意提高肌肉的放松能力。

要充分利用发展速度素质的黄金时期，男孩 7～14 岁、女孩 7～12 岁是速度发展的高峰期，而 17～22 岁（大学年龄阶段）是速度素质稳定增长期，在这个时期速度素质可得到明显提高。

3. 耐力素质

耐力素质是人体长期进行工作的能力，也是机体抵抗疲劳的能力。耐力素质是人体各器官系统功能和心理素质的综合表现，也是人体功能水平、体质强弱的重要标志。从生理角度看，按运动时机体供能的特点，可分为有氧耐力和无氧耐力。有氧耐力属于心血管耐力，是指人体长时间维持有氧运动（靠糖原、脂肪的有氧分解供能）的能力。有氧耐力可分为有氧耐力、区域性有氧耐力和全身性有氧耐力 3 类。无氧耐力是指身体在缺氧状况下，较长时间为工作肌肉供能的能力。时间短、强度大的运动属于无氧耐力，如短距离跑。

耐力发育的年龄特点总的趋势是随年龄增加而逐渐提高，至 20 岁达高峰，以后又随年龄增加而下降。耐力的性别差异很明显，女孩在 13 岁后开始下降，17～18 岁又逐渐回到 13 岁的水平，21 岁又逐渐下降。12 岁以前，儿童心率快，脉搏输出量少，不能满足长时间运动时机体对氧的需要，因此容易疲劳。但随年龄的增加，心血管机能的发育成熟，耐力得到改善和提高，因而在 16 岁以后进行耐力训练能提高耐力水平。

1.2 体育健身的卫生原则

健身运动的方法虽然简单易学，但也需要科学、合理的安排，提高锻炼效果，避免伤病事故，也必须遵循体育健身的基本原则。

1.2.1 自觉意识性原则

自觉意识性原则是指有目的、有计划、能自觉地参加健身运动，并且主观上充分意识到健身运动的价值和意义。

参加健身运动，如果目的不明确、价值观念不强、思想上没有动力、内因不起作用、积极性和自觉性不高，锻炼效果肯定不佳。要是由客观因素给予一定压力去参加身体运动，主观不情愿，不仅锻炼无效果，而且可能导致伤害事故。所以，只有充分意识到了健身运动的真正价值，才能形成健身的强烈欲望，只有强烈的欲望形成之后，健身运动的效果才更佳。应该说，人的文化素养越高，对健身运动价值观的认识与理解就越深刻，在此基础上不断提高健身运动的自觉性与积极性，不断加强对科学锻炼身体知识的学习与运用，就会不断地提高身体运动的效果。

1.2.2 循序渐进原则

体育健身的循序渐进是指在学习体育技能和安排运动量时，要由小到大、由易到难、由简到繁，逐渐进行。循序渐进原则是根据机体对刺激的适应规律及运动条件反射的建立和巩固规律建立起来的。运动动作的难易、技术的繁简、运动量的大小等，都应做到从易到难、由简到繁、由小到大，既不能急于求成，又不可墨守成规。

不少学生在开始进行体育锻炼时，兴趣很高，活动量也很大，但坚持不了几天，就失去了热情，会出现各种不良反应。产生这种现象的原因有以下几种：开始活动量大，机体无法很快适应，身体疲劳反应也大，锻炼者受不了这么大的"苦"而放弃体育锻炼；对体育锻炼的期望过高，认为只要进行体育锻炼就会立竿见影，结果锻炼几天后，未见身体机能明显变化，因而对体育锻炼大失所望；开始进行体育锻炼时活动量过大，身体不适应造成运动损伤等。

基于上述原因，人们在进行体育锻炼时，要逐渐地增加运动量。以跑步为例，开始时可先进行散步等运动强度不大、活动量较小的练习，首先在心理上做好思想准备，活动一周或10天，待身体机能适应后，再进行小强度的慢跑，以后逐渐增加跑步的速度和距离。另外，锻炼者也要充分认识到，体育锻炼效果不可能在短时间内就立见成效，只有坚持锻炼，才能取得理想效果。

1.2.3 全面发展原则

对多数参加体育锻炼者来说，进行体育锻炼并不是单纯发展某一运动能力或身体某一器官的生理机能，而是通过体育锻炼使整体机能全面、协调发展。所以，在体育锻炼时，要注意活动内容的多样性和身体机能的全面提高。如果只单纯发展某一局部的生理机能，不仅提高生理机能的作用不明显，而且还会对身体机能产生不利影响。例如，青年人在进行力量练习时如果只注意右臂力量的发展，时间一长，就会出现右臂粗、左臂细，甚至脊柱侧弯的现象。老年人如果只注重运动系统机能的提高，而忽视心脏功能的发展，就会造成运动系统机能和心肺功能的不协调，在进行体育锻炼时，很容易由于心脏不适应运动系统的活动而出现意外事故。

全面发展原则主要有两层意思：一是体育锻炼的项目要丰富多样。不同的体育锻炼项目，对身体机能的影响作用不同。选择多样化的锻炼项目，有助于身体机能的全面提高，对青少年体育锻炼者来说，更应如此，以免由于单一的体育锻炼造成身体的畸形发展。二是如果由于单一的体育锻炼兴趣和锻炼条件的限制，不可能选择较多的运动项目，那么，在确定体育活动内容时，就应当选择一种能使较多的器官或部位得到锻炼的运动形式，以保证做到活动项目虽然单一，但仍可对整体机能产生全面影响。

1.2.4　经常性原则

经常参加体育活动，锻炼的效果才明显、持久，所以体育锻炼要经常化，不能“三天打鱼，两天晒网”。虽然短时间的锻炼也能对身体机能产生一定的影响，但一旦停止体育训练后，这种良好的影响作用会很快消失。一次性体育活动可以提高人体的免疫机能，增强人体的抗病能力，但这种作用在体育锻炼后的第二天或第三天就消失了。所以，要想保持身体旺盛的体力和精力，就必须坚持参加体育锻炼。以减肥为主要目的的体育锻炼，就更应该坚持不懈，因为一旦有了减肥效果，就停止训练，会使体重继续增加，体重的过多反复，会使体重出现“超量恢复”，不仅不能减肥，反而使身体更胖。经常参加体育锻炼应注意以下几个问题：

(1) 一旦参加体育锻炼，并对身体产生良好影响，就应自觉地坚持下去，活动的内容和项目可以更换，但锻炼不能停止。

(2) 经常参加体育锻炼，并不是说无论什么情况，都必须每天参加锻炼，锻炼者可以根据自己的实际情况，合理安排锻炼计划，如每周至少锻炼 3 次，每次至少 30 分钟等，只要不长期地停止锻炼，就能保持锻炼效果。

(3) 因气候条件不能在室外进行锻炼的，可改在室内进行，即使暂时变换锻炼内容，对锻炼效果也不会有太大影响。因工作繁忙，而不能按原计划进行体育锻炼者，可充分利用零散时间进行体育活动，一天进行几次短时间的体育活动同样会取得较好的锻炼效果。

1.2.5　持之以恒原则

体育锻炼贵在持之以恒，养成良好的锻炼习惯。体育锻炼是对机体给予刺激的过程，每次刺激都会产生一定的作用痕迹。连续不断的刺激作用，则产生痕迹积累。这种积累使机体结构和机能产生新的适应，体质就会不断增强，动作技能形成的条件反射也会不断得到强化。如果“三天打鱼，两天晒网”“一曝十寒”间断进行，当前一次的作用痕迹消失时，下一次作用的积累就小。长时间停止锻炼，各器官系统的机能和动作技能形成的条件反射就会慢慢减退，正是“用进废退”的道理。因此，体育锻炼既不能设想在短时间内一举取得显著成效，更不能寄希望于一劳永逸之功。

1.3　疲劳与恢复

运动中感觉到“累”就是运动性疲劳，它是运动中常见的一种机体反应。产生适度的疲劳后，再通过合理的恢复措施可以促进人体功能水平的不断提高；而过度的疲劳不仅对促进健康和提高运动成绩无益，而且可能会造成各种运动损伤危害健康。因此，了解运动性疲劳的产生机制，掌握合理、有效地消除疲劳的措施，对提高运动成绩和增进健康有着十分重要的实践意义。

1.3.1 运动性疲劳的概念

运动性疲劳是指机体生理过程不能持续其机能在一个特定水平上或不能维持预定的运动强度。运动性疲劳使人体的工作能力及身体机能下降，经过一段时间休息和及时采取消除疲劳的有效措施，人体的工作能力及身体机能就能很快得到恢复。所以，运动性疲劳是一种暂时的生理现象，对人体是一种保护性抑制。运动性疲劳出现后，只要不使疲劳积累而产生过度疲劳，它并不会损害人体的身体健康和影响运动训练，反而通过疲劳的产生及恢复和不断强化的训练，使人体的身体机能及运动能力达到超量恢复，更有利于人体训练水平和运动成绩的不断提高。

1.3.2 运动性疲劳的产生机制

由于强度不同、时间不同、运动方式不同，产生疲劳的机制不同，所以对疲劳的机制有不同的解释。归纳起来，世界各国学者共提出过五种假说。

1）衰竭学说

长时间运动使血糖浓度下降，补充糖后工作能力有一定程度的提高。因此，该学说认为运动性疲劳产生的原因是体内能源物质的耗尽。

2）堵塞学说

该学说认为，运动性疲劳的产生是由于某些产物在肌肉组织中堆积造成的，即乳酸、二氧化碳和酮酸在体内积累过多，其中主要是乳酸堆积。

3）内环境稳定性失调学说

该学说认为，运动到一定程度时，人体内血液 pH 下降、细胞外液水分及离子浓度发生变化、血浆渗透压改变等，造成机体内环境稳定性失调，从而产生运动性疲劳。

4）保护性抑制学说

该学说认为，运动时大量冲动使皮质相应的细胞、神经细胞长期兴奋，导致“消耗”增多。为了避免进一步消耗，当消耗到一定程度时便产生保护性抑制。

5）突变学说

该学说认为，运动性疲劳的发展，一般是在能量消耗和兴奋性明显衰减过程中所存在的一个能力急骤下降阶段，以避免能量储备进一步下降，保护机体免于衰竭，以疲劳的形式表现出来。这一学说将兴奋性和能量消耗综合在一起看疲劳的发展，是最近提出的一种新的运动性疲劳学说。

1.3.3 运动性疲劳的恢复过程

运动性疲劳的恢复过程目前有超量恢复学说和应激学说两种。

1. 超量恢复学说

运动时和运动后供能物质量的变化是消耗和恢复过程保持平衡的结果。运动时以消耗过程为主，恢复过程跟不上消耗过程，表现为能源物质数量下降；运动后休息期，以恢复过程为主，消耗过程下降，因此，能源物质逐渐恢复，达到或超过原来水平。这主要是从运动时能源物质的消耗和结构蛋白的变化和恢复过程的规律说明运动能力提高的机理。超量恢复的基本规律可用图 1.1 表示。

第一阶段：消耗。在运动时能量物质的消耗大于恢复，所以能量物质逐渐减少，各器官系统工作能力逐步下降。

第二阶段：运动后的恢复阶段。这时能量物质的恢复过程大于消耗过程，能量物质和各器官系统功能恢复到原来水平。

第三阶段：超量恢复阶段。运动时被消耗的物质不仅恢复到原来水平，而且在一段时间内还出现超过原来水平的情况，此称为“超量恢复”或“超量代偿”。随后又回到原来水平。

所以，超量恢复学说为大运动量训练，以及训练的节奏性、系统性等提供了理论依据。

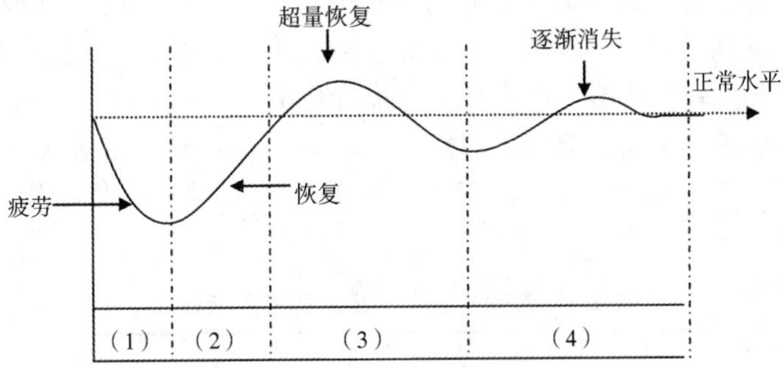

图 1.1　消耗和恢复过程的规律示意图

（1）消耗和出现疲劳阶段；（2）休息期的恢复阶段；（3）超量恢复阶段；（4）超量恢复消失阶段

2. 应激学说

运动训练最主要的目的之一是提高运动能力。因为运动成绩与完成专项比赛有关的各系统机能能力的协调性、合理性以及及时获得最大功率的表现力密切相关。运动训练促使运动能力提高是一个适应和发展的过程。运动训练所引起的身体变化、恢复和适应过程的规律有一致性，即为应激学说。应激学说在运动训练中的应用主要是针对不同专项、不同性质的激烈超负荷运动时机体产生的应激反应，并以垂体-肾上腺皮质激素、垂体-性腺系统激素调节为核心，从机体的能源储备和动员能力、代谢和机能调节能力、身体防御能力三个主要方面研究运动训练对身体的生理、心理适应和提高过程的规律，同样为超负荷的大运动量训练、训练期适应和运动能力提高提供理论指导。

运动应激的核心是通过激素调节，由激素影响酶的活性从而改善机能储备和机能调节能力，提高机体的防御能力。

1.3.4　运动性疲劳的类型

运动性疲劳大体上可分为肌肉疲劳、神经疲劳和内脏疲劳三类。

（1）肌肉疲劳时，肌力下降，肌肉收缩速度和放松速度减慢，收缩时间比正常时延长 4～5 倍，放松时间比正常时延长 12 倍，严重影响肌肉的快速、协调动作。肌肉出现僵硬、肿胀和疼痛，可能是由于机械负荷使肌纤维发生细小损伤、乳酸等代谢产物的积累和水分的积蓄等多种因素引起的。

（2）神经疲劳表现为大脑皮层功能下降，如反应迟钝、判断错误、注意力不集中等。此时，大脑皮层其他部位及皮层下中枢功能亢进，膝反射发生改变，脑干及小脑功能低下，动作协调性受到了破坏。

(3) 内脏疲劳多表现为呼吸和心脏的疲劳，呼吸肌疲劳使呼吸变浅变快，气体交换能力下降。心脏疲劳时，心肌收缩力量下降，心输出量减少，心电图发生改变。

中枢神经系统的变化是产生疲劳的重要因素，同时，各内脏器官、肌肉和血液中所发生的一系列变化也促进疲劳的发生。因此，运动性疲劳是多种因素综合作用所致。

1.3.5 判断运动性疲劳的简易方法

判断运动性疲劳的出现及其程度，对科学地锻炼身体，增强体质和合理地安排体育教学、运动训练及提高运动成绩都有着重要的意义。

根据学生或运动员的主观感觉判断运动性疲劳。例如，疲劳时出现疲乏、头晕、心悸、恶心、面色苍白、眼神无光、呼吸表浅、反应迟钝、注意力不集中、运动能力下降等。

疲劳的程度可分为轻度疲劳、中度疲劳和极度疲劳。一般情况下，可以通过学生或运动员的自我感觉（如疲乏、头痛、腿痛、心悸、恶心等）和某些外部表现（如面色、排汗量、呼吸、动作、注意力等）来判断疲劳的程度（表 1.1）。有时也可测定某些生理指标以作判断疲劳程度的依据。

表 1.1 运动性疲劳程度的简易判断标准

内容	轻度疲劳	中度疲劳	极度疲劳
自我感觉	无任何不适	疲乏、腿痛、心悸	除疲乏、腿痛、心悸外，还有头痛、胸痛、恶心，甚至呕吐等征象。有些征象存在时间较长
面色	稍红	相当红	十分红或苍白，有时呈紫蓝色
排汗量	不多	较多	非常多，尤其是整个躯干部分。在颞部及汗衫和衬衣上可出现白色盐迹
呼吸	中度加快	显著加快	显著加快，并且表浅，有时会出现节律紊乱
动作	步伐轻稳	步伐摇摆不稳	摇摆现象显著，出现不协调动作
注意力	比较好，能正确执行指示	执行口令不准确，改变方向时有时发生错误	执行口令缓慢、技术动作出现变形

1.3.6 消除运动性疲劳的方法

为了使运动中所消耗的物质和各器官系统下降了的机能尽快恢复，以及运动中所产生的代谢产物尽快消除，不致使疲劳积累而造成过度疲劳，一般可采用下述消除运动性疲劳的方法。

1. 整理活动

整理活动是消除疲劳、促进体力恢复的一种有效措施。运动后做整理活动，可使心血管系统、呼吸系统仍保持在较高水平，有利于偿还运动时所欠的氧债和使生理机能水平逐渐平缓及逐渐下降到一定的水平上。

整理活动包括慢跑、呼吸体操及各肌群的伸展练习。尤其在运动后做伸展练习，可消除肌肉痉挛，改善肌肉血液循环，减轻肌肉酸胀和僵硬程度，消除局部疲劳。

2. 睡眠

睡眠是消除疲劳、恢复体力的最好方法之一。睡眠时大脑皮质的兴奋过程降低，体内分解代谢处于最低水平，而合成代谢过程则相对较高，有利于体内能量的蓄积。大学生和运动员每天要保证有不少于 8～9 小时的睡眠时间。在大运动量训练或比赛期间，睡眠时间应适当延长。要创造安静、空气新鲜、卧具卫生的睡眠环境。

3. 合理安排膳食

合理安排膳食是消除疲劳或提高抗疲劳能力的重要手段。急性疲劳时，应注意补充能量和维生素，尤其是糖、维生素 C 及 B 族。夏季或出汗较多时，应补充盐分与水。食品应富有营养和易于消化，并尽量多吃些新鲜蔬菜、水果等碱性食物。

4. 物理疗法

运动后进行按摩、温水浴或局部热敷，可以促进全身或局部的血液循环，加强新陈代谢，加速致疲劳物质的排除。温水浴的水温以（42±2℃）最为适宜，沐浴时间一般为 10～15 分钟，最长不超过 20 分钟，每天不要超过 2 次。局部热敷的温度以 47～48℃为宜。在运动前，对负荷量较大的部位做 10 分钟的热敷，可推迟运动中出现疲劳的时间。

5. 氧气及负氧离子吸入法

疲劳时肌肉和血液中有大量酸性代谢产物，吸氧可促进乳酸氧化，对消除疲劳有效果。对训练和比赛引起的极度疲劳，即肌肉酸痛、僵硬、酸碱平衡失调等有明显效果。特别对拳击、摔跤、柔道等头部受到撞击的运动员，有减轻头痛、头晕，改善睡眠的作用，对消除无氧训练后的疲劳更为有效。

负氧离子有提高神经系统的兴奋性、加速组织氧化还原过程、改善心肺功能、提高血红蛋白浓度等作用，有助于机体运动后运动性疲劳的消除。

思考题

1. 思考对“生命在于运动”的理解。
2. 身体基本素质发展的敏感期有何不同？
3. 体育锻炼的卫生原则有哪些？
4. 运动疲劳产生的机制是什么？如何消除运动性疲劳？

第 2 章 常见的运动损伤

随着人们生活方式的不断改变，喜欢运动锻炼的人越来越多，而各种运动损伤随时都可能发生。一旦身体受伤，如果早期能给予正确的急救处理，可大大减少以后的并发症，加快外伤的好转和愈合，使伤者较快地恢复健康。若急救处理不当，轻者加重伤情，发生感染，延长治疗时间，增加伤员的痛苦，重者则可能造成残废。运动损伤常见的有软组织损伤、关节脱位和骨折。本章系统论述运动损伤的概论、运动损伤的急救与一般处理、各类常见的运动损伤及运动损伤的防治方法。

2.1 运动损伤的概论

2.1.1 运动损伤的分类

体育运动过程中受到机械性和物理性方面因素所造成的伤害，称为运动损伤。运动损伤的分类方法很多，概括起来有以下几种。

1. 按损伤组织的种类分类

可分为肌肉韧带的捩伤、撕裂、挫伤、四肢骨折、颅骨骨折、脊椎骨折、关节脱位、脑震荡、内脏破裂、烧伤、冻伤、溺水等。严重的创伤很少，大部分属小创伤，其中以肌肉、筋膜伤、肌腱腱鞘、韧带和关节囊伤最多，其次是肩袖损伤、半月板撕裂和髌骨软骨病。

2. 按运动损伤的轻重分类

（1）不损伤工作能力的轻伤。

（2）失掉工作能力 24 小时以上，并需要在门诊治疗的中等伤。

（3）需要长期住院治疗的重伤。

3. 按运动能力丧失的程度分类

（1）受伤后能按锻炼计划进行练习的轻度伤。

（2）受伤后不能按照锻炼计划进行练习，需停止患部练习或减少患部活动的中度伤。

（3）完全不能锻炼的重度伤。

4. 按损伤组织是否有创口与外界相通的分类

可分为开放性损伤与闭合性损伤。此外，根据发病的缓急，还可分为急性损伤和慢性损伤；根据病因，又可分为原发性损伤和继发性损伤等。

2.1.2　运动损伤的原因

造成运动损伤的原因是多方面的，可分为直接原因和诱因。直接原因又可分为内部原因和外部原因；诱因可分为各项技术特点和解剖生理学特点。

1. 直接原因

（1）内部原因：①身体条件；②心理素质。

（2）外部原因：①方法的因素；②环境因素。

2. 诱因

诱因即为诱发因素，它必须在直接原因（如局部负担量过大、技术动作发生错误等）的同时作用下，才可成为致伤的因素。

1）各项运动技术的特点

由于各项运动项目都有自己的技术特点，人体各部位的负担量不尽相同，所以各运动项目都会导致人体的易伤部位受损。例如，网球运动易使锻炼者造成“网球肘”，长跑运动会导致锻炼者膝外侧疼痛症候群，等等。

2）解剖生理学特点

某些组织所处的特殊解剖位置在运动中易与周围组织发生摩擦和挤压，如肩袖。运动中由于相互间力学关系的改变，可导致负荷最大的组织发生损伤，如踝背伸 60°～70°发力跖屈时，跟腱处于极度紧张状态，但胫骨后肌及腓骨肌则比较松弛，若突然用力踏跳，可发生跟腱断裂等。

综上所述，由于各项运动都有其自身的特殊技术要求，加之解剖生理学的特点，在直接原因的作用下，各项运动中所发生的运动损伤都具有一定的特点和规律，了解这些特点和规律，对于预防、诊断和治疗运动损伤有着重要的意义。

2.1.3　运动损伤的预防原则

一般来说，在体育锻炼中运动损伤的预防应做好以下几个方面的工作。

1. 思想重视，遵守原则，全面锻炼

要从思想上对运动损伤的预防给予重视，并遵守体育锻炼的一般原则，同时，要加强身体的全面锻炼，提高机体对运动的适应能力。

2. 调节身体处于良好的运动状态

1）锻炼前应做好充分的准备活动

准备活动不但能使基础体温升高、肌肉深部的血液循环增加、肌肉的应激性提高和关节柔软性增强等，还能减少锻炼前的紧张感和压力感，从心理上做好准备，这在很大程度上可以预防运动损伤的发生。

2）锻炼后应做好放松活动

放松活动是指在锻炼后通过放松方法使体温、心率、呼吸、肌肉的应激反应再恢复到锻炼前的正常水平。

从预防运动损伤的角度来看，放松活动同锻炼前的准备活动一样重要。根据不同的运动项目进行针对性的放松，可以防止锻炼后出现肌肉酸痛，也有助于解除精神压力。

3）自我保护

锻炼者除了认真做好准备活动和放松活动外，还应了解和懂得初步处理锻炼后肌肉酸痛、关节不适的方法。肌肉酸痛的早期可做温水浴、物理疗法或自然按摩。如果疼痛继续或者加重，应去医疗机构进行诊断治疗。同时，锻炼中应密切注意自己的身体反应，及早发现运动损伤的早期症状，以便于早发现、早治疗、早康复。

3. 创造锻炼的安全环境

体育器具、设备、场地等在锻炼前都应进行严格的安全检查。例如，参加网球锻炼时，球拍的重量、拍柄的粗细、网线的弹力应该适合锻炼者个人的情况；女性的项链、耳环等锐利物品在锻炼时应暂时不佩戴；锻炼者应根据运动的项目、脚的大小、足弓的高低选择一双弹性好的运动鞋。

4. 注意科学锻炼

科学锻炼包括五大要素，即全面性、渐进性、个别性、反复性、意识性，前三个要素对预防运动损伤较为重要。

全面性指锻炼者应对体能进行全面训练，而不是单纯针对某一特定动作的反复练习。

渐进性指锻炼者应逐步提高运动负荷和增加锻炼时间，以防机体一时不能适应而导致运动损伤。

个别性指锻炼必须因人而异。性别、年龄、体力、技术熟练程度不同，活动量和方法也应不同。

5. 加强易伤部位训练

加强易伤部位和相对较弱部位的训练，提高它们的功能，是预防运动损伤的一种积极手段。例如，为了预防腰部损伤，应加强腰腹肌的训练，提高腰腹肌的力量，并增强其协调性和拮抗的平衡性。

2.2 运动损伤的急救

2.2.1 休克和休克的现场处理

休克是人体受到有害因素作用而发生的循环功能不全综合征，其主要原理是微循环灌流不足而引起的全身组织、器官缺氧，功能障碍。

1. 原因

（1）创伤性休克：剧烈疼痛，如骨折、脊髓损伤、睾丸挫伤。

（2）失血性休克：内脏器官的破裂、骨折伴随大血管破裂。

（3）心源性休克：心脏功能衰竭。

（4）中毒性休克：细菌毒素。

（5）过敏性休克：药物。

休克原因（以出血性休克为例）：损伤引起出血；心脏代偿（心跳心肌收缩力）；失血增多，心脏逐渐衰弱；心脏负荷增加，呼吸增快；维持生命器官的血液供应，周围循环血量下降；缺血缺氧（细胞坏死）；中枢神经调节；血液流向周围组织；生命器官的血流量下降；

心率加快，更多的血液丢失；全身重要器官的功能下降；意识丧失、呼吸心跳停止；死亡。

2. 征象

大脑缺氧——虚弱、表情淡漠、反应迟钝、面色苍白或发绀；血液循环障碍——手足厥冷、脉搏细弱、血压下降、尿量减少；昏迷、死亡；收缩压低于 80 毫米汞柱，脉压小于 20 毫米汞柱。

3. 急救

（1）安静平卧或头高脚低（有呼吸困难者不宜采用），保暖，但是不能过热。

（2）保持呼吸道通畅，必要时可将舌头牵出口外。

（3）有骨折、出血者，先处理骨折和止血。

（4）及时止痛。

（5）吸氧、人工呼吸、胸外挤压、点按急救穴位。

（6）尽快送医院处理。

2.2.2　出血与止血

1. 分类

（1）根据受伤血管分类：①动脉出血：鲜红、喷射状、失血快、危险大。②静脉出血：暗红、连续、失血较快。③毛细血管出血：血色红、渗出、失血慢。

（2）根据出血的流向分类：①外出血：流到体外。②内出血：流到体腔、管腔、组织内。

2. 止血法

（1）抬高伤肢法：降低血管压力。

（2）加压包扎法：敷上消毒敷料后，用绷带包扎。

（3）加垫屈肢法：用于肢体远端的出血，人体的动脉多在关节的屈侧通过关节。

（4）间接指压法：①头部出血：颞浅动脉。②面部出血：面动脉。③上肢出血：锁骨下动脉、肱动脉、指动脉。④下肢出血：股动脉，胫前、胫后动脉。

2.2.3　骨折及骨折临时固定

骨折即骨骼的完整性遭到破坏。

1. 骨折的种类

（1）闭合性骨折：皮肤黏膜完整，骨折断端与外界不相通。

（2）开放性骨折：骨折断端与外界相通。

（3）复杂性骨折：骨折断端损伤了其他主要组织或器官。

2. 骨折的原因

（1）直接暴力：胫骨、腓骨的踢伤。

（2）间接暴力：前臂骨折、锁骨骨折。

（3）强烈的肌肉收缩：腕屈肌止点。

（4）应力性骨折：疲劳性骨折。

3. 征象

（1）疼痛。

（2）肿胀及皮下淤血。

（3）功能丧失：失去杠杆和支撑作用。

（4）畸形：成角、变短、旋转。

（5）压痛、震痛（纵向叩击痛）。

（6）假关节活动及骨擦音。

（7）X线基本可以确诊。

4. 骨折的临时固定

（1）目的。限制骨折断端的活动，避免断端损伤周围组织及血管，避免骨折的错位，便于送医院处理。

（2）固定的原则和方法。①不要无故移动肢体，特别是脊柱骨折。②有伤口或出血者，先处理伤口、止血。③禁用裸板固定肢体，夹板的长度要超过上、下两个关节。④开放性骨折，未经处理，不可放回伤口内。⑤固定的顺序为：先固定骨折的上下部位，再固定上下两端的关节。⑥固定必须露出肢体末端，观察肢体远端的血液循环状况。⑦固定时的松紧度以固定的绷带能够上下移动1厘米为宜，固定时不要把结打在骨折部位。⑧注意固定后伤肢的保暖。

2.2.4 人工呼吸和胸外心脏按压

（1）用途：用于意外引起的突然呼吸、心跳停止，如室颤、创伤、窒息、中毒、触电、溺水等。

（2）目的：在于维持、恢复自主的呼吸和血液循环。

1. 步骤和方法

（1）检查意识及生命状态（意识、呼吸、血液循环及死亡的判断）。

（2）寻求帮助。

（3）调整体位。

（4）进行心肺复苏。①打开气道。②口对口人工呼吸。③胸外心脏按压。

2. 人工呼吸和胸外心脏按压方法

（1）人工呼吸。①体位：头后仰，抬其下颌，打开气道。②频率：16～18次/分。

（2）胸外心脏按压。通过按压胸骨下端而间接地压迫心脏，以维持血液循环。①体位：仰卧于较硬的地面上。②操作：按压位置——胸骨下1/2的位置；用力方式——双手掌根重叠，十指相扣，手心翘起，手指离开胸壁。双肘伸直垂直下压，胸骨下压深度4～5厘米；频率——80～100次/分。

（3）人工呼吸和胸外心脏按压的配合。①一人抢救。两次口对口呼吸，然后检查有无呼吸，如没有呼吸就进行胸外心脏按压15次，再进行口对口人工呼吸2次，反复进行。每2～3分钟检查一次呼吸。胸外心脏按压和人工呼吸的配合为15∶2。②两人抢救。一人做人工呼吸，另一人做胸外心脏按压，以1∶5的比例进行。

2.3　运动损伤的一般处理

2.3.1　急性闭合性软组织损伤的病理变化、处理原则与方法

1. 早期：伤后 24～72 小时以内

1）病理变化

当软组织损伤（扭伤、拉伤或挫伤）发生时，会出现细胞和软组织结构破裂、肿胀和血管损伤。破损组织内和周围区域引起连锁的炎症反应，表现为疼痛、肿胀、发红和局部温度上升，并出现水肿和渗出物堆积。在肌肉肌腱损伤中，会发生肌丝破坏和在 2 个小时之内外周肌纤维收缩。水肿和缺氧会导致前 24 小时内细胞破坏和死亡，从遭破坏细胞中释放出的蛋白质破碎物会导致进一步水肿、组织缺氧和细胞死亡。

2）处理原则

根据本阶段的病理变化，其处理原则是制动、止血、防肿、镇痛、减轻炎症、防止运动员进一步受伤。

3）处理方法

本阶段使用的最重要的物理治疗方式是低温疗法，通常结合休息、加压和架高，这种组合常被称为 RICE 治疗①。它能帮助降低组织温度、减少血流和肿胀、促进血管收缩、减轻疼痛和痉挛。

2. 中期：2～3 天至几周

1）病理变化

在此阶段肉芽组织开始萌芽，毛细血管受伤部位带来营养，并清除坏死的组织，成纤维细胞开始合成瘢痕组织。胶原在伤后 4 天左右出现，但其纤维组织无规则且不成熟。随着这个过程的继续，成纤维细胞数量开始减少，但却出现更多的胶原，其边缘区域也在缩小，发生组织结构重建和再生。

2）处理原则

改善伤部的血液和淋巴循环，促进组织的新陈代谢，促进淤血及渗出物的吸收，加速再生与修复。

3）处理方法

此阶段的处理方法有物理治疗和体疗练习。

（1）物理治疗。热疗可增加温度、促进血液循环、增强软组织的伸展性。可采用热敷法、发热灯、热水疗法和石蜡浸泡、超声和短波透热法。电刺激是另一种有用方式。由于患者可能仍有痛感和关节肿胀，运动单位的激活可能会少于正常数量。电刺激可以加强练习中运动单位的募集，并有利于肌肉训练。

（2）体疗练习。①伸展或柔韧性练习。练习的类型取决于其目的，例如，对正常活动范围的恢复需要伸展或柔韧性练习。应优先恢复柔韧性，因为之后的力量和有氧体能练习会依赖于在此之前达到的充分关节活动范围。②肌肉力量练习。肌肉动作可分为静力（等长）性

---

① R＝休息（rest），I＝冰疗（ice），C＝加压（compression），E＝抬高肢体（elevation）。

和动力（等动和等张）性两种，这在不同的临床情况下都有用途。动力性肌肉练习，可进一步分为向心和离心两组，二者都可用于机能、素质训练。力量素质练习采用的方法或设备包括无关节动作（静力训练）、不同关节角度下的最大力量随意收缩、随意收缩过程中的电刺激、重力负荷（体疗师或训练者施加阻力、自由重量）等。③有氧能力训练。种类：蹬车（定位）、水中练习、游泳和划船可提高有氧能力和促进关节完全动作范围的恢复。强度：最大心率的60%～80%、持续时间为20～60分钟、频度为每周3～5次。

2.3.2 慢性闭合性软组织损伤的病理变化、处理原则与方法

1）病理变化

局部血液循环差，代谢水平低，组织出现退行性变性，表现为增生或萎缩。

2）处理原则

主要是改善伤部血液循环，促进组织的新陈代谢，合理安排局部负担量。

3）处理方法

与急性闭合性软组织损伤的中、后两期大致相同，但功能锻炼要与医疗紧密结合。

2.3.3 封闭疗法

封闭疗法即用1%～2%盐酸普鲁卡因与肾上腺皮质激素类药物合用，在闭合性软组织损伤的早期和中期，作痛点局部注射。

1）作用

盐酸普鲁卡因有麻醉止痛和促进病变组织代谢的作用。肾上腺皮质激素类药物（盐酸氢化可的松和泼尼松）有维持毛细血管的正常渗透、减少渗出液、防止水肿、抗创伤性炎症的作用，并能抑制结缔组织增生，减少瘢痕形成。

2）适应证

腱鞘炎、滑囊炎、肌肉拉伤、创伤性肌腱炎、慢性创伤性关节炎。

3）禁忌证

骨折、化脓性炎症、急性损伤有组织断裂、出血和水肿严重者。

4）用法

用时将药液抽出，加4倍左右的1%～2%盐酸普鲁卡因，混合后作伤部痛点注射。用量根据损伤种类和部位不同而异，一般用量为5～10毫升。每周注射一次，一个部位注射次数不宜超过3～5次。使用过多，不仅影响组织修复，而且还会使组织的韧度降低，易于断裂。

2.4 常见运动损伤

2.4.1 肌肉拉伤

1. 肌肉拉伤的发生机制与分级

肌肉拉伤有许多种，可分成主动拉伤和被动拉伤两种。前者是由于肌肉做主动、猛烈的收缩时，其力量超过了肌肉本身所能承担的能力；后者主要是肌肉用力牵拉时超过了肌肉本身的伸展程度，从而引起拉伤。肌肉拉伤可能会从肌纤维的微小分离到肌纤维的完全断裂，

临床上一般可分为三级。

2. 肌肉拉伤的预防

肌肉拉伤的预防，主要是针对发生的原因进行的。例如，大强度运动前要做好准备活动，尤其是易拉伤部位的准备活动；体质较弱者练习时要量力而行，防止过度疲劳和负荷太重；要提高动作技能的协调性，不要用力过猛；改善锻炼条件，注意练习场所的温度。冬季在野外锻炼时要注意保暖，不可穿得太薄，要注意观察肌肉的反应，如肌肉的硬度、韧性、弹力、疲劳程度等。肌肉拉伤后重新参加锻炼时要循序渐进，切勿操之过急，并要加强局部保护，防止再度拉伤。

3. 肌肉拉伤的治疗

肌肉抗阻力试验是检查肌肉拉伤的一种简便方法。其做法是患者做受伤肌肉的主动收缩活动，检查者对该活动施加一定阻力，在对抗过程中出现疼痛的部位，即为拉伤肌肉的损伤处。肌肉拉伤的治疗要根据具体情况而定。少量肌纤维断裂者，应立即给予冷敷，局部加压包扎，并抬高患肢，外敷中草药。肌肉大部分或完全断裂者，在加压包扎后立即去医院进行手术缝合。

4. 常见的几种肌肉拉伤

(1) 股四头肌：股直肌是四头肌中唯一跨越两个关节的肌肉，是四头肌中常被拉伤的肌肉。常在跳跃或劲踢时，因突然偏心收缩而引起拉伤，拉伤者可感到大腿前部有撕裂并发生局部肿胀与压痛。

(2) 腘绳肌：该组肌肉（即半腱半膜与股二头肌）亦是跨越两个关节。当快跑与劲踢时，小腿于减速时易发生偏心拉伤。短跑、足球运动员与关节较紧者三条腘绳肌均有可能损伤，其中以股二头肌常见。

(3) 腓肠肌：拉伤或断裂多发于内侧头，锻炼者会感到小腿“啪”一声或像被人打了一下。

(4) 内收肌群：常在足球运动中由于用力内收而引起短内收肌、股薄肌、缝匠肌和髂腰肌等拉伤，可在大腿上部内侧摸到肿块。

(5) 肩袖：肩袖是由肩胛下肌、冈上肌、冈下肌及小圆肌等四块肌肉组成的。肩袖拉伤多见于棒球、排球、网球运动中。肩袖拉伤者常发生持续肩痛或肩脱位现象。拉伤多位于远侧肌腱或肌与腱的连接处，尤以冈上肌拉伤为多见。发生后常经久不愈，影响继续锻炼。

(6) 锻炼引起的肌肉酸痛：锻炼者常没有急性拉伤史，主要是一段时间不适应强度较大的锻炼，或一次锻炼时间过长而感到某群肌肉酸痛。有时酸痛是在运动后即刻产生的，这多是由于激烈运动引起肌肉内液体堆积物升高，再加上肌纤维的微细损伤所致；有时酸痛是在一次长时间大强度运动后 20～48 小时内发生的，24～72 小时内达到顶点，5～7 天后基本消失，被称为延迟性肌肉酸痛。现今的研究结论是延迟性肌肉酸痛主要是由肌纤维或结缔组织断裂所致，这种损伤会引起肌肉水肿和疼痛。

2.4.2 肌肉挫伤

1. 肌肉挫伤的发生机制与分级

肌肉挫伤是足球、橄榄球运动中最常见的损伤。伤后引起疼痛与暂时性功能丧失，需要较长时间的康复治疗。典型挫伤发生于下肢，最常见的是股四头肌与胫前肌。

2. 肌肉挫伤的预防

肌肉挫伤往往在接触性的运动（如橄榄球、棒球、足球或篮球运动等）中发生，因此，可以通过穿戴保护设备来预防肌肉挫伤，如从事足球运动时可戴护腿板等。另外，锻炼前应做好充分的准备活动；练习时不要用力过猛，以防超过肌肉、关节、韧带的负荷限度。

3. 肌肉挫伤的治疗

肌肉挫伤发生后要马上停止锻炼，根据情况及时处理。如果皮肤出血，先用酒精或碘酒将伤口消毒，然后撒些磺胺结晶粉（外消炎粉），用干净纱布包扎起来。如果受伤部位红肿、疼痛，可先用冰或冷水毛巾冷敷局部，防止继续出血。24～48 小时后改用热毛巾敷在局部，以活血、消肿、止疼。也可对受伤部位进行按摩，有条件的还可在受伤处涂上酒精或松节油。

经过治疗伤势减轻以后，要及时活动受伤的关节或肌肉，借以恢复功能，如慢慢练习走路、下蹲、弯腰、举胳膊等，以免痊愈后关节活动不灵，甚至发生肌肉萎缩。

2.4.3 韧带损伤

1. 韧带损伤的发生机制和分级

韧带损伤是指用力过大、过度牵伸而导致不同程度的韧带纤维或其附着处的断裂。韧带附着在邻近骨端上，用以联结两骨，其深面与骨端间附有滑膜组织。韧带有较强的抗张能力，它保护关节在正常范围内活动，防止关节出现异常活动。临床上，韧带损伤分为三级。

一度（轻度）损伤：韧带只有小部分被拉长或拉断，会产生轻微的疼痛和局部水肿，关节有较小的不稳定性，没有明显的功能丧失。

二度（中度）损伤：大量的韧带纤维被撕裂和分离，有一定程度的功能丧失，关节存在中等不稳定性，有明显的疼痛、水肿，可能发生肌肉僵硬。

三度（重度）损伤：韧带完全撕裂和分离，并完全丧失功能，引起关节的极大不稳定性，由于神经可能受损，疼痛很快会消失，有严重的水肿。

2. 韧带损伤的预防

韧带损伤易发生的部位是踝关节、腕关节和膝关节，所以锻炼时可在这些部位加一些支持保护带。例如，在足球运动中运用护膝，在篮球、网球运动中运用护腕；避免在不平整的场地上锻炼；减少篮球、足球运动中的一些冲撞动作；平常多做加强关节周围肌肉伸展性的练习，以增大肌肉对关节的支持力。

3. 韧带损伤的治疗

对于轻度韧带损伤，治疗方法主要是止痛与加快消肿。韧带损伤发生后，应进行局部冷敷、加压包扎、抬高伤肢。24～48 小时后对伤部周围热敷或按摩；中度损伤的治疗关键是制动，使韧带处在避免牵拉的位置，以便加速愈合，可用弹性绷带固定受伤处；对于重度损伤，则应在损伤早期将韧带断端进行良好的对合。

2.4.4 胫腓骨疲劳性骨膜炎

1. 胫腓骨疲劳性骨膜炎的发生机制与症状

初参加体育锻炼的人发病率较高。胫腓骨疲劳性骨膜炎的发生原因是跑跳的时间过长，小腿肌肉在腓胫骨的附着点受到过分的牵拉，刺激骨膜引起的非细菌性的炎症。初参加锻炼者下肢的肌肉还不发达，缺乏弹性，跑跳时不能协调地收缩和放松，脚落地时，也不会利用缓冲力量，致使骨膜反复受到牵拉。另外，天气较冷时，没有做好充分的准备活动，腿部的肌肉、肌腱比较僵硬，以及在硬地上跑跳时间过长，都容易引起这种损伤。

胫腓骨疲劳性骨膜炎的具体症状是：疼痛、压痛、骨膜下水肿等。

2. 胫腓骨疲劳性骨膜炎的预防

对以下三个方面予以关注将有助于预防胫腓骨疲劳性骨膜炎的发生。

(1) 初参加体育锻炼的人特别是在练习跑跳时，要遵循循序渐进的原则，不要突然加大运动量，更要防止过度疲劳。

(2) 脚尖着地跑要和脚掌着地跑交替进行，后蹬跑和上下坡跑要练习一会儿休息一会儿，增强下肢肌肉的力量和弹性，使其有个适应过程。

(3) 剧烈跑跳前要做好准备活动，使肌肉和肌腱充分活动开。脚着地时注意利用缓冲力，更不要在坚硬的场地上长时间跑跳。

3. 胫腓骨疲劳性骨膜炎的治疗

(1) 要停止大运动量的练习，避免剧烈的跑跳，或每天用40～50℃的温水浸泡患处半小时，并用绷带将小腿下部包扎起来，休息几天就会好转。

(2) 要用热水袋或热水毛巾局部热敷，促进血液循环，加快渗出物的吸收。

(3) 病情严重的要完全休息，待彻底治愈后再进行锻炼。

2.4.5 腰扭伤

1. 腰扭伤的发生机制与症状

腰扭伤在举重、跳水、投掷、体操、篮球、排球等运动中最容易发生。人体腰部的正中有一条脊梁骨，是由5个脊椎骨连起来的，叫做腰椎。连接腰椎骨的有很多条韧带和细小的肌肉，人向前后左右弯腰以及腰部的伸长、缩短，都靠这些肌肉收缩来牵动。肌肉收缩虽有一定的伸展力和弹性，但也不能突然超过限度。有些体育活动腰部最吃力，如果腰部的肌肉还没活动开就猛一用力，肌肉和韧带伸过了劲，就容易撕开和拉伤，造成腰扭伤。

2. 腰扭伤的预防

(1) 在剧烈运动前要做好充分的准备活动，特别是要做好腰部的准备活动，如前后弯腰、左右转身、上跳下蹲等，待腰的血液流通、局部发热后再参加剧烈活动。

(2) 要注意体育活动时的正确姿势，用力得当。不管从事哪一项体育活动，都要掌握一定的动作要领。腰部用力要逐渐加强，动作要协调平衡，不要过猛。

(3) 加强腰部肌肉的锻炼，尤其是以腰部活动为主的练习项目，能够使脊椎骨的活动度增加，韧带的弹性和伸展性增强，肌肉更加发达有力，即使在担负较大力量的情况下，也不容易发生扭伤现象。

3. 腰扭伤的治疗

发生腰扭伤后，要停止活动，立即休息。如果不休息、不及时治疗，容易反复发作，留下病根，变成慢性腰疼。躺在床上休息时，为了使腰部的肌肉放松，腰下可垫个薄点的软枕头，以减轻疼痛。腰扭伤后，用热敷疗法较好，并注意适当加强背肌练习，也可去医院接受治疗。

2.4.6 骨折

1. 骨折的发生机制与症状

骨折可分为完全性骨折（骨完全断裂为两块，如横断骨折、螺旋骨折）和不完全性骨折（骨未完全断裂，如裂缝骨折、柳枝骨折）。锻炼时发生骨折的原因如下。

（1）直接暴力。如踢足球时小腿被踢伤发生的胫骨骨折，跪倒在地面引起的膑骨骨折。

（2）间接暴力。如自单杠上摔下，用手扶地时发生的肱骨髁上骨折，足球守门员扑球时摔倒引起的锁骨骨折等。

（3）牵拉力。因肌肉强烈收缩时引起，如举重时提起杠铃突然进行翻腕动作，前臂屈肌附着在肱骨内上髁处可因肌肉突然收缩而产生的撕脱骨折。

（4）积累性暴力。因劳损的积累导致疲劳性骨折（如胫骨疲劳性骨折）。

骨折后的症状一般都比较严重，主要表现为疼痛、肿胀、皮下淤血、功能丧失、出现畸形和假关节、有压痛和震痛感等。

2. 骨折的预防

在剧烈运动中，尽量减少冲撞性的动作，尤其是作用时间短、强度大的动作是骨折发生的最危险因素。比如，足球运动中腿部受到冲撞，胫腓骨极易发生骨折。进行体操动作练习时腕部舟状骨容易发生骨折。总之，避免剧烈运动中的碰撞，骨折的发生率就会大大降低。

3. 骨折的治疗

骨折发生后要立即停止伤肢的活动，并进行急救。如果患者有休克的症状，要平躺休息，喝些热水，然后进行包扎。固定包扎时，动作要轻巧、缓慢，不要乱拉乱拖，以免造成严重的错位，影响恢复。包扎固定后，应去医院接受进一步的治疗。

2.4.7 肌肉痉挛

1. 肌肉痉挛的发生机制与症状

肌肉痉挛，俗称抽筋，是肌肉持续、不自主地强直收缩。在体育运动中最易发生痉挛的肌肉是小腿腓肠肌，其次是足底的屈拇肌和屈趾肌。肌肉痉挛的原因有以下几点。

（1）体育活动中大量排汗使体内电解质丢失。这些电解质在人体内的浓度水平与肌肉神经的兴奋性有关，当由解质丢失过多时肌肉兴奋性增高，肌肉易发生痉挛。这种情况多见于天气炎热或进行长时间剧烈活动时。

（2）运动时，由于肌肉快速地、连续地收缩，放松的时间太短，导致肌肉收缩与放松的协调关系遭到破坏，从而发生肌肉痉挛。

（3）在寒冷的环境中若未做准备活动或准备活动不充分就进行体育活动，肌肉会受到寒冷的刺激而引起肌肉痉挛。

（4）局部肌肉疲劳或有微细损伤时，也可引起肌肉痉挛。肌肉发生痉挛时，局部肌肉坚硬或隆起，剧烈疼痛，且一时不易缓解。

2. 肌肉痉挛的预防

为了预防肌肉痉挛，锻炼前做充分的准备活动，对容易发生痉挛的肌肉可事先做适当的按摩。冬季场外锻炼要注意保暖。夏季锻炼时要注意适当补充淡盐水及维生素 B_1 等。此外，疲劳和饥饿时，最好不要进行锻炼。

3. 肌肉痉挛的治疗

常用方法是牵引痉挛肌肉，使其伸长和松弛。用力要缓慢而持续，不可使用暴力。痉挛缓解后应适当按摩肌肉，如重推、揉、揉捏、按压，以促使痉挛解除。例如，腓肠肌痉挛时，先让患者平坐或仰卧，伸直膝关节，牵引着双手握住患者足部并抵于牵引者的腹部，利用牵引者躯干前倾的适度力量，将患者的脚掌和脚趾缓慢地向上扳；若屈拇肌、屈趾肌痉挛，用力将脚趾向上扳，但切忌用力过猛。

2.5　运动损伤的防治方法

2.5.1　中草药疗法

中医治疗创伤性疾病具有独特而系统的治疗法则和丰富多样的治疗方法，有着内外兼治、价廉简便、疗效较佳的特点。

1. 中草药治疗运动损伤的基本法则

1） 整体观

中医十分强调人体是一个统一的整体，认为“肢体损于外，则气血伤于内，营卫有所不贯，脏腑由之不和”。局部损伤会影响整个机体的功能状态，而全身状况又会影响局部损伤的愈合与康复，强调了局部与整体的辩证统一关系。

2） 辨证施治

中医的辨证施治就是要根据不同的伤种、病情、病期、体质状况和年龄、性别等，采取不同的治疗方法与方剂，不可千篇一律，才能收到良好疗效。

2. 中草药治疗运动损伤的具体应用

中草药治疗运动损伤的法则是在长期的医疗实践中形成的，是由跌打损伤的特点决定的。

1） 运动损伤初期——组织损伤及出血期

运动损伤发生后组织撕裂或断裂，血管破裂出血，组织液、淋巴液渗出，此时可见皮下淤血、肿胀，形成血肿块，出现疼痛。此时宜用活血化瘀生新剂。

2） 炎症反应及肿胀期

此时局部出血已停止，出现反应性炎症。局部血管扩张，吞噬细胞增加，同时因淋巴管有损伤性阻塞，渗出液不能由淋巴管排出，因而除血肿外，还有水肿。此时宜用清热消炎、活血化瘀、行气通络药，如外敷二号新伤药、消肿散等。

3） 肉芽组织机化期和瘢痕期

伤部血肿开始吸收，肉芽组织已形成，最后形成瘢痕，或发生瘢痕收缩可引起关节运动功能障碍和局部组织变弱。此期宜用温经通络、活血化瘀、强筋壮骨药。

2.5.2　针灸疗法

常用的针灸法，包括针刺法、灸法和其他针法。“针”是指“针刺”，是一种利用各种针具刺激穴位来治疗疾病的方法。“灸”是指艾灸，是一种用艾绒在穴位上燃灼或薰熨来治疗疾病的方法。针灸具有疏通经络、调和阴阳、扶正祛邪的作用。有资料报道，针灸对扭伤的治愈率达81%。

1. 方法

针灸的方法很多，常用的有针刺法、电针法和灸法。

1）针刺法

毫针是常用的针具。通过针刺穴位并给以一定量的刺激，可以“通其经络，调其气血”。进针后，针刺部位出现酸、胀、重的感觉，称为“得气”或针感。一般地说，针感迅速则效果好，针感慢则效果差。针刺时，应正确选用治疗穴位，熟练掌握操作方法，做好滞针、弯针、断针和晕针等意外情况的预防和处理。

2）电针法

针刺得到感应后在针上通以电流，利用电流对穴位的刺激而加强治疗作用。其优点是可代替长时间地持续运针节省人力，能较准确地调整刺激量。

3）灸法

把艾绒制成艾炷或艾条点燃后直接或间接地作用于穴位或某一部位并给予一定的温热刺激，通过经络的调整作用而达到治病目的。灸法可分为直接灸和间接灸，间接灸又可分为隔姜灸、隔盐灸、隔蒜灸和温和灸等。运动创伤治疗中多用艾条灸和温针灸，常用于软组织损伤、关节痛等。

2. 取穴原则

1）就近取穴

根据穴位局部主治性和邻近主治性的规律，选用损伤部和邻近部的穴位，如肩痛时选用阿是穴即压痛点、肩髃、肩髎、臑俞穴等。

2）循经取穴

根据受伤部位属于何经循行，即可在本经远端部位针刺1～2个大穴。例如，腰痛时可在足太阳膀胱经上针刺委中、昆仑穴，肩痛可加刺外关穴、关冲穴等。

2.5.3 拔罐疗法

拔罐疗法俗称拔火罐。它是以杯罐为工具利用火的燃烧排除罐内的空气产生负压吸附在皮肤上来治疗疾病的方法。

1. 拔罐的作用

1）溶血作用

拔罐时因罐内形成负压吸力较强引起局部毛细血管充血，甚至使毛细血管破裂而产生淤血，淤血在消退过程中发生自身溶血，释出的血红蛋白通过末梢感受器对大脑皮质是一个良好的刺激，从而提高大脑皮质的功能使大脑对各器官系统的调节功能得到改善，因而有利于机体功能的恢复。

2）穴位作用

在穴位上拔罐对穴位是一种刺激，有疏通经络、宣通气血、扶正祛邪、平衡阴阳的作用。

3）温热作用

拔罐时局部皮肤有温热感，温热刺激能促进局部血液循环，具有热疗的作用。

2. 拔罐治疗运动损伤的具体应用

拔罐疗法适用于闭合性软组织损伤，如挫伤、拉伤、扭伤、腰痛、坐骨神经痛等，以及慢性关节炎。但皮肤过敏、水肿、出血性疾病的患者，皮肤有破损、感染和大血管的部位，孕妇的下腹部与下腰部等均不宜拔罐。

2.5.4　按摩疗法

按摩疗法是治疗损伤性疾病的重要方法之一。它是手法治疗的总称，方法简便易行，疗效较为满意，只要方法运用得当不会产生任何副作用。

1. 按摩治疗的作用原理

（1）调节内脏功能。

（2）增强体质。

（3）舒筋活络，宣通气血。

（4）解除痉挛，镇痛移痛。

（5）活血化瘀，消除肿胀。

（6）疏通狭窄，松解粘连。

（7）顺筋正骨，整形复位。

2. 按摩治疗的基本手法

我国按摩流派较多，按摩手法有 110 多种，其中最常用的手法有 20～30 种，如推、擦、揉、捏、揉捏、搓、按、摩、拍击、抖、运拉、滚、刮、掐、弹筋、理筋等都是治疗运动损伤的常用手法。同时，经穴按摩对疾病的防治具有独特的效果。学生在了解中医经络脏腑学说的基础上，必须掌握按摩基本手法和经穴按摩知识与技能。

2.5.5　局部药物注射疗法

局部药物注射疗法是治疗运动损伤的常用方法。

1. 常用药物及其药理作用

临床常用的有盐酸普鲁卡因、醋酸氢化可的松、泼尼松及透明质酸酶等。

1）盐酸普鲁卡因

盐酸普鲁卡因有抑制神经纤维传导和扩张微血管的作用，毒性小对局部组织无刺激，常用 1%～2%溶液。单独在痛点使用，除了可以止痛外，还可以帮助鉴别诊断和判断注射部位是否正确，如若注射部位正确，注射后局部压痛及活动时疼痛消失，否则应重新作检查诊断及改变注射点。

2）醋酸氢化可的松和泼尼松

这两种激素的局部作用主要是消炎和抗变态反应。此种药物局部注射后能使结缔组织发生生理和结构的改变。结缔组织包括成纤维细胞和非细胞部分，后者如基质、纤维与基膜等，这两种药物对成纤维细胞起抑制作用，能保护基质不受破坏，维持毛细血管的正常渗透性。因而局部注射后能抑制炎症反应，减轻炎症细胞浸润和防止或减轻水肿。

从临床治疗各种创伤的效果看，泼尼松比醋酸氢化可的松好。注射剂量视伤种和部位而定，一般均采用与 1%～2%盐酸普鲁卡因混合液作局部注射。

3）透明质酸酶

透明质酸酶能使成纤维细胞活性增强，毛细血管的数目和毛细血管壁的通透性增加，使基质中的透明质酸分解成为水溶性物质。因此，透明质酸酶可引起组织炎症、水肿和瘢痕。据资料表明，除睾丸外组织的变态反应和创伤均可产生透明质酸酶。从药理作用机制上看，透明质酸酶和副肾皮质激素似乎矛盾（表 2.1），但应用方法得当能起到消肿作用。

表 2.1 透明质酸酶与副肾皮质激素的作用

透明质酸酶	副肾皮质激素
1. 使成纤维细胞的活性增强	1. 对成纤维细胞起抑制作用
2. 破坏基质	2. 保护基质不受破坏
3. 血管扩张，使毛细血管壁的通透性增加	3. 维持毛细血管壁的正常通透性
4. 引起水肿	4. 防止水肿

2. 注意事项

运用副肾皮质激素治疗运动损伤，已被国内外广泛采用，但要避免滥用。对急性小创伤或慢性损伤可以采用激素局部注射，但注射的药量、次数都要严格控制，并掌握正确的注射方法。

2.5.6 物理疗法

应用自然或人工的各种物理因子作用于机体以达到预防和治疗疾病的方法，称为物理疗法，简称理疗。

理疗的种类很多，常用方法如下：

1. 冷冻疗法

冷冻疗法是应用比人体温度低的物理因子（冷水、冰、蒸发冷冻）刺激治疗伤病的方法。

1）作用

冷冻疗法能使局部血管收缩，减轻充血，降低组织温度，抑制神经感觉，具有止血、退热、镇痛、预防或减轻肿胀的作用。适用于治疗急性闭合性软组织损伤的早期，如挫伤、关节韧带扭伤、肌肉拉伤等，伤后立即使用。

2）方法

(1) 冷敷法。将浸透冷水的毛巾放于伤部，2 分钟左右更换一次，或用冰袋（可将冰块装入热水袋或塑料袋内）作局部冷敷，每次约 20 分钟。在天气不冷的季节，可用冰块直接擦抹伤部，或将伤部浸泡于冷水中，但时间应短些。

(2) 蒸发冷冻法。利用容易蒸发的物质接触体表，吸收热量而使局部温度迅速降低。常用的有氯乙烷、好得快等。从瓶口喷射的氯乙烷细流应与皮肤垂直，距皮肤 30～40 厘米，喷射 8～12 秒至皮肤出现一层白霜为止。有时为了加强治疗作用，隔 20 秒后再喷射一次，但喷射次数不能过多，以免发生冻伤。面部损伤不宜采用蒸发冷冻法，冷冻疗法结束后伤部应作加压包扎。

2. 温热疗法

温热疗法是应用比人体温度高的物理因子（传导热、辐射热）刺激治疗伤病的方法。

1）作用

温热疗法能使局部血管扩张，改善血液和淋巴循环，增强组织新陈代谢，缓解肌肉痉挛，促进淤血和渗出液的吸收，具有消肿、散瘀、解疼、止痛、减少粘连和促进损伤愈合的作用。温热疗法适用于治疗急性闭合性软组织损伤的中期和后期以及慢性损伤。

2）方法

（1）热敷法。将浸透热水的毛巾放于伤部，热敷的温度以 47～48℃为宜，约 30 分/次，每日 1～2 次。此外也可用热水袋作热敷。

（2）红外线疗法。将红外线灯预热 2～5 分钟后移至伤部的斜上方或侧方（有保护罩的可垂直照射），灯距一般为 30～50 厘米。伤部应裸露，体位要舒适。照射剂量以伤员舒适的热感、皮肤出现桃红色均匀红斑为宜。若过热应调整灯距，如有汗液要擦去。每日 1～2 次，每次 15～30 分钟。

3）注意事项

热疗时要防止发生烫伤。蜡疗时若有皮肤过敏（皮疹）或红外线治疗时若有头晕、心慌、疲倦等应停止治疗。红外线治疗时应避免直接照射眼部，如皮肤出现红紫或灼痛感要立即停止照射。高热、活动性肺结核、恶性肿瘤和有出血倾向者不宜进行热疗。

3. 直流电药物离子导入疗法

通过直流电的作用将药物离子经过皮肤或黏膜导入体内以达到治疗疾病的目的，称为直流电药物离子导入疗法。由于它兼有直流电和药物的作用，故而疗效比单纯的直流电疗法要佳。

直流电药物离子导入疗法的操作方法与直流电疗法基本相同。但必须注意：带阴离子的药物应由阴极导入，带阳离子的药物应由阳极导入，在主电极板的衬垫与皮肤间放置由药液浸湿的 1～3 层纱布，另一不放纱布的称副电极板。中草药制剂因成分复杂，治疗时除极性已明确的药物外，最好两个电极板下都放置由药液浸湿的纱布（表 2.2）。

表 2.2 几种常用药物的极性、浓度和作用表

导入的离子	极性	采用的药物	浓度	主要作用
钙	＋	氯化钙	2%～10%	刺激交感神经，降低细胞膜渗透性和感觉神经兴奋性，消炎，脱敏
镁	＋	硫酸镁	2%～10%	解除平滑肌痉挛，使血管扩张，血压降低，利胆
钾	＋	氯化钾	2%～10%	提高神经系统兴奋性，促进血液凝固，消炎
锌	＋	硫酸锌	0.25%～1%	降低交感神经兴奋性，收敛，杀菌，促进肉芽生长
氯	－	氯化钠	2%～10%	软化瘢痕，促进慢性炎症吸收
水杨酸	－	水杨酸钠	2%～10%	镇痛退热，抗风湿，杀灭真菌
普鲁卡因	＋	盐酸普鲁卡因	2%～5%	镇痛
川乌或草乌	＋	川乌或草乌酊	10%	祛风湿，舒经散寒，止痛
延胡索	＋	延胡索液	10%	镇静，止痛

2.5.7 固定疗法

常用的固定方法较多，如布类固定、黏胶固定、夹板固定、石膏固定、支架固定、牵引固定和手术内固定等。治疗运动创伤时应根据病情和制动程度的不同要求来选用。

1. 布类固定

常用的有绷带、三角巾、弹力绷带和弹力带等，一般运用于对制动要求不高的损伤，如关节扭挫伤、创伤性滑膜炎、关节半脱位整复术后和伤后关节稳定性差等。

2. 黏胶固定

常用的黏胶有粘膏、粘膏绷带、膏药等，适用于伤后关节、韧带松弛以及需限制关节、肌肉、肌腱活动范围时。治疗运动创伤后训练中正确使用保护支持带，对促进创伤愈合、防止再伤有着重要价值，它能保护关节的稳定性，限制关节、肌肉发生超常范围的活动使伤部组织得以适当休息，因而有利于创伤的愈合。常用的保护支持带的使用方法如下：

1）指间关节扭伤

指间关节扭伤后将伤指与健指固定在一起（图 2.1），两条粘膏的位置不要妨碍关节的屈伸运动。

2）第一关节扭伤

粘膏支持带的缠绕方向应防止第一掌指关节过伸与外展（图 2.2）。

图 2.1 指间关节扭伤粘膏支持带

图 2.2 第一掌指关节粘膏支持带

3）蚓状肌损伤

铅球运动员练习时用，为布制支持带（图 2.3）。

4）腕部损伤

用膏药及绷带，膏药除有治疗作用外还起固定与限制关节活动的作用。常用于腕关节及下尺桡关节扭伤、三角软骨盘损伤及腕部腱鞘炎（图 2.4）。

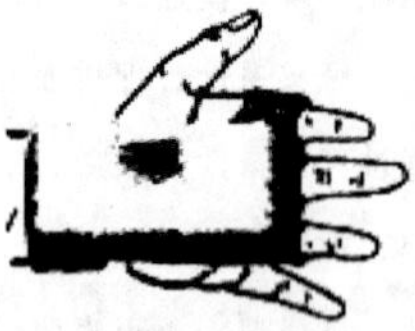

图 2.3 蚓状肌损伤支持带

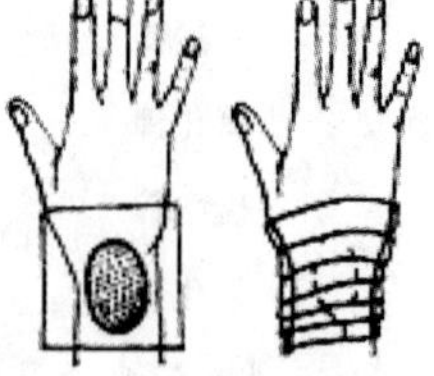

图 2.4 腕部损伤支持带

5）膝关节前交叉韧带损伤

用两条粘膏由腘窝部交叉绕至膝部前面固定（图 2.5），常用于陈旧性损伤、股四头肌无萎缩者。

6）胫骨粗隆骨软骨炎

用粘膏将膝固定于伸直位 3～4 周（图 2.6）。

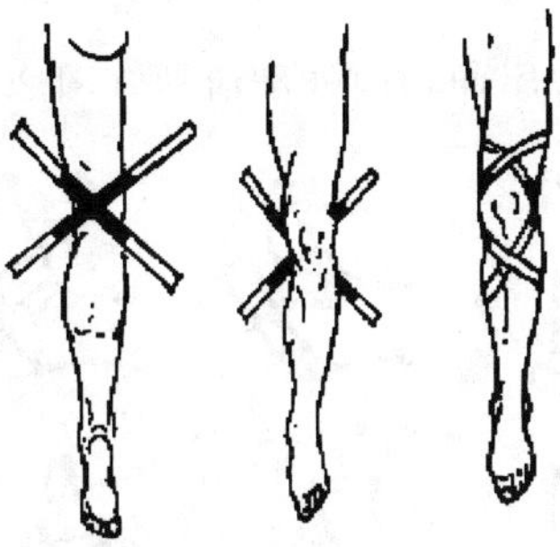

图 2.5　膝前交叉韧带损伤支持带

图 2.6　胫骨粗隆骨软骨炎支持带

7）大腿肌肉拉伤。

大腿肌肉拉伤的弹力护腿如图 2.7 所示。

8）胫腓骨疲劳性骨膜炎

用弹力绷带由足向小腿方向包扎（图 2.8）。

图 2.7　大腿肌肉拉伤的弹力护腿

图 2.8　胫腓骨疲劳性骨膜炎的弹力绷带

9）跟腱腱围炎或捩伤

用粘膏带将踝微背伸位（80°）固定，使跟腱得到保护和休息（图 2.9）。

10）踝关节距腓前韧带损伤

用弹力绷带固定，防止并限制踝关节的异常屈伸和内外翻活动（图 2.10）。

图 2.9　跟腱损伤粘膏支持带

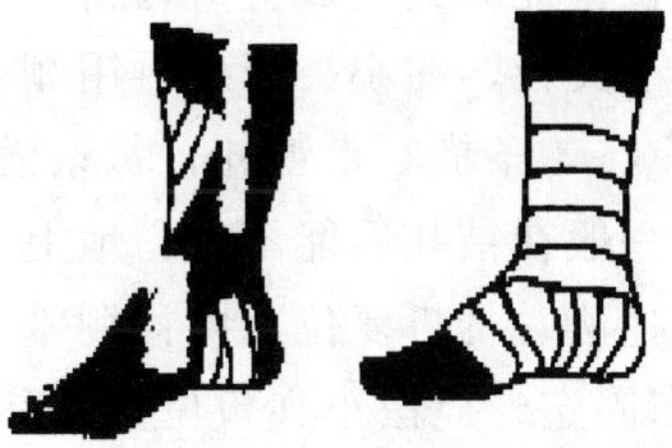

图 2.10　距腓前韧带损伤粘膏支持带

11）足球踝

用弹力绷带固定，防止并限制踝关节的异常屈伸和内外翻活动（图 2.11）。

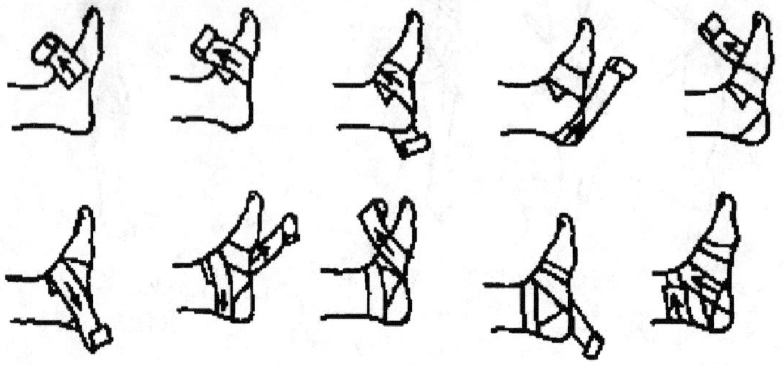

图 2.11　足球踝保护支持带

3. 小夹板固定

1）小夹板固定材料

小夹板固定时所需的材料有小夹板、固定垫（棉垫或纸垫）、横带（扁布带）、绷带、棉花、胶布等。小夹板的木质要有一定的塑性、韧性与弹性，常用的材料有杉树皮、柳木、椴木和竹片等。除关节附近的骨折外，小夹板的长度以不超过上下关节为宜，数块小夹板的宽度总和应略窄于伤肢的周径。固定垫应垫放在小夹板内，作用是防止骨折端再错位，但不可以垫的挤压作用代替手法复位，以免造成压迫伤。垫的大小、厚度和硬度均应适宜，垫的数量和安放位置应根据骨折情况而定（图 2.12～图 2.14）。

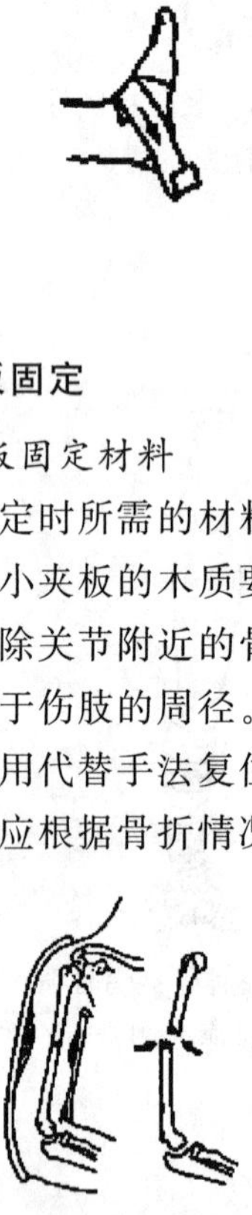

图 2.12　双垫固定法

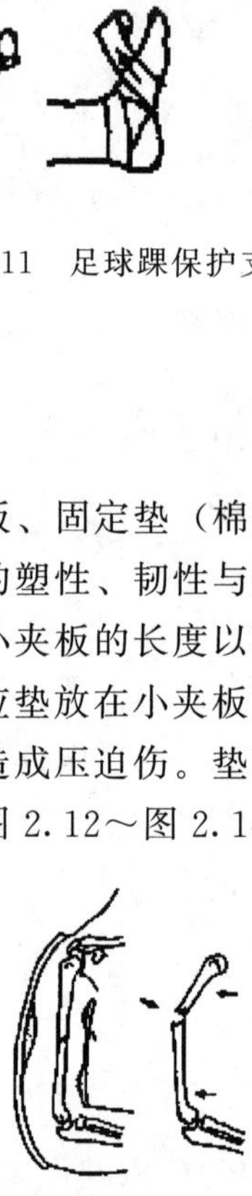

图 2.13　三垫固定法

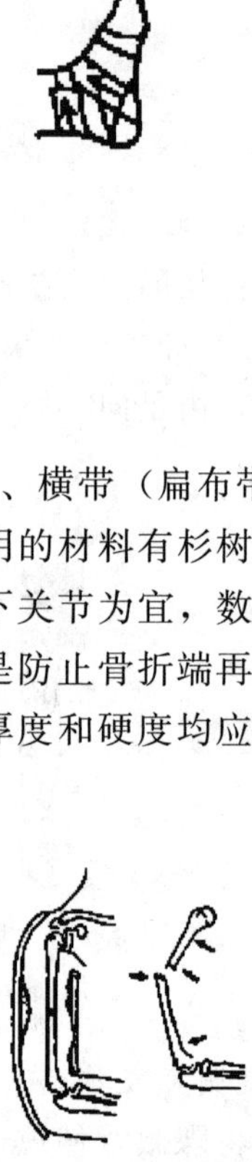

图 2.14　四垫固定法

2）小夹板固定包扎方法

小夹板固定包扎方法分为续增包扎法和一次包扎法两种。

（1）续增包扎法。骨折复位后先用绷带自远端向近端缠绕 1～2 层作为内衬以保护皮肤，然后再安放小夹板。此时应先放置对骨折固定起主要作用的两块小夹板，用绷带缠绕两圈后再安放另外两块小夹板，在小夹板外再用绷带包扎覆盖，以保持各层小夹板的位置，最后，由近侧到远侧用 3～4 条横布带缚扎，每条横布带应绕肢体两周后结扎。横带有调节小夹板松紧度的作用，一般在结扎后能不费力地上下移动 1 厘米为松紧适度。

（2）一次包扎法。骨折复位后内衬绷带，然后将几块小夹板一次性安放在伤肢四周，最后用 3～4 条横布固定。此法小夹板位置易移动，应经常检查。

3）注意事项

小夹板固定后应注意被固定部位的变化。密切观察伤肢的血液循环情况，尤其是固定后的 1～4 天内更应注意肢端动脉搏动、温度、颜色、感觉及肿胀程度，若有循环障碍应立即松解并重新包扎固定，并嘱咐患者抬高伤肢以利于消肿。经常调整小夹板的松紧度，若压垫部出现疼痛要及时检查和处理，并指导患者及时进行功能锻炼。

4. 石膏固定

1）*石膏的特性*

临床上使用的是脱水硫酸钙，由含水硫酸钙研成粉末后，再加热至 100～200℃制成。使用时加水即还原呈针状结晶体，相互交织非常坚固。一般 10～20 分钟凝固，24～72 小时干燥。

2）*石膏绷带的制作*

将石膏粉撒在稀孔的纱布带上即成石膏绷带。纱布必须是脱脂纱，一般 1 厘米有 12 根纱线。制成 15 厘米或 10 厘米宽、5 厘米长，或 7 厘米宽、3 米长的石膏卷，也可折叠成 8 层的石膏带。

3）*石膏固定在治疗运动创伤中的应用*

石膏固定是治疗运动创伤的常用方法，如骨折、脱位、肌腱或韧带断裂、半月板撕裂或手术后等。用石膏绷带浸水后缠绕在伤肢上即成石膏管型，或制成石膏托，对伤肢起固定作用。

进行石膏固定时，把石膏卷平放在温水桶中（根据操作速度每次放 1～2 卷），待气泡出净后取出，双手握石膏卷两端，挤出多余水分即可使用。石膏卷不可浸泡过久，或从水中取出后等待过久以免石膏凝固。

4）*注意事项*

石膏内最好不用绷带以免石膏凝固时将绷带固定拉紧而影响血液循环。上石膏前应将皮肤洗干净，将肢体的关节保持在功能位，或根据需要将某个关节保持于一定的角度。预防和及时处理石膏固定可能引起的并发症，如石膏压迫疮、神经压迫伤、肢体的缺血性坏死及挛缩、石膏过敏等。

5. 支架固定

常用支架有前臂托板、颈托、围领、围腰等。支架的固定作用比石膏的差，但具有轻巧、简便的特点，可根据需要定时佩带和取下，一般适用于不需持续固定的伤病患者。

6. 手术内固定

常用的内固定有髓腔钉、钢板螺丝钉、钢丝、指骨钉等，一般适用于外固定不易保持固定作用的骨折患者。

2.5.8 伤后的康复锻炼

运动损伤的康复除了及时进行诊断和治疗外，还涉及宣传教育、合理安排生活作息和营养，以及伤后的康复锻炼。

康复锻炼要根据损伤特点、功能损害情况和专项运动的特殊要求，由医生与教师或教练员协同进行。

1. 康复锻炼的目的和任务

1）*维持心血管功能及代谢的运动适应性*

适当的运动训练可使最大摄氧量增加 5%～25%，一旦停止运动这种增加即迅速消退。

有报告指出，停训2周即开始下降，停训4～12周可消退50%，停训10周～8个月即下降到或接近于训练前水平，以后要经几个月的训练才能恢复。

为了维持心血管及代谢的运动适应，要保持一定的耐力运动。根据美国运动医学会建议，应作60%～90%最大贮备心率或50%～85%最大摄氧量的耐力运动，每次15～60分钟，每周3～5次。上肢损伤者可进行跑步、阻力自行车、登楼等运动，下肢损伤者可做拉力器、扩胸器、哑铃、手摇功率计等运动，也可做适当的腹背肌体操，保持运动员已经获得的良好训练状态，伤愈后即能参加正常训练。

2）防止因停止训练而引起的各种疾病

运动员因伤突然减少或完全停止训练，常会引起各种条件反射性联系的破坏，产生严重的功能障碍，如神经衰弱、胃扩张、胃肠道功能紊乱等，有人称之为“停训综合征”。

3）防止失用性肌肉萎缩和骨与关节的变化

伤后康复锻炼能改善伤部血液循环，增强组织的新陈代谢，加速淤血和渗出液的吸收，促进受伤组织的愈合，防止组织粘连、关节囊和韧带挛缩。增强关节稳定性，避免因肌肉萎缩和受伤组织的松弛而导致关节不稳引起再伤。

此外，与技术动作密切相关的运动创伤多为慢性小创伤，治疗时应减少或暂停受伤动作的练习，防止再伤。某些文体项目如体操、舞蹈，伤后康复锻炼可以防止体重增加，缩短恢复训练的时间。

2. 实施康复锻炼应采取的措施

（1）实施康复过程中应采取多方面的综合措施，如理疗、按摩、针灸、牵引和保护支持带的应用等。康复锻炼的重要环节是尽量不停止全身或局部的活动，伤部肌肉训练越早开始越好。

（2）仔细检查、正确诊断以便采取正确的训练手段。检查内容有心肺功能、局部肌力、关节活动范围、肌张力等。

3. 急性损伤的康复锻炼

一般认为，伤后要尽量保持全身和未伤部位的锻炼，如上肢损伤时锻炼下肢，下肢损伤时锻炼上肢，并适当配合做腹背肌体操。但注意负担量适当，不可单纯以加大未伤部位的训练量代替已伤部分的功能负荷。急性损伤的早期伤处可暂不活动，以利于促进急性症状的消退，症状减轻后在不引起疼痛或疼痛明显加重的原则下，应及早进行康复锻炼。

1）韧带损伤

膝关节侧副韧带捩伤者伤后1～2天，即可在粘膏带的保护下开始练习屈伸活动。韧带部分断裂应固定3周，韧带完全断裂，术后应固定4～6周，并立即开始做股四头肌等长收缩练习，负重直腿抬高练习，逐步增加负荷重量。拆除固定后，循序渐进地做膝关节活动度练习，着重恢复股四头肌和股后屈肌的力量以增强关节稳定性。前交叉韧带损伤时，要注意加强股后肌群的力量。后交叉韧带损伤时，要着重增强股四头肌的力量。

踝关节韧带捩伤轻者伤后1～2天即在粘膏支持带的保护下练习行走与慢跑，7～10天后可恢复训练。较严重的韧带扭伤可用石膏管型固定1～2周，但应带石膏练习行走。韧带断裂后不论手术与否都应固定4～6周，做脚趾屈伸和踝的等长练习，7～10天后带着有跟石膏靴行走，拆除石膏后做踝关节屈伸及足的内、外翻活动度练习和屈伸肌力练习。一般2～3个月后可参加训练。

2）肌肉肌腱断裂

肌肉完全断裂缝合后固定 3～4 周，同时做周围肌肉的等长练习，2 周后做缝合肌肉的等长练习，去除固定后做增强及牵伸损伤肌肉的练习。

肌腱断裂（以跟腱断裂为例）缝合后固定 3 周可做足部等长练习，去固定后再坐、卧位活动踝关节，下地时仍带石膏靴，5 周后着中跟鞋步行，并逐渐降低鞋跟，以后做跟腱牵伸练习，恢复踝背伸活动度，约 8 周可练习双足提踵，3 个月可练慢跑，6 个月可全力踏跳。

肌肉肌腱部分断裂不需手术修复时应将患肢维持于使损伤肌肉充分伸长的位置，防止挛缩。一般 1 周后开始牵伸及加强受损肌肉的练习。

3）关节软骨损伤

非负重关节和负重关节非负重区的软骨损伤，如肱骨小头的骨软骨骨折、股骨远端脂肪垫区骨软骨骨折等，摘除游离片，切口愈合即可负重，做活动度及肌力练习，1 个月后可参加训练。

关节负重区的骨软骨骨折无错位或复位后固定 4～6 周，做周围肌肉等长练习及邻近关节活动，去除固定后做活动度练习及肌力练习，负重练习从缓进行。持重区病灶清除术后，新生的肉芽创面通过压磨才能化生成玻璃软骨，但过度运动可引起组织脱落或出血，故术后 2 周应做不负重的关节运动，4～5 周下地负重，半年后才可参加正规训练。

4. 慢性损伤的康复锻炼

慢性损伤的康复锻炼一般应根据病理和症状安排。若仅做某一动作时痛，活动开后不痛者可参加正常训练。平时疼痛，活动开后不痛者应减量训练。平时疼痛，准备活动后仍痛者，应停止局部练习。

此外，注意纠正易致伤的错误动作，避免反复损伤。例如，标枪肘患者应学会投掷时前臂旋前屈腕出枪，防止肘关节过伸与外展。要充分发展代偿功能，如投掷时症状较重，肘关节不能完全伸直者，应重点发展前臂、肩、腰腹和膝部的肌肉爆发力。注意加强维持关节稳定性的肌肉力量，如髌骨劳损者要加强股四头肌的力量，练习高位站桩等。慢性腰痛的患者应加强腰背肌和腹肌力量，保持脊柱周围肌力平衡。要合理安排局部负荷量，避免过多练习致伤，可暂时改变动作形式促进损伤康复。例如，胫腓骨疲劳性骨膜炎者可在仰卧位下练习踏车动作；跟腱腱围炎者可练习全脚掌着地慢跑，由 100 米逐渐增至 2000 米。这有助于改善局部血液循环和消除粘连，缓解症状促进康复。

5. 恢复训练时机的判定

恢复训练时机的判定比较复杂。若伤后过早恢复训练，将会妨碍创伤的痊愈或使创伤加重，由急性损伤转变成慢性损伤，并可引起其他损伤；但过迟恢复训练，又会影响运动成绩。因此，正确判定恢复训练的时机是运动创伤康复治疗中的重要问题。

恢复训练的时机，一般由以下几个因素来决定。

1）伤肢基本功能的恢复情况

伤肢基本功能的恢复主要是伤肢的肌力、关节活动度、肢体围度等是否与健侧相近。一般地说，伤肢的关节活动度应恢复正常，肌力的恢复应达到健侧的 95%以上，活动时应无疼痛。某些损伤还需做特殊功能检查，如膝关节韧带损伤时检查单足曲线跳的能力，股后肌群损伤时要做双肢直腿抬高试验，以检查伤肢股后肌的韧性。

2）损伤的轻重程度

韧带扭伤和肌肉拉伤时恢复训练的时间明显早于韧带与肌肉断裂。

3）损伤与运动项目的相互关系

某些运动创伤与专项技术的特殊要求有关，常引起运动中负荷较大部位的损伤，对训练的影响较大，因而专项训练的恢复应较迟些。

此外，伤后康复的快慢有个体差异，同时还应考虑患者的心理状态，患者害怕训练可能说明创伤尚未康复，忘记有伤可能说明恢复较完全。

思考题

1. 运动损伤发生的原因是什么？如何预防？
2. 现场急救有何意义？
3. 掌握人工呼吸法和心脏复苏术。
4. 掌握常用的几种包扎固定方法。
5. 简述运动损伤各种治疗方法的治疗机理及注意事项。
6. 简述运动损伤康复锻炼的目的和任务。
7. 组织运动损伤治疗方法及康复锻炼的实习（实践操作）。

第 3 章 女性与体育运动

古代奥运会及现代奥运会的初期，女性禁止参加竞技比赛，这主要与当时人们对“理想女性”的理解有关。传统的有关理想女性的观点是与特定的关于女性身体特点的观点密切相连的，认为女性应该具备以下一些特点：宽厚、优雅、娇弱和美丽。在古奥运时代，所推崇的女性品质主要为：美丽、纯洁、谦卑、服从、行为不招摇、贤妻良母。19 世纪，欧美国家的妇女像她们所使用的烤炉一样，要待在家里而不是在运动场上。19 世纪早期，德式体操或瑞式体操就已出现，然而，在 1811 年柏林某公园举行的德式体操比赛却不允许女性参加。她们只能待在场外赞赏男子体操运动员的技艺。现代奥林匹克之父顾拜旦，一生认为妇女不该用她们的汗水玷污奥运会，而只能为胜利者加冕。在我国，妇女开始参加体育竞赛的历史并不长远。“三寸金莲”曾限制了许多中国女性的自由，一个连走路都感到困难的人更不要说参加体育锻炼了。随着社会的发展、女性地位的提升，女性取得了与男性同场竞技的权利，女性参与体育锻炼也成为司空见惯的事情，女性的身体健康得到了明显改善。

3.1 女性经期的体育锻炼

许多女性在经期都拒绝参加体育运动，认为经期运动不利于身体健康。这种想法不仅片面，而且也缺乏科学依据。下面让我们对经期是否能够参加体育锻炼进行深入的了解。

3.1.1 经期的生理特点

女性到了青春期，每月都会出现一次子宫出血，这种现象叫做月经。第一次来月经叫初潮。出血（即经血来潮）的第一天称为月经周期的开始，两次月经第一天的间隔时间称为一个月经周期，一般为 28～30 天。月经期是指经血来潮的持续时间，正常月经持续 2～7 天，一般为 4～5 天。

月经的形成与卵巢和子宫内膜的周期性变化密切相关。从青春期发育开始，卵巢内的卵子逐渐发育成熟，由卵巢排出。在卵子成熟和排出的过程中，卵巢分泌雌性激素，促使子宫内膜增厚，血管增生。卵巢还分泌黄体素，促使子宫内膜继续增厚，血管增生，为受精卵的种植和发育准备条件。排出的卵子如果没有受精，雌性激素和黄体素的分泌量显著减少，子宫内膜组织坏死、脱落，血管破裂、出血。脱落的子宫内膜碎片连同血液一起由阴道流出。

由于月经期全身和局部的变化，有些女性在月经前期或月经期会出现一些不适感，如腰酸、小腹下坠、发胀、腹痛、轻度水肿、便秘等情况，也有可能有疲倦、贪睡、情绪不稳定等全身症状，这些都属正常现象。月经期，子宫口松弛，容易感染引起疾病。

在青春发育期之前，女生与男生在身体形态、身体机能和身体素质上没有太大差异。但是，进入青春发育期，随着身体发育日渐成熟，性激素的作用使得男女学生在身体形态、身体素质上有了较大改变，一月一次的月经也使得女性在体育锻炼上与男性有所不同。在小学阶段，男女生一起上体育课的情况被中学的男女生分班上体育课所取代（有些学校还是合班上体育课）。

3.1.2 经期进行适宜体育锻炼的好处

对于身体健康、发育正常的女性来说，经期进行中、小强度的适当锻炼，不仅不会对身体造成伤害，而且还可以改善盆腔的血液循环，减轻经期盆腔充血及经期不适感。另外，适当的体育活动还有助于调整大脑皮质的兴奋与抑制过程，减轻经期的全身不适感。

如果在经期停止运动，且比较贪嘴的话，就会造成能量过剩，导致体重增加。可见，经期适当地参加一些体育活动还有助于良好身材的保持。

3.1.3 经期参加体育锻炼的注意事项

1. 经期不宜进行剧烈的体育活动

(1) 月经紊乱、痛经及患有妇科炎症的女性，经期不适合参加体育活动。

(2) 女性在经期身体抵抗能力较弱，免疫系统功能较平时低，如果进行大强度的体育活动，不仅经血量会增加，而且免疫系统的功能会降低，对疾病的抵抗能力降低，机体易感染疾病。另外，女性经期的身体反应能力、适应能力、肌肉力量都有所下降，进行剧烈的体育活动易造成身体伤害事故的发生。

2. 经期不宜进行挤压腹部的练习

经期进行挤压腹部的练习（如仰卧起坐、后倒成桥、俯卧撑），子宫就会因为受压而造成经血过多，严重的还会发生子宫位置的改变，如子宫后倒。

3. 经期不宜游泳

经期女性身体的抵抗力下降，子宫内膜创面较大，子宫颈口较平常扩大，容易感染细菌，因此，女性在经期不宜进行游泳、跳水等体育运动。

3.2 建立正确的审美观

现代社会的审美需求尤其是某些演艺界公众人物的错误引导使得人们对女性身材美的观念产生了偏差，错误地认为骨感就是美，忽略了男女间的性别差异，女性的柔美曲线被直线条所取代，凹凸有致的身材被平面所取代。怎样的女性才能称为“淑女”，弱不禁风，说话细声细气是否就是淑女的特征呢？事实上，这是封建社会的产物，是男权社会的“杰作”。作为女性应正确对待自己的身体，不要一味地去迎合男性的口味，以牺牲自己的健康为代价。淑女应该是有文化、有教养、言谈举止得体大方、不造作的健康女性。形体美的衡量标准是什么？骨感就是好身材吗？脂肪是形体美的大敌吗？这些问题困扰着许多女性。可见树立正确、理性的审美观非常重要。

3.2.1　形体美的标准

俄国文豪车尔尼雪夫斯基说过这样一句话："生命是美丽的，对人来说，美丽不可能与人体的健康分开。"一个人如果连身体健康都失去了，美丽也就成了一句空话。

1. 健康的定义

传统意义上的健康是指身体没有疾病。20 世纪 40 年代世界卫生组织（WHO）提出："健康不但是没有身体缺陷和疾病，还要有完整的生理、心理状态和社会适应能力。"现代人的健康内容包括躯体健康、心理健康、心灵健康、社会健康、智力健康、道德健康、环境健康等。健康是人的基本权利，是生活质量的基础。

世界卫生组织根据给健康所下的正式定义确定的衡量健康的十项标准如下：

（1）精力充沛，能从容不迫地应付日常生活和工作；

（2）处事乐观，态度积极，乐于承担任务，不挑剔；

（3）善于休息，睡眠良好；

（4）应变能力强，能适应各种环境变化；

（5）对一般感冒和传染病有一定的抵抗力；

（6）体重适当，体态均匀，身体各部位比例协调；

（7）眼睛明亮，反应敏锐，眼睑不发炎；

（8）牙齿洁白，无缺损，无疼痛感，牙龈正常，无蛀牙；

（9）头发光洁，无头屑；

（10）肌肤有光泽，有弹性，走路轻松，有活力。

2. 脂肪的作用

现代社会，人们一谈到"脂肪"这两个字，就会非常不舒服，甚至产生反感。其实，人体生命活动需要适量的脂肪。脂肪在人体构成方面起着非常重要的、不可替代的作用。脂肪也是人体曲线美的"缔造者"。人体中脂肪含量过剩固然不好，但是，过少也会给身体健康带来许多负面影响。因此，大可不必谈脂肪而色变。

脂肪在人的生命活动中主要有如下一些作用。

（1）塑造女性的完美身材。女孩子到了青春发育期，体内的脂肪含量有较明显的增加。这一时期的女孩子身体形态的一个比较大的变化就是身材开始凹凸有致。如果体内缺少脂肪组织，女性凹凸有致的身材就无法实现。可见，脂肪是女性曲线美的好帮手。另外，女性在青春发育阶段，身体脂肪含量过低（女性安全体脂最低线为 12%）会影响生殖系统的正常发育及功能的完善，不利于女性的身体健康。

（2）构成身体组织。脂肪是构成身体细胞的重要成分之一，细胞膜的主要成分便是脂肪。另外，脑神经、肝脏、肾脏等人体重要器官中也含有较多的脂肪。可见，脂肪摄入得太少会影响青少年大脑及脏器的正常发育。

（3）提供和储存能量。人体每日需要的热量约有 30%由脂肪提供，这些能量支撑着人体正常的生理活动。另外，当人体能量摄入量大于需求量时，多余的能量就会以脂肪的形式存储起来。

（4）保温、保护和固定内脏。脂肪是热的不良导体，皮下脂肪可阻止身体表面散热，起到保持体温的作用。脂肪是器官、关节和神经组织的隔离层，可避免各组织相互间的摩擦，对心、肺、胃等器官起保护和固定作用。当人体受到外力冲击时，脂肪可以保护人体器官避免破裂出血。

(5) 促进脂溶性维生素的吸收。脂肪是脂溶性维生素 A、D、E、K 和胡萝卜素的载体，如果摄入的食物中缺少脂肪，这些维生素就无法被人体吸收和利用，从而影响正常的新陈代谢，降低人体免疫系统的功能。

(6) 促进机体对脂肪的利用。有些人特别是女性在饮食中一点脂肪都不吃，这种做法并不科学。研究表明：膳食中保持适量的脂肪，对减肥反而有一定的好处。这是因为脂肪可以抑制胰岛素的分泌，减少体脂的合成，并促进机体对脂肪的利用。而且，适量的脂肪摄入也会使人产生饱腹感，避免摄入过多的能量物质。

3. 形体美的标准

1) 身体健康是形体美的前提条件

形体美的前提条件是身体健康、没有疾病、身体健全。现代社会过于追求女性的“骨感”，并将“骨感”标榜为美的身材。其实，过于苗条不仅对人体健康造成一定的威胁，而且对人的精神状态也会产生不良的影响，表现为没有精神、萎靡不振、懒洋洋的，说话没有力气、软绵绵的。

现代女性不应追求像林黛玉、西施这些所谓美女的病态美。在古代社会，女性没有什么社会地位，完全是男人的附属品。男人欣赏什么，她们就会趋之若鹜地效仿什么，这才导致细腰、裹足的出现。然而，现代女性不仅需要承担生活负担，而且还需要承担社会工作，所承受的压力较古代女性要大得多。可见，拥有健康的身体对于现代女性来说非常有必要，是维持和提高生活质量的前提条件。另外，形体美的基础不是华丽的衣服，衣服只能起到外在修饰的作用。

2) 形体美的衡量标准

形体美主要体现在身体各部位的均衡、对称和对比三个方面。均衡是指身体各部位在长度、围度上要协调。例如，头与身高（一般认为，全身长应为头长的 7～8 倍），上、下肢与身高，上半身与下半身的比例（一般认为上下半身比例为 0.618 是最好的比例关系）要协调；胸围、腰围、臀围的比例要协调。理想的身材是胸围大，腰围小，臀围接近胸围。

对称主要是指人体的左右对称，即从正面、背面看身体左右两侧要均衡发展。

对比是指人体各部分在大小、长短、粗细、曲直上要形成反差，相互强调、相互映衬。

女性形体美的标准：

(1) 骨骼发育正常，关节灵活，不显粗大突起，体态匀称丰满而不臃肿；

(2) 肌肉均衡发达，皮下脂肪适当；

(3) 五官端正，与头部配合协调；

(4) 双肩对称、圆润，肩部无脂肪沉积，略外展，下沉；

(5) 脊柱正视垂直，侧视曲度正常；

(6) 胸部丰满而不下坠，侧视有明显曲线，微挺胸拔背；

(7) 腰细而结实，微呈圆柱形；

(8) 臀部圆满适度，略上翘，有弹性；

(9) 两腿修长，腿部线条柔和，小腿腓部稍突出，跟腱长；

(10) 踝细，足弓较高。

日本体育美学家池上金治教授在他的《美的比例》一书中给出了亚洲女性身高与三围的

标准（表 3.1），仅供参考。

表 3.1　亚洲女性身高与三围的标准（单位：厘米）

身高	胸围	腰围	臀围
150	77.0～90.0	51.4～56.8	82.3～90.0
152	77.6～91.2	52.2～57.6	82.7～91.2
154	78.2～92.4	52.9～58.3	83.1～92.4
156	78.8～93.2	53.5～59.1	83.5～93.9
158	79.4～94.8	54.0～59.6	83.9～94.8
160	80.0～96.0	54.4～60.0	84.5～96.0
162	81.0～97.2	54.7～60.9	85.5～97.2
164	82.5～98.4	54.9～61.2	86.5～98.4

3.2.2　身体肥胖程度的判断及减肥

从营养学的角度讲，肥胖就是营养过剩。人体之所以产生肥胖，就是由于能量供应过多，超出身体所需。简单地说，就是供大于求。当人体能量供应小于身体需求时，身体就会消瘦；反之，就会造成能量堆积——这部分多余的能量就会以脂肪的形式囤积在体内，外在表现就是肥胖。

正常人体脂肪细胞的数量为 250 亿～280 亿个，脂肪细胞大小适中。肥胖者体内脂肪细胞的体积较正常者的要大一些，而且有些肥胖者不仅体内的脂肪细胞体积大，并且脂肪细胞的数量也超出正常范围（脂肪细胞数量可增至 635 亿～905 亿个，是正常人脂肪细胞数量的 3 倍。研究表明，脂肪细胞是藏匿毒素的地方。身体脂肪含量过高，不仅对人的外观造成不良影响，使身体的活动能力下降，使人产生心理疾病，而且还会导致一些可危及生命的疾病，如冠心病、高血压、糖尿病、高血脂、痛风等。

1. 衡量肥胖的标准和方法

1）比重

比重是指单位体积内所含物质的重量。脂肪与肌肉相比，肌肉的比重大于脂肪（人体脂肪的比重是 0.8～0.9 千克/升，而肌肉的比重是脂肪的 4～5 倍），即体积相同的脂肪和肌肉，肌肉的重量远大于脂肪的重量。同样，相同重量的脂肪和肌肉，肌肉的体积远小于脂肪的体积。由于脂肪比重小、肌肉比重大，因此同样体重的人，肌肉发达者看上去较为削瘦、苗条，脂肪多者就显得较为臃肿。

2）基础代谢和基础代谢率

基础代谢（basal metabolism，BM）是指基础状态下的能量代谢。所谓基础状态是指人体处在清醒、安静、空腹，室温在 20～25℃条件下。基础代谢率（basal metabolism rate，BMR）是指单位时间内的基础代谢，即在基础状态下，单位时间内的能量代谢。基础代谢率受年龄、性别等因素的影响，一般来说，男性高于女性，幼儿高于成年人，中青年人高于老年人。

肌肉与脂肪相比，肌肉的基础代谢率远远高于脂肪的基础代谢率。如果相同体重的两个人吃了同样热量的食物，在基础状态下，可能的结果就是脂肪含量高的人消耗不掉这些热量而导致能量过剩并以脂肪的形式储存起来，而肌肉含量高的人并未出现能量过剩的现象。

3）过体重和非肥胖性肥胖

肥胖指的是人体中脂肪所占的比例较高，超出正常范围。一般情况下，用体重指标来衡量人体的胖瘦——当人体的重量超出正常范围的 20%时就构成肥胖。但是，用体重这一单一的指标来判断人的肥胖程度是欠妥当的。下面两种人仅用体重这一指标进行肥胖度的判断就不太可取，甚至得出错误的结论。

有一类人，他（她）的体重超出标准体重，但是身体中的肌肉含量较高，体脂含量较低，此类人的身材不能称为肥胖，只能叫做体重超重，即过体重。运动员特别是男运动员属于这种类型的人较多。还有一类人，他（她）们的体重在标准范围之内甚至还比标准体重要轻，但是由于其身体脂肪的含量较高，肌肉含量较低，这类人属于非肥胖性肥胖，即外观上看不肥胖，但实际上肥胖。

2. 肥胖的类型

肥胖的类型有以下几种，即单纯性肥胖、继发性肥胖和药物引起的肥胖。单纯性肥胖指无内分泌紊乱及代谢性疾病而导致的肥胖。单纯性肥胖又分为两种：一种叫做获得性肥胖，这种肥胖是在人成年后开始肥胖，表现为脂肪细胞体积的增大；另一种叫做体质性肥胖，幼儿开始就肥胖，表现为脂肪细胞数量的增加。继发性肥胖是由某些疾病导致新陈代谢紊乱而造成的肥胖。药物引起的肥胖是指服用激素类药物导致的肥胖（图 3.1）。

肥胖的类型
- 单纯性肥胖
  - 获得性肥胖
  - 体质性肥胖
- 继发性肥胖
- 药物引起的肥胖

图 3.1　肥胖的类型

单纯性肥胖能够通过科学的后天锻炼进行减肥。在这里需要说明的是，减肥减的也只是脂肪细胞中的脂肪，令脂肪细胞体积减小，但是脂肪细胞的数量并不能减少。这就好比是装粮食的袋子，粮食虽然吃完了，但是装粮食用的袋子是不可能消失的。继发性肥胖和药物引起的肥胖与单纯性肥胖不同，必须找到病因，进行治疗才有可能实现减肥。

3. 判断肥胖的方法和标准

1）身体质量指数

身体质量指数（body mass index，BMI），用体重（千克）除以身高（米）的平方来表示，是衡量人体胖瘦程度的常用指标之一。过体重、非肥胖性肥胖、青少年及老年人群的肥胖程度不适合用该指标来衡量。表 3.2 是身体质量指数判断肥胖的标准。

表 3.2　身体质量指数判断肥胖的标准

身体质量指数/（千克/米^2）	肥胖程度
18.5 以下	偏瘦
18.5～24.9	正常
25～29.9	超重
30.0～34.9	Ⅰ级肥胖
35.0～39.9	Ⅱ级肥胖
40 及以上	Ⅲ级肥胖

身体质量指数由于只考虑到了体重和身高指标，所以在衡量人体是否肥胖上存在一定的局限性，对于特殊人群用该指标无法作出科学的判断。这是由于人体是由肌肉、脂肪、骨骼、内脏和皮肤等组织组成的，而肥胖仅指人体脂肪含量超标，体重指标无法反映脂肪含量的多少。

目前，公认的评价肥胖的指标是体脂百分比，就是通过计算脂肪占全身重量的比例来衡量人体的肥胖程度。国际上使用的脂肪含量的测定方法主要有水下称重法、排空气测量法、双能X线吸收测量法、核磁共振成像法、瘦体导电测量法、计算机控制（X线）断层扫描术、生物电阻测量法及皮褶厚度测量法。除皮褶厚度测量法测量所需仪器较便宜且操作较简单外，其他方法所需仪器价格昂贵，只能在高级实验室中使用。下面就皮褶厚度测量法进行详细介绍。

2）皮褶厚度测量法

皮褶厚度测量法是用皮褶厚度计测量身体某些部位（肩胛部、臂部、腹部、髂部）的皮褶厚度，再代入公式计算体脂百分比的方法。

测量方法：被测量者自然站立，暴露测试部位，测试者选准测量点，用左手拇指和食指、中指将皮褶捏起，右手持皮褶厚度计将卡钳张开，卡在捏起部位，待指针停稳，读数并记录。以毫米为单位，保留一位小数。测量三次，取中间值。

测量部位：①肩胛部：肩胛下角点下约 1 厘米处，皮褶走向与脊柱呈 45°角，方向斜下。②臂部：肩峰与上臂后面鹰嘴连线中点，皮褶走向与肱骨平行。

计算方法：计算身体密度（D）

$$D = 1.0897 - 0.00133X_1$$

式中：X_1 为肩胛部与臂部皮褶厚度之和，单位为毫米。此公式仅适用于 18 岁以上的成年女性。

计算体脂百分比（F）

$$F = (4.570/D - 4.142) \times 100$$

我国青年女性的体脂百分比为 20%～25%，利用上述公式计算出体脂百分比之后，通过查表 3.3 就可以了解自己的身体肥胖程度。

表 3.3　依据身体脂肪含量判断肥胖的标准

肥胖程度	男性	女性
偏瘦	3%～5%	10%～12%
正常	14%～16%	20%～22%
肥胖	20%～25%	25%～30%

如果觉得计算比较麻烦的话，可以通过直接查表的方式了解自己的身体肥胖程度（表 3.4）。

表 3.4　用皮褶厚度法评价肥胖程度的标准

年龄阶段（岁）	轻度肥胖		中度肥胖		中度肥胖	
	皮褶厚度/毫米	体脂百分比/%	皮褶厚度/毫米	体脂百分比/%	皮褶厚度/毫米	体脂百分比/%
6～8	25	25	35	30	45	35
9～11	30	25	37	30	45	35

续表

年龄阶段（岁）	轻度肥胖		中度肥胖		中度肥胖	
	皮褶厚度/毫米	体脂百分比/%	皮褶厚度/毫米	体脂百分比/%	皮褶厚度/毫米	体脂百分比/%
12～14	35	25	40	30	50	35
15～18	40	30	50	35	55	40
成人	45	30	55	35	60	

注：此表仅适用于女性。此处的皮褶厚度为肩胛部与臂部皮褶厚度之和

3.2.3 减肥的误区

1. 想减哪儿就减哪儿

有些人认为自己某个部位需要减肥，想通过局部的体育锻炼减掉该部位的赘肉。其实这是不可能实现的。因为身体的能量供应是通过血液循环系统实现的，消化系统获取的营养物质必须通过血液循环系统输送到全身各处，为所有细胞提供能量。同样，身体在消耗能量时也是全身性的，不会因为某处的脂肪多就只消耗该部位的多余脂肪。因此，想通过局部身体练习达到减去该部位多余脂肪的做法是不可取的，而且只进行局部练习不但不可能减掉该部位的多余脂肪，可能还会使该部位的肌肉横断面积增加，导致该部位围度的增加。

2. 减肥就是减体重

体重不是衡量肥胖的指标，身体是否肥胖要看身体中脂肪含量的多少。减肥的目的是减少脂肪细胞中的脂肪，而脂肪的特点是体积大、重量轻，因此，减肥不能简单地等同于减体重。若想判断减肥的效果，正确的做法是锻炼前及经过一段时间的锻炼后分别测量身体各环节的围度，如腰围、大腿围、上臂围等指标。如果锻炼后身体的各部位围度指标较锻炼前有所减少，说明锻炼效果不错。这里还要说明一点就是锻炼具有强健体魄的功能，锻炼后身体的肌肉有所增加，而肌肉的特点是比重大，因此，有些人锻炼一段时间后会发现体重并未发生多大变化，甚至体重还有略微的增加，但是身体围度减小了，说明身体中的脂肪得到了一定程度的消耗，而且肌肉有所增加。肌肉具有较强的消耗热量的能力，身体内肌肉的适量增加有利于身材的保持，而且会使身材更有型。

3. 力量练习会使女性身体线条男性化，肌肉过于发达

男女在生理方面的一点不同就是女性在青春期脂肪的增长速度大于男性，而男性在肌肉的增长速度上明显高于女性，因此，才会造成女性身体柔美、男性身材刚健的性别特点。这种现象的形成与人体内部的性激素有关。虽然男女身体内部均存在雌、雄两种激素，但是，男性体内以雄性激素占主导地位，而女性体内的雌性激素要远远高于雄性激素。正因为上述原因，女性进行适当的力量练习不会导致大肌肉块的出现。而且，就算是男性要想拥有健壮的肌肉也不是轻易进行一些力量训练就能满足的，还需要进补许多营养物质。可见，女性害怕进行力量性练习是多虑的。由于肌肉的基础代谢率较高，身体中肌肉含量高的人肥胖的可能性要远远小于身体肌肉含量低的人，也就是说肌肉含量高的人比肌肉含量低的人更容易保持体形。可见，女性进行适当的力量练习是有好处的，而且能够起到塑形的作用。正确的做法是进行慢速的、小负荷的力量练习。

4. 运动强度越大减肥效果越好

这种说法是不正确的。运动强度太大，机体在动用完三磷酸腺苷（ATP）和磷酸肌酸（CP）能源物质后，会动用肌肉中储存的肌糖原。但运动强度太大会导致呼吸系统功能下降，进而导致人体供氧不足，肌糖原不能充分分解，产生的能量不仅比充分分解时的要少（大概只及充分氧化分解所产生能量的 1/18），而且会产生乳酸堆积使人产生疲劳（人体疲劳学说中有一种学说叫做“堵塞学说”，即认为人体疲劳是由于乳酸大量堆积所致）。大量的动物实验和人体实验证实，长期进行大强度锻炼易导致人体免疫功能下降，机体容易感染疾病，并加快衰老的进程。可见，大强度运动不仅不能达到减肥的目的，还会危害身体健康，甚至加速衰老。

脂肪是人体最难动用的能源物质。它的分解必须有氧气的参与。有氧供能主要消耗的是肌糖原和脂肪，由于肌糖原在体内的储存量有限，因此，当人体进行长时间的运动时，肌糖原被使用殆尽之后，人体才开始动用脂肪。可见，运动时间长是动用脂肪的一个必要条件。另外，前面说过脂肪的分解需要氧气的参与，而人体运动强度太大的时候，会导致呼吸系统功能下降，使氧气的供应能力下降，导致机体能量物质不能完全分解。为了使脂肪能够分解，运动强度就不能过高。因此，中低强度是脂肪燃烧的又一必要条件。中低强度、长时间的运动是人体动用脂肪供能的两个必要条件，在运动中只有满足上述两个条件才能达到减肥的效果。

另外，中低强度的运动不仅有利于身材的保持，而且研究表明还可以减少体内自由基（自由基是一种对生物体产生危害的物质）的生成，提高抗氧化能力，延缓衰老的发生和发展。并且，大量的动物实验和人体实验证实，经常进行适中负荷的运动，可增强免疫功能，提高心血管系统和呼吸系统的功能。而且长时间、适量的体育运动，还会使大脑产生一种叫做内啡肽的物质，这种物质会使人体产生愉悦的感觉，起到良好的调节情绪的作用。可见，长期坚持中低强度的运动不仅能够使锻炼者拥有好身材，而且还能抗衰老，促健康，愉悦身心，延长寿命。

5. 运动过程中排出的汗液越多，减肥效果越好

减肥不是减水分。相比较而言，大强度运动的排汗量大于中低强度运动的排汗量。汗液的主要成分是水。在运动后通过一夜的休息之后，人体失去的水分还会补充回来。所以，细心的人会发现运动过后虽然体重轻了，但经过一段时间的休息之后，体重又恢复到原有水平。因此，不要认为只有大强度的运动、出汗多的运动才能达到减肥目的。

6. 胖人喝凉水都会长胖

蛋白质、脂肪、糖（又称碳水化合物）、无机盐、维生素和水是维持人体生命活动所不可缺少的六种营养素。其中，蛋白质、脂肪、糖为人体提供能量，当运动太少且能量摄入过多时会导致人体肥胖。而水是不含热量的，当然这里所说的水是指没有添加任何能量物质的水，水内仅含一些矿物质，这些矿物质的作用主要是参与体内的物质代谢，它们并不参与体内能量代谢，更不会转变成脂肪储存下来。因此，认为喝水会导致肥胖毫无根据。但是，在这里要强调的是喝了添加色素、香精、糖、奶制品的饮料就与喝水不同了。

7. 短期内减去的体重越多，效果越好

减肥是一个相对缓慢的过程，目前认为比较安全的速度是每周减 0.5～1 千克，太快了对身体不利。减肥速度太快不仅会造成皮肤松弛，影响外观，而且还可能造成内分泌系统功能失调，导致疾病的发生甚至危及生命。

3.2.4 几种错误的减肥方法

1. 节食减肥

大量研究表明，节食减肥不仅达不到预期的减肥效果，而且大多数情况下，还会导致体重的报复性反弹。可见，节食减肥用处不大。美国的麦卡恩博士认为，导致节食减肥失败的原因主要有两个：一是长期地改变饮食习惯非常困难；二是即使成功减肥了，节食作用递减的规律也会发生作用——身体会变得高效，虽然吃得少，但是身体对食物吸收效率却越来越高；而且人体还会降低消耗（降低基础代谢率），同时还可能减少在器官维护和免疫能力上的“支出”。因此，想继续减肥就要越吃越少，想坚持下去也就越来越难。一旦恢复到节食前的热量供给，“降低”了的基础代谢率一时无法回升到原来的水平，反而会造成热量囤积，出现越减越胖的局面。

另外，不正确的节食不但减不了肥，而且还会使减肥者的肠胃功能紊乱，甚至使内脏器官变小，肠道壁变薄。厌食、闭经、头晕、精神恍惚、全身乏力是过度节食的常见反应。严重者还会引发血压降低、低蛋白血症、内分泌系统功能紊乱和免疫功能下降，甚至导致多脏器衰竭而危及生命。

特别要强调的是，节食减肥并不能达到减脂的目的，而是以牺牲体内的肌肉为代价，因此，单纯靠节食达到减肥的目的是不可取的，也是很难实现的。

2. 利用吸脂术减肥

这是一种利用医学手段进行减肥的方法。它只能帮助你减去局部的赘肉。这种方法容易造成吸脂部位大量出血，而且，接受吸脂的人要忍受剧烈的疼痛。从效果来看，吸脂术的实施会导致吸脂部位的凹凸不平。因此，如果不是万不得已，不要采取这种方式进行减脂。而且，万一手术失败了可能造成的伤害是无法弥补的，这方面的例子比较多。

3. 服用减肥药减肥

减肥药主要有三大类：一类是食欲抑制剂，食欲抑制剂作用于中枢神经来抑制食欲。一类是泻剂或利尿剂，通过加快肠道的蠕动来减少食物停留在肠胃道中的时间及被吸收的几率。通过增加排泄，强行将人体正常体液排出体外，会导致脱水。还有一类是帮助消耗脂肪与热量的制剂，其原理是促进人体代谢和蛋白质分解并增加消耗，从而达到减轻体重的目的。服用减肥药进行减肥的人，一旦停药不但不能保持已获得的“战果”而且极易造成体重的反弹。况且，长期服用减肥药，还会造成脏器的损伤，甚至会危及生命。

3.2.5 正确的减肥方法和途径

科学地进行体育锻炼并合理地控制饮食（均衡的营养摄入）是正确的减肥方法和途径。科学的体育锻炼是指有氧锻炼加适量的力量练习。脂肪的消耗需要氧气的参与。另外，身体运动时间太短，脂肪这种物质是不会被动用的，而只有长时间的有氧练习，身体才会消耗脂肪。因此，中低强度（有氧运动）、半小时以上的全身运动是减脂较为可取的锻炼方法。若上述锻炼后再进行一些身体局部部位的力量练习（小重量、速度较慢的），则可以帮助塑造健美的形体。另外，若想取得好的减肥效果，必须要有恒心、有毅力。减肥成功后的保持很重要，因为减肥减去的只是脂肪细胞中的脂肪，脂肪细胞本身并没有被减掉，它还具有储存的功能，只要身体能量过剩，多余的能量就又会转化成脂肪而存储在脂肪细胞中。可见，减肥成功后一定要注意能量的收支平衡，避免反弹。

科学减肥＝单次长时间的全身性的有氧运动＋合理饮食＋局部力量练习＋恒心

3.2.6　有氧运动强度的确定方法

运动强度通常用运动时每分钟的心跳次数即心率指标来衡量，运动时的心率越高，说明运动强度越大，反之则越小。运动强度随着年龄的增长而减少。

1. 卡氏公式

卡氏公式由芬兰的卡沃宁（Karvonen）提出。只要将自己的年龄和安静时的心率代入公式，就能算出有氧运动强度阈值（适宜的心率）。卡氏公式为

有氧运动强度阈值（每分钟心率次数）＝安静心率＋（220－年龄－安静心率）×60％

2. 麦氏强度范围

生理学家麦卡德尔（McArdle）提出了一个不同年龄的人进行有氧锻炼的强度范围（表 3.5）。这一强度范围考虑了练习者的个体差异，练习者可按自己的年龄查出相应的心率范围，并根据自己的体质状况和锻炼水平的高低在心率范围内选择适合自己的锻炼强度。

表 3.5　有氧锻炼的强度范围（单位：次/分）

年龄（岁）	20	25	30	35	40	45	50	55	60	65
心率范围	140～180	136～175	133～171	129～166	126～162	121～156	116～149	112～144	108～139	105～135

心率为最高心率（最高心率＝220－年龄）的 60％～80％为中等强度。表 3.6 是不同年龄段人群的为运动强度范围，锻炼者在锻炼时可以查看表 3.6 并根据自己的体质健康状况确定运动强度的大小，从而进行科学的健身。

表 3.6　不同年龄段人群的运动强度标准（单位：次/分）

强度等级	占最高心率百分比/％	年龄段（岁）				
		20～29	30～39	40～49	50～59	60 及以上
大强度	100	190	185	175	165	155
	90	175	170	165	155	145
中强度	80	165	160	150	145	135
	70	150	145	140	135	125
	60	135	135	130	125	120
小强度	50	125	120	115	110	110
	40	110	110	105	100	100

思考题

1. 女性经期是否可以进行体育锻炼？如果可以的话，锻炼时应注意哪些问题？
2. 谈谈你对健美形体的看法？
3. 减肥就是减轻体重吗？“出汗越多减肥效果就越好”，这句话对吗？
4. 脂肪的主要作用有哪些？
5. 请谈谈节食减肥对人体带来的危害。
6. 你认为自己的身材健美吗？请自己动手计算一下你的身体脂肪百分比。如果你身体肥胖的话，你能否为自己量身制订一个科学的减肥计划？

第 4 章 整理运动

准备活动和整理运动是体育活动中不可或缺的两个重要环节。但是，这两个环节却经常被人们所忽视。整理运动是指人体在运动后所做的一些加速机体功能恢复的身体练习。整理运动的主要目的是放松机体，消除疲劳，预防运动损伤，加速机体功能的恢复。剧烈运动时骨骼肌强力持续收缩，使体内代谢产物堆积、肌肉硬度增加并产生酸痛。运动结束后肌肉很难自然恢复到运动前的松弛状态，如果长期在运动后不进行整理运动，骨骼肌就会变得较硬且缺乏弹性。另外，由于运动时内脏中的血液大量转移到运动器官，运动后若不做整理运动而突然停止运动，会影响静脉血液的回流，导致心输出量的骤然减少，产生身体不适感，严重的还会导致重力性休克。可见，运动后做整理运动是非常有必要的，锻炼者不能因为身体疲劳而省去此环节。整理运动除应进行一般性放松练习外，还应进行肌肉的拉伸练习，拉伸练习有助于预防局部肌肉痉挛，从而避免肌肉酸痛的发生，并且有助于肌肉弹性的保持。当然在进行肌肉拉伸时，一定要注意不可用力过猛，避免造成肌纤维损伤。

4.1 肌肉的放松方法

人体是怎样产生运动的？肌肉在人体运动中所起的作用是什么？肌肉为什么会疲劳？如何消除肌肉的疲劳？本节将就这些问题进行详细的介绍。

4.1.1 人体运动的原理

运动系统由骨骼肌、骨骼和关节组成，是身体活动的执行者，骨骼是杠杆，关节是活动的支点，为身体的运动提供了可能性。肌肉是运动的原动力，肌肉将骨骼联系起来（肌肉一般附着在两块或两块以上不同的骨上，最少跨过一个关节），通过收缩产生运动。

在人体中，肌肉约占体重的五分之二（成年男性的肌肉约占体重的 40%，女性约占 35%），骨骼约占四分之一。可见，人体的五分之三是为运动服务的。

在我们的日常生活中，从坐、立、走到写字、说话，喜、怒、哀、乐等各种表情，以及各种形式的劳动和体育活动，都离不开运动系统特别是肌肉的运动。可以说，人的一切愿望最终都得通过肌肉的活动来实现。

长时间的运动会导致代谢产物在体内的堆积及神经系统工作能力的下降，使肌肉产生酸痛而出现疲劳。为了使人体能够更好地进行运动，肌肉疲劳的消除就显得非常有必要。

4.1.2　肌肉的放松方法

肌肉的放松方法主要包括以下几种，即热敷法、按摩法（抖动法、拍打法、揉捏法、搓法）和反向拉伸法。放松时可以一个人进行，也可以两个人甚至几个人共同进行。

1. 热敷法

热敷法就是指在运动后用热毛巾敷在疲劳部位，以解除肌肉的疲劳。特别要强调的是，如果出现了肌肉损伤千万不要进行热敷，热敷不仅不利于损伤的恢复，还有可能加重损伤的程度。

2. 按摩法

1）抖动法

抖动法分为主动抖动法和被动抖动法两种。主动抖动法就是肢体末端向远离心脏的方向快速发力后停止用力，使肢体抖动起来。被动抖动法是两人一组，一人单手或双手握住另一人（被放松者）需要放松肢体的末端，微微用力做小幅度、快速的上下连续抖动。被放松者需要放松的肢体应保持放松状态。

2）拍打法

双手握空拳或双手自然伸开，掌心或拳心向下交替进行拍打。注意用力要均匀柔和。

3）揉捏法

（1）揉法。用手掌大鱼际、掌根或手指面在皮肤上进行顺时针或逆时针的旋转。注意用揉法进行放松时，手与接触的皮肤应成为统一的整体，即手在运动的时候，与手接触的皮肤也同时在运动，手不能与接触的皮肤表面有摩擦。

（2）捏法。拇指和其他四指相对，捏住放松部位的肌肉，相对用力挤压并向上提。

（3）揉捏法。揉捏法是揉法与捏法相结合的方法，即以拇指和掌根为着力点，拇指外展，其余四指并拢，紧贴于皮肤上，拇指和掌根揉，其余四指捏，边揉捏边向前做螺旋形的缓慢移动。此法可以自己给自己按摩，也可以由他人进行；可以单手进行，也可以双手进行。

4）搓法

用双手掌夹住肢体做方向相反的快速揉搓，并同时做缓慢的上下往返移动。

3. 反向拉伸法

对运动后的身体疲劳部位（感觉酸胀）进行反向拉伸。反向拉伸的具体做法将在下节进行详细介绍。

4.2　拉伸动作的设计

本节主要介绍如何运用反向拉伸法进行身体各部位肌肉的放松。

要想很好地利用拉伸法进行放松，就要了解人体的生理结构，并且要注意用力的方向和作用点。同样的动作，用力的作用点或方向不同所产生的效果也不会相同。在进行放松动作的设计时不妨多多体会，定能取得好的效果。

4.2.1　准确判断疲劳部位

疲劳部位的判断正确与否将直接影响放松的效果。因此，在进行拉伸之前需要对身体的疲劳部位进行准确的判断。下面介绍两种判断疲劳部位的方法。

1. 自我感觉法

人体在运动后，参加运动的肌群会有酸痛的感觉，酸痛的部位就是需要放松的部位。

2. 生物力学法

用生物力学法确定原动肌（使环节产生运动的肌肉或肌肉群，也就是运动后需要放松的部位），主要有以下几种情况：

（1）环节运动方向与外力矩方向相反。环节运动方向与外力矩方向相反，说明肌力矩大于外力矩，位于环节运动方向同侧的肌肉是原动肌。例如，当手持哑铃进行弯举动作时，肘关节的屈肌群就是原动肌，运动过后就需要对该部位肌肉进行放松。

（2）环节运动方向与外力矩方向一致，环节运动速度慢。环节运动方向与外力矩方向一致，但是，环节运动速度慢，说明肌力矩抵消了一部分外力矩，位于环节运动方向对侧的肌肉是原动肌。

（3）环节运动方向与外力矩方向一致，环节运动速度快。环节运动方向与外力矩方向一致，但是，环节运动速度快，说明肌力矩补充了一部分外力矩，位于环节运动方向同侧的肌肉是原动肌。

4.2.2 身体各部位肌肉拉伸动作的设计

1. 颈部肌肉的拉伸

（1）拉伸颈部前侧肌群：抬头（躯干不动，头部尽量向身体后下方做缓慢转动）（图 4.1）。

（2）拉伸颈部后侧肌群：低头（躯干不动，头部尽量向身体前下方做缓慢转动）（图 4.2）。

（3）拉伸颈部两侧肌群：右手掌经上放在头的左上部，缓慢用力将头部向右侧拉伸（图 4.3）。

图 4.1 颈部前侧肌群的拉伸

图 4.2 颈部后侧肌群的拉伸

图 4.3 颈部两侧肌群的拉伸

在此要特别强调的是，颈部属于比较脆弱的部位，尤其对于长期从事伏案工作的人来说，进行颈部运动时，一定要注意动作的幅度，要以自我感觉舒适为宜，千万不要超出自己的能力范围。另外，需要强调的是进行颈部肌肉拉伸时，动作一定要缓慢，用力要舒缓。必要时也可以用双手托住头部进行颈部肌肉的拉伸。

2. 躯干部位肌肉的拉伸

1）胸部肌肉的拉伸

方法一：扩胸运动（图 4.4）。

方法二：自然站立，两腿分开同肩宽，重心在两腿之间。两肩外展，两手体后十指相扣，两臂同时尽力向后上方用力（图 4.5）。

方法三：两人相对，互相握住对方的肩部，同时向下用力拉伸，腰部尽量向下用力（图 4.6）。

图 4.4　胸部肌肉的拉伸

图 4.5　胸部肌肉的拉伸

图 4.6　胸部肌肉的拉伸

2）腹部肌肉的拉伸

方法一：俯卧，两臂撑于体侧，下腹部及以下部位尽力贴于地面，上体尽量向后上方抬起（图 4.7）。

方法二：两腿开立同肩宽，取站姿或跪立，重心在两腿之间。髋关节及以下部位保持直立，上体尽力向后弯曲（图 4.8）。

图 4.7　腹部肌肉的拉伸

图 4.8　腹部肌肉的拉伸

3）腰背部肌肉的拉伸

方法一：身体呈下蹲姿势，低头含胸，两臂及臀部尽量向前下方用力拉伸，尽量弓背使背部呈半球形（图 4.9）。

方法二：跪撑，顶肩同时躯干尽力向上拱起（图 4.10）。

方法三：两腿并拢坐在地面上，两臂上举或抱住膝关节，上体尽量向腿部靠拢（图 4.11）。

图 4.9　腰背部肌肉的拉伸

图 4.10　腰背部肌肉的拉伸

图 4.11　腰背部肌肉的拉伸

4）体侧肌肉的拉伸

方法一：两腿开立同肩宽，两臂上举同时身体向左或右侧用力拉伸（图 4.12）。

方法二：自然站立，两腿开立同肩宽，一手臂上举尽量向对侧用力拉伸（图 4.13）。

方法三：分腿坐，脚尖膝盖尽量伸直，一侧手臂带动躯干尽量向对侧拉伸（图 4.14）。

图 4.12　体侧肌肉的拉伸

图 4.13　体侧肌肉的拉伸

图 4.14　体侧肌肉的拉伸

3. 四肢肌肉的拉伸

1) 上肢肌肉的拉伸

A. 上臂肌肉的拉伸

(1) 上臂前侧肌肉（肱二头肌）的放松。

方法一：自然站立，两腿分开同肩宽，重心在两腿之间。两臂侧平举，掌心向前，两臂尽力向后伸展（图 4.15）。

方法二：自然站立，两腿分开同肩宽，重心在两腿之间。两肩外展，两手体后十指相扣，两臂腕关节向前下方转动呈手心向外，两臂尽量向后上方抬起（图 4.16）。

图 4.15　上臂前侧肌肉的拉伸

图 4.16　上臂前侧肌肉的拉伸

(2) 上臂后侧肌肉（肱三头肌）的放松。

方法一：自然站立，两腿分开同肩宽，重心在两腿之间。需放松侧的手臂上举，屈肘，另一侧手臂握住上举手臂的肘关节并向该侧用力拉伸（图 4.17）。

方法二：自然站立，两腿分开同肩宽，重心在两腿之间。需放松侧的手臂前平举，屈肘，另一侧手臂夹住平举手臂的肘关节并向内拉伸（图 4.18）。

B. 前臂肌肉的拉伸

双手在胸前反方向合实，掌跟用力向对侧压（图 4.19）。

图 4.17　上臂后侧肌肉的拉伸

图 4.18　上臂后侧肌肉的拉伸

图 4.19　前臂肌肉的拉伸

2）下肢肌肉的拉伸

A. 大腿肌肉的拉伸

（1）大腿前侧肌肉的拉伸。

方法一：单脚站立，将一腿向体后弯曲，同侧手握住脚踝向后上方提拉，另一侧手臂前伸（图 4.20）。

方法二：两腿前后站立，需放松腿在后面伸直贴住地面，前面腿屈膝成前弓步，双手放在膝盖上面，上体直立用力向下方拉伸（图 4.21）。

方法三：俯卧于垫上，两手在体后握住弯曲腿部的踝关节或脚部并向上用力拉伸（图 4.22）。

图 4.20　大腿前侧肌肉的拉伸

图 4.21　大腿前侧肌肉的拉伸

图 4.22　大腿前侧肌肉的拉伸

（2）大腿后侧肌肉的拉伸。

方法一：单腿站立，需放松腿屈膝向前上方抬起，两手抱住该腿的膝关节并向上提拉（图 4.23）。

方法二：将需放松腿放在把杆或平衡木上，上体前倾，臀部尽量后翘（图 4.24）。

方法三：半劈腿坐，上体尽量向前下方拉伸（图 4.25）。

图 4.23　大腿后侧肌肉的拉伸图

图 4.24　大腿后侧肌肉的拉伸

图 4.25　大腿后侧肌肉的拉伸

（3）大腿内侧肌肉的拉伸。两腿开立，需放松一侧腿伸直，另一侧腿的膝关节弯曲，伸直腿的大腿根部向对侧下方用力（图 4.26）。

（4）大腿外侧肌肉的拉伸。取坐姿，需放松腿屈膝并放在另一条腿的大腿外侧，一手扶住膝关节向后方用力，同时上身向放松腿的大腿根处转动（图 4.27）。

图 4.26　大腿内侧肌肉的拉伸

图 4.27　大腿外侧肌肉的拉伸

B. 小腿肌肉的拉伸

（1）小腿后侧肌肉的拉伸。

方法一：两腿前后站立成前弓步，两脚脚跟踩实，特别是后面需放松腿的脚跟尽力向下踩（图 4.28）。

方法二：需放松腿前伸勾脚，另一条腿屈膝半蹲，双手或单手握住前伸腿的脚尖向身体一侧用力拉伸（图 4.29）。

图 4.28 小腿后侧肌肉的拉伸

图 4.29 小腿后侧肌肉的拉伸

方法三：需放松腿勾脚将脚尖放在台阶上，使脚掌与台阶形成一定的夹角，上体带动下肢向前运动（图 4.30a）；也可以两人双手相握脚跟着地，脚尖相对，向对方的方向用力拉伸（图 4.30b）。

（2）小腿外侧肌肉的拉伸。两腿分开同肩宽，同时两手向前撑地，两腿伸直，两脚外侧着地（图 4.31）。

(a) (b)

图 4.30 小腿后侧肌肉的拉伸

图 4.31 小腿外侧肌肉的拉伸

思考题

1. 运动后为什么要进行整理活动？
2. 请你在运动后为自己量身定做几款放松疲劳部位的动作。

第 5 章
运动处方的原理及方案的设计

5.1 运动处方概述

5.1.1 运动处方的概念

运动处方的概念在 20 世纪 50 年代由美国生理学家卡波维奇提出。1960 年，日本生理学家猪饲道夫教授首先使用“运动处方”这一术语。1969 年，世界卫生组织使用了运动处方，从而在国际上得到确认。一般认为，开处方是医生给患者开药方，为患者治病的医疗手段，但运动处方与医生的药物处方有所不同。首先，医生药物处方的目的是为了治疗患者的疾病而开的处方，运动处方则是为了改善运动者体质、促进健康和预防疾病；其次，医生药物处方在患者生病之时开具，患者治愈后，处方就停止使用了，而运动处方在人的一生之中都能发挥其重要作用。所以，有计划、科学合理地使用运动处方，能够达到人们获得健康、提高体适能水平的目的。

运动处方是针对运动者个人的体质与健康状况而将运动种类、时间、强度、频率和注意事项等以处方的形式进行有计划的、合理的编制起来，用来指导人们通过运动，从而达到改善体质，增进健康的目的。

5.1.2 运动处方的分类

运动处方根据研究的角度、需要的侧重点、应用的目的等进行不同的分类。

1. 根据目的分类

1）*健身运动处方*

对身体健康人设计的运动处方，依据处方进行锻炼，目的在于改善体质、增进健康、预防疾病。

2）*竞技运动处方*

针对从事专项运动的运动员运动训练开具的处方，目的在于增强体能、提高专项运动竞技水平而制定的运动处方。

3）*康复运动处方*

用于一些有慢性病患者和一些残疾者，以适合的运动形式辅助医疗疾病，主要以提高康复医疗效果为目的，如减肥运动处方、高血压运动处方、冠心病运动处方、糖尿病运动处方等。

2. 根据作用分类

1）改善身体形态运动处方

身体形态主要通过身高、体重、坐高、胸围、腰围、臀围、皮褶厚度等指标来衡量，通过制定相应的处方，以达到锻炼改善身体形态而设计的运动处方，如提高身高运动处方、控制体重运动处方、减小腰围运动处方等。

2）增强身体机能运动处方

身体机能是人体各器官、系统及整体所表现出来的生命活动现象。制定相应的处方，能增强各器官、系统的功能，提高健康水平，如增强心肺功能运动处方、改善消化系统运动处方、改善呼吸系统运动处方等。

3）提高身体素质运动处方

人体肌肉活动中所表现出来的力量、耐力、速度、灵敏及柔韧等能力称为身体素质，增强身体各部位肌肉力量、提高循环和呼吸系统的耐力、加快反应和动作的速度、提高神经系统和运动系统的协调配合的灵敏度、增强身体柔软及运动幅度的柔韧性，这些都是人体为适应环境变化所储存的身体能力。为提高身体素质制定运动处方有发展肌肉力量运动处方、提高耐力运动处方、发展速度运动处方、提高灵敏能力运动处方、发展柔韧性运动处方等。

3. 根据年龄分类

1）幼儿运动处方

根据儿童的身体形态特点，身体机能水平及心理发育特点制定运动处方，着重提高幼儿基本活动能力及心理健康的培养。

2）青少年运动处方

根据青少年身心发育特点以及各项身体素质发展的敏感期，具有针对性地制定运动处方，使青少年身心全面发展，促进其健康生长发育。

3）中年运动处方

根据中年人的身心特点，制定相应的运动处方，目的在于通过处方的指导，进行一定的身体锻炼，减缓身体机能过早衰退，预防各种慢性疾病的发生。

4）老年运动处方

针对老年人身体各种机能退行性变化的生理特点，制定有针对性的锻炼运动处方，从而延缓衰老，增进健康，从而提高生活质量。

4. 根据运动环境分类

1）社区运动处方

社区运动处方是以现代社区的自然环境和体育设施为物质基础，以社区成员为活动主体，以满足社区成员体育需求，以增进社区成员间的感情为目的而制定的运动处方。制定运动处方必须全面综合地考虑各类参与人群的年龄特点、身体状况及社区的场地器材设施条件等因素。社区运动处方运用将成为扩大我国体育人口，实现全民健身计划的重要途径。

2）健身房运动处方

利用健身房的条件设施，制定相应的运动处方。通过各种徒手操、健身操及器械组合运动的形式，以期达到健身的目的。

3）家庭运动处方

家庭运动处方是针对家庭成员而制定的运动处方。可以根据家庭参与者的需要，也可以根据家庭所处的环境条件来具体制定。

4）学校运动处方

学校运动处方是以学校各种体育设施为基础，以学生为主体而制定的区域性体育活动的运动处方。内容的设定要考虑学生生理、心理、年龄特点，以及学校场地设施状况、地理环境条件等情况。

5.1.3　运动处方的原理

运动处方的锻炼主要采用中高强度，以有氧代谢为主的耐力性练习。因此，有氧运动的价值、超量恢复原理和全面身心健康的理念成为运动处方的理论基础。

1. 有氧运动的价值

有氧运动对机体的影响很大，包括生理学、生化学、心理学及社会学等多方面的影响。体育锻炼的基本目的在于改善体质、增进健康、提高机体免疫力。有氧运动是提高人体心肺功能、心血管输氧能力、防病抗衰的重要方式。有氧运动是人体稳态下进行的运动，稳态是人体活动的一种功能状态，在这种状态下的运动刺激，使各种生理功能的惰性逐渐被克服，主要通过提高人的心脏容积、肺容积以及血红蛋白数量，使人体呼吸功能和循环功能得到提高，需氧量和吸氧量达到动态平衡，减少体内乳酸堆积。经常参加体育锻炼的人在运动时心脏输出量会随着运动而迅速增加，在没有运动时心率会有所下降，这样使心脏工作能更加节省化。有氧锻炼一般活动强度不是很大，但持续时间相对较长，这会使肺通气量和肺活量得到有效的改善，身体供养能力改善，新陈代谢水平增强。这样非常有利于加速体内过氧化脂质的降解和排泄，提高超氧化歧化酶的含量水平和活性，帮助消除血液中的甘油三酯、胆固醇、低密度脂蛋白等各种代谢毒素，就是我们常说的血脂，使这些脂质不易在血管壁上沉积，从而延缓衰老，降低患高血压、冠心病、高脂血症、动脉粥样硬化等慢性疾病的几率。有氧运动还能促进大脑皮层中枢神经系统的机能，使人大脑思维敏捷、动作准确、反应速度快，改善心理状态，保持充沛的精力。

2. 超量恢复原理

人体对运动负荷的刺激有一个反应过程，一般分为负荷阶段、恢复阶段和超量恢复三个阶段。在负荷阶段能量物质被大量消耗，代谢乳酸、尿素等产物被蓄积起来，人体机能开始下降，产生运动疲劳。停止运动后，机体内环境会恢复平衡，消耗的能源物质会得到补充，内环境逐步恢复。这个恢复过程不但会恢复到原来的水平，还会在原来的基础之上恢复超出原来的水平，此现象叫超量恢复。超量恢复并不能长时间保持，一段时间后又会回到原有水平，一般来说超量恢复会在运动后 1～2 天内出现。如果在超量恢复的阶段内进行下一次的负荷刺激，肌内物质和肌力就会逐渐积累起来，提高机体机能水平和运动水平。

3. 全面身心健康的理念

什么是健康？世界卫生组织指出："健康不仅指没有疾病和虚弱，而且包括身体、心理和社会适应三方面的良好状态。"

（1）要保持人体健康生理、心理平衡，人必须每天摄入一定量的营养，但要避免营养不足和营养过剩，以保证细胞正常生长和代谢需求；科学膳食，既要注意科学合理摄入营养，也要各种营养均衡摄入，除了蛋白质、脂肪和糖之外，维生素、微量元素、纤维素和水都是维持身体健康、改善体质不可或缺的营养物质。

(2) 需要适当的休息，以消除工作与生活的疲劳。就是说，适量休息，可以调节精神，健全的心理，保持积极向上的情绪，培养健全的个性和性格，发展良好的人际关系，也可以实现内心世界与外界环境的平衡，预防心理疾病的发生。

(3) 自觉参加运动负荷适度的体育锻炼，尤其是有氧锻炼活动，以保持肌肉骨骼的功能。

如果人能够满足以上三个基本需求，并把它们维持在“适度”的范围之内，平衡就达到了，这种状况就是身心全面健康。另外，建立良好的生活习惯，培养各种促进健康的行为，消除各种危害健康的行为，如吸烟、酗酒、滥用药物等。定期参加体格检查，及早发现和治疗各种疾病，保持健康活力。

5.2 运动处方的制定

5.2.1 运动处方的设计原则

1. 遵循人体的生理和代谢规律

从事健身运动的人必须要遵循人体的生理和代谢规律，每次运动前做好准备，充分热身，使身体进入运动状态，以防运动损伤的发生。运动强度应由小到大，循序渐进地进行。运动结束后要做整理运动，缓解紧张的肌肉，使身体尽快恢复。

2. 运动处方个性化

每个人的身体条件、健康状况都不同，运动处方的设计要根据个人的体质水平进行设计，因人而异、个别对待，有很强的个体针对性。运动处方充分体现个性特点。

3. 运动处方修订调整

运动处方应在实践后，进行多次的调整和修正，以适宜的强度、适当的运动形式，最后确定适合自身锻炼的运动处方。如果制定运动处方的负荷过大会使体育锻炼成为运动负担，时间一长就对运动产生恐惧和厌恶；如果制定负荷过小，锻炼效果和作用又不明显，运动者也会慢慢失去运动兴趣。因此，循序渐进地增加负荷，使运动既产生刺激，又力所能及，既保持兴趣且又易于坚持。运动处方实施一个阶段后对完成任务目标的情况，要进行自我评价。任务完成了、目标达到了，就可以进入下一个目标；任务未完成、目标没达到，就要找出原因，改进、修订和调整运动处方。这样，久而久之，不但锻炼了身体，而且增加了自我成就感和自信心。

4. 运动处方耐力性基础

在制定运动处方时，考虑体质的因素比其他因素更加重要，要以全身性、耐力性有氧运动为主。

5. 运动处方安全性和有效性

制定运动处方必须达到一定范围的运动强度和运动量，如果超出这个范围的上限，就会出危险；如果低于这个范围下限，就失去运动处方的有效性，达不到预期的运动效果。表 5.1 是一份身体活动调查表（PAR-Q），年龄为 15～69 岁的锻炼者在制定运动处方时建议先填写此表。

表 5.1　身体活动调查表

请您谨慎、诚实地回答下列问题
1. 你的医生是否曾经说过你有心脏方面的毛病，并且告知只能从事医生建议的体育活动。
2. 当你从事体育活动时，是否感觉胸口疼痛。
3. 在你前几个月里，你是否曾在没有从事任何体育活动时仍感觉胸口疼痛。
4. 你是否曾经晕倒或因头晕而失去身体平衡。
5. 你是否有骨骼或关节方面的问题，会因改变身体活动而更加严重。
6. 你目前是否正在服用医生所开的血压药或心脏药物。
7. 你是否知道自己有任何其他不能从事体育活动的原因。

表 5.1 可以帮助你决定在开始增加身体活动之前，是否有必要征求医生的建议。如果在你的答案中有一项或多项的答案是"是"，那么建议你在增加运动量之前先征求医生的意见。也许你可能可以从事任何运动，只是注意谨慎增加运动量，也可能你只能从事比较安全的身体活动。如果在你的答案中都是"否"，你可以从事较多的体育活动。如果你的血压持续高于 140/94 毫米汞柱，在运动之前必须听听医生的建议。如果运动期间有暂时不舒服，如感冒、发烧等，则应暂停运动计划，直至身体康复。

5.2.2　运动处方的构成要素

1. 运动目的

运动处方的根本目的就是科学的、合理的、有序的身体活动，使机体产生适应性变化，达到改善体质、增进健康的目的。具体有：促进生长发育，提高身体素质；改善体质，提高体适能，延缓衰老；防治某种疾病，保持、恢复精力；丰富生活，调节情绪，提高生活质量；掌握运动技能，提高竞技水平；等等。

2. 运动项目

根据运动处方的目的，选择最适合自己的运动项目。

1）田径运动

田径运动是各种体育运动的基础，各种运动素质都可以通过田径项目进行发展。内容涉及走、跑、跳、投等类型，主要包括竞走、短跑、中长跑、马拉松跑、跨栏跑、障碍跑、跳高、跳远、三级跳远、标枪、铁饼、铅球等。

2）球类运动

球类运动借助球类进行体育锻炼，有娱乐性、技巧性、健身性、审美性等特点，主要内容包括篮球、足球、排球、网球、羽毛球、乒乓球、棒球、垒球、珍珠球等。

3）体操运动

体操运动是一项重要的锻炼项目。通过体操运动可以使人感受美、欣赏美、创造美，主要内容包括徒手操、器械体操、技巧运动、队列队形练习、健美操、艺术体操等。

4）武术

武术是具有民族传统特色的体育运动项目，内容丰富多彩，主要包括拳术、器械、对练、散打、集体表演和搏击运动等。

5）现代休闲运动

轮滑、体育舞蹈、登山、攀岩、旅行、远足野营都是很好的现代休闲运动，不但可以健身，而且可以减缓压力、陶冶情操。

3. 运动强度

运动强度是单位时间内的运动量。在运动处方中为核心内容，也是最难以把握的构成要素。如表 5.2 所示，根据不同的运动类型，对运动强度的要求也有所不同。

表 5.2 不同强度运动举例

低强度	中等强度	高强度
平地散步	慢跑（7 千米/小时）	跑步（10～15 千米/小时）
平地自行车	爬山	竞技体育
高尔夫	网球	自行车（比赛）
逛公园	健美	壁球
草地保龄球	滑冰	游泳比赛
滑水	航空飞行	划船比赛

下面介绍几种简便易测的方法。

1）最适宜心率

在运动中排除其他影响因素，心率与运动强度存在一定的线性关系，心率是最简便、最易测的生理指标，经常作为确定和监测运动强度的指标。

最大心率（次/分）＝220－年龄（岁）（适于身体健康的人群）

心力储备＝最大心率－安静心率

最适宜运动心率＝心力储备×75％＋安静心率

例如，一个年龄 20 岁的成年人，安静心率为 70 次/分。

他的最大心率＝220－20＝200 次/分

心力储备＝200－70＝130 次/分

最适宜运动心率＝130×75％＋70＝167 次/分

运动持续时间与运动强度有直接关系，强度越大，可持续时间越短；强度越小，可持续时间越长。一般有氧运动持续时间在 30 分钟以上才能达到显著的运动效果，但这必须根据运动者的运动基础、身体状况和年龄特征来进行区别对待。运动强度和持续时间也是随着运动者运动经历的不断增加而进行动态调整的，并非一成不变。

2）靶心率

靶心率是指能获得最佳锻炼效果并不能确保安全的运动心率。

下限靶心率＝（最大心率－安静心率）×0.6＋安静心率

上限靶心率＝（最大心率－安静心率）×0.8＋安静心率

例如，一个年龄 20 岁的成年人，安静心率为 70 次/分，最大心率为 200 次/分，那他运动时的靶心率。

下限靶心率＝（200－70）×0.6＋70＝148 次/分

上限靶心率＝（200－70）×0.8＋70＝174 次/分

也就是说，此人运动时心率在 148～174 次/分的范围内，运动强度是最适宜的。

3）主观运动强度（RPE）判定法

瑞典心理学家冈奈尔·伯格认为，人在用力不同时，身体产生不同的变化，这些不同的变化在大脑皮层中产生不同的主观感受。表 5.3 是根据心理学原理研制，由受试者在运动时自我感觉和确认负荷量大小的表格，称为主观运动强度判定表。

表 5.3　主观运动强度判定表

主观运动强度	主观运动感觉	相对强度/%	相应心率/（次/分）
6	安静	0.0	
7	非常轻松	7.1	70
8		14.3	
9	很轻松	21.4	90
10		28.6	
11	轻松	35.5	110
12		42.9	
13	稍费力	50.0	130
14		57.2	
15	费力	64.3	150
16		71.5	
17	很费力	78.6	170
18		85.8	
19	非常费力	95.0	190
20		100.0	

在主观运动强度分值点上对应 7 个主观感觉等级。如果这 7 个点均乘以 10，则所得的数值常与达到该点的心率大体一致。目前，该表已被许多国家采用，作为运动时心理负荷的标准。主观运动强度是判定持续运动的可靠指标，但当运动类型与运动熟悉程度不同时其准确度略有不同，对于习惯运动的人可靠性较高，锻炼者的运动感觉得分为 12～15 级，说明运动强度是合理的，中老年运动时也应达到 11～13 级。

4. 运动时间

运动时间包括两方面内容：一是运动持续时间；二是每次运动在一天中的时间选择。

运动持续的时间与运动强度有关系，运动强度大，持续时间相对短一些；运动强度小，持续时间则可以长一些。一般进行有氧运动时间在 20～60 分钟为宜，但也不能一概而论。在运动处方的制定中运动时间要考虑运动类型、锻炼者的身体状况、年龄特点，从而使锻炼效果达到最佳。对于体力和身体机能较弱的人，运动时间宜从 20 分钟起，运动时间和运动强度可以随着运动时间的加长而逐渐增加。当然对于身体机能较好的人，运动时间可以适当加长，但也要注意运动量的循序渐进。

至于每次运动在一天中时间段的选择，可以根据周围锻炼环境及人体生物节律进行选择。一般认为每天在早晨太阳出来之后到太阳落山之前的时间段比较适合运动。因为据研究，这时段空气中的污染物经过扩散，在一天中含量最低，空气清新，在此时间段锻炼，心情更愉快。另外，据研究人每天中，体力、适应能力、协调能力、心率、血压、心肺功能、吸氧量等，在下午时表现出较高的水平，下午时段更适宜体育锻炼。当然，不同的人群由于学习、工作时间有所不同，选择运动的时间也各不相同，一般情况每天的运动尽量选择在一天中 9：00～19：00 进行最好。

5. 运动频率

运动频率是指锻炼者每周的运动次数，运动锻炼所获得的效果遵循刺激-反应-适应生理原理。每次运动对身体都会产生刺激，引起机体一定的反应，适宜的多次刺激会使机体产生刺激反应积累，使机体逐渐适应，达到一个较高的身体机能适应水平，这是一个量变到质变的过程。合理的运动频率能够达到很好的锻炼效果，也不至于产生疲劳和运动损伤，使机体适应遵循一个良性循环的过程。据研究，当锻炼者每周锻炼 3 次时，最大摄氧量会增加逐渐趋于平坦；当每周锻炼增加到 5 次以上时，最大摄氧量的提高量会变得很小；而每周锻炼少于 2 次时，最大摄氧量通常不引起变化。由此可见，一般锻炼者每周运动 3 次最为适合。当然，根据个人的具体情况，运动种类的不同，可以选择适宜的运动频率。如果每天能坚持锻炼一次，养成运动习惯，使运动生活化，成为一种生活方式，这样也很好，当然这必须保证以没有疲劳积累为前提条件。

6. 注意事项

运动处方注意事项是运动处方中不可缺少的组成部分，是确保运动安全性和预防运动伤害事故发生的重要提示，主要包括三方面的内容：一是指出运动者的禁忌运动项目及不适合的运动动作；二是指出运动中自我观察的指标及应停止运动时可能出现的指标异常情况；三是要重视运动的准备部分和整理部分。

5.2.3 运动处方的设计阶段

从事运动一定要遵循人体生理和代谢规律，做到循序渐进，不同人群要区别对待，要有个性化的运动处方，运动时间应由短到长，运动强度应由小到大，不可急于求成。

1. 准备活动

每次运动之前进行各种预备活动，目的是使机体逐步进入运动状态，通过热身，提高神经系统的兴奋性，达到适宜水平；血流量和肺呼吸量增加，提高机体氧利用率；使体温升高，增加全身关节的活动性，使肌肉肌腱供血充分，提高肌肉的柔韧性，以便身体进入即将开始的剧烈运动的适宜状态，从而防止肌肉酸痛和运动损伤。

准备活动可选择的内容，首先，从头到脚活动各个关节，依次是头颈、肩、肘、腕、指、腰、髋、膝、踝、趾等；其次，徒手操等全身性的伸展运动，使肌肉、肌腱、韧带充分拉伸；最后，快走和慢跑，持续时间和强度应根据运动者的年龄、身体状况、运动水平和气候条件而定，时间一般为 5～10 分钟，强度一般为身体感觉发热、微微出汗为宜，准备活动之后可直接进入主要运动。

2. 主要运动

选择运动项目、运动形式，确定运动强度和持续时间。个人的运动目的不同，选择的运动项目、运动形式也不同，所确定的运动强度和运动持续时间也有所不同。运动项目和形式可以根据个人喜好、以往的运动经历进行选择。运动强度和运动持续时间一般可以用每分钟的心率作为运动强度的衡量标准，运动强度过大，运动者无法持久坚持，运动强度过小，达不到运动预期效果，所以，运动处方中要求以每个人的“最适宜运动心率”为基准进行适当的选择。

3. 整理运动

身体运动之后，一定要做整理运动，整理活动非常重要，不可忽视。整理活动的目的是加速清除代谢产物，及时放松肌肉，尽快消除身体疲劳，减少肌肉酸痛，加快身体恢复。人在激烈运动之后，尽管肌肉收缩已经停止，但内脏器官活动仍处在较高的水平，如果身体立即停止运动，心脏还会将大量的血液送到四肢，而四肢运动已经停止，输送出的血液就不能很快流回心脏，这样容易由于头部血流量少而出现头昏、呕吐、重力性休克等现象，容易发生伤害事故，造成机体损伤。运动之后再做一段时间强度较低、动作舒缓的整理运动，使呼吸和心跳逐渐恢复正常，以便积聚四肢的血液加快回流到心脏，紧张的肌肉尽快得到放松，使人从运动亢奋状态恢复到基础状态，从而进行正常的工作学习。整理活动一般可采用慢跑或步行、全身伸展运动和肌肉按摩等放松活动。

5.2.4　运动处方制定程序步骤

在制定运动处方之前，首先要按照一定的程序对身体进行系统、全面的检查，对运动者有一个全面的了解，获得为制定运动处方所要的全面资料。这样制定的运动处方才切实可行，符合运动者个人条件和需要。

1. 体检

首先，了解锻炼者既往病史、家族遗传病史、目前身体状况等。其次，了解锻炼者的运动史，包括运动爱好、运动习惯、运动经历、现在所处的生活环境条件及本人的运动期望等。

2. 健康检查

通过体检，了解锻炼者的健康状况、身体机能水平，判定有无潜在性的运动风险，以便在制定运动处方时更有针对性，防止运动伤害事故发生。

3. 体质测试

体质测试包括心血管机能测试、体力状况测试、柔韧能力测试、平衡能力测试及体重测量等方面。从中了解锻炼者参与运动的身体条件，为合理地制定运动处方提供重要依据。

体质测试时要注意，应先参考健康检查的结果，排除进行运动测试的禁忌证，如高血压、心脏病等；测试时应避免身体状况不佳，如感冒、发烧等；避免进行空腹或饱餐后进行测试；对于不经常参加体育锻炼的人，测试时要加强医务监护；保证运动负荷在测试中的安全性，在出现头晕、呼吸困难、心率失常等异常情况时要终止测试。

4. 制订锻炼计划

根据以上测试结果，对运动者进行健康状况、身体机能水平、运动能力等综合分析评价之后，即可对其制定运动处方。注意运动时间、强度、频度的安排。

5. 调整与检验

一般可以按照制定的运动处方进行锻炼，对不适合的地方可以进行微调。待适合后坚持锻炼 3～6 个月之后，再次进行体质测试，评价这期间的运动效果，进而重新制定运动处方，不断提高运动锻炼效果。

5.2.5 运动处方制定的自我监督

在运动处方制定过程中，锻炼者本人也可以通过对自身体质状况测试，了解自身体质状况，对处方的制定进行自我监督和自我评价。

1. 心血管机能测试

1）30 秒 20 次蹲起

测试方法：

受试者静坐片刻，测试安静时的脉搏和血压，然后起立，令其在 30 秒内匀速蹲起 20 次。要深蹲，足跟不离地，两臂前平举，起立时要恢复直立姿势。蹲起结束后，立即测 10 秒的心率，50 秒内测血压，如此测脉搏和血压连续 3 分钟。

评定：

负荷结束后心率上升不多，血压升高，3 分钟基本恢复者，评为机能良好；负荷后心率明显上升（增加率超过 70%），血压上升不明显或明显，3 分钟内仍未恢复者，评价功能较差。

2）台阶实验指数检查法

测试方法：

受试者静坐 10～15 分钟，由测试人员令受试者站在台阶（男台高 30 厘米，女台高 25 厘米）前，按照 30 次/分的节拍两腿依次上下台阶，手臂随运动自由摆动，连续做完 3 分钟台阶运动之后，受试者静坐在椅子上，戴上指脉仪，手心朝上，放置 3 分 30 秒即显示台阶运动指数值。

注意：

(1) 受试者必须按照严格的节拍上下台阶。

(2) 每次登上台阶，膝关节不能弯曲，腿必须伸直。

(3) 测试中跟不上节奏的或不能坚持完成的受试者，应终止运动。

评定：

台阶指数评定标准如表 5.4 所示。

表 5.4 台阶指数评定标准

性别	年龄（岁）	评定指数				
		1 分（差）	2 分（下）	3 分（中）	4 分（良）	5 分（优）
男	18～25	45.0～48.5	48.6～53.5	53.6～62.4	62.5～70.8	70.9 以上
女	18～20	44.6～48.5	48.6～53.2	53.3～62.4	62.5～70.2	70.3 以上
	21～25	44.5～48.3	48.4～53.0	53.1～62.0	62.1～70.0	70.1 以上

2. 体力状况测试

1）握力

测试方法：

受试者两脚自然分开，身体垂直，两臂自然下垂，用力手手心向内手握握力计，以最大力紧握上下手柄，测试两次，记录最大值。

注意：

发力时手臂禁止摆动或接触身体。

评定：

握力测试评定标准如表 5.5 所示。

表 5.5　握力测试评定标准（单位：牛）

性别	年龄（岁）	评价标准				
		1 分（差）	2 分（下）	3 分（中）	4 分（良）	5 分（优）
男	18～20	310～360	361～410	411～485	486～539	540 以上
	21～25	310～360	361～410	411～485	486～539	540 以上
女	18～20	170～199	200～249	250～299	300～339	340 以上
	21～25	165～199	200～249	250～299	300～349	350 以上

2）立定跳远

测试方法：

受试者双脚左右开立，站于起跳线后侧，起跳时双臂摆动，双脚用力蹬地，使身体跃入沙坑。

注意：

（1）沙坑与起跳地面处于同一平面。

（2）跳起尽量远落，丈量起跳线与落入沙坑最近落地点的垂直距离。

评定：

立定跳远评定标准如表 5.6 所示。

表 5.6　立定跳远指数评定标准（单位：厘米）

性别	年龄（岁）	评价标准				
		1 分（差）	2 分（下）	3 分（中）	4 分（良）	5 分（优）
男	18	208.9 以下	209.0～220.9	221.0～239.0	240.0～253.9	254.0 以上
	19～22	212.9 以下	213.0～225.9	226.0～244.9	245.0～257.9	258.0 以上
女	18	150.9 以下	151.0～163.9	164.0～180.9	181.0～194.9	195.0 以上
	19～22	154.9 以下	155.0～167.9	168.0～184.9	185.0～196.9	197.0 以上

3）1 分钟仰卧起坐

测试方法：

受试者仰卧于垫上，两腿分开，屈膝 90°，两手交叉置于脑后，同伴压住受试者的两踝关节处。坐起时，以两肘触及两膝为完成一次。仰卧时，两肩胛骨必须触垫。

注意：

（1）起身时应用腹肌发力，避免颈部压力过大。

（2）在恢复卧位时，应避免头部用力撞击垫子。

评定：

女子 1 分钟仰卧起坐评价标准如表 5.7 所示。

表 5.7 女子 1 分钟仰卧起坐评价标准（单位：次）

年龄（岁）	评价标准				
	1 分（差）	2 分（下）	3 分（中）	4 分（良）	5 分（优）
18～20	3～7	8～16	17～28	29～35	36 以上
21～25	1～6	7～15	16～22	22～29	30 以上

4）引体向上

测试方法：

双手正握单杠用力下拉单杠，至下颚超过杠水平面为一次。每次上下时保持躯体悬垂状态，不要摆动。

注意：

(1) 每次向上完成下落时，必须完全放置双臂。

(2) 测试过程中不可借助身体摆动来辅助手臂用力，保持身体垂直上下。

评定：

19 岁以上男性引体向上评价标准如表 5.8 所示。

表 5.8 19 岁以上男性引体向上评价标准（单位：个）

性别	评价标准				
	1 分（差）	2 分（下）	3 分（中）	4 分（良）	5 分（优）
男	0～8	9～11	12～14	15～16	16 以上

3. 柔韧性与平衡能力测试

1）柔韧性

坐位体前屈。

测试方法：

受试者坐位，上体直立，两腿伸直，脚跟并拢，脚尖分开 10～15 厘米，用整个脚底顶住盒子。两手并拢，两臂和双手伸直，渐渐上体前屈，用两手指尖轻轻推动标尺上的游标向前滑动，尽可能远推，直至指尖够不到游标为止。

注意：

(1) 准备活动要充分。

(2) 测试中为防止受伤，尽量避免用力过猛。

(3) 两臂用力均匀，两腿伸直，不能屈膝。

评定：

坐位体前屈评定标准如表 5.9 所示。

表 5.9 坐位体前屈评定标准（单位：厘米）

性别	年龄（岁）	评价标准				
		1 分（差）	2 分（下）	3 分（中）	4 分（良）	5 分（优）
男	18～20	−0.2～4.4	4.5～9.9	10.0～17.3	17.4～22.7	22.8 以上
	21～25	−3.2～2.4	2.5～8.3	8.4～16.3	16.4～21.9	22.0 以上

续表

性别	年龄（岁）	评价标准				
		1 分（差）	2 分（下）	3 分（中）	4 分（良）	5 分（优）
女	18～20	−0.6～3.7	3.8～8.9	9.0～16.1	16.2～20.9	21.0 以上
	21～25	−3.0～2.4	2.5～7.4	7.5～14.5	14.6～18.0	18.1 以上

2）平衡能力

闭目单脚站立。

测试方法：

受试者双手叉腰，两腿并拢直立，脚尖向前。打听到“开始”时，用优势脚作为支撑腿，单脚站立，另一腿屈膝提足，并向后翘起或向前举起。此时，支撑腿不可移动和屈膝，抬起脚不能着地，计单足站立时间，以秒为单位，测试 2 次，记录最好成绩。

注意：

（1）测试人员要做好保护工作。

（2）测试过程中，受试者不能睁开眼睛。

评定：

闭目单脚站立评定标准如表 5.10 所示。

表 5.10　闭目单脚站立评定标准（单位/秒）

性别	年龄（岁）	评价标准				
		1 分（差）	2 分（下）	3 分（中）	4 分（良）	5 分（优）
男	18	24 以下	25～65	66～108	109～152	153 以上
	19 以上	25 以下	26～67	68～112	113～157	158 以上
女	18	19 以下	20～55	56～93	94～131	132 以上
	19 以上	20 以下	21～58	59～98	99～138	139 以上

4. 体重测试与评定

测试方法：

受试者立于称台中央，测试者待受试者稳定后读数。

评定关于标准体重的计算方法有很多，这里介绍身体质量指数测算法，身体质量指数也叫凯特莱指数，它不受性别和身材的影响。计算公式如下：

评定方法一：

$$身体质量指数=实际体重（千克）/身高（米）^2$$

评定：

BIM 在 20 以下为偏瘦；

BIM 在 20～24 为正常体重；

BIM 在 24～26.5 为偏胖；

BIM 在 26.5 以上为肥胖。

评定方法二：

$$标准体重（千克）=身高（米）^2\times 22$$

评定：

肥胖度（%）=［实际体重（千克）/标准体重（千克）-1］×100%

体重的增减与肥瘦的判定如表 5.11 所示。

表 5.11 体重的增减与肥瘦的判定

体重增减	胖瘦判定
低于标准体重 25%以上者	Ⅲ度消瘦
低于标准体重 24%～20%者	Ⅱ度消瘦
低于标准体重 19%～10%者	Ⅰ度消瘦
低于或超过标准体重 10%者	正常范围
超过标准体重 10%～19%者	Ⅰ度肥胖
超过标准体重 20%～24%者	Ⅱ度肥胖
超过标准体重 25%以上者	Ⅲ度肥胖

5.3 实用健身运动处方

5.3.1 改善身体形态运动处方

1. 增加身高

1）机理

一个人的身高取决于先天遗传和后天环境两大因素，其中 70%～75%取决于父母遗传的先天因素，20%～25%取决于如营养、睡眠、运动、气候、疾病等的后天因素。人的身高的生长是有年龄限制的，不是什么时候都在长，一般男子 20～25 岁、女子 19～23 岁身高便停止增高。人的身高取决于下肢骨的发育情况，体育运动通过机械物理作用，适量运动可以产生刺激骨骼的压力，使长骨生长，使身高增加；通过运动身体内环境的变化，可以促进能量物质的代谢，加快血液循环，改善骨骼营养，调节激素水平，促进生长发育，身高增加。

2）采用的运动内容

（1）全身大肌肉群参加的全面身体锻炼，如跑、跳、球类运动等（表 5.12）。

（2）肢体伸展类运动、单杠悬垂、跳绳练习、深蹲跳、摸高练习。

（3）增高操：用力伸展上体－抱膝伸腰－额头挨地叩拜－静力状态伸展全身－手握立柱下蹲。

（4）户外活动项目。

表 5.12 促进身体长高的运动处方

姓名：	性别：	年龄：	专业：
运动目的：促进身体长高。			
准备活动：活动各关节、慢跑、柔韧性运动。			
主要运动：			
1. 单杠悬垂；			
2. 纵跳摸高（单脚起跳、双脚起跳）；			

续表

3. 快速上、下坡跑；
4. 跳绳练习。
整理运动：放松按摩。
运动强度：心率 130～160 次/分。
运动频率：2～3 次/周。
运动持续时间：40～60 分/次。
注意事项：
1. 运动要循序渐进，不可操之过急。
2. 具体运动组数根据强度与时间进行制定。
3. 运动之后注意休息，保证睡眠充足，饮食多样化。

2. 控制体重（肥胖）

1）机理

脂肪是人体不可缺少的成分，在人生命活动中其有重要的生理作用。体脂要适当，脂肪过多的肥胖者会造成身体器官功能和代谢障碍，诱发许多如高血压、冠心病、高脂血症、糖尿病等慢性疾病。由于吸收热量大于消耗热量所引起的肥胖，称单纯性肥胖，可以通过体育锻炼和控制饮食达到减肥目的。由内分泌功能紊乱等疾病而造成的肥胖，称为继发性肥胖，这一定要请医生进行检查治疗。这里我们谈的肥胖属于单纯性肥胖。各个年龄阶段都有可能发生肥胖，除了与家庭遗传有关之外，还与饮食和生活习惯密切相关。

2）控制体重运动项目

（1）耐力运动项目：如长距离的步行与远足、自行车、游泳等（表 5.13）。

（2）力量性练习：仰卧起坐、俯卧撑、俯卧抬上体、提踵、立卧撑、各种器械体操（哑铃操）等。

（3）各种球类运动：乒乓球、羽毛球、排球、篮球等。

表 5.13　控制体重的运动处方

姓名：	性别：	年龄：	专业：
运动目的：控制体重。			
准备活动：活动各关节、慢跑、全身伸展性运动。			
主要运动：			
1. 进行耐力性练习（慢跑、自行车、游泳）；			
2. 不剧烈的球类运动（羽毛球、乒乓球、篮球等）；			
3. 各种力量练习（仰卧起坐、俯卧撑、俯卧抬上体、提踵、立卧撑、哑铃操）。			
整理运动：舒缓的舞蹈练习。			
运动强度：心率 110～140 次/分。			
运动频率：2～3 次/周。			
运动持续时间：40～60 分/次。			

续表

注意事项： 1. 在主要运动中可任选一项或几项进行活动。 2. 运动要低强度，时间稍长为宜。 3. 控制好运动量，不可为过快减轻体重而加大运动量。 4. 体重缓慢下降比较好控制，持之以恒。 5. 根据体力与心血管情况进行运动强度、量的调整。

5.3.2 增强身体机能运动处方

提高心肺功能，其运动处方如表 5.14 所示。

表 5.14 提高心肺功能的运动处方

姓名：	性别：	年龄：	专业：
运动目的：提高心肺功能、有氧耐力。 准备活动：活动各关节、全身伸展性运动。 主要运动： 1. 慢跑；2. 快速走；3. 走跑交替；4. 游泳；5. 爬楼梯；6. 体育舞蹈； 7. 韵律操；8. 自行车；9. 爬山运动；10. 球类运动。 整理运动：调整呼吸，肌肉放松，舞蹈练习。 运动强度：心率 110～160 次/分。 运动频率：3～5 次/周。 运动持续时间：30～40 分/次。 注意事项： 1. 在主要运动项目中每次任选一项活动。 2. 具体运动组数可根据强度与时间进行制定。 3. 运动时调匀呼吸，不可忽快忽慢。用鼻吸气、用口鼻呼气。 4. 运动幅度不宜过大，但要持续一段时间。			

5.3.3 提高身体素质运动处方

1. 发展肌肉力量

发展肌肉力量的运动处方如表 5.15 所示。

表 5.15 发展肌肉力量的运动处方

姓名：	性别：	年龄：	专业：
运动目的：发展上下肢肌肉力量。 准备活动：活动各关节、全身伸展性运动、慢跑。 主要运动：			

续表

1. 哑铃提铃至胸练习； 2. 哑铃背飞、侧飞； 3. 哑铃上举练习； 4. 哑铃快速前推、卧推； 5. 负重高抬腿； 6. 负重跨步跳； 7. 立定三级跳（多级跳）。 整理运动：全身肌肉放松。 运动强度：小负荷、中强度，心率 110～130 次/分。 运动频率：2～3 次/周。 运动持续时间：30～40 分/次。 注意事项： 1. 在主要运动项目中选择性组合。 2. 具体运动组数可根据强度与时间进行制定，负重小，组数可多一些。 3. 准备活动充分，整理运动彻底放松。

2. 发展耐力

提高耐力素质的运动处方如表 5.16 所示。

表 5.16　提高耐力素质的运动处方

姓名：	性别：	年龄：	专业：
运动目的：提高心肺功能、有氧耐力。 准备活动：活动各关节，慢跑。 主要运动： 1. 慢跑；2. 快速走；3. 走跑交替；4. 游泳；5. 爬楼梯；6. 体育舞蹈；7. 韵律操；8. 自行车；9. 球类运动。 整理运动：调整呼吸，肌肉放松。 运动强度：心率 130～160 次/分。 运动频率：3～5 次/周。 运动持续时间：心率 30～50 分/次。 注意事项： 1. 在主要运动项目中每次任选一项活动。 2. 运动中保证运动强度与运动时间。 3. 运动时调匀呼吸，不可忽快忽慢。 4. 运动幅度不宜过大。			

3. 发展速度，提高无氧耐力

发展速度，提高无氧耐力的运动处方如表 5.17 所示。

表 5.17 发展速度，提高无氧耐力的运动处方

姓名：	性别：	年龄：	专业：

运动目的：发展速度、提高无氧耐力。

准备活动：慢跑、活动各关节、全身伸展性运动。

主要运动：

1.30 米跑；2.60 米跑；3.100 米跑；4.120 米跑；5.150 米跑；6.200 米跑。

整理运动：调整呼吸，肌肉按摩放松。

运动强度：心率 130～160 次/分。

运动频率：3～5 次/周。

运动持续时间：30～40 分/次。

注意事项：

1. 在主要运动项目中每项进行 2～5 组，每组间歇从 30 秒起依次递增 30 秒。
2. 运动准备活动要充分，以免拉伤。
3. 整理活动尽量放松，有助于乳酸代谢，体力恢复。

4. 发展灵敏性。

发展灵敏性的运动处方，如表 5.18 所示。

表 5.18 发展灵敏性的运动处方

姓名：	性别：	年龄：	专业：

运动目的：发展身体灵敏性。

准备活动：活动各关节、全身伸展性运动、慢跑。

主要运动：

1. 一对一互相拍背游戏；
2. 一对一攻防抢断球（篮球）；
3. 听口令急起急停练习；
4. 各种跳绳练习；
5. 各种灵活性游戏（喊数抱团游戏、攻城游戏等）。

整理运动：慢跑。

运动强度：心率 120～140 次/分。

运动频率：3～5 次/周。

运动持续时间：30～40 分/次。

注意事项：

1. 具体运动组数可根据强度与时间进行制定。
2. 运动注意组间隔时间。
3. 运动随机应变，反应迅速。

5. 提高身体柔韧性

提高身体柔韧性的运动处方如表 5.19 所示。

表 5.19　提高身体柔韧性的运动处方

姓名：	性别：	年龄：	专业：

运动目的：提高身体柔韧性。

准备活动：慢跑、活动各关节、全身伸展性运动。

主要运动：

1. 面向肋木压肩练习；
2. 肋木上压腿：正压腿，侧压腿；
3. 站位体前屈；
4. 弓箭步压腿；
5. 扑步侧压腿；
6. 手扶肋木踢腿练习：正踢腿、侧踢腿、后踢腿；
7. 劈叉练习：纵叉、横叉。

整理运动：全身放松，舒缓舞蹈。

运动强度：心率 110～130 次/分。

运动频率：3～5 次/周。

运动持续时间：30～40 分/次。

注意事项：

1. 准备活动时身体微微出汗。
2. 具体运动组数可根据强度与时间进行制定。
3. 运动幅度由小到大，不可用力过猛，要循序渐进。
4. 运动后整理放松要充分。

思考题

1. 什么是运动处方？
2. 运动处方有哪些分类？
3. 运动处方运用什么原理？
4. 运动处方的制定原则什么？
5. 运动处方的构成要素有哪些？
6. 简述运动处方的设计阶段与设计程序。
7. 运动处方的制定需要哪些步骤？
8. 简述运动处方的自我监督。
9. 给自己设计一个发展力量耐力的运动处方。

第6章 营养与健身

人的生命活动的过程是一个消耗能量的过程，人体不断从日常生活中摄取食物，从而获得必要的营养素。人的健康需要均衡的营养来调理，营养虽不能取代健康，但营养合理是保证良好健康状况和运动能力的基础，有利于机体代谢的顺利进行和生理功能的调节，健身时的机能状态、体力适应、运动后恢复和伤病防治，以及运动机能的提高都需要营养。相反，营养不平衡会削弱科学锻炼的效果，不但降低运动技能，还会影响运动后的恢复。因此，合理营养是科学锻炼、健身首先应该考虑的问题。所以，养成规律运动，形成健康营养意识，构建健康保健养生的生活方式，是提高全民健康水平的最佳途径。

6.1 能量来源与消耗

生命活动的能量不直接来自我们吃的食物，而是来自食物经过一系列降解代谢反应，在线粒体最后形成三磷腺苷，它是所有生命体的能量载体，是细胞的最直接能源，而这些能量均来源于食物，食物中所含的营养素分为七大类：糖、脂、蛋白质、矿物质、维生素、水和膳食纤维。人体直接能源三磷腺苷主要由糖、脂和蛋白质三大能量物质通过相应的分解和代谢，将储存在分子内的化学能释放出来。在自然界中，能量仅从一种形式转化为另一种形式，机体的能量代谢也遵从这一规律。机体所利用食物的能量与最终转化的能量和所做的功，按能量折算是完全相等的。在理想状态下，人体能量的需要量等于他的消耗量，此时的个体不会出现体重的波动（表 6.1、表 6.2）。

概括来讲人体能量消耗主要有以下几个方面：

（1）基础代谢消耗；

（2）机体活动的消耗（健身、娱乐……）；

（3）摄入食物过程引起的消耗；

（4）机体组织生长发育所需要的消耗。

表 6.1　骨骼肌细胞利用的能量系统

系统	利用情况	运动举例
三磷腺苷	所有情况	力量训练，各种投掷、跳、百米跑等高强度运动

续表

系统	利用情况	运动举例
磷酸肌酸	运动开始时，极限强度运动及其后短间歇	力量训练，各种投掷、跳、百米跑等高强度运动，高强度有间歇的运动训练
糖无氧酵解	高强度运动尤其是 30 秒至 2 分钟的运动	200 米计时跑
糖有氧氧化	运动持续 2 分钟至 5 小时 强度越大利用越多	篮球、排球、游泳、慢跑等
脂肪有氧氧化	持续时间长的低强度运动	长距离跑步、游泳、骑车
蛋白质有氧氧化	所有低强度运动	长时间耐力性运动

表 6.2　不同运动持续时间的主要供能系统

运动时间	供能系统
＜30 秒	磷酸原
30 秒～1.5 分钟	磷酸原与糖酵解
1.5～3 分钟	糖酵解和有氧氧化
＞3 分钟	糖和脂肪有氧氧化

6.2　基础营养素

6.2.1　糖类

1. 糖

糖又称碳水化合物，是我们大脑和肌肉活动的主要能源。糖类的主要来源于主食，如谷类、薯类、豆类等，它以淀粉的形式存在，进入人体经过消化吸收，除了维持血糖稳定，就以肝糖原的形式存在于肌肉与肝脏之中。所有糖类都由碳、氢、氧组成。糖以多种形式存在于膳食当中，如单糖、双糖、糖醇。常见食物中糖的含量如表 6.3 所示。

表 6.3　常见食物中糖的含量

食物	百分含量（以湿重计算）
蔗糖	100
大米、面粉	65～78
水果	5～14
蔬菜	2～3
牛奶	2～5
猪肝	2～3
蛋、肉、鱼类	0～1

2. 糖类与健身运动

运动前补糖增加体内肌糖原和肝糖原的储备，保证运动中有充足的糖来提供能量，从而预防疲劳。运动中补糖，可提高血糖水平减少肌糖原耗损，延长耐力时间，提高运动能力，减少外伤。运动后补糖可以加速恢复。

（1）耐力运动——运动时间长，运动强度较大，运动负荷较大，能量消耗大。补糖可以提高体内糖原储备，维持血糖稳定及中枢神经的供能，加快运动后的恢复。

（2）速度耐力运动——在一定的速度运动中对抗疲劳，此类运动持续时间较短，由有氧和无氧两种方式供能，以无氧供能为主。补充糖使运动吸收和利用血糖减少，维持血糖平衡，延缓运动疲劳的发生，提高持续运动的能力。

（3）间歇性运动——在较短的时间内完成大强度的运动，运动有间歇，其强度随时间变化，能量转换率高，间歇运动持续时间长，供能以无氧供能为主，如足球、篮球、网球运动等。运动补糖能在体力上和脑力上提高运动能力，延缓技战术运用能力下降，稳定心理情绪，集中注意力等，对改善脑力方面也有帮助。

（4）灵敏技巧类运动——运动为非周期性动作，神经活动高度紧张，在协调和技巧方面要求较高，动作多变。此类运动主要依靠糖酵解和磷酸肌酸。此类运动在运动中补糖是否能提高运动能力，未见报道。

6.2.2 脂类

1. 脂

脂类是三大基础物质之一，包括脂肪和类脂，脂肪通常又包括油和脂，主要来自动物性食品，膳食中的脂肪有三种脂类构成：固醇类、磷脂、甘油三酯。脂类是人体细胞的重要成分之一，神经髓鞘膜和细胞膜的构成都必须有脂类参与，另外在修复细胞膜、合成激素、帮助溶解脂溶性维生素 A、E、K 等方面起很大作用，脂可以使我们保持旺盛的体力，保持肌肉的活力、光润的皮肤。有些人怕胖，谈脂色变，一点肥肉都不吃，这是不对的。脂类是产生身体激素的原料，只要不过量，将脂肪分解成热量，是不会在体内积存的。对于既没有营养又损害健康的油炸食品，应尽量少吃（表 6.4）。

表 6.4 常见食物的脂肪含量（单位：克/100 克）

食物	脂肪含量	食物	脂肪含量
猪肉（肥）	90.4	鸭	19.7
猪肉（瘦）	6.2	带鱼	4.9
猪肝	3.5	鲤鱼	4.1
牛肉（肥瘦）	13.4	鸡蛋	11.1
牛肉（瘦）	2.3	鸡蛋黄	28.2
牛肝	3.9	核桃	58.8
鸡	2.3	葵花籽（炒）	52.8
鸡翅	11.8	花生（炒）	48.0
鸡腿	13.0	松子（炒）	58.5

2. 脂类与健身运动

一般来说，运动强度小，持续时间长，依靠脂肪氧化供能占总能量代谢的百分率就越高。游泳或者冬季运动项目，由于机体散热量大，食物中脂肪量比其他项目要高。

6.2.3　蛋白质

1. 蛋白质

蛋白质是最重要的营养素。蛋白质是细胞的主要成分，主要由氨基酸构成，是生命存在的主要形式，也是构成人体重要生命活性物质，如皮肤、毛发、指甲、肌腱、韧带都是特殊结构的蛋白质。

蛋白质分为两大类：动物性蛋白和植物性蛋白。动物性食物如鱼类、肉类、牛奶、蛋等都是膳食中最好的蛋白质。谷类、豆制品、蔬菜、坚果等都是优质的植物蛋白质。每天应保持摄入适量的营养价值高的各种氨基酸，但肉类、蛋类胆固醇较高，在进食时要搭配蔬菜、菌类、海带等食物，从而控制胆固醇的上升。米、面、杂粮等含有植物性蛋白，能与动物性蛋白起互补作用，使体内摄入的蛋白质丰富而又全面（表 6.5）。

表 6.5　常见食物蛋白质含量（单位：克/100 克）

食物	蛋白质含量	食物	蛋白质含量
猪肉	13.8～18.5	稻米	8.5
牛肉	15.8～21.7	小米	9.7
羊肉	14.3～18.7	面粉	11
鸡	21.5	大豆	39.2
鲤鱼	18.1	红薯	1.3
鸡蛋	13.4	大白菜	1.1
牛奶	3.3	花生	25.8

2. 蛋白质与健身运动

蛋白质主要为细胞的基本结构，用于修补和更新身体组织，调节维持身体生理机能。除此而外，还合成新陈代谢需要的酶、有免疫作用的抗体、肌肉收缩所需要的肌动蛋白，形成骨骼的胶原蛋白、运输氧的血红蛋白。蛋白质在运动中参与供能的比例较少，但是，对于肌肉的生成、代谢和受伤肌肉的修护、疲劳及肌肉酸痛等症状的减轻都有重要作用。若蛋白质供应不足，容易导致疲劳、乏力、感冒、免疫力下降等亚健康症状出现。

6.2.4　微量元素

微量元素在人体内含量较少，但对改善体质、增进健康的作用却是很大的。成人最需要的微量元素有锌（帮助脑垂体、胰腺和性腺发挥功能）、碘（合成甲状腺素）、铜（合成铜蓝蛋白-多功能氧化酶，促进细胞更新，维持新陈代谢）、锰（维持正常生殖功能）、铬（参与蛋白质代谢，促进胰岛素分泌）、硒（是强抗氧化剂，参与细胞膜的保护，预防心血管疾病）等。硒、铬和锰的作用更偏重于延缓衰老，预防心血管疾病。这些微量元素主要来源于动物食品、菌类、豆类、海产品及蔬菜中。

6.2.5　维生素

1. 维生素

维生素在促进身体健康方面有很大作用。维生素不构成机体结构组成成分，不提供能量，但担负着重要的代谢功能，一般不能在体内合成（除维生素D外），人体需要量少，却不能缺。否则，机体活动能力会减弱，抵抗力下降，代谢紊乱，运动效率低。维生素有以下两大类。

1）水溶性维生素

有维生素 B_1（参与糖代谢，维持神经系统机能）、维生素 B_2（与其他维生素合成许多辅酶，参与生物氧化，保证新陈代谢顺利进行）、维生素 B_6（合成蛋白质和脂类）、维生素 B_{12}（与叶酸共同促进体内细胞的更新，加快有毒代谢产物的排泄）、维生素C（加强氧化还原过程，帮助人体保持良好的耐力和运动能力）。这些维生素在体内不能合成，也不能永存，必须依靠每天的膳食来补充，蔬菜和水果是它们的主要来源。

2）脂溶性维生素

有维生素A（维持上皮组织完整性）、维生素K（促进凝血）、维生素E（维持神经内分泌调控机制，维持细胞膜正常结构，影响激素和酶的活性，与维生素A、C一起发挥抗氧化作用，提高人体抵抗力，预防癌症和心血管疾病）。菜肴中适量的植物性油脂，其中的不饱和脂肪酸可促进脂溶性维生素的吸收，防止血脂增高，促进血管壁软化（表6.6）。

表6.6 维生素对与运动能力相关的身体机能的影响

分类	能量代谢辅助因子	神经功能	血红蛋白合成	免疫功能	抗氧化功能	骨骼代谢
脂溶性						
维生素A				√	√	
维生素D						√
维生素E				√	√	
水溶性						
维生素 B_1	√	√				
维生素 B_2	√	√	√			
维生素 B_3	√					
维生素PP	√	√				
维生素 B_6	√	√	√	√		
维生素 B_7	√					
维生素 B_{11}		√	√			
维生素 B_{12}		√	√			
维生素C			√	√	√	

1. 维生素与健身运动

1）维生素A

维生素A对视网膜感光与角膜的维护有不可或缺的作用，另外，对上皮组织细胞的分化与身体免疫系统的防御都有很重要的作用。维生素A这么重要，但如果在人体内过量，也会引起中毒的严重反应。维生素A的需要量随劳动强度、生理病理情况以及视力的紧张程度而变化。维生素A在动物肝脏、蛋、乳类食物中含量较丰富，在一些深色蔬菜和水果中含量也较丰富，如菠菜、芒果、橘子等。

2）维生素D

维生素D具有调节免疫系统功能的作用，影响小肠对钙、磷的吸收以及促进骨样组织的成熟与骨盐沉着。维生素D可以防止氨基酸的流失，因此维生素D缺乏，会对肌肉与神经的功能有影响。

维生素D的来源有两个渠道：一个是外源性的，依靠膳食摄入，如鱼油、鲜鱼、蛋、乳类等含量较丰富；二是内源性的，依靠阳光（紫外线）照射由人体皮肤产生。所以根据我国情况，年轻人每周2～3次的短时间接触阳关的户外活动，就可预防维生素D的缺乏。

3）维生素E

维生素E对生殖系统、血红蛋白的合成、神经系统抗氧化以及肌肉系统的正常功能有重要作用。在对大强度、低氧压的条件下训练，通过补充维生素E能提高最大吸氧量、减少血乳酸、增强运动能力。但在一般运动强度情况，不鼓励补充维生素E，因为大量补充维生素E可减弱蛋白质的分解。

4）维生素K

维生素K可调节凝血蛋白质合成，对骨钙形成具有一定作用。因为维生素K膳食需要量低，一般在日常饮食中即可获取。

5）维生素B_1（硫胺素）

维生素B_1有调节胃肠、维持体能正常代谢的作用。如果维生素B_1缺乏会出现下肢乏力、沉重，体重下降，消化不良，头痛，失眠，易怒等神经、消化和循环系统症状。维生素B_1随着运动负荷强度的增大消耗量会增加，耐力性运动与神经系统负担较重的运动项目都需要较多的维生素B_1，如马拉松、游泳、乒乓球、体操等。在食物中，粗粮、瘦肉、花生、芝麻、豆类等都是维生素B_1的主要来源。

6）维生素B_2（核黄素）

维生素B_2在代谢中起很重要的作用。参与碳水化合物的氧化、糖的无氧氧化供能以及体内抗氧化系统代谢，并能与维生素A配合保护眼睛、口舌、皮肤、神经系统的正常功能。因此，维生素B_2在有氧耐力、与无氧运动中都很重要，尤其在健美运动中要注意维生素B_2的补充。维生素B_2普遍存在于肉、蛋、奶、谷类、蔬菜中，尤其是绿叶蔬菜。维生素B_2在日光下易遭到破坏，储存时要避光。

7）维生素B_6

维生素B_6与蛋白质、脂类代谢关系密切，对机体的免疫功能有影响。因在蛋白质合成中充当辅酶，所以对肌肉生长作用巨大。在肉类、豆类、菠菜中都有维生素B_6。

8）维生素B_{12}

维生素B_{12}的主要功能是促进生长，维持神经组织正常功能及红细胞生成。在运动中缺乏会使氧运输能力下降，影响运动能力。维生素B_{12}来源于动物性食物，如肉、鱼、贝、蛋、乳类等。

9）维生素C（抗坏血酸）

维生素C是很强的还原剂，可以促进胶原的形成、抗氧化、促进钙和铁的吸收、降低胆固醇、增强免疫力，维生素C能增强身体解毒能力。在运动中，维生素C会随着流汗损失，会使人体的心肌、骨骼肌中ATP酶活性降低，出现疲劳和肌肉无力，维生素C还会影响铁的吸收和造血功能。维生素C主要的食物来源是新鲜的蔬菜和水果。

6.2.6　水

水是生命之源，水是人体新陈代谢的环境，体内任何生物氧化过程都离不开水；水是良好的溶剂，能帮助人体消化、吸收食物，向全身输送营养素；水的良好的导热性能，有助于维持恒定的体温；水可清除体内新陈代谢产物，如尿素、尿酸、马尿酸和肌酐，这些物质在体内停留过久，它们的酸性会刺激膀胱，继发各种泌尿系统感染疾病，从而影响健康。

水的作用是全身性的，通过多种途径实现，如出汗、呼气、排大小便等。正因为水具有维持健康的作用，成年人除了正常的饮食之外，每天应补充 2000 毫升的水分，如遇酷热天气、剧烈运动、发烧等情况时，喝水量还要增加。喝水量不足，会导致脱水，即使是轻度脱水，也会影响生理能力。若失水量达体重的 2%，工作能力会下降 10%；若失水量达体重的 5%，工作能力则下降 25%，会导致疲劳。身体脱水时，还会造成皮肤外层干燥角质化，表皮皴裂，出现大量的皱褶，称为早衰。

体内水分太多也是有害的，会使尿量增加过多，引起电解质钠、钾流失，造成内环境紊乱，如果心肾功能不全，还会发生水中毒、水肿、惊厥，甚至循环衰竭。运动中补充水分可明显延长运动时间，提高运动能力。

6.2.7 膳食纤维

膳食纤维是被称为对人体不起营养作用的营养素。在水果蔬菜中除水分之外，含量最多的就是膳食纤维。膳食纤维包括纤维素、半纤维素和木质素等。膳食纤维不能被体内消化酶分解，提供不了营养素，但它是膳食中必不可少的部分，因为膳食纤维在胃肠道内有点像“清道夫”，起着清除体内各种污染物的作用。体内蛋白质与脂肪在代谢过程中，大量的厌氧细菌在肠道内繁殖，产生很多代谢毒素。膳食过程中摄入膳食纤维，能抑制厌氧细菌的繁殖，促进肠道蠕动，加快致癌物的排泄，减少对肠壁的刺激，对预防癌症有积极作用。另外，增加膳食纤维还能吸收肠道中消化液中的胆固醇，使其排出体外，降低患高血压、冠心病、高脂血症和动脉粥样硬化的风险。在健身运动中膳食纤维有助于减肥、健美塑身等。

6.3 健身营养误区

随着社会节奏的加快，竞争日益激烈，在校大学生承受着比以往更大的生理和心理压力。导致很多学生都出现亚健康的状态。在健身营养方面，也存在着许多误区。

1. 空腹运动无碍健康

运动前应补充一些易消化的碳水化合物。由于运动时能量物质消耗增多，运动时能量只有转变成血糖形式才能被人体利用，若运动前饥饿，肝糖原贮备不足，或长时间运动时，血糖大量消耗会出现血糖浓度过低的情况，使脑、神经供能不足，出现头晕、眼黑、心慌等症状。

2. 运动要多喝白水

运动前饮用水要适量，大量饮水会使人胃部不适，影响运动，降低运动能力。随着运动时间增长，出汗量也会有所增加，适当饮水可保证运动所需。运动中切忌一次大量饮水，因为大量水分骤然进入血液，使血液稀释，血容量增加，加重心脏的负担。运动后饮水也不应一次大量，特别是在进餐前不要饮水过多，否则将稀释胃液，会影响消化能力。运动仅喝白水，并非有益，因为白水中钾、钠等无机盐的含量较低，不能补充大量出汗丢失的盐分，通常会造成越喝越渴的现象。

3. 吃主食易发胖

主食是指我们平常所说的“饭”，其实它是人体最直接、最主要、最经济的能量来源，就是我们说的营养素——“糖”，在人体脂肪分解的过程中需要糖的参与，当人体的糖摄入不足时，脂肪酸的分解就不能彻底进行氧化分解，反而会增加脂肪堆积。当然，糖的摄入量也是以能够满足需要为基础，过度摄入会以脂肪的形式存储在体内，不利于健康。

4. 补充甜饮料有利于健身者的健康

很多学生运动时会以甜饮料代替水，认为糖可以补充能量。含糖饮料可以让自己身体达到一种暂时的高血糖状态。如果过多食用甜食会制约肌肉所必需的氨基酸类物质的摄入，会在锻炼的过程中大量流失体内的营养元素。

5. 不运动，节食一样能减肥

节食的目的是使每次摄入的物质不足于消耗的需要，从而达到减体重的目的。其实这种做法是非常不正确的。营养摄入不足机体不得不消耗身体里已有的营养物质，身体会处于营养匮乏状态。久而久之，不但会感到疲惫、虚弱且暴躁易怒，而且身体免疫系统也会遭到破坏，会因营养不良而造成各种代谢和腺体分泌紊乱。对女性来说就会出现毛发干枯，皮肤粗糙缺乏弹性、没有光泽等一些不良反应。因此，只有适时适量运动、控制饮食，才能达到健康减体重的目的。

6. 高热量的食物有利于健康

有研究表明，低热量食物更有利于健康，因为影响和决定寿命的最为重要的因素就是那些造成身体发胖的因素。被喂食低热量食物的动物患有肿瘤和慢性病的比率都低。亚历山大·里福在 3 个偏僻的地区对健康的老人进行研究时发现，他们所食的都是低脂肪和低热量的食物。因此，食低热的食物，加之日常规律性的锻炼，可延缓衰老。

7. 减肥过程中吃的脂肪越少越好

食适量的脂肪也会使人产生饱腹感，而不觉得饥饿难耐。人体必需的一些脂溶性维生素是依赖于饮食中的脂肪才能被人体吸收的，如果摄入的脂肪不足，会造成人体内脂溶性维生素不足，从而影响机体正常代谢。

8. 吃植物油不易发胖，吃动物油易胖

植物油和动物油同属于脂类，植物油含有较多的不饱和脂肪酸，动物油含有较多的饱和脂肪酸。植物油和动物油，二者均属于高能量食物，如果过多食用，均可使人发胖，在这一点上它们的作用相同。

9. 减肥是哪儿肥减哪儿

因为小腹有赘肉，就坚持做仰卧起坐，锻炼一段时间后，结果也没发现小腹赘肉减少多少。练哪儿减哪儿，局部减脂是不可能实现的。因为机体动用脂肪是调动全身的脂肪，并非是某一部位的脂肪。只有进行全身锻炼，加局部锻炼，才能达到较好的减脂效果。

6.4　健身运动的营养

6.4.1　健康

关于什么是健康，有很多种说法。但总的来说，健康是指身体健康、心理健康和良好的社会适应。世界卫生组织提出健康的10个标志分别如下：

(1) 情绪乐观，从容不迫，勇于承担责任。

(2) 具有旺盛的精力，能够从事日常的社会、学习和工作而不感到有压力。

(3) 应变能力强，能够很好地适应环境的变化。

(4) 善于修养精力，睡眠好。

(5) 具有抵抗一般疾病和传染疾病的能力。

(6) 体重适中，不胖不瘦，身体好。

(7) 眼睛明亮、反应敏捷。

(8) 头发具有光泽而少有头屑。

(9) 牙齿清洁，无空洞，无痛感，无牙龈出血。

(10) 皮肤有光泽、有弹性，走路感觉轻松。

6.4.2 健身运动类型

1. 有氧健身运动

有氧锻炼一般活动强度不是很大，但持续时间相对较长，会提高锻炼者自身的心肺功能。经常进行有氧锻炼的人，其安静时心率会下降，使心脏工作能更节省化；有氧锻炼还有助于消除血液中的血脂，使脂质不易在血管壁沉积，减少高血压、冠心病、高脂血症、动脉粥样硬化等疾病的发生几率。充分发挥呼吸机能，这会使肺活量得到有效的改善，身体供养能力改善，新陈代谢水平增强。提高肌肉耐力素质，是抵御现代文明病侵袭的重要身体素质，使大脑思维敏捷、反应速度快、动作准确。有氧健身运动包括慢跑、游泳、骑车、有氧健身操、爬山、球类运动等。

2. 无氧健身运动

无氧运动，简单地说就是运动时间短、运动强度大、消耗大运动，代谢特点为强度大、消耗率高以及伴有不同程度的氧债，如短跑，跳高、跳远、投掷、力量训练等等。氧债，又称运动后恢复期过量氧耗，是指机体在运动过程中利用无氧代谢供应能量所欠下的并需要在运动后恢复期所偿还的氧。从营养方面来说，体育运动的能量消耗可达到安静时的2～3倍，甚至更高。蛋白质、脂肪、水、无机盐、能量、维生素的消耗要比平常人多，所以要补充含有蛋白质、脂肪、水、无机盐、能量、维生素比较丰富的食物。

3. 力量训练

力量训练是指克服阻力以达到锻炼肌肉的目的。常用的方法一般采用杠铃和哑铃进行训练，也可用跑步、跳跃、投掷、骑车、游泳等方式达到力量训练的效果。根据不同的人群，对力量的要求也有所不同，并非人人都像健美爱好者那样进行肌肉训练。对于一般人增强肌肉力量有助于延缓衰老、美化体形，增强骨密质和关节力量。

4. 柔韧练习

柔韧练习可以明显改善身体姿势，增大关节活动幅度。进行柔韧练习，能使人体活动的动作更加舒展，更加优美。在运动过程中，注意拉伸的幅度，由小到大，动作由易到难，尽量循序渐进，避免损伤。

6.4.3　健身运动的选择

1. 健身方式的选择

本着一切从实际出发的原则，健身计划的制订要体现科学性、实用性，具体内容的选编要以兴趣为出发点，根据锻炼者的自身需要，也就是健身者自身的目的——健康改进、减肥塑身、增肌健美来合理控制要进行的运动量与运动负荷。可选择一两项或两三项能长期坚持锻炼、效果又比较好的项目或练习，再搭配一些全面影响身体的练习。

2. 健身强度的选择

大强度、短时间、快速爆发力的运动，并不适合一般健身。在健身过程中切忌产生过度疲劳，并且要注意健身后的恢复。一般以当天或第二天已消除了疲劳为宜，结合定时测量脉搏和分析自我感觉，判断身体已基本恢复正常后，再进行下次锻炼，绝对不让疲劳日益积累。

3. 运动环境的选择

健身者的健康状况以及健身的环境、时间、场地、器材也是必须考虑的因素，并对健身过程中不断出现的变化进行观察和分析，从而进行不断的调整和修正，使锻炼方案更加适合自己。

4. 健身应注意的问题

遵循循序渐进的原则，根据自己的体质与健康状况安排健身，切不可操之过急，以免损伤身体健康，得不偿失。

要持之以恒，在健身过程中，锻炼效果不是短时间可以显现的，必须经过长时间不断努力才可以达到预期效果。

锻炼要不断变换锻炼方式，从而保持运动兴趣，长期坚持下去。

6.5　健身营养

6.5.1　营养膳食原则

1. 饮食多样化

平衡膳食必须有多种食物组成，才能满足人体营养需要。食物可分为五大类：谷类及薯类，动物性食物，豆类和坚果类，蔬菜、水果和菌藻类，纯能量食物。平衡膳食是由这五大类食物合理搭配而组成的，但五大类食物在平衡膳食中所占的比重各不相同。按营养学对学生的要求，膳食应该做到食物多样化，并以谷物为主，还要有荤有素，可以多吃些果蔬和薯类，可以常吃些奶类和豆类，也可以是豆制品，搭配适量鱼、禽、蛋和瘦肉。每天膳食五大类应俱全，它们为机体组织提供热能、调节生理机能。

2. 搭配合理化

学生在学习生活的过程中，要摄入充足的蛋白质、脂肪及糖类，同时也要适当摄取纤维素、矿物质、维生素等，所以学生时期摄取适量的能量，保证饮食平衡合理非常重要。肉、蛋、奶和谷物含有充足的蛋白质、碳水化合物和脂肪，而蔬菜和水果中含有人体所需的维生素和必需的微量元素，二者合理搭配才是营养的最高价值。学习期间还要增加蛋白质的摄入，且当中的优质蛋白占比应在40%～50%，并且三餐中应包含足够的豆类制品、动物食品等，还有维生素A、维生素D、维生素C、维生素B族，以及钙、磷、锌、铁等矿物质对学生身体健康也大有好处。

3. 三餐科学化

早餐在一日三餐中具有基础性的地位，学生时期，早餐既要能提供充足的热量，同时还要具有活跃大脑的功能，所以早餐一定要吃好。一般来说，早餐所包含的能量在全天总能量中占据了30%以上。国内外的许多研究表明，不吃早餐和早餐营养品质不高的学生，其在数字运用、创造性想象力和身体发育等方面均会受到严重影响。不吃早餐对身体健康非常不利，容易产生低血糖、眩晕、注意力不集中等现象。一般来说，早餐可供选择的食谱有以下几种：水果汁、鲜蔬菜、鸡肉、瘦火腿、牛肉、酸奶、牛奶、煮鸡蛋、豆浆、一些谷物面包等，保证每天摄入足够的维生素和蛋白质。

午餐是三餐中最重要的一顿饭，要保证午餐的充分能量，含蛋白质、维生素和矿物质的食物是必不可少的。所以，米饭、牛肉、豆制品和各种非绿叶蔬菜、酸奶是比较理想的食物。米饭再加上含优质植物蛋白的豆制品，荤菜与素菜搭配，营养会更全面。

晚餐虽然不像早餐、午餐那样有讲究，但吃好了才会有利于身体的健康，否则就有损害身体的可能。晚餐要坚持早吃的原则，如果晚餐吃的过晚会造成尿路中的结石。吃晚餐要坚持以素食为主的原则，如果晚餐吃太多的肉，会导致消化不良；吃晚餐要坚持适量的原则，如果吃得太多会使体内胆固醇升高，诱发动脉硬化，还能够埋下糖尿病的隐患，影响人体健康（表6.7、表6.8）。

表6.7 女性食谱举例（身高160厘米，体重55千克）

餐次	食物	摄入量
早餐	面包	3片（90克）
	鸡蛋	1个（50克）
	牛奶	300毫升
	桃子	1个（300克）
午餐	馒头	4两（200克）
	豆腐	3两（150克）
	西红柿	4两（200克）
	瘦猪肉	1两（50克）
	花生油	2汤匙（16克）
	梨	一个（200克）
晚餐	米饭	3两（150克）
	菠菜	4两（200克）
	蘑菇	4两（200克）
	虾肉	1两（50克）
	酸奶	1杯（125克）
	豆油	2汤匙（16克）
	苹果	1个（250克）

表 6.8　4000 千卡的食谱举例

餐次		食物	摄入量
早餐	早餐	烙饼	100 克
		馒头	100 克
		花生油	3 克
		盐	1 克
	早加餐	香蕉	200 克
		鲜牛奶	250 克
		酸奶	250 克
		鸡蛋	100 克
		葡萄	100 克
		巧克力豆奶	200 克
		蛋糕	100 克
午餐	午餐	面条	150 克
		大白菜	200 克
		瘦牛肉	100 克
	午加餐	花生油	15 克
		面包	100 克
		胡萝卜	100 克
		盐	2 克
		花生酱	10 克
		橙子	150 克
		无花果	50 克
		面包	50 克
	晚餐	鲜玉米	150 克
		鸡腿	200 克
		酸奶	250 克
		花生油	15 克
	晚餐	盐	2 克
		米饭	100 克
		四季豆	150 克
		苹果罐头	200 克

6.5.2　健康养生的生活方式

1. 加强均衡营养观念

学生对营养的重要性认识不足，健康观念淡薄。进食快、吃零食、饮酒、吸烟、校外就餐、以饮料代替水、糖和脂含量摄入过高、矿物质和维生素缺乏都是非常不好的饮食习惯。合理的营养是学生正常工作、学习、锻炼的基本条件。学生体质的好坏除了受到先天遗传与后天训练有关因素的影响外，在很大程度上还取决于后天营养的科学摄取。现代营养学证明，合理的营养对于大学生从事体育锻炼，尤其是身体机能状态、体力、运动能力、运动后的体力恢复有着十分重要的作用。如果大学生的营养状况差，运动能力便会很快下降。如果营养过剩，也会导致大学生体重的不当增长，甚至会出现超重、肥胖现象。大学生应该了解科学膳食补充的重要性，改变错误观念，培养健康的饮食习惯，在饮食上要注意不要偏食，多吃蔬菜来保证机体所需要的维生素，钙的含量不足应多吃些动物内脏、海产品及奶制品。进行适当的膳食调节以满足自己的实际需求，从而建立合理的膳食结构。

2. 改变不良的生活习惯

学生学习期间应按时作息、不熬夜，不暴饮暴食，适时锻炼，保持个人与集体卫生干净整洁，养成规律的生活习惯。学校及有关部门定期对学生进行各方面的身体测试，以便及时掌握学生的营养与身体状况，学校体育科研人员可以根据大学生的营养需求，合理制定一日三餐，对于一些体质较弱的学生的膳食要开展营养咨询，进行膳食干预指导，合理选择并搭配食物，达到平衡、合理膳食，减少疾病，促进健康的目的。这样才能保证大学生的营养需求，从而保证他们的身体锻炼和学习效果。

3. 规律参与健身运动

体育锻炼能全面促进人的健康。健身的作用：①不仅对身体健康有影响，还能提高机体免疫功能和抗御疾病的能力。②在心理健康方面，能改善健身者的情绪，正确地认识自我，促进人际关系和谐发展。③体育锻炼对人的社会适应积极影响。学生的健康更多的得益于规律的身体锻炼，合理的营养是保证良好健康状况和运动能力的基础，有利于机体代谢正常进行，对健身者机能状态、体力适应、运动后恢复和伤病防治都有促进作用，而且合理营养有助于健身者充分发挥运动和竞技能力，保持运动兴趣。

4. 合理地补充营养剂

对于进行运动训练的学生，根据特殊需要，可进行营养剂的补充。除一日三餐外，学生还可以适量补充一些运动营养补充剂。健身营养补充剂可分为两大类：第一类是体育训练前、中、后的营养补充，如运动饮料、液体膳食、铁剂等，目的是达到平衡膳食和高糖饮食的要求；第二类是营养强力物质，使用目的主要是提高竞技能力。合理运用运动营养补充剂，在特定条件下可起到提高运动能力和延缓疲劳发生的作用。但营养强力措施不能代替训练，机体营养状况良好时，过多补充营养物质是有损健康的。

6.5.3 健康营养要求

（1）要自觉地、经常地参加体育锻炼，尤其是有氧锻炼活动，对增强体质促进健康非常有益。

（2）科学、合理地摄入营养，既要注意科学膳食，也要各种营养平衡摄入，除了蛋白质、脂肪和糖之外，维生素、微量元素、纤维素和水都是维持身体健康、改善体质不可或缺的营养物质。

（3）健全的心理，保持积极向上的情绪，培养健全的个性和性格，发展良好的人际关系，以实现内心世界与外界环境的平衡，预防心理疾病的发生。

（4）建立良好的生活方式，建立良好的生活制度与习惯，消除各种危害健康的行为，如吸烟、酗酒、滥用药物等，培养各种促进健康的行为。

（5）定期参加体格检查，及早发现和治疗各种疾病，保持健康活力。

思考题

1. 基础营养素有哪些分类？
2. 糖类在运动中有什么作用？
3. 哪些食物中蛋白质含量较高？
4. 微量元素是指什么？都有什么作用？
5. 维生素的分类，各类有哪几种维生素？
6. 简述维生素 B 有哪几类？它们的作用是什么。
7. 运动时如何饮水？
8. 膳食纤维是营养素吗？为什么？
9. 减肥过程容易出现哪些误区？
10. 如何选择健身运动？
11. 一日三餐如何做到营养平衡？
12. 什么样的生活习惯更健康？

第 7 章
篮　　球

7.1　篮球技战术介绍

7.1.1　篮球运动概述

篮球运动始于 1891 年，是由美国麻省春田青年会学校的教授詹姆斯·奈·史密斯博士借鉴其他球类项目所发明的。由于游戏开始时是将竹篮子钉在墙上，用向篮子里投球的方法进行的，所以取名为篮球游戏。

篮球运动产生后，由于它本身所具有的趣味性、竞争性和对抗性特点，很快就在世界各地传播开来。现代篮球运动的发展已达到了一个较高的水平，比赛是高水平的作风、身体、技术、战术、心理和智力等因素的全面对抗。进攻战术更加快速、准确、机动灵活；防守技术更具有攻击性、综合性和灵活多变性。

近几年来，我国的篮球运动有了较大的变革，篮球运动已进入职业化改革发展阶段。中国男子篮球职业联赛（CBA）和中国大学生篮球联赛（CUBA）呈现出良好的发展势头。我国的一些优秀运动员如王治郅、姚明等，进入世界最高水平的美国职业篮球联赛（NBA）发展。

7.1.2　篮球基本技术

篮球技术是队员在比赛中为了攻守目的所运用的各种专门动作的总称，分为进攻技术和防守技术两大部分，它们是篮球比赛的基础。

1. 移动技术

移动技术是运动员在比赛中，为了控制身体重心，改变位置、方向、速度和争取高度所采用的各种灵活多变的脚步动作的总称。

移动技术的关键在于随时控制身体重心的平衡和变化，以便能及时、快速、突然地改变身体的方向和位置。进攻时运用移动可以摆脱防守去接球、选择位置、牵制对手、掩护同伴，或迅速完成运球、传球、突破、投篮等各种进攻行动。防守时运用移动可以抢占有利位置，防止对手摆脱或及时、果断、准确地抢球、打球、断球和抢篮板球。

1）移动的分类

（1）基本站立姿势和起动。

(2) 跑：侧身跑、变速跑、变向跑、后退跑。

(3) 跳：双脚跳、单脚跳。

(4) 急停：跨步急停、跳步急停。

(5) 转身：前转身、后转身。

(6) 跨步：同侧步、异侧步。

(7) 滑步：侧滑步、前滑步、后滑步、后撤步。

(8) 攻击步。

2) 移动技术分析

A. 基本站立姿势和起动

运动员在球场上需要保持一个既稳定又便于移动的站立姿势，即准备姿势。准备姿势有利于迅速、协调地去完成各种攻守技术。

准备姿势：两脚自然开立，稍屈膝，降重心，上体稍前倾而放松，两眼注视全场。

起动是运动员在场上由静止状态变为运动状态并获得位移初速度的一种起始动作。在攻防中突然起动是摆脱对手和抢占有利位置的重要方法。向前起动时，上体迅速前移，后脚用力蹬地并前移身体重心。起动后，前两三步应短促迅速，并配合手臂的快速摆动。向侧起动时，异侧脚前掌用力蹬地，上体侧转（脚尖指向迈进方向），并向跑动方向移动重心，手臂协调摆动。

B. 跑

侧身跑：比赛中队员为了抢位和接球，以及更好地观察场上的情况而经常采用的一种方法。向前跑动时，脚尖指向跑动方向，头和上体自然地转向有球的方向。

变向跑：队员在跑动中突然改变方向、速度来摆脱防守或堵截进攻的一种方法。其方法是由右向左变向时，右脚前脚掌内侧用力蹬地，脚尖内扣，上体向左倾斜，移动重心，左脚向左前方跨出迅速超越（图7.1）。

图7.1 变向跑

变速跑：队员在跑动中利用速度的变换来完成攻守任务的一种争取主动的方法。加速时，利用两脚突然短促而有力的连续蹬地，上体前倾，加快跑的频率，手臂相应地摆动配合；减速时，脚前掌用力抵地减缓向前的冲力，同时上体直起，步幅放大，降低跑速。

急停：急停是队员在跑动中突然制动速度的一种动作方法，它也是随时转换和衔接各种脚步动作的过渡动作。掌握好急停动作直接影响到其他脚步动作的质量。

急停动作分跨步急停和跳步急停两种。

跨步急停：当队员在快速跑动中需要急停时，先向前跨出一大步，用脚跟先着地并过渡到前脚掌抵住地面，迅速屈膝，腰胯用力，在两脚之间，两臂自然张开，保持身体平衡(图7.2)。

图 7.2 跨步急停

跳步急停：队员在跑动中，用单脚或双脚起跳（离地不要太高），上体稍后仰，两脚同时落地，屈膝降重心，保持身体平衡，重心放在两脚上，以便任何一脚做轴迅速起动（图 7.3）。

图 7.3 跳步急停

转身：转身是队员以一只脚做中枢脚，另一脚用力蹬地，使身体旋转，借以改变身体方向的一种脚步动作。它分前转身和后转身两种。①前转身：移动脚向中枢脚前方跨步旋转，从而改变身体方向。其动作方法是：两膝微屈，上体稍前倾，重心落在两脚之间偏前脚掌上，向左转身时，左脚为中枢脚，重心移到左脚并用前脚掌为轴用力碾地，同时右脚用力蹬地，以肩带腰向左转动（图 7.4）。②后转身：移动脚向中枢脚后方撤步转动，从而改变身体方向。其方法类同前转身，只是方向相反。转身时，身体重心要保持水平转动，不要上下起伏。转身后，保持身体平衡，以便衔接下一个动作（图 7.5）。

图 7.4 前转身

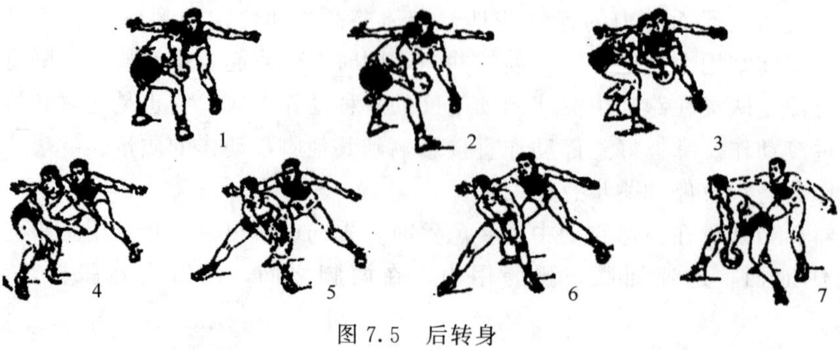

图 7.5 后转身

滑步：滑步是防守时的一种主要移动方法。常用来堵截对方的移动路线，调整自己的防守位置。它分侧滑步、前滑步和后撤步三种。①侧滑步：两脚平行站立，两膝较深弯曲，上体微前倾，两臂（根据进攻者的情况）张开。向左侧滑步时，左脚向左跨出一步落地的同时，右脚前脚掌内侧迅速用力蹬地，紧贴地面跟随左脚滑动，两脚保持一定距离。向右侧滑步时，动作相反。滑步时身体不要上下起伏，重心保持在两脚之间。②前滑步：动作的结构和用力过程与侧滑步相同，只不过是滑行方向和用力不同（图7.6）。③后撤步：队员在防守时变前脚为后脚的一种起步方法。撤步时，用前脚掌内侧蹬地，腰部用力向后转体，前脚后撤，同侧臂后摆，同时后脚的前脚掌碾地，当前脚后撤着地后，紧接滑步，保持合理的防守姿势和位置（图7.7）。

图7.6 侧滑步

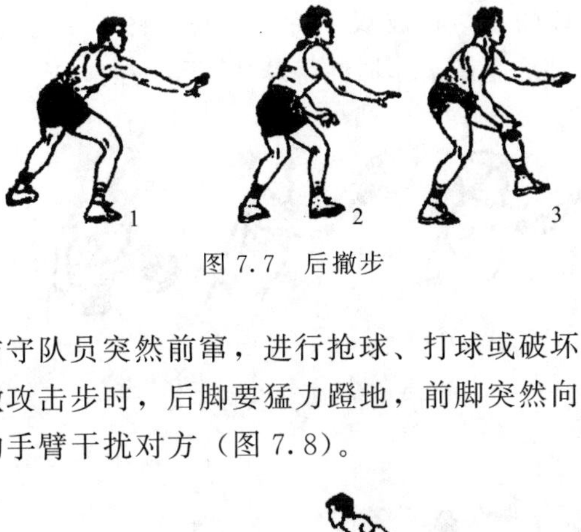

图7.7 后撤步

攻击步：攻击步是防守队员突然前窜，进行抢球、打球或破坏对方接球、传球、投篮等攻守行动的一种动作。做攻击步时，后脚要猛力蹬地，前脚突然向前跨出逼近对手，重心放在前脚上，用前脚同侧的手臂干扰对方（图7.8）。

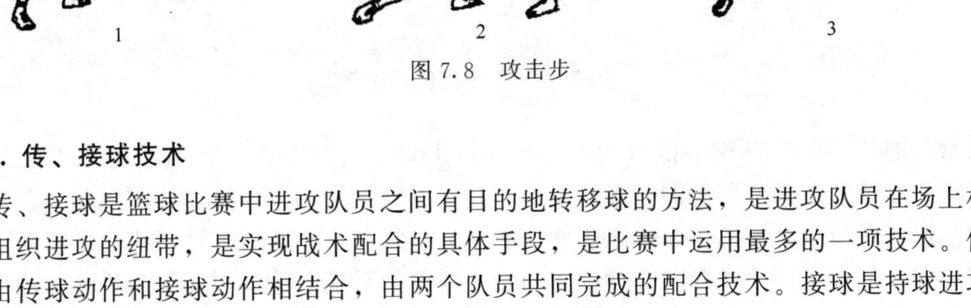

图7.8 攻击步

2. 传、接球技术

传、接球是篮球比赛中进攻队员之间有目的地转移球的方法，是进攻队员在场上相互联系和组织进攻的纽带，是实现战术配合的具体手段，是比赛中运用最多的一项技术。传、接球是由传球动作和接球动作相结合，由两个队员共同完成的配合技术。接球是持球进攻的基础，只有接好球才能完成其他进攻动作。

1）传接球的分类

（1）双手胸前传球、接球。

（2）双手低手传球。

（3）双手头上传球。

（4）单手肩上传球、接球。

（5）单手胸前传球。

（6）单手体侧传球。

（7）单手背后传球。

（8）单双手反弹传球。

2）传、接球技术分析

持球手法有双手和单手两种形式，每一种形式又有高手和低手之分。①双手高手持球手法：两手五指自然分开，拇指相对成八字形，用指根以上部位握住球的两侧后下方，手心空出。②双手低手持球手法：持球的两侧，两小拇指相对成八字形，手心空出。③单手高手持球手法：两手五指自然分开，球置于手上，以指根以上部位接触球，手心向前并空出。④单手低手持球手法：单手低手持球手法与高手相同，只是掌心向上。

接球手法主要包括双手接球和单手接球两种形式。①双手接球手法：接球时，两眼注视来球，两臂伸出迎球，手指自然分开，两拇指成八字形，两手成半圆形。当手接触球的瞬间，双臂随球后引缓冲来球的力量，成双手持球姿势（图 7.9）。②单手接球手法：伸手迎向来球，当手接触球的同时迅速借来球惯性将球后引至胸前，成双手持球姿势(图 7.10)。

图 7.9　双手接球手法

图 7.10　单手接球手法

最常见的传球手法有双手传球和单手传球。①双手传球手法：在双手持球手法的基础上，借助蹬地使身体重心前移的力量，迅速伸臂，同时拇指用力下压，手腕前屈，食指用力拨球将球向目标传出（图 7.11）。②单手传球手法：在单手持球手法的基础上，借助蹬地使身体重心前移的力量，手臂向前方挥动，同时传球臂的手腕迅速前屈，手指快速拨球作用于球体，使球向目标飞出（图 7.12）。

图 7.11 双手传球手法

图 7.12 单手传球手法

3）传、接球技术动作方法

图 7.13 双手胸前传球

（1）双手胸前传球：传球是由持球和传球动作组成的。在双手持球的基础上，两臂弯曲，肘关节下垂，持球于胸腹之间，肩、臂、腕肌肉放松。传球时，后脚蹬地，身体重心前移，同时两臂前伸，手腕由下向上翻转，拇指下压通过食、中指用力弹拨将球传出。出手后，手心向下，手指指向传球方向（图 7.13）。

（2）单手肩上传球：一种常用于中、远距离的传球方法。特别在抢到后场篮板球或掷后场界外球发动长传快攻时运用得最多。在单手高手持球的基础上，右手传球时，左脚向传球方向跨出半步，使左肩对着传球方向，同时将球引到右肩上方，右手持球的后下方。出球时，右脚蹬地的同时转体带动上臂，肘领先，迅速地向前挥臂，手腕前屈，由食、中指拨球将球传出（图 7.14）。

图 7.14 单手肩上传球

（3）单、双手反弹传球：一种最常用的近距离隐蔽式传球方式。反弹传球的方法很多，如单手体侧，单、双手胸前，单手背后等，都可以通过地面反弹传给同伴。动作方法与其他传球相同，只是改变了传球时的用力方向和击球点。传球时出手的用力是向前下方，击地点应在传球人距离接球人 2/3 的地方，球弹起的高度一般在接球人的腹部为宜（图 7.15）。

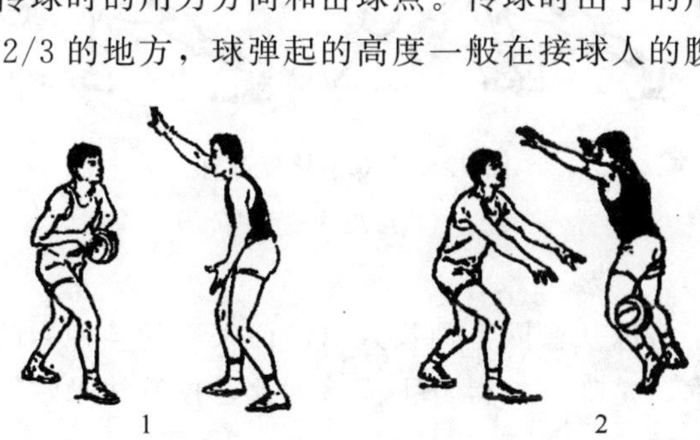
图 7.15 单、双手反弹传球

（4）双手接球：一种适应面很广的接球方法。可用来接胸部高度、高于胸部或低于胸部高度离身体较近的各种来球。接球时，两眼注视来球方向，两臂自然伸出迎球，两手成半圆形，掌心向前；当球触及手指时，两臂随球后引缓冲来球力量，两手握球置于胸腹前，准备衔接下一个动作（图 7.16）。

图 7.16　双手接球

（5）单手接球：一种能接离身体较远、来自不同方向球的方法。右手接球时，注视来球方向，手臂向来球方向伸出迎球，臂微屈，手指自然分开，成勺形；当球触及手指时，手臂顺势后引，另一手迅速扶球，将球置于胸腹之间，准备衔接下一个动作（图 7.17）。

图 7.17　单手接球

（6）双手接反弹球：接球时迎球跨步，上体前倾，眼睛注视来球反弹的高度，两臂迎球向前下方伸出，五指自然分开，在球刚落地弹起时手指触球，两手握球顺势将球引至胸腹间（图 7.18）。

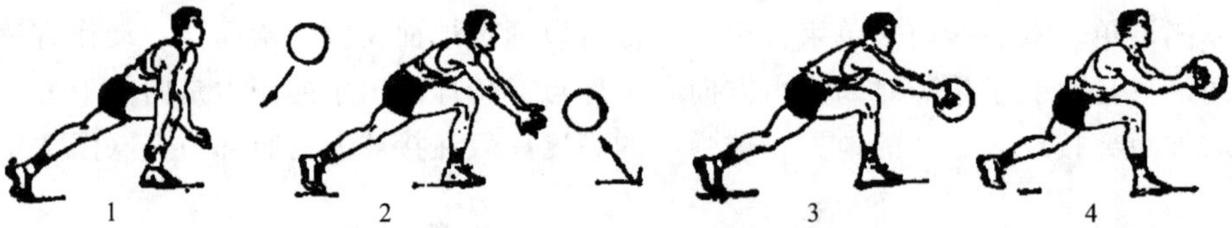

图 7.18　双手接反弹球

3. 投篮技术

投篮是进攻队员为了将球从篮圈上面投入篮筐而采用的各种专门动作方法的总称。它是篮球运动的主要进攻技术，是唯一的得分手段。因此，投篮技术掌握的好坏，对比赛胜负有着决定性作用。

1）投篮技术分类

（1）原地投篮：双手胸前投篮、双手头上投篮、单手肩上投篮、单手头上投篮。

（2）行进间投篮：单手肩上投篮、单手低手投篮、双手低手投篮、反手投篮、勾手投篮。

(3) 跳起投篮：原地跳起投篮、急停跳起投篮、转身跳起投篮。

(4) 补篮：双手补篮、单手补篮。

(5) 扣篮。

2) 投篮技术分析

投篮动作包括持球方法、准备姿势、瞄准点、出手动作、球的旋转和抛物线。

(1) 持球方法：持球是完成投篮动作的前提，其方法分单手和双手两种。①单手持球法：以原地单手肩上投篮为例。由双手持球开始，右手投篮时，五指自然分开，用手掌外沿和指根以上部位托住球的后下方，手心空出、手腕后仰，球的重心落在食指和中指之间，肘关节自然下垂，置球于同侧肩的前上方，左手扶住球的侧下方。②双手持球法：以原地双手胸前投篮为例。两手五指自然分开，握球的两侧稍后部位，两拇指成八字形，掌心空出，手腕放松，两肘自然下垂，肩关节放松，置球于胸前。

(2) 投篮准备姿势：首先，要使身体各部分处于开始工作的适度紧张状态；其次，要维持身体重心使其处于便于投篮动作开始的高度和位置；最后，便于由投篮转换为其他技术动作。因此，进攻队员接球后，必须面向篮圈并抢占有利投篮位置和保持能投篮、能传球、能运球的进攻姿势。

(3) 瞄准点：指投篮时的目标注视点，是提高投篮命中率的重要环节。投空心篮时，通常是瞄篮圈离自己最近的一点，其优点是有实体目标；投碰板篮时，一般是投篮角度越小，距离越远，弧度越高，碰板点越高；反之，越近则弧度越低。

(4) 出手动作：指投篮时球最后出手的动作，是完成投篮的最后一个环节。这一环节对于球是否中篮具有决定性作用。因为手腕用力、手指前屈、指端拨球，直接影响着球飞行的方向、出手角度、入篮角度和球的旋转。

(5) 球的旋转：球离手后正确地旋转能使球沿着正确的方向飞行，有助于提高命中率。球旋转的方向和速度取决于手指、手腕的动作。一般情况下，球在空中飞行大都沿着球的横轴向后旋转，向后旋转的球不但有助于保持球飞行的稳定性，而且由于球的上、下面所受的空气压力不同（球的上面气流速度慢、压力大，将球向上托），所以，带有后旋的球，有助于提高球飞行的弧度。另外，向后旋转的球，碰到篮圈时，球的反弹方向是向下的，所以较易中篮。在篮下侧面碰板投篮时应使球向侧旋转，行进间单手低手和双手低手投篮时，应使球向前旋转。

(6) 抛物线：投篮球出手后在空中飞行的路线。抛物线分低、中、高三种。其中，中抛物线是投篮命中率最高的抛物线，因为球飞行弧线的最高点大致与篮板的上沿在一条水平线上，球篮的大部分暴露在球的下面，易命中。但是由于投篮的距离、人的高度、投空心篮和碰板篮、防守的干扰和跳起的高度不同，投篮的弧线就有所不同。最好的弧线是既能控制球飞行的路线，又适合球进篮。

总之，上述投篮各要素是相互影响、相互促进和相互制约的，只有合理地组合起来，才能体现一个完整的投篮技术。

3) 投篮技术动作方法

A. 原地投篮

(1) 双手胸前投篮：双手持球于胸前，肘关节自然下垂，两脚前后自然或左右开立，两膝微屈，重心落在两脚之间，目视瞄准点；投篮时两腿蹬地，采用腰腹伸展，两臂向前上方伸出，前臂内旋，两手腕同时外翻，拇指下压，使球通过拇指、食指、中指端投出。球出手后，脚跟提起，腿、腰、臂随出球方向自然伸展（图 7.19）。

图 7.19 原地投篮

（2）单手肩上投篮：右手投篮时，右脚在前，左脚稍后，两膝微屈，重心落在两脚之间。右手五指自然分开，手腕后屈持球于右肩上，左手扶球的侧下面；投篮时下肢蹬地发力，身体随着向前上方伸展，同时抬肘伸臂，用手腕前屈和手指拨球动作，使球柔和地从食指、中指端投出。球离手时，手臂要随球自然跟送，脚跟微提起（图 7.20）。

图 7.20 单手肩上投篮

B. 行进间投篮

（1）单手高手投篮：以右手投篮为例。右脚跨出一大步的同时接球，接着左脚跨出一小步并用力蹬地起跳，右腿屈膝上抬，同时举球至头右侧，腾空后上体稍后仰，当身体接近最高点时，右臂向前上方伸直，手腕前屈，食、中指用力拨球，通过指端将球投出（图 7.21）。

图 7.21 单手高手投篮

（2）单手低手投篮：在快攻中和突破防守切入篮下时最常用的一种方法。以右手投篮为例，跑动步法与单手高手投篮基本相同，只是在接球后的第二步要继续加快速度，向前上方起跳，右腿提膝，双手向前上方举球，当身体接近最高点时，左手离球，右手掌心向上，五指自然分开托球的下部并向球篮的方向充分伸展，接着屈腕，食、中指用力拨球，使球向前旋转从指端拨出（图 7.22）。

图 7.22　单手低手投篮

4. 运球技术

持球队员用单手连续按拍和迎引从地面反弹起来的球，称运球。运球是篮球运动中主要的基本技术之一，它是队员控制、支配球和组织战术配合及突破防守的重要手段，是个人攻击的有效方法，也是组织全队进攻战术配合的重要桥梁。

1）运球技术的分类

运球技术分为：①高运球。②低运球。③运球急起急停。④体前变向换手运球。⑤体前变向运球。⑥背后运球。⑦运球转身。⑧胯下运球。

2）运球技术分析

运球是由队员的身体姿势、手型、手按拍球的动作和球的运行及落点等环节组成的。

（1）身体姿势：两脚前后开立，两膝微屈，上体稍前倾，屈肘抬头，非运球手臂屈肘保护。

（2）手型：五指自然分开，用手指根以上部位触球，掌心空出，手腕放松。

（3）手按拍球的动作：以肘关节或肩关节为轴，带动臂、腕、指主动按拍和迎引从地面反弹起来的球。

（4）球的运行：球的运行方向和速度取决于按拍球的部位与力量。按拍球的部位不同，球向地面的入射角和从地面反弹起来的反射角也不同；按拍的力量不同，球从地面反弹起来的高度和速度也不同。

（5）球的落点：运球时要控制球的落点，使球完全保持在自己所能控制的范围内，以便利用自己的身体、臂、腿来保护球，如运球向前推进时，球的落点应控制在身体的侧前方，并保持适当的距离，以免脚踢球。在对手紧逼防守时，应使球远离对手，采用侧对防守的运球方法，将球的落点控制在身体的侧后方。

3）运球技术动作方法

（1）高运球：两腿微屈，上体稍前倾，抬头平视，以肘关节为轴，带动臂、腕，手指柔和而有力地按拍球的后侧上方；球的落点在运球手臂的同侧脚的外侧前方，球的反弹高度在胸腹之间，手脚配合要协调。一般在队员由后场向前推进，并无防守阻挠时运用(图 7.23)。

图 7.23　高运球

（2）低运球：运球中对方紧逼时，两腿迅速弯曲，降低重心，上体前倾，用手腕和手指短促按拍球的后上方，使球落点在体侧，球的反弹高度在膝关节处，并注意用肩、臂、腿保护球，一般遇到防守堵截时运用（图 7.24）。

图 7.24　低运球

（3）运球急停急起：运球急停时，要采用跨步急停，屈膝降重心，同时按拍球的前上方，转入低运球，用臂、身体和腿保护好球。急起时，后脚用力蹬地，上体快速前倾起动，按拍球的后侧上方，人、球同步快速前进，超越对手。一般在对手紧逼时，利用节奏的变化来摆脱防守（图 7.25）。

图 7.25　运球急停急起

（4）体前变向换手运球：以右手运球为例。从右向左变向突破时，按拍球的右后上方，使球经体前右侧反弹至左侧前方，右脚向左脚前方跨出，上体左转侧看，以臂、腿、上体保护球，同时换左手按拍球的后上方，左脚跨出并用力蹬地突然加速。一般在对方紧逼时，利用突然改变运球方向加速摆脱防守（图 7.26）。

图 7.26　体前变向换手运球

（5）运球转身：以右手为例。运球做转身时，左脚向前跨出一步为中枢脚，置于对手两脚之间，然后右脚用力蹬地后撤，顺势做后转身动作，同时将球拉引至身体的后侧方，换左手运球，从对手右侧突破。一般是在对方贴身防守时，利用运球转身来摆脱（图 7.27）。

图 7.27　运球转身

5. 持球突破技术

持球突破是持球队员运用脚步动作和运球技术相结合的快速超越对手的一项攻击性很强的进攻技术。若突破技术能与传球、投篮、假动作等结合起来运用，其攻击性和灵活性就更加显著。

1）持球突破技术的分类

（1）交叉步突破。

（2）顺步（同侧步）突破。

2）持球突破技术分析

持球突破技术由蹬跨、转体探肩、推放球和加速四个环节组成，几乎是在同一时间完成的。

（1）蹬跨：持球队员要从原地突然发挥出速度来，就必须依靠两脚积极有力地蹬地，同时上体要前倾，重心要前移，以此带动摆动脚迅速跨出。跨出的第一步要大一些，这样不仅可以缩小后蹬腿与地面所成的角度，增加后蹬的力量，而且可能在第一步就超越对手。跨步时脚尖稍转向突破的方向，紧贴对手的身体，抢占有利的突破路线。第一步落地后中枢脚的膝关节要保持弯曲，以便第二步的蹬地加速。

（2）转体探肩：在中枢脚开始后蹬和上体前倾的同时，要求转体探肩，其作用主要是加快突破的速度，用上体占据有利的空间位置，超越对手和保护球。

（3）放球：在蹬跨、转体探肩的同时，就迅速将球引向远离对手一侧的膝部高度，以便及时地放球。用上体占据有利的空间位置，超越对手和保护球。

（4）加速：加速是突破技术的重要环节，在上述三个动作完成后，中枢脚用力蹬地对突破加速超越对手起着决定性的作用。

3）持球突破技术动作方法

（1）交叉步持球突破：以右脚做中枢脚为例。两脚左右开立，屈膝降低重心，持球于胸腹前；突破时，左脚前掌内侧迅速蹬地，上体稍向右转，左肩向前下压，左脚向右侧前方跨出，用右手将球放于右脚侧前方，然后左脚迅速蹬地加速超越对手（图 7.28）。

图 7.28　交叉步持球突破

（2）同侧步（顺步）持球突破：以左脚做中枢脚为例。突破时，左脚前掌内侧用力蹬地，右脚迅速向右侧前方跨出一步，同时上体稍向右转侧身探肩，用右手推放球于右脚外侧偏前方，左脚前掌迅速蹬地跨步抢位，超越对手（图 7.29）。

图 7.29　同侧步（顺步）持球突破

(3) 跳步急停持球突破：跳步急停前，应根据同伴的传球以及自己与防守者所处位置的情况，随时做好向两侧或向前做跳步急停的准备。看到同伴传来球，应该迅速向来球方向伸臂迎球，同时由一脚（侧向时用异侧脚）蹬地，两脚稍腾空，向侧方或前方跃出接球，然后两脚先后或同时着地。落地后，两腿屈膝，重心降低，保持身体平衡，保护好球，根据防守队员的位置和情况，迅速用交叉步或同侧步突破。

6. 防守技术

防守是指防守队员合理地运用各种防守动作，积极抢占有利位置，阻挠和破坏对手进攻，以争取控制球权为目的的一种动作方法。积极防守可以阻止对手在有效的攻击区内接球，即使对手勉强接到球，也要使他处于不利的位置。严密的防守不仅能堵截其运球突破，封锁其助攻传球，而且还能干扰和破坏其投篮，对对方投篮得分有极大的威胁力。

1) 防守技术的分类

(1) 防守无球队员。

(2) 防守有球队员。

2) 防守技术分析

A. 防守无球员技术要点

(1) 位置与距离的选择：就一般情况来说，防守队员应站在对手与球篮之间内侧的位置上。根据球所在的位置，如对手离球近就近，离球远就远，采取错位防守，与对手保持适当的距离，控制对手摆脱接球和突破（图 7.30）。

(2) 选择正确的防守姿势。①面向人侧向球的站位（图 7.31）：一般是球在近处紧逼对手时采用。防守时，身体面向对手，用眼睛的余光注意球，与前脚同侧的手前伸，切断对手的接球路线；离球远的左臂弯曲，靠近对手，屈膝降重心。眼睛既要看到人，又要能兼顾球，利用上步、滑步、撤步、交叉步、碎步跑等脚步动作，抢占有利的防守位置，堵截其移动路线，不让对手到有利的位置上接球。②侧向人面向球的站位（图 7.32）：一般是球在远处时为了人球兼顾而采用。防守时，身体正面向球，用眼睛的余光注意对手的活动情况。

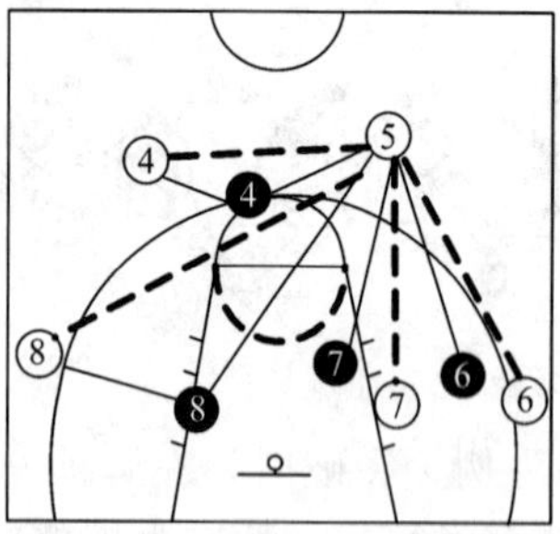

图 7.30 位置与距离的选择

图 7.31 面向人侧向球的站位

B. 防守无球队员技术动作方法

(1) 防纵切（图 7.33）：⑥传球给⑦，❻及时偏向球侧错位防守，当⑥向篮下纵切要球时，❻应抢前移动，合理运用身体堵截纵切路线，同时伸出左臂封锁接球，迫使对手向远离球方向移动。

图 7.32　侧向人面向球的站位

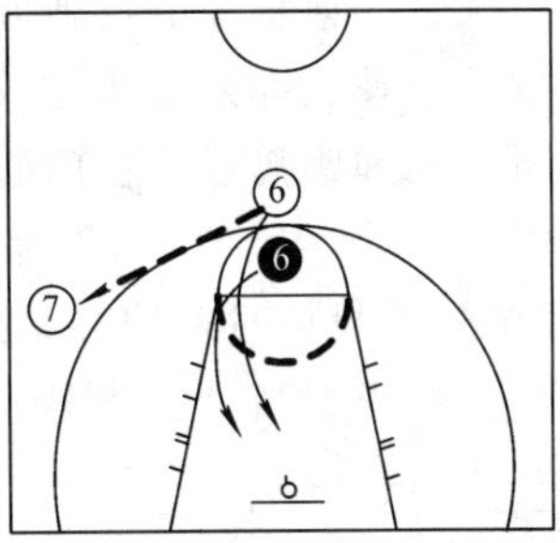

图 7.33　防纵切

(2) 防横切（图 7.34）：⑧持球，⑥横切要球时，❻上左脚，合理运用身体堵截，同时伸出左臂封锁接球，不让其从自己身前横切要球。

(3) 防溜底线（图 7.35）：当⑥从底线横切时，❻开始面向球滑步移动卡堵对手，以身体某部位触及对手，跟随其移动，同时伸左臂封锁接球。待对手移过纵轴线进入有球侧时，❻应迅速上右脚前转身贴近对手，伸右臂封锁接球，将对手逼向场角。

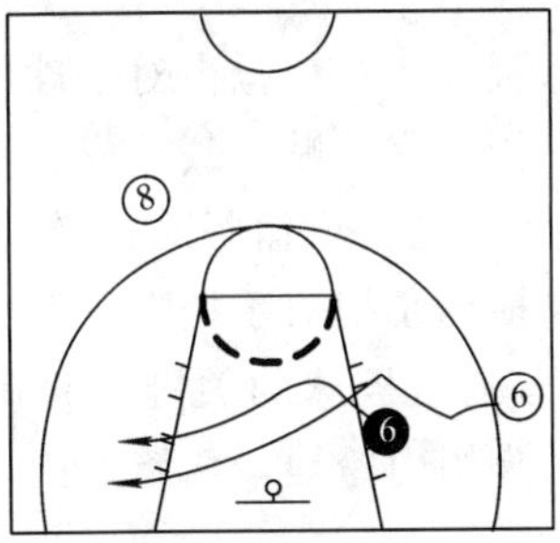

图 7.34　防横切

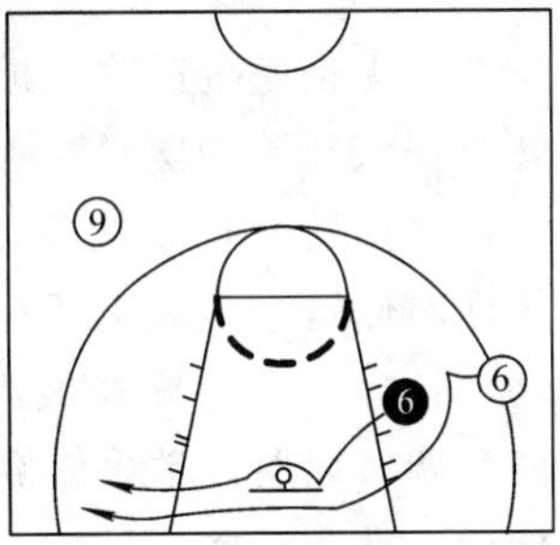

图 7.35　防溜底线

C. 防守有球队员技术要点

(1) 防守位置：应站在对手与球篮之间的位置上，对手离篮近则应靠对手近些，离篮远则离远些。特别要根据对手的特点以及防守战术的需要调整防守位置。

(2) 防守姿势：分平步防守和斜步防守两种。①平步防守：即两脚平行站立，两手臂侧伸不停地挥摆。这种防守姿势防守面积大，攻击性强，便于向左右移动，适合防守运球突破的对手。②斜步防守：两脚前后开立，前脚同侧手臂向前上方伸出，另一手臂侧伸。这种防守姿势便于前后移动，对防投篮比较有利。

7. 抢篮板球技术

抢篮板球技术是比赛中双方球员在空间争夺投篮未中，从篮板或篮圈上反弹出来的球，称抢篮板球。篮球比赛中，抢得篮板球是获得控球权的重要手段，是增加进攻次数、发动快攻的重要保证，是攻守矛盾转化的关键。

1) 抢篮板球技术的分类

(1) 抢进攻篮板球。

(2) 抢防守篮板球。

2) 抢篮板球技术分析

A. 抢篮板球技术要点

(1) 观察判断：正确地判断对手投篮的位置、时间、距离以及球的反弹方向和落点是能否获得篮板球的关键。篮板球的反弹方向、距离和落点，与投篮方向、距离、弧度、力量有很大关系。一般篮板球反弹的规律是：投篮距离与反弹距离成正比，投篮距离远，反弹距离远，投篮距离近，反弹距离近，在球篮一侧 45°地区投篮时，球反弹到另一侧底线地区或反弹回来（图 7.36）。在底线一侧的零度角投篮时，球反弹到另一侧底线地区或反弹回来（图 7.37）。在中间的地区投篮时，球多是反弹在限制区附近（图 7.38）。以上是球反弹的一般规律，在比赛中还要根据当时的情况做出判断，及时抢占有利位置。

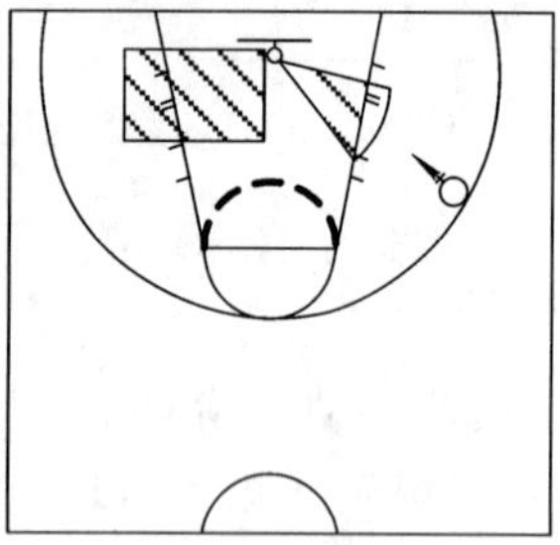
图 7.36 反弹

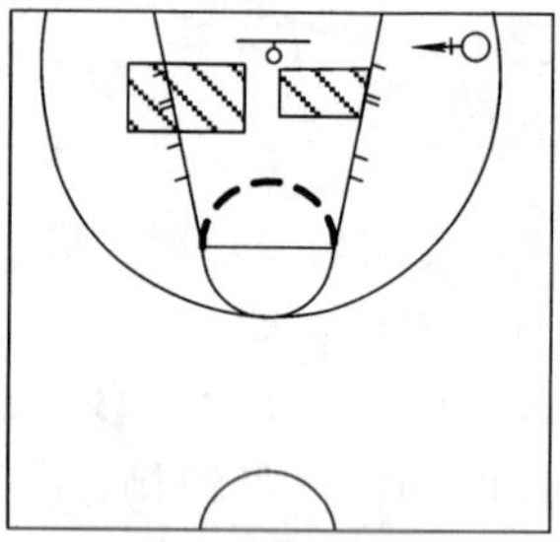
图 7.37 反弹

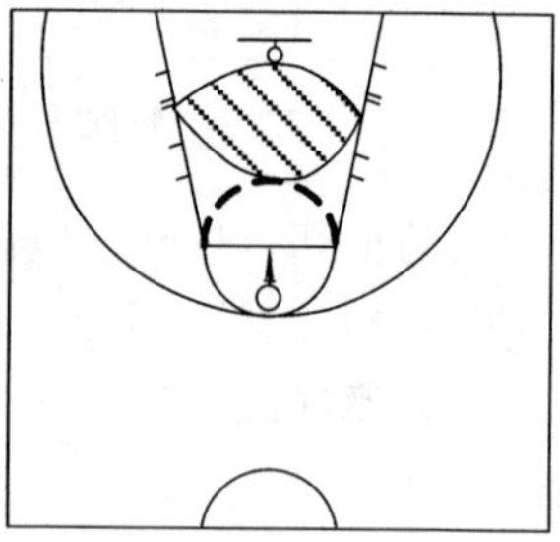
图 7.38 反弹

（2）抢占位置：无论是抢进攻篮板球还是抢防守篮板球，都应抢占对手球与篮之间的有利位置，要用转身挡人和跨步摆脱对手抢位，做到转、挡、靠、贴一气呵成。

抢防守篮板球多用转身挡人抢位，把对方挡在身后；抢进攻篮板球用跨步摆脱对手抢位。抢位时，先向右侧跨一步，错开对手之后快速向左横插步把对手挡在身后。

（3）起跳动作：力争手与球在最高点相遇，这是抢到篮板球的关键。起跳前，两膝深屈，上体稍后仰，两臂屈肘，举手体侧以占据空间，两脚用力蹬地，两臂上摆，腰腹协调用力，身体充分伸展，准备抢球。

（4）获球后的动作：进攻队员抢到篮板球后，首先补篮或继续投篮，如无机会，应将球传给同伴组织再进攻。防守队员抢到篮板球落地后，应迅速传出或运球突破。

无论防守或进攻队员，抢到篮板球落地时，都应两膝弯曲，两肘外展，护球于胸腹间，并迅速衔接其他进攻动作。

B. 抢篮板球动作方法

（1）双手抢篮板球：身体在空中应充分伸展尽量扩大控制范围，两臂伸向球落点的方向，当指端触到球的刹那，双手用力握球，腰腹用力，迅速屈臂将球拉至胸前部位，双肘外展保护球。

（2）单手抢篮板球：在空中身体要充分伸展，近球一侧的手臂要尽量向球伸出，当手指端触及球时，应迅速屈指、屈腕、屈肘及臂，将球拉至胸前，另一只手迅速扶球，双手将球握住。

（3）点拨球：点拨球的技术与单手抢篮板球方法相似，只是运用指端将球点拨给同伴或是挑拨到便于自己获球的位置。其优点是触球点高，可以直接补篮和缩短传球时间，但稳定性、可靠性差，易失误。

7.1.3 篮球基本战术

篮球战术是比赛中队员之间有目的地协同配合的组织形式，有基本的落位布阵、移动路线、攻守点面和特定的变化规律等。

1. 进攻与防守的基本配合

简单的两三个人间的传切、掩护、策应、突分的配合是组成全队进攻战术的基础，这些配合在半场和全场都可以用。只有熟练地掌握和运用进攻战术基础配合，才能使全队战术有效地发挥作用。

A. 传切

进攻队员利用传球和切入技术组成的配合。进攻队员把球传给同伴后，利用快速起动、改变方向及身体虚晃等假动作摆脱防守队员，切入篮下接球投篮的一种简单的进攻方法。

示例（图7.39：进攻队员④和⑤落位散开，⑤利用假动作摆脱❺后接④传球，⑤做持球突破和传球假动作吸引❺，④传球后向异侧做假动作，快速起动摆脱❹，切入篮下接⑤传球上篮。

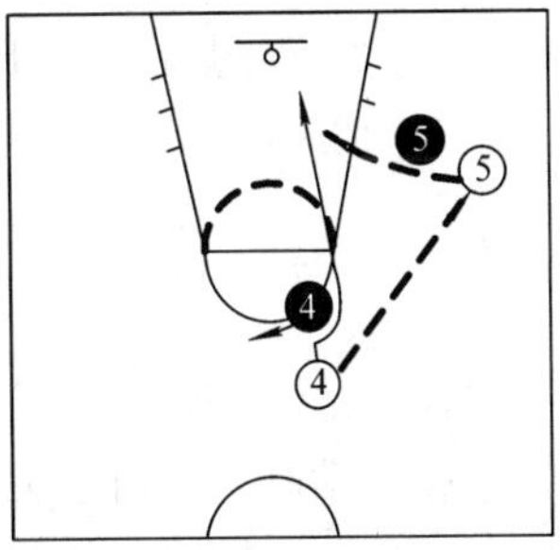

图7.39　传切

B. 掩护

以合理地移动身体挡住同伴防守人的移动路线，使同伴摆脱防守的配合。

(1) 掩护的技术动作：掩护时，面向被掩护同伴的防守者，两脚自然分开，两腿微屈，上体稍前倾，这样可以扩大掩护面积；掩护的面积越大，防守者绕过防守就越困难，掩护就越容易成功；但面积大，必须有利于掩护后做进攻的跟腿动作。掩护者位置应在被掩护同伴的防守者的防守移动路线上，掩护的瞬间身体是静止不动的，距离不宜过近或过远；过近容易冲撞对方造成掩护犯规，过远容易让防守者穿过防守，造成掩护不成功。当掩护动作完成后，应根据场上当时的情况，如对方做交换防守时，立即做后转身向篮下切入接球上篮。掩护的配合包括选择时机、掩护位置、摆脱切入路线、传球及时、转身跟进及切分配合等。如某一环节配合不好，掩护的配合就完成不好。

(2) 掩护的分类：掩护的方法很多，分前掩护、后掩护、侧掩护、定位掩护、反掩护、双人掩护等。

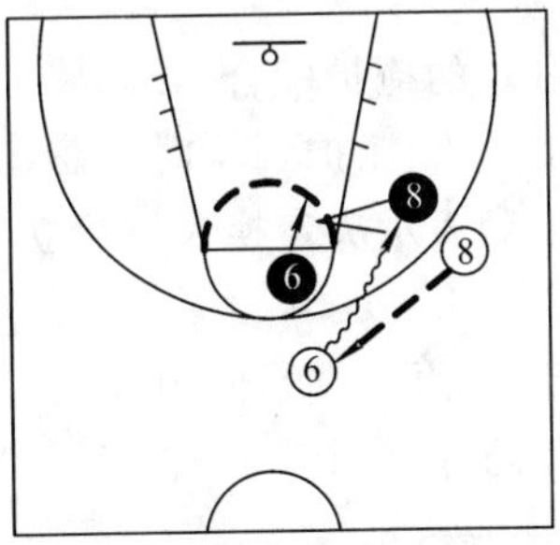

图7.40　掩护

(3) 掩护的运用：多用于突破人盯人防守。防守越紧，掩护越容易成功。

示例：侧掩护——给持球队员做掩护，如图7.40所示。⑧传球给⑥并立即跑到❻的侧后方做掩护，⑥接球后做瞄篮，或向右方做突破和传球假动作吸引❻的注意力；当⑧掩护站好位置后，⑥立即向掩护方向突破至篮下投篮。⑧则迅速做后转身跟进准备接⑥分来的球上篮或跟进抢篮板球。

C. 策应

内线队员背对篮或侧对篮接球后，与同伴的空切或绕切相结合，以摆脱防守，制造各种进攻机会的一种配合形式。

策应的运用范围较广，在阵地进攻中采用得较多。如果对方采用全场紧逼盯人防守时，可在中场或圈顶一带进行策应。有时甚至在后场就利用策应配合来突破防守。总之，策应的范围应根据本队战术和防守情况而定。

策应的配合方法如图7.41所示。⑥将球传给策应人⑧后向反方向移动，后迅速向⑧跑去，将防守人带到⑧的位置上，用⑧的身体挡住防守人，同时⑧将球传给摆脱防守的⑥，然

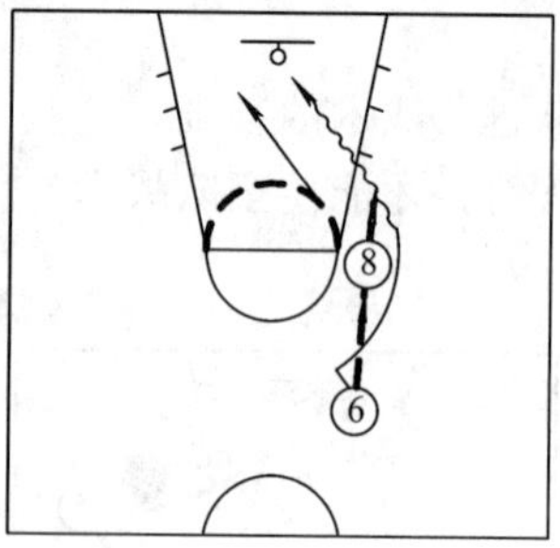

图 7.41

后⑧向⑥跑动方向转身，再一次用后背挡住防守人的路线，并跑到篮下，接⑥回传球或抢篮板球。

策应配合的关键与要求：①策应前要注意及时抢占有利位置；②视野要广，能知道队友及防守者的跑动情况，以便及时传球；③保护球，注意防守者抢球或打球，用身体和持球晃动动作保护球；④根据不同情况运用不同的传球方式。

2. 防守战术的基本配合

防守战术是两三个防守队员之间采用协同防守的方法，包括抢过、挤过、绕过、换防、补防、关门、夹击、协防等防守配合。

A. 绕过配合

在松动盯人或对手无投篮威胁时采用。

示例一：⑤将球传给⑥后去给④做掩护，❺发现后及时提醒❹，并在到达掩护位置时迅速贴近⑤，❹及时撤后一步从❺后面绕过追上④继续防守（图 7.42）。

示例二：⑦传球给⑥，去给⑧做掩护，⑦即将掩护到位时❼迅速贴近⑦，❽后撤一大步，从❼身后绕过，走内线堵住⑧的切入或继续防守⑧（图 7.43）。

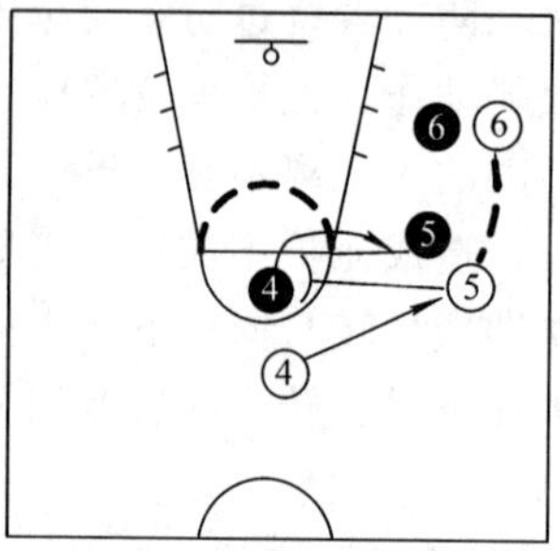

图 7.42　绕过配合示例一

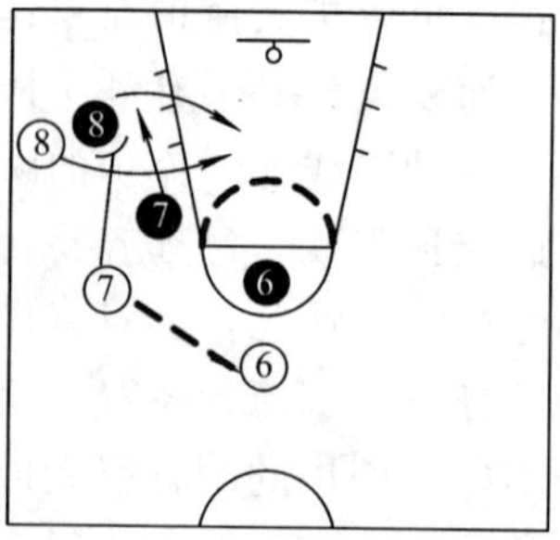

图 7.43　绕过配合示例二

B. 交换防守配合

防守队员之间在进攻者掩护的一刹那，进行换人防守，以破坏进攻的掩护配合。

示例一：⑧将球传给⑥，去给⑥做掩护，❽应立即提醒❻注意，当⑧掩护到位时，❻、❽并行站立，❽见⑥向掩护方向移动时，应主动喊出换人，或用手推❻表示决定换人，❽立即迎堵⑥运球，❻及时后撤从内线将⑧防住（图 7.44）。

示例二：⑧将球传给⑨，立即跑向⑦，以⑦为定位掩护将⑧带到⑦面前，⑧向内线切，❼迅速换人防住⑧或堵住其切入路线，❽立即撤步绕到⑦的内线进行防守（图 7.45）。

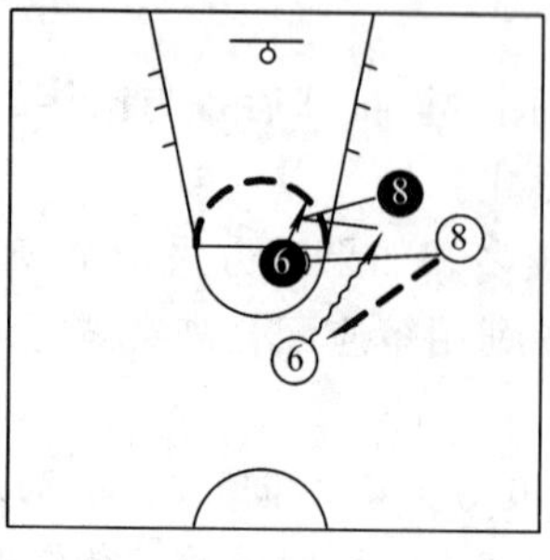

图 7.44　交换防守配合示例一

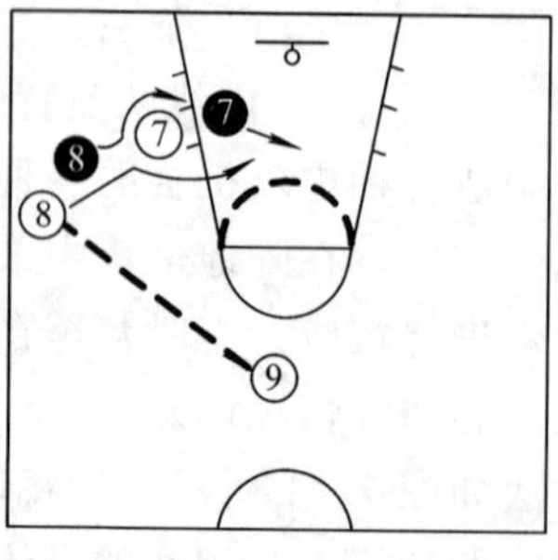

图 7.45　交换防守配合示例二

3. 全队进攻战术与防守战术

1）全队进攻战术

A. 快攻

以最快的速度、最短的时间超越对手，创造以多打少优势的一种战术。快攻的路线有交叉、直线等，组织形式有长传快攻、短传快攻和结合运球突破快攻几种。快攻战术结构一般分为发动、推进、结束三个阶段。

发动快攻的机会有抢篮板球、断球、掷界外球和跳球几种。

（1）发动：能否打成快攻，往往取决于能否及时发动。从防守获球后，全队应全速快下，持球人应首先观察前场快下的队员，抓住战机及时长传，组织长传快攻；不能长传时，接应队员应迅速选位接第一传，转入推进。接应方法有固定地区固定队员接应、机动接应两种。

（2）推进：当接应人接球后，其他人应根据自己的跑动路线，全速跑向前场。接应人运用短传或快速运球加快中场推进速度，超越中场的防守者。

（3）结束：快攻的最后部分，也是最重要的部分。结束部分有三种情况：一是无人防守；二是防守人少于进攻人；三是攻守人数相等。进攻人要根据对方防守人数情况，利用有利时机，采用合理的进攻配合方法。

不管任何进攻方式，都要做到传球方式多、传球及时，投篮方式也要根据不同防守位置多种多样，在保证传球质量的基础上，力求提高投篮命中率。

B. 快攻配合的方法

（1）长传快攻：本方得球后，立即有人先下，在无人防守情况下做长传快攻，如图7.46所示：⑦拿到篮板球后立即将球传给接应人⑧，⑧长传给④投篮。

（2）短传快攻：这种方法是发动快攻运用最多的，具有灵活机动的特点，利用快速的传球、运球、突破等动作迅速向前推进，使防守者顾此失彼。所以短传快攻是一种成功率较高的配合方法，如图7.47所示：⑦拿篮板球将球传给接应人⑧，⑧传球给中间插上的⑥，⑥再向④或⑤分球。也可如图7.48所示：⑦拿篮板球后将球传给前锋⑤，⑤接球后运过中场传④或⑧；如④有人防守，可运球与⑧、⑥短传配合攻至篮下。

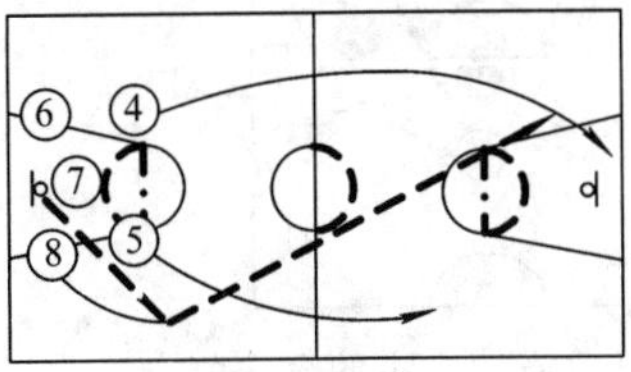

图7.46 长传快攻

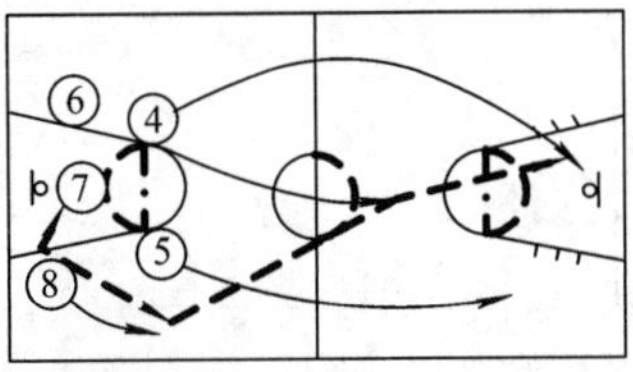

图7.47 短传快攻Ⅰ

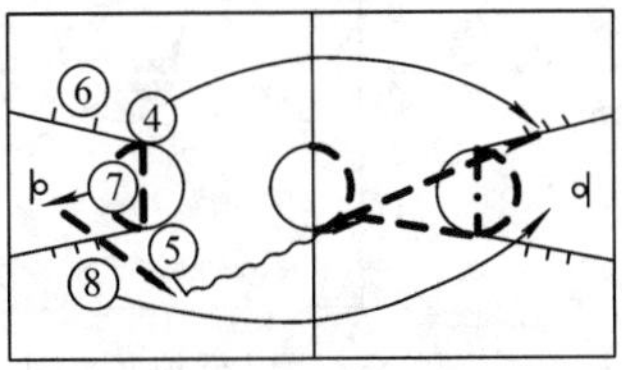

图7.48 短传快攻Ⅱ

（3）运球快攻：由接应人中场快速运球超越对手并伺机进行突破分球。⑦自己投篮也可分给④，④或⑤投篮。其他队员都可从边路或中路运球突破，进行突分配合，如图7.49所示。

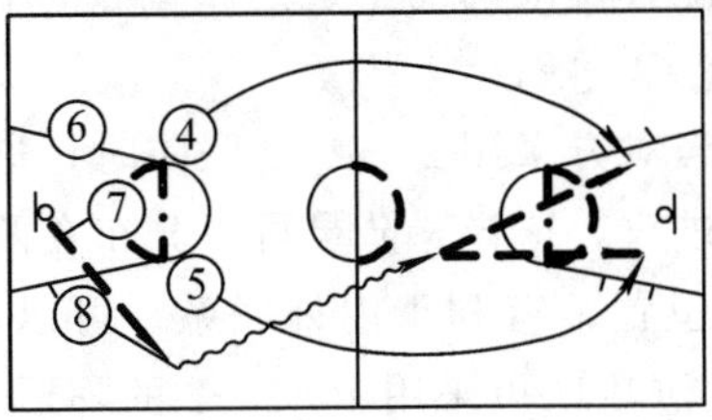

图7.49 运球快攻

2）阵地进攻

A. 进攻的落位阵形

当防守队已布好防守阵形后，进攻队则进入阵地进攻，进攻队员的落位阵形要根据攻守双方的特点来决定，常用的有：

（1）2—3 阵形，如图 7.50 所示。单中锋策应站位。

（2）1—3—1 阵形，如图 7.51 所示。双中锋上下站位。

（3）2—1—2 阵形，如图 7.52 所示。单中锋站位。

（4）1—2—2 阵形，如图 7.53 所示。双中锋并站篮下。

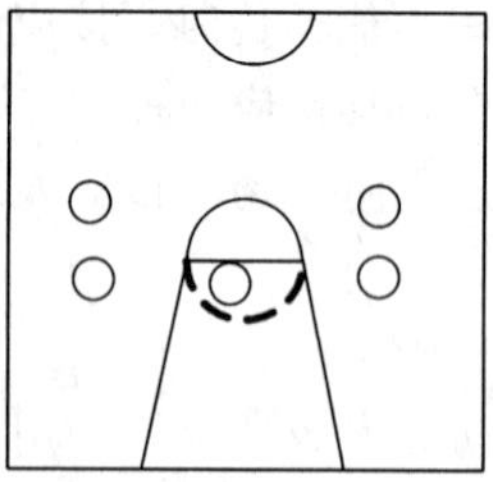
图 7.50　2—3 阵形

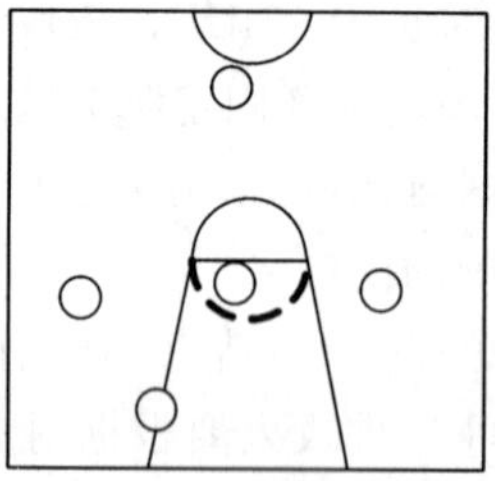
图 7.51　1—3—1 阵形

图 7.52　2—1—2 阵形

图 7.53　1—2—2 阵形

B. 进攻人盯人防守

进攻人盯人防守主要是以进攻战术基础配合为主的全队协同配合。

（1）以反掩护为主的全队配合。⑦传球给⑥后，向反方向给⑧做掩护，⑧切入，接⑥传球准备投篮。❹补防堵⑧，⑧及时将球传给移动到篮下的中锋④（图 7.54）。

（2）以后掩护为主的全队配合。⑦将球传给⑧，同时⑥上提给⑦做后掩护，⑦空切篮下。⑧及时将球传给切入的⑦，⑦接球准备投篮。当❹上来补防时，中锋④移至篮下准备接⑦传球，但❺又补防④，这时⑤及时向限制区插入，接⑦传来的球投篮（图 7.55）。

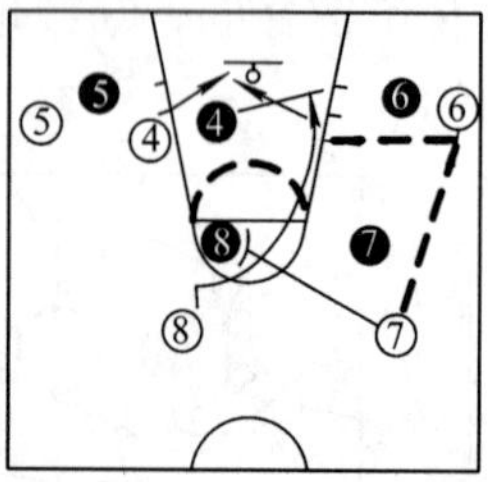
图 7.54　以反掩护为主的全队配合

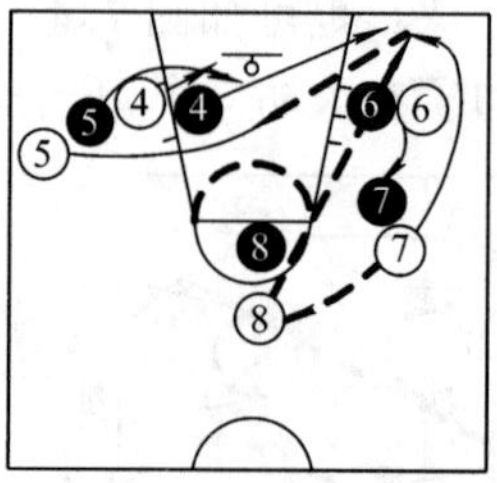
图 7.55　以后掩护为主的全队配合

C. 进攻区域联防

进攻区域联防，首先要了解区域联防的特点及其移动规律，针对其薄弱环节，明确进攻重点，组织针对性较强的战术配合。准确的中、远距离投篮，是进攻区域联防的重要手段，快攻也是进攻联防的有力武器。

进攻区域联防战术应用。当对方采用 2—1—2 联防时，进攻队应根据 2—1—2 联防的弱点，采用 1—3—1 的对阵方法进攻，这样，队员可以分布在两个防区之间，使防守者负担加重，以便取得较好的外围投篮位置，有利于内外联系，可以造成一个守区内以多打少的局面；当对方采用 2—3 联防时，进攻队可采用 1—2—2 的阵形进攻。

示例：外围⑥、⑦、⑤拉大距离，只有防守者❹、❺两人在这个区域内，这就给对方增

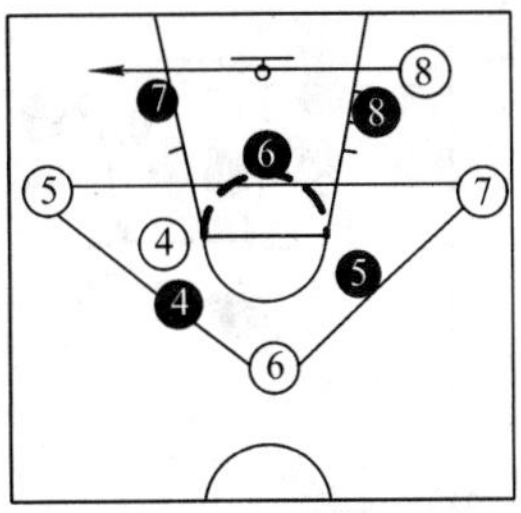

图 7.56　进攻区域联防战术应用

加了困难。⑧在底线，在对方背后流动，牵制对方篮下两个后卫❼、❽。这种采用 1—3—1 的打法，通过落位就给防守增加了困难（图 7.56）。

进攻区域联防的基本要求如下：

（1）加快外围倒手传球，迫使对方反复移动出现漏洞；

（2）攻击防守薄弱区，如人力少的区域或防守差的区域；

（3）加强中远距离投篮，拉大攻击距离，扩大防守区域；

（4）加强中区及底线的背向（指防守人身后）穿插；

（5）在对方还没有组织好防守阵形之前采用快攻，一举而攻破；

（6）合理地运用掩护投篮。

4. 全队防守战术

1）防守快攻

防守快攻是篮球防守战术的重要组成部分。它能制约对方的进攻速度，为本队组织防守争取时间，使对方没有和少有抢断球和掷界外球发动快攻的机会。

（1）提高进攻成功率。

（2）封堵快攻第一传。有组织地堵截第一传是防止快攻的重要手段。

（3）紧逼接应人，干扰、破坏其枢纽作用，造成其传球失误，或延误传球时间，以便使防守者迅速退回。

（4）退守时应注意先卡两边，对先下队员及时防住，防止长传偷袭。

（5）提高以少防多的能力，如一防二、二防三的防守能力。

2）半场人盯人防守

半场人盯人防守是篮球运动中各种防守战术的基础，其特点是：在预先分工盯人的基础上，以球为主，人球兼顾，分工明确，针对性强，能加强队员的责任感，发挥队员的积极性，并根据对方的进攻情况，及时调整位置，有效地控制对方的进攻重点。

半场人盯人防守的原则是：根据对手、球篮、球来选位置。近球紧，远球松，随时抢占有利位置，破坏对方的进攻配合，加强防守的集体协作。

半场人盯人防守可分为半场缩小人盯人防守和半场扩大人盯人防守两种形式。这两种战术形式都是在个人防守的基础上，运用各种防守基础配合而组成的。运用时，可视对手情况来确定采用哪一种防守形式。

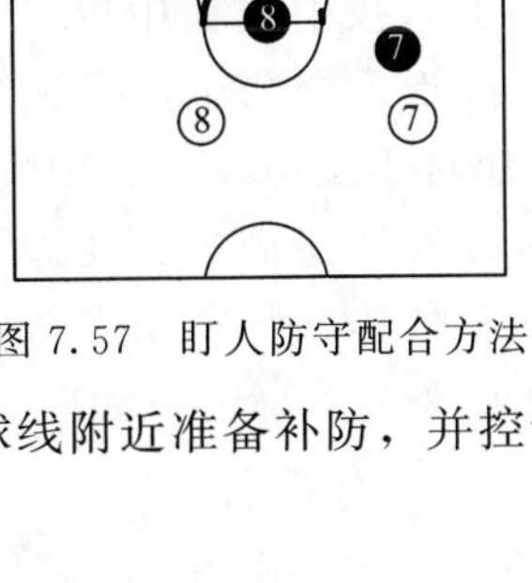

图 7.57　盯人防守配合方法

半场缩小人盯人防守是控制在 5～6 米防区的集体防守方法，一般用于对方外围中远投不准，而内线攻击较强的队，它有利于保护篮下和争夺篮板球。

半场扩大人盯人防守是一种扩大控制在 7～8 米防区的集体防守方法，一般用于对方中远投较准、个人突破能力及内线攻击较弱的队，它能起到打乱对方进攻部署的作用。半场缩小、扩大人盯人防守示例，如图 7.57 所示：❻紧逼持球队员⑥，❼错位防守，切断传球路线或准备断球。❽回缩罚球线附近准备补防，并控制⑥传给⑧的传球。❹要防止④向球方向移动，同时注意协防和

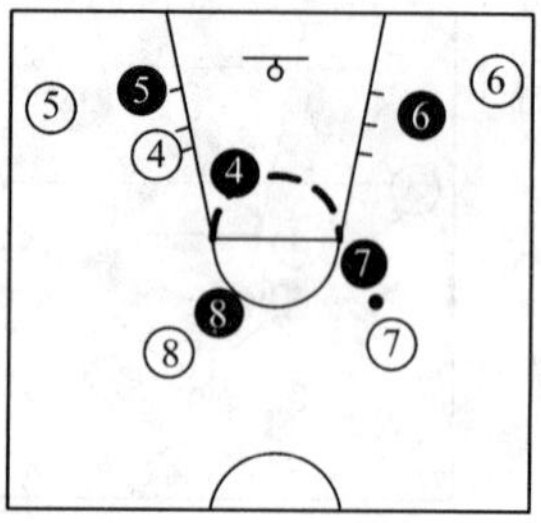

图 7.58　盯人防守配合方法

抢篮板球。❺则缩回篮下准备补防或抢篮板球。

再如图 7.58 所示示例：❼紧逼持球队员⑦，❽、❻错位防守，切断传球路线，或准备断球。❹站中锋④侧面稍靠前，阻止其接球，并准备用脚步动作，防止其插上。❺防守⑤要保持一定距离，防止其接球，准备协防中锋或抢篮板球。

3）区域联防

区域联防是防守者退回后场，每个队员负责一定区域，并把每个区域有机地联系在一起的集体防守战术。要求队员协同一致，积极随球移动，加强有球一侧的防守，相互补位，封堵断抢。对付个人突破能力强、内线威胁大的队可采用此战术。

（1）区域联防的形式：区域联防的站位队形是固定的，常用的有 2—1—2、2—3、3—2 和 1—3—1 联防形式。形式虽多，但常用的、最基本的是 2—1—2 联防，因为这种形式，队员分布均匀，便于协防。

（2）区域联防配合方法：以 2—1—2 联防防守为例。⑥持球时，防守人❺、❻根据中锋位置决定两人防守配合，❺上去防⑥，❻可稍向右移协助防守④，并随时准备接球快速移动去防守⑦，❹前移防守④，❽向上移防⑤，篮下❼防守⑧。如图 7.59 所示。

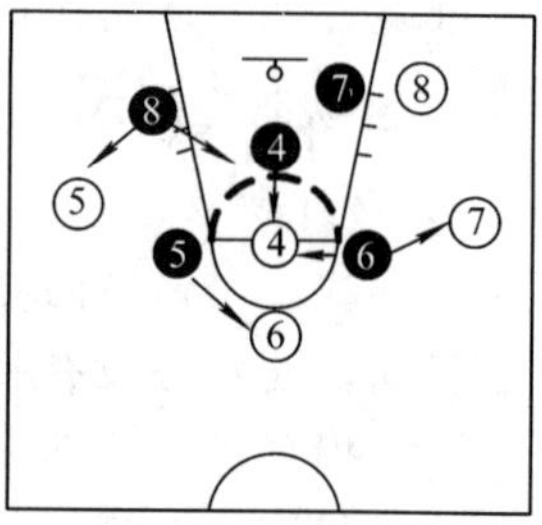

图 7.59　区域联防配合方法

篮球运动中的防守和进攻是相互制约又相互促进和共同提高的。现在国内外一些强队运用的区域联防已扩大了控制区域，具有针对性和综合性的特点，发展成为轮转式的、带紧逼、夹击的、攻击性较强的综合性防守战术。

4）全场区域紧逼

综合区域联防和人盯人防守两种战术的优点，在于全场每个防守队员既有区域分工，又体现紧逼盯人、协同进行堵截、夹击、抢断等攻击性的整体防守效果。

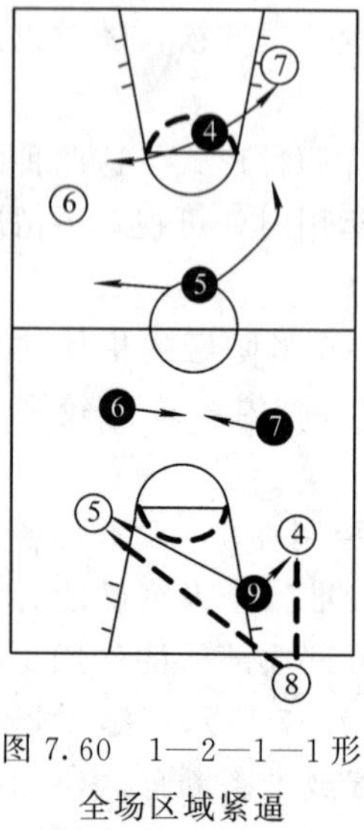

图 7.60　1—2—1—1 形全场区域紧逼

采用全场区域紧逼防守，一般是在对方速度、灵活性和体力较差而进攻速度较慢、突破能力较弱、篮下攻击力较强的球队时运用。在比赛开局先发制人，在结局时扩大战果，或挽回败局时，运用全场区域紧逼防守亦往往会取得较好的效果。

全场区域紧逼防守的形式有 1—2—1—1 形、1—2—2 形、2—1—2 形、2—2—1 形等，其中 1—2—1—1 形、2—1—2 形、2—2—1 形是主要的防守阵形。在运用时，队员只要向前后左右移动位置，就可变成其他类型防守阵形。

1—2—1—1 形全场区域紧逼，是在本队投中或罚中后，对方在端线外发球时，最好的全场区域紧逼阵形。全队迅速进入各自分工区域紧逼对手，前场❻、❼、❾不让对手接应发球，中场❺、后场❹防止长传，准备抢断球，迫使对方发球违例。球发进场后要围追、堵截、夹击、抢断，迫使对方 5 秒违例，利用中线、边线迫使对方球回后场或出界，造成对方心理上的恐慌，如图 7.60 所示。

7.2 篮球技战术练习方法

7.2.1 移动练习方法

1. 起动

练习一：听信号或看信号，向不同方向起动。

练习二：自己抛球或他人抛球，先近后远，抛球同时迅速起动快跑，在球落地前把球接住。

练习三：原地运球，看信号或听信号做运球起动练习。

2. 跑

练习一：在跑动中听信号或看手势，抛球变化做变向跑、变速跑。

练习二：利用篮球场的圈、线做侧身跑和对角折线跑。

练习三：两人一组做侧身跑。

练习四：两人行进间传球中练习侧身跑。

3. 急停

练习一：在慢跑、中速跑、快跑中做急停练习。

练习二：听信号做徒手、急停急起或运球急停急起练习。

练习三：在跑动中做抛球、接球急停练习。

练习四：持球急停后做传球、持球突破、投篮的组合练习。

4. 转身与跨步

练习一：原地徒手或持球做两脚转移重心、跨步、前转身、后转身的练习。

练习二：原地持球，面对或背对防守队员做跨步，以及前转身、后转身练习。

练习三：原地、行进间急停后接球后做前后转身和传球、跳投、行进间投篮练习。

5. 跳

练习一：原地听信号向上或跨步向前、侧、后上方做双脚起跳练习。

练习二：助跑两三步后，做单脚或双脚起跳。

练习三：结合跨步、转身、急停等动作练习起跳动作。

练习四：助跑单脚起跳用手摸篮板、篮圈的练习。

练习五：单、双脚起跳后做接球、传球，或断球等动作练习。

6. 滑步

原地做好防守基本姿势，并看手势或其他信号练习。

练习一：侧滑步、前滑步、后滑步（由单个动作向连续动作过渡）。

练习二：后撤步、攻击步、碎步（由单个动作向连续动作过渡）。

练习三：后撤步接侧滑步，攻击步接后撤步、侧滑步。

按规定的路线或设置障碍物做练习。

练习一："之"字形滑步。

练习二：三角形滑步。

练习三：小“8”字滑步。

练习四：围绕障碍架做向前或向后的绕步。

7.2.2 传接球练习方法

1. 熟悉球性练习

练习一：双手腕、指拨球。两手持球，手臂伸直，用手腕、手指拨球，使球在两手之间快速移动。要求听信号，节奏由慢至快、由快至慢，并从屈臂到直臂，再从直臂至屈臂，反复练习。

练习二：双手脚前抛接球。两腿左右开立，双手持球向空中抛球，并在胸前或头上把球接住。熟练后可以跳起接球或接不同方向的地面反弹球。

练习三：双手背后抛球。双手持球于背后，利用屈腕内旋的力量将球抛起，并在身体前方将球接住。

练习四：环绕腹背交换球。两脚左右开立，右手将球经体后交左手，左手在腹前将球交右手，连续绕腹做交换动作

2. 原地传接球练习

练习一：两人一组，原地徒手做各种模仿传接球练习。

要求：一人做动作，一人纠正。

练习二：两人面对站立，做各种传接球练习，也可对墙进行练习。间隔距离根据需要由近到远。

练习三：原地跨步，跳起接不同方向的传球。

3. 移动传接球练习

练习一：两人一组一球，相距 4～6 米面对站立，一人原地传球，另一人向左、右、前、后移动接球，传接球一定次数后，互相交换练习。

练习二：迎面跑动传接球练习，要求两人面对站立，相距 6～7 米在跑动中传接球，如图 7.61 所示。

练习三：三角形传接球练习如图 7.62 所示站位成三组，④传球给⑤后迅速跑至⑤队尾；⑤立即将球传给⑥后迅速跑至⑥队尾；⑥接球后迅速将球传给④组的第 2 名队员之后尾随④队尾，依次循环。

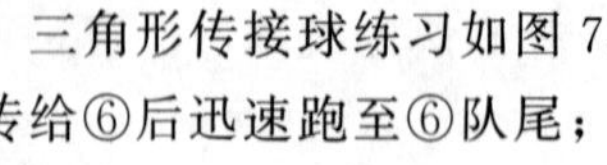

图 7.61　两人面对传球

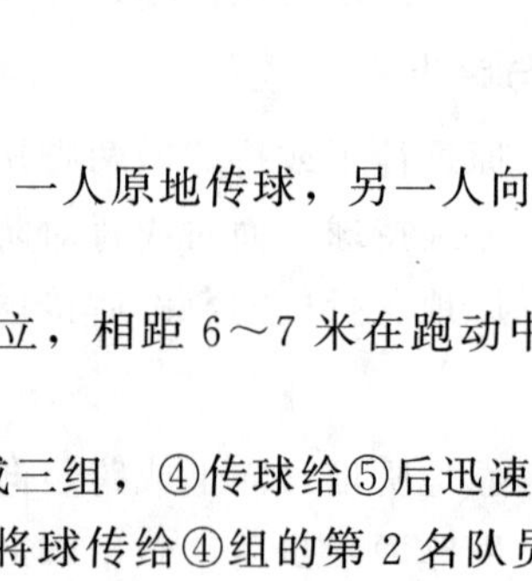

图 7.62　三角形传接球练习

7.2.3　投篮练习方法

1. 模仿投篮

练习一：徒手练习。做原地投篮动作，重点体会投篮的手法和用力过程。

练习二：持球练习。如图 7.63 所示队形。两人用一个球，相互对投，体会原地投篮和跳起投篮的手法及身体各环节的协同配合。

练习三：自抛、自接做原地及跳起投篮的模仿练习如图 7.64 所示。体会跨步接球、起跳、举球协同配合的过程。

练习四：行进间投篮模仿练习。篮圈下吊一气球，高度可根据学生的实际情况而定。要求学生做行进间单脚起跳用手托球或用手腕前屈触球，体会跨步起跳、伸臂和腕部动作。

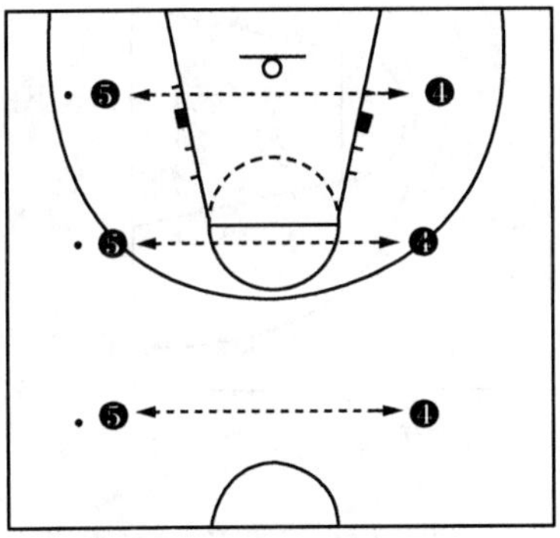

图 7.63　原地两人对投练习

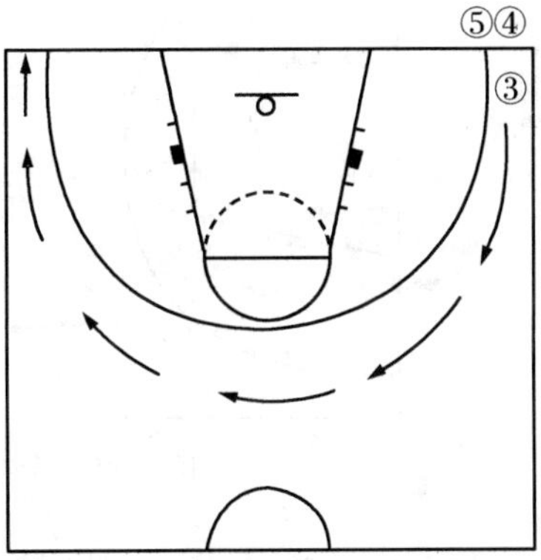

图 7.64　跳投脚步动作练习路线

2. 原地投篮

练习一：三点不同距离的投篮练习。每组各用一个球，自投自抢，先从近距离开始，根据学生掌握的程度，然后，再进行中、远距离的投篮练习，如图 7.65 所示。

练习二：固定距离，变化角度的投篮练习。分三组进行，每组用一个球，在固定的距离内投篮，投篮后，按顺时针方向进行换位，到另一个角度的位置上进行投篮。

练习三：变换距离、变换角度的投篮练习。每人依次在同一角度，三个不同距离的位置上进行投篮，投完后，轮转到下一个角度的位置上。

以上练习均可采用原地单、双手投篮或跳起单手投篮的方法。

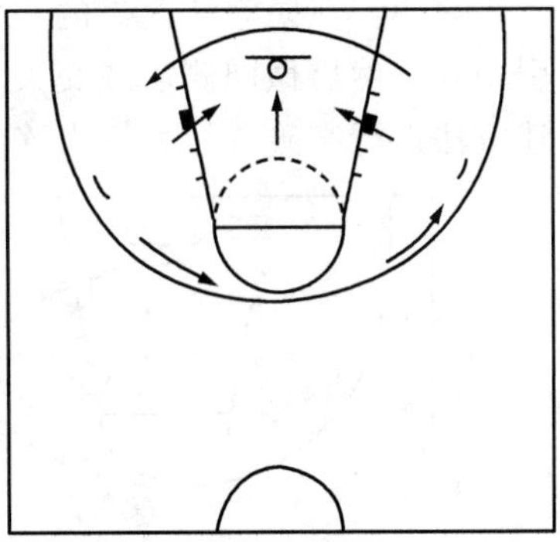

图 7.65　不同点、不同距离、不同角度投篮

7.2.4　突破练习方法

1. 教学建议

（1）讲解、示范突破技术时，应重点强调该技术在竞赛中的作用，动作结构特点，各环节间的相互联系及竞赛规则对持球移动的限制。

（2）教学顺序应先教交叉步突破，后教同侧步突破。先教交运球突破，后教持球突破。

（3）通过教学使学生掌握两脚都能做中枢脚并能及时地向任何方向突破。

2. 练习方法

练习一：原地突破练习。将队员分成相等的两组，相距 4 米面对站立，两人用一个球，练习开始时，持球队员先做投、传、突等假动作，然后，接交叉步或同侧步突破的脚步动作，反复做 2～3 次后，将球传给同伴，依此方法反复进行。

练习二：行进间做突破脚步动作练习。分两组进行每人用一球。练习开始①和④分别从两端进行自抛自接、接球后做交叉步突破，运球急停后再抛，依此方法反复练习。可转换成同侧步做，如图 7.66 所示。

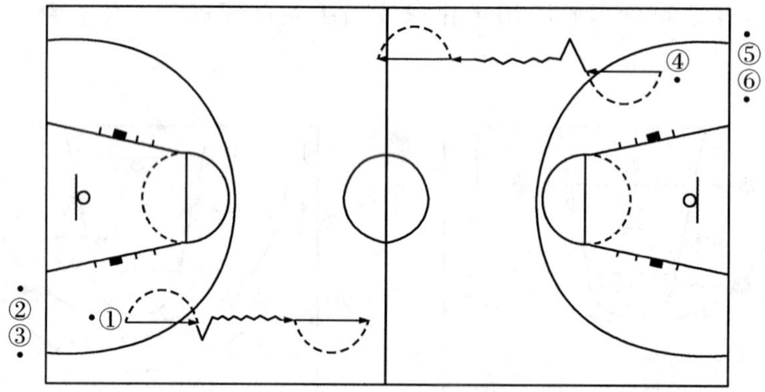

图 7.66　全场持球突破脚步动作练习

练习三：接传球突破练习。位于 45°处，学生站成一路纵队，①将球传给⊗后，迅速向前跨步接⊗回传球后做交叉步或同侧步突破，如图 7.67 所示。

练习四：在防守情况下的三人连续突破练习。三人一组，每组用一个球，①先做假动作吸引防守，然后做同侧步或交叉步突破，运几次球后，再传球给②，立即向前防守②。②依上述方法进行突破练习，三人连续进行，如图 7.68 所示。

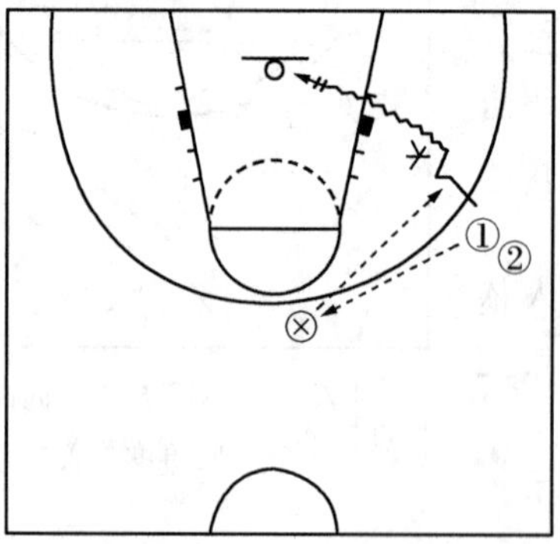

图 7.67　接传球突破练习

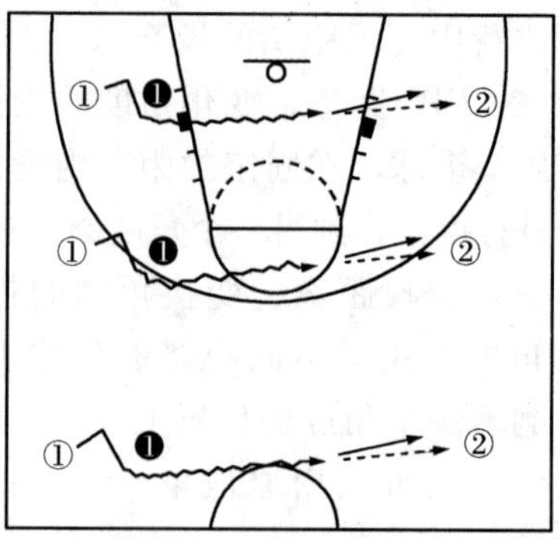

图 7.68　三人连续突破练习

7.2.5　防守技术练习

1. 防守有球队员方法

练习一：一攻一守脚步移动练习。两人一组，一攻一守，相距 2～3 米，进攻队员抛接球，防守队员迅速逼近对手，进攻者向左右运球突破，防守者做横滑步堵截；防守队员可以逐步接近对手，进攻队员开始做投篮动作，然后突然突破，防守者做撤步、滑步堵截。

要求：防守队员要做到判断准确、反应敏捷、移动快速。

练习二：全场一攻一守防练习。两人一组，一攻一守，进攻队员运球突破，防守队员运用各种防守步法积极移动，保持有利防守位置并伺机枪、打球。一旦防守者被进攻队员突破时，迅速运用撤步、交叉步追防，力争尽快重新占据合理防守位置。

要求：防守队员应始终与进攻队员保持一臂内距离，遵循堵中路、堵强手的原则。

练习三：防中投练习。两人一组用一球。进攻者离篮 6 米站位，防守者将球传给进攻者后，立即进行防守，进攻者可做投切结合动作，或原地跳起投篮，或向左右拍一次球急停跳投。防守者练习防中投动作。练习一定次数后，互换攻守。

要求：防守者保持正确位置，判断对手起跳投篮出手的时机，迅速做出反应行动。

2. 防守无球队员方法

练习一：移动选位练习。后卫队员①和②传球，接球后都要做瞄篮和持球踏步突破的假动作，而后将球传出。防守者要针对对手有球和无球情况，及时移动选位，做出相应的防守动作。连续数次后互换攻守，如图 7.69 所示。

要求：练习时注意力集中，当对手接到球后，防守者要及时到位，当球传出后应立即向球和球篮方向移动，做到人球兼顾。

练习二：强侧、弱侧防守练习。进攻队员在外围传球，可做摆脱接球动作，但不能穿插、掩护。防守队员根据球的位置做相应选位，积极防守摆脱接球，反复练习数次后，攻守交换，如图 7.70 所示。

要求：根据球的情况随时调整防守位置，始终做到人球兼顾，保持正确的防守姿势。

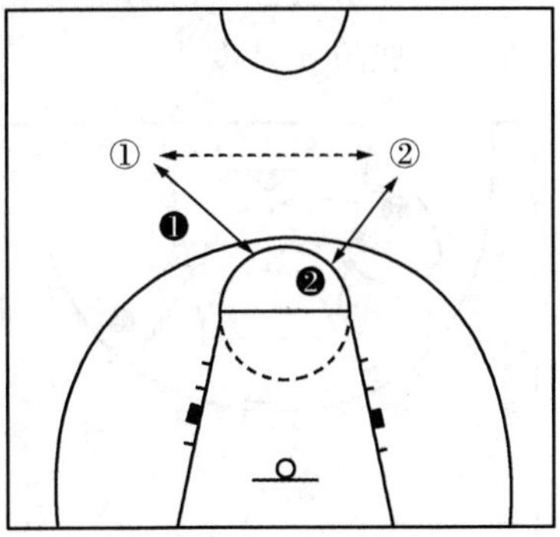

图 7.69　移动选位练习

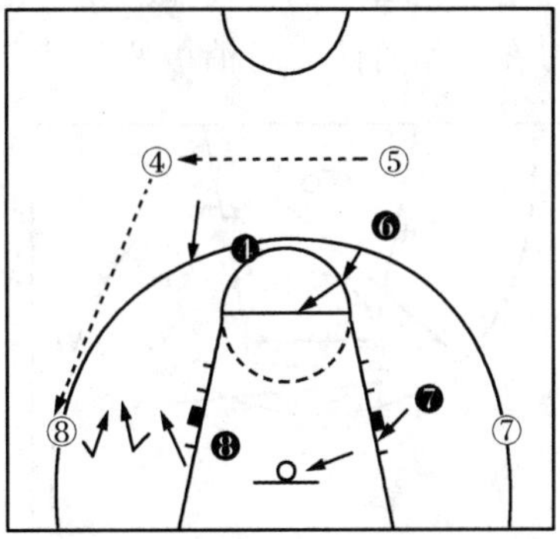

图 7.70　强侧、弱侧防守练习

7.2.6　篮球战术练习方法

1. 篮球进攻战术基础配合方法

1）传切配合的练习方法

练习一：如图 7.71 所示，练习者分成④、⑤两组，分别站在立柱后面。练习开始时，④传球给⑤后，做向左（有）切入的假动作，然后突然变向从右（左）切入。⑤接球后回传给④，做向底线切入的假动作，然后变向从内侧切入。④切入后到⑤的排尾，⑤到④排尾，依次进行练习。

要求：假动作要逼真，变向切入要快速、突然，切入时要注意接球。

练习二：如图 7.72 所示，练习者分成三组，④、⑤、⑥组每人持球，④传球给⑧后迅速从右侧切入接⑤传球投篮。⑥传球给④后，横切接⑥的传球投篮。⑤、⑧抢篮板球，按顺时针方向换位，依次进行练习。

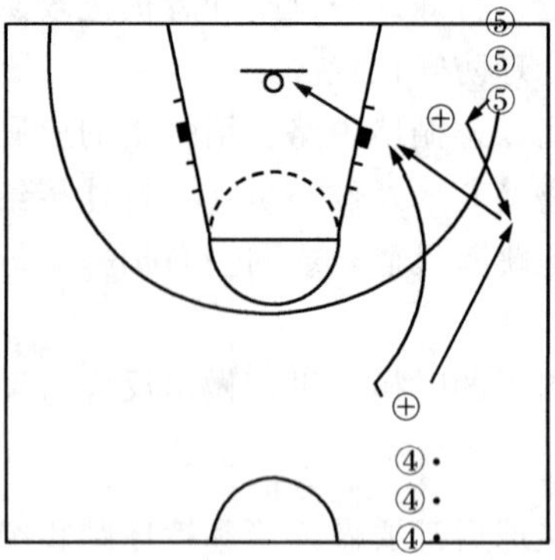

图 7.71 传切

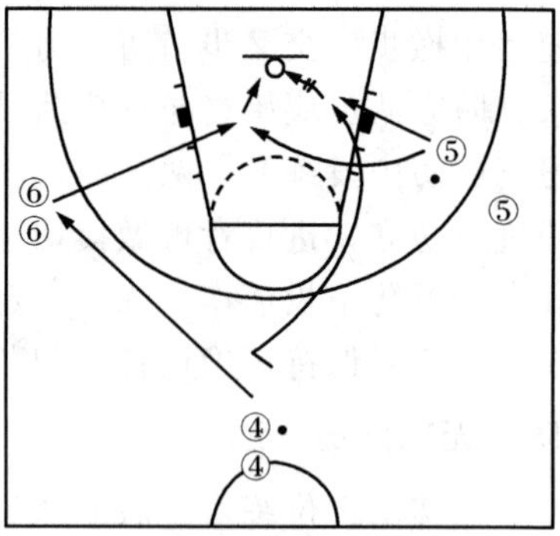

图 7.72 传切

2）突分配合的练习方法

练习一：如图 7.73 所示，◬持球，◬传球给④，④接球后运球突破到篮下回传球给◬，◬又传给⑤，依次进行练习。此练习可逐步增加难度，要求学生根据④的信号进行练习；学生在突破过程中看到④伸手要球时，立即传球给④，如果④没伸手要球，则突破投篮。

练习二：如图 7.74 所示，在防守下练习。④运球突破④准备投篮时，⑦突然上来补防，④及时传球给切向篮下的⑦投篮。④—⑦—⑦—④—④换位，依次进行练习。

此练习在开始时防守可消极些，待基本掌握后，适当增加防守难度。

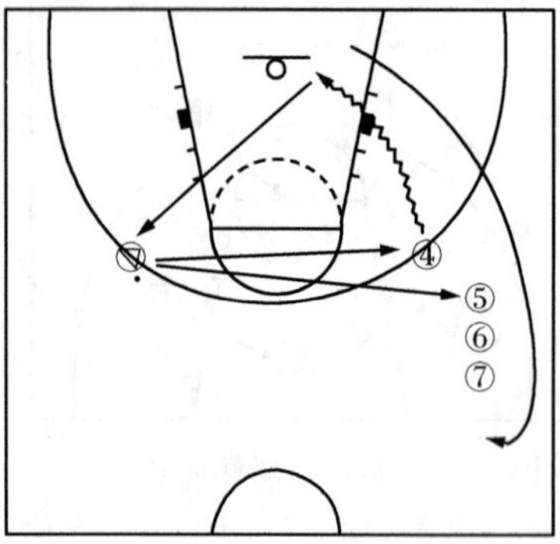

图 7.73 突分

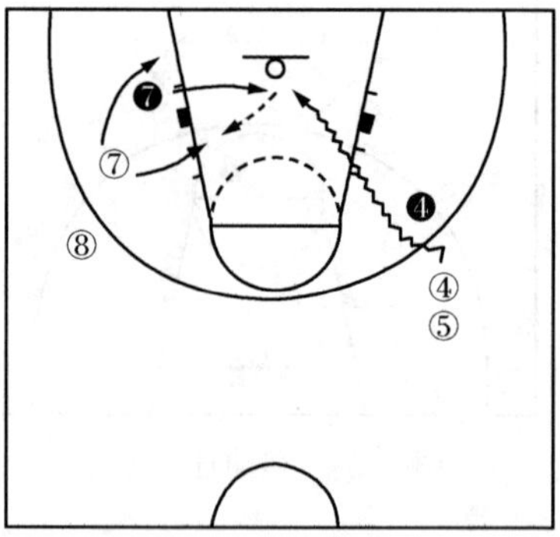

图 7.74 突分

2. 快攻练习方法

1）全场长传球上篮练习

练习：如图 7.75 中⑤与⑦每人一球，⑥与④沿边线快下，接 ⑤与⑦传球投篮，投篮者自抢篮板球，换位按④—⑤—⑥—⑦—④—⑤顺序进行。

要求：长传及时、准确，接球队员沿边线侧身快下，随时注意接球投篮。

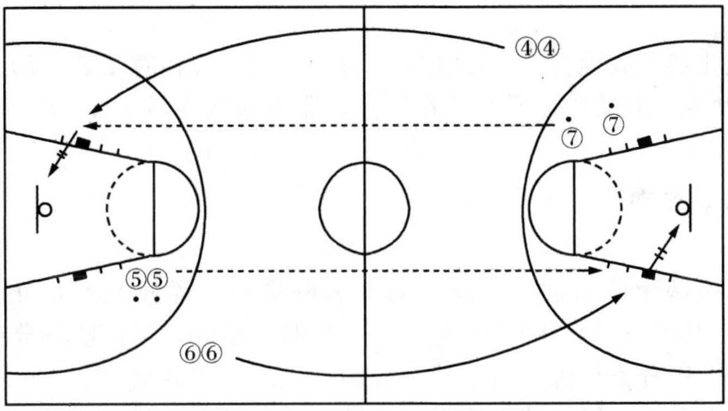

图 7.75　长传上篮

2）抢篮板球结合长传快攻

练习：如图 7.76 中④队每人手中持一球，④第 1 名持球碰篮板，当抢回篮板球后，立即将球传给快下的⑤投篮，投篮者自己抢篮板球。换位按④—⑤—④顺序进行。

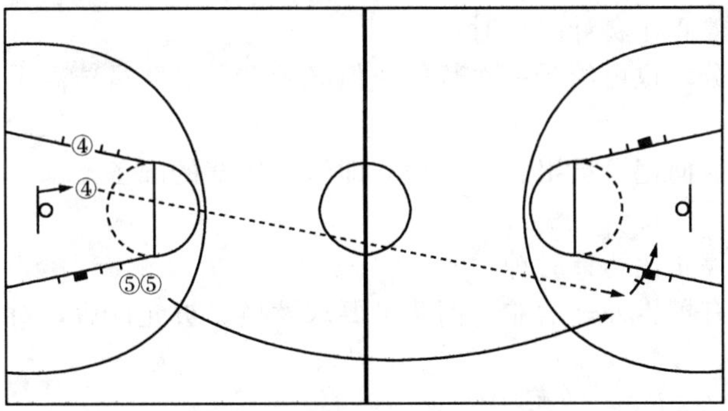

图 7.76　抢篮板球长传快攻

要求：抢到篮板球落地同时，身体要侧对前方，并及时准确传球。短传和运球结合快攻练习方法。

练习：如图 7.77，4 人一组站位，④持球碰篮板后自己抢篮板球，同时⑤拉边接应，⑥侧身沿边线快下，接应⑥的传球再传给⑦，或运球后传给⑦投篮。

要求：④抢到篮板球时，⑥和⑥才能起动，接应点要拉边，⑤要侧身弧形快下，注意接球投篮。

7.3　篮球运动主要规则介绍

比赛场地与设备

1. 球场

篮球场是一块长方形的坚实平面、无障碍物的场地。对于国际篮联举办的正式比赛（奥林匹克运动会、世界篮球锦标赛）球场尺寸为长 28 米，宽 15 米，球场的丈量从界线内沿量起，对于其他比赛也可使用下列尺寸范围内的现有场地，比正式比赛场地长度减少 4 米，宽度减少 2 米，只要其变动互相成比例。

2. 设备

对于奥林匹克比赛和其他世界性的比赛，篮板的尺寸应横宽 1.80 米，竖立 1.05 米，篮板下沿距地面 2.90 米。它的中心垂直落在场上，距离端线内沿 1.20 米，篮圈水平面距地面 3.05 米，篮球的圆周不得小于 0.749 米，不得大于 0.78 米，重量为 567～650 克。

3. 比赛、暂停、替换

1）比赛

每场篮球比赛由两个队参加，每队出场 5 名队员。比赛分上、下两个半时，每半时 2 节，每节 12 分钟，两半时中间休息 10 分钟，下半时终场时，如两队得分相等，则延续 5 分钟进行决胜期比赛，得分仍相等，再延续 5 分钟，直至分出胜负。

比赛中，除在 3 分投篮区投球中篮得 3 分外，其他位置投篮得 2 分，罚球中篮得 1 分。在比赛时间内，得分多的队为胜。

2）暂停

每队每半时准许暂停 2 次，每次 1 分钟，每一决胜期准许 1 次。未用过的暂停不准挪到下半时或决胜期内使用。

请求暂停的时机：

（1）球成死球并停止比赛计时钟时。

（2）对方投篮得分，也可给予一次暂停，但必须在投篮队员球离手前提出。

3）替换

替补队员进场前应向记录员报告，并须立即做好比赛的准备。

请求替换的时机：

（1）球成死球并停止比赛计时钟时。

（2）违例后，只有掷界外球的非违例队可要求替换。被允许后，对方也可要求替换。

4. 违例及罚则

违例是违反规则的行为。

罚则：判该队失去球权，由对方队员在违例地点就近的边线外指掷界外球。

比赛中常见的违例有带球跑、非法运球、脚踢球、拳击球、掷界外球违例、3 秒违例、5 秒违例、10 秒违例、30 秒违例、球回后场违例、干扰球等。

5. 犯规及罚则

犯规是违反规则的行为，含有身体接触和不道德的举止。

1）侵人犯规

侵人犯规是在球进入比赛状态、活球或死球时的队员犯规，含有与对方队员的接触。

罚则：登记犯规队员一次侵人犯规。如被侵犯的队员未做投篮动作，由被侵犯队的队员在犯规地点就近的边线掷界外球继续比赛。如被侵犯的队员在做投篮动作，投中得分有效，再判给一次罚球；如投篮未中，则判给投篮队员两次或三次罚球。

2）故意犯规

裁判员认为队员蓄意地对持球或不持球的对方队员造成侵人犯规为故意犯规（违反体育道德的犯规）。

罚则：登记犯规队员一次侵人犯规。应判给非犯规队罚球和在记录台对面边线的中点处掷界外球的球权。如未做投篮动作的队员犯规，则判给两次罚球；如在做投篮动作的队员犯规，投中有效，再判给一次罚球；如投球未中，则根据投篮的地点判给两次或三次罚球。无论罚球成功与否，均由罚球队的任一队员在记录台对面边线的中点处掷界外球。

3）队员技术犯规

有意的、不道德的或给违反规定者带来不正当利益的技术性犯规，应立即判罚技术犯规。

罚则：宣判技术犯规后，每次均应登记，并由对方队长指定罚球队员罚球两次。对行为十分恶劣或屡次违反此条规定的队员，应取消其比赛资格并令其退出比赛。

4）双方犯规

双方队员同时互相犯规为双方犯规。

罚则：登记每个犯规队员一次侵人犯规。由双方犯规队员在就近的圆圈内跳球继续比赛。

5）队员5次犯规

一个队员不论侵人犯规或技术犯规共达5次，必须自动退出比赛。

6）全队7次犯规

比赛的每半时，一个队的队员侵人犯规和技术犯规共达7次，此后发生的所有队员犯规，均执行两次罚球，除非含有更为严重的罚则。

6. 决胜期

下半时终了得分相等时，应延长5分钟作为决胜期继续比赛。必要时可延长几个这样的5分钟，直到分出胜负为止。第一个决胜期前，两队应抛币选择球篮，以后每增加一次决胜期，都应互换球篮。每次决胜期前，给予2分钟的休息时间和一次暂停，每次决胜期开始时，应在中圈跳球继续比赛，若下半时某队全队犯规已满7次再犯规，由对方执行两次罚球的权力一直延续到决胜期。

7.4 篮球主要赛事

7.4.1 世界篮球锦标赛

世界篮球锦标赛是国际篮球联合会举办的国际性的篮球赛事，男子从1950年开始，女子从1953年开始，男、女比赛分别举行。历届比赛某些情况下间隔时间不同，一般是4年一届。从1986年起，男子和女子的比赛都在同一年进行，也都按照4年一届的时间举行。

1. 男子赛

1950～2010年世界篮球锦标赛男子赛如表7.1所示。

表7.1 1950～2010年世界篮球锦标赛男子赛

届次	年份	冠军	亚军	季军	举办地
16	2010	美国	土耳其	立陶宛	土耳其
15	2006	西班牙	希腊	美国	日本
14	2002	塞黑	阿根廷	德国	美国
13	1998	南斯拉夫	俄罗斯	美国	希腊
12	1994	美国	俄罗斯	克罗地亚	加拿大
11	1990	南斯拉夫	苏联	美国	阿根廷
10	1986	美国	苏联	南斯拉夫	西班牙
9	1982	苏联	美国	南斯拉夫	哥伦比亚

续表

届次	年份	冠军	亚军	季军	举办地
8	1978	南斯拉夫	苏联	巴西	菲律宾
7	1974	苏联	南斯拉夫	美国	波多黎各
6	1970	南斯拉夫	巴西	苏联	南斯拉夫
5	1967	苏联	南斯拉夫	巴西	乌拉圭
4	1963	巴西	南斯拉夫	苏联	巴西
3	1959	巴西	美国	智利	智利
2	1954	美国	巴西	菲律宾	巴西
1	1950	阿根廷	美国	智利	阿根廷

2. 女子赛

1953～2010 年世界篮球锦标赛女子赛如表 7.2 所示。

表 7.2 1953～2010 年世界篮球锦标赛女子赛

届次	年份	冠军	亚军	季军	举办地
16	2010	美国	捷克	西班牙	捷克
15	2006	澳大利亚	俄罗斯	美国	巴西
14	2002	美国	俄罗斯	澳大利亚	中国
13	1998	美国	俄罗斯	澳大利亚	德国
12	1994	巴西	中国	美国	澳大利亚
11	1990	美国	南斯拉夫	古巴	马来西亚
10	1986	美国	苏联	加拿大	苏联
9	1983	苏联	美国	中国	巴西
8	1979	美国	韩国	加拿大	韩国
7	1975	苏联	日本	捷克斯洛伐克	哥伦比亚
6	1971	苏联	捷克斯洛伐克	巴西	巴西
5	1967	苏联	韩国	捷克斯洛伐克	捷克斯洛伐克
4	1964	苏联	捷克斯洛伐克	巴拉圭	秘鲁
3	1959	苏联	巴拉圭	捷克斯洛伐克	苏联
2	1957	美国	苏联	捷克斯洛伐克	巴西
1	1953	美国	智利	法国	智利

7.4.2 奥运会篮球比赛

篮球运动起源于 1892 年，由美国的体育教师詹姆士·奈史密斯博士所创。1936 年柏林奥运会上，男子篮球比赛第一次被列为奥运会比赛项目。女子篮球到 1976 年蒙特利尔奥运会上才被正式纳入。奥运会篮球比赛只设男女 2 个团体项目，各有金、银、铜 3 块奖牌。在过去的 18 届男子篮球和 10 届女子篮球奥运会比赛中，美国男篮获得了 14 次冠军（苏联获得 2 次冠军，南斯拉夫和阿根廷各获得 1 次冠军），美国女篮获得了 7 次冠军（苏联获得 2

次冠军，独立国家联合体 1 次）。

1. 男子比赛

1936～2012 年奥运会篮球比赛男子比赛如表 7.3 所示。

表 7.3 1936～2012 年奥运会篮球比赛男子比赛

年份	东道国	金牌	银牌	铜牌	第四名
1936	柏林	美国	加拿大	墨西哥	波兰
1948	伦敦	美国	法国	巴西	墨西哥
1952	赫尔辛基	美国	苏联	乌拉圭	阿根廷
1956	摩尔本	美国	苏联	乌拉圭	法国
1960	罗马	美国	苏联	巴西	意大利
1964	东京	美国	苏联	巴西	波多黎各
1968	墨西哥	美国	南斯拉夫	苏联	巴西
1972	慕尼黑	苏联	美国	古巴	意大利
1976	蒙特利而	美国	南斯拉夫	苏联	加拿大
1980	莫斯科	南斯拉夫	意大利	苏联	西班牙
1984	洛杉矶	美国	西班牙	南斯拉夫	澳大利亚
1988	首尔	苏联	南斯拉夫	美国	加拿大
1992	巴塞罗那	美国	克罗地亚	立陶宛	独联体
1996	亚特兰大	美国	南斯拉夫	立陶宛	澳大利亚
2000	悉尼	美国	法国	立陶宛	澳大利亚
2004	雅典	阿根廷	意大利	美国	立陶宛
2008	北京	美国	西班牙	阿根廷	立陶宛
2012	伦敦	美国	西班牙	俄罗斯	阿根廷

2. 女子比赛

1976～2012 年奥运会篮球比赛女子比赛如表 7.4 所示。

表 7.4 1976～2012 年奥运会篮球比赛女子比赛

年份	东道国	金牌	银牌	铜牌	第四名
1976	蒙特利尔	苏联	美国	保加利亚	波兰
1980	莫斯科	苏联	保加利亚	南斯拉夫	匈牙利
1984	洛杉矶	美国	韩国	中国	加拿大
1988	首尔	美国	南斯拉夫	苏联	澳大利亚
1992	巴塞罗那	独联体	中国	美国	古巴
1996	亚特兰大	美国	巴西	澳大利亚	乌克兰
2000	悉尼	美国	澳大利亚	巴西	韩国
2004	雅典	美国	澳大利亚	俄罗斯	巴西
2008	北京	美国	澳大利亚	俄罗斯	中国
2012	伦敦	美国	法国	澳大利亚	俄罗斯

还有各个大洲举行的杯赛、锦标赛。诸如亚洲有亚洲杯、亚洲锦标赛，欧洲有欧洲杯赛、锦标赛。各个国家还有各个级别的篮球比赛，例如，中国有中国男子篮球职业联赛、中国大学生篮球联赛；美国则有美国职业篮球联赛、全国大学体育协会（NCAA）。

思考题

1. 试述传接球在篮球比赛中的地位和作用？
2. 试述投篮技术包括那些主要环节？
3. 简述篮球战术基础配合包含哪些内容？
4. 怎样防守无球队员的横切和纵切？
5. 防守掩护配合的方法有哪些？
6. 何谓区域联防？目前区域联防有哪些发展和变化？

第 8 章 排 球

1. 排球运动的起源和发展

排球运动始于 1895 年，创始人是美国人马萨诸塞州的霍利沃克城基督教青年会干事威廉·摩根，迄今已有 100 多年的历史。根据这项运动隔网用手推击的技术特点，称为“Volleyball”，意为推击球而不使球落地。这项运动产生之初，就以其适宜的运动量、新颖的运动形式普遍受到人们的喜爱。1897 年，第一个排球规则正式产生，当时参加人数和击球次数都不受限制。

排球运动于 1900 年传入亚洲，先为 16 人制，并在 1913 年被列为第一届远东运动会正式比赛项目，后逐步演变为 12 人制和 9 人制。由于通常按 3 排站位，所以称为排球。1917 年排球传入欧洲后，即按 6 人制被列为正式比赛项目。由于欧亚排球参赛人数不同，规则也不尽相同，排球始终被限制在不同地域范围开展，阻碍了排球运动的迅速扩广。直到 1947 年 4 月国际排球联合会（简称国际联排）在巴黎成立，统一了排球比赛规则，举办一系列国际性的排球比赛，排球运动才逐渐演变为需要强壮体能运动员和高超技战术水平且竞争日趋激烈的世界性体育项目。到今天，排球运动已有沙滩排球、软式排球、九人制排球、坐式排球（残疾人运动）等诸多形式，说明排球运动的健身、娱乐功能已被人们广为开发和利用，同时也表明这项运动绝不仅限于竞技领域。

排球运动的发展首先体现在组织的不断扩大上，会员国现已达 200 多个国家，成为世界最大的单项体育协会。由于组织机构的扩大与完善，世界排球锦标赛（1949 年、1952 年分别举行了首届男子、女子比赛）、奥运会排球比赛（1956 年被列为奥运会正式比赛项目）、世界杯排球赛（1965 年、1973 年分别举行了首届男子、女子世界杯排球赛）、世界沙滩排球比赛和奥运会排球比赛、世界排球联赛成为世界最高水平的排球比赛。通过这些比赛，使排球运动的发展生机勃勃。

排球运动技战术的发展始终是围绕着攻防技术的不断创新而展开的。每一项新的进攻技战术的出现，就必然会有另一种新的防守技战术与之相抗衡。所以说，进攻与防守之间的突破与反突破、限制与反限制是构成排球技战术发展的内在动力。

2. 排球运动的特点

（1）激烈的对抗性和严密的集体性相结合：排球运动要求每个队员在比赛中必须做到齐心协力，密切配合，相互为同伴的技术发挥创造机会，充分体现它在培养集体观念和严格组织纪律方面的价值。

(2) 技术的全面性和高度的技巧性相结合：排球运动的技术动作由跑、跳、滚翻等基本技能组成，因而能促进力量、速度、灵敏等身体素质的全面发展。

(3) 轻松的娱乐性和高雅的休闲性相结合：通过直接参与这项运动，使人无拘无束置身于排球游戏和对抗活动中，并尽情感受它所赋予的魅力，无疑是一件最畅心欢愉的事情。

3. 排球运动的发展趋势

(1) 进一步向全面、高度、快速、灵活、准确发展，即在全面基础上高快结合，加上灵活、准确，以提高强攻与快速多变的欧、亚两大流派的打法相互渗透，取长补短，但各队具有自己的特点。

(2) 个人技术全面，而且个人有自己的绝招，各队高大运动员增多，技术熟练能攻善守，战术上运用灵活。

(3) 网上争夺越来越激烈，网上的优势如何，将是决定比赛成败的关键，世界强队十分重视发展高度与速度。运动员素质好，弹跳力普遍增强。

(4) 攻防战术向纵深发展，由于拦网加强，进攻朝高点强攻，快速多变，后排进攻三个方向发展，即高度＋速度、强攻＋快攻、力量＋技巧、前深＋纵深。防守战术上，发展机动灵活的应变。

(5) 合理使用和组织全队力量，打破主力与替补的界线和主攻与副攻过于机械地分工。

8.1 排球基本技术

8.1.1 准备姿势与移动

准备姿势与移动是排球基本技术之一，属于无球技术，是完成罚球、垫球、传球、扣球和拦网等各项有球技术的前提和基础，并对各项有球技术的运用起串联和纽带作用。准备姿势与移动是相辅相成的，准备姿势是为了移动，而快速移动，又必须做好准备姿势。

1. 准备姿势技术动作与练习方法

为了便于完成各种技术动作而采取的合理的身体姿势称为准备姿势。一般按照身体重心的高低，可分为半蹲准备姿势、稍蹲准备姿势和低蹲准备姿势三种。这里重点介绍半蹲准备姿势的动作方法（图 8.1）。

(1) 半蹲准备姿势：两脚左右开立稍比肩宽，两脚尖内收，脚跟稍提起，站在 1、2 号位的队员右脚在前；站在 4、5 号位的队员左脚在前；站在 3、6 号位的队员两脚尖平行。膝关节保持一定弯曲，膝关节投影在脚尖前。上体前倾，重心靠前。两臂放松，自然弯曲，双手置于腹前。全身肌肉适当放松，两眼注视来球，两脚始终保持微动。

(2) 稍蹲姿势重心略高，一般用于扣球助跑前或对方正在组织进攻时，需快速起动的场合。

(3) 低蹲姿势重心更低，主要用于防守和接拦回球等。

图8.1 半蹲准备姿势

练习方法：原地跑步，在跑的过程中看教师手势、口令做不同的准备姿势。

2. 移动技术动作与练习方法

从起动到制动的过程为移动。移动的目的是及时接近球，保持好人与球的位置关系，以便击球。移动由起动、移动步法和制动三个环节组成，常用的移动步法有以下几种。

（1）并步与滑步：若向前移动，则后腿蹬地，前脚向来球方向跨出一步，后脚迅速跟上做好击球准备。连续的并步则为滑步。

（2）跨步与跨跳步：若向前移动，则后腿用力蹬地，前脚向来球方向跨出一步，膝部弯曲，上体前倾，重心移至前腿。如有跳跃腾空即为跨跳步（图8.2）。

图8.2 跨步与跨跳步

（3）交叉步：若向右交叉步时，上体稍向右转，左脚从右脚前面向右交叉迈出一步，右脚再向右跨出一大步，身体转向来球方向，保持击球前的姿势（图8.3）。

图8.3 交叉步

3. 准备姿势与移动易犯错误与纠正方法

（1）全脚掌着地。纠正方法：提示提脚跟，使其前后两脚略分大些。

（2）臀部后坐。纠正方法：使其双膝投影超过脚尖。

（3）移动时身体起伏大，重心过高。纠正方法：多做穿过网下的往返移动。

（4）制动不好，制动后不能保持准备姿势。纠正方法：脚和膝内扣，最后一步稍大。

8.1.2 传球和垫球

1. 传球技术动作与练习方法

传球是排球基本技术里面难度较高的一项技术动作，是利用手指手腕的弹击动作将球传至一定目标的击球动作。它是组织战术的基础，主要用于衔接防守和进攻。因此要求具备较高的的稳定性和准确性。

传球动作多种多样，其基本动作分为正面传球、背传、侧传和跳传四种。这里仅就最基本的传球动作加以阐述。

1）正面双手上手传球技术要点

面对出球方向的传球动作，称为正面传球。传球时采用稍蹲准备姿势，抬头挺胸，双手举至额前上方，两手五指张开呈半球状，两拇指相对成“一”字或“八”字形，手腕内收后仰，主要以拇指内侧，食指全部和中指的二三指关节触球，无名指和小指控制球的传出方向，利用蹬地伸臂和手指、手腕弹力将球向头前上方传出（图 8.4）。触球时手指手腕保持适度紧张，当来球接近额向上方时，开始蹬地伸臂，在额前上方迎球。击球点保持在额前上方一球处。归纳为：

额前击球较适当，触球手型半球状；
蹬地伸臂指腕弹，指腕缓冲控方向。

图 8.4 正面双手上手传球

练习要求：

掌握正确的击球点和手型，体会手指对球的控制，脚步及时随球移动。移动步法采用碎步、跨步等方法。

正面传球练习方法：

（1）徒手模仿练习：成两列横队，随教师口令做徒手传球。

（2）结合球练习：①连续自传，高度不低于 50 厘米，传球时自我检查手型，尽量少移动。②距墙 50 厘米，对墙连续传球，体会手指手腕的发力。③两人一组，相距 3～4 米，对传。

2）背传技术要点

背向传球目标，向后上方传球的动作叫背传。迎球时，抬上臂，挺胸，上体后仰。触球时，手腕后仰并适当放松，手型与正传相同，只是拇指成反“八”字形。背传用力主要靠蹬地、展腹、抬臂、伸肘和手指手腕的弹力把球向后上方传出(图 8.5)。

背传练习方法：

（1）自抛或对抛，背对樯传。

（2）3 人一组练习，中间人背传。

3）传球易犯错误与纠正方法

（1）传球时两手紧张，掌心和拇指朝前，容易挫伤手指。纠正方法：强调双手在脸前击球，两掌心相对，拇指相对成“八”字形，并可多做对墙传球练习。

（2）传球时两手伸臂过早，造成拍球的错误动作。纠正方法：由另一人用单手将球托置传球者脸前，使其将球传送出来，借以体会伸臂出手和身体协调用力。

（3）传球时，由于移动慢和没对准来球造成传出的球不准，控制不住球出手方向。纠正方法：多做不同弧度的传球练习，增强控制球的能力。同时，还可以加强判断性练习，根据信号做移动练习。要求在移动中传接不同角度的来球。

图 8.5 背向传球

（4）传出的球不高、不远，其原因主要是手指、手腕和身体协调用力不够。纠正方法：多做互相传接实心球的练习。

（5）背传球时，出现向后“搬球”错误动作。纠正方法：强调击球点后移外，还应强调头后仰，使眼睛看到手。

2. 垫球技术动作与练习方法

垫球是排球运动最基本的技术，通过手臂或身体其他部位的迎击动作，使来球从垫击面上反弹出去的击球动作称为垫球。其目的是使球不能落地。为了达到这个目的，常用的方法有双手垫球，必要时也可采用单手垫球。双手垫球接触球的面积大，易掌握球的方向和落点，击出球的准确性较高。双手垫球主要用接发球、接扣球、接拦回球，有时也用于组织进攻。垫球按动作方法可分为正面双手垫球、体侧垫球、背垫球、挡球、单手垫球、倒地垫球、铲球、脚垫球等；按用途可分接发球、接扣球等。下面着重介绍正面双手垫球、体侧垫球、背垫和挡球。

1）正面双手垫球技术要点

正面双手垫球是双手在腹前垫击来球的一种垫球方法。其基本手型有抱拳式、叠掌式和互靠式（图 8.6）。

垫球时身体取半蹲姿势，双手重叠互握，掌根靠拢，手腕下压，小臂形成一个垫击平面。用前臂腕关节以上 10 厘米左右的平面插入球下。当球到腹前一臂距离时，两臂插到球下，抬臂迎击来球，垫击球的后下部，身体重心随击球动作向前移动（图 8.7）。

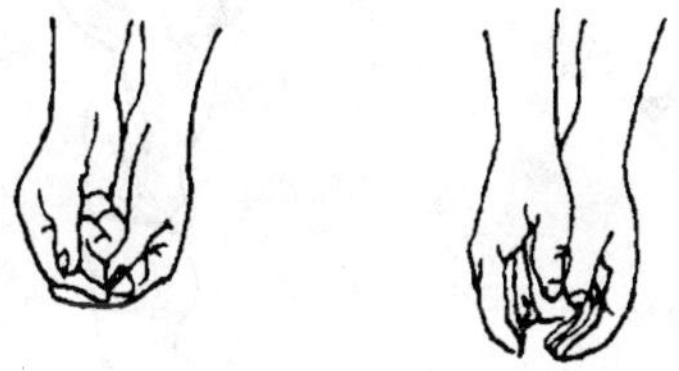

图 8.6

图 8.7

动作要领归纳为：

两臂夹紧插球下，抬高送臂腕下压；
蹬地跟腰前臂垫，轻球重球有变化；
重球撤臂缓冲接，轻球抬臂迎送它。

练习要求：

掌握正确的击球点和手型，体会小臂对球的控制，脚步及时随球移动。移动步法采用碎步、跨步等方法。

练习方法：

（1）自抛自垫（图 8.8）。

（2）连续对墙垫球

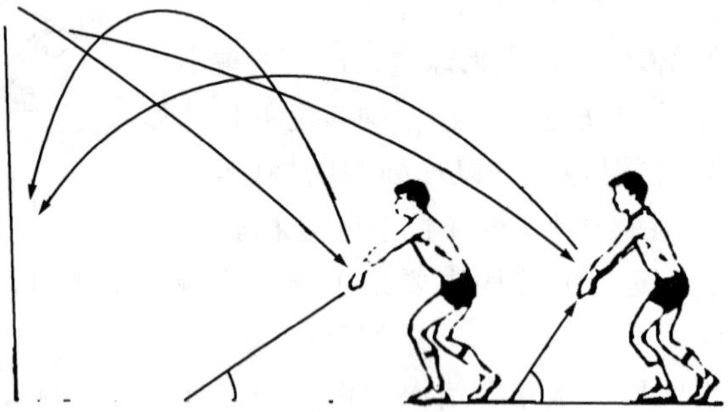

图 8.8

（3）自垫球一次后再将球垫向墙壁。

（4）多人连续对墙垫球接力比赛，看哪队连续垫球次数最多。

2）体侧垫球技术要点

体侧垫球是在身体侧面垫球的一种方法。以左侧垫球为例，右脚前脚掌内侧蹬地左脚向左跨出一步，重心移至左脚，左膝弯曲，同时两臂夹紧向左侧伸出，右肩微向下倾斜，用向右转腰和收两前臂垫击球的后下部。切忌随球摆臂（图 8.9）。

3）背垫球技术要点

背对出球方向的垫球方法称为背垫。大多用于接应同伴垫飞的球或将球处理过网。背垫时，首先准确判断来球落点，两臂夹紧伸直，直臂向后上方摆动击球，击球点最好高于肩（图 8.10）。

图 8.9 体侧垫球

图 8.10 背垫球

4）挡球技术要点

来球较高，不利于手臂垫击时，用双手或单手在胸部以上挡击来球的击球动作称为挡球。双手挡球多用于挡击力量大、速度快的来球；单手挡球多用于较高、力量较轻，在头部上方或侧上方的来球。双手挡球包括抱拳式和并掌式两种手型（图 8.11）。

(a)抱拳式 (b)并掌式 (c)

图 8.11 挡球姿式

3. 传垫球综合练习

1）练习要求

（1）移动对准来球，及时调整好人与球的位置，当球高于头部用传球技术接球，反之采用垫球技术接球。

（2）移动取位时，脚步移动十分重要，起动速度、移动步法、制动速度应随来球情况而定，要养成多移动取位、加强判断的好习惯。

（3）传球。注意用力协调和准确，垫球要提高手臂对球的控制力，重点体会传球和垫球瞬间的手型和身体动作。

2）方法变换

（1）一人用双手抛出不同距离、方向、速度和高度的球，另一人在移动中采用正面、体侧、背向或跨步、低姿垫球的技术，将球垫回。每一种方式的练习都要重复若干次以上，反复练习体会不同方式垫球的动作要领。

（2）4 人一组呈三角形传球或垫球，站位方法是一角站两个人，另外两个角各站一个人。可任意或按顺时针、逆时针的方向依次传垫。传或垫出球时，即随着传垫出球的方向迅速移动到另一角。先不结合球网，逐渐过渡到结合球网三角传、垫球。

（3）中心球游戏。围成圆圈站立，一名技术好的学生站于圈内，依次将球传垫给圈外每个人，其他人依同样方法将球传垫回圈内学生。

4. 垫球易犯错误与纠正方法

（1）垫球时身体重心过高或站着垫球。纠正方法：提醒学生随时做好准备姿势，注意两膝要弯曲，并多抛接低弧度的球。

（2）垫球时，两臂并不拢。纠正方法：强调双手互握夹臂及压腕动作。也可将双手的手腕用手帕扎在一起练习垫球。

（3）垫球时两臂屈肘，造成连击或垫出球不准。纠正方法：多做对墙垫球练习，以体会球与手臂的接触及手臂夹紧、顶肘和摆臂动作。

（4）垫球时，由于身体站得太直，移动不及时，垫不着球。纠正方法：做低重心的移动练习，强调双膝弯曲，多做垫低弧度来球的练习。

（5）垫球时，手臂过于紧张，控制不住球的方向和落点。纠正方法：逐步消除恐惧心理，教会学生缓冲的方法。

（6）垫球时重心后坐。纠正方法：解除学生怕重球的恐惧心理，垫球时做好蹬地送髋动作，教师应在学生垫球时给以口令提示：“蹬”或“送”即可。

(7) 垫球时，球垫在拇指或掌根上。纠正方法：双臂插入球下，重心降低。

8.1.3 发球和接发球技术动作与练习方法

发球是排球比赛中一项重要的进攻技术，是1号位队员在发球区内自己抛球后，用一只手将球直接击入对方场区的一种击球方法。发球是比赛的开始也是进攻的开始，是得分和破坏对方进攻的主要手段。因此，发球既要有攻击性，又要有准确性。发球技术分为正面下手发球、侧面下手发球、正面上手发球、上手飘球、勾手飘球、勾手大力发球、高吊球、跳发球、砍式发球等。下面重点介绍正面下手发球和正面上手发球。

1. 发球的技术动作与练习方法（均以右手发球为例）

1）正面下手发球技术要点

正面下手发球是正面对球网，手臂由后下方向前摆动，在腹前将球击入对方场区的一种发球方法。首先，面对球网，两脚前后开立，左脚在前，两膝微屈。上体稍向前倾，重心偏后脚。左手持球于腹前，将球轻轻抛起至体前右侧，离手高约20厘米，抛球的同时右臂伸直以肩为轴向后摆动，借右腿蹬地力量，身体重心随右手向前摆动击球而移至前脚上，迅速入场。以全手掌、掌根或虎口击球的后下方（图8.12）。

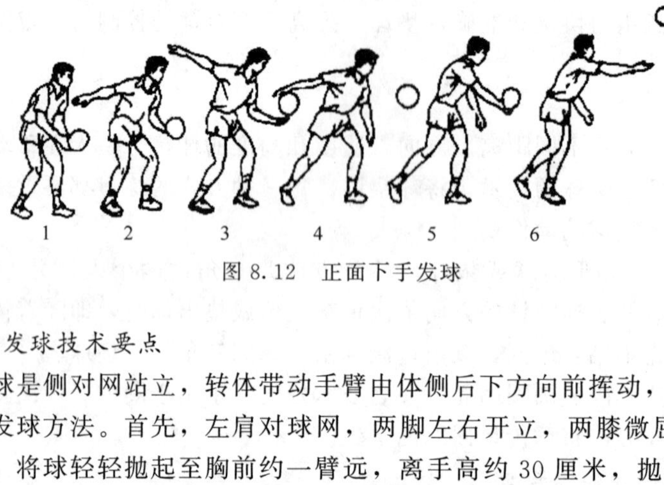

图8.12 正面下手发球

2）侧面下手发球技术要点

侧面下手发球是侧对网站立，转体带动手臂由体侧后下方向前挥动，在体前肩以下高度击球过网的一种发球方法。首先，左肩对球网，两脚左右开立，两膝微屈，上体稍向前倾。左手持球于腹前，将球轻轻抛起至胸前约一臂远，离手高约30厘米，抛球的同时右臂摆至右侧后下方利用右腿蹬地向左转体的力量，带动右臂向前上方摆动，迅速入场。以全手掌、掌根或虎口击球的右下方（图8.13）。

图8.13 侧面下手发球

3）正面上手发球技术要点

这种发球便于观察对方，发球的准确性较高，易于控制落点可以加大力量和速度。队员面对球网，两脚前后自然站立，左脚在前，左手持球于身前，用抬臂和手掌平托上送，将球抛至右肩前上方。抛球的同时，右臂抬起，屈肘后引，肘与肩平，上体稍向右转。挥臂击球时，利用蹬地、转体和收腹带动手臂挥动，在右肩前上方伸直手臂最高点，以全手掌击球的中下部。击球时，手指自然张开吻合球，手腕迅速主动做推压动作，使击出的球呈上旋飞行（图 8-14）。

图 8.14　正面上手发球

4）勾手大力发球技术要点

勾手大力发球是指采用勾手发球的形式，充分运用全身爆发力，发出力量大、速度快、弧度低、旋转强的球。身体侧对网站立，两脚左右开立，将球抛起至左肩前上方约一臂远。击球时利用右脚蹬地转体动作发力，带动右臂做直臂弧形挥动。以全手掌击球的中下方，手腕主动做推压动作使击出的球强烈上旋飞行（图 8.15）。

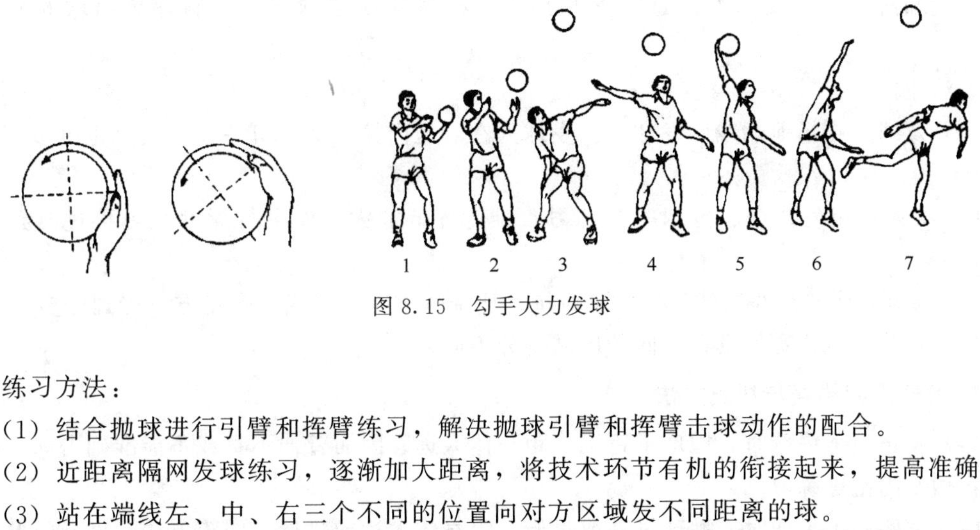

图 8.15　勾手大力发球

练习方法：

（1）结合抛球进行引臂和挥臂练习，解决抛球引臂和挥臂击球动作的配合。

（2）近距离隔网发球练习，逐渐加大距离，将技术环节有机的衔接起来，提高准确性。

（3）站在端线左、中、右三个不同的位置向对方区域发不同距离的球。

接发球是二传和扣球的基础。接发球通常采用正面双手垫球技术，接球前做好准备姿势，两膝弯曲，重心前移，脚步灵活。手臂适当放松，避免反弹力过大，主要靠来球本身的反弹力将球垫起。发球与接发球结合进行学习和练习，有利于互相促进和提高。

2. 发球和接发球综合练习步骤

1）对墙发球和接球

练习方法：距墙 5～6 米，对墙发球，随后垫反弹回的球。

练习要求：发球时体会抛球和摆臂击球动作的协调配合，接发球时及时移动，体会手臂对球的控制。

方法变换：

（1）两人前后站立，后面人对墙发球，前面人接反弹球。

（2）在墙上画上标记，对墙发球，可进行记分比赛。

2）隔网发球一传

练习方法：两人隔网站立（距球网5～6米），一人发球，另一人接发球。

技术要点：

（1）6人接发球站位可采用“W”阵形。二传手站在3号位时的站位方法（图8.16）。

（2）二传手位于2号位时的站位方法（图8.17）。

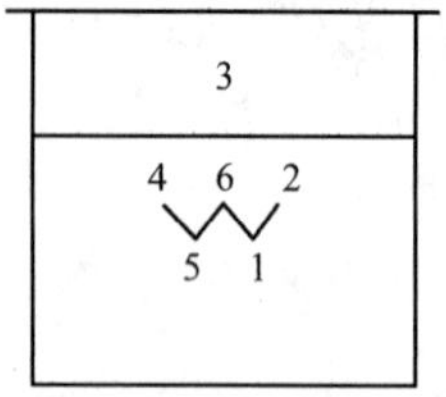

图8.16 站位方法

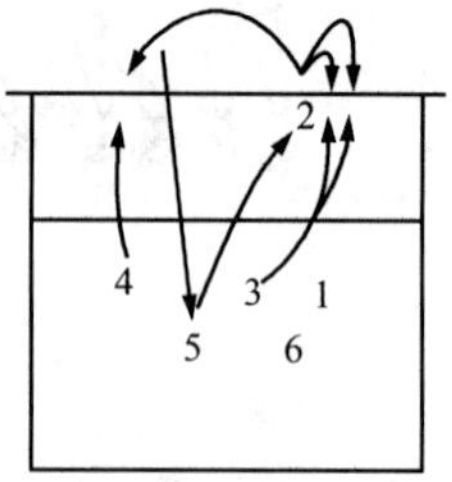

图8.17 站位方法

（3）前后排队员分工职责要明确，前排三名队员接前区球，后排两名队员接后区球。

练习要求：发球人用中等力量发球，应抛球稳、击球准、手法正确。控制好发出球的速度、力量和落点。接发球人注意观察和预判，及时移动至球下，控制好垫出球的方向和落点。

方法变换：

（1）发球人在场地端线后发球，接发球人在场地内接发球，可一发一接，也可多人发多人接。

（2）3人一组发、垫、传球串联练习，难度逐渐加大，先进行无网练习再过渡到隔网练习。

（3）3对3或6对6发球与接发球对抗，比赛哪方得分多或比赛哪方一传到位多。

（4）发球发点比赛，发在不同的区域得分不同。

3. 发球易犯错误与纠正方法

（1）发正面下手球时，抛球不正确，距身体太远，因而臂伸不直或不能准确击球。纠正方法：做专门抛球练习。

（2）发侧面下手球时，抛球过高或过低，距身体太远或过近。纠正方法：做专门抛球练习或向空中固定的目标做抛球练习。

（3）发侧面下手球时，转体过大。纠正方法：进一步讲解示范，进行徒手发球练习。

（4）发正面上手球时，击球点不能保持在头的右前方最高点。纠正方法：如抛球不好，或击球时不准确，可以多练习抛球和击球；如击球动作错误（肘部未抬起），用击吊球来纠正。

（5）发正面上手球时，手不能控制球。纠正方法：对墙击球或场内指定区域击球练习。

（6）勾手发球时，抛球不正确，球不能垂直上升或抛得太靠前、太靠后。纠正方法：做抛球的专门练习，向固定的目标抛球。

8.1.4　扣球与防守技术动作与练习方法

1. 扣球

扣球是队员跳起在空中，将高于球网上沿的球有力地击入对方区域的一种击球方法：是比赛中积极进攻的有效武器，是得分、得球权的重要手段，是球队摆脱被动、争取主动的途径，更是攻击力强弱的表现。扣球技术按动作方法分为正面扣球、调整扣球、勾手扣球等几种；按照扣球的节奏可分为扣快球和强攻；按照扣球起跳的区域可分为前排扣球和后排扣球。

1）正面扣球技术要点（以右手扣球两步助跑为例）

正面扣球是最基本的扣球技术。面对球网，便于观察来球和对方的防守布局，因此队员可随时改变扣球路线、力量，控制球的落点，故而是最好的进攻方法。正面扣球的动作结构包括准备姿势、助跑、起跳、空中击球和落地几个互相衔接的部分。

下面以扣一般高球为例说明：扣球前采用稍蹲姿势，两臂自然下垂，站在离球网 3 米左右的位置观察判断，做好向各方向助跑起跳的准备。助跑时，左脚迈出一小步，接着右脚迅速跨出一大步，左脚及时并上踏在右脚前，脚尖内收准备起跳。同时，两臂绕体侧向后引，左脚在并上踏地制动的同时，两臂自体后积极向前摆动。随即双腿蹬地向上起跳，两臂配合快速上摆。两腿从弯曲制动的最低点，猛力蹬地起跳。起跳后，挺胸展腹，上体稍向右转，右臂向后上方抬起，身体成反弓形。挥臂时，迅速转体，收腹动作发力，依次带动肩、肘、腕各部位成鞭打动作向前上方挥动。击球时，五指微张成勺形，并保持紧张，以全手掌包球，掌心为击球中心，击球的后中部，同时用力屈腕向前推压，使扣出的球加速上旋。最后，以前脚掌着地，顺势屈膝、收腹缓冲落地（图 8.18）。归纳为：

助跑节奏慢到快，一步定向二步迈；
后脚并上猛蹬踏，两臂协调向上摆；
腰腹发力要领先，协调挥臂如挥鞭；
击球保持最高点，满掌击球要上旋。

2）练习方法

（1）学生集体按教师口令做徒手原地起跳挥臂练习。

（2）教师站在高台上，托球于网上沿，学生助跑起跳扣固定球。

（3）上网扣一般抛球。

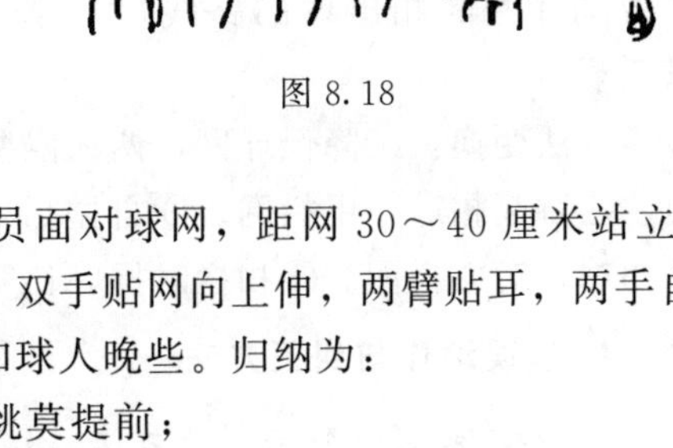

图 8.18

2. 防守

防守包括拦网和后排防守两个方面。拦网是队员靠近球网，将手伸向高于球网处阻挡对方来球的行动。它是防守的第一道防线，是反攻的重要环节。队员面对球网，距网 30～40 厘米站立，两臂在胸前自然屈肘，起跳时两膝弯曲用力蹬地山跳，双手贴网向上伸，两臂贴耳，两手自然张开包球、提肩，手腕用力下压，起跳时间应稍比扣球人晚些。归纳为：

拦网判断是关键，及时起跳莫提前；
提肩压腕张手捂，看清动作拦路线。

练习方法：在网前徒手做 3 号位向 2、4 号位移动拦网练习。

3. 扣球与防守练习方法

为了提高学习掌握技术的兴趣，增强竞争对抗意识，练习中可将扣球与拦网或扣球与拦网及防守结合起来的方式进行。

1）对墙扣球

练习方法：对墙自抛自扣球。

技术要点：①双手将球向身体右侧上方抛起，右臂屈肘后引，上体稍向右转，挺胸展腹，挥臂时以迅速转体收腹的力量，带动手臂加速向前上方挥甩。②击球时以全掌包满球，击球的后中上部，并主动用力屈腕屈指向前推压，使扣出的球加速上旋。

练习要求：①扣球击球点保持在手臂伸直最高点的前上方，球扣到墙根附近，挥扣动作的关键是放松和协调。②跳起扣球时，起跳动作和挥臂动作应连贯，不要停顿。

方法变换：①连续对墙扣球。②自抛球跳起后对墙扣球。③他人抛球跳起对墙扣球。

2）扣球防守

练习方法：两人相距 6 米左右，一扣一垫。

练习要求：扣球人用中等力量扣球，尽量扣到防守人腹部以下。防守人低姿准备，脚步灵活，快速判断，移动到位把球防起。重心低而前倾，不能后坐，要克服畏惧心理。

方法变换：①一人自抛自扣，2 人或 3 人防守。②2 人连续一扣一防，如防起球不好可用传垫球过渡。③3 人扣、垫、传。一人扣，一人垫高，另一人再传球给扣球人。

3）隔网扣拦

练习方法：两人隔网站立，扣球人原地轻轻跳起，自抛自扣球过网，同时拦网者进行拦网（图 8.19）。

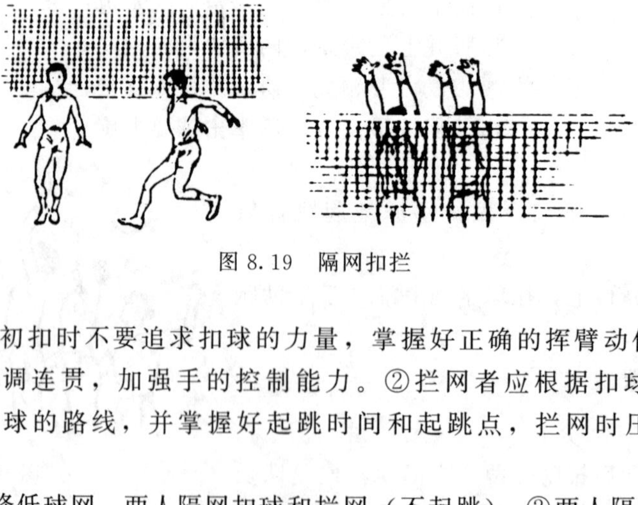

图 8.19 隔网扣拦

练习要求：①初扣时不要追求扣球的力量，掌握好正确的挥臂动作和手法，保持好人球关系，动作协调连贯，加强手的控制能力。②拦网者应根据扣球人的身体动作和挥臂动作判断扣出球的路线，并掌握好起跳时间和起跳点，拦网时压腕不压臂，先看球后看人。

方法变换：①降低球网，两人隔网扣球和拦网（不起跳）。②两人隔网站立，甲抛球过网，乙跳起扣球，甲拦网。③自抛后，一步或两步助跑起跳扣球。④3、4 号位轮流助跑起跳扣球，对方拦网。⑤扣拦对抗，比赛谁拦回的球多。

4. 错误动作与纠正方法

1）扣球错误动作与纠正方法

（1）扣球教学中，较难解决的问题是人与球的关系，即不容易选择正确的起跳时机和起跳点。纠正方法：可先用扣固定球练习，引导学生找到合适的起跳点和击球点，然后用口令引导学生完成起跳击球动作，也可以让学生原地起跳扣教师的抛球。

(2) 助跑步幅不对，最后一步太小。形成制动不好，前冲，易过中线及触网。纠正方法：可采用在地上画线的方法，限制步幅来进行练习。

(3) 助跑起跳时摆臂紧张，没有用向上摆臂的力量。原因是手臂肌肉僵硬不协调，没有正确的加速用力。纠正方法：着重练习徒手摆臂，先做分解练习，后做连贯动作练习。

2) 拦网易犯错误与纠正方法

(1) 判断、移动、选位和起跳时间掌握不好。纠正方法：在训练中，要反复讲解分析，在准和快上下工夫。

(2) 碰网、过中线是常见的错误。纠正方法：多做网边的移动、起跳和空中压腕练习，使动作熟练，提高拦网空间感觉和平衡能力。

(3) 拦网时，两手距离太大，造成漏球现象。纠正方法：降低球网，做一扣一拦练习，着重体会和掌握双手对准球的拦击动作。

(4) 初学拦网往往会急于拦球，而造成扑球触网。这是因为没能提肩屈腕动作引起的。纠正方法：在低网条件下，原地多练习提肩、屈腕动作。

8.2　排球锻炼方法

8.2.1　基本战术

排球战术是指队员在比赛中，根据排球规则要求、排球运动规律和比赛双方情况，合理运用技术所采用的有意识、有目的、有组织的个人和集体配合行动。可分为个人战术和集体战术，集体战术又分为接发球及其进攻（一攻）、接扣球及其进攻（防反）、接拦回球及其进攻（保攻）、接传垫球及其进攻（推攻）四个系统。

1. 阵容配备

阵容配备指比赛场上运动员的搭配布置，目的是合理地把全队的力量搭配好，更有效地发挥每一个队员的特长和作用。根据各队不同的技术水平和战术特点，一般有以下三种配备："四二配备"（即场上两个二传、四个攻手，安排在对称位置）、"五一配备"（即场上一个二传、五个攻手，在二传队员对角位置，配备一名有进攻能力的队员接应二传）、"三三配备"（即场上三名攻手与三名能传的队员间隔站位）。

2. 位置交换

排球规则规定，发球以后，队员在场上可任意交换位置。这种交换便于发挥队员的特长，有利于掌握实用技术。换位时应注意：换位前，应按照规则要求站位，防止"位置错误"犯规；当发球队员击球后，可迅速换到预定位置；应先准备接球，再换位，以免影响接发球；成死球后，应立即返回原位，准备下一个球。

3. 进攻战术

进攻战术是指在接对方来球后，全队所采取的有目的、有组织的配合进攻行动。进攻战术阵形有以下几种："中一二"（3号位队员做二传，将球传给4、2号位队员进攻的组织形式）、"边一二"（2号位队员做二传，将球传给3、4号位队员进攻的组织形式）、"插上"（二传队员由后排插上到前排做二传，将球传给前排 2、3、4 号位队员进攻的组织形式）（图 8.20）。

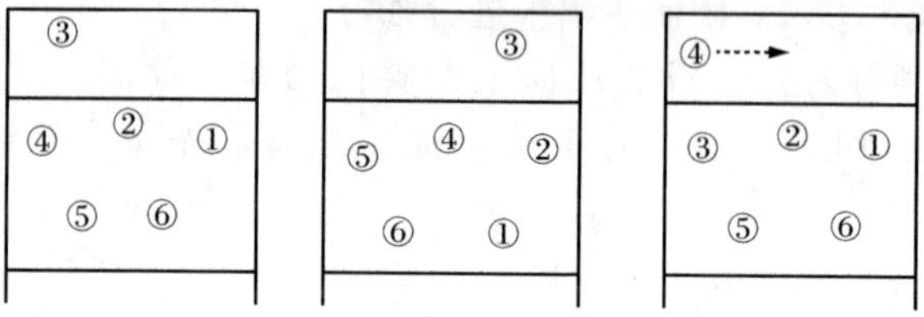

图 8.20　进攻战术

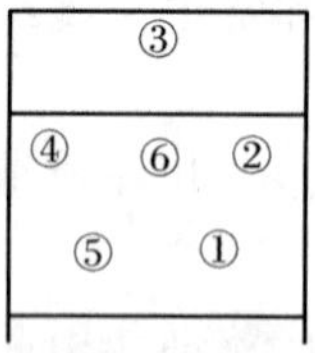

图 8.21　接发球防守战术

4. 接发球防守战术

对方发球，我方处于防守，也是组织第一次进攻的开始。事先站好位置，摆好阵形，是接好发球的基础。常用的阵形有五人接发球（除 1 名二传队员站在网前或从后排插上准备二传不接发球外，其他 5 人都担负一传任务的接发球站位阵形）和四人接发球（插上二传队员和同列前排不接发球外，其他 4 人站成弧形接发球的站位阵形）（图 8.21）。

8.2.2　战术演练

将单个技术组合并增加对抗因素，巩固提高所学基本技术的运用能力和实战能力，培养比赛意识。

1. 小组合练习

演练方法：一传、二传、进攻组合练习。隔网抛球，一传垫至 3 号位，二传把球传向 4 号位或 2 号位，扣球人扣球过网。

演练要求：培养“中一二”组织进攻的技术和战术意识，要求一传到位，二传准确，第三次过网由传球过渡到轻吊，再过渡到扣球。

2. 战术配合练习

演练方法：6 对 6 攻防对抗练习（由场外抛球代替发球）。进攻方采用“中一二”进攻战术，1、6、5 号位队员接对方发球，一传垫到前排 3 号位，二传将球向 2、4 号位高高传起，2、4 号位队员扣球过网。与此同时，对方采用单人拦网防守战术与之对抗，3 号位队员拦网，2、4 号位队员后撤至进攻线左右与后排 5、6、1 号位队员形成弧形站位防守（图 8.22）。

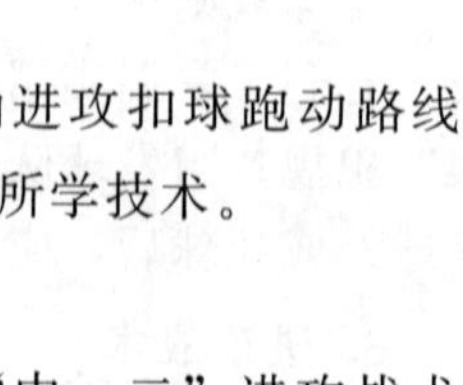

图 8.22

演练要求：明确接球范围和分工职责，明确进攻扣球跑动路线，积极主动，增强默契，避免出现抢让，大胆运用所学技术。

3. 阵容配备介绍

正式排球比赛上场队员为 6 人，为了组织“中一二”进攻战术，应保持每一轮次的前排均有一名二传和两名进攻队员(图 8.23)。

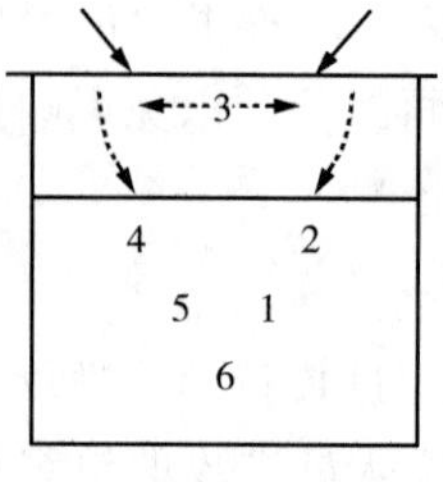

图 8.23

8.2.3 教学比赛

1. 降低难度比赛

比赛方法：5～6人排球比赛。

比赛规则：比赛中每方击球次数不限，没有持球，连击等技术犯规限制。每局25分，每球得分制。也可降低网的高度进行比赛。

2. 正式比赛

比赛方法：

(1) 每方上场6人，比赛由后排右边队员发球开始，每方最多击球3次（拦网除外），每交换一次发球，得发球权的队按顺时针方向轮转一个位置。以后亦一样，直到比赛结束。

(2) 排球比赛是每球得分制，赢得25分同时超过对方2分时胜一局。如果比分持平一直不能超过对方2分，则比赛继续进行，直到胜出对方2分时，该局比赛结束。胜三局则取得一场比赛的胜利。如果2∶2平局时，决胜局为15分，同时胜出对方2分时为获胜。当比分为16∶16时，一方先得17分，则为胜方。

比赛规则：

(1) 整脚或身体任何部位越过中线触及对方场区，应为过中线犯规。球在进攻区队员触网为犯规，但被动触网不判犯规。

(2) 未将球清晰击出，或触球时使球停滞即为持球犯规。

(3) 连击球两次或球连续触及身体的不同部（拦网后除外）即为连击犯规。

(4) 场上1、6、5号位和2、3、4号位为同排队员，1与2号位，3与6号位，4与5号位为同列队员。规则规定：同排左边或右边的队员一只脚的某部分必须比同排中间队员的双脚距离其同侧边线更近；同列队员前排队员一只脚的某部分必须比同列后排队员的双脚距离中线更近，否则判为犯规。位置错误的依据是：只有在发球击球的一瞬间才有可能造成，并以队员脚的着地部位来确定（图8.24）。

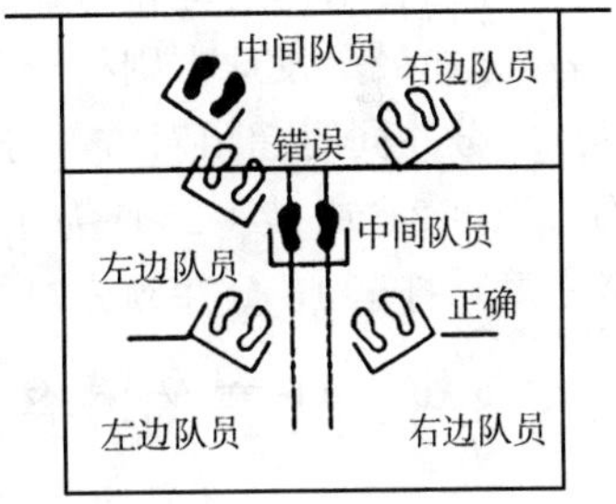

图8.24 错误站位

(5) 后排队员不允许在前场区进行进攻性击球。

8.3 排球规则与裁判法

8.3.1 比赛场地及比赛队的组成

1. 比赛场地

排球比赛场地长18米，宽9米（图8.25）。男子比赛网高2.43米，女子比赛网高2.24米，场地的所有界线均宽5厘米，场地的长和宽均包括界线，压线球为界内球。标志杆要高于网上沿0.80米。距中线3米处有一条进攻线，以限制后排队员在前排进行进攻性击球，中线、进攻线和发球区短线被视为无限延长。

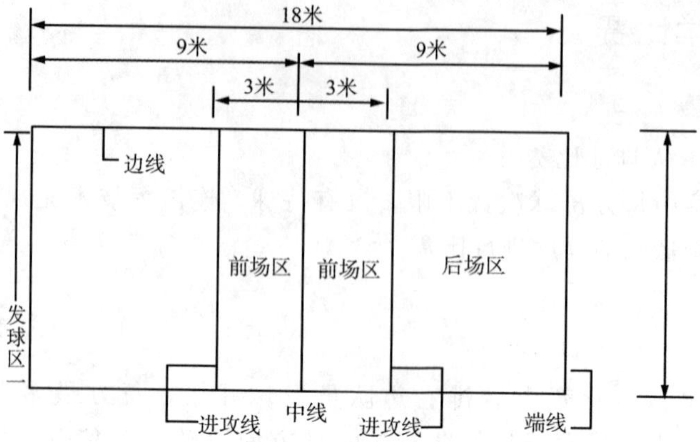

图 8.25 比赛场地

2. 比赛队成员

比赛队的成员包括 12 名队员、1 名教练员、1 名助理教练员、1 名训练员、1 名队医。

在 12 名队员中，可以选择登记 1 名专门防守的队员为自由防守队员，也称为“自由人”。自由人不得发球、拦网或试图拦网，不得扣球和在前场区组织进攻。自由人上下场换人不计入正规换人次数，而且其次数不限。但其上下两次之间必须经过一次发球比赛过程。自由人只能在比赛中断和裁判员鸣哨之前，从进攻线和端线之间的边线处进出场地。

8.3.2 分、局和一场比赛的胜利

排球比赛采用每球得分制。犯规的后果为失一球，犯规队的对方胜一球并得一分。犯规队的对方如果是发球方则得分并继续发球，如果是接发球一方则该队得一分并获得发球权。先得 25 分并同时超出对方 2 分的队胜一局。当比分为 24∶24 时，比赛继续进行至某队领先 2 分（26∶24 或 27∶25）为止。在 5 局中胜 3 局的队胜一场。如果 2∶2 平局时，决胜局（第 5 局）打至 15 分并领先对方 2 分为胜。

8.3.3 比赛的准备和组织

1. 抽签

准备活动之前由第一裁判召集双方队长抽签。由抽签获胜者选择发球或接发球或场区。

2. 队员在场上的位置和轮转

队员的位置应根据其脚的着地部位来判定。

（1）当发球队员击球时，每一名前排队员至少有一只脚的一部分比同列后排队员的脚距中线更近；每一名右边（左边）队员至少有一只脚的一部分比同排中间队员的脚距右（左）边线更近。

（2）球发出后队员可在本场区和无障碍区的任何位置上。

位置错误犯规是指当发球队员击球时，队员不在其正确的位置上。若某队出现位置错误则判该队失一球。

接发球方获得发球权后，该队队员必须依顺时针方向轮转一个位置，没有按照轮转次序进行发球应判为轮转错误犯规，记录员应准确地确定其错误从何时发生，从而取消该队自错

误发生以后的所有得分，对方得分仍然有效，并立即纠正其错误，按位置错误予以判罚。如无法确定仅给予一次犯规判罚。

8.3.4 比赛状态与犯规

1. 比赛状态

裁判员鸣哨开始比赛，但比赛的进行是由发球队员的击球开始的。裁判员鸣哨中止比赛，若是因犯规而鸣哨，则比赛的中止实际上是由犯规的一刻开始的。

2. 界内球和界外球

界内球是指球的落点触及场地地面包括界线的球。

界外球是指以下几种情况：

（1）球接触地面的整个部分落在界线以外。

（2）球触及场外物体、天花板或非比赛成员等。

（3）球触及标志杆、网绳、网柱或球网的标志杆以外部分。

如果球的整体或部分从非过网区进入对方无障碍区，队员可以由同侧非过网区击回。

3. 比赛中的犯规

任何违反规则的行为都被认为是犯规，某队犯规则对方胜一球。

1）四次击球

一个队连续触球四次则构成四次击球。但拦网的触球不算做球队的一次触球。双方在网上同时击球也不算做任何球队的一次触球。一个队2名队员（拦网除外）同时击球则算这个队击球两次。

2）借助击球

借助同伴或任何物体的击球为借助击球的犯规。

3）持球

球必须被击出，不得接住或抛出。将球接住或抛出为持球。

4）连击

一名队员连续击球两次或球连续触及他本人身体的不同部位则为连击。以下两种情况例外：①拦网后可以再次触球或击球。②在第一次击球时，允许身体不同部位在同一击球动作中连续触球。

5）过网犯规

在对方空间触及球或对方队员构成的过网犯规，包括两种情况：①在对方进攻，本方队员拦网时，拦网队员在对方进行进攻性击球前或击球时，触及球或对方队员身体。②本方进攻，当球的整体已进入对方场区空间后，本方队员进行进攻性击球。

从网下穿越进入对方空间，并妨碍对方比赛构成过网犯规。

6）过中线犯规

除脚（手）以外，队员身体的任何部分都不允许触及对方场区，否则构成过中线犯规；队员一只脚（手）或双脚，完全越过中线［包括脚（手）的投影］接触对方场区，也构成过中线犯规。

7）队员触网犯规

在比赛进行中，队员身体的任何部位都可以接触球网或标志杆，但队员在击球时或干扰比赛情况下触及球网为触网犯规。

8）发球犯规

发球队员只能用一只手或手臂在发球区将明显离开抛球手的球击出，而后进入场区比赛。第1局和第5局由抽签取得发球权的队首先发球，其他各局由前一局未首先发球的队首先发球。

发球犯规包括：①发球次序错误。②当发球队员击球或击球前起跳时，踏及场区或发球区外地面。③在裁判鸣哨后8秒钟内未将球击出。④发球队员将球抛起后，未将球发出。

发球后的犯规包括：①球触及发球队队员或没有过网。②界外球。③球越过发球掩护的个人或集体。发球掩护是指在发球时，某发球队队员挥臂、跳跃，左右晃动或发球队两名及更多队员密集站立遮挡发球队员。

9）拦网犯规

拦网是队员靠近球网，将手伸向高于球网处拦阻对方来球的行动。没有触及球的行为为拦网试图，触及球为完成拦网。2名或3名队员彼此靠近进行拦网为集体拦网，其中一人触球则完拦网。拦网队员可以将手或手臂伸过网，但不得影响对方击球。在一个拦网动作中，球可以连续触及一名或更多拦网队员身体的任何部位而不算作球队的一次击球。

拦网犯规有：①在对方进行进攻性击球前或击球时，在对方空间拦网触及球或对方队员。②后排队员完成拦网或参加了完成拦网的集体。③从标志杆以外伸入对方拦网。④拦发球。⑤拦网出界。

10）进攻性击球犯规

除发球和拦网以外，所有直接向对方的击球都是进攻性击球。当球的整体通过球网垂直面或触及拦网队员时，则被认为完成进攻性击球。

进攻性击球的犯规有：①在对方场区空间击球。②击球出界。③后排队员在前场区完成进攻性击球，且击球时球的整体高于球网上沿。④在前场区对对方发过来的整体高于球网的球完成进攻性击球。

11）延误比赛

（1）不符合规定的请求有：①在比赛进行中或裁判员鸣哨发球的同时或之后提出请求。②无权请求的成员提出请求。③同一队未经过比赛过程再次请求替换。④超过正常间断所规定次数的请求。

任何没有影响和延误比赛的不符合规定的请求应予以拒绝而不进行判罚，且在同一局中不能再次发生。

（2）延误比赛包括：①换人延误时间。②在裁判员鸣哨恢复比赛后，拖延比赛时间。③请求不合法替换。④在同一局中再次提出不符合规定的请求。⑤球队成员拖延比赛的继续进行。

在同一局比赛中第一次出现延误比赛，给予“延误警告”。第二次以及随后的延误比赛被认为犯规，给予“延误判罚”失去一球。

8.3.5 比赛间断

比赛的正常间断有技术暂停、暂停、队员替换和局间休息。

（1）所有普通暂停时间限30秒钟。第1～4局，每局有2次技术暂停，暂停时间为60秒钟。每当领先队的比分达到8或16时自动执行。相应每队每局仅有1次机会请求普通暂停。

（2）决胜局（第5局）无技术暂停。每队在该局中可请求2次30秒钟的普通暂停。

（3）队员替换：每局每队最多请求队员替换 6 人次。每次可换 1 人或多人。每局开始上场的队员可以退出比赛和再次上场各一次，而且只能回到原来的位置上。替补队员每局只能替换开始在场上的队员上场比赛一次，而且他只能由被他替换下场的队员来替换。

只有教练员和场上队长在死球时才可以提出暂停或换人。

（4）局间休息时间为 3 分钟。

8.3.6 不良行为及判罚

（1）非道德行为：争辩、恫吓等。第一次给予口头警告；第二次出示黄牌，判失一球。

（2）粗鲁行为：违背道德原则和文明举止，有侮辱性表示。第一次出示黄牌，判该队失一球；第二次出示红牌，取消该队员该局的比赛资格。被判取消该局比赛资格的队员，必须离开场区和球队席，坐在判罚区中。

（3）冒犯行为：诽谤、侮辱的言语和手势。

（4）侵犯行为：人身侵犯或企图侵犯。

对于出现冒犯行为和侵犯行为的队员，裁判员同时出示红黄牌，取消该队员的全场比赛资格。

8.4 排球主要赛事及欣赏

排球运动进入 21 世纪，世界各强队水平日益接近，技术不断创新，战术日趋复杂，运动员身材明显增高。欧洲、美洲、亚洲提高幅度较快。

当前世界各强队在“人有所长，队有特点”的基础上，树立自己的风格，吸收外国先进技术和战术，丰富自己的打法。

亚洲队的特点：技术全面，快速多变，意志顽强，战术变化多。

欧洲队的特点：身材高大，扣球有力量，拦网有高度，基本上高传强攻，结合快速多变。

美洲队的特点：以弹跳惊人的古巴为代表，以强有力的扣杀为主要打法。

主要赛事有世界排球锦标赛、世界杯排球赛、奥运会排球赛、世界沙滩排球锦标赛及残疾人奥运会排球赛。

1. 世界排球锦标赛

世界排球锦标赛是开展最早、规模最大的世界性排球比赛。1989 年，国际排联将世界青年锦标赛、世界少年锦标赛与之统一规划，统一领导，称之为世界锦标赛系列。

1）世界锦标赛

1949 年，第一届世界男子锦标赛于布拉格举行，1952 年在莫斯科举行了第一届世界女子锦标赛和第二届男子锦标赛。此后每隔 4 年举行一次。它是世界排球比赛中参赛队最多的比赛。

2）世界青年排球锦标赛

1977 年，在巴西里约热内卢举行首届世界青年锦标赛。赛事规定参赛队员不得超过 20 岁。参赛队资格一般为东道主代表队、上一届冠军队和各洲青年锦标赛前 2（3）名。

3）世界少年锦标赛

世界少年锦标赛始于 1989 年。每两年举行一次，参赛队员年龄不得超过 18 岁。

2. 世界杯排球赛

世界杯排球赛的前身是“三大洲”男子排球赛，由欧、亚、美三大洲的球队参加。1964年国际排联将其扩大为“世界杯排球赛”。1965年，在华沙举行了首届男子比赛。女子比赛则始于1973年的蒙德维的亚。世界杯赛每4年举办一次，从1977年起举办地点固定在日本。比赛中参赛队最多不超过12支，参赛队资格一般为东道国代表队、上届冠军队和各洲锦标赛的前两名。

3. 奥运会排球赛

排球比赛被列为奥运会比赛项目始于1964年。参赛队一般为男子12～16支队，女子8支队。参赛资格一般为男子比赛直接参赛的是东道国队，上一届奥运会、世界杯赛冠军队，上一届世锦赛冠军队和五大洲锦标赛冠军队。另3支球队是国际排联组办的资格赛获胜队。女子比赛的直接参赛队中没有世界杯赛冠军队和资格赛的3支队。

4. 世界沙滩排球锦标（巡回）赛

世界沙滩排球锦标（巡回）赛原先称为世界沙滩排球系列大奖赛，始于1989年，分别于巴西、意大利、日本、美国4站进行。1997年改名为沙滩排球锦标（巡回）赛。巡回赛每年举行一次，一般分为8～12站（视参赛选手多少而定），最多可有40对选手获参赛资格。最后依成绩有24对选手入排行榜。打完全部比赛后按总分排名，达到规定积分数还可以直接参加下年度比赛，不必参加资格赛。

1996年，亚特兰大奥运会上将沙滩排球列为正式比赛项目。

5. 残疾人奥运会排球赛

残疾人奥运会排球赛始于1980年。双方上场队员各为6人，运动员以坐姿进行比赛。比赛场地为10米×6米，进攻线距中线2米。男网高1.15米，女网高1.05米。

思考题

1. 排球运动起源于哪里？创始人是谁？哪一年被正式列入竞赛项目？
2. 简述排球运动的特点。
3. 举例说明准备姿势和移动在排球比赛中的运用。
4. 简述发球的作用？分析正面上手发球和正面下手发球的技术过程和动作要领。
5. 简述垫球的种类及技术过程和动作要领。
6. 怎样合理地运用垫球技术来接各种发球？
7. 简述正面传球的技术过程和动作要领。
8. 二传有何特点？二传队员应该具备哪些素质？
9. 简述扣球的技术过程和动作要领。
10. 为什么说扣球是排球技术中攻击性最强的一项技术？
11. 单人拦网技术中常犯哪些错误动作？如何纠正？
12. 简述接发球的基本要求。
13. 排球比赛阵容配备的原则、要求是什么？

第 9 章 足　球

足球运动以其独特的魅力风靡全世界，千千万万的足球爱好者为之倾倒。在中国越来越多的青少年也积极地参与到这项运动中来。目前，教育部大力开展阳光体育、校园足球，全国足球形势逐步转好，充分挖掘足球运动的教育功能和锻炼价值，让越来越多的青少年走到阳光下、走进足球场，全面提高青少年的身体素质，培养青少年优秀的意志品质具有举足轻重的作用。

9.1 足球基本技战术

9.1.1 足球基本技术

足球基本技术是指运动员在比赛中所运用的合理行动和动作的总称，是指在比赛的对抗条件下，为争夺时空与控球权，取得比赛胜利，所采用的合理、实用、快速、准确的行为方式。它也可以概括为：球员在比赛中为战胜对手，在竞赛规则的制约下，对其自身、足球和对手三个客体的控制而采用的方法。

1. 有球基本技术

1）踢球

踢球是一系列相对容易的连续性旋转动作（图 9.1）。踢球脚与球接触时，支撑的脚要牢牢固定在地上，因为只有支撑的脚固定好，并通过髋关节和膝关节的最大屈曲，踢球的腿才可充分摆动到身体后面。身体躯干也向后旋转并侧向支撑腿的方向，这样既加大了身体后摆的长度，也增加了躯干向前旋转踢球的力量。同时，双臂要向身体两侧伸展以维持身体的平衡。技术出色的队员，能通过大腿和小腿形成的最大角速度来获得很高的球速。踢球的准确性主要取决于脚触球的部位。触球部位越大，准确性越高。队员在以最大球速的 80%的速度踢球时，球的准确性最高。从力学上来讲，踢球者可以通过支撑腿的旋转运动对脚和球产生一个小的附加力量。掌握了运动、反向运动和提高平衡性的生物力学原则，可以进一步提高球的出球速度。

2）接球

接球就是获得一个传球或头顶球的控制权，以便能够控制球、射门或传球。接球的关键

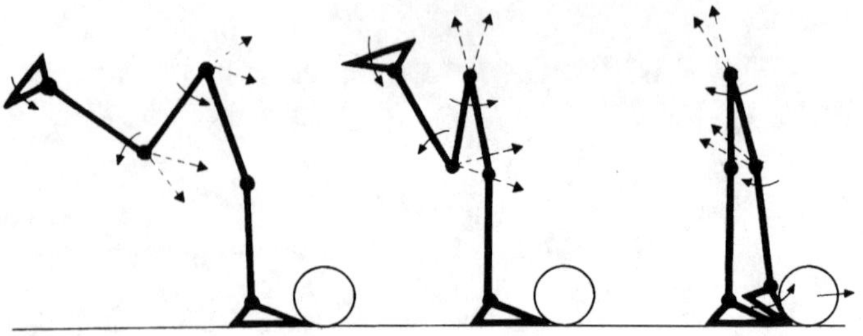

图 9.1 踢球的基本动作

就是将接球的身体部分放松。运动员在接球时必须在来球方向上向后移动身体部位，以吸收球的动量。

3）头顶球

头顶球是一项重要的技术，它可以用来向前推进球、断球和射门得分。头顶球有三种主要形式：原地头顶球、原地跳起头顶球、助跑跳起头顶球。为了使头部形成一个稳固的碰撞平面，颈部应该通过颈部屈肌和伸肌的强烈等长收缩保持相对固定。如果颈部肌肉没有强烈收缩，在碰撞时球可能使头向后运动，减少了队员对整个球的控制。如果在跳起的最高位置接触球，身体的垂直速度接近于零，所以顶球所需的速度必须由躯干来产生。人们将头顶球动作比作是一个运用了运动和反向运动原理的弹射动作，顶球时身体的上下两部分在离开地面后向后运动。身体躯干屈肌的作用非常重要，应该加强它们的练习。在起跳和滞空过程中，可通过加大动作幅度来增加顶球者的力量。起跳前长距离的助跑可以在起跳时产生更大的力量。人们发现在头顶球的向前动作中，髋屈肌的动作是主动肌动作。躯干强有力的向前屈伸，是由腹部和躯干肌肉的强有力收缩协助完成的。头顶球的基本动作如图 9.2 所示。

图 9.2 头顶球的基本动作

4）掷界外球

掷界外球的距离取决于球的初速度和出球的角度，球的初速度是由身体环节的连续旋转动作产生的。在比较成功的掷球中，身体的运动形式就像一条鞭子从动作中心（髋关节）到远端环节（手），球员在掷球时要充分向后屈体，使球处于身后尽可能远的位置。在球出手的瞬间，肘和腕关节应达到最大角速度。

2. 无球基本技术

运动员在比赛中不控制足球时所采用的有目的、有意识的合理动作称为无球技术。在场上无球的基本动作主要包括起动、跑动、急停、转身、跳跃、变向和假动作。

1）起动

起动是运动员在静止或非静止的情况下突然的加速跑动。足球运动中的起动包括反应和动作时间。优秀足球运动员对灯光信号的简单反应时间和选择反应时间分别可以达到

0.15～0.20秒和0.17～0.22秒。30米冲刺跑的起动速度还与运动员的年龄有关。

2）跑动

跑动是运动员根据赛场上的不断变化的局式，通过不断改变跑动的方法和路线从而获得有利位置的行为。

3）急停

急停是指运动员在赛场上由快速运动状态突然转变为静止状态的方法。

4）跳跃

跳跃是在比赛中运动员为争夺空间的有利位置而采取的身体向上、向前、向后、向两侧移动的方法。

5）变向和假动作

变向和假动作是指运动员在比赛中为了摆脱防守队员占据有利位置而采用的迷惑对手的一系列动作的总称。

3. 守门员技术

1）接高空球

原地接高空球动作要点：两眼注视来球，当球接近自己时，两臂向前上方球处伸引球，两手拇指相靠，手型呈“圆勺形”，当手触球时，手腕适当用力，把球收抱于胸前。

跳起接高空球动作要点：两眼注视来球，其成功的关键是起跳的时机恰当和对接球点的准确判断，在两手接住球的刹那间迅速将球牢牢收抱于胸前，以免在争夺中球滑落而失手。

2）扑球

扑球是一项较难的技术，经过练习完全可以掌握，但是要循序渐进地进行。

预备姿势，要点是：两臂放松置于大腿与腰部之间，身体重心下降，两眼注视来球，准备扑球。

扑球时的姿势，要点是：离球远的脚先用力蹬地，身体充分伸展，两臂直接伸出，双手对准来球。

扑接球瞬间身体姿势，要点是：接近地面的手，手的掌心要挡住球的去路，另一只手同时快速按住球的上部将球接住，整个身体呈水平状。

扑接住球后身体姿势，要点是：迅速收臂将球引至胸前并快速团身保护住球。

3）拳击球

在激烈的门前争夺中，守门员在无把握接到球的局面下，为保护球门安全而采用的一项技术。

单拳击球动作要点：看准球的方向，选准击球点，触球时拳要抓紧，出拳迅速，击在球的底下部位，由于力量大，使球向前侧较远的方向运行。

双拳击球动作要点：由于接触球的面积大，所以准确性高，比赛多用于正面来球。看准球的方向，击球的瞬间手腕固定且紧张，双拳略为分开，击球的底下部。

4）脚踢球

踢球门球，主要以脚背正面踢球较多。

踢凌空球动作要点：单手或双手持球抛至腰部高度，球下落时两眼注视球，用脚背正面击球的后下方，加大腿的摆动幅度，使球沿45°正前方运行。

踢反弹球动作要点：单手或双手持球抛至腰部高度，球下落到地面反弹的瞬间，大腿向前推送踢球动作，使球沿45°正前方运行。成功的关键在于判断球落地弹起瞬间的时间点和控制球的起飞角度。

5）直接任意球守门员的选位和指挥

选位的基本要点：在任何情况下必须清晰地看到球，指挥人墙封死球门一侧，自己必须控制住球门另一侧，一般选在人墙的外侧，这样可控制不同的来球，注意力高度集中，特别注意对手利用规则快速罚出的球。

6）角球选位

选位的基本要点是：由于门前人员密集，守门员选位站在略靠近球门线中间处更有利，这更便于控制前门柱、内侧及后门柱处的球。无疑控制后门柱高球时，用侧身跑快于后退跑。

4. 足球动作与足球技术的关系

足球动作不能等同于足球技术，两者属于辩证统一的关系，既有区别又有联系。主要区别在于：足球动作是指球员与球的结合，也就是球员对球的控制，是球员主体对自身和球两个客体的控制，并没有其他客体的干扰；而足球技术则体现出了球员在比赛中对其自身、球和对手三个客体的控制方法。

足球动作是足球技术的基础，特别是在足球比赛中，足球技术是通过球员的足球动作表现出来的。由此可见，在复杂的比赛场景中，球员在控制足球动作表现的同时，还须对干扰的对手加以控制，这样一来，就能反映出一名球员技术水平的高低。

9.1.2 足球基本战术

1. 战术的概念

战术是指在足球竞赛规则的制约下，双方彼此为取胜对手而采用的手段和方法。

2. 战术的分类

比赛战术通过比赛的阵形分为进攻战术和防守战术。进攻战术包括：个人战术、局部战术、整体战术、攻转守战术、定位球战术。防守战术包括：个人战术、局部战术、整体战术、守转攻战术、定位球战术。

比赛战术还可分为：越位战术、盯人战术、区域战术等。

3. 个人战术和技术的关系

个人战术和技术二者既有区别又有联系，是相互依存、密不可分的。技术只是球员在进行攻守活动时的一个独立因素，常表现为球员单打独斗。它们有联系的一面：技术是个人战术的内核，即主体，若缺失技术，球员的一切个人战术活动也不复存在；球员个人战术活动是技术在其活动中的表现形式。

4. 比赛阵形与队形

比赛阵形是为了完成预定的比赛任务，针对比赛对手的情况，教练员将本队不同类型及特点的球员有机而协调地排列在比赛场上，它只是一种框架性的、刻板的数字排列。从WM阵形到532、442阵形，再到今天的4231、433阵形，足球阵形已经走过了半个多世纪，但是在实际的比赛当中，这种排列却又不断被变化的场景所打乱，因此在比赛中更具灵活和威力的队形更多地出现了。对于队形往往根据比赛中可能出现的各种情况，球员们随机且有序地组合在一起，形成人员在局部空间上的优势，以保障球队达到预期目标。队形的生命力在于战术、个人能力及打法风格。

9.2　足球基本技战术练习方法

练习 1　接球、传球、跑动

接球、传球、跑动示意图见图 9.3。

人数：每组 3 人。

距离：A 距 B 10～15 米；B 距 C 10～15 米。

说明：A 传给 B，B 传给 C，然后 B 跑到另一侧接 C 的传球并传给 A，B 再跑回原来位置接 A 的传球。

目的：练习队员的传球及寻找空当接球的能力。

练习 2　传球、转身、传球

传球、转身、传球示意图见图 9.4。

人数：每组 4 人。

距离：A 距 B 10～15 米；B 距 C 10～15 米。

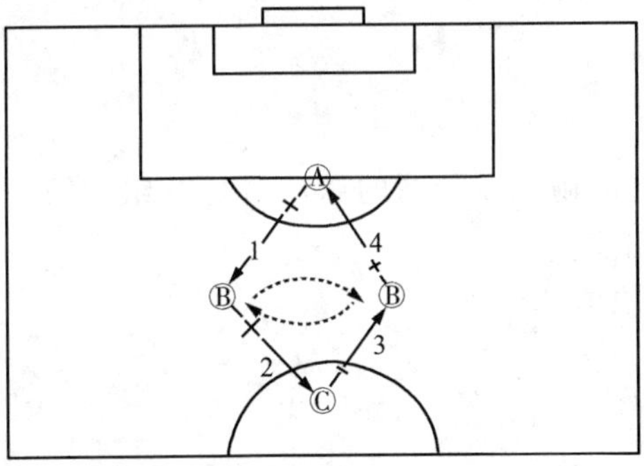

图 9.3　接球、传球、跑动

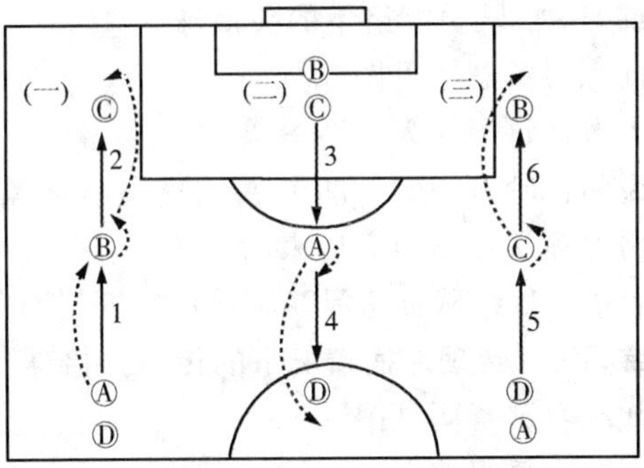

图 9.4　传球、转身和传球

说明：A 开球传给 B，B 转身传给 C。A 占据 B 的位置，B 到 C 的身后。C 传球给 A，A 转身传球给 D，A 到 D 的身后，C 占据 A 的位置。D 传球给 C，C 转身传球给 B。按照这样的顺序往复进行。

目的：练习传球的时机及传球后插入空当。

练习 3　有防守队员的传球、接球、跑动

此练习示意图见图 9.5。

人数：每组 4 人。

距离：用四个角旗划作四边长为 30 米的正方形场地。

器材：每组 4 杆角旗或标志杆。

说明：防守者必须站在正方形场地内，努力去抢截 A 传给 B 或 C 的球。若 B 接到传球，C 立即插上接 B 的传球，传球必须是一次触球，C 将球带出场地结束。A 在传球前应该做假动作，似乎要传给某一队员而实际传给另一队员。

目的：训练传球及无球队员插向空当。

变化：随熟练程度逐渐将场地缩小。

练习 4　向左顶球然后向右顶球

此练习示意图见图 9.6。

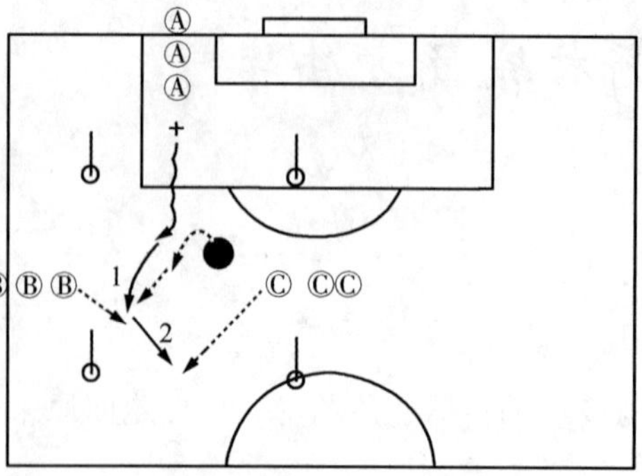

图 9.5　有防守队员的传球、接球、跑动

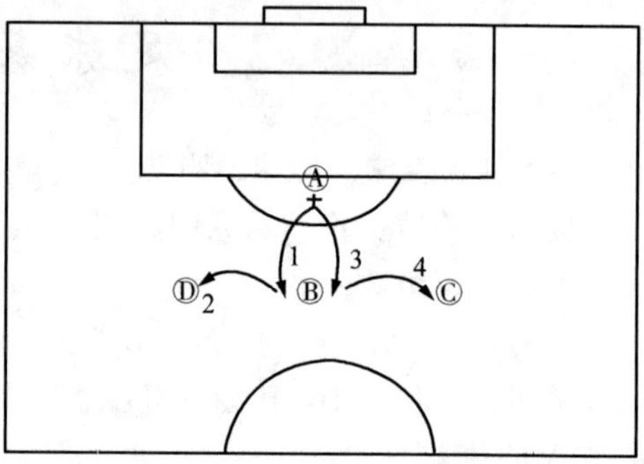

图 9.6　向左顶球然后向右顶球

人数：每组 4 人。

距离：B 距 D 10 米；B 距 C 10 米；A 距 B 5 米。

说明：A 抛两个球给 B，B 将第一个球顶向左边传给 D，将第二个球顶向右边传给 C。

目的：队员 B 练习向左右头顶传球的能力。

练习 5　队员拥挤下的头顶球

此练习示意图见图 9.7。

人数：每组 4 人。

说明：哨音一响，两个 A 组队员各向禁区前沿抛 1.5 米高的球，两个 B 组的第一个队员都努力顶从自己斜面掷来的高球，目标是球门。

目的：B 组队员练习在队员比较拥挤时的头顶球。

练习 6　合理冲撞情况下的传球、接球

此练习示意图见图 9.8。

人数：每组 6 人。

距离：A 距 D 20 米；C 距 E 20 米；A 距 B 10 米

器材：4 个足球。

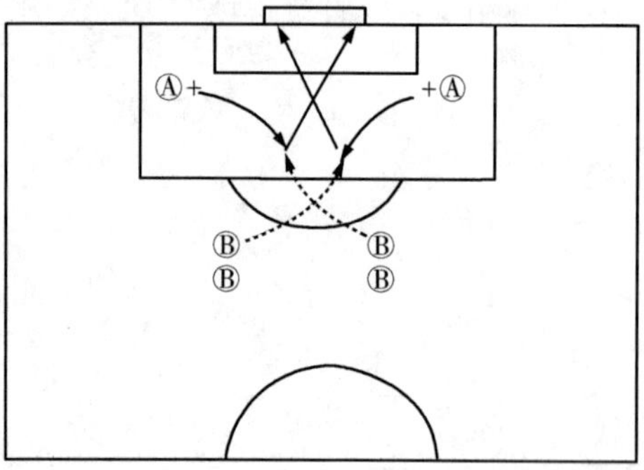

图 9.7　队员拥挤下的头顶球

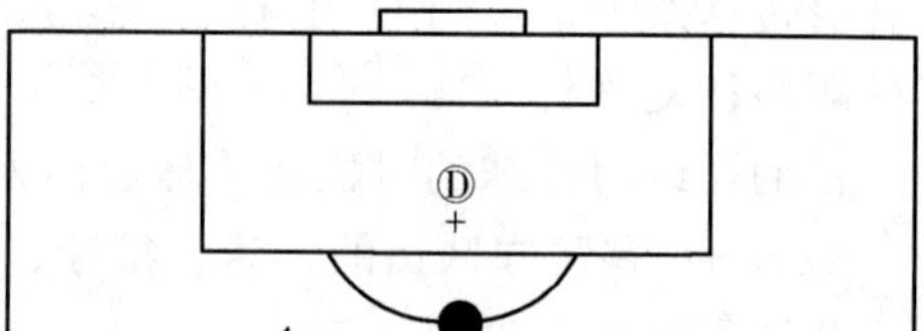

图 9.8　合理冲撞情况下的传球、接球

说明：A、C、D 和 E 每人一球，依次传球给 B。当 B 要接球时，防守者不要抢球，而是冲撞或使用肘推 B，动作要合理，B 将球传回，一段时间后，队员互换位置。

目的：提高紧逼情况下的接球与传球能力。

练习 7　有防守队员情况下一对一踢墙式传球

此练习示意图见图 9.9。

人数：每组 6 人。

说明：队员 A 和防守者在角旗所限定的范围内做一对一练习。A 可以利用任何一个 B 队员做踢墙式二过一。若防守者抢到球，他就充当 A 的角色与队员 B 做踢墙式二过一配合，A 则变为防守者。所有 B 队员都必须一脚传球。

目的：提高队员在压迫下进行二过一配合的能力。

练习 8　运球、传球、转身、运球

此练习示意图见图 9.10。

人数：每组 2 人。

距离：A 距 B 30 米。

说明：A、B 各自运球相向而行，当相距 10 米时，二人同时向前直传球。然后 A 接 B 的球，B 接 A 的球，并各自运球返回原来位置。

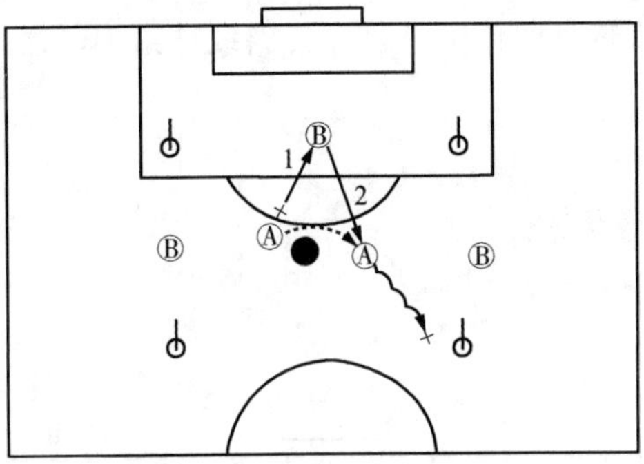

图 9.9　有防守队员情况下一对一踢墙式传球

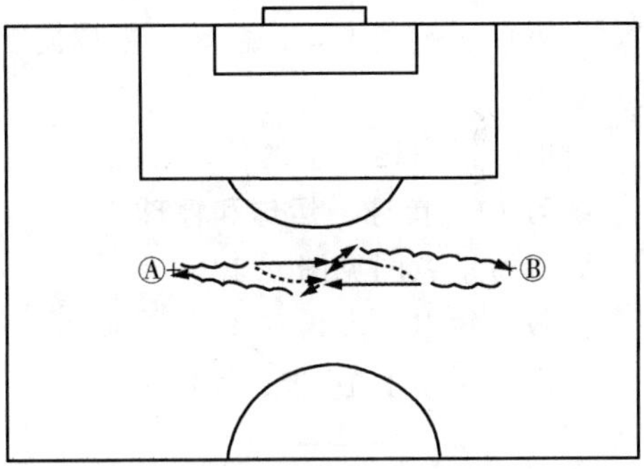

图 9.10　运球、传球、转身、运球

目的：队员练习运球、传球和控球技术。

练习 9　运球、传球、接球

此练习示意图见图 9.11。

人数：每组 3 人。

距离：A 距 C 15 米；A 距 B 15 米。

说明：A 运球向 B 前进，A 传球给 B，B“一次触球”回传给 A。A 转身运球向 C 前进，并重复上述步骤。

目的：练习运球、传球与接球。

练习 10　假动作和传球

此练习示意图见图 9.12。

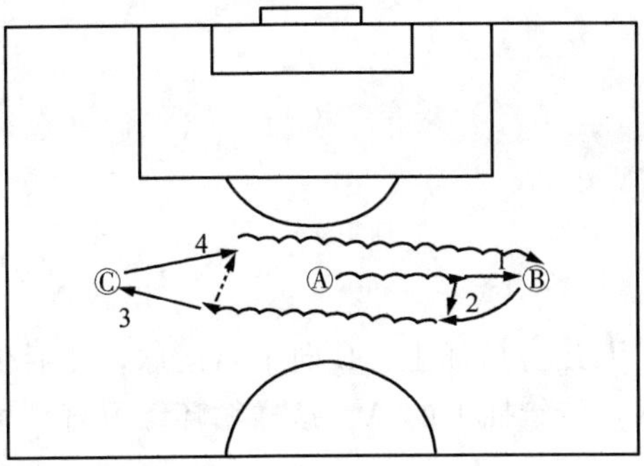

图 9.11　运球、传球、接球

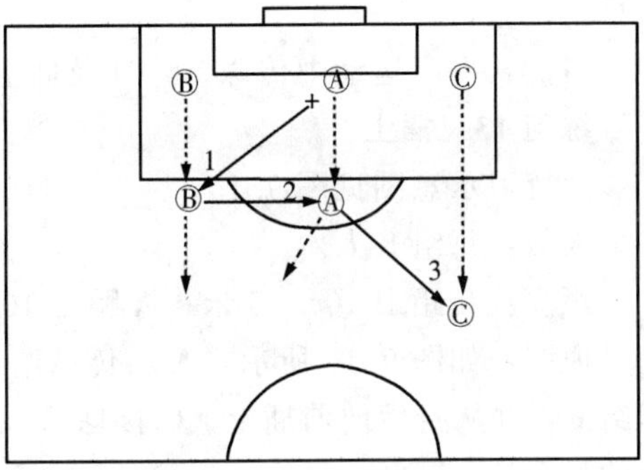

图 9.12　假动作和传球

人数：每组 3 人。

距离：A 距 B 10～15 米；A 距 C 10～15 米。

说明：A 假装传球给 C 而实际上斜传给 B，B 再横传给 A。A 假装传给 B 而实际上斜传给 C。

目的：队员练习运动中的传球和接球，并做迷惑性的假动作，假装传球给某一队员而实际传给另一队员。

练习 11 运球、转身、传球、换位

此练习示意图见图 9.13。

人数：每组 3 人。

距离：A 距 B 10 米；A 距 C 10 米。

说明：A 沿斜线向前运球，然后突然转身回传给 B，B 传斜线球给 C。然后 A 向前插上，B 从 C 后侧插上，C 接球后带球向前运球，突然转身回传给 A，A 传斜线球给 B，这样反复练习。

目的：提高运动中的传球、接球和换位能力。

练习 12 传球、运球和停球

此练习示意图见图 9.14。

人数：每组 3 人。

距离：A 距 B 10 米；A 距 C 10 米。

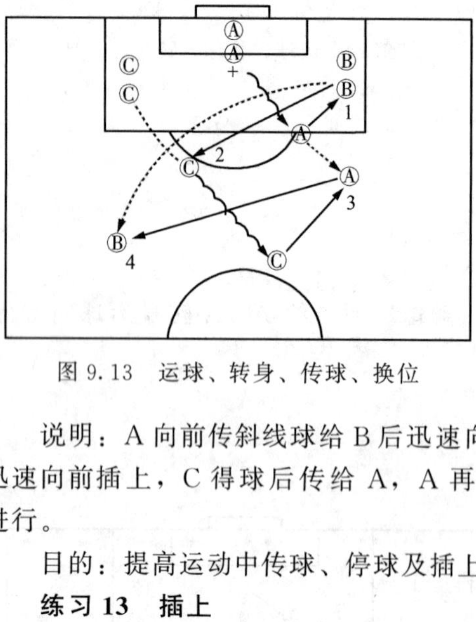

图 9.13 运球、转身、传球、换位

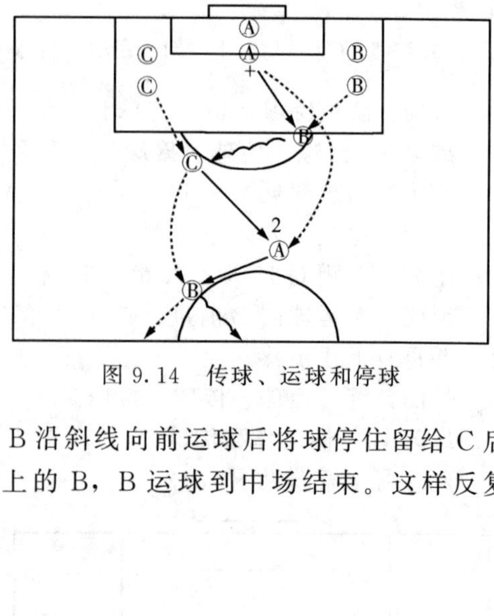

图 9.14 传球、运球和停球

说明：A 向前传斜线球给 B 后迅速向前插上，B 沿斜线向前运球后将球停住留给 C 后迅速向前插上，C 得球后传给 A，A 再传球给插上的 B，B 运球到中场结束。这样反复进行。

目的：提高运动中传球、停球及插上能力。

练习 13 插上

此练习示意图见图 9.15。

人数：每组 3 人。

距离：A 距 B 10～15 米；A 距 C 10～15 米。

说明：如图 9.15 所示，A 斜传球给 B，然后 A 从 B 身后插上。B 向中路运球，然后传球给 C，并从身后向前插上。C 接球后也向中路运球，传给插上的 A。这样循环练习直到场地的另一端。

目的：练习传球、运球及插上战术。

练习14　三人之间的回传

此练习示意图见图9.16。

人数：每组3人。

距离：A距B 10～15米；A距C 10～15米。

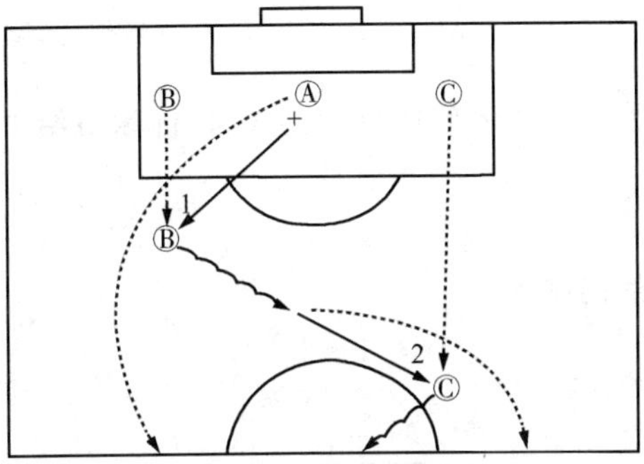

图9.15　插上

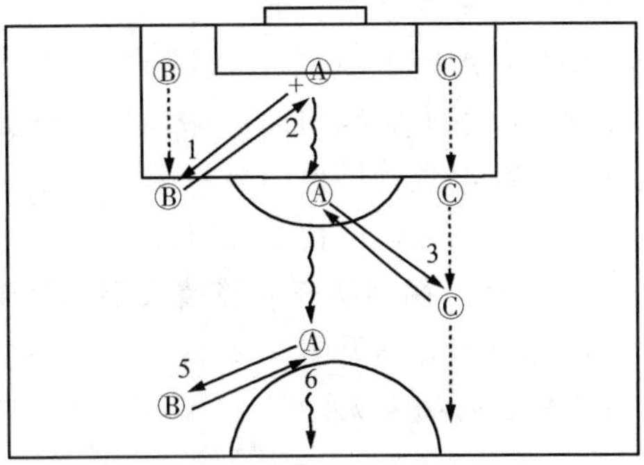

图9.16　三人之间的回传

说明：如图9.16所示，A向前斜传球给B，B再向后传斜线球给A后向前插上。A向前运球并与C做同样的配合，循环练习直到场地的另一端。

目的：提高运动中的传球、接球、回传球、插上能力。

练习15　踢墙式传球与跨过球

此练习示意图见图9.17。

人数：每组3人。

距离：A距B 10～15米；B距C 10～15米。

说明：如图9.17所示，A向前斜传给B，然后B向前斜传给A。A横传给B，B跨过球将球漏给C。C再作类似A的传球。

目的：提高运动中传球、接球、踢墙式传球及跨下漏球能力。

练习16　三人交叉传球

此练习示意图见图9.18。

人数：每组3人。

说明：如图9.18所示，A将球斜传至C的前面，B跑过去接A的传球。C在B面前跑动。B接球后控制住球然后横传给A。A每次传球后，C都要作引诱性跑动。

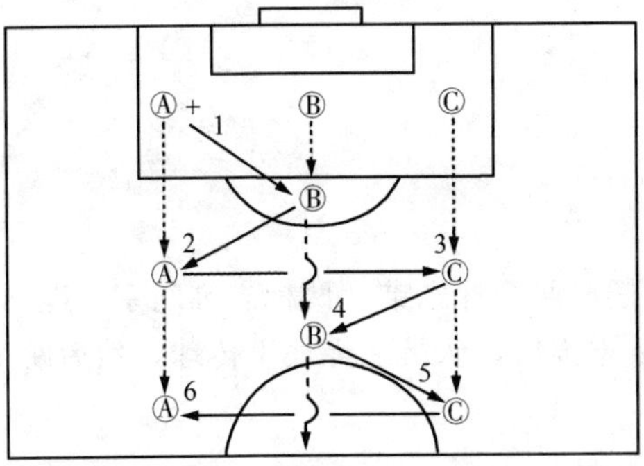

图9.17　踢墙式传球与跨过球

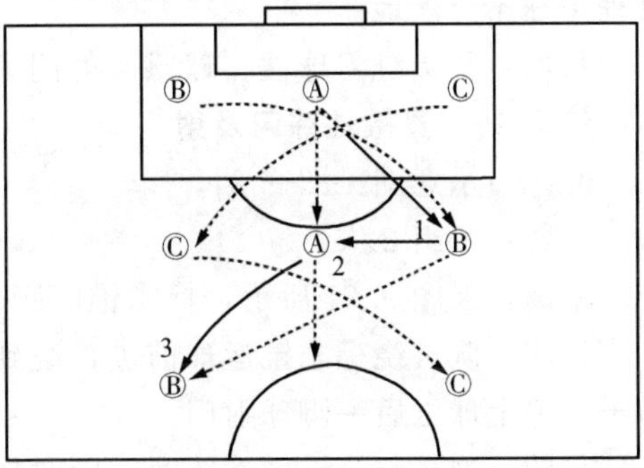

图9.18　三人交叉传球

目的：练习运动中传球、停球，同时练习交叉跑动和引诱性跑动。

变化：练习方法同上，第一次由 B 接球，C 作引诱性跑动，第二次由 C 接球，B 作引诱性跑动。

练习 17　三人相互交叉运球

此练习示意图见图 9.19。

人数：每组 3 人。

距离：A 距 B 10 米；A 距 C 10 米。

说明：A 沿斜线向前运球，当经过 B 时将球留给 B。B 运球向前经过 C 时将球留给 C。这样反复练习直到场地的另一端。

目的：练习运球技术和接应。

练习 18　两名防守队员情况下的运球、过人、射门练习

此练习示意图见图 9.20。

人数：每组 4 人。

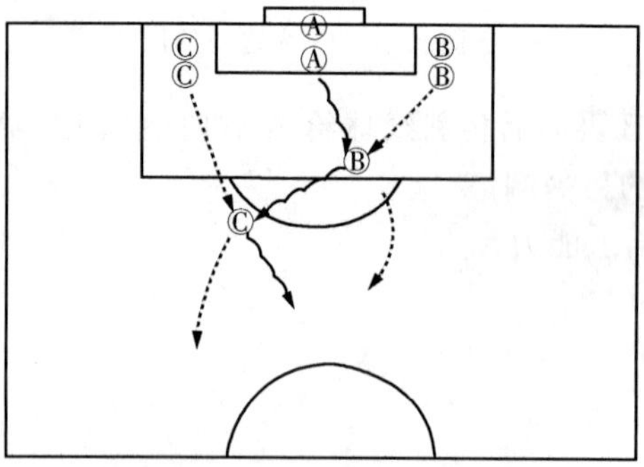

图 9.19　三人相互交叉运球

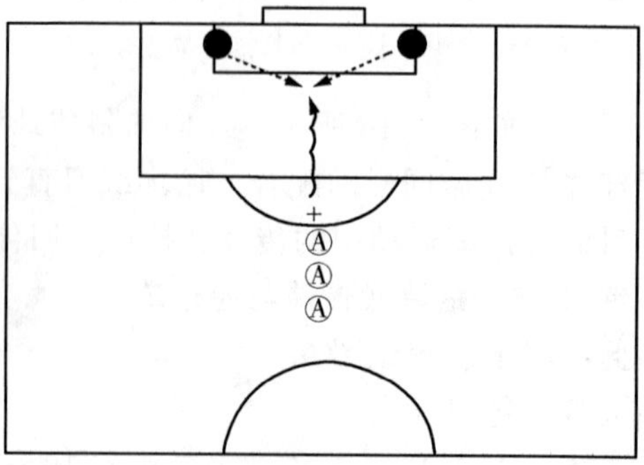

图 9.20　两名防守队员情况下的运球、过人、射门练习

说明：A 运用各种运球过人技术突破两名防守者之后射门。

目的：练习二对一情况下的运球射门。

练习 19　颠球与射门

人数：单人。

器材：每人一球。

距离：标旗排列在禁区线 5 米处。

说明：各个队员在标旗与禁区线之间颠球，当他们接近禁区线时就立即凌空射门，在此过程中球不能落地。

目的：队员练习球性、球感及射门动作。

练习 20　灵敏性练习及射门

此练习示意图见图 9.21。

人数：每组 2 人。

距离：如图 9.21 所示，标志锥间距 2 米，最后摆放两个标志锥，两标志锥间系一绳子。

说明：队员绕标志锥运球前进，绕到最后两个标志锥后，队员从绳底下传球，然后跳过绳子，追上球之后一脚球射门。

目的：这是一个灵敏性练习，同时也练习运球与射门。

练习 21　两人的配合射门

此练习示意图见图 9.22。

人数：每组2人。

距离：A距B 15～20米。

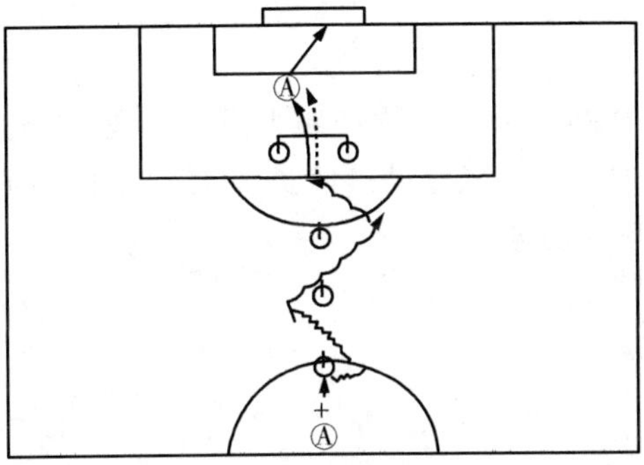

图9.21　灵敏性练习及射门

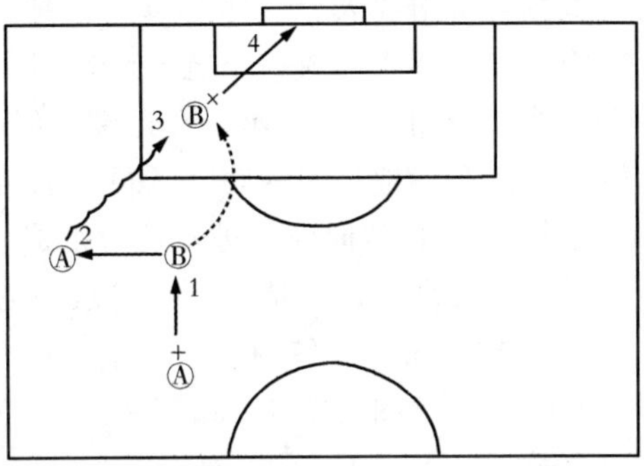

图9.22　两人的配合射门

说明：如图9.22所示，B接A的传球后用一脚球传给斜插上的A并向前跑动，A运球绕过B队员后射门。

目的：练习基本的配合以摆脱对手制造射门机会。

变化：增加一名队员对A进行防守。若A被盯住，伺机传球给B由B射门。

练习22　一对一进攻与防守练习

此练习示意图见图9.23。

人数：每组3人。

说明：如图9.23所示，队员A直线运球进攻，球若被防守队员得到，将球解围到边线，若队员A突破成功，则进行射门练习，几组练习之后互换。

目的：提高一对一进攻与防守能力。

练习23　二对一追赶练习

此练习示意图见图9.24。

人数：每组3人。

距离：用标旗围成一个宽20米、长40米的场地。

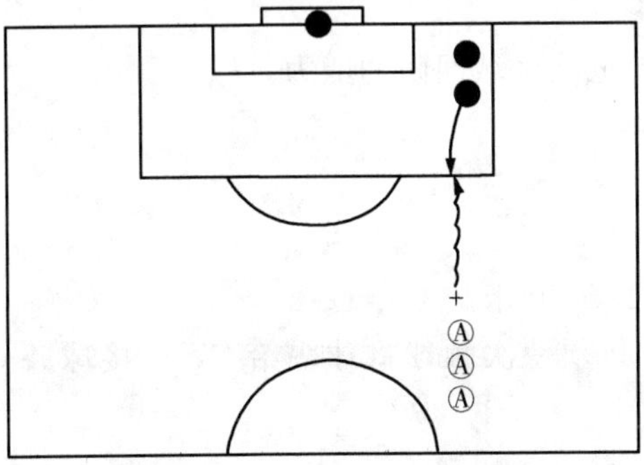

图9.23　一对一进攻与防守练习

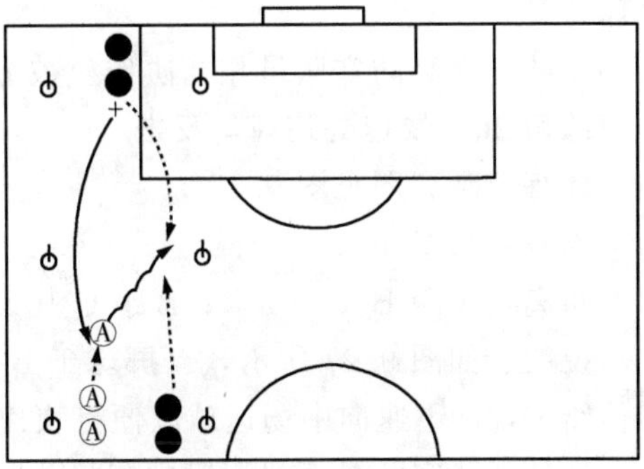

图9.24　二对一追赶练习

说明：如图9.24所示，在远端底线的防守队员传球给A，A迅速向远端任意标旗杆运球，远端底线防守队员尽力阻止A运球，为了给A增加压力迫使A快速运球向前，在A后面另一防守队员追赶A，在A触球前这个防守队员不能动。

目的：防守者练习组织和抢截，而进攻者则练习沿场地快速向前推进。

练习 24 二对二的进攻与防守

此练习示意图见图 9.25。

人数：每组 4 人。

距离：用标旗围成一个宽 20 米、长 40 米的场地。

说明：如图 9.25 所示，在远端底线的防守者将球踢给 A 之后立即跑去阻止 A 运球越过远端底线。在场地中间的防守队员和队员 B 在 A 触球之后才能移动。队员 B 要跑位接 A 的传球或帮助 A 将球向前推进，这时形成二对二的进攻与防守。

目的：提高二对二情形下的进攻与防守能力。

练习 25 三对二练习

此练习示意图见图 9.26。

人数：每组 5 人。

距离：用标旗围成一个宽 20 米、长 40 米的场地。

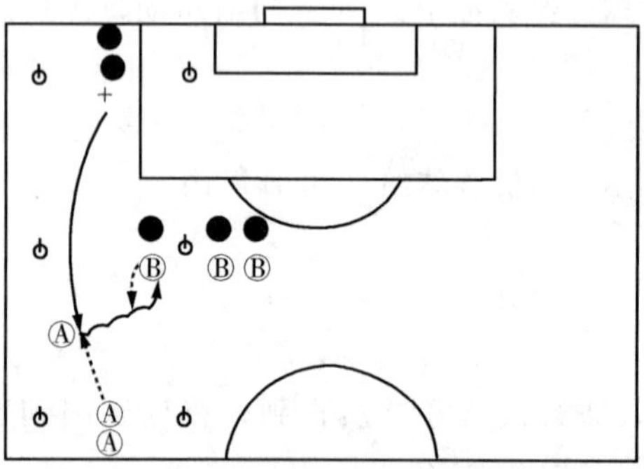

图 9.25 二对二的进攻与防守

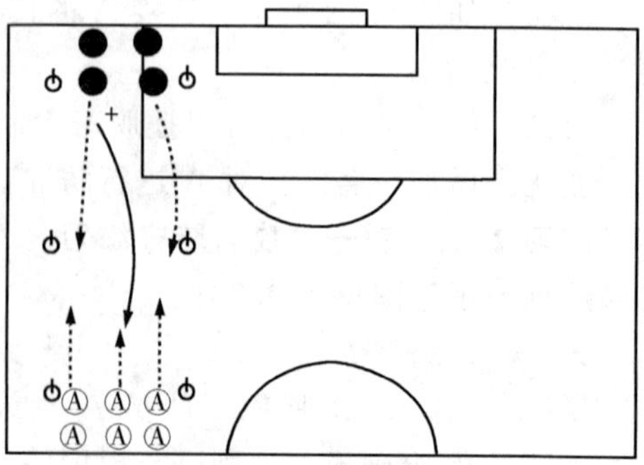

图 9.26 三对二练习

说明：如图 9.26 所示，一个防守队员将球踢给进攻队员，三个 A 队队员中的一个队员拿球并向前推进。A 队队员的目标就是突破两名防守队员的防守，通过配合运球越过远端底线。一名防守者紧盯拿球队员，另一名防守队员拖后并尽力拦截传球和阻止突破。一旦第一个防守队员被突破，两名防守队员互换角色，前面的防守队员后撤，另一名防守队员去盯拿球队员。

目的：提高防守队员相互协作及被突破后快速向危险区域回防的能力。

练习 26 快速处理球与反击

此练习示意图见图 9.27。

人数：每组 4 人。

距离：A 距 B 5～10 米；B 距 C 10 米；C 距 D 15～20 米。

说明：如图 9.27 所示，A 掷球于 B 的一侧，B 必须一次触球将球踢给 C，C 接球并立即传给 D，D 迅速向中场运球以便打快速反击。

目的：防守队员练习用脚内侧将球踢到某一目标点。

变化：A 连续掷 10 个球并不断变换球的落点；A 掷球于 B 的头顶处，进行头顶球反击练习。

练习 27 防守队员占领关键位置

此练习示意图见图 9.28。

人数：每组 7 人。

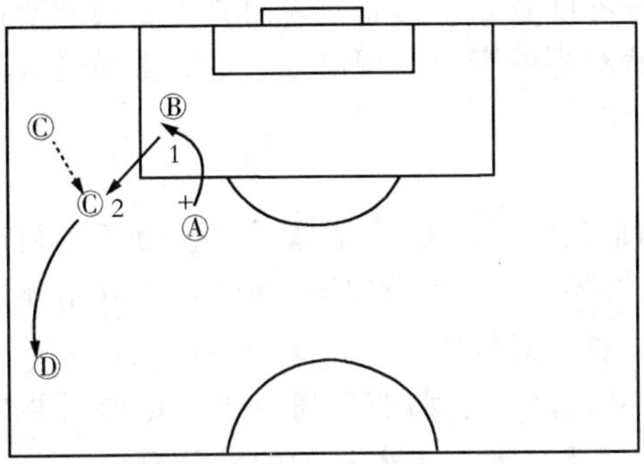

图 9.27　快速处理球与反击

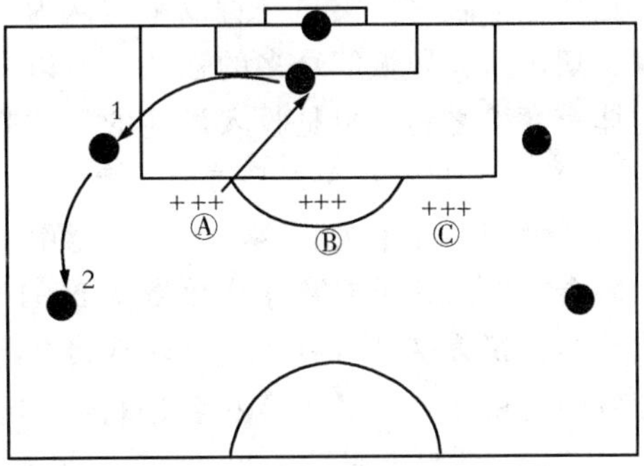

图 9.28　防守队员占领关键位置

说明：A、B、C 轮流射门。每个防守队员站在如图 9.28 所示的位置上，在禁区内的防守队员及守门员要占领关键位置力保球门不失。一旦防守队员或守门员得球，立即组织反击，将球传给禁区外的防守者。

目的：防守队员与守门员配合力保球门不失，同时练习快速反击战术。

9.3　足球赛事及欣赏

9.3.1　重要的足球赛事

1. 世界杯

世界杯即国际足联世界杯，是世界上有着最大规模及最高竞技水平、享有最高知名度及最高荣誉的足球比赛。世界杯与奥运会并称为全球体育顶级的赛事，它的影响力和转播覆盖率甚至超过最大的体育盛事奥运会。世界杯作为足球运动发展、推广、普及的根源和重要方式，被誉为“生命之杯”，它是全球各个国家在足球领域最梦寐以求的神圣荣耀，也是足球运动员不断追求的终极梦想。世界杯每四年举办一次，任何国际足联会员都可以派出代表队参加这项足球盛事。巴西目前已获 5 次世界杯冠军，是夺得该项荣誉最多的球队，并且在三夺世界杯后永久地保留了前任世界杯雷米特杯。现在的世界杯是大力神杯，最近一次的 2014 世界杯冠军由德国夺得。未来两届世界杯将分别于 2018 年在俄罗斯举办和 2022 年在卡塔尔举办。

2. 欧洲足球五大联赛

欧洲足球五大联赛，是指欧洲的足球联赛中排名前五的联赛，即英格兰足球超级联赛、意大利足球甲级联赛、德国足球甲级联赛、西班牙足球甲级联赛、法国足球甲级联赛。这些联赛代表着世界足坛最顶尖的足球水平，吸引了众多球星加盟，是世界足球的标杆与旗帜。目前，葡萄牙足球超级联赛也取得了很大的成就。2015 年欧洲联赛排名：西甲、英超、德甲、葡超、意甲。

1）英格兰足球超级联赛

英格兰足球超级联赛，简称“英超”，是英格兰足球总会下属的职业足球联赛、欧洲五大联赛之一。英格兰足球超级联赛成立于 1992 年 2 月 20 日，是英格兰足球联赛系统的最高等级联赛，其前身是英格兰足球甲级联赛。每个赛季结束积分榜末 3 位降入第二级别的英格兰足球冠军联赛。英超一直以来被认为是世界上最好的联赛，因为它有着阿森纳、曼彻斯特联、切尔西、曼城等众多的强队，所以一直以来有着激烈的竞争，现已成为世界上最受欢迎的体育赛事之一，也是收入最高的足球联赛。

2）意大利足球甲级联赛

意大利足球甲级联赛，简称“意甲”，是意大利最高等级的职业足球联赛，由意大利足球协会管理。意甲参赛球队数量从 2004～2005 赛季开始由 18 队增加至 20 队，以双循环方式比赛，积分榜排名后 3 名的球队将会降级到乙级联赛。其位置由意乙头两名取代，余下的席位则由意乙第 3 名至第 6 名进行附加赛争夺。意甲是世界上水平最高的职业足球联赛之一，其特点为注重防守。20 世纪八九十年代，意甲球星云集，实力强劲的球队众多，一度被公认为是世界第一足球联赛，意甲被誉为“小世界杯”。

3）德国足球甲级联赛

德国足球甲级联赛，简称“德甲”，是德国足球最高等级的赛事类别，由德国足球协会于 1962 年 7 月 28 日在多特蒙德确立，自 1963～1964 赛季面世。作为德国足球联赛系统的组成部分，德甲的每支球队均需与同级别的其他全部球队进行主客场制比赛，最终的德国足球冠军及第二名与第三名可获得欧洲冠军联赛的参赛资格，第四名获得欧冠资格赛参赛资格，第五名和第六名获欧联杯参赛资格，而排名最末的两支球队将降级至德国足球乙级联赛。排名倒数第三的球队则需要与德乙第三名进行保级附加赛，胜者可获准留在德甲。此外，所有德甲球队都可直接入围德国足协杯比赛，两者中的冠军将参加德国超级杯的争夺。作为欧洲五大联赛之一，德甲在欧洲足联的联赛系统排名中目前位居全欧第三。德甲作为全球平均上座率最高的足球联赛之一，已在联赛中走过了 60 多年的风雨历程。

4）西班牙足球甲级联赛

西班牙足球甲级联赛，简称为“西甲”，是西班牙最高等级的职业足球联赛，也是欧洲及世界最高水平的职业足球联赛之一。西甲的球风注重技术与进攻，具有很强的观赏性。按国际足联和欧洲足联的官方积分，西甲曾经多年位于积分榜的首位。西甲在球员和球迷心中有相当大的号召力，尤其是一向都有许多世界著名的足球运动员在西甲踢球，当中以阿根廷和巴西球员最多，多位欧洲及世界足球先生都成名于西甲。而联赛里皇家马德里和巴塞罗那是世界上最著名的球队之一，它们之间的比赛被称为西班牙“国家德比”，在中文媒体中也称为“世纪大战”。西甲虽然观赏性较高，但球星集中于皇家马德里和巴塞罗那两家俱乐部，这也是日益突出的问题，以致遭球迷戏称皇马和巴萨是在争西超冠军，其他球队争西甲冠军。

5）法国足球甲级联赛

法国足球甲级联赛，中文通常简称为“法甲”，是法国最高级别的职业足球联赛，由法国足球协会组织。20 世纪 90 年代中期之后，法国本土球星多半外流至欧洲其他豪门俱乐部，法甲逐渐演变为外援新秀的加工厂。

3. 中国足球协会超级联赛

中国足球协会超级联赛，简称“中超”。由中国足球协会组织，联赛开始于 2004 年，前身为中国足球甲级 A 组联赛。2012 年中国足球协会超级联赛 16 支球队单赛季投入超过 30 亿元人民币，创下自 2004 年以来的新高，网罗了如卡通戈、托马西、德罗巴、阿内尔卡、凯塔、罗申巴克、卡努特、雅库布、巴里奥斯等球星，让中超自赌球风波后再次开始被中国国内社会甚至世界球坛所关注，而 2012 年全年的票房也创下中超成立以来的新高。2013 年中国足球协会超级联赛初期，虽然阿内尔卡、德罗巴离开了，但中超依旧吸引了米西莫维奇、瓦罗、斯基亚维、托兰佐、勒夫等球星的加盟。2014年中国足球协会超级联赛吸引了蒙蒂略、吉拉迪诺、比亚特里、汉克等球星加盟。在2015年1月国际足球历史和统计联合会公布的世界足球联赛排行榜中，中超以340.5分排在世界第56位。

9.3.2 当今世界足坛重要明星

1. 梅西

里奥·梅西，阿根廷足球运动员，1987年6月24日出生于圣菲省罗萨里奥市。2000年，梅西加入巴塞罗那俱乐部。2005年，梅西帮助阿根廷赢得U-20世界杯冠军，被评为最佳球员和最佳射手。2009年年底，他当选了欧洲足球先生和世界足球先生。2013年，他以46粒联赛进球的成绩第三次获得欧洲金靴奖奖杯。2014年，梅西随阿根廷队参加巴西世界杯，获得世界杯亚军。对于梅西来说，他非凡的才华让他最终被足坛认可。梅西的速度是他撕破防线的利器，在比赛中，梅西脚下灵活，左右脚内切极强，踢出的球角度刁钻，任意球直接破门得分也成西甲一道独特的风景线。出色的控球能力让梅西常常如轻风一般掠过后卫，当后卫试图用贴身和犯规阻止他时，他又开始为队友不断制造空间和机会。四度摘得金球奖的梅西，从数据、奖杯、荣誉、技术、天赋到球品都值得所有球员学习，但他还缺一座世界杯，足球世界如果非要以世界杯作为称王的标准，那么，他距离所谓的“伟大”，就是一座世界杯的距离。梅西2007年攻入赫塔菲队的一球被认为是对马拉多纳经典“连过五人”最成功的一次复制，被世界公认为马拉多纳的接班人。

2. 克里斯蒂亚诺·罗纳尔多

克里斯蒂亚诺·罗纳尔多，葡萄牙足球运动员，1985年2月5日出生于葡萄牙马德拉岛丰沙尔，简称C罗。C罗司职边锋，身兼葡萄牙国家队队长，现效力于西甲皇家马德里足球俱乐部。C罗出道于里斯本竞技，带球速度极快，善于突破和射门，拥有强悍的身体素质，技术非常全面。在18岁时，他已经代表国家队出场超过100次。2003年，加盟英超曼联，获得了英格兰足球超级联赛冠军、欧洲冠军联赛冠军、世俱杯冠军等10个赛事冠军，囊获了英超最佳射手、欧冠最佳射手、英格兰足球先生、世界足球先生、金球奖、欧洲金靴奖等个人荣誉。2009年6月，C罗以身价9600万欧元转会至西甲皇马，是皇马俱乐部历史上进球率最高的球员。2014年1月，C罗获得2013年度国际足联金球奖，8月29日，获得欧洲最佳球员奖。2015年1月，C罗蝉联2014年度国际足联金球奖，是职业生涯中第三次获得金球奖；同年5月，福布斯公布2014年球员总收入，C罗以7900万美元蝉联第一。

3. 内马尔

内马尔·达·席尔瓦·儒尼奥尔，巴西足球运动员，1992年2月5日出生于巴西圣保罗州，身兼巴西国家队队长，司职前锋。内马尔出道于桑托斯足球俱乐部，19岁时获得2011年度南美足球先生、普斯卡什奖，20岁荣膺2012年度南美足球先生，21岁又登上世界最著名新闻杂志《时代周刊》的封面。内马尔是继球王贝利之后，巴西出产的又一位年少成名的天才球员。2013年6月，转会至巴塞罗那足球俱乐部，同年7月，获得2013年联合会杯金球奖。2014年，内马尔随巴西队参加巴西世界杯，以4球1助攻获得2014巴西世界杯铜靴奖。在西甲2014～2015赛季，巴塞罗那夺得三冠王，内马尔成为欧洲冠军联赛和西班牙国王杯最佳射手。朝气蓬勃的内马尔，是当下最受关注的足球明星，他取得的成就，不仅因为其在绿茵场上的表现，也因其在社交网络和商业市场的超凡影响力。在星光熠熠的巴西足坛，内马尔不是第一个走向世界的明星，但新一代足球王子在社交媒体上取得的曝光和追随，是他之前任何一位前辈都无法企及的。2013 年，英国一家著名杂志公布了全球最具市场价值运动员排行榜，内马尔超越梅西、C 罗、博尔特、德约科维奇，成为传媒眼中未来三年最值得投资、最具吸金潜力的运动员。

4. 罗本

阿尔杰·罗本，荷兰足球运动员，1984 年 1 月 23 日出生于荷兰格罗宁根贝杜姆。司职边锋或前锋，现效力于德甲的拜仁慕尼黑足球俱乐部。罗本运球速度极快，左脚能力超强，经常从右翼远程射击。罗本先后效力于荷甲的格罗宁根足球俱乐部、埃因霍温足球俱乐部、英超的切尔西足球俱乐部、西甲的皇家马德里足球俱乐部，是荷兰足球历史上伟大的球员之一。2010 年，代表荷兰国家队夺得南非世界杯亚军，2013 年，罗本以一次助攻一次绝杀，率领拜仁慕尼黑重新获得欧冠冠军。2014 年，罗本率领荷兰国家队夺得巴西世界杯季军，荣膺 FIFA 世界杯铜球奖，同年，罗本荣膺荷兰年度最佳运动员。罗本共代表荷兰出战三届世界杯、三届欧洲杯，连续在三届世界杯上取得进球，连续六届在大赛中取得助攻，是荷兰参加重大赛事的总助攻王、世界杯历史上第二射手，罗本同时也获得过英超、西甲、德甲、荷甲四国联赛冠军。

5. 阿扎尔

埃登·阿扎尔，比利时足球运动员，1991 年 1 月 7 日出生于拉卢维耶尔，司职左边锋，现效力于英超豪门切尔西俱乐部。阿扎尔从小在法国图卢兹足球学校学习足球，足球天赋过人，14 岁时，开始为比利时国家队参加各级比赛，是比利时国家队年龄最小的球员，不过，他一直是球队里当仁不让的核心球员，一直身穿 10 号战袍。在法甲联赛，阿扎尔连续两年当选年度最佳青年球员，成为该奖项 1994 年创立以来的首位非法国籍得奖者，而且也是第一个能够卫冕该奖项的人。2012 年 6 月 5 日，这位 21 岁的比利时新星已完成转会体检，正式加盟英超切尔西足球俱乐部。阿扎尔来到英超联赛之后便开始大放异彩，拥有犀利的突破、灵活的盘带与过人、极具想象力的传球和高人一等的阅读比赛能力，被球迷们戏称为“开挂神器”。2015 年 2 月 12 日，英超豪门切尔西在官方网站上宣布与阿扎尔续约 5 年半，合同期至 2020 年夏天。2015 年 3 月 2 日，阿扎尔帮助切尔西获得 2014～2015 赛季英格兰联赛杯冠军。阿扎尔的踢球风格备受广大媒体高度评价，并一致推测他在将来有机会成为像梅西和克里斯蒂亚诺·罗纳尔多一样的世界巨星。

思考题

1. 试分析守门员接球的技术动作过程。
2. 试分析头顶球的技术动作过程。
3. 辩证足球基本动作与基本技术的关系。
4. 辩证个人技术与个人战术的关系。
5. 设计一个“二对二”的技战术练习方法。
6. 设计一个以“传接球”为主题的教学方案。
7. 世界上有哪些重大的足球赛事及足球明星？

第10章 乒乓球

乒乓球运动是由两名或者两对选手分别站在球台的两端，在球台中间隔放一个球网的球台上，用手中的球拍，把对方打过来的并击中本方球台的球，还击到对方球台上，这样打来打去的一项球类运动项目。

乒乓球运动的起源

乒乓球运动的起源与网球有着密切的联系，乒乓球运动的英文名为 Table Tennis，即桌上网球。乒乓球运动于19世纪末起源于英国，流行于欧洲。据记载，大约在19世纪后半叶，由于受到网球运动的启示，在一些英国大学生中，流行着一种类似现在乒乓球的室内游戏，发球时，可将球直接发到对方台面，也可把球先发到本方台面再跳至对方台面。球拍是空心的，用羊皮纸贴成，形状为长柄椭圆形。为了不损坏家具，在橡胶或软木实心球外，往往包一层轻而结实的毛线。

一位名叫詹姆斯·吉布（James Gibb）的英格兰人到美国旅行时，偶然发现了一种用赛璐珞制成的空心玩具球，弹性很强。于是，他就将这种球稍加改进后，代替了软木球和橡胶球，逐步在英国和世界各地推广起来。由于拍击球和球碰桌面时发出的是“乒”“乓”的声音，所以“乒乓”的名字也就由此产生了。最初乒乓球是一种宫廷游戏、欧洲贵族间的一种娱乐活动，后来逐渐流入民间。

世界乒乓球运动的发展

第一阶段：欧洲乒乓球运动的鼎盛时期

1926～1951年共举行了18届世乒赛（1940～1946年因第二次世界大战中断比赛），每年举行一次。17次在欧洲举办，1939年第13届在埃及举行。参赛队主要来自欧洲，匈牙利队获得57.5项冠军，捷克斯洛伐克队获得25.5项冠军，英国获得10项冠军。

第二阶段：日本乒乓球全盛时期

日本使用海绵球拍，加快了进攻的速度，采用远台长抽打法，结合快速的步伐移动，击败了欧洲的下旋稳削打法。在19～25届世界锦标赛共49枚金牌中，日本夺走24枚，称霸一时。

第三阶段：中国直拍进台快攻打法的崛起

20世纪50年代日本称霸乒坛的时候，中国队也开始登上世界乒坛。从1959年的第25届世乒赛容国团夺得男子单打冠军（新中国第一个世界冠军）开始，“人生能有几回搏”的豪言壮语，激励了一代乒乓健儿，他们在训练中狠抓基本功，逐渐形成快、准、狠、变的独特技术风格，使中国的直拍近台快攻技术既过削球关，又战胜了远台长抽加“弧圈球”打法的日本选手。在26～28届世乒赛上，中国队共夺得21枚金牌中的11枚，优势由日本转移到了中国。

第四阶段：欧洲的复兴和欧亚对抗

由于中、日乒乓球运动技术的发展，欧洲一直处于探索和动荡之中，发展了弧圈球结合快攻和以快攻为主结合弧圈球的两种典型打法。而我国的近台快攻技术也有一定的提高和发展。两种代表不同打法的技战术发生了激烈碰撞，推动乒乓球运动不断向前发展。

第五阶段：欧亚对抗激烈，中国抗衡世界

这期间中国近台快攻打法有了进一步的发展，创新了高抛发球、加力推、减力挡、推挤弧圈球、快拉快带小弧圈球等技术，这些技术在世界乒乓球锦标赛中显示了威力。此后，在第37～39届世乒赛上，中国又连续3次夺得6项世界冠军。中国队攀上世界高峰，结束了世界乒坛多国抗衡的格局，演变成“中国打世界”的局面。

第六阶段：中国走出低谷再创辉煌

中国男队在第40届世界锦标赛上失去冠军后，第41、42届接连两届又失男团冠军。乒乓球项目进入奥运会后，形成了“世界打中国”的局面。在20世纪90年代初中国男队走出低谷，在第42届世乒赛上，中国男双项目有所突破，获得了男双金、银、铜牌及混双的金牌。从第43届到第47届世乒赛，中国共获得30块金牌，重新登上世界乒坛高峰。

10.1 乒乓球基本技术及练习方法

10.1.1 握拍方法

握拍方法是掌握提高乒乓球技术的重要前提，握拍方法有直握和横握两类。直拍握法常用的有三种。

1. 直拍握法

（1）快攻型握拍法。以食指第二指节和拇指第一指节在拍的前面呈钳形，两指之间距离1～2厘米，拍柄贴在虎口，另外三指弯曲贴于球拍后面的三分之一上端。

（2）弧圈型握拍法。拇指贴于拍柄左侧，食指扣住拍柄呈环状；拍后，三指自然弯曲顶住球拍中部。

（3）削球型握拍法。拇指在球拍前面拍柄左侧用力下压，其余四指自然分开托于拍后，正手削球时，球拍后仰，减少球的冲力；反手削球时，拍柄朝前下方，拍后四指应灵活地使球兜起来；反攻时，食指迅速移到拍前，以第二指节扣住拍柄，拍后三指弯曲贴于拍的上端，改成快攻型。

2. 横拍握法

横拍握法的一种握法是手掌虎口贴住拍肩，拇指略弯曲紧握拍面，食指斜伸在拍的另一面；另一种握法是在正手攻球时拇指向上移动。

10.1.2 基本站位和基本姿势

1. 基本站位

乒乓球运动员的基本站位，应根据不同类型的打法和个人的打法特点来确定。左推右攻打法的基本站位在近台中线偏左；两面攻打法的基本站位在近台中间；弧圈球打法的基本站位在中台偏左；攻削结合打法的基本站位在中台附近；以削球打法为主打法的基本站位在中远台附近。

2. 基本姿势

正确的基本姿势是：两脚开立，略比肩宽，前脚掌内侧着地，脚后跟略提起，两膝微屈，上身稍前倾，重心落在两脚之间；下颌稍内收，两眼注视来球。若右手持拍，右臂自然弯曲位于身体右侧，手腕放松持拍于腹前，离身体20～30厘米。

10.1.3 基本步法

步法移动是乒乓球运动的灵魂，凡是从事乒乓球运动的人都必须重视和加强步法的学习和练习。为保证击球的稳定性，移动前后身体重心不宜起伏过大，尽量使身体重心保持在相近的水平面上。

1. 单脚移动

当来球距身体较近时，以一脚为轴，另一脚向前、后或左、右移动一步，随之身体重心落在移动脚上。

2. 换步

当来球距身体较远时，以一脚向来球方向跨出一步，另一脚随即上去。

3. 跳步

当来球较快、角度较大又距身体较远时，以一脚用力蹬地，两脚同时离地向来球方向跳出。

4. 交叉步

当来球距身体很远时，先以来球反方向的脚向来球方向跨出一大步，体前交叉，另一脚随即跟着向来球反方向迈出一大步。

5. 侧身步

当来球逼近身体（追身）时，可以以左脚为轴，右脚向左后移动一步；当来球追身偏左时，应以左脚向左迈出一步，然后右脚向左后跨出一步。

10.1.4 发球和接发球

1. 发球

乒乓球比赛时，发球是力争主动先发制人的第一重要环节。发球的方法有很多，常用的有以下几种。

1）平击发球

特点：速度一般，基本不旋转或略带上旋，是掌握其他复杂发球的基本技术。

动作要领：左脚在前，身体稍向右转，左手托球，置于身体右侧前方；右手执拍，置于身体右前方，然后左手将球轻轻地向上抛起，同时右手向右后方引拍，并使拍面稍向前倾。当球下落时，右臂左前方挥动，球下降到稍高于球网时，球拍击中中上部，并向左前方发力，使球的第一落点在本方球台的中央，球被击出后，右臂顺势向左前方挥动。发球过程中，身体重心要从右脚逐渐移动到左脚上。

2）正手发左侧上、下旋球

特点：有较强的左侧上旋或左侧下旋，飞行中向右拐弯。用尽可能相似的手法发左侧上、下旋球时，能使对方辨识旋转困难，从而接球下网或出高球，或者使球向大右侧偏射。

动作要领：发左侧上旋球时，手腕略向外展及上翘，当球回落时，手臂迅速向左下方挥动，待球落到与球网等高时击球。

发左侧下旋球时，手臂应从右后上方向左前下方挥动。同时，前臂略向外旋，拇指与拍后三指用力顶拍，使拍面稍后仰，用拍击球的中下部，向底部摩擦。

3）反手发右侧上、下旋球

特点：有较强的左侧上旋或左侧下旋，飞行中向右转弯。发球手法相似时，对方不易识别球的旋转方向，回击时容易出现高球或下网，或者使球向右偏射。

动作要领：站位靠近台左方，右脚在前，上体稍左转。左手托球位于腹前左侧靠近球台，右手执拍在身体左侧。左手抛球时，右手向左上方引拍，使拍柄指向右下方。当球下落时，前臂和手腕向右下方挥动，待球落到与球网等高时击球。若要发右侧上旋球，球拍触球瞬间，手腕向右上方转动，使球拍击球的中部并向右上方摩擦球，球离拍后，球拍要立即向右上方挥动，与发右侧上旋球时的动作相似。

4）正手发下旋“转与不转”球

特点：这是下旋加转球与不转球的技术，两者的转速差距很大，对方不易识别球的旋转强度，回击时易出高球、出界或下网。

动作要领：发下旋球时，左脚稍前，抛球的同时，将拍引至后上方与肩同高，手腕略向外展，拍面后仰，球回落时，手腕和前臂带动上臂迅速向下方发力，胸腹前一小臂距离处击球。触球瞬间，手腕不要用力转动，球拍向前撞击球的中部，以减少向下摩擦球的力量。待球离拍后，前臂迅速外旋，带动手腕转动并迅速向左前下方挥动，给对方造成错觉。发不转球与转球在动作上的主要区别在于拍触球瞬间，突然减慢手臂前进速度，并减小拍形的后仰角度，使球触板点向上部移动，并稍加前推的力量，使作用力接近球心，从而形成不转球。

5）侧身正手发球

特点：发球时站位极其偏左，一般在球台角左外，故有利于发球后抢攻。

动作要领：由于站位极其偏左，故要左脚明显着地靠前一步，上体进一步向右偏转，约与球台线成90°角。击球的动作、手法与各种正手发球基本相同。

6）高抛发球

特点：抛球高，下降速度快，又加上球的下降时间长，击球节奏反常，易分散对手的注意力，故回击难度较大。

动作要领：站位多半在球台左角外侧身发球位置，也有的站在左半台，左脚稍前，上体向右转约90°，左手托球略高于台面，以前臂发力为主向上抛球，并尽可能使球不要偏斜。由于是高抛球，球的下降时间长，有较充足的时间。

2. 接发球

接发球的关键在于判断来球旋转的方向和落点，即时移动到位，正确回击。当对方发来左（右）侧上旋球及急上旋球时，落点在左方用推挡回接，在右方用正手攻球或弧圈回接。当对方发来左（右）侧下旋球时，落点在左可用搓球回接，在右方可用正手拉球或弧圈回接。

（1）接短球。由于这种球近网，并常与发急球配合使用，所以要密切注意来球的落点。发现是短球时，要立即上前，到达合适的击球位置。然后根据来球的旋转方向和强度，以及本人的技能特长，采用搓、推或攻、拉球技术。因这种球多半在台内，回击时，球拍往往受台面阻碍，动作不能大，所以要充分运用前臂和手腕的力量；同时要根据来球的旋转性能，调整拍面角度和用力方向。击球后迅速回到正常的站立位置，准备下一次击球。

（2）接正手发左侧上（下）旋球。对于发来的左侧上旋球，可用推挡回接，推接时将球拍略向左偏斜，并迅速使球拍稍前倾，然后用力将球推压过去。如果要使球回到对方的右角，则拍形正对对方右角，并用力将球推到靠近边线的地方。如果要使球回到对方的左角，则拍面应对着对方球台的中央，尽量利用拍的偏斜角度来抵消来球的左侧旋力。也可用侧身攻球或反手攻球来回接。在拍触球的刹那间，除控制好球拍面外，还要注意击球板形要下压一些，主要靠手腕和前臂发力回击。

（3）接左侧下旋球。应采用搓、削回击。回接时，拍面应稍后仰并向左偏斜适当增加向前用力，防止来球向左下方反弹；如用推攻回球，应使拍面稍后仰，并向左偏斜，适当增加向上摩擦球的力量。

（4）接反手发右侧上（下）旋球。与接正手发左侧上（下）旋球的方法相同，只是击球时，拍面要适当向右倾斜，以抵消来球向左侧偏斜的力量。

（5）接正手奔球或反手急球。这两种球都具有速度快、弧线长、前冲力大，并带有上旋的特点。接右方奔球可用正手快带、快攻接力回接；左方击球一般可用反手推挡回接。如用削球回接，需迅速移动脚步，后退一些，等来球前冲力减弱时再回接。

3. 发球和接发球学练方法

（1）移动速度练习。提高脚步移动速度的练习主要采取前后移动或斜进、斜退移动；近、中、远台作左右移动；侧身攻球后迅速向右方移动；等等。

（2）发球练习法。非球台练习：无需球台，在床上、书桌上或其他场地进行发球练习。球台上的多球练习，节省捡球时间，可把旋球、速度、落点结合练习。有对接的发球练习，对方练习接发球，发球者可以及时了解自己的发球效果，也可将战术意识结合到技术训练中去。

（3）接发球练习法。开始练习接发球时，最好是固定用推挡、搓球、削球或拉球中的任何一种技术去接对方的单一发球；练习接侧上下旋球的技术，以适应不同的旋转变化。在接左右侧上下旋球时，要在对方技术球拍触球的刹那间观察球的移动方向，来提高判断旋转的能力。

4. 推挡球

推挡球是初学者的入门技术，也是左推右攻打法的一种重要技术，并且是各种类型打法必须掌握的一项基本技术。

（1）特点。推挡球的特点是站位近台，动作小、出手快、落点变化多。因击球时，可借来球的反弹上升力，再加上击球动作本身的推出力量，从而成为乒乓球运动中速度最快的一种技术。所以在比赛中常用推挡的速度和落点变化来控制和调动对手，为正手和侧身抢攻创造条件。在与对方相持时，又能起到积极防御和相持变主动的作用。

（2）准备姿势。站位靠近球台中间偏左位置，距球台端线约30厘米，两脚开立或右脚稍前。右手持拍于左腹前，上臂下垂贴近右肋，小臂与上臂成90°～100°角，手腕控制球拍，使球拍与小臂约成一条直线，拍面与台面约成90°角。

（3）动作要领。当球从台面弹起刚上升时，上臂向前挥动，小臂迅速用力向前推压，手腕稍外转，以控制拍形前倾和辅助小臂发力，食指同时用力紧压球拍，推出球以后，小臂立即收回，迅速恢复准备姿势，以便迎击下一次来球。如果要加力推挡的话，小臂可稍后收，再用力向前推出。

5. 正手攻球

攻球时乒乓球运动中占据主动和获得胜利的重要技术，也是各种类型打法必须掌握的一项基本技术。可分为正手攻球（包括侧身攻球）和反手攻球两大类。

（1）特点。正手攻球的特点是站位近、动作小、球速快、落点变化多、攻击性强。借来球的反弹力还击，结合落点变化，调动对方，争取主动。

（2）准备姿势。站位靠近球台距球台端线40～50厘米，身体略向右转，双膝微屈，左脚在前，右脚在斜后方，身体重心落于右脚。右手持拍于右侧方，上臂向右伸展与身体约成60°角，小臂与上臂自然弯曲，手腕与小臂基本成直线。

（3）动作要领。击球时，小臂从右后方向左前方挥动，上臂随着小臂向前挥摆，手腕辅助小臂向左前方自然转动，以控制拍形和帮助用力。腰部同时略向左转，身体重心从右脚向左脚转移。球拍在身体的右前方接触球，在来球的上升期或最高点，击球的中部或中上部。触球时，小臂加快向前挥动，使击球的力量集中而具有“爆发力”。击球以后，整个手臂要立即放松，球拍随惯性作用顺势向左上方挥动，大约到左眉处停止。这时身体稍向前倾，重心完全落在左脚上，右脚以前脚掌着地维持身体平衡。击出球后，迅速恢复准备姿势，做好下一扳击球的准备。侧身攻球时，基本动作要领大致与正手攻球相同，但是右脚站位应更偏向后方，身体右转的角度比正手攻球更大一些，以便让出较大的活动范围，使手臂有充分的伸展和挥动空间。击球时，左脚一般应上前半步，以增加击球的力量。

6. 反手攻球

（1）特点。反手攻球是两面攻打法的重要技术之一。其也具有站位近、动作小、球速快、攻击性强的特点。

（2）准备姿势。站位靠近球台距球台端线40～50厘米，身体微向左转，双膝微屈，右脚在前，左脚在斜后方，身体重心偏落于左脚。右手持拍于左腰部，上臂下垂接近右肋，小臂弯曲与上臂成100°～120°角。

（3）动作要领。击球时，小臂带动上臂从后向右前上方挥动。球拍在左胸前接触球，在来球弹起上升期，击球的中上部。触球时，小臂要加快用力，手腕辅助小臂向前上方转动，使拍面稍前倾。击球之后，手臂肌肉要立即放松，球拍顺势向右上方挥动，到右肩前上方停止。这时身体稍向前倾，重心移至右脚上。击出球后，迅速恢复准备姿势，做好下一扳击球的准备。

7. 正手拉球

（1）特点。正手拉球是还击下旋球的有效方法。也是攻削球的主要手段之一。其站位稍远、动作小，靠主动摩擦还击来球。

（2）准备姿势。站位离球台稍远，身体略向右转，双膝微屈，左脚在前，右脚在后，身体重心落于右脚。右手持拍于右侧方，小臂向右伸展约于地面平行，小臂与上臂自然弯曲，手腕下垂。

（3）动作要领。削过来（搓过来）的球在下降中期时，小臂从有向左前上方挥动，触球的中部或中下部（若来球下旋力强时触球中下部）。腰部同时略向下转。身体重心从右脚向左脚转移。手腕辅助小臂调节拍形并向左上方转动，使球稍带上旋，以制造一定的弧线。击球以后，上臂放松，球拍顺势向左上方挥动，到左眉前停止。这时身体稍向前倾，重心移至左脚上。然后移动，迅速恢复准备姿势，做好下一扳击球的准备。

8. 搓球

搓球又叫“小削球”，是近台还击下旋球（包括下旋发球、削球、搓球）的一种基本技术，也是各种类型打法的选手必须掌握的一项重要技术。它在战术上起着过渡或控制球的作用，如果运用得好，凭手腕的灵活性搓出旋转多边的球，也可以直接得分，或创造进攻机会。搓球必须与攻球相配合（搓中突击）。

单纯搓球是比较消极被动的。这里着重介绍反手搓球技术。一般可分为快搓、慢搓和搓转与不转。

（1）特点。反手搓球是接下旋球较稳健的方法，也是为寻找进攻机会的过渡技术。其特点是出手快、动作小、回球线路较短、落点和旋转变化较多。

（2）准备姿势。站位离球台40厘米左右，右脚稍前，身体略向左转，双膝微屈，身体重心落于右脚。右手持拍于左侧方，小臂内旋使拍面稍后仰，小臂向左上方抬起，引拍至左肩（或左胸）前。

（3）动作要领。搓球时，在上臂前送的带动下，运用小臂和手腕向右前下方切出的力量，用球拍摩擦球的中部或中下部，使球带着下旋性能落到对方的台面上。

快搓时，在来球弹起上升期，击球的中下部，将球搓出。

慢搓时，在来球弹起下降期，击球的中下部，将球搓出。

搓转与不转时，在来球弹起下降期，击球的中下部。转与不转的关键主要在于搓球作用力线是否远离球心、接近球心或通过球心。作用力线远离球心，旋转力就强；作用力线接近球心，旋转力就弱；作用力线通过球心，则不转。

9. 削球

削球是乒乓球运动中的一项重要技术，对乒乓球技术的发展起了比较大的促进作用，也是乒乓球运动必不可少的一种打法。随着乒乓球运动的发展，进攻技术不断提高，削球打法已经摆脱了“消极防守”的传统打法，而采用在稳健削球的基础上，积极通过旋转和落点的变化，来控制和调动对方，随时伺机进攻。

削球时用球拍从上向下地摩擦来球，使球产生下旋，如果手腕运用得灵活，可以削出转与不转的下旋球，使对方判断不清而失误。

削球一般可分为正反手削球，这里着重介绍正手削球技术。

（1）特点。正手削球，其特点是动作较大，回球线路较长，球速较慢，击球点低，以落点和旋转变化为主，积极调动和控制对方，增加回球难度或造成对方失误直接得分。由于球拍与球的接触时间是在来球的下降中期或后期，所以削球时所站的位置，需远离球台。

（2）准备姿势。站位离球台约1米以上，两脚开立，左脚和左肩在前，右脚和右肩在后，身体略右转，双膝微屈，身体重心落于右脚。身体与球台端线成50°～65°角。右手持拍向右侧方自然伸出，小臂自然弯曲，球拍举至与右肩齐高，或稍高于右肩，手腕微向上提，拍柄斜向下方，拍面正向对方球台。

(3) 动作要领。削球时，上体微前倾，腰向左转动，小臂带动上臂向前、向下、向左挥动。当球下降到与台面差不多的高度时，用拍触球，并用力下切，拍面后仰，摩擦球的中下部，同时手腕控制拍形向下、向外转动，身体重心向左脚转移。击球瞬间小臂应加大向前的击球力量，使球带着下旋性能落到对方球台。

削出球后，由于惯性作用，小臂仍继续向左前方摆动，身体重心完全移到左脚，上身向左转，面向球台。然后迅速还原，准备下一板削球。

削出的球转与不转的关键也是在于削球作用力线是否远离球心、接近球心或通过球心。作用力线远离球心，旋转力就强；作用力线接近球心，旋转力就弱；作用力线通过球心，削出的球则不转。

10.2 乒乓球运动的特点和锻炼价值

10.2.1 乒乓球运动的特点

乒乓球的特点是器材设备简单，室内室外都可以进行，运动量可大可小，不同年龄、性别和身体条件的人都可以参加，很容易被大众所接受。

乒乓球速度快、变化多，要求练习者在短时间内对瞬息万变的击球有较强的反应能力和应变能力。它能提高人体神经系统的灵敏性、协调性。

乒乓球项目有单项、双打、团体项目。团体项目通过个体来实现，所以乒乓球项目可以培养独立思考、单独作战及集体主义的精神。

10.2.2 乒乓球运动的锻炼价值

1. 可以有效地提高人的身体素质

长期参加乒乓球运动，随着水平的不断提高，活动范围的加大，运动量的增加，不仅相应地提高了速度素质、力量素质和身体的灵活性、协调性，还使肌肉发达、结实、健壮，关节更加灵活稳固。

2. 从训练学角度看乒乓球运动的属性

乒乓球运动是以速度、爆发力、灵敏等为主的有氧代谢和非周期性的运动项目。它以技术训练为核心，技术战术训练为重点，技术与战术训练紧密结合，没有明确的区分。身体训练以专项素质训练为主。乒乓球运动是技能、体能、智能有机结合、密不可分，高速度、强对抗的比赛项目。

(1) 技能是该项目运动的核心。技能以体能为前提，通过技能和智能得到体现。根据乒乓球运动的特点及其实际运用和发展创新的要求，其在技能方面包含的内容繁多而复杂。

(2) 体能是该项目运动的基础。体能起着影响技能发展和比赛发挥的重要作用。随着乒乓球运动的迅速发展，对体能方面的要求日益提高。身体训练以专项素质为主，主要是速度、爆发力、灵敏度、耐力等。技术训练与身体训练的比例为70%左右比30%左右。

(3) 智能是乒乓球运动的灵魂。智能依赖于技能和体能，同时对技能和体能的发展、提高又有着极大的反作用。乒乓球运动的智能分训练智能和比赛智能，它的特点是随机性和对抗性。

10.3　乒乓球比赛规则

10.3.1　球台

（1）球台的上层表面叫做比赛台面，应为与水平面平行的长方形，长 2.74 米，宽 1.525 米，高地向高 76 厘米。

（2）比赛台面不包括球台台面的侧面。

（3）比赛台面可用任何材料制成，应具有一致的弹性，即当标准球从离台面 30 厘米高处落至台面时，弹起高度应约为 23 厘米。

（4）比赛台面应呈均匀的暗色，无光泽，沿每个 2.74 米的比赛合面边缘各有一条 2 厘米宽的白色边线，沿每个 1.525 米的比赛台面边缘各有一条 2 厘米宽的白色端线。

（5）比赛台面由一个与端线平行的垂直的球网划分为两个相等的台区，各台区的整个面积应是一个整体。

（6）双打时，各台区应由一条 3 毫米宽的白色中线划分为两个相等的“半区”。中线与边线平行，并应视为右半区的一部分。

10.3.2　球网装置

（1）球网装置包括球网、悬网绳、网柱及将它们固定在球台上的夹钳部分。

（2）球网应悬挂在一根绳子上，绳子两端系在高 15.5 厘米的直立网柱上，网柱外缘离开边线外缘的距离为 15.25 厘米。

（3）整个球网的顶端距离比赛台面 15.25 厘米。

（4）整个球网的底边应尽量贴近比赛台面，其两端应尽量贴近网柱。

10.3.3　球

（1）球应为圆球体，直径为 38 毫米。

（2）球重 2.5 克。

（3）球应用赛璐珞或类似的材料制成，呈白色、黄色或橙色，且无光泽。

10.3.4　球拍

（1）球拍的大小、形状和重量不限，但底板应平整、坚硬。

（2）底板厚度至少应有 85％的天然木料，加强底板的黏合层可用诸如碳纤维、玻璃纤维或压缩纸等纤维材料，每层黏合层不超过底板总厚度的 7.5％或 0.35 毫米。

（3）用来击球的拍面应用一层颗粒向外的普通颗粒胶覆盖，连同黏合剂厚度不超过 2 毫米；或用颗粒向内或向外的海绵胶覆盖，连同黏合剂，厚度不超过 4 毫米。

（4）普通颗粒胶是一层无泡沫的天然橡胶或合成橡胶，其颗粒必须以每平方厘米不少于 10 颗、不多于 50 颗的平均密度分布在整个表面。

（5）“海绵胶”即在一层泡沫橡胶上覆盖一层普通颗粒胶，普通颗粒胶的厚度不超过 2 毫米。

（6）覆盖物应覆盖整个拍面，但不得超过其边缘。靠近拍柄部分及手指执握部分可不予以覆盖，也可用任何材料覆盖。

（7）底板、底板中的任何夹层、覆盖物及黏合层应为厚度均匀的一个整体。

（8）球拍两面无论是否有覆盖物，必须无光泽，且一面为鲜红色，另一面为黑色。拍身边缘上的包边应无光泽，不得呈白色。

（9）由于意外的损坏、磨损或褪色，拍面的整体性和颜色上的一致性出现轻微的差异，只要未明显改变拍面的性能，可以允许使用。

（10）比赛开始时及比赛过程中运动员需要更换球拍时，必须向对方和裁判员展示他将要使用的球拍，并允许他们检查。

10.3.5 定义

（1）回合：球处于比赛状态的一段时间。

（2）球处于比赛状态：从发球时球被有意向上抛起前，静止在不执拍手掌上的一瞬间，到该回合被判得分或重发球。

（3）重发球：不予判分的回合。

（4）一分：判分的回合。

（5）执拍手：正握着球拍的手。

（6）不执怕手：未握着球拍的手。

（7）击球：用握在手中的球拍或执拍手手腕以下部分触球。

（8）阻挡：对方击球后，处于比赛状态的球尚未触及本方台区也未超过比赛台面或其端线，即触及本方运动员或其穿带的任何物品。

（9）发球员：在一个回合中，首先击球的运动员。

（10）接发球员：在一个回合中，第二个击球的运动员。

（11）裁判员：被指定管理一场比赛的人。

（12）裁判助理：被指定在某些方面协助裁判员工作的人。

（13）运动员“穿或带”的任何物品：包括他在一个回合开始时穿或带的任何物品。

（14）球从突出台外的球网装置之下或之外经过，或回击的球越过球网后又回弹过网，均应视作已“超过或绕过”球网装置。

（15）球台的“端线”：包括端线两端的无限延长线。

10.3.6 合法发球

（1）发球时，球应放在不执拍手的手掌上，手掌张开和伸平。球应是静止的，在发球方的端线之后和比赛台面的水平面之上。

（2）发球员须用手将球几乎垂直地向上抛起，不得使球旋转，并使球在离开不执拍手的手掌之后上升不低于16厘米。

（3）当球从抛起的最高点下降时，发球员方可击球，使球首先触及本方台区，然后越过或绕过球网装置，再触及接发球员的台区。在双打中，球应先后触及发球员和接发球员的右半区。

（4）从抛球前球静止的最后一瞬间到击球时，球和球拍应在比赛台面的水平面之上。

（5）击球时，球应在发球方的端线之后，但不能超过发球员身体（手臂、头或腿除外）离端线最远的部分。

(6) 运动员发球时，有责任让裁判员或副裁判员看清他是否按照合法发球的规定发球。

a. 如果裁判员怀疑发球员某个发球动作的正确性，并且他或者副裁判员都不能确信该发球动作不合法，一场比赛中此现象第一次出现时，裁判员可以警告发球员而不予判分。

b. 在同一场比赛中，如果运动员发球动作的正确性再次受到怀疑，不管是否出于同样的原因，不再警告而判失一分。

c. 无论是否第一次或任何时候，只要发球员明显没有按照合法发球的规定发球，他将被判失一分，无须警告。

d. 运动员因身体伤病而不能严格遵守合法发球的某些规定时，可由裁判员做出决定免于执行，但须在赛前向裁判员说明。

10.3.7　合法还击

对方发球或还击后，本方运动员必须击球，使球直接越过或绕过球网装置，或触及球网装置后，再触及对方台区。

10.3.8　比赛次序

(1) 在单打中，首先由发球员合法发球，再由接发球员合法还击，然后两者交替合法还击。

(2) 在双打中，首先由球员合法发球，再由接发球员合法还击，然后由发球员的同伴合法还击，再由接发球员的同伴合法还击，此后，运动员按此次序轮流合法还击。

10.3.9　重发球

回合出现下列情况应判重发球：

(1) 如果发球员发出的球，在越过或绕过球网装置时触及球网装置，此后成为合法发球，或者被接发球员或其同伴阻挡。

(2) 如果接发球员或其同伴未准备好，球已发出，而且接发球员或其同伴均没有企图击球。

(3) 发生了运动员无法控制的干扰，而使运动员未能合法发球、合法还击或遵守规则。

(4) 裁判员或副裁判员暂停比赛。

(5) 在双打时，运动员错发、错接。

10.3.10　暂停比赛

可以在下列情况下暂停比赛：

(1) 由于要纠正发球、接发球次序或方位错误。

(2) 由于要实行轮换发球法。

(3) 由于警告或处罚运动员。

(4) 由于比赛环境受到干扰，以致该回合结果有可能受到影响。

10.3.11　一分

除被判重发球的回合，下列情况下运动员得一分：

(1) 对方运动员未能合法发球。

（2）对方运动员未能合法还击。

（3）运动员在发球或还击后，对方运动员在击球前，球触及了除球网装置以外的任何东西。

（4）对方击球后，该球越过本方端线而没有触及本方台区。

（5）对方阻挡。

（6）对方连击。

（7）对方用不符合 1.4.3 条款的拍面击球。

（8）对方运动员或其穿戴的任何东西使球台移动。

（9）对方运动员或其穿戴的任何东西触及球网装置。

（10）对方运动员不执拍手触及比赛台面。

（11）双打时，对方运动员击球次序错误。

（12）执行轮换发球法时，接发球运动员或其双打同伴，包括接发球一击，完成了 13 次合法还击。

10.3.12 一局比赛

在一局比赛中，先得 21 分的一方为胜方，20 平后，先多得 2 分的一方为胜方。

10.3.13 一场比赛

一场比赛应采用三局两胜制或五局三胜制。一场比赛应连续进行，但在局与局之间，任何一名运动员都有权要求不超过两分钟的休息时间。

1. 发球、接发球和方位的选择

（1）选择发球、接发球和这一方、那一方的权力应由抽签来决定，中签者可以选择先发球或先接发球，或选择先在某一方。

（2）当一方运动员选择了先发球或先接发球，或选择先在某一方后，另一方运动员应有另一个选择的权力。

（3）在获得每 5 分之后，接发球方即成为发球方，依此类推，直至该局比赛结束，或者直至双方比分都达到 20 分或实行轮换发球法，这时，发球和接发球次序仍然不变，但每人只轮发一分球。

（4）在双打的第一局比赛中，先由发球方确定第一发球员，再由先接发球方确定第一接发球员。在以后的各局比赛中，第一发球员确定后，第一接发球员应是前一局发球给他的运动员。

（5）在双打中，每次换发球时，前面的接发球员应成为发球员，前面的发球员的同伴应成为接发球员。

（6）一局中首先发球的一方，在该场下一局应首先接发球。在双打决胜局中，当一方先得 10 分时，接发球方应交换接发球次序。

（7）一局中，在某一方位比赛的一方，在该场下一局应换到另一方位。在决胜局中，一方先得 10 分时，双方应交换方位。

2. 发球、接发球次序和方位的错误

（1）裁判员一旦发现发球、接发球次序错误，应立即暂停比赛，并按该场比赛开始时确立的次序，按场上比分由应该发球或接发球的运动员发球或接发球；在双打中，则按发现错误时的那一局中首先有发球权的一方所确立的次序进行纠正，继续比赛。

(2) 裁判员一旦发现运动员应交换方位而未交换时，应立即暂停比赛，并按该场比赛开始时确立的次序，按场上比分、运动员应站的正确方位进行纠正，再继续比赛。

(3) 在任何情况下，发现错误之前的所有得分均有效。

3. 轮换发球法

(1) 如果一局比赛进行到15分钟仍未结束（双方都已获得至少19分时除外），或者在此之前任何时间应双方运动员要求，应实行轮换发球法。

(2) 当时限到时，球仍处于比赛状态，裁判员应立即暂停比赛。由被暂停回合的发球员发球，继续比赛。

(3) 当时限到时，球未处于比赛状态，应由前一回合的接发球员发球，继续比赛。

(4) 此后，每个运动员都轮发一分球，直至该局结束。如果接发球方进行了13次合法还击，则判发球方失一分。

(5) 轮换发球法一经实行，该场比赛的剩余部分必须继续实行，直至该场比赛结束。

10.3.14 乒乓球裁判临场管理

临场工作是乒乓球裁判员最主要、最基本的一项工作。乒乓球竞赛裁判工作中，裁判员的绝大部分时间和精力都在临场上。比赛组织得好坏，临场裁判是十分关键的环节。如果临场把握不住，裁判长的水平再高、能力再强也没有用。“二级裁判了解规则，一级裁判熟悉规则，国家级裁判精通规则。”虽然对不同级别的裁判员做了不同的要求，但就完成比赛来讲，我们都必须做到了解规则的最低要求。裁判员是一场比赛的管理者、组织者，关于裁判员临场管理主要有以下十个方面。

1. 双方得失分的管理

对比赛双方得失分的管理，即对比赛胜负机制的管理，是一场比赛最基本的管理，必须在准确地认定比赛事实的基础上，公正地对每一个回合做出及时的判决。

2. 对器材的管理

对比赛器材的管理，包括比赛球台、球网、球和球拍等。球台、球网和球的质量规格及球台的布局在赛前已由裁判长检查认定，但仍需裁判员实施下列管理。

1) *在该场比赛开始前*

检查球台、球网的安置及球的牌号，确保其符合规定；检查运动员球拍，发现有不合规定的则要求运动员更换；要求运动员选定两三个双方都能接受的比赛用球，如双方意见不一致，由裁判员任意决定一个比赛用球。

检查球拍和球网的方法：用量网器检查球拍和球网。在重大比赛中，为了使测量的结果更精确，经常采用游标卡尺（精确度可达0.1毫米、0.05毫米或0.2毫米）或螺旋测微器（精确度可达0.01毫米）。若要更精确的测量，还可用光学测量仪器。

裁判员使用的器材有：

(1) 裁判桌和裁判椅，分别放在球台的两侧，正对球网的位置。

(2) 比分显示器，一个放在裁判桌上，其显示器的大数目的数字显示每一回合的比分；小数目的数字显示每一场比赛的局分。另外，在赛场的边缘部位还有一个显示每一局（单项比赛时）或每一场（每次团体赛时）比赛结果的大部分牌。

（3）量网器：检测球网高度的用具。

（4）测量器：游标卡尺或螺旋测微器，是检测颗粒胶、海绵胶和胶质厚度的器材。

（5）挑边器（或抽签器）：两面呈不同颜色的圆形器材。赛前用来抽签决定运动员发球或接发球、这一方或那一方。

（6）秒表：监控每局比赛的时间、赛前练习时间、局间休息和其他中断比赛时间的器材。

（7）红牌和黄牌：裁判人员处理运动员不良行为和管理场外指导的器材。

（8）在裁判椅附近放置两个毛巾盆，作为双方运动员放擦汗毛巾的用具。

2）*在该场比赛进行中*

维持比赛球台、球网装置始终符合规定；防止运动员擅自更换比赛用球和球拍；在不能实现上述管理时应立即报告裁判长。

3. 对比赛条件的管理

包括比赛场地、灯光、挡板、计分器、队名牌或人名牌等，尽管赛前也已由裁判长检查认定，但仍需要裁判员在该场比赛开始前再行检查，并在比赛进行中维持这些比赛条件的标准和规范，一旦发现问题即应在职责允许的力所能及的范围内及时处理，解决不了的应立即报告裁判长。

4. 对运动员服装的管理

（1）比赛服的样式，一般应是短袖运动衫、短裤或短裙、短袜和运动鞋。

（2）比赛服的颜色，可以是任何颜色，但短袖运动衫、短裤、短裙的主要颜色应与比赛用球的颜色明显不同，短袖运动衫的袖子和领子除外。

（3）比赛服上的运动员号码或字样、徽章、标记、广告及装饰物必须符合规定。

（4）团体赛同队运动员或同一协会运动员组成的双打配对，服装款式和颜色应一致，鞋袜除外。

（5）比赛双方运动员应穿着颜色明显不同的运动衫。

（6）当裁判员对运动员的比赛服装是否合乎规定有怀疑时，或当上述某项要求不能实现时，且在裁判员已经通知运动员更换比赛服装而运动员拒绝更换的情况下，应立即报告裁判长。

5. 对比赛时间的管理

除法定的间歇外，要保证全场比赛的连续进行。

（1）一场比赛的局与局之间，可允许运动员有不超过 1 分钟的休息时间。

（2）考比伦杯赛制中，可允许需要连场比赛的运动员在连场的比赛之间有最多 5 分钟的休息时间。

（3）每局比赛中，允许运动员在每打完 6 分球后或决胜局交换方位时用短暂的时间擦汗。

（4）运动员在比赛中损坏了球拍，应立即替换随身带来的另一块球拍或场外递进的球拍。

（5）在替换破球和损坏的球拍以后，可允许运动员练习少数几个回合，然后继续比赛。

（6）运动员因意外事件而暂时丧失比赛能力并要求紧急中断时，应立即报告裁判长。

（7）除非裁判长允许，否则，运动员在一场比赛中应留在赛区内或赛区附近，在局与局之间的法定休息时间内，裁判员应监督运动员留在赛区周围3米以内的地方。

6. 乒乓球比赛中的几个时间概念

（1）1分钟：在局与局之间，不超过1分钟的休息时间；一名或一对双打运动员可在一场比赛中要求一次暂停，时间不超过1分钟。

（2）分钟：在一场比赛开始前2分钟，运动员有权在比赛球台上练习，正常间歇不能练习。只有裁判长有权延长特殊的练习时间。

（3）5分钟：需要连场比赛的运动员有资格在连场的比赛之间有最多5分钟的休息时间。

（4）10分钟：运动员因意外事件而暂时丧失比赛能力时，裁判长若认为中断比赛不至于给对方带来不利，可允许中断比赛，但时间要尽量短些，在任何情况下都不得超过10分钟；如果一局比赛进行到10分钟仍未结束（双方都已获得至少9分时除外），或者在此之前任何时间应双方运动员要求，应实行轮换发球法。

7. 对场外指导的管理

对场外指导的管理，应按下列要求防止非法的场外指导影响比赛的公正性：

（1）团体比赛中运动员可接受任何人的场外指导，但单项比赛中运动员只能接受在该场比赛开始前向裁判员指明的一位指导者的指导，否则即令其远离赛区。

（2）一场比赛中除局与局之间的休息时间或经批准的中断时间以外的时间内，任何人不得向运动员提供场外指导，对第一次违反此规定者应给予警告（出示黄牌），对警告后再次违反者则应令其远离赛区（出示红牌），如其拒绝离开，则应立即报告裁判长。

8. 对运动员作风的管理

（1）应督促运动员克制那些可能不公平地影响对手、冒犯观众或影响本项运动声誉的不良作风或行为表现。

（2）当该场比赛中运动员在赛区内的行为表现不符合上述要求时，若属初犯，则应给予警告（出示黄牌）；若警告后首次再犯，可判其对方得一分（同时出示红黄牌）；第二次再犯，可判其对方得两分（同时出示红黄牌）；此后再犯或一场比赛中任何时候出现严重冒犯行为（包括未通知裁判员和对方即行更换球拍），应立即报告裁判长。

9. 对比赛运行机制的管理（抽签、选择、发球顺序等）

对比赛运行机制的管理，包括团体赛双方运动员的出场顺序，一场比赛开始时发球、接发球和方位的选择，比赛中发球、接发球和方位的交换以及击球次序、轮换发球法等方面的管理，要求按规则予以有条不紊的控制。

10. 对技术文书的管理

（1）团体赛前根据秩序册核对双方填写的排名表；

（2）赛前和赛中记分表的填写；

（3）赛后记分表的送签和分发、上交。

11. 对观众的管理

对观众的管理，也是一种无形的间接的管理，要求在组织比赛并保证比赛正常进行的过程中，将观众的注意力吸引到比赛上，促使形成激励运动员顽强拼搏、有利于比赛各方充分发挥技战术水平的良好氛围。

10.4 乒乓球主要赛事

10.4.1 世界乒乓球锦标赛

世界乒乓球锦标赛（World Table Tennis Championships）简称“世乒赛”，由国际乒乓球联合会主办，每届比赛由国际乒乓球联合会授权比赛地的乒乓球协会主办，首届举行于1926年12月的英国伦敦，从1959年的第25届开始改为每两年举办一次。它是国际乒乓球联合会主办的一项最高水平的世界乒乓球大赛，具有广泛的影响力。它与乒乓球世界杯、奥运会并称为“体育运动的三大赛事”。

1926年12月，在国际乒乓球联合会正式成立的同时，第一届世界乒乓球锦标赛在英国伦敦举行。实力雄厚的匈牙利队获得了当时所设的男子团体、男子单打、男子双打、女子单打和混合双打5个项目的全部冠军。1928年举行的第二届世乒赛增设女子双打比赛，1933年举行的第八届世乒赛又增设了女子团体比赛。1928～1939年、1947～1957年，世乒赛每年举行一次。从1959年的第25届开始改为每两年举行一次。自2003年第47届世乒赛开始，国际乒乓球联合会决定把单项赛和团体赛分开进行。

前八届未设女子团体赛，第二届开始有女子双打比赛。从第一届世乒赛到1951年的第18届世乒赛，欧洲运动员占有绝对优势，获得了绝大多数冠军。加上后来夺得的冠军，匈牙利队获得的冠军总数为73个，其中有9个是与其他国家的选手合作夺得的。从1959年容国团为中国夺得第一个世界冠军到第51届（2011年单项）世乒赛结束，中国共获得122.5个世乒赛冠军，已经大大超过第二名匈牙利队的68.5个和第三名日本队的47个。

国际乒乓球联合会的最高权力机构为全体代表大会。代表大会每两年召开一次，并于同时同地举办世界乒乓球锦标赛，至1995年，国际乒乓球联合会会员已从成立时的9个协会会员发展到168个。未经国际乒乓球联合会允许，任何乒乓球比赛不能用“世界”称号。

世界乒乓球锦标赛有7项比赛，设有7个奖杯。此外，还另设有一个对主办城市象征友好的杯“埃及杯”，奖杯各有捐赠者，是从1926～1948年，经历23年后才全部确定下来的。奖杯是流动的，每届比赛获杯者的名家或国家名称都被刻在奖杯上，以示永久纪念。国际乒乓球联合会还规定，连获3届同一项冠军的运动员，国际乒乓球联合会将授予该运动员一个复制的奖杯。

世乒赛的7个奖杯及“埃及杯”的来历如下。

男子团体冠军杯——斯韦思林杯

1926年12月，在首任国际乒乓球联合会主席伊沃·蒙塔古的母亲斯韦思林夫人的图书馆举行了第一次国际乒乓球联合会全体会议，此次锦标赛的赞助人斯韦思林夫人捐赠了一座大奖杯，名为“斯韦思林杯”，作为男子团体赛的优胜奖杯。该奖杯是从蒙塔古家存放银器的仓库里选出来的。

至2001年，获该奖杯最多的3支队为：中国队13次（第26、27、28、31、33、34、36、37、38、39、43、44、46届），匈牙利队12次（第1、2、3、4、5、7、8、9、12、16、19、35届），日本队7次（第21、22、23、24、25、29、30届）。

女子团体冠军杯——考比伦杯

从1934年第八届世界乒乓球锦标赛开始，增设女子团体赛项目。这届比赛在法国巴黎举行，主办国法国乒协主席马赛耳·考比伦先生捐赠了以他的名字命名的奖杯，作为女子团体赛的优胜奖杯。

至2001年，获该奖杯最多的3支队为：中国队14次（第28、33、34、35、36、37、38、39、40、42、43、44、45、46届），日本队8次（第19、21、24、25、26、27、29、31届），罗马尼亚队5次（第17、18、20、22、23届）。

男子单打冠军杯——圣·勃莱德杯

弗·佩里是英国著名网球和乒乓球运动员，他在1929年举行的第三届世界乒乓球锦标赛上获得男子单打冠军。当时英国的克·乌德科克先生为赞扬佩里取得的成就，并表彰培养佩里的乒乓球俱乐部，捐赠了以佩里所在的圣·勃莱德乒乓球俱乐部命名的奖杯，作为男子单打比赛的优胜奖杯。获得该奖杯次数列前3名的运动员是：匈牙利的巴纳5次（第4、6、7、8、9届），英国的伯格曼4次（第11、13、15、17届），中国的庄则栋3次（第26、27、28届）。

女子单打冠军杯——盖斯特杯

1931年第五届世界乒乓球锦标赛在匈牙利首都布达佩斯举行，当时匈牙利乒协主席吉·盖斯特先生捐赠以他的名字命名的奖杯，作为女子单打比赛的优胜奖杯。获得该奖杯次数列前3名的运动员是罗马尼亚的罗齐亚努6次（第17、18、19、20、21、22届），匈牙利的米·梅德扬兹基5次（第1、2、3、4、5届），匈牙利的吉·法卡斯3次（第14、15、16届）。

男子双打冠军杯——伊朗杯

1947年在巴黎举行第14届世界乒乓球锦标赛，伊朗国王捐赠以伊朗国名命名的奖杯，作为男子双打比赛的优胜奖杯。获得该奖杯次数列前3名的国家是：匈牙利男双12次（第1、3、4、5、6、7、8、9、17、20、31、33届）、中国男双10次（第27、28、34、36、39、42、43、44、45、46届）、日本男双4次（第19、23、25、26届）。

女子双打冠军杯——波普杯

1948年在伦敦举行第15届世界乒乓球锦标赛，当时国际乒乓球联合会名誉秘书伟·杰·波普捐赠以他的名字命名的奖杯，作为女子双打比赛的优胜奖杯。获得该奖杯列前3名的国家是：中国女双14次，其中有1次是与朝鲜选手配对（第28、31、34、35、36、37、38、40、41、42、43、44、45、46届）；匈牙利女双10次（第3、4、5、6、7、8、24届，以及第2、14、20届，这3届是与奥地利、罗马尼亚、苏格兰选手配对）；日本女双6次（第19、25、27、29届，以及第32、33届，这2届均与罗马尼亚选手配对）。

混合双打冠军杯——赫杜塞克杯

由原捷克斯洛伐克乒协秘书赫杜塞克先生捐赠，故以其名命名。匈牙利选手萨巴多什和梅德尼扬斯基曾3次夺得该奖杯。

至2001年，中国运动员共获得13次赫杜塞克杯。

纪念奖杯——埃及杯

1939年在开罗举行第13届世乒赛时，当时的埃及国王向国际乒乓球联合会赠送了一尊“埃及杯”。经过讨论，国际乒乓球联合会决定，从1957年起“埃及杯”将由世乒赛主办城市保存，直至下届世乒赛开幕之日。埃及杯是友好的象征，世乒赛主办城市的名字将被刻在这一纪念杯上。在每次世乒赛的开幕式上，上届主办城市的代表需将埃及杯交给埃及代表，然后再由埃及代表转交给新的世乒赛主办城市的代表。

10.4.2 乒乓球世界杯

乒乓球世界杯与奥运会、世界乒乓球锦标赛同为世界乒乓球三大赛事之一。区别：世乒赛为男女单打，男女单双和混双，以及男女团体共7项赛事；奥运会为男女单打及团体共4项赛事；乒乓球世界杯为男女单打及团体共4项赛事（分开举办）。首届女乒世界杯于1996年在中国香港举行，除1999年因赞助商原因停办外，该项顶级赛事保持一年一度的举办传统。2012年女乒世界杯在中国黄石举办，赛会奖金共计15万美元。

获得单打冠军最多的男运动员：马琳（4次）

获得单打冠军最多的女运动员：王楠、张怡宁（各4次），同时两人还各获得2次单打亚军。

10.4.3 奥运会

1988年的汉城奥运会上，乒乓球首次被列为正式项目，到2008年北京主办第29届奥运会时，它是连续第六次出现在夏季奥运会正式比赛项目的名单上。作为世界公认的中国的“国球”，乒乓球在奥运会上是中国体育代表团的优势项目，中国乒乓球队几乎垄断了奥运会这一项目的金牌。过去的5届奥运会共计产生20枚乒乓球金牌，其中16枚都为中国运动员所摘取，旁落的4枚金牌中包括3枚最受重视的男子单打金牌，分别在1988年的汉城奥运会、1992年的巴塞罗那奥运会和2004年的雅典奥运会上被韩国的刘南奎、瑞典的瓦尔德内尔和韩国的柳承敏夺得，另外一枚女子双打金牌在1988年为东道主韩国队所获。奥运会乒乓球赛原本设有男子单打、女子单打、男子双打和女子双打4个比赛项目，而国际乒乓球联合会出于提高比赛精彩程度的考虑，在雅典奥运会期间与国际奥委会及相关各方商议后，宣布在不增加参赛总人数的情况下，在2008年奥运会上以团体比赛取代双打比赛。该项提议已经在2005年10月的国际奥委会新加坡会议上获得批准。第29届奥运会乒乓球赛于2008年8月13日至23日在北京大学校园内的北京大学体育馆举行，比赛项目为男子团体、女子团体、男子单打、女子单打。

1. 1988年第24届汉城奥运会

陈龙灿与韦晴光：男子乒乓双打。

陈静：女子乒乓单打。

2. 1992年第25届巴塞罗那奥运会

邓亚萍：乒乓球女单。

邓亚萍和乔红：乒乓球女双。

王涛和吕林：乒乓球男双。

3. 1996年第26届亚特兰大奥运会

刘国梁：男子单打

孔令辉和刘国梁：男子双打

邓亚萍：女子单打

邓亚萍和乔红：女子双打

4. 2000 年第 27 届悉尼奥运会

孔令辉：男子单打

王励勤和阎森：男子双打

王楠：女子单打

王楠和李菊：女子双打

5. 2004 年第 28 届雅典奥运会

王楠和张怡宁：女子双打

马琳和陈玘：男子双打

张怡宁：乒乓球女单

6. 2008 年第 29 届北京奥运会

中国乒乓球男队（马琳、王皓、王励勤）：男子团体

中国乒乓球女队（王楠、张怡宁、郭跃）：女子团体

马琳：男子单打

张怡宁：女子单打

7. 2012 年第 30 届伦敦奥运会

中国乒乓球男队（张继科、王皓、马龙）：男子团体

中国乒乓球女队（李晓霞、丁宁、郭跃）：女子团体

张继科：男子单打

李晓霞：女子单打

思考题

1. 乒乓球器材的规格？
2. 乒乓球的正胶、反胶有什么区别？
3. 左推右攻应该怎么打？
4. 什么是合力发球？如何判定？
5. 什么是无遮挡式发球？
6. 乒乓球比赛有哪些重大赛事？

第 11 章 羽　毛　球

据英国《不列颠百科全书》记载，“原始的羽毛球游戏活动至少在 2000 年前，在中国、日本、印度、泰国等国家就流行了”。中国古代的西南地区就有“花毽”，一种类似羽毛球游戏的活动。14～15 世纪的日本出现了用木制球拍击打“插羽毛的樱桃核”游戏，但由于球托太重，球飞行太快，故风行一时后又逐渐消失了。大约在 18 世纪，印度的普那出现了一种与上述早期日本游戏极相似的羽毛球游戏，圆形硬纸板上插上羽毛制成球，板是木制，两人相对站着，手持木板来回击球，人们把这项游戏称为“普那”。

现代羽毛球运动出现于 19 世纪的英国。1873 年，在英格兰格拉斯哥郡的伯明顿（Badminton）庄园举行的一次宴会上，几个从印度退役回来的军官，用球拍和球（香槟酒的软木瓶塞插上鹅羽毛）隔着宴会桌对击。此游戏很快被英国人广为接受并流传开来。因此，人们以伯明顿（Badminton）这一地名为此项运动命名。

11.1　羽毛球基本技战术

11.1.1　基本技术

1. 握拍法

1）正手握拍法（以下均以右手握拍为例）

握拍时，先用左手拿住拍杆，使拍面与地面垂直。张开右手掌，以“握手”的姿势伸出，使虎口对准拍柄窄面内侧的小棱边，拇指与食指自然地贴在拍柄两面的宽面上，食指与中指稍分开，中指、无名指和小指自然并拢握住拍柄。握拍时，掌心与拍柄保持一定的空隙（图 11.1）。

2）反手握拍法

在正手握拍的基础上，食指收回，用拇指和食指将拍柄稍向外转，拇指第二指节贴在拍柄内侧的宽面上，其余四指并拢握住拍柄。握拍手与拍柄之间留有空隙，以便发力（图 11.2）。

图 11.1　正手握拍法示意图

图 11.2　反手握拍法示意图

2. 发球技术

1）正手发高远球

发球时站在前发球线后1米左右、中线侧10厘米左右的位置，左肩侧对球网，左脚在前，右脚在后，身体重心在右脚上。右手持拍向右后侧自然举起，肘微屈，左手持球举于腹部右前方，眼睛注视对方。发球时，向前转髋，重心前移，球下落到右前下方，球拍能触到球的瞬间，握紧拍柄，利用手腕的力量向前上方发力将球击出。发出的球要又高又远，落在对方接发球区的底线附近（图11.3）。

图11.3　正手发高远球动作

2）正手发网前球

发球前的准备同正手发高远球。但在发球时，挥拍幅度较小，击球瞬间不需要紧握拍柄，主要靠前臂带动手腕向前切送，球的弧线要贴网而过，落点在对方接发球区的前发球线附近。

3）反手发网前球

反手发球站在发球线后10～15厘米及中线附近，面向球网，两脚前后（或左右）开立，上体稍前倾，重心在前脚上（左右开立时在两脚间）。反手握拍，球拍在体前略向后倾斜，握拍手臂肘部提起，球体在前，放球瞬间，利用拇指的力量向前推顶球拍，将球横切送出，使球贴网而过，落在对方前发球线附近的接发球区内（图11.4）。

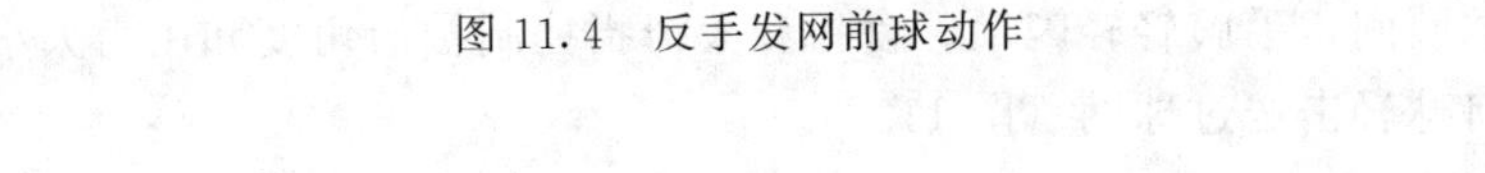

图11.4　反手发网前球动作

3. 接发球技术

1）单打接发球

站位：接发球者站在前发球线约1.5米处，在右区接发球时，站位靠近中线位置；在左区接发球时，则站在中线与边线的中间位置上。

准备姿势：两脚前后站立，一般是左脚在前，右脚在后，身体侧对球网，重心在前脚，后脚脚跟稍提起，双膝微屈，左手自然抬起，屈肘，右手持拍于右身前，两眼注视对方。

2）双打接发球

站位：由于双打发球以网前球为主，接发球时，要站在靠近前发球线的位置上，利于快速上网击球，对付对方的网前球。在右发球区接发球时，站位应略靠近中线，要注意防备对方发高球偷袭反手部位。

准备姿势：与单打接发球基本相同，不同之处是，身体前倾较大，身体重心可随意放在任何一脚上，球拍举高，注意力高度集中。

4. 前场技术

1）搓球技术

（1）正手搓球动作方法：向前移动靠近网前时，右脚向前跨出，重心在右脚上，侧身对网，左手自然后伸，球拍前伸。击球时，利用手指和手腕发力，用正拍面搓击来球的底部，使球翻滚过网。挥拍力量和拍面的角度大小以来球时离网的远近而定（图 11.5）。

图 11.5　正手搓球动作

（2）反手搓球动作方法：当对方回击网前球时，上网步伐要快，左脚蹬地右脚向网前跨步，侧身背对网，重心在右脚。当握拍手臂向前伸的同时，手腕前屈，握拍手背部高于拍面，反拍迎球。击球时，主要靠前臂的前伸外旋和手腕由内收至展腕的合力，搓球的侧后底部使球侧旋翻滚过网（图 11.6）。

图 11.6　反手搓球动作

2）放网前球技术

（1）正手放网前球动作方法：准确判断来球路线和落点，快速上网，最后一步右脚在前，左脚在后成弓步，上体前倾，重心在右脚，侧身对网。持拍手向前下方伸出，拍面向上迎击来球。击球瞬间，手腕轻轻闪动，食指和大拇指控制拍面角度和用力大小，球拍向前上方轻轻一托，将球轻击送过球网（图 11.7）。

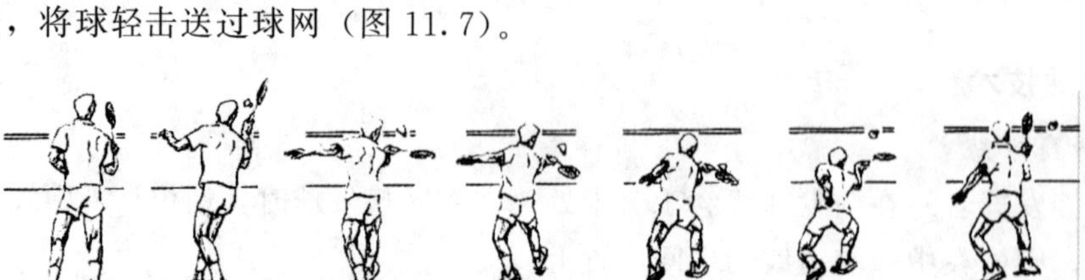

图 11.7　正手放网前球动作

(2) 反手放网前球动作方法：准确判断来球路线和落点，快速向前左侧上网，最后一步右脚在前，左脚在后成弓步，侧背对网，上体前倾，重心在右脚。持拍手向前下方伸出，拍面几乎朝上迎击来球。击球瞬间，手腕轻轻闪动，食指和拇指控制拍面角度和用力大小，球拍向前上方轻轻一托，将球轻击送过球网（图 11.8）。

图 11.8 反手放网前球动作

3）勾球技术

(1) 正手勾球动作方法：在向前移动步伐的同时，球拍向右前方举起。在拍向前伸的同时，上臂外旋，手腕稍稍后伸，这时拍柄向外转动，拇指贴在拍柄上方的宽面，食指的第二指节贴在下方的宽面上，掌心空出。击球时，前臂稍有内旋并同手腕向左内收，球拍击球托的右侧后部，使球沿网带飞行一段时间后落至对方网前场区（图 11.9）。

图 11.9 正手勾球动作

(2) 反手勾球动作方法：向左侧前方快速移动步伐，球拍向左前方平举，反拍面向上，稍屈手臂。击球时，肘部往下沉，前臂稍微内收外旋，食指和拇指协调用力稍微转动球拍向右侧拉，拍面拨击球托的左侧后部，使球紧贴网带上沿飞过球网落入对方场区（图 11.10）。

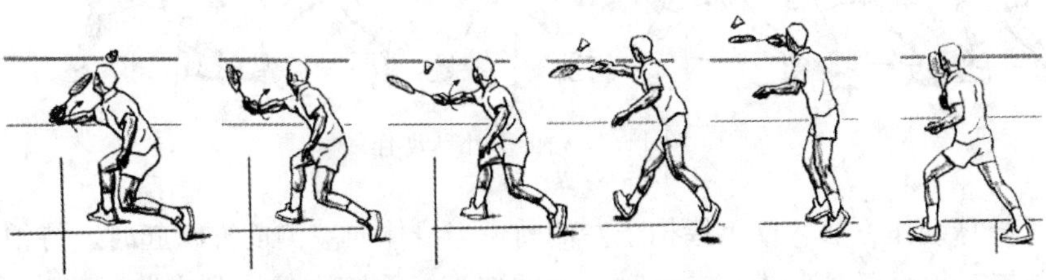

图 11.10 反手勾球动作

4）推球技术

(1) 正手推球动作方法：准备姿势与网前搓球相似。击球前，肘关节微屈回收，小臂稍外旋，手腕后伸，球拍向后摆，放松握拍。击球时，身体稍前移，小臂前伸并带内旋，手指控制拍面角度，手腕由后向前伸直闪动，食指前压，瞬间握紧拍柄。球拍急速推击球，球沿边线飞向对方后场底角。击球瞬间，拍面几乎与球网平行（图 11.11）。

图 11.11 正手推球动作

(2) 反手推球动作方法：准备姿势与反手网前搓球相似。准备击球时，小臂向左胸前收引，屈肘屈腕。击球时，小臂前伸略带外旋，手腕由屈到伸闪动，中指、无名指和小指突然握紧拍柄，大拇指顶压，向前挥拍，推击球托侧底部，将球推击到对方后场底线(图 11.12)。

图 11.12 反手推球动作

5) 扑球技术

(1) 正手扑球动作方法：准确判断来球路线和高度，快速蹬步上网，球拍随手臂向右前方上举，正拍面朝前，小臂外旋，手腕后伸。击球时，手腕屈腕闪动，利用小臂、手腕和手指力量向前下方“闪”击球，球拍触球后立即收回，或靠手腕由右前向左前“滑动”式挥拍扑球，以免球拍触网违例（图 11.13)。

图 11.13 正手扑球动作

(2) 反手扑球动作方法：反手握拍于左侧前，当身体向左侧前方跃起时，持拍手小臂前伸上举，手腕外展，拍面正对来球。击球时，手臂伸直，手腕由外展到内收闪动，手握紧拍柄，拇指顶压，加速挥拍扑击球。击球后即刻屈肘，球拍回收，以免球拍触网违例（图 11.14)。

图 11.14 反手扑球动作

6）挑球技术

（1）正手挑球动作方法：判断来球，快速上网，左脚积极蹬地，右脚跨步向前成弓步，侧身对网，重心在右脚。正手握拍，手臂自然向右前方伸出，小臂外旋伸腕。击球时，以肘关节为轴，前臂带动手腕、手指由右下方向前上方或左上方挥拍击球（挑直线高球时，则球拍向前上方挥动击球；挑对角线高球时，则球拍向左前上方挥动把球击出）（图 11.15）。

图 11.15　正手挑球动作

（2）反手挑球动作方法：判断来球，快速上网，左脚积极蹬地，右脚跨步向前成弓步，侧身对网，重心在右脚。反手握拍，手臂向左前方伸出，小臂内旋屈肘、屈腕。击球时，以肘关节为轴，小臂带动手腕、手指由左下方向前上方挥动把球击出（图 11.16）。

图 11.16　反手挑球动作

7）上网步法

（1）蹬跨步上网步法：起动后，左脚后蹬，接着侧身，右脚向球的方向跨出一大步击球（图 11.17）。

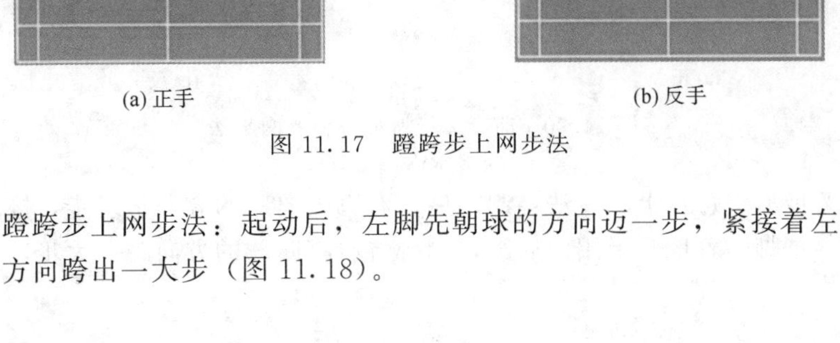

(a) 正手　　(b) 反手

图 11.17　蹬跨步上网步法

（2）两步蹬跨步上网步法：起动后，左脚先朝球的方向迈一步，紧接着左脚后蹬，侧身将右脚朝球的方向跨出一大步（图 11.18）。

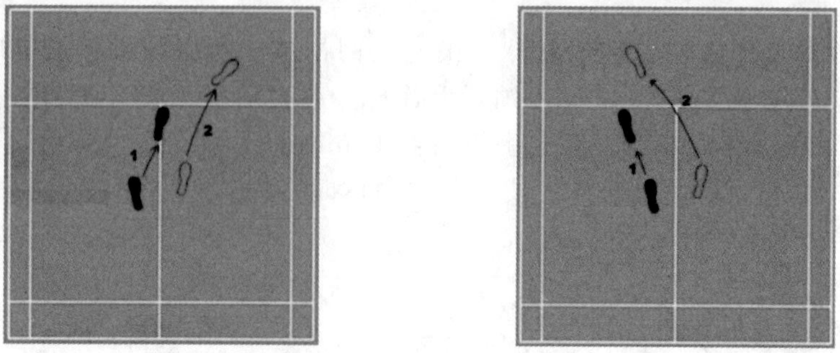

(a) 正手 (b) 反手

图 11.18 两步蹬跨步上网步法

（3）垫步加蹬跨步上网步法：右脚先向来球方向迈出一步，紧接着左脚垫一小步，同时右脚抬起，利用左脚的蹬力蹬跨出一大步，到位击球（图 11.19）。

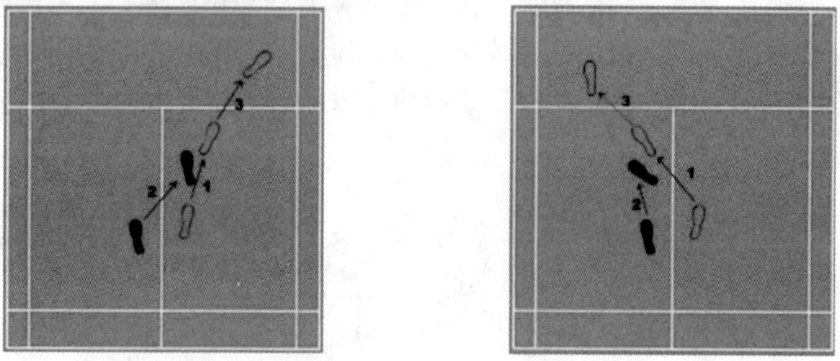

(a) 正手 (b) 反手

图 11.19 垫步加蹬跨步上网步法

（4）前交叉步加蹬跨步上网步法：起动后，右脚先向前垫一步，左脚再迈一步，紧接着左脚后蹬，侧身将右脚向球的方向跨一大步，到位击球（图 11.20）。

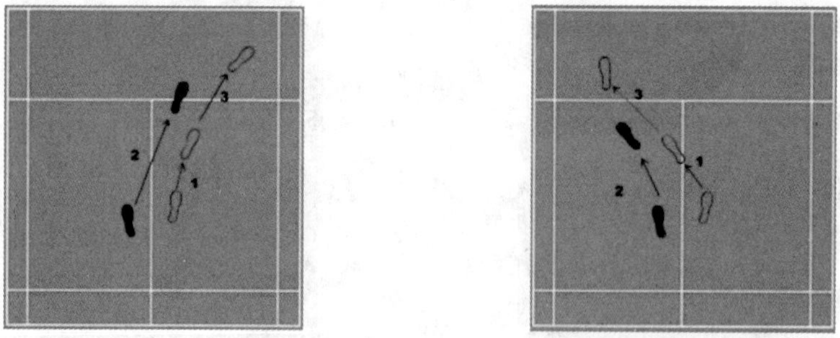

(a) 正手 (b) 反手

图 11.20 前交叉步加蹬跨步上网步法

（5）后交叉步加蹬跨步上网步法：起动后，右脚先向球的方向垫一步，接着，左脚向右脚后交叉一步，左脚一着地马上用力后蹬，侧身将右脚向球的方向跨一大步，到位击球（图 11.21）。

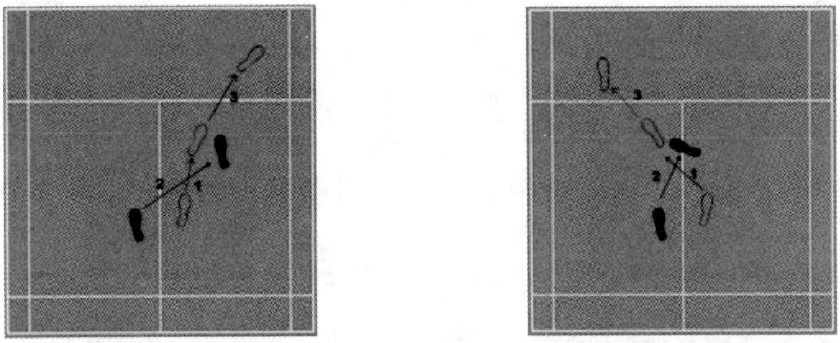

(a) 正手　　(b) 反手

图 11.21　后交叉步加蹬跨步上网步法

5. 中场技术

1）平抽球技术

（1）正手平抽球动作方法：面对球网，右脚稍在前，膝微屈，前脚掌着地，右手握拍于体前。右脚稍向右迈出一小步，同时上体稍往右侧，右臂向右侧上摆。球拍上举，肘关节保持一定角度，前臂稍后摆而带有外旋，手腕从稍外展至后伸，使球拍到后下方。前臂急速往右侧前挥动，从外旋转为内旋，球拍由后伸至伸直闪腕，握紧拍柄，挥拍抽压击球托底部。球拍向左边顺势盖过去，收拍于胸前回位（图 11.22）。

图 11.22　正手平抽球动作

（2）反手平抽球动作方法：与正手抽球基本相同。右脚向左前跨一步，身体左转，右前臂往身前收。肘部稍上抬，前臂内旋，手腕外展，球拍引至左侧。右前臂在往前挥拍的同时外旋，手腕由外展伸直至内收闪腕，手指突然握紧拍柄，拇指前顶，迎球挥拍，从球托的底部盖压过去。击球后，球拍随身体回动而回收（图 11.23）。

图 11.23　反手平抽球动作

2）接杀球技术

（1）接杀挡网前球。

正手接杀挡网前球动作方法：右脚向右侧跨一步，身体右倾，握拍手臂右伸，前臂外旋，手腕外展，持拍准备击球。击球时，前臂外旋，手腕稍内收带动球拍由右下向前上方推送击球，借用来球的力量及手腕、手指的力量，将对方的杀球“反弹”回击到对方网前场区内（图11.24）。

图11.24 正手接杀挡网前球动作

反手接杀挡网前球动作方法：左脚向左侧跨一步，身体左转，右肩对网，屈右肘，小臂内旋，手腕外展，引拍在左肩前。击球时，应利用对方来球的力量，前臂带动球拍由左上方向左前方用拇指的顶力轻挥球拍，把球挡回网前（图11.25）。

图11.25 反手接杀挡网前球动作

（2）接杀挑球。

正手接杀挑球动作方法：右脚向右侧跨一步，同时向后引拍，引拍时前臂外旋，手腕用力后伸。击球时，前臂内旋，手腕由后伸到快速收腕，拍面对准来球，利用小臂、手腕和手指的力量，快速向前挥拍将球挑到对方后场。

反手接杀挑球动作方法：左脚向左侧跨一步，身体左转前倾，右肩对网，屈右肘，前臂内旋，手腕外展，引拍至左侧前下方。击球时，前臂向右前方挥摆，手腕由外展至快速后伸，握紧球拍，用拇指的顶力，用反拍面全速挥拍击球，使球飞向对方的后场。

（3）接杀平抽球。

接杀平抽球动作方法：站于球场中心附近，两脚左右开立，两膝微屈，面向球网，右手持拍于体前，判断来球，左（右）脚向左（右）侧跨步到位，引拍至左（右）侧后。正手平抽球时，小臂由外旋转为内旋，手腕由伸腕至伸直闪动，手指握紧拍柄，多用食指的力量向前发力挥拍击球；接杀反手平抽球时，小臂由内旋转为外旋，手腕由稍内至外展收闪动，手指突然握紧拍柄，多用拇指的反压力，向前稍上挥拍击球。无论是接杀正手平抽球还是反手平抽球，击球点都应争取在身体的侧前方，以便手臂发力。击球后，球拍随身体的回转收于胸前。

3）侧移步法

（1）向右侧蹬跨步：起动后，左脚掌内侧用力蹬地，右脚向右侧跨出一大步，上身略向右侧倒，做正手抽挡球，击球后，以右脚前脚掌回蹬（图 11.26）。

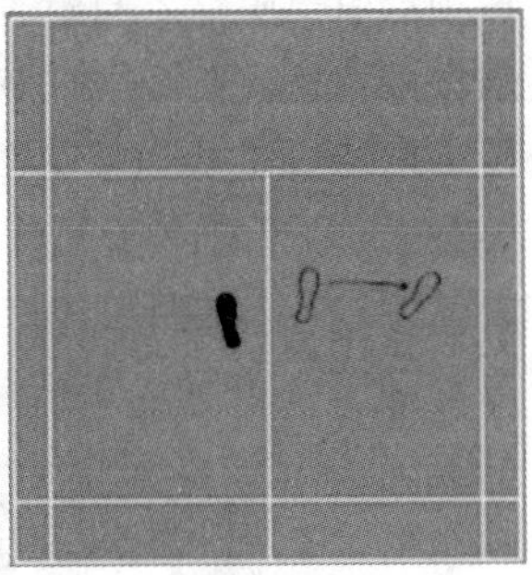

图 11.26 向右侧蹬跨步

（2）向左侧蹬（转）跨步：起动后，右脚掌内侧用力蹬地，同时向左转髋，左脚向左跨出一步，上身略向左侧倒，做抽挡球。击球后，左脚前脚掌回蹬，回到中心位置；或者起动后，以左脚前脚掌为轴，向左转髋，同时右脚内侧用力蹬地，经左脚前向右侧跨一大步，做反手抽挡球。击球后，以右脚回蹬随即转成面对网，回重心位置（图 11.27）。

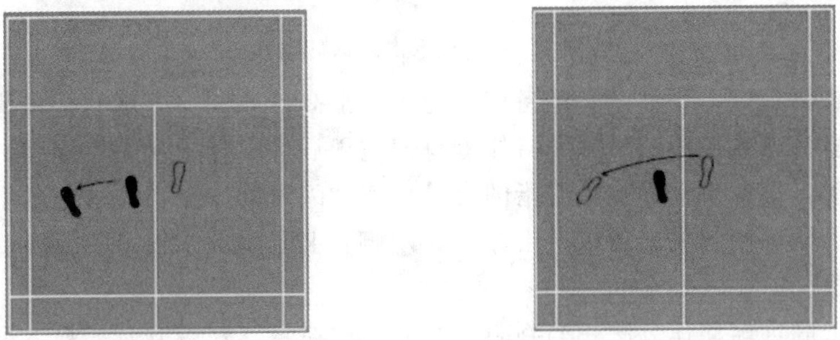

(a) 向左侧蹬跨步　　(b)向左侧蹬转跨步

图 11.27 向左侧蹬转跨步

（3）向右并步加蹬跨步：从启动开始，身体倾向右侧，中线移到右脚，左脚向右靠拢垫一小步并以前脚掌蹬地，向右侧转髋，右脚向右侧跨步，脚尖朝外（图 11.28）。

（4）向左垫步加蹬转跨步：起动后，左脚先向左侧垫一步，此后的动作与“向左侧蹬转跨步”一致（图 11.29）。

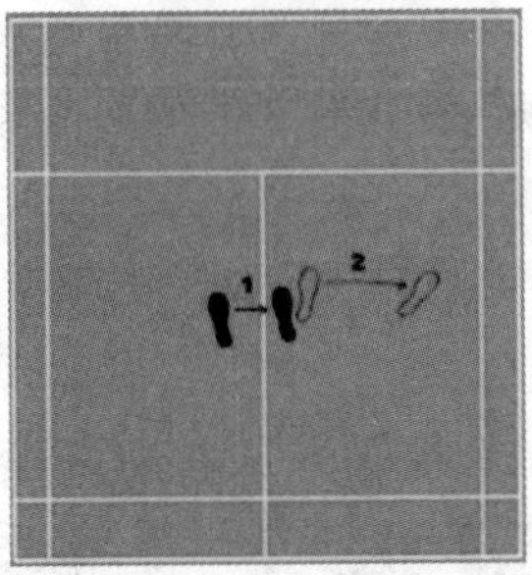

图 11.28 向右并步加蹬跨步

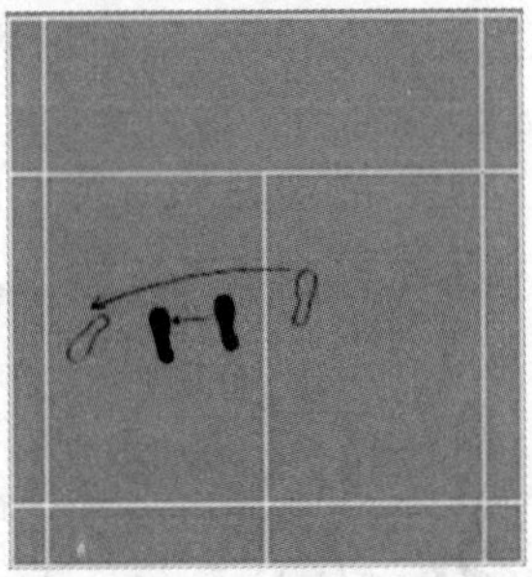

图 11.29 向左垫步加蹬转跨步

6. 后场技术

1）击高远球技术

（1）正手击高远球动作方法：首先判断来球的准确方向和落点，然后向右后方转体，侧身后退移动，把球调整在自己头部的右肩稍前上方的位置；左肩对网，左脚在前，右脚在后，重心在右脚上，左臂屈肘，左手自然举起，右手握拍，手臂自然弯曲，将球拍举在右肩上方，手腕、拍面稍内旋，两眼注视来球；击球时，上臂后引，随之肘关节上提，使之明显高于肩部，将球拍后引至头后，自然伸腕；在右脚蹬地、转体收腹的协调用力下，上臂带动前臂（并有内旋动作）快速向前上方“闪”动手腕，在手臂伸直的最高点，用手臂、手腕和手指的力量将球击出。击球后，持拍手随惯性向前下方挥动并收拍于体前，重心移至左脚（图 11.30）。

图 11.30 正手击高远球动作

（2）头顶击高远球动作方法：准备姿势与正手击高球相同。击球时，步伐移动要快，击球点选择在左肩上方或偏后的位置，身体侧身偏左稍后仰，球拍从右后侧绕过头顶后，由左肩上方向前挥动，小臂带动手腕、手指的力量快速“闪”动击球。有一定水平的运动员在主动的情况下，多数运用起跳击球法。击球后，左脚在身后落地并立即回蹬，重心移至右脚，迅速回中心位置。

（3）反手击高远球动作方法：当判断到对方来球在身体左后方时，身体迅速移动，最后一步用右脚前交叉跨至左侧底线，背向球网，重心落在右脚，把球调整在身体右上方，换成反手握拍，举拍在左胸前。击球时，上臂带动小臂，在肘部上抬至与肩平行时，两腿蹬地向上伸展用力，以肘关节为轴，小臂带动手腕、手指的力量快速挥动，在身体右上方击球。主要以拇指的侧压与手腕挥动配合用力。

2）吊球技术

（1）正手吊球动作方法：击球准备和前期动作与正手击高远球、扣杀球相似，只是击球时用力不同。吊球的击球点比高远球稍前。击球时用手指、手腕发力，做快速切压球动作，击球托的后部和侧后部。吊直线球，拍面正对前方，向前下方切削球托；若吊斜线球，则球拍切削球托的右侧并向左下方发力，把对方击来的高球从后场区还击到对方的网前区（图 11.31）。

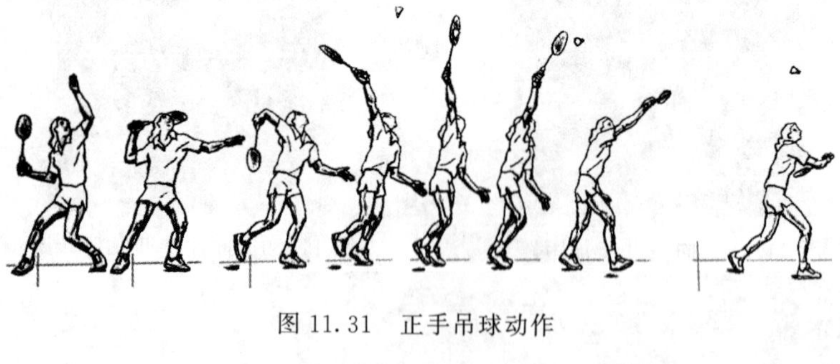

图 11.31 正手吊球动作

（2）反手吊球动作方法：击球前的动作同反手击高球。击球时，前臂挥动；速度减慢，手腕加速摆动，用反拍面切击球托的后部。吊直线球时，用反拍面切击球托的后中部，并直线向前用力；吊斜线球时，用反拍面切击球托的偏左侧，并斜线向前用力。

3）杀球技术

（1）正手扣杀球动作方法：准备姿势和动作过程与击高球的技术相似。击球时，把球调整在右肩的稍前上方，接着身体后仰、右腿蹬地、快速收腹，手臂以最大的速度向前上方挥摆，最后通过手腕的高速挥动，击球托后部，使球直线下行。杀球后，前臂带动球拍随惯性在体前收拍，身体重心由右脚移至左脚（图 11.32）。

图 11.32　正手扣杀球动作

（2）头顶扣杀球动作方法：准备姿势、击球动作与头顶击高球相似。当球恰好落在头顶上空或左肩上空适当高度时，持拍手臂向上举并绕头至左肩上，突然加快小臂、手腕的“闪”动并下压，同时右脚向左后方蹬地跳起，左脚后撤，身体成背弓形，利用腰腹力和手部力量协调向前下方用力将球击出。左脚着地时，要快速蹬地起步回位，准备回击下一个来球。

4）后退步法

（1）侧身并步后退步法。

起动后，以左脚前掌为轴，右脚往右后侧蹬转后退一步，并带动髋部后转，左脚即刻往右脚并一步，接着右脚再向右后撤一步，成侧身对网姿势，原地或起跳击球(图 11.33)。

（2）交叉步后退步法。

起动后，以左脚前掌为轴，右脚往右后侧蹬转后退一小步，左脚即刻经右脚后交叉后退一步，紧接着右脚再往右后撤一步，成侧身对网姿势，原地或起跳击球（图 11.34）。

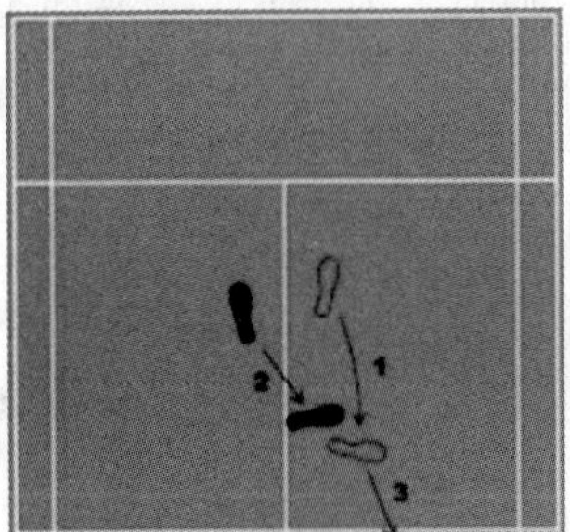

图 11.33　侧身并步后退步法

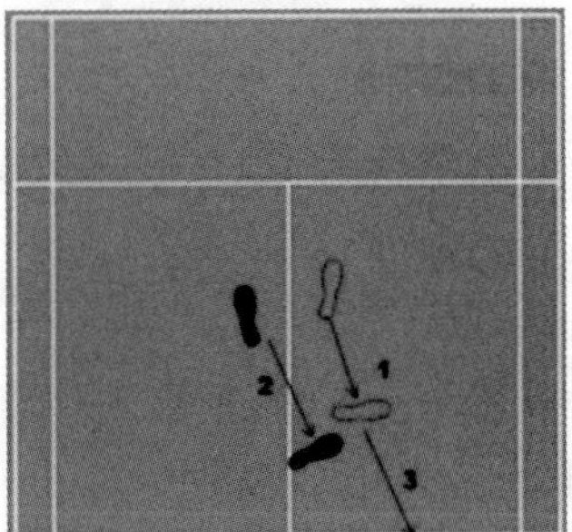

图 11.34　交叉步后退步法

（3）头顶并步后退步法。

起动后，以左脚前掌为轴，髋关节及上体在快速向后方移动的同时右脚向右后蹬转后撤一步，左脚即刻并步靠近右脚，紧接着右脚再向左后场退一步，左脚跟进一小步，成上体后仰侧面对网的姿势，原地或起跳头顶击球（图 11.35）。

（4）头顶交叉步后退步法。

起动后，以左脚前掌为轴，髋关节及上体在快速向后方移动的同时右脚向右后蹬转后撤一步，左脚即刻往身后交叉后退一步，紧接着右脚再向左后场退一步，左脚跟进一小步，成为上体后仰侧面对网的姿势，原地或起跳头顶击球（图 11.36）。

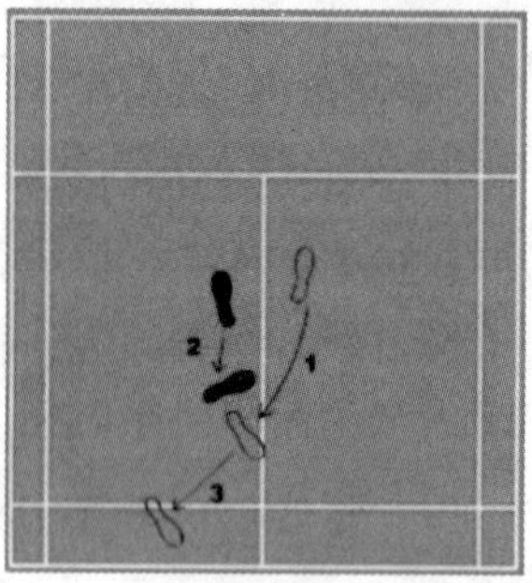

图 11.35　头顶并步后退步法

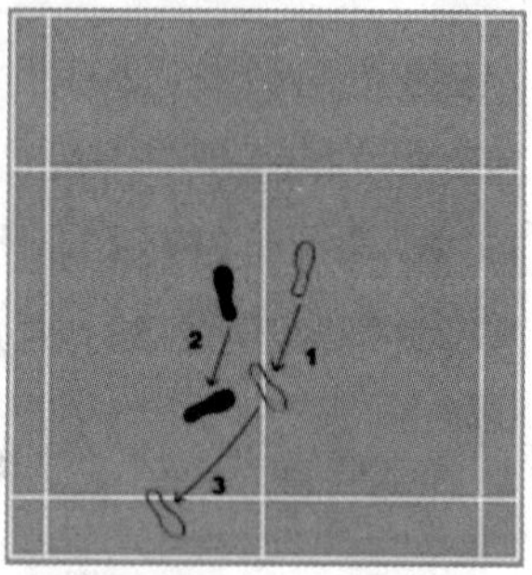

图 11.36　头顶交叉步后退步法

11.1.2　基本战术

1. 单打基本战术

1）控后突前战

采用后场的高远球和平高球，网前的推球和挑球等技术，重复压对方后场两角，造成对方被动，然后伺机采用杀球、吊球、搓球、勾对角球等技术攻击对方空当。此战术用来对付后场技战术进攻能力相对较弱者和后退步法慢或击球后急于上网的球员较为有效。

2）控制网前抢点突击战术

通过运用各种技术主动抢先放网，或迫使对方先放网后再凭借自己良好的网前手法，灵活运用搓、推、勾技术，造成对方网前直接失误，或抓住其被动击球的有利时机进行中后场的杀、劈、吊和网前的扑球得分。

3）拉开突击战术

先以快速而准确的落点控制对方场区四个角落，迫使对方前后左右地来回奔跑，当对方来不及回中心位置或失去身体平衡时，抓住空当和其弱点进行突击。这种战术通常用来对付步伐移动较慢、灵活性和体力较差的球员。

4）发球抢攻战术

以发网前球或平快球为主，限制对方进攻，迫使对方出高球，然后运用杀球和吊球攻击对方的弱点或空当。发球抢攻战术主要用于对付防守技能较差或后场进攻技能相对较强的对手，从而为自己创造更多的进攻机会。

5）对角线球路战术

无论进攻还是防守，前场还是后场，都是以打对角线球路为主，从而迫使对方球员在移动中多做转体、多走曲线。它主要用来对付场上灵活性较差、转体较慢的球员。

6）重复球战术

通过自身出球的节奏变化和良好的击球动作一致性，针对对方队员的某一个技术薄弱点，或击球后回中心位置较快的特点，重复地将球攻击到对方场上的某一区域。例如，运用“重复压后场”战术来对付后场移动较慢或技术相对较差的对手；运用“重复压头顶”来攻击对方反手区的薄弱还击；运用“重复放网”来控制网前击球后习惯后退，缺乏封网意识的对手。

2. 双打基本战术

1）攻人战术

这是双打比赛中常用的一种战术。在对方两名队员技术水平不平衡时，一般都采用这种战术。即使对付两名技术水平相差不大的对手时也可灵活运用。先通过将球下压或控制前场取得进攻机会，然后集中力量“二打一”，避其所长，攻其所短。

2）攻中路战术

将球击到对方两名队员站位之间的空隙，从而造成对方经常出现争抢回击或相互让球漏接等错误，尤其针对一些配合不够默契的对手，比较行之有效。当对方前后站位时，可将球击到对方中场两侧边线处。而在对方分边左右站位防守时，则可利用杀球、吊球等技术攻击对方的中路。

3）压后场拉开反击战术

通常用来对付后场扣杀能力较差的对手，也可结合将对方的弱者调到后场使用。此战术是用平高球、平推球、接杀接吊抽、挑后场球等技术，把对方一名队员紧逼在底线两角来回移动击球，并迫使其回击出质量不高的球，然后抓住有利时机反击。在此过程中，若对方处于前场的同伴欲后撤援助，则可伺机攻击网前空当或对其打追身球。

4）前场打点封压进攻战术

这种战术要求打法比较积极，前半场技术要好，步伐移动要快，两名队员配合默契。主要通过前半场积极抢点放网、推拨半场、平抽平挡和接杀球挡网跟进等技术，迫使对方被动起高球，从而有利于自己一方后压前封进攻得分。

11.2　羽毛球锻炼方法

11.2.1　锻炼价值和特点

1. 价值

羽毛球运动集锻炼性与娱乐性于一身，运动量可调控，男女老少皆宜，器材简便，又不受场地限制，易于开展、普及。经常参加羽毛球运动，既可以锻炼和提高身体素质，提高身体活动能力，改善内脏器官的功能，保持优美的体型，达到发展身体、强健体魄的目的，又可以培养勇敢顽强、机智灵活、果断沉着的个性。

2. 特点

羽毛球是一项全身体运动性项目，长期从事锻炼，可以增加肌肉力量，加速新陈代谢，增强心血管系统和呼吸系统的功能，提高人体神经系统的灵敏性和协调性。它适合于男女老幼，运动量可根据个人年龄、体质、运动水平和场地环境特点而定。羽毛球作为一种健身手段，对设备的要求比较简单，一副球拍、一个球就足够，室内室外都可以开展，不受场地的限制，既可单兵作战（两人对练），又可集体会战（双打或三对三），组织形式也灵活多变。羽毛球运动的特点决定了其锻炼方法的多样性。

11.2.2 锻炼方法

1. 身体素质锻炼方法

1）手腕灵活性练习

手持矿泉水瓶在身体前和身体两侧绕 8 字练习，以锻炼手腕的动作幅度和灵活性。动作由慢到快，幅度要大。重量可以由瓶子里面的水量来调整。

2）手腕力量练习

利用小哑铃，做手腕屈伸练习和收展练习。

3）上臂力量练习

手提重物由体侧做前举练习和侧举练习，俯卧撑练习也能很好地锻炼上臂力量。

4）腰腹力量练习

发展腰腹力量，可以采用仰卧起坐、两头起、仰卧举腿等练习。此外，俯卧、侧卧、仰卧的静力支撑也是锻炼腰腹力量的好方法。

5）下肢力量练习

跳绳是发展下肢力量的方法练习，可单脚跳、双脚跳、单摇、双摇交替，快速、慢速交替。以发展踝关节、小腿肌肉力量及下肢的灵活性，同时可以训练手腕速度。蛙跳也能较好地锻炼下肢爆发力和弹跳力。

6）耐力练习

利用羽毛球场地，站在半场中央，可徒手或持拍左前—回中点、右前—回中点、左后—回中点、右后—回中点，做四角的折返跑练习，既可以提高耐力又可以练习挥拍动作。另外，长时间变速跑，如 1500～3000 米变速跑，直道加速，弯道减速也可以提高耐力素质。

2. 基本技术锻炼方法

（1）多球练习。用多球在球场内进行单项技术练习或结合步法进行练习称为多球练习。采用这种练习方式，练习者可连续不断地反复击球和移动步伐，其特点是针对性强、密度大、效果好，非常适用于对新技术的学习和巩固，如发高球、搓球、挑球等练习。

（2）球路练习。把两项或两项以上的基本技术通过一定的路线结合在一起进行练习的方法称为球路练习。球路练习可以是定点、定路线，如单线固定球路练习（如拉斜线高球、接杀挡网练习等），也可以不固定路线进行，如杀上网、高吊球球路练习等。球路练习往往由简单到复杂，由固定路线到不固定路线。

（3）综合练习。由几个单项技术综合在一起训练的方法称为综合性基本技术练习。根据个人的技术特点和风格等有针对性地进行练习，可采用一对一形式。若需要增加练习难度，加大练习密度和运动负荷，可采用“二打一”或“三打一”的练习方法。

11.3 羽毛球规则与裁判法

11.3.1 场地和器材

1. 场地和场地设备

1）场地

场地应是一个长方形，用宽 40 毫米的线画出。线的颜色应是白色、黄色或其他容易辨别的颜色。场地长13.40米、宽6.10米（单打场地宽5.18米），双打场地对角线长为14.723米，单打场地对角线长为14.366米。所有场地线都是包含在它所确定区域的范围内的，丈量时要从线的外沿算起。

2）网柱

从场地地面起，网柱高1.55米。当球网被拉紧时，网柱应与地面保持垂直。网柱及其支撑物不得伸入场地内。无论是单打比赛还是双打比赛，网柱都应放置在双打边线上。

3）球网

球网应由深色优质的细绳编织而成。网孔为均匀分布的方形，球网上下宽760毫米，全长至少6.10米。球网的上沿是用宽75毫米的白带对折成的夹层，用绳索或钢丝从中穿过。夹层的上沿必须紧贴绳索或钢丝。绳索或钢丝应牢固地拉紧，并与网柱顶取平。从场地地面起至球网中央顶部应高1.524米，双打边线处网高1.55米。球网两端与网柱之间不应有空隙。必要时，应把球网两端与网柱系紧。

2. 羽毛球

羽毛球可由天然材料、人造材料或其混合制成。无论是何种材料制成的球，飞行性能应与由天然羽毛和薄皮包裹软木球托制成的球的性能相似。羽毛球应该是16根羽毛固定在球托上。每根羽毛从球托面至羽毛尖的长度，统一为62～70毫米。羽毛顶端围成圆形，直径为58～68毫米。羽毛应用线或其他适宜材料扎牢，球托底部为球形，直径为25～28毫米。球重4.74～5.50克。

3. 羽毛球拍

球拍长不超过680毫米，宽不超过230毫米，由拍头、拍柄、拍杆及连接喉等部分构成。拍柄是击球者通常握拍的部分。拍弦面是击球者通常用于击球的部分。拍头界定了拍弦面的范围。拍杆通过连接喉连接拍柄与拍头。连接喉（如有）连接拍杆与拍头。

11.3.2　常用规则

1. 挑边

比赛开始前应挑边。赢方将在球权（先发球或先接发球）或场区（在一个场区或另一个场区开始比赛）任意一项中做出选择。输的一方，在余下的一项中选择。

2. 计分方法

（1）除非另有规定（“礼让比赛”和“其他计分方法”），否则，一场比赛应以三局两胜定胜负。

（2）除比分为20平和29平的情况外，先得21分的一方胜一局。

（3）对方“违例”或球触及对方场区内的地面成死球，则该方胜这一回合并得一分。

（4）20平后，领先得2分的一方胜该局。

（5）29平后，先到30分的一方胜该局。

（6）一局的胜方在下一局首先发球。

3. 交换场区

以下情况，运动员应交换场区：①第一局结束；②第二局结束（如果有第三局）；③在第三局比赛中，一方先得11分时。如果运动员未按以上规则的规定交换场区，一经发现，在死球时立即交换，已得比分有效。

4. 发球

1）合法发球

（1）一旦发球员和接发球员做好准备，任何一方都不得延误发球。发球时发球员球拍的拍头做完后摆任何迟滞都是延误发球。

（2）发球员和接发球员，应站在斜对角的发球区内，脚不得触及发球区和接发球区的界线。

（3）从发球开始至发球结束前，发球员和接发球员的两脚，都必须有一部分与场地的地面接触，不得移动。

（4）发球员的球拍，应首先击中球托。

（5）发球员的球拍击中球的瞬间，整个球应低于发球员的腰部。腰指的是发球员最低肋骨下缘的水平切线。

（6）发球员的球拍击中球的瞬间，球拍杆应指向下方。

（7）发球开始后，发球员必须连续向前挥拍，直至将球发出。

（8）发出的球向上飞行过网，如果未被拦截，球应落在规定的接发球区内（即落在线上或界内）。

（9）发球员发球时，应击中球。

（10）一旦运动员站好位置准备发球，发球员的球拍头第一次向前挥动，即为发球开始。

（11）一旦发球开始，发球员的球拍击中球或未能击中球，均为发球结束。

（12）发球员应在接发球员准备好后才能发球，如果接发球员已试图接发球，即被视为已做好准备。

（13）双打比赛发球时，发球员和接发球员的同伴应在各自的场区内。其站位不限，但不得阻挡对方发球员或接发球员的视线。

5. 单打

1）发球区和接发球区

（1）一局中，发球员的分数为0或双数时，双方运动员均应在各自的右发球区发球或接发球。

（2）一局中，发球员的分数为单数时，双方运动员均应在各自的左发球区发球或接发球。

2）击球顺序和位置

一回合中，球应由发球员和接发球员交替从各自所在场所一边的任何位置击出，直至成死球为止。

3）得分和发球

（1）发球员胜一回合则得一分。随后，发球员再从另一发球区发球。

（2）接发球员胜一回合则得一分。随后，接发球员成为新的发球员。

6. 双打

1）发球区和接发球区

（1）一局中，发球方的分数为0或双数时，发球方均应从右发球区发球。

（2）一局中，发球方的分数为单数时，发球方均应从左发球区发球。

（3）接发球方上一回合最后一次发球的运动员应在原发球区接发球。其同伴接发球的站位与其相反。

(4) 接发球员应是站在发球员斜对角发球区的运动员。

(5) 发球方每得一分后，原发球员则变换发球区再发球。

(6) 除发球区错误外，发球都应从与发球方得分相对应的发球区发出。

2) 击球顺序和位置

每一回合发球被回击后，由发球方的任何一人和接发球方的任何一人，交替在各自场区的任何位置击球，如此往返直至死球。

3) 得分和发球

(1) 发球方胜一回合则得分，随后发球员继续发球。

(2) 接发球方胜一回合则得一分，随后接发球方成为新的发球方。

4) 发球顺序

每局比赛的发球权必须如下传递：

(1) 首先是发球员，从右发球区发球。

(2) 其次是首先接发球员的同伴，从左发球区发球。

(3) 再次是首先发球员的同伴。

(4) 接着是首先接发球员。

(5) 再接着是首先发球员，如此传递。

运动员在比赛中不得有发球、接发球顺序错误或在一局比赛中连续两次接发球（发球区错误的情况除外）。

一局胜方的任一运动员可在下一局先发球；一局负方的任一运动员可在下一局先接发球。

7. 发球区错误

以下情况为发球区错误：①发球或接发球顺序错误；②在错误的发球区发球或接发球。如果发现发球区错误，应予以纠正，已得比分有效。

8. 违例

以下情况均属违例。

(1) 不合法发球。

(2) 发球时：①球挂在网上或停在网顶。②球过网后挂在网上。③接发球员的同伴接到球或被球触及。

(3) 比赛进行中，球：①落在场地界线外（即未落在界线上或界线内）；②从网孔或网下穿过；③未从网上方越过；④触及天花板或四周墙壁；⑤触及运动员的身体或衣服；⑥触及场地外其他物体或人；⑦被击时停滞在球拍上，紧接着被拖带抛出；⑧被同一运动员两次挥拍连续两次击中（但一次击球动作中，球被拍框和拍弦面击中，不属违例）；⑨被同方两名运动员连续击中；⑩触及运动员球拍，而未飞向对方场区。

(4) 比赛进行中，运动员：①球拍、身体或衣服，触及球网或球网的支撑物；②球拍或身体，从网上侵入对方场区（击球时，球拍与球的最初接触点在击球者网这一方，而后球拍随球过网的情况除外）；③球拍或身体，从网下侵入对方场区，导致妨碍对方或分散对方的注意力；④妨碍对方，即阻挡对方紧靠球网的合法击球；⑤故意分散对方注意力的任何举动，如喊叫、故作姿态等；⑥运动员严重违反或屡犯“比赛连续性或行为不端”的规定。

9. 重发球

以下情况为“重发球”：

(1) 发球员在接发球员未做好准备时发球；

(2) 在发球过程中，发球员和接发球员都被判违例；

(3) 发球被回击后球停在网顶或球过网后挂在网上；

(4) 比赛进行中，球托与球的其他部分完全分离；

(5) 裁判员认为比赛被干扰或教练干扰了对方运动员的比赛；

(6) 司线员未能看清，裁判员也不能做出裁决时；

(7) 遇到不可预见的意外情况；

由裁判员或运动员（未设裁判员时）宣报“重发球”，用以中断比赛。“重发球”时，该次发球无效，原发球员重新发球。

10. 死球

以下情况为死球：

(1) 球撞网或网柱后，开始向击球者网这方的地面落下；

(2) 球触及地面；

(3) 宣报了“违例”或“重发球”。

11.3.3 裁判法简介

1. 技术官员的职责

组织一场正规的羽毛球比赛，一般需要设裁判长、裁判员、发球裁判员和司线员，各司其职，协同工作，保证比赛的顺利进行。裁判长对比赛全面负责；临场裁判员主持一场比赛，并管理该比赛场地及其紧邻的区域。裁判员对裁判长负责；发球裁判员负责宣判发球员的发球违例；司线员负责宣判球在其分管线的落点是“界内”或“界外”。技术官员对其所分管职责内事实的宣判是最后的裁决。当裁判员确认司线员明显错判时，应予以纠正。

2. 裁判方法

1) 裁判员的执裁

(1) 维护和执行羽毛球比赛规则，及时宣判“违例”或“重发球”。

(2) 对在下一次发球前提出的申诉做出裁决。

(3) 确保运动员和观众能随时了解比赛进展情况。

(4) 与裁判长磋商后指派或撤换司线员或发球裁判员。

(5) 在技术官员不足时，对无人执行的职责做出安排。

(6) 在技术官员视线被挡时，执行其职责或判“重发球”。

(7) 记录并向裁判长报告与规则16有关的所有情况。

(8) 仅将与规则有关的申诉提交裁判长。

2) 司线员的执裁

共有三种手势（图11.37）和一个宣告术语“界外”。

(1) 对球的落点裁决时，界内球只出示“界内”手势不宣告（图11.37a）；

(2) 界外球既要出示“界外”手势，同时还要宣告“界外”（图11.37b）；

(3) 如果球落地一瞬间司线员因视线被挡未能看清球的落点，应出示“视线被挡”手势不宣告，让裁判员裁决（图11.37c）。

(a)“界内”手势 (b)“界外”手势 (c)“视线被挡”手势

图 11.37 司线员执裁的三种手势

11.4 羽毛球主要赛事及欣赏

11.4.1 羽毛球赛事简介

目前，由国际羽联主办的世界重大羽毛球赛有：汤姆斯杯赛、尤伯杯赛、苏迪曼杯赛、世界羽毛球锦标赛、世界杯羽毛球赛、全英羽毛球锦标赛、奥运会羽毛球比赛、国际系列大奖赛

1. 汤姆斯杯赛

汤姆斯杯赛，即世界男子羽毛球团体锦标赛，是世界上最高水平的男子羽毛球团体赛，由国际羽联创办于1948年，每两年举办一次。1934年国际羽联成立时，英国人乔治·汤姆斯（George Thomas）被选为主席。5年后，汤姆斯在国际羽联会议上提出，组织世界性男子团体比赛的时机已成熟，并表示将为这一比赛捐赠一个奖杯，称为“汤姆斯杯”。该比赛在偶数年举行。比赛由三场单打、两场双打组成。历史上夺得汤姆斯杯冠军最多的国家是印度尼西亚队，共13次。

2. 尤伯杯赛

尤伯杯赛，即世界女子羽毛球团体锦标赛，是世界上最高水平的女子羽毛球团体赛。尤伯杯赛由国际羽联创办于1956年。每两年举办一届，在偶数年举行。由于汤姆斯杯赛——世界男子羽毛球团体锦标赛搞得红红火火，曾活跃于20世纪三四十年代世界羽坛的尤伯夫人认为，也应该有一个专供女性竞技的大型羽毛球团体赛。该项比赛由三场单打、两场双打组成。历史上夺得尤伯杯冠军最多的国家是中国队，共11次。

3. 苏迪曼杯赛

苏迪曼杯赛，即世界羽毛球混合团体锦标赛。继汤姆斯杯赛、尤伯杯赛和世界羽毛球锦标赛世界三大比赛之后，为了提高世界各国羽毛球运动的综合实力水平，1987年，国际羽联决定新增设一项世界羽毛球男女混合团体锦标赛，并以苏迪曼杯作为这一锦标赛的优胜者奖杯。苏迪曼杯赛是检验各国或地区羽毛球运动整体水平的赛事，规定比赛双方进行男女单打、男女双打和混合双打共5个项目，采用五盘三胜制。1989年，在印度尼西亚举行了第一届苏迪曼杯赛，同时规定此项比赛每两年举行一届，逢双数年是汤姆斯杯赛和尤伯杯赛，单数年为苏迪曼杯赛。

4. 世界羽毛球锦标赛

世界羽毛球锦标赛，即世界羽毛球单项锦标赛，是一项由国际羽联组织的羽毛球单项锦标赛，以之为世界顶尖的羽毛球选手加冕。世界羽毛球锦标赛是国际羽联主办的世界最高水平的羽毛球单项锦标赛。该赛从1977年开始举办，1983年以前每三年举办一次。从1985年起，该项赛事改为每两年举办一次，直到2005年止，2006年起，锦标赛成了国际羽联日程表上一年一次的赛事，目的在于给予运动员们更多机会去赢得官方的“世界冠军”称号。但每到奥运会举办的年份，锦标赛不举办，以便为奥运会羽毛球比赛让路。设有男女单打、双打和混合双打5个比赛项目。

5. 全英羽毛球锦标赛

全英羽毛球锦标赛，又称全英羽毛球公开赛。它由英格兰羽毛球协会于1899年创办，是世界历史上最悠久的羽毛球赛事。它最初由英国和英联邦国家选手参加，现在已成为全球性的羽坛大会战。它是世界上最早和最具荣誉的羽毛球比赛，每年举办一次，在1898年Guildford成功举办第一次世界羽毛球锦标赛后创建，1899年4月第一次全英羽毛球锦标赛成功举办，但是，当时只进行有3个项目（男双、女双和混双）的比赛，男女单打都是在后来的比赛中加入的。全英公开赛现与韩国公开赛、印尼公开赛、中国公开赛和丹麦公开赛，同列于世界羽联设定的5站顶级赛系列。

6. 世界杯羽毛球赛

世界杯羽毛球赛是重要的国际性赛事，属于邀请性比赛，由国际羽联邀请当年成绩优异的选手参加。该赛从1981年开始举办，每年举办一次，1997年因多种原因而中断。按照国际惯例，世界杯羽毛球赛将邀请世界排名男单前16名、女单前12名、男双前8名、女双和混双前6名的选手参赛。2005年世界杯羽毛球赛再次恢复。世界杯羽毛球赛是小组赛赛制。

7. 奥运会羽毛球比赛

羽毛球1992年成为奥运会正式比赛项目，只设4个单项比赛，无混双比赛。自1996年亚特兰大奥运会起增设混双项目。

8. 国际系列大奖赛

这是国际羽联参照世界网球大奖赛办法组织的，始于1983年。该赛由在全年不同时间和在不同国家举办的6个级别的系列赛组成，主要包括超级赛和大奖赛。在12站超级赛中获得积分最高的前8名/对选手参加年终举办的超级系列赛总决赛，但在任一单项比赛中每个下属协会最多每队2名选手报名参加。

11.4.2 羽坛明星

1. 林丹

林丹，1983年10月14日生于福建省龙岩市上杭县临江镇。中国羽毛球男子单打运动员。2008年北京奥运会、2012年伦敦奥运会男子单打项目冠军。羽毛球运动历史上第一位集奥运冠军、世锦赛冠军、世界杯冠军、亚运会冠军、亚锦赛冠军、全英赛冠军及多座世界羽联超级系列赛冠军于一身的全满贯球员。

2. 李宗伟

李宗伟，马来西亚羽毛球运动员，华裔，擅长单打。从1998年开始代表马来西亚外出参加比赛，2003年在大马卫星羽球赛赢得首个冠军。被誉为大马羽球一哥，媒体经常把中国林丹、印度尼西亚陶菲克、丹麦皮特·盖德与他并列为世界四大天王。2008年北京奥运会、2012年伦敦奥运会羽毛球男单亚军。2012年11月9～10日连续两晚在吉隆坡会展中心举行婚宴。2008年、2009年、2010年、2013年世界羽联超级系列赛年终总决赛男单冠军。2010年、2011年、2014年全英公开赛男单冠军。2015年4月27日，世界羽联宣布李宗伟禁药案的最终判决结果，最终这位前世界第一被处以禁赛8个月的处罚，禁赛时间是从2014年8月30日到2015年4月30日。

3. 谌龙

谌龙，湖北荆州人，中国羽毛球队主力队员。2000年进入厦门队，2006年6月9日进入国家队二队。2007年世界青年锦标赛，获得男单冠军。他以优异的表现被看作林丹的接班人。2011年10月23日，在世界羽联超级系列赛丹麦公开赛男单决赛中发挥出色，以2∶0战胜李宗伟，连续两站决赛击败马来西亚人问鼎男单冠军，这也是他连续第三站夺取超级赛冠军。2012年伦敦奥运会男单季军，同年获得世界羽联超级系列赛总决赛男单冠军。2013年苏迪曼杯团体世界冠军主力成员。北京时间2014年9月1日，在哥本哈根世锦赛决赛上以稳定的发挥与较好的心理素质，击败头号种子李宗伟，获得职业生涯第一个单项世界冠军。

4. “风云组合”

蔡赟和傅海峰，中国羽毛球队男子双打运动员。傅海峰，左手握拍，1998年进入省队，2002年上半年，入选国家队。蔡赟，右手握拍，拥有高超的羽毛球技艺和帅气的面孔，曾多次夺得各国公开赛冠军。在近三届世锦赛，“风云组合”保持全胜，豪取15连胜。苏迪曼杯冠军成员，汤姆斯杯冠军成员，世界羽毛球锦标赛男子双打冠军，2012年伦敦奥运会男子双打冠军，体坛风云人物最佳组合奖（三届），世锦赛四冠王。

思考题

1. 羽毛球的前场技术有哪些？
2. 如何更好地欣赏一场羽毛球比赛？
3. 你喜欢的羽毛球明星有哪些？他们的技战术特点是什么？

第 12 章 网 球

12.1 网球基本技战术

12.1.1 基本技术

1. 握拍常识介绍

1）食指掌指关节（食指根部）及拍柄的面

握拍方法以食指根部与小鱼际连线压在拍柄的某一个面为准。拍柄的面是这样规定的：以拍面平行于地面为准，最上面即为 1 号面，顺时针旋转依次为 2、3、4、5、6、7、8 号面（图 12.1、图 12.2）。

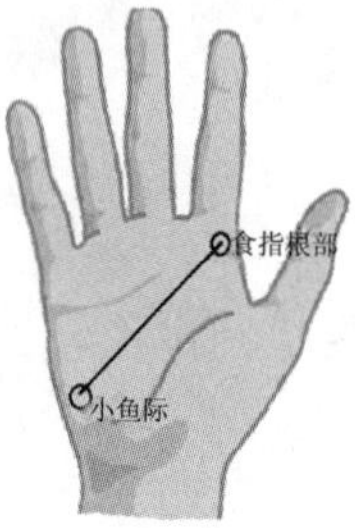

图 12.1 手掌握拍方法

图 12.2 拍柄的面

2）基本握拍方法（以右手持拍为例）

握拍是所有击球的基础，它主宰着击球时的拍面角度、击球点及控制、深度和力量等最重要的击球品质。基本握拍方法大概有五种：东方式正手握拍（图 12.3）、东方式反手握拍（图 12.4）、大陆式握拍（图 12.5）、半西方式握拍（图 12.6）、双手反手握拍（图 12.7）。

（1）东方式正手握拍：食指根部与小鱼际连线压在 1 号面上。

（2）东方式反手握拍：食指根部与小鱼际连线压在 7 号面上。

（3）大陆式握拍：食指根部与小鱼际连线压在 8 号面上。

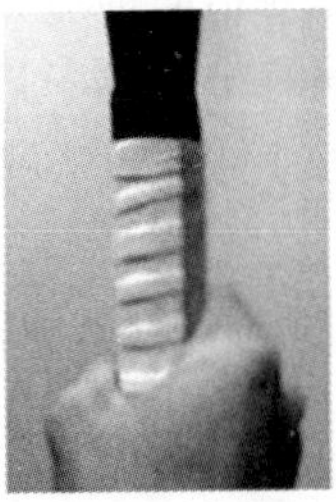
图12.3　东方式正手握拍

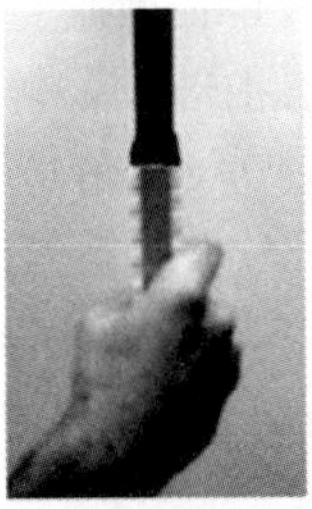
图12.4　东方式反手握拍

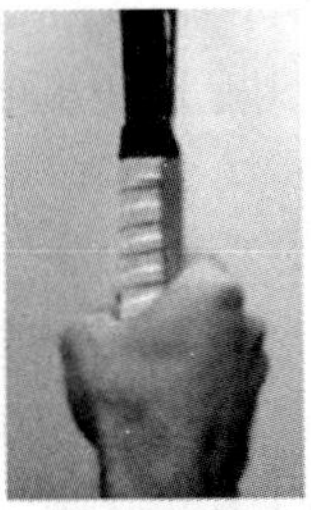
图12.5　大陆式握拍

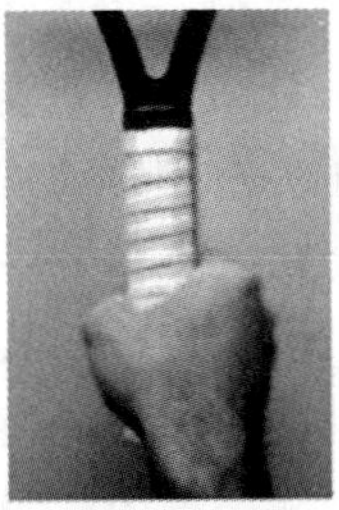
图12.6　半西方式握拍

图12.7　双手反手握拍

（4）半西方式握拍：食指根部与小鱼际连线压在2号面与3号面之间的棱上。

（5）双手反手握拍：右手食指根部与小鱼际连线压8号面，左手食指根部与小鱼际连线压4号面。

2. 正手击球技术

正手击球（图12.8）是网球运动中最主要的击球方法之一，也是最基本、最可靠的进攻性得分手段，所以，正手击球是网球爱好者必须学习和掌握好的一项基本技术。有了正手击球的稳定性，才算是掌握了打好网球的基础。强大的正手击球是回击对方来球最有效的击球手段。网球运动中，正手击球的机会很多，并且击球有力，球速较快，比赛中常常通过正手击球打出的线路及球速来控制对手，占据场上主动，达到得分的目的。

图12.8　正手击球

正手击球技术可分为传统正手击球和现代正手击球两种。传统正手击球是指运用关闭式步法，采用东方式正拍握拍的一种击球方法。现代正手击球则是运用开放式步法或半开放式步法，采用西方式或半西方式握拍的一种击球方法。

传统正手击球因其动作规范、击球准确，而被大家广泛采用。现代正手击球因其握拍技术的独特性、击球线路的合理性，并能产生强烈的上旋，已成为当今网坛进攻型选手的必备武器。其开放式和半开放式的步法，更能充分发挥现代网球运动员身体素质好的优势，同时使用西方式和半西方式握拍方法能击出更加强烈的上旋球，使正手击球的攻击性大大增强，被现代许多优秀选手所采用。

1）传统正手击球技术

（1）握拍。采用东方式正手握拍或大陆式握拍。

（2）准备姿势。面对球网，两脚左右开立，略比肩宽；双膝微屈，上体微微前倾，重心落在两腿之间；右手握拍，左手轻扶拍颈；拍头略高于手腕，拍面垂直于地面并指向前方。

（3）后摆引拍。采用关闭式步法。判断来球方向，做引拍动作，转体的同时带动拍子后引，做弧形后摆动作。右脚转动基本与底线平行，左脚向前方45°角迈步，此时身体重心位于右脚，两肩膀的连线垂直于球网，两眼紧盯来球。

（4）挥拍击球。看准来球，找准击球位置，击球点在左脚的右侧前方，球拍由后向前挥出，球拍触球时，继续前送，此时膝关节仍然保持弯曲，最佳击球高度保持在腰部或更低，击球时的瞬间身体仍保持关闭，身体重心移至左脚。

（5）随挥动作。击球后，球拍继续向前挥动，直至球拍于左肩膀上方结束。此时，拍头向上，拍柄底部向下。身体由原来的侧对球网改为面对球网，随挥完成后，随即恢复到准备姿势。

2）现代正手击球技术

（1）握拍。采用西方式或半西方式握拍法。

（2）准备姿势。和传统正手击球的准备姿势相同：面对球网，两脚左右开立略比肩宽；双膝微屈，上体微微前倾，重心落在两腿之间；右手握拍，左手轻扶拍颈；拍头略高于手腕，拍面垂直于地面并指向前方。

（3）后摆引拍。采用开放式步法。当球离开对方的球拍时，立即转髋带肩，向后引拍，动作幅度较小，双腿几乎与底线平行，此时，身体的重心落在右脚上。左臂抬起，跟随右臂移动，此时，两只手臂像是被手铐铐住一样，同时移动，以保证能充分转肩，为击球做好准备。

（4）挥拍击球。击球点在右脚的侧前方，高度比传统正手击球要高，通常在腰以上和肩部以下的位置。击球时，拍头通过击球点时向前、向上加速，此时，双腿进行爆破式发力。

（5）随挥动作。现代正手挥拍过程，由于充分利用了肩、肘、手腕的柔韧性和灵活性，球拍击球后还要顺势向上、向前、向后继续挥拍，保持环状挥拍的连贯性和完整性。随挥结束后，球拍应挥至颈后，肘部高于传统正拍。

3）正手击球的种类

正手击球可根据击球方式的不同，分为平击球、上旋球和下旋球三种。

（1）平击球。平击球是指当拍面与球接触时，拍面垂直于地面，击球的挥拍路线及球的飞行路线也相对比较平直，击出的球几乎没有任何旋转。此种球的特点是：球落地前冲快速有力，反弹弧线较低。传统正手因其握拍方式的要求，比较容易能打出平击球。

（2）上旋球。上旋球是指球拍接触球时，球拍的拍面向下较多，击打球的后中部或中下部，挥拍路线自下向上、从右向左较多，因此，使球产生了向上的旋转。现代正手因其握拍的特殊要求，很容易打出上旋球。这种球的特点是：球飞行的弧度较大，弧线高，下降快，落地后前冲力强，反弹弧线高，同时击球的安全性高，不易失误。当今世界网坛许多优秀选手在比赛中常利用上旋球的这些特点，制造机会，掌握主动。

（3）下旋球。下旋球是指球拍与球接触时，球拍的拍面向上较多，击打球的中上部，使球产生向下的旋转。这种球也统称为切削球，是球员从初级晋级中级必须掌握的一项技术，使用传统正手的大陆式握拍或东方式正手握拍都可以打出强烈的下旋球。下旋球又分为正手下旋球和反手下旋球。正手下旋球在比赛中使用较少，用于接发球和防守。反手下旋球（反手削球）则在比赛中使用较多，已成为现代网球运动的一种有力武器，可以用于防守和组织进攻。它的击球要领是：当球离开对方球拍飞向自己的反手时，如果准备用反手削球，应提前做准备，在球弹起后的上升期击球，后摆幅度根据来球的情况而定，如情况允许，应尽可能做到引拍幅度大些，拍头高于手腕与头齐平，拍面略开，由后上方、前下方挥出，击球时，拍面几乎与地面垂直，同时身体重心随挥拍动作一起向前。

3. 单手反手击球技术

反手击球技术是指在底线附近，回击对方击到持拍手另一侧来球的技术。反手击球技术包括反手平抽球技术、反手上旋球技术、反手削球技术和双手反拍技术四种。一方面，网球初学者几乎都是从正手开始学习网球的，正拍的拉拍动作既方便又容易，身体向同侧转动已成习惯，所以，一般情况下，反手技术比正手要差。另一方面，由于反手击球力量相对较小，比赛中会被对手作为弱点来进攻，但事实上，在学好正拍的基础上，反拍击球动作往往更容易完成，所以，初学者一定要能够熟练掌握这项技术，网球水平才能更上一个层次。当今世界网坛，男子单手反拍的代表人物是费德勒、瓦林卡，女子的代表人物是海宁、斯齐亚沃尼。单手反拍如图12.9所示。

图12.9　单手反拍

1）单手反手平抽球技术

反手平抽球是指在持拍手另一侧击打落地球的技术，它和正手平抽球一样，都是网球基本技术中最常用的击球方法。反手平抽球的特点是：如果用同样的力量击球，这种球的球速最快，球的飞行路线最平直，球落地后反弹弧线低，且前冲力较大，但这种球的失误率较高，尤其在移动中打平抽球，很难控制球的准确性，打出的球容易下网或出界。

（1）握拍。用东方式反手握拍或大陆式握拍方法。

（2）准备姿势。面对球网，两脚左右开立，略比肩宽；双膝微屈，上体微微前倾，重心落在两腿之间；右手握拍，左手轻扶拍颈；拍头略高于手腕，拍面垂直于地面并指向前方。

（3）后摆引拍。当球离开对方的球拍，判断要用反拍击球时，要立即向非持拍手的另一侧转体、转肩，持拍手同侧的脚同时向另一侧前方跨步，非持拍手轻扶拍颈，帮助持拍手调整拍面角度，并帮助持拍手把球拍拉向非持拍手一侧后方，仿佛把球拍抱在怀里，此时拍柄的底部对准来球，双膝弯曲，身体重心落在后面的那只脚上。

（4）前挥。后脚蹬地，转髋带肩，同时带动手臂，由后向前挥动，左臂同时后移，身体重心开始前移。反手击球的前挥和正手击球的前挥有很大的区别，正手是向心运动，而反手则是离心运动。

（5）挥拍击球。在身体重心前移的带动下，加大转髋的幅度，手臂在肩的带动下，随之由后向前几乎直线挥出，击球的后中部，持拍手腕固定，在脚前45°角左右，腰部高度击球，拍面几乎与地面垂直。

（6）随挥动作。反手击球后，应继续做完随挥动作，应随着挥拍的惯性继续向前上方送出，此时两只手臂已是完全打开。动作结束后，随即恢复到准备姿势。

2）单手反手上旋球技术

（1）握拍。采用东方式反手握拍或西方式握拍。

（2）准备姿势。两脚开立与肩同宽（或比肩稍宽），站于底线后，两脚稍成内八字；重心落在前脚掌；膝关节保持微微弯曲，并稍内收；上体微微前倾，含胸，收肩，保持一定的紧张度；双手自煞持拍于体前，非持拍手以拇指、食指、中指轻扶拍颈，辅助持拍手保持放松状态；头部保持正直，视线平视对方。整个身体状态蓄势待发，随时准备启动。

（3）后摆引拍。当球离开对方的球拍，判断要用反拍击球时，要立即向非持拍手的另一侧转体、转肩，持拍手同侧的脚同时向来球方向前跨半步至一步，非持拍手轻扶拍颈，帮助持拍手调整拍面角度，并帮助持拍手把球拍拉向非持拍手一侧的后方，拍头上翘，非持拍手臂抬起并保持其高度，基本与肩齐平，持拍手臂保持适度的弯曲，双眼注视来球，双膝弯曲，身体重心落在后脚上。

（4）前挥。后脚蹬地，转髋带肩，同时带动手臂，由后向前挥动，左臂同时后移，身体重心开始前移。反手击球的前挥和正手击球的前挥有很大的区别，正手是向心运动，而反手则是离心运动。

（5）挥拍击球。在身体重心前移的带动下，向前挥拍主动去迎击球，击球点在持拍手同侧脚的侧前方，击球的部位是球的后中偏下部位。击球前，拍头略低于来球，挥拍路线是从后下方向前上方加速挥出。击球的瞬间，手腕绷紧，拍弦由下至上擦击来球，使球产生强烈的上旋。

（6）随挥动作。反手击球后，应继续做完随挥动作，应随着挥拍的惯性继续向前上方送出，身体转向球网，此时两只手臂已是完全打开。动作结束后，随即恢复到准备姿势。

4. 双手反手击球技术

双手握拍，由于击球力量大，稳定性好，流行于当今网坛。由于用两只手握拍，所以大大增加了腕力，克服了手腕晃动的弊病，提高了击球的准确性，同时对对手的来球也可以进行有力的回击。双手反拍如图 12.10 所示。

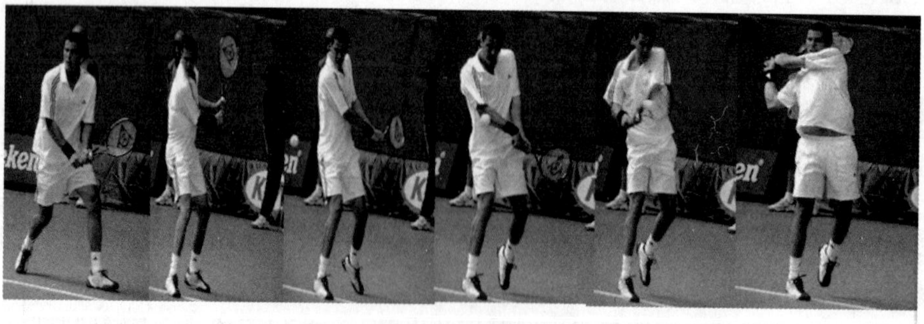

图 12.10　双手反拍

（1）握拍。双手反手击球的握拍方法是：右手在下，用东方式反手（或大陆式）握拍，左手在上，用东方式正手（或半西方式）握拍。

（2）准备姿势。两脚左右开立，与肩同宽（或比肩稍宽），站于底线后，两脚稍成内八字；重心落在前脚掌；膝关节保持微微弯曲，并稍内收；上体微微前倾，含胸，收肩，保持一定的紧张度；双手自然持拍于体前，非持拍手以拇指、食指、中指轻扶拍颈，辅助持拍手保持放松状态；头部保持正直，视线平视对方。整个身体状态蓄势待发，随时准备启动。

(3) 后摆引拍。当球离开对方的球拍时，一旦判断来球并决定用双手反手击球，就应该立即转肩带动手臂和球拍向后摆，身体侧对来球，双臂紧靠身体，拍柄底部对准来球，此时身体重心由双脚之间移向左脚，同时右脚向左前方 45°角迈出，两脚之间的距离略比肩宽。

(4) 挥拍击球。当球进入击球区域时，双脚蹬地，转髋带肩、手臂及球拍向前挥动，击球点应在右脚侧前方腰部高度。前挥动作要求乎滑连贯，拍头稍微低于击球点。击球时，身体重心前移，眼睛紧盯来球，击打球的后下部，球拍由后下往前上挥动，击球时拍面几乎与地面垂直。

(5) 随挥动作。击球后，球拍沿击球方向前上方继续挥出，身体重心移至右脚，结束时，球拍应挥至脑后。

5. 反手削切球技术

网球爱好者要想打好网球，反手削切球（图 12.11）是一项必须熟练掌握的技术，这是因为反手削切球适用范围较广，且常常令对手防不胜防。和上旋球相比，反手削切球打出的球的旋转是反向的，所以，球落地后有一种弹不起来的黏滞感，在红土场上这一点尤为突出，这也是红土场上放小球屡屡得手的原因。我们在学习反手削切球技术之前，必须了解反手削切球的几个特点：首先，反手削切球容易控制球；其次，反手削切球多用于防守（有时也用于进攻）；再次，可以使击球富有节奏变化；最后，反手削切球可以在自己被动时为自己争取回位的时间。

图 12.11　反手削切球

(1) 握拍。大陆式握拍或东方式反手握拍。

(2) 准备姿势。两脚左右开立，与肩同宽（或比肩稍宽），站于底线后，两脚稍成内八字；重心落在前脚掌；膝关节保持微微弯曲，并稍内收；上体微微前倾，含胸，收肩，保持一定的紧张度；双手自然持拍于体前，非持拍手以拇指、食指、中指轻扶拍颈，辅助持拍手保持放松状态；头部保持正直，视线平视对方。整个身体状态蓄势待发，随时准备启动。

(3) 后摆引拍。当球离开对方的球拍，判断要用反手击球时，要立即向非持拍手的一侧转体、转肩，带动手臂转动，使背部对准来球；持拍手同侧的脚同时向来球方向前跨半步至一步；非持拍手轻扶拍颈，帮助持拍手调整拍面角度，保持拍面微微打开，拍头上翘，持拍手臂靠近肩部并保持适度的弯曲；双眼注视来球，双膝弯曲，身体重心落在后面的那只脚上。

(4) 挥拍击球。双脚蹬地，髋向前顶，整个身体重心前移，肩关节不能打开过早，同时持拍手臂由后上方向前下方挥出，左手向后上方移动，击球的后下部，击球时手腕保持紧张，拍面保持固定，击球点尽量保持在持拍手一侧脚尖的前方，眼睛紧盯来球，双肩基本保持水平。

（5）随挥动作。击球后，身体重心继续前移，手臂、球拍继续向前。削球的随挥应体现简捷、短促的特点，随挥的路线越短越好，这样更有利于及时收拍，减少小臂和手腕的甩动或翻转，有利于控制球的线路。

6. 截击技术

截击球是指在对方来球未落地之前，将球凌空拦击到对方场区内的球。截击是现代网球比赛中一种重要的得分手段，截击多在网前，截击的球一般速度比较快、力量大、进攻性强，所以，现代网球比赛中，谁占据了网前的主动，谁就取得了明显的优势。正手截击技术的好坏标志着网前选手拦网的稳定性和攻击能力。

截击球分为正手截击（常规截击、中场截击、近网截击）、反手截击和抽击截击（图12.12）。

图 12.12　正手截击、反手截击和抽击截击

1）正手截击

（1）握拍。正手截击最理想的握拍方式是大陆式握拍，这样可以保证在网前击球时，无论是正手截击球还是反手截击球都不用变换握拍，从而节省了变换握拍的准备时间，另外，大陆式握拍使食指和中指形成扣扳机状，便于球员对拍头有更多的控制。

（2）准备动作。截击前应首先取好位置，其基本位置应该站在对手可能回球范围内的正中间。两腿开立略比肩宽，双膝明显弯曲，上体保持前倾，双手持拍在体前，拍头较高，肘关节前伸，身体重心落在双脚前脚掌上，注意观察并预先判断对方来球。

（3）引拍阶段。当判断对方来球需要用正手截击时，身体重心移向右脚，上体同时跟着向右侧转动，保持身体侧对来球，握拍的右手顺势向右、向后摆动，但动作很小，几乎不超过自己的身体（来球越快后摆越小），左手离开球拍（保持身体平衡），拍面打开，抬起左脚，眼睛紧盯来球。

（4）击球阶段。左脚向右前跨步的同时，右臂前伸，挥拍迎击来球，拍头始终高于手腕，拍面对准来球，腋下夹紧，手腕固定，击球动作是从后上方向前下方运动，击球点在身体的右侧前方。动作简捷而有力，截出的球一般是下旋切击球。

（5）随挥阶段。击球后的随挥动作很小，一般不会超过身体的中轴线，击球结束后，拍面指向击球方向。

2）反手截击

（1）握拍。采用大陆式握拍或东方式反手握拍法。

(2) 准备动作。截击前，应首先取好位置，其基本位置是站在对手可能回球范围内的正中间。两腿开立略比肩宽，双膝明显弯曲，上体保持前倾，双手持拍在体前，拍头较高，肘关节前伸，身体重心落在双脚前脚掌上，注意观察并预先判断对方来球。

(3) 引拍阶段。当判断对方来球需要用反手截击时，身体重心移向左脚，上体同时跟着向左侧转动，保持身体侧对来球，左手扶住拍颈，向后上方引拍，至击球点的后上方，左腿是支撑腿，应保持弯曲并向前伸展。眼睛紧盯对方来球。

(4) 击球阶段。右脚向左前方跨步的同时，持拍手臂从后上方向前下方挥出迎击来球，同时左手向后上方运动（保持身体平衡），手腕固定，拍头高于手腕，稍用肩和前臂动作向下切球，击球点在身体的左侧前方。

(5) 随挥阶段。击球后，重心前移，有一个很短的随挥动作。

3) 抽击截击

随着现代网球技术的发展，并不是所有的截击球都没有充分的后摆和前挥动作。当对方的回击是一个中前场且又高又慢的“月亮球”时，就可以像打正手球一样，迎前大力击球。这就是抽击截击，其击球点在身前，高度在肩和腰之间，挥拍击球时，前脚要大跨步，同时不要忘了夹紧腋下，击球后拍子要大幅度地随挥出去，身体的重心明显前移。

7. 高压球技术

高压球（图12.13）的动作类似于发球，但引拍和挥拍击球的动作幅度没有那么大。高压球一般以平击为主，不必过分苛求施加旋转。但也有运动员在中后场用切球的方式，让球拍在击球的一瞬间以某个角度触球，使球产生强烈的侧旋，更大范围地调动对手。

图12.13 高压球

(1) 握拍。采用大陆式握拍。初学者可以用东方式正手握拍。

(2) 脚步。见到对手挑高球时，立即转身，同时右脚向后撤一大步，然后用小碎步或交叉步迅速调整位置，移动到来球的下方。

(3) 后摆球拍。退步的同时举起双手，非持拍手臂抬起，指向来球，确定球的飞行轨迹，同时持拍手臂肘部抬起。

(4) 挥拍击球。球拍自然下垂做“挠背”动作，紧接着借助蹬地转体的协调力量，加速挥向来球，并在触球后有一个扣腕的动作（注意手腕的松弛度），非持拍一侧的手臂和肩膀伴随挥拍放下，眼睛在整个动作过程中始终盯住球。

(5) 随挥动作。击球过后顺势将球拍收于持拍手异侧的腿侧。如果击球点很靠后或很偏，不适合正常发力，那么随挥动作有可能被强行的扣腕或旋腕动作所代替。这时，不必勉强做常规的收拍动作，以免受伤。

8. 发球技术

网球比赛是从发球（图 12.14）开始的，发球是网球技术中最重要的技术之一，是唯一由自己掌握而不受对方干扰的击球法。发球在现代网球运动中是鉴别、评价技术水平的最重要的指标之一，是取得竞赛胜利的主要得分手段。所以，必须掌握良好的发球技术。发球质量的好坏取决于三个指标：一是速度，就是以较快的速度压制对方的有力还击，使对方的回球变得无威胁，甚至使对方直接失误，比赛中经常出现“ACE”球的重要原因就是速度；二是落点，落点之所以重要，是因为它专门打在对方的最弱处，而避开其长处，使对方无论如何也打不出理想的攻击性的球，甚至造成对方失误；三是旋转球，这种球速度不快，落点不刁，但由于它落地弹起后改变方向或弹跳又低又短，直接造成对手击球不准，给对手在接发球上制造了麻烦，给发球者提供了进攻的机会。在发球中能掌握好这三者之一，就不至于被动挨打，如掌握三者之二就可称为良好的发球。

图 12.14　发球

要掌握好发球的这三个要素，首先要掌握正确的发球技术的动作要领。

1）发球技术的动作要领

（1）握拍。采用大陆式或东方式反手握拍方法。

（2）准备姿势与站位。两腿开立比肩稍宽，全身放松，侧对球网站在底线后，左脚与底线约成 45°角，脚尖指向右侧网柱，右脚基本与底线平行，重心落在左脚上，左手持球拍在前腰部，拍头指向前方，精神集中。

单打发球的站位，右区站在底线后中点的右侧，这里距发球区最近，发球后便于保护全场，左（前）脚距底线约 5 厘米，左脚与底线成 45°角，两脚距离约同肩宽，右脚几乎与底线平行，两脚的连线对着发球区，左手持球并轻托拍颈在腰部，侧身对网，拍面垂直于地面，拍头自然指向前方，身体重心在前脚掌上，身体放松，呼吸均匀，精神集中。左区发球的站位在底线后中点的左侧约 50 厘米，左脚与底线的交角略小于 45°，两脚的连线对着发球区，因为是从底线的左后方向右前方发球，整个身体和站位的角度都需要向右转。

双打发球的站位与单打不同，一般都站在中点与边线的中间，这样使发球后迅速移动到有利的击球位置的路线最近，容易保护自己的半场。

（3）抛球。准备动作稳定下来以后，顺势就是抛球及挥拍击球了。这两个环节能否配合得好是能否发好球的关键，而抛球的质量则又是关键中的关键。位置得当、出手平稳的抛球无疑为挥拍击球创造了稳定的条件，反之，则无疑给下面的一系列动作环节制造了一个不稳定的外部环境。在飘忽不定的抛球下，要发出好球是根本不可能的，初学者更是如此。所以，学发球的第一步是先学抛球，并要抛好球。

(4) 后摆及挥拍击球。

a. 后摆引拍。这个动作与抛球是同时进行的，开始抛球时，身体向持拍手一侧转体，同时持拍手引导球拍贴近身体像钟摆一样将球拍经下摆至体侧，拍头上举。

b. 背弓动作。球拍后摆至一定高度后（此高度因个人习惯而定），以肘为轴，小臂、手、拍头依次向体后、背部下吊，同时屈双膝并伴随身体后展呈弓状。

c. 准备击球。身体后展呈弓状的同时，持拍手中的拍子下吊到背后，拍头朝下，好像在用拍头给后背搔痒，所以被称为“搔背动作”，其目的是使持拍手能有一个足够灵活的摆动提速的过程，为到达击球点的一瞬间力的爆发做充分的准备。

d. 击球。在屈膝、背弓动作的基础上自下而上依次蹬直踝部、膝部，反弹背弓并向出球方向转体，与此同时，仍以肘为轴带动手、拍头摆向击球点，最后在力的爆发点上击中抛送于空中的球。发力是自下而上一气呵成的，其速度的快慢由各人自己掌握，习惯和素质不同击出的球速也就不一样，但有一点是相同的，球拍击球时应是球拍速度最快、最具爆发力的那一瞬间。这时需要强调的是，此时左臂的位置是弯曲紧靠身体的，这样会更有利于提高击球的速度。

e. 球拍击球点的位置。球员手持球拍在空中所能争取到的最高一点就是击点。弓背积蓄力量及蹬地、发力示意是一个比较理想化的说法，因为根据第一发球和第二发球的不同需要及发球性质的不同，击球点的位置也不同，在球拍接触球的过程中，要注意体会拍头向上一向前一向下三个运动过程。

f. 随挥。击中球时虽然挥拍击球动作已完成，但整个发球过程却仍在继续。到达击球点后球员应顺着身体及挥拍的惯性做收腹、转肩和收拍的动作，最终拍子由大臂带动收向非持拍手一侧，结束发球动作。这一动作称为随挥。

2) 发球的种类

发球的种类包括平击发球、切削发球、上旋发球。

(1) 平击发球。平击发球是一种几乎不带旋转的大力发球，球的飞行轨迹近于直线，发出的球力量大、速度快、落点深，给对方带来很大的威胁。熟练掌握后，如果运用合理，是一种得分手段。平击发球素有“炮弹式发球”之称，其缺点是命中率低，且消耗体力，一般情况下用于第一发球。

平击发球的正确打法是拍面中心平直对球，使球不产生旋转。平击发球的关键是力量，它来源于背弓的打开、身体的转体收缩，就像弹簧压缩突然放开后释放的巨大能量。击球时，挺胸，展腹，提踵，顺势用鞭打动作向上向前挥拍，击打球的后中部。随着击球时身体重心的前移，上体自然向场内倾斜，下肢随即向场内跨步，持拍手顺势自然向斜下方随挥，直至持拍手异侧的侧下方。

平击发球的技术要点：

a. 球要抛在持拍手一侧的前上方；

b. 挥拍击球时，整个身体要放松，完全打开；

c. 击球点尽量高，手腕内旋，使拍面与击球方向垂直；

d. 在身体前面击球，并使重心跟进；

e. 抬头紧盯来球；

f. 随挥时，球拍挥至持拍手异侧的身体的下方，左手同时放开，保持好身体的平衡。

（2）切削发球。切削发球的击球点略比平击发球低一点，击球时球拍多由斜上向下切削，使球在飞行中带有侧下旋，曲线进入发球区。这种发球的特点是：不仅球速快、威胁性大，而且安全性较高，可用于一发，也可用于二发。由于这种发球的命中率较高，所以当今世界网坛的许多高手经常在比赛中使用。

切削发球击球前的动作与平击发球的基本一致，只是抛球时，球抛得比平击发球更靠外（更靠右）。击球时，手腕不内旋，直接击球的右侧方。整个挥拍动作是从右侧上方至左下方，使球产生右侧上旋转，球的飞行路线是一条从右向左的弧线，以提高命中率，并可以把对方拉出场外。

切削发球的技术要点：

a. 使用大陆式握拍或东方式反手握拍法；

b. 抛球偏右侧前上方，须准确到位；

c. 抬头紧盯抛球；

d. 挥拍路线是从右前上方向左下方挥出；

e. 保持拍面与球是相切的关系；

f. 随挥充分到位，动作完整。

（3）旋转发球。旋转发球的抛球比平击发球和切削发球更靠近身体，在头后稍偏左的位置。旋转发球要求发出去的球明显地带有上旋和侧旋，使球产生一个明显的从上向下的弧线轨迹。整个发球动作中，发力越大，旋转越快，弧线就越大，命中率也就越高。这种球的特点是：落地后反弹较高，给对方回击球带来困难，给发球上网争取时间。为了加强球的旋转，球拍应击球的后下部并向上刷球，并有明显的扣腕动作。

旋转发球的技术要点：

a. 使用大陆式握拍或东方式反手握拍法；

b. 抛球要离身体更近一些，抛于头顶正上方或稍微再靠后一些；

c. 腰部的扭转和背弓的程度大，重心靠后；

d. 击球时要有刷球的感觉；

e. 球拍是由脑后向上、向前挥出的；

f. 随挥充分到位，动作完整。

12.1.2 基本战术

网球战术，是指运动员在网球比赛中为战胜对手或为取得期望的比赛结果而采取的策略和行动。战术从狭义上来说，主要是指在比赛中根据对方的打法类型及技术特点，采用各种技术的原则和方法；从广义上来讲，则是指技术、意志、智能和身体素质等在比赛中有针对性地综合运用。

战术是每个网球运动员的各种竞技能力得以在比赛中全面发挥出来的条件，运动员在比赛中，根据自己和对手的具体情况，正确而有目的地把自己所掌握的各种技术，有意识地组合起来，最大限度地发挥自己的各种竞技能力，克敌制胜。另外，在双方实力相当的比赛中，合理、正确地运用战术可以减少体能消耗，争取比赛胜利。

1. 单打战术

1）发球战术

网球运动中最有攻击性的技术，或者说战术，就是发球。因为这项技术与对方的实力完全无关，不受对方的任何影响，发球是比赛的开始，也是组织战术的起点，比赛一开始就把发球纳入战术组成的一部分，这一回合中你就拥有了主动权。

发球击球时的种类不同，其所取位置及瞄准的目标有相应的变化，单打发球站位的最基本的前提是：底线后中线附近。网球规则规定，发球队员可以站在端线以外，边线与中心线的延长线的区域内，任何一点其认为有利于自己发球的位置上发球。单打比赛，之所以取位于中心线附近，是因为整个场地需要一个人来防守，无论对方将球击回到本方的哪个区域，在中心线上起步去追球相对距离都是最合理的。根据发球的不同性质发球的战术可分为：平击球战术、切削球战术和上旋球战术。

发球战术应遵循的基本原则：

（1）攻击对手的反手侧。一般的球员都存在着反手球技术较差，容易出现失误的弱点。如果将球发向对手的反手位，对手击回来的球一般攻击性较弱，就为下一拍进攻创造了条件，从而争取主动最终取得这一分。发球时如果把球发向对手的正手侧，遭受攻击的概率就会大大增加。

（2）球发向对方的边角处。球飞向对方边角，对方在接这种球时，必须向边线方向快速移动且可能跑出场外，此时对方场区就会出现很大的空当，从而为进攻创造了有利的条件。

（3）把球发深。发深球会逼使对手移动到端线以外去接发球，因此击回的球不太可能有很强的攻击性。

（4）发追身球。接发球中，追身球是很难回击的一种球。因为球是直冲人的身体而来，回球时一时难以决定用正手还是反手接，这么一丝的犹豫就容易造成失误。

（5）发旋转球。发旋转球是发球上网型选手惯用的手段。同时，这种球落地反弹较高，常常超过人的肩膀，给接发球造成很大的困难，使其很难回出攻击性很强的球，甚至接发球失误。

2）接发球战术

接发球和发球一样重要，因为如果你不能破发就很难赢得比赛，而接发球是破发的基石。现代网球比赛中，发球、接发球的得分总和占一场比赛得分总和的40%还要多。好的接发球可以在一定程度上遏制对手的进攻，打破对手发球战术的计划安排，从而减轻自己的压力。要想接好发球必须做到以下几点：准确的预判，合理的步法，迅速到位，正确的击球手法。当然，对于初学者要求很快做到这几点是很不现实的，但初学者必须清楚，这是努力的方向，这是在对方发球局争取主动的基础。下面就根据对方不同的发球介绍接发球的有关技巧。

（1）各种类型发球的接法：①平击球的接法；②切削球的接法；③上旋球的接法。

（2）针对对手的打法而采取的接法：为了给自己得分创造机会，在接发球的时候，就应该根据对手的打法类型，制定自己的战术，进而一步一步实现自己的目标。具体包括：①针对底线型打法的发球者的接发球战术；②针对上网型打法的发球者的接发球战术；③针对混合型打法的发球者的接发球战术。

3）针对不同类型选手的战术

（1）针对底线型选手的战术。

a. 重复落点战术。比赛相持过程中，当你把对方调动到一侧时，其场地的另一侧必然会出现空当。此时，对方击球完成后，会迅速地要跑回中点处，保护空当。这时，可以趁其向中心处返回时，打一个重复落点，把球打向对方的身后。这种战术的前提是，应用此种战术时，对方场地有明显的空当，而且你又有很好的击球机会。

b. N 攻击战术。要不断地让对手从场地的一端跑向另一端追赶着击球，最终迫使对手击球失误。底线两点尽量打深，效果会更好。方法：①将对方来球打向压底的直线球；②对方返回一大对角线球；③再将来球打出一个压底的直线球。

c. X 攻击战术。仍然是让对手从场地的一端跑向另一端追赶着击球，但这次的回球不是直线，而是大角度的斜线。方法：①将对方的来球打向大对角；②对方返回直线球；③再把这个直线球向对角线打去。

d. V 攻击战术。调动对手在底线两端来回奔跑。即使对手仍能将球击回，对手也是处于向边线跑动中，下一个球将是自己的进攻机会。方法：①将对手的来球以直线打回；②对方打回一个直线球；③再把这个返回来的球打向对角空当。

（2）针对上网型选手的战术。对付上网型选手应遵循的原则：①让对手截击。当对手冲到网前时，首先不要慌张，可以先让他打一拍，前提是在己方没有好的打穿越球的机会且这一拍不要打出刚好适合于对手截击的球，避免让对手第一拍截击就得分。应有意识地打出一个让对手截击感到别扭的球，给对方一定的压力，从而在下一拍中寻找机会。②给对手打截击制造困难，创造得分机会。当对手第一拍截击后，接下来可以朝对手的脚下、反手侧等薄弱环节攻击。这样一来，对手截击就会出现困难，不得不打低位截击或反弹球，这样很容易引发失误。如果对手截出浅而且高的球，这时可以移动到位，打高压球，拿到这一分。

（3）针对削球型选手的战术。对手来球是削球时，一般情况下，以削球对付较为稳妥。因为来的削球很低，必须在低处击球，想打出有威力的上旋球较困难。对付削球要求以较低的身体姿势和较强的韧劲来进行击球。削球多数是在两种情况下使用：一是当身体姿势被破坏，为了使姿势恢复平衡打过渡球时；二是在处理前场低浅球时使用。对策是攻击对手的反手。对方如为削球型选手，由于削球比平时击球的速度慢，所以无论将球回到哪个区域对方一般都有足够的时间应付。对付削球的原则就是将球打向大多数人都感到棘手的反手侧位，然后寻找机会，坚决以正手抽球进攻，争取主动，直至得分。

2. 双打战术

1）双打的基本站位

双打中发球队员和接发球员及其同伴的站位与移动、判断和击球有着密切的联系，站位合理、移动迅速、配合默契、击球质量高，比赛中就能占据主动地位。

（1）双打中发球员及其同伴的站位法：①前后站位。同伴站在网前，发球员站位应稍靠边线，采用这种站位发球员可以加大斜线球的角度，发球后可立即上网。②澳大利亚式站位。同伴站在网前中线或靠近中线处降低重心，发球员发球后根据同伴的要求进行上网。发球员的站位应根据网前同伴的站位及战术意图及时调整，做到便于上网和便于封网，以达到发挥发球局的进攻优势，控制网前的目的。

（2）双打中接发球员及其同伴的站位法：①前后站位。同伴站在发球线与发球网中间，接发球员站在底线后或底线内。②双底线站位。同伴与接发球员都站在底线。③双上网型。接发球员接完球后随球上网，与同伴都在网前。

2）双打中的基本战术

（1）双打的发球战术。在研究发球局战术前，首先遇到的问题是我队应该由谁先发球更有利。赛前主裁判让双方抽签选择发球权和场区，如果我方抽中，一般应选择发球权。待对方决定场区后，我方再商量由谁先发球。比赛开始后的第一个发球局无疑是很重要的，如能顺利拿下，先声夺人，对接下来的比赛是个鼓舞。

（2）双打中的接发球战术。双打的接发球与单打的接发球是完全不一样的，由于本身处于被动位置，加上对方网前又有一名队员封网，所以接发球的难度会更大，要求也就更高。在高水平的双打比赛中，若能打破对方的一个发球局，常常就能取得这一盘比赛的胜利。

a. 双打接发球的原则：向前逼进，采取攻势，给对方的发球者造成心理压力，并为本方从被动转为主动，进而上网截击创造条件。

b. 双打接发球的要求：①面对发球员应早做准备，合理取位，预判准确，胆大心细，向前迎击，动作小而快的接发球能提高接发球的成功率和质量，这样才有可能改变被动的地位。②双打接发球的回球线路必须清晰，即接发球应向着发球者进行回击，绝不要轻易地打给网前的对手。预判对方发球上网后，应立即迎上击球，用低球回击至对方脚下，使对手无法起拍进攻，然后随接发球上网。③双打的接发球要眼疾手快。如果对方发球后在网前非常活跃，其同伴的抢网也很凶，那么接发球员要迎上压得快、打得凶，或看到网前的对手向中间移动抢网，立即回击一拍直线球，使其顾此失彼，防不胜防。④当发现对方的发球员的发球稍弱时，接发球可采用迎上压着打，或迎上推切削接，或接上旋球，把球打到对方发球上网者的脚下的主动进攻的打法，为接发球方进攻创造条件。

（3）双打中的网前战术。高水平的双打比赛中，时常会出现双方都在网前以快速截击球进行相互对攻的场面，因此双方对网前截击球技术的掌握要求比较高。双打中的网前技术，不仅要有良好的判断、快速的反应，还需要有敏捷的步伐移动和娴熟的截击球技术，网前截击球要求干净、利落并具有威胁性。

（4）双打中的挑高球战术。挑高球技术在双打比赛中也占有一定的地位和作用，若能挑出好的带进攻性的上旋高球，就能控制对方上网的速度，使对方上网后多一层心理顾虑，同时也能有效地将被动地位转为主动地位；若在很被动的情况下，挑出高而深的防守性高球同样也可以达到破坏对方进攻节奏的效果。

12.2 网球锻炼方法

12.2.1 熟悉球性的练习方法

1. 抛球练习

(1) 用持拍手将球抛向空中，快速降低身体重心用持拍手触地后，再用非持拍手将球抓住。

(2) 用持拍手将球抛向空中，快速在原地做一个 360°转身，然后用非持拍手将球抓住。

(3) 两人相距 1～2 米的位置，一人抛出不同高度的球，让同伴用非持拍手将球抓住。

2. 颠球练习

(1) 用拍沿和拍面交替颠球，可体会不同的握拍方式。

(2) 用大陆式握拍法，正手和反手交替颠球练习；拍框颠球练习。

3. 传球练习

(1) 两人各自站立在以 1 米为直径的圈内相距2～3米用球拍进行传递练习，可变化握拍方法（图 12.15）。

图 12.15 传球练习

(2) 在前面练习的基础上，必须颠一次球后再将球传给对方。

4. 对墙练习

(1) 距离网球墙 1 米左右，运用正反手截击手型对墙颠球，控制好落点，随着稳定性的提高可将距离适当放远（图 12.16、图 12.17）。

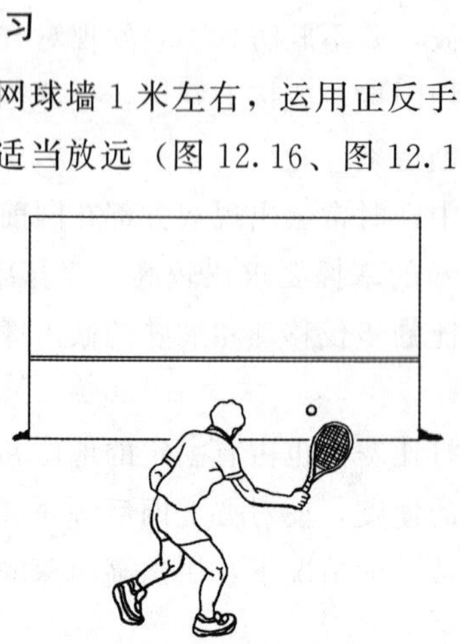

图 12.16 正手截击对墙颠球

图 12.17 反手截击对墙颠球

图 12.18　高压球击球对墙练习

（2）距离网球墙 2 米左右，运用正反手切削球的击球动作对墙练习，击球前球必须落地一次。

（3）距离网球墙 3～4 米，运用高压球击球动作对墙练习，击球前球必须落地一次，击球时肘关节一定要超过肩关节。稳定性提高后，可将距离适当增长（图 12.18）。

5. 隔网练习

（1）两人在两边发球线对角站立，运用正反手击球的动作进行拉球，必须在击球前落地一次，落点控制在对角发球区内（图 12.19）。

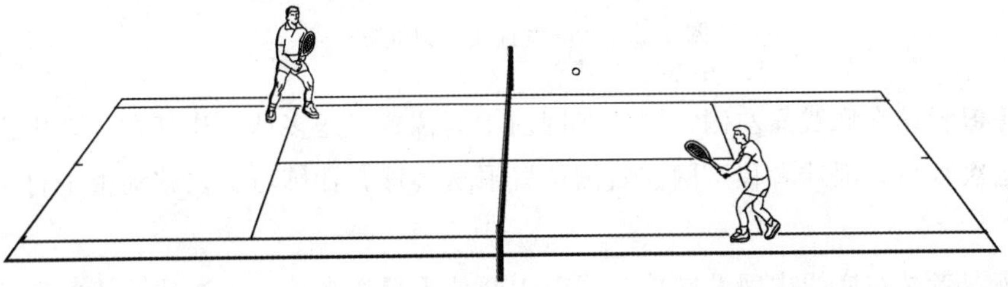

图 12.19　运用正反手击球的动作进行拉球隔网练习

在（1）的基础上，一侧的练习者运用正手击球的动作，另外一侧的练习者运用反手切削球击球的动作进行拉球练习。

（2）两人在两边发球线相对站立，运用正反手截击的击球动作进行练习。

12.2.2　正反手底线击球练习方法

（1）徒手挥拍练习，对着镜子做正反手底线击球的完整动作。

（2）原地站在底线，自抛球，等球落地之后将球击打出去，正反手交替练习。

（3）练习者原地站在底线靠右侧，同伴在侧对面相距 3 米左右的位置抛球给他，让其进行正手击球练习。熟练后，可将抛球的位置后移，两人交换练习。

（4）练习者原地站在底线靠右侧，同伴在网前用球拍喂送多球，让其进行正手多球练习，一定次数后进行反手多球练习（图 12.20）。两人交换练习。

图 12.20　正手多球练习

（5）练习者站在底线中间，同伴在网前中间位置喂送多球，让其在移动中击打正手直线球。一定次数后，喂球者移至网前左侧位置喂送多球，让练习者在移动中击打正手斜线球（图 12.21）。

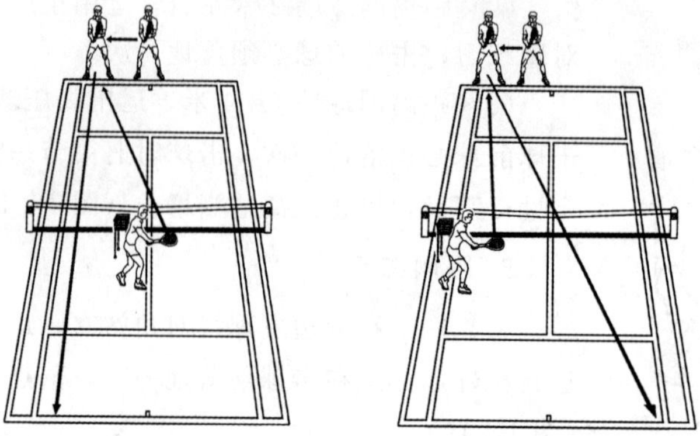

(a)击打正手直线球　(b)击打正手斜线球

图 12.21　正手直线、斜线球练习

（6）练习者站在底线靠左侧，同伴在网前中间位置喂送多球，让其在移动中击打反手直线球。一定次数后，喂球者移至网前右侧位置喂送多球，让练习者在移动中击打反手斜线球（图 12.22）。

（7）练习者站在底线中间，同伴在网前中间位置喂送多球。先送球至练习者正手位，让其在移动中击打正手直线球，然后迅速回位；再将球喂送至练习者反手位，让其在移动中击打反手斜线球。反复多球练习，一定次数后交换练习（图 12.23）。

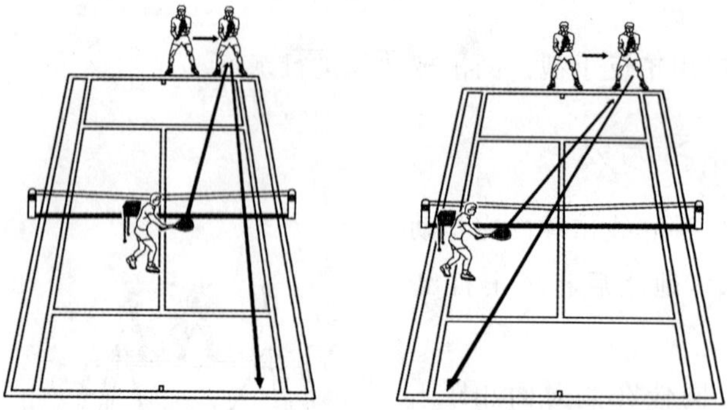

(a)击打反手直线球　(b)击打反手斜线球

图 12.22　反手直线、斜线球练习

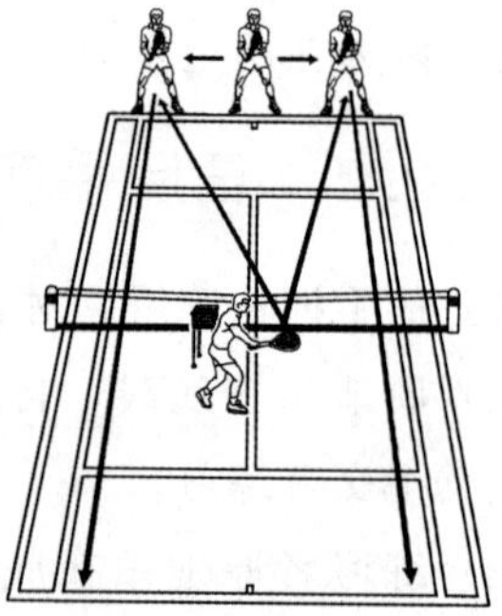

图 12.23　正手直线、反手斜线球练习

12.2.3　截击球练习方法

（1）对着镜子，结合步法分别练习正反手截击球徒手动作。

（2）两人在网前隔网相对站立，距网 2 米左右。同伴将球抛向练习者正手位，让其用正手截击动作将球抓住，多球反复练习。动作熟练后，可让练习者右手握住拍颈进行正手截击球练习。然后握住拍柄中部练习，最后握住拍柄底部进行常规的截击球练习。反手截击练习时，方法同上。

（3）练习者站在网前，距网 2 米左右。同伴在发球线左侧位置喂送多球，让其进行正手截击球练习，要求落点必须打到发球线和底线之间。熟练后，喂球位置可移至底线进行练习（图 12.24）。反手截击练习时，方法同上。

(a)　　(b)

图 12.24　落点在发球线和底线之间的截击球练习

(4) 练习者站在网前，距网 2 米左右。同伴在发球线中间位置喂送多球，让其进行正手和反手截击球练习，要求分别打到两角斜线的位置（图 12.25）。

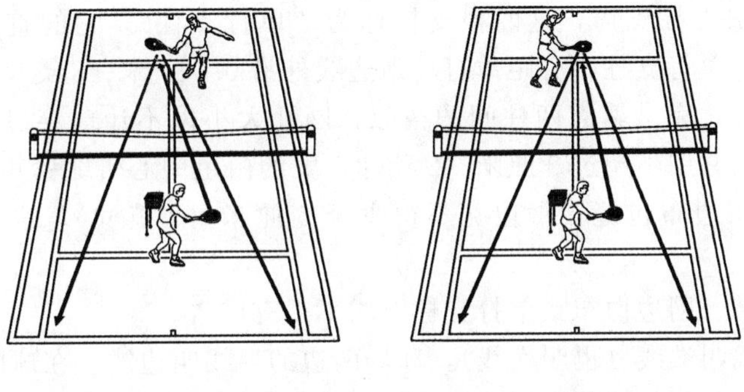

(a)　　(b)

图 12.25　打到两角斜线位置的截击球练习

(5) 同伴在底线击球，练习者在网前正反手截击直线球，进行多回合的对打练习。

12.2.4　发球练习方法

(1) 抛球练习。面对墙站立，用左手将球抛起，要求直上直下，反复练习。

(2) 面对隔离网站立，左手将球抛起后，右手持拍用发球动作将球夹住。

(3) 在发球线后左膝跪地，然后左手抛球，右手持拍由下向上挥动，将球击打到有效区内。

(4) 在发球线后站立，练习发球，主要体会向下挥击的动作（小臂旋内扣腕动作）。熟练后，向后移动 2～3 米，体会向前向下的挥拍练习；最后移至底线，练习完整的发球动作。

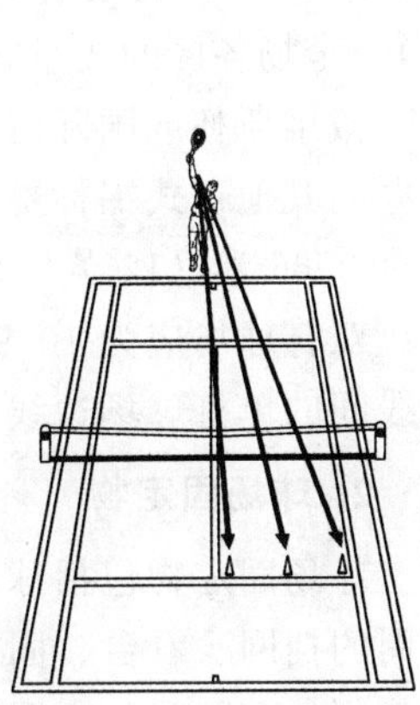

图 12.26　发球准确性练习

(5) 发球稳定性提高后，可采用多球练习加强发球的准确性。在对方的发球区内放置 3 个标志筒，将球分别发向内角、中间、外角 3 个指定位置（图 12.26）。

12.3 网球规则及裁判法

12.3.1 竞赛规则

1. 场地设备

单打球场是一个长方形的场地，长 23.77 米（78 英尺），宽 8.23 米（27 英尺）。这里给出英制单位是便于对照，也便于说明网球的历史。用球网将全场分隔为两个相等的区域，球网悬挂在直径不超过 0.8 厘米（1/3 英寸）的网绳或钢丝绳上，球网两端越过或悬挂在直径不超过 15 厘米（6 英寸）的圆形网柱或边长不超过 15 厘米（6 英寸）的正方形网柱顶上。网柱高不得超过网绳顶部 2.5 厘米（1 英寸）。网柱中心距边线外沿 0.914 米（3 英尺）。网柱高度应使网绳或钢丝绳的顶部距地面 1.07 米（3 英尺 6 英寸）。

当一个兼有双打和单打的场地挂着双打球网用于单打时，球网必须用高度为 1.07 米（3 英尺 6 英寸）的两根支柱支撑，这两根支柱称为“单打支柱”。它的直径或边长不得超过 7.5 厘米（3 英寸），单打支柱中心距单打场地边线外沿 0.914 米（3 英尺）。

球网应充分展开，完全填满两柱间的空隙，网孔大小以不让球穿过为准。球网中央高 0.914 米（3 英尺），并用不超过 5 厘米（2 英寸）宽的白色中心带绷紧束于地面。网顶的绳或钢丝绳要用白色网边布包缝，每边宽不得少于 5 厘米（2 英寸），也不得多于 6.3 厘米（10.5 英寸）。

在球网、中心带、网边白布或单打支柱上均不得有广告。

球场两端的界线叫端线（也叫底线），球场两边的界线叫边线。在球网两侧 6.40 米（21 英尺）处的场内各画一条与球网平行的横线，叫做发球线。连接两发球线的中点画一条与边线平行的宽 5 厘米（2 英寸）的横线，叫做中线，中线与球网成“十”字形，将发球线与边线之间的地面分成 4 个相等的区域，叫做发球区。在端线的中心，向场内画一条 10 厘米（4 英寸）长、5 厘米（2 英寸）宽的垂直于端线的短线叫做中点。全场除端线可宽至 10 厘米（4 英寸）外，其他各线的宽度均不得超过 5 厘米（2 英寸），也不得少于 2.5 厘米（1 英寸）。全场各区的丈量，除中线外都从各线的外沿计算。所有的线应是同一颜色。

戴维斯杯或国际网球联合会（简称国际网联）（International Tennis Federation，ITF）主办的其他正式锦标赛规定，端线以外至少要有 6.40 米（21 英尺）的空地，边线以外至少要有 3.66 米（12 英尺）的空地。

双打球场应为 10.97 米（36 英尺）宽，比单打球场每边多 1.37 米（20.5 英尺）。两发球线间的单打球场边线为发球区的边线。其余各项均与单打相同。

2. 球场固定物

球场固定物包括球网、网柱、单打支柱、绳或钢丝绳、中心带、网边白布，还包括球场四周的挡网、看台、固定的或可移动的座位或坐椅，以及安置在场地周围上空的设备等。除主裁判外，网球比赛还需要有各个位置上的裁判员、辅助裁判员、脚误裁判员、司线员、拾球员等。

3. 球

球为白色或黄色，外表毛质均匀，接缝处没有缝线。球的直径是 6.35～6.67 厘米，重量是56.7～58.5克（2～1.3125盎司）。球的弹力为：从2.54米（100英寸）的高处自由落下时，能在混凝土地面上弹起1.35～1.47米（53～58英寸）；气温在20℃（68°F）时，如果在球上加压8.165千克（18磅），推进变形应大于0.89厘米（0.3英寸），小于1.08厘米（0.425英寸）。

4. 球拍

球拍如不符合下列规格，则不得在比赛中使用。

（1）球拍的击球面必须是平的，由弦线上下交替编织或连接组成，其组成格式应完全一致。

（2）弦线不应有附属物或突起物。如有附属物，只限于用来限制或防止弦线的磨损、振动或分散重力，其大小和布置均应合理。

（3）拍框和拍柄的总长不得超过81.28厘米（32英寸），总宽不得超过31.75厘米（12.5英寸）。拍框内沿总长不得超过39.37厘米（15.5英寸），总宽不得超过29.21厘米（11.5英寸）。

（4）拍框包括拍柄，不应有附属物或设备。如有附属物或设备，只限于用来限制或防止拍框和拍柄的磨损、振动或分散重力。任何附属物或设备，其大小和布置必须合理。

（5）拍框包括拍柄和弦线，在每一分的比赛期间，不应有任何可使运动员改变其球拍形状或改变其重力分配的设备。

5. 发球员和接球员

运动员应各自站在球网的一边，先发球的运动员叫做发球员，另一边的运动员叫做接球员。

6. 选择权

第一局比赛用掷钱币的方法来决定选择场区或发球权、接发球权。猜中钱币的规定面者，有权选择或要求对方选择。

（1）选择发球或接发球者，应让对方选择场区。

（2）选择场区者，应让对方选择发球或接发球。

7. 发球

应按下列方法将球发送出去：

发球员在发球前，应先站在端线后、中点和边线的假定延长线之间的区域，然后用手将球向空中任何方向抛起，在球接触地面以前用球拍击球（仅能用一只手的运动员，可用球拍将球抛起），球拍与球接触，就算完成球的发送。

8. 脚误

（1）发球员在完成整个发球动作中，应做到以下两条，否则就是脚误：①不得通过行走或跑动改变原来站立的位置。发球员发球时如果两脚轻微移动而未变更原位，不算脚误。②两脚只准站在端线后、中点和边线的假定延长线之间，不能触及其他区域。

（2）脚是指踝关节以下部分。

9. 发球员的位置

（1）每局开始发球时，发球员应先从右区端线后发球；得（失）一分后，再换到左区发球。这样每得（失）一分就轮流交换发球位置。若发球位置错误而未察觉，比分仍然有效；

一旦察觉，应立即纠正。

(2) 发出的球，在对方还击前，应从网上越过，落到对角的对方发球区内或其周围的线上。

10. 发球失误

发球时发生下列任何一种情况，均判为失误。

(1) 发球员违反上述规则第7、第8和第9条的各项规定；

(2) 未击中球；

(3) 发出的球，在落地前触及固定物（球网、中心带、网边白布除外）。

11. 第二次发球

发球员第一次发球失误后，应在原发球位置进行第二次发球。如果第一次发球失误后，发觉发球位置错误，应按规则第9条改在另一区发球，但只能再发一次球。

12. 发球时间

发球员须等待接球员准备好后，才能发球。接球员做出还击姿势就算已做好准备；如果接球员表示尚未准备好，即使所发的球没有落到发球区内，接球员也不能要求判此球失误。

13. 重发球和重赛

(1) 下列情况应判发球无效，重新发球：①合法的发球触及球网、中心带、网边白布后，仍落到对方发球区内，或者发球触及球网、中心带、网边白布后，在落地前，触及接球员的身体或其穿戴的物件；②无论发球成功还是失败，接球员均未做好准备。

(2) 遇到下列情况时，应判重赛，并给予两次发球机会：①活球期间球破了，应判重赛；②观众进入场内妨碍运动员击球；③当球击中空中的另一只球时；④裁判员或司线员由于纠正错判而影响运动员还击。

14. 发球次序

单打：第一局比赛终了，接球员成为发球员，发球员成为接球员。以后每局终了，均依次互相交换，直至比赛结束。

双打：应在每盘开始之前，决定发球次序如下。

每盘第一局开始时，由发球方决定由何人首先发球，对方则同样地在第二局开始时决定由何人首先发球。第三局由第一局发球方的另一球员发球。第四局由第二局发球方的另一球员发球。此后各局均按此次序发球。

15. 运动员何时交换场地

双方应在每场的第一、三、五等单数局结束后，以及每盘结束且双方局数之和为单数时，交换场地。如果一盘结束，双方局数之和为双数，则不交换场地，须等下一盘第一局结束后再进行交换。

16. “活球”期

自球发出时起（除失误或重发外），至判定该分胜负时止，为“活球”期。

17. 发球员得分

发生下列任何一种情况，判发球员得分：

(1) 发出的球（发球无效除外）在着地前触及接球员或其穿戴的任何物件。

（2）接球员违反下述第 19 条规则的规定而失分。

18. 接球员得分

出现下列任何一种情况，判接球员得分：

（1）发球员连续两次发球失误。

（2）发球员违反下述第 19 条规则的规定而失分。

19. 失分

发生下列任何一种情况，均判为失分：

（1）在球第二次着地前未能还击过网［规则第 23 条（1）和（3）款除外］。

（2）还击的球触及对方场区界线以外的地面、固定物或其他物件［规则第 23 条（1）和（3）款除外］。

（3）还击空中球失败（站在场外击空中球失败也算失分）。

（4）在比赛进行中，运动员故意用球拍拖带或接住球，或故意用球拍触球超过一次。

（5）"活球"期间运动员的身体、球拍（无论是否握在手中）或穿戴的其他物件触及球网、网柱、绳或钢丝绳、中心带、网边白布或对方场区以内的地面。

（6）来球尚未过网即在空中还击（过网击球）。

（7）除握在手中（无论单手还是双手）的球拍外，运动员的身体或穿戴的物件触球。

（8）抛拍击球。

（9）比赛进行中，运动员故意改变其球拍形状。

20. 阻碍击球

甲方的举动妨碍乙方击球时，该举动若属故意，判甲方失分，若系无意则判该分重赛。

21. 压线球

落在线上的球都算界内球。

22. 球触固定物

击出的球，落到对方场区地面后再触及固定物（球网、网柱、单打支柱、绳或钢丝绳、中心带、网边白布除外）时，判击球者得分；球在落地前触及固定物，判对方得分。

23. 有效还击

下列任何一种情况，都是有效还击：

（1）球触球网、网柱、单打支柱、绳或钢丝绳、中心带或网边白布后，从网上越过落入对方场区内。

（2）对方发出或还击的球落到对方场区内，或者在风吹回对方场区上空时，本方运动员挥拍过网击球，球落到对方场区内，其身体、衣服或球拍并未触及球网、网柱、单打支柱、绳或钢丝绳、中心带、网边白布或对方场区的地面。

（3）球从网柱或单打支柱以外还击至对方场区（无论还击的球是高于还是低于球网或者是触及网柱还是单打支柱）。

（4）合法击球后，球拍随球过网。

（5）对方发出或击出的球，碰到本方场区内的另一球，而还击的运动员仍能回球到对方场区内。

24. 意外阻碍

运动员遇到不能控制的意外阻碍［球场固定物及规则第 20 条的规定除外］，妨碍其击球时，该分应重赛。

如有观众进入场内妨碍了运动员击球，则该分重赛。

25. 胜一局

运动员每胜一球得一分，胜第一分记分 15，胜第二分记分 30，胜第三分记分 40，先得 4 分者胜一局。但遇双方各得 3 分时，则为“平分”。“平分”后，一方先得 1 分时，为“该运动员占先”。“占先”后再得 1 分，才算胜一局；若一方“占先”后，对方又得 1 分，则仍为“平分”。依此类推，直到一方在“平分”后净胜 2 分，才算结束该局。

26. 胜一盘

（1）一方先胜六局为胜一盘。但遇双方各得五局时，一方必须净胜 2 局才算胜一盘。

（2）决胜局计分制可作为本条规则（1）款在平局时处理长盘的变通办法，但要在比赛前宣布这一决定。

决胜局计分规则：决胜局计分制可应用于每盘的局数为六平时，但三盘两胜制的第三盘和五盘三胜制的第五盘不得使用此制度，应使用本条规则（1）款的长盘制，除非另有规定并在比赛前宣布。

决胜局计分制如下。

单打

（1）先得 7 分者为胜该局及该盘。当分数成六平时，比赛需延长到某方净胜 2 分为止。决胜局应全部采用数字计分制。

（2）该轮到的发球员发出第一分球后，接着由对方发第二分及第三分球；此后轮流交替发球，每人连发两分球，直至决出该局与该盘的胜负为止。

（3）该轮到的发球员在右区发第一分球后，即改由对方依次在左区和右区发第二、三分球；此后轮流交替发球，每人连发两分球，其中第一分球均应在左区发球。如果从错误的半区发球，在发觉前已得的分数均有效，但在发觉后应立即纠正错误的站位。

（4）运动员应在每 6 分及决胜局结束时交换场地。

（5）更换新球时，决胜局作为一局计算。若逢该局更换新球，应暂缓更换，待下一盘第二局开始时，再行更换。

双打

单打比赛的规定都适用于双打比赛。轮到发球的运动员发第一分球，此后发球次序仍按该盘比赛中原先的发球次序排定，每人轮流交替发两分球，直到决出该局与该盘的胜负为止。

轮换发球

运动员（或双打时一对运动员）在决胜局首先发球者，在下一盘第一局中为接球方。

27. 最多盘数

一场比赛最多盘数男子是五盘，女子是三盘。

28. 指导

团体赛中，在交换场地时，可由坐在场内的队长给予指导，但在决胜局换边时不得进行指导；

在进行其他比赛时，运动员不能接受指导。

应严格地遵守这些条款。

在裁判员发出警告后，他有权取消犯规运动员的比赛资格。当使用批准的罚分制（指三级罚分制）时，裁判员应按照罚分制处罚。

29. 更换新球

假如在规定的局数以后应换新球，但在正确的次序未换新球，则此错误应等到该轮及发新球的运动员或在双打时该对运动员，在其下一轮发球局到来时予以纠正，更换新球。此后，应按原先规定的两次换球间的局数来更换新球。

30. 双打规则

除以下各条规定外，上述规则也均适用于双打。

31. 双打接球次序

应在每盘开始之前，决定接球次序如下：

先接球的一方，应在第一局开始时，决定何人先接发球，并在这盘单数局继续先接发球。对方同样应在第二局开始时，决定何人先接发球，并在这盘双数局继续先接发球。他们的同伴应在每局中轮流接发球。

32. 双打发球次序错误

如果发球次序错误，应在发觉时立即纠正。但已得的分数或已有的失误都有效。若发觉时全局已经终了，此后发球次序就以该局为准，轮流发球。

33. 双打接球次序错误

如果接球次序错误，发觉后仍按已错误的次序进行，等到下一局再纠正。

34. 发球失误或得分

发出的球，若违反上述第10条规定，或者触及同队队员或其穿戴的物件时，都算失误。发出的球，在着地前触及接球员的同伴或其穿戴的物件时，应判发球方得分。

35. 双打还击

接发球后，双方应轮流由其中任何一名队员还击。如果运动员在其同队队员击球后，再以球拍触球，则判对方得分。

注：除另有规定外，所有规则一律适用于男、女比赛。

12.3.2 裁判法

1. 裁判长的确定及其职责

在比赛前由竞赛委员会根据比赛规模和级别选择确定裁判长。裁判长应由精通规则和裁判方法，并具有较高裁判员等级和裁判经验的人士担任。

（1）裁判长全面负责整个比赛的裁判工作。赛前组织有关人员检查场地、器材、设备是否齐全、是否符合规则要求。

（2）裁判长在赛前负责主持抽签工作。

（3）裁判长负责组织裁判员学习、裁判实习，安排监场裁判，并有权更换裁判员、司线员、端线裁判员和网上裁判员。

（4）当裁判员表示自己不能裁决时，或当裁判长被要求对裁判员的裁决做出仲裁时，裁判长可以根据规则条文决定是否得分，裁判长的决定是最终决定。

（5）裁判长有权决定由于天黑或场地、气候等原因而延期比赛。

（6）在进行决赛和重要场次比赛时，裁判长必须亲临现场，随时注意比赛中发生的任何事情，以掌握的事实作为解决问题的依据。

（7）在比赛后负责组织裁判员总结裁判中的不足，并提出明确要求。

（8）检查当天比赛成绩，在整个比赛结束后负责成绩公布，总结裁判工作。

2. 主裁判的职责

（1）主裁判应熟练掌握网球竞赛规则和本次比赛的竞赛规程及行为准则的内容。

（2）主裁判应按照裁判员工作程序及裁判长提出的要求进行工作。

（3）比赛开始前，检查场地、器材（网、柱、球、拍）是否符合标准。召集双方运动员，检查运动员服装是否符合要求，准备球、秒表等用具。主持双方运动员挑边和选择发球权。控制练习时间，掌握比赛开始时间等。

（4）比赛中宣报“发球失误、重发球、出界、击球违例、脚误、两跳”，以及重复司线员、脚误裁判员和网上裁判员的判定。

（5）负责记录比分，并可根据情况报分。每局和每盘比赛结束后应报局数分和盘数分，并登记在记录表上。

（6）主裁判裁决比赛中的一切问题。当运动员对某个球的裁决有疑问时，主裁判作最后裁决，运动员不应再坚持，但运动员对此有权向裁判长提出申诉。

（7）主裁判有权对司线员出现的错判进行改判，但必须在司线员错判后立即改判。主裁判有权撤换、轮换任何一个司线员、司网员和脚误裁判员。

（8）当观众的行为有碍比赛进行时，主裁判应尽力维持秩序并进行劝阻，保证比赛的顺利进行。

（9）在比赛中，主裁判认为条件变化（天气、人为因素等）足以影响比赛进行时，应中断比赛并报告裁判长。

（10）主裁判在比赛结束后应填好记分表，上交记录组，并向裁判长汇报比赛的执行情况。

12.4 网球主要赛事及欣赏

12.4.1 四大满贯简介

网球四大满贯是澳大利亚网球公开赛、法国网球公开赛、温布尔登网球公开赛、美国网球公开赛的简称。无论是从赛事的规模、历史、奖金、积分、签数和影响力来说，大满贯系列赛都堪称职业网坛最重要的赛事。所以，夺得大满贯赛事的冠军头衔，对每个职业网球选手来说都是最终的梦想，为至高无上的荣耀。大满贯冠军可以获得2000个积分。

1. 澳大利亚网球公开赛

场地：硬地

时间：每年1月

地点：墨尔本公园球场

澳大利亚公开赛自1905年创办以来，至今已走过一百多年的历史。不过与另外三项大满贯赛事相比，澳网还是最年轻的。过去三年，德约科维奇蝉联澳网冠军。

2. 法国网球公开赛

场地：红土

时间：每年5月中到6月初

地点：巴黎罗兰加洛斯球场

是每年继澳网之后，第二个登场的大满贯系列赛，也是网球红土赛事里的至尊荣誉，它的奖杯也被称为火枪手杯。相较于其他大满贯赛，法网的最大特色在于红土球场的慢速性质，利于底线对抗。故被认为是最需要体力及过人毅力的一项网球赛事。过去四年，纳达尔连续夺得法网冠军。

3. 温布尔登网球公开赛

场地：草地

时间：每年6月底至7月初

地点：伦敦全英草地网球和门球俱乐部

网球运动中历史最长和最具声望的公开赛，也是唯一的一项草地大满贯。通常举办于6月底至7月初，是每年度网球大满贯的第三项赛事，排在澳大利亚公开赛和法国公开赛之后，美国公开赛之前。参赛的选手须穿着“白色”的球衣，是四大满贯赛中唯一有规定球员衣着颜色的。过去三年，穆雷、费德勒和德约科维奇分别夺冠。费德勒曾在这里夺得7次冠军。

4. 美国网球公开赛

场地：硬地

时间：每年8月

地点：纽约法拉盛公园

美国社会是一个高度商业化的社会，因此，它的职业网球商业化程度绝不亚于职业拳击。美网的总奖金是“四大公开赛”中最高的。由于美国网球赛的地位和高额奖金，以及中速硬地场地，吸引众多好手参加。过去三年中，纳达尔、穆雷、德约科维奇分别赢得了美网冠军。

12.4.2 ATP简介

职业网球联合会（Association of Tennis Professionals，ATP）创立于1972年，其目标是保护男子职业网球运动员的利益。自1990年开始职业网球联合会成为世界上主要的网球巡回赛的组织者，这些赛事后来称为ATP巡回赛（表12.1）。

表 12.1 ATP巡回赛

主要比赛	数量	冠军积分	掌管机构
大满贯	4	2000	ITF
总决赛	1	1500	ATP&ITF
1000大师赛	9	1000	ATP
500大师赛	11	500	ATP
250大师赛	40	250	ATP
挑战赛	115	75～125	ATP

排名系统：ATP排名是用来决定赛事中单打和双打球员们的参赛资格及种子序的客观的、优质的方法。计算方法是根据球员在过去52周里每项赛事累积获得的积分排名。

12.4.3 戴维斯杯网球锦标赛

戴维斯杯为世界上极受瞩目的国家对国家的男子网球团体赛事，是国际网联所负责组织的赛事。赛事于一年中的分散的数个星期、于许多地点举行，每年产生一个戴维斯杯总冠军。

戴维斯杯将全世界参赛的国家分成世界组（为最高层级）及3个区域组：欧洲非洲区域组、美洲区域组、亚洲及大洋洲区域组。各区域又分成4个层级。在一年中，同一个层级的国家相互比赛，其中最终胜出的数个国家于次年在所属区域组中晋升一个层级，而最终落败的数个国家则在次年降一个层级。但有两种情形例外：第一，第四级的国家不会再降级，因为已经是最低层级；第二，各地区第一级最后获得优胜的8个国家（欧洲非洲区域取4个名额、美洲区域取2个名额、亚洲及大洋洲区域取2个名额）和世界组中第一轮落败的8个国家进行世界组升降赛。在世界组升降赛中，获胜的国家次年可进入世界组，落败的国家次年则回到各区域组的第一级。每轮比赛前由每个队长选出本国的4名球员，并决定他们将要打何种比赛。第一天的比赛顺序是随机抽取。过去，只有在受伤或生病的情况下，由医生验证后才能使用替补球员，但目前的规则允许队长在最后两场重新选定单打球员，只要对赛双方不和第一天重复即可。对球员的比赛类型没有限制，但一般来说选定的4名球员组合应该是：2个单打选手，另外2名球员通常是双打专家或组合。

戴维斯杯每场比赛采用的是五盘三胜制，决胜盘实行长盘制没有抢七。但如果一方球队已经率先赢下三场比赛获得晋级资格，余下的比赛将变成三盘两胜制，决胜盘实行抢七制。

五场比赛分别是：第一天的两场比赛是由双方的头号单打和二号单打相互对战；第二天是双方的双打比赛；第三天则是头号男单之间先比赛，接着是二号男单之间的比赛。

第13章 珍珠球运动

1. 珍珠球运动的起源和发展

珍珠球作为一项传统体育运动在民间广为流传，距今已有300多年的历史，现已成为全国少数民族传统体育运动会的竞赛项目之一。珍珠球是满族的传统体育项目，俗称“采珍珠”“投空手”，是满族中流传的体育项目。它又被称作“踢核”“采核”“扔核”，在满语里“核”是“尼楚赫”的约谐音，即“珍珠”的意思。满族人把珍珠当作光明和幸福的象征。这一运动项目是从采珍珠人的劳动形式演变而来的。珍珠球最初就是由满族儿童模仿采珍珠人劳动的情景，用内装黄豆的布包进行投接的一种游戏活动。在活动中，用“绣球”象征珍珠，竞相往网中投掷，同时要有1～2人每人手拿两片大蛤蚌壳，用以阻止珍珠进网，不让采走珍珠。于是，一种与生产劳动紧密联结的、有攻有守的，以跑、跳、传、投为主的体育项目便形成了。随着满族进入辽宁、沈阳后分居于北京、河北、内蒙古、新疆等地，采珍珠活动随之也带到了与汉族杂居的地方，以后逐渐发展为采用小球进行攻防结合运动的传统体育项目。珍珠球在满族的不同居住地区有不同的叫法，在辽宁称“投空手”，在北京称“采珍珠球”，在山东称“打司令”。满族人在采珍珠劳动后，为欢庆收获活动，投中、投多者预示着未来会采集更多的珍珠，有更大的收获，并预示着吉祥如意。于是，以体育游戏方式模拟在水中捞取珍珠的情形便逐渐演化成有具体技术、战术和攻防兼备的体育活动。珍珠球类似篮球，又像手球，对抗性极强，要求参与者技术全面，能攻善守，精于协作配合，是一项集体性的运动项目。珍珠球具有很强的实用健身、娱乐价值，便于普及，易于提高，适合在学校开展。经常参加这项运动，能提高参与者的观察、判断和反应能力，改善血液循环、呼吸系统功能，能培养勇敢顽强的意志和团队精神。

2. 珍珠球运动的价值

(1) 较强的实用和观赏价值。珍珠球运动是在参考篮球、手球规则的基础上发展而成的，它具有场地、器材的简易性和游戏形式的大众性等特点，其在水区的运动与篮球、手球运动有一定的共性，而在封锁区持拍防守队员又具有足球守门员和排球拦网队员的特点，因而具有较强的观赏性。同时，珍珠球运动的场地面积不大，所用器材较为简单，对场地器材要求不高，除正规比赛需要标准的场地与器材外，比赛可随意在街头空地或别墅花园、草坪之内进行，不受场地大小和地面质地的限制，无论男女老少、亲朋好友还是中小学生，都可以找一块平整的空地，根据场地规定人数进行比赛，具有较强的实用价值。

（2）强身心价值。珍珠球运动是综合的非周期性集体运动，其技术、战术系统的实践操作与实践运用过程，是通过在对抗变化着的特定时间、位置、距离、场地、设施、环境条件要求下，运用跑、跳、投等手段来完成的。在这一过程中，无论智力、生理、心理都要承受各种复杂因素的影响，因此，科学地参加珍珠球活动，对提高人体内脏器官与感受器官的功能和中枢神经系统的支配能力、增进健康、提高身体素质、促进心理修养、培养集体团队精神等都有积极的作用。

（3）教育价值。少数民族传统体育是民族精神的象征。通过对珍珠球运动的学习，让学生了解我国少数民族存在着多种多样的民族文化，树立民族自豪感，增强民族凝聚力，加强民族团结，弘扬民族精神。同时，通过参与珍珠球比赛，可以有效强化参与者的拼搏意识，使其敢于进取，学会尊重规则，对人尊重，使竞争心态更为健康，实现身体和个性的健康发展。

13.1 珍珠球基本技术

13.1.1 移动技术及其训练

1. 移动技术

移动技术是通过各种快速、突然的脚步动作，达到在进攻中摆脱防守、防守时防住对手的目的，以争取攻守主动的一种手段。要想运用好这种技术，关键在于随时掌握好身体重心的平衡和变化，以便及时快捷、突然地改变身体的方向和位置。珍珠球移动技术是珍珠球比赛中为了改变位置、方向、速度和争取高度所采用的各种脚步动作方法的统称，它和篮球比赛中的移动基本相同。珍珠球的移动技术朝着“快速、灵活、突然、多变”的方向发展。在珍珠球比赛中，运动员只有不断运用脚步动作的灵活性和突然性，提高动作速率，才能快速起动、快速移位，实现快速停、转、起跳，以及快速的攻守转换。这样，才能获得时间和空间上的主动，提高珍珠球比赛的速度。同时，高超技术的出现，更加促使脚步动作在连续多变的组合中，衔接合理、动作协调、准确无误。

2. 移动技术教法建议

（1）移动技术的教学，应安排在开始阶段集中地进行，为学习其他技术打下基础。移动技术教学顺序可按起动、跑、急停、转身、滑步等技术分别进行组合练习，在进行这些动作教学的同时，还要结合其他移动动作的学习，最后进行综合练习。

（2）移动技术的练习比较枯燥，体力消耗较大，所以，在练习中要教育学生正确认识脚步的重要性，采用多样化的练习方法或竞赛性的练习，提高学生练习的兴趣和积极性。

（3）移动技术的教学与训练，应把提高脚步动作的突然性、快速性、灵活性作为重点，在各项移动练习中，都要强调重心的稳定和转移。

（4）在移动技术教学中，应先在慢速中练习，帮助学生掌握正确的概念和动力定型，然后逐渐加快速度、加大难度。同时，应重视视觉的训练。可采用多种练习手段和方法，提高学生的观察判断能力和反应能力。

（5）移动技术的教学与训练，应与提高专项身体素质紧密结合，还应与其他攻防技术结合起来进行。

3. 各种跑的练习

珍珠球运动的跑与篮球运动中的跑相似，都是为了完成攻守任务，利用快速起动和变速、变向跑争取时间，摆脱和超越对手。

1）弧线侧身跑

练习目的：掌握弧线侧身跑的技术动作。

练习方法：在篮球场上进行。

（1）练习者成一路纵队，端线处站立，做沿圆弧侧身跑。眼要注视在弧线外站立的队员，依次进行练习。

（2）两人一组，一攻一守，进攻队员侧身跑，防守队员面对着进攻队员跟随侧身跑。攻、守交换练习。

（3）练习者看信号沿罚球点外人一端跑向另一端后，沿边线从做全场侧身跑。

练习要求：侧身跑时要压肩，重心向内倾，速度要快。

2）有防守的变方向跑

练习目的：掌握变方向跑的技术动作。

练习方法：

（1）全场一对一地攻防练习。

（2）在一定的区域，防守队员做横向的左右滑步，进攻队员做变向、变速摆脱练习。

练习要求：积极攻守，动作快速、突然，以速度和方向的变化制约对手。

3）结合运传球的变速跑

练习目的：掌握变速跑的技术动作。

练习方法：

（1）同上。动作做急停急起。

（2）两人从底线两端加速对传至中线附近，减速移动，再突然加速摆脱接回传球投射。

（3）原地做攻击步、后散步、碎步练习，听到信号突然加速接教练员的传球投射后，将扳手传回的球随即回传给教练员，再减速跑向教练员，突然转向加速跑向投射区接教练员的球投射。

练习要求：加速、减速变化明显，注意身体协调用力。

4）后退跑

后退跑是运动员为了观察场上情况而背对前进方向的跑动方法。

动作方法：后退跑时，身体稍微向后倾，脚跟提起，用两脚前脚掌交替用力蹬地，小腿积极后收向后跑动，两臂屈肘相应摆动，保持身体平衡，并侧头观察场上的情况。

动作要点：前脚蹬地、提踵、小腿后伸，两臂协调配合，随时观察身前、身后的情况。

4. 急停练习

急停是珍珠球队员在跑动中突然制动的一种方法，用于摆脱防守及衔接其他动作，有效地完成各种攻守任务。急停分跳步和跨步两种。

动作关键：跳步急停，两脚平行落地，屈膝降低重心，重心落在两脚上。跨步急停，第一步要起到制动作用，第二步要控制身体平衡。

1）结合防守的急停急起、变向变速、运球、移动摆脱

练习目的：掌握摆脱防守传接球的急停。

练习方法：

(1) 全场运球一防一，返回交换。

(2) 在进攻有效区内多做徒手一对一攻守摆脱接球、传球练习。

(3) 全场听信号做急停急起运球练习。

(4) 反复做沿限制区前移动突然变向单手高抛球、投射球练习。

练习要求：无论何种形式的摆脱接球，一定要使自己的脚尖朝向自己准备的下一动作的方向，特别是限制区前沿接球时的急停、脚落地部位的先后顺序及重心内侧过渡都应认真体会。

5. 转身练习

转身是队员以一脚做中枢脚，另一脚向前或向后跨出，以改变自己身体的站立方向，适应进攻或防守所需要的对手位置相关的一种方法。转身分为前转身和后转身。

动作关键：降低重心，下肢蹬踩，腰背转体用力一致。

动作目的：掌握前、后转身的技术动作。

练习方法：

(1) 由基本姿势站立开始，做中枢脚辗转脚蹬地跨步、绕转练习。

(2) 由基本姿势站立开始，向左（右）做前转身 90°、180°和 270°练习。

(3) 由基本姿势站立开始，向左（右）做后转身 90°、180°和 270°练习。

(4) 持球做前、后转身练习。

(5) 原地持球，面对防守人做前、后转身练习。

(6) 快跑中接球急停后，做前、后转身练习。

(7) 快跑中接球急停后，做前、后转身然后再传球的练习。

(8) 快跑中接球急停后，做前、后转身然后再运球的练习。

(9) 运球中做前、后转身练习。

练习要求：中枢脚前脚掌碾地动作清楚。开始转动时，重心移到中枢脚上。转身时，头、肩、腰、胯积极配合旋转脚蹬地动作。重心平稳，身体不要上下起伏。

6. 滑步练习

滑步是队员防守移动时用并步移动的动作方法。滑步易于控制身体平衡与变换动作，防守时常用来调整防守位置，阻截对方的移动路线。滑步可分为侧滑步、前滑步、后滑步三种。

动作关键：移动步幅不宜过大，而应强调步频。前脚蹬地后撤要快，后脚碾地转髋要积极。重心移动轨迹不要起伏大，要尽量保持平衡，两臂自然上下伸展。

练习目的：掌握滑步技术动作。

练习方法：

(1) 要求进攻队员只用急停、急起、转身等方法移动摆脱对手，而防守队员力求不让进攻队员将自己摆脱靠近限制区。

(2) 两队员之间距离 3～5 米传球，要求接球队员随球移动，球传到谁手中，接球者必须要滑到位，接球后可做投射、持球突破等假动作，另一队员相应做出防守动作。

练习要求：脚步动作练习要狠抓“快”“变”两字，重点是控制身体重心；练习手段、方式要多样化；反复练习比赛中经常运用的动作，并应结合对抗练习。

7. 跳跃练习

珍珠球运动中的跳是队员争夺空间优势，顺利完成抢球、投射、跳球、封盖和抢断球的动作方法。珍珠球运动的特点，决定了水区队员的跳具有起跳方向的不固定性和起跳动作的突然性、连续性及滞空时间长等特点；而得分区和封锁区队员的跳则具有起跳方向的固定性，起跳动作的连续性、突然性和空间停滞时间长等特点。

动作关键：起跳前屈膝降重心，掌握好球的落点，两腿用力伸蹬，腰臂协调提摆，身体自然伸展，单脚起跳，把前冲力变为上起跳力。

结合球的各种跳

练习目的：掌握行进间单、双脚跳。

练习方法：学生成两列或三列纵队，在中圈面对限制区站立，排头各拿一球。练习开始，持球者向罚球点的平行线掷球，另一名队员向罚球点的平行线处助跑单脚起跳，在空中最高点接球，并立即完成投射，下一名队员立即助跑起跳做同前动作，依次连续进行，直到做完规定的次数为止。

8. 碎步练习

碎步是防守移动时，用短小的步幅和快速的频率向左、右、前、后移动的方法。它的优点是步幅小、频率快，便于变换动作，控制身体平衡。

动作关键：移动步幅小，衔接轻快，屈膝蹬移重心平稳。

练习目的：掌握碎步技术动作。

练习方法：原地碎步结合轻跳转体练习。同上一步练习。学生做碎步练习时，听到教练喊“跳”的口令后，立即在踏蹬的基础上，向左、右各做 10 次轻跳转体动作，然后复原，继续做碎步练习。

练习要求：碎步动作快速有力，频率要快，上体放松，两臂自然摆动，保持身体平衡。结合轻跳转体时应自然协调，控制好身体平衡。

9. 交叉步

交叉步是指防守队员为了追防守、堵截进攻人员的移动路线或抢占有利的防守位置的动作方法。

动作关键：两脚蹬转起动（脚尖要指向跑的方向），速度要快，重心下降，身体不要上下起伏。

练习目的：掌握交叉步的基本步法。

练习方法：徒手一对一攻守。

练习要求：蹬地、上体侧倾和摆腿转髋协调一致，并始终使进攻队员的前腿置于防守人的两脚之间。

10. 攻击步

攻击步是防守队员突然前伸脚步，进行抢球、打球，或破对手接球、传球、投射等攻击性的一种步法。

动作关键：动作要突然、迅速，表现凶猛，身体重心平稳。

练习目的：提高攻守的步法能力。

练习方法：人一组，进攻队员持球于胸前，防守队员距进攻队员 3 米，突然前冲，进行抢打球，做若干次交换。

练习要求：攻击步的威胁在于突然和力度上，当发现对手有破绽时，应果断出击；如果攻击失效，要迅速做后撤步，以保持有利的防守位置。

13.1.2 传、接球技术及其训练

1. 球性练习

1）持球

练习方法：使用五根手指持球，并将手指向内紧缩。在球落地的一刻，使用手掌接住。

练习要求：手腕自然放松。

2）躯干盘球

练习方法：将球放在腰际盘旋，这个动作的关键在于脸面朝前，同时眼睛不要看着球，然后做顺时针、逆时针的盘球练习。

练习要求：动作连续，不失球。

3）胯下“8”字盘球

练习方法：这是单脚盘球的应用，将球沿着双脚在胯下做“8”字形的盘球，同时眼睛不要看着球，并按顺时针、逆时针方向交替练习。

4）双手胸前向上抛球后击掌

练习方法：两腿左右开立双手持球于胸股前。练习时，全身协调用力将球向上抛起，抛球时足踵提起，接球时顺势屈膝。抛球后击掌，在球落地前将球接住。

练习要求：击掌次数 15 次以上为佳，球要抛直接稳。

5）手头上抛接球、控制球能力练习

练习方法：单手托球于头上，另一只手扶球，托球的手快速屈腕将球向上抛起，连续多次后换手练习。

练习要求：手腕抖动力量均匀，球要抛直。

6）单手侧对墙传球

练习方法：两脚左右开立，左侧对墙，右手持球或背后或勾手传球于墙上，左手单手接回，做一定次数后换手进行练习，换站立方向进行。

练习要求：脚可移动，但身体一定侧对。

7）前后手左右交替裆下放球

练习方法：分腿站立，两脚之间比肩稍宽，屈膝半蹲，上体稍前倾，含胸收腹，两眼前视。左右臂分别放于身体一前一后，自然下垂。持球于裆下（以右手在前、左手在后为例）。先两手稍上提后放球，并立即前后换手接住球。依此方式反复进行练习。

练习要求：动作轻松、自然。

8）双手裆前裆后接放球

练习方法：分腿站立，两脚之间比肩稍宽，屈膝近 90°，上体稍前倾，含胸收腹，两眼前视，双臂放于身前，自然下垂，双手持球置于裆下方，两手指先短促用力将球向上挑拨，使球离手弹起，这时身前两手迅速移动至身后裆下接球，并同样用手指的力量使球弹到身后，两手又转至身前把球接住。照此，前后重复进行。

练习要求：重心要稳，双手前后交替接球要快，不让球落地。

9）原地胯下“8”字换手交接球

练习方法：底站立，两脚左右分开张大，弓身抬头，目视前方。若球在左手，左臂由体前右腿胯下直臂摆动，于右小腿后方交于右手。右手得球后，右臂绕过右腿前方向左腿胯下摆动，于左小腿后方交于左手。如此左右往返连续练习。

练习要求：摆臂时，肘关节不能弯曲；交接球时，要一手送，一手引，熟练后逐渐加快。

10）两手体前相互拨球

练习方法：两腿开立，双手持球，手臂向前伸直，用两手的手指向前拨传球；练习时，可按口令节奏，由慢到快，由快到慢，亦可由伸臂到屈臂，再由屈臂到伸臂。

11）颈、胸、腿交接球

练习方法：两腿并立，双手持球置于面前，围绕头、颈、胸、腰、腹、腿交接球，从上到下，再从下环绕到上，做数次后换方向。

练习要求：直腿，逐渐提高交接速度。

12）行进间胯下交接球

练习方法：两腿左右开立，略宽于肩，持球于膝前。练习时，向前迈出右腿，同时左手持球在两腿中间将球交右手，左腿继续前进，右手持球于右小腿外侧再将球在两腿间交左手。依次前进，在胯下做“8”字交接球。

练习要求：抬头、屈体，速度由慢到快，方向亦可不断变换。

2. 传球与接球

传球与接球是实现战术、组织配合的纽带、桥梁，传球与接球必须做到快速、隐蔽、时与到位。传球可分为水区传球与封锁区传球。水区传球方式包括：单手胸前传球、单手肩上传球、单手反弹传球、单手体侧传球、单手背后传球、单手低手传球、勾手传球、单手肩上向后传球、侧传球、单手推拨、点拨传球。封锁区传球方式包括：原地夹传、接球与跳夹传接球。

练习要求：准、狠、稳、隐蔽。

1）原地两人传、接球

练习目的：提高传球的出手速度。

练习方法：

（1）两人传一个球：根据传、接球掌握的情况，可提出脚步动作的要求，不断增加难度。

（2）两人传两个球：一人胸前传球，另一人反弹传球，或两人都用体侧传球。

（3）两人传三个球：都用体侧传球。

练习要求：培养接到球就迅速传出的能力。

2）跑动接球、传球

练习目的：掌握行进间的传、接球技术。

练习方法：队员三人一组，如图 13.1 所示。①、②各持一球，③原地接①的传球并回传给①后，快速跑去接②的传球（用两步急停或跳步急停），并传回给②，再跑回来接①的传球……如此反复进行。做 30 秒钟后，再交换练习。

练习要求：跑动接球、传球动作协调。

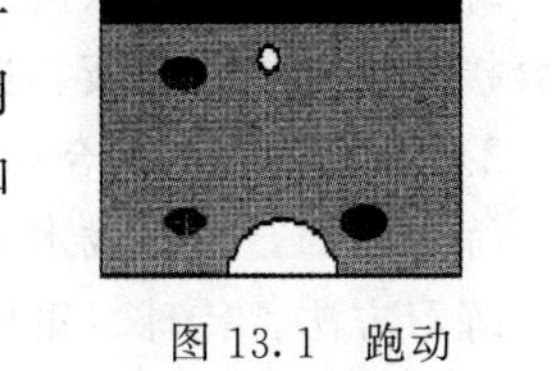

图 13.1　跑动接球、传球

3）移动中接前、后、左、右的球

练习目的：掌握行进间的各种传、接球技术。

练习方法：两人一组一球，相距4～6米，接球者根据对手传出的球向前、后、左、右接球，并回传给对手，完成规定的次数后交换。

练习要求：传球者应根据接球人移动的位置给予一定的提前量；接球人应及时调整接球后的重心平衡，有利于衔接下一动作。

4）全场直线跑动向左右传、接球

练习目的：掌握行进间的各种传、接球技术。

练习方法：全队按如图13.2所示的方位站立，①、②、③、④为固定传球的队员，其他队员依次做向左右传、接球练习，直至对面底线，然后再返回。做一段时间后，换另外4名队员替换①、②、③、④做固定传球队员。

练习要求：传、接球动作正确、准确，并与跑动协调配合，不违例。

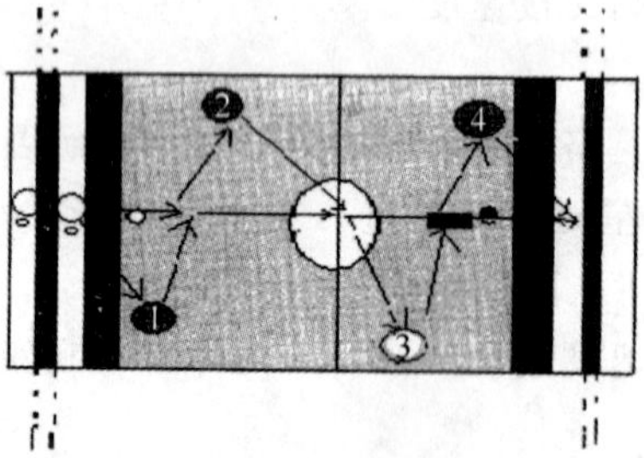

图13.2 全场直线跑动向左右传接球

5）5人绕传、接球

练习目的：掌握行进间的各种传、接球技术。

练习方法：四人一组，由中间接球，每间组的队员持球。传球人从接球人一侧两名队员的身后快速绕切跑至前组做到对面再返回，依次连续进行练习。

练习要求：传球用低手单手传的方法，要求力量小而柔和，传球后用碎步加速围绕，控制重心，保持身体平衡。

3. 对抗性传、接球

1）三对三对抗中找人传、接球

练习目的：掌握在对抗中传接球的能力。

练习方法：在半场内三对三攻守练习，规定进攻队员不能运球，只能做传接球。防守队员进行人盯人防守。进攻队员个人摆脱防守或进行配合寻找机会接球；持球队员看到同伴摆脱防守后立即传球给他。在规定的时间内必须完成若干次。练习一段时间后，攻、守双方轮换练习。

练习要求：持球队员观察清楚，视野开阔，找人迅速。其他队员应积极摆脱防守，寻找机会接球；传球要隐蔽、快速、准确，争取时间多传球；防守者要积极抢球、断球。

2）按基本战术配合练习传、接球（不投射）

练习目的：结合战术配合，提高传、接球能力。

练习方法：传球、策应、掩护、空切等；当出现投射机会时，只做动作并喊投球，然后继续传球直至失误，丢球5～8次后交换攻守。

练习要求：连续运用战术配合。

13.1.3　运球技术及其训练

运球的技术教学应遵循由易到难、循序渐进的教学原则。通常先从原地运球开始教学，此阶段的教学重点是运球的基本姿势和运球手法，包括按拍球的手臂、手腕、手指的动作和身体的协调配合等。在掌握了运球技术和其他技术的结合后，再从无防守运球、消极防守下的运球转到积极防守下的运球，逐渐增加运球难度。此阶段应强调保护球动作意识的培养，要善于利用身体护球和运用合理的运球方式，并注重对抗意识的培养。

通常的运球技术教学顺序是：原地高、底运球—行进间高、低运球—急停起运球—体前变向运球—转身运球—背后运球—胯下运球—综合技术等。

1. 原地运球

通过原地运球练习让练习者掌握正确的触球部位和推、拉、拨球的方法，以及养成良好的运球身体姿势和保护球的动作，为熟练掌握各种运球突破技术打下良好基础。

练习目的：体会手触球的部位，以及手臂、手腕对球的加压和缓冲，提高对球的感觉、控制能力、支配能力。

练习方法：

（1）垂直的高、低运球。

（2）左、右手交替做横运球。

（3）体前做前（推）、后（拉）运球。

（4）单手体前做向左、右运球。

（5）原地做三角形和正方形运球。

（6）原地背后左、右换手运球。

（7）原地胯下运球。

（8）原地前、后转身运球。

（9）原地身前、身后胯下“8”字形运球。

练习要求：保持正确的身体姿势，抬头运球，手法要正确，并能左、右手交替进行；运球高、低、快、慢的幅度节奏上要有变化。

2. 行进间运球

运球与突破技术的关键在于控制、支配球—脚步工作的熟练程度和观察判断能力，以及手、脚、腿动作的协调配合和保护球的能力。

动作关键：手、腕、指准确控制球的部位和脚步动作的配合。

1）直线运球

练习目的：在行进间运球练习中，应把手、脚动作配合作为首要任务进行练习。

练习方法：队员在端线以 3 列纵队站立，每组一球，听哨音后，每组第一人运球至中线返回时换另一手运球，然后交给下一个队员。

练习要求：运球动作与脚步要协调配合，运球落地位置和用力大小要适当。在练习中，左右手运球、高低运球、快慢运球交替进行。

2）急停急起运球

练习目的：掌握行进间各种运球能力。

练习方法：4列纵队端线站立，听教师信号进行。

练习要求：急起时迅速起动，急停时原地碎步跑；注意体会起、停时手触球部位的变化。

3）全场转身运球

练习目的：掌握行进间各种运球能力。

练习方法：球场内放两排标志物（立柱），让练习者运球到标志物前做后转身运球，迅速向另一侧立柱运球，到立柱前继续转身运球，直到端线为止。

练习要求：后转身运球时必须换手，后转身脚下蹬碾地要有力；体会手触球部位的变化。

4）体前变向换手运球

练习目的：掌握行进间各种运球能力。

练习方法：两人迎面运球相遇时，做变向换手运球，运至边线折回，继续进行变向换手运球练习。

练习要求：两人运球变向换手运球明显，护球合理。

5）转身运球

练习目的：掌握行进间各种运球能力。

练习方法：队员每人一球成纵队在中线两端站好。运球至障碍物时，做后转身运球切入限制区前，到其他组队尾排队。两组同时进行，右边一组先用左手运球，至障碍物时做后转身换右手运球；左边一组先用右手运球，转身后换左手运球。

练习要求：转身时要抬头，且要保护球。撤步、拉球、转身、换手要协调一致。

6）运球组合接力

练习目的：提高运球组合的熟练能力。

练习方法：队员分成两队，在同一侧端线外站好，排头队员手持一球。练习员发出信号后，持球者运球到中线急停，在中圈内做收腹跳10次，再运球投射，命中后将球直线运回，并交给下一名队员。每人如此做法一次，先完成的组为胜。

练习要求：运球者环球时，必须将球放在中圈内，不得出圈。

3. 运球与对抗性练习

在防守情况下进行运球和突破，是为了提高实战运用能力。此阶段应重点抓好技术运用的合理性、准确性及应变能力。

动作关键：技术组合的速率、准确性及应变能力。

1）限制区内的一对一运球堵防

练习目的：全场分为4个区，两人一组，每组一球，一人运球突破，一人防守。进攻人利用各种运球技术摆脱防守到对面边线，防守人阻挠、堵塞进攻人运球。开始时，防守人可消极一些，但阶段积极防守。到对面边线后，攻、守交换返回。

练习要求：运球突破要快速、突然，各种结合动作的运用应连贯、协调。抬头运球，有保护手的动作。运球摆脱不能越区。防守用移动脚步和身体部位，不能用手拉、推运球者。合理地运用运球技术。动作要突然、快速。

2）全场一攻二的运球突破

练习方法：三人一组，一人进攻，两人防守。运球者利用各种运球动作摆脱和突破两人防守到对面投球。两个防守人积极堵截，阻止进攻者推进。当进攻者投球后，扳手任意给球，三人都抢球。如果进攻者抢到球，继续进攻；如果防守者抢到球，返回运球突破，另一防守人和原进攻人一起防守，过中场结束。三人交换位置站在队尾，下一组重新开始练习。

练习要求：进攻者运用各种运球方法突破到限制区附近进攻。防守者积极用移动脚步和身体堵截，但不能用手拉、推运球者。攻守转换要快。

13.1.4　持球突破技术及其训练

持球突破是持球队员运用脚步动作和运球技术突然加速，快速超越对手，携球抢占被防守队员所占据的有利位置瞬间完成的技术动作。它必须依靠两腿强有力的蹬地和转体前探肩，用跨步堵卡防守的移动路线，身体紧贴对手，抢占有利的突破路线。

1. 原地持球突破

动作关键：降低重心、上体前倾、重心前移、积极蹬跨、转体探肩。

练习目的：提高原地持球突破技术。

练习方法：按教师口令做原地交叉步（或同侧步）的蹬跨、转体探肩动作。连续进行练习。

练习要求：降低重心、上体前倾、重心前移、积极蹬跨、转体探肩。

2. 移动中跨步、跳步急停持球突破

移动中跨步、跳步急停持球突破，增加了动作的突然性，获得了一定的初速度，接球的同时易与防守人形成错位，有助于技术动作 4 个环节的完成。

动作关键：脚触地的部位与身体重心的下降（屈膝）是急停稳定的关键。

3. 摆脱、急停持球突破

练习目的：提高摆脱、急停持球突破的运用能力。

练习方法：队员做向左、向右、向前抛球动作（高度在胸、肩之间），然后用单手领接球跳步急停，再衔接交叉步或同侧步突破。

练习要求：跳步急停接球要稳，突破动作衔接要连贯、快速；两脚都能做中枢脚，向不同方向突破；突破蹬地、转体、探肩和护球动作要清楚。

4. 移动接球持球突破

练习目的：提高移动接球持球突破的运用能力。

练习方法：如图 13.3 所示，队员先向内线移动，突然向外摆动接球突破。

练习要求：移动接球持球突破的几个环节，要协调连贯，衔接速率要快。有时可借力直接突破。

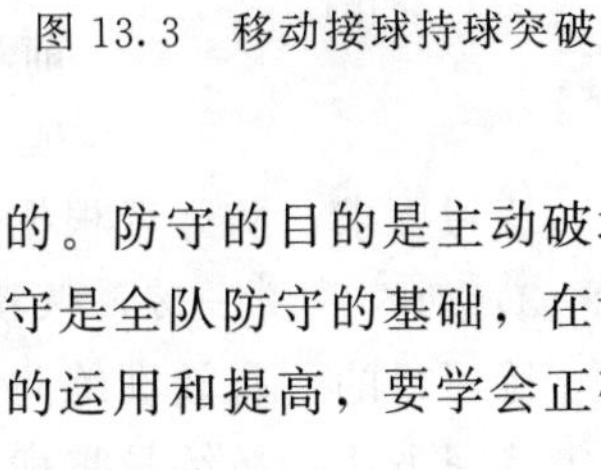

图 13.3　移动接球持球突破

13.1.5　个人防守技术及其训练

珍珠球比赛是在进攻与防守激烈对抗和不断交替转化中进行的。防守的目的是主动破坏对方的进攻，最大限度地降低对方的得分率，转守为攻。个人防守是全队防守的基础，在训练时应注意防守姿势、滑步、移动、选位、赌位、打、断等技术的运用和提高，要学会正确地判断进攻者的意图，掌握攻击性防守技术。

防守移动是防守队员为了阻截和限制对手的活动而选择正确的防守位置所采用的各种脚

步移动方法。目前，珍珠球比赛防守移动无论是平步还是斜步，都是降低重心、小步幅、快频率的移动方法。这样不仅能够更加快速地随进攻对手移动，而且易灵活地迎前堵后，伺机出击抢、打断球。

练习关键：正确的防守基础姿势，快速的脚步移动。

练习目的：掌握各种防守脚步移动技术。

练习方法：

（1）学生由防守的基本站立姿势开始，看教师的手势或动作做各种滑步、攻击步、后撤步、交叉步等移动。

（2）防守移动中听或看信号变跑，再由跑变滑步，并结合抢、打断球模仿练习。

（3）运用人字形、三角形、四方形、圆形、“8”字形等图形进行防守的各种步法练习。

（4）根据传接球或运球的不同条件，做交换防守移动的练习。

（5）两人一组，一人主动做防守的各种移动动作，另一人跟随进行练习。

（6）全场后撤步、后退交叉步与跑、急停、急起等进攻移动动作相结合，或滑步与摆脱方法结合进行练习。

（7）半场内，进攻者根据假设的进攻方法徒手进攻，防守者随进攻者假设的移动做出相应动作。

（8）“一攻一守”“二攻二守”的各种移动动作练习。

1. 防运球

1）全场一对一防运球

练习目的：有效训练防守的耐力和意志。

练习方法：队员两人一组，一人运球进攻，一人防守。

练习要求：

（1）开始练习时，防守只准用脚步移动堵运球路线，不准打、掏球。逐渐要求堵运球路线的同时伺机打、掏球，但应注意不要失去重心与位置，不要犯规。

（2）进攻者突破防守后，可以适当调整进攻速度，等下一位防守队员追上后再进攻。

（3）防守者在逼迫进攻者不能任意变向、加速的基础上，力争堵在中间路线，迫使对方向边线运球。

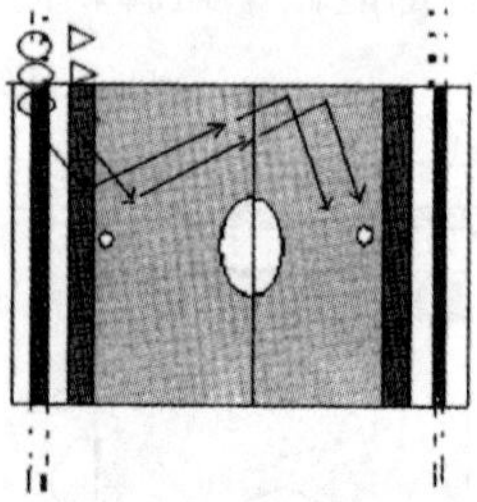

图 13.4　全场一对一防接球

2）全场一对一防接球

练习目的：有效训练防守的耐力和意志。

练习方法：如图 13.4 所示，○从后场向前场的跑动中摆脱接球，Δ 利用迅速移动、堵位并抢占有利位置不让对手接到球。进入前场后，教练员可视情况传球，或使○得球进攻，或使 Δ 断球防守成功。

练习要求：防守者根据对手的进攻情况适时调整防守位置，采用相应的防守技术动作。

3）两人一攻一防，做摆脱接球与防守

练习目的：有效训练防守的耐力和意志。

练习方法：教练员将球传给任一队员时，此人迅速向前场运球；防守者积极追防，并选择有利的防守位置，用手臂干扰、破坏对手运球，限制其进攻速度。

练习要求：防守者要努力限制对方的进攻速度，用腿、躯干、手臂干扰破坏运球，但要很好地控制身体平衡。

2. 防突破

1）防突破

练习目的：提高防守、突破的运用能力。

练习方法：半场固定一定的区域和一定的技术动作防持球突破。可让进攻者结合投、传的假动作，做左右侧交叉步、同侧步等突破练习，再由防守者进行相应的防守练习。

练习要求：防守者积极抢堵突破路线，并保持良好的位置。

2）连续防守（运、突、投）

练习目的：提高防守、突破的运用能力。

练习方法：①、②、③各持一球。①持球突破，②运球摆脱急停跳投，③运球突破。防守者跑到③前先做运球突破的防守，随后再去防②的运球摆脱急停跳投，最后进行防①持球突破。完成三种不同的进攻方法后，防守者到③的位置，③到②的位置，②到①的位置，①到端线处，准备防守。练习依此循环。

练习要求：根据对手不同的进攻方法，采用不同的防守移动和选择防守位置，充分利用手臂动作来攻击、干扰、封盖对手的进攻。

3）后退防守断球

练习目的：提高攻守转换能力。

练习方法：队员两人一组，如图 13.5 所示。△向底线后退跑，○向△的前、后、右、左传球，△在后退过程中迅速跃起断球，断到球后运回原位并传给○。再后退跑、断球如此反复进行练习，练习若干次后两人交换。

练习要求：传球者传球时要掌握好力量，让防守者必须尽全力才能断到球；球后不要走步，迅速起动运球。

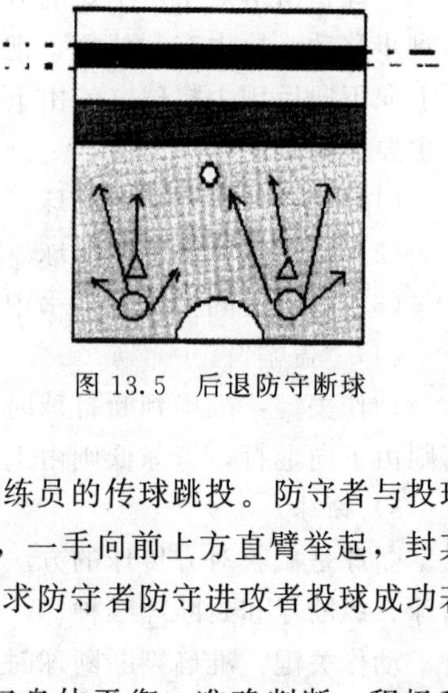

图 13.5　后退防守断球

3. 防投射

1）防接球急停跳投

练习目的：提高防接球急停跳投的能力。

练习方法：队员利用假动作徒手摆脱防守人，队员接教练员的传球跳投。防守者与投球者的距离为 1～2 步，两脚前后站立，两腿弯曲，迅速起跳，一手向前上方直臂举起，封其角度与弧度。防守者防守所有队员投球后，进行交换；或要求防守者防守进攻者投球成功若干次后，进行交换。这种练习可在各个角度进行。

练习要求：进攻者徒手摆脱，不要过于紧张，要维持好身体平衡。准确判断，积极移动，迅速起跳，不要被对手的假动作所迷惑。

2）防接球后的突破

练习目的：提高防接球急停跳投的能力。

练习方法：队员一列纵队站于中线一角。①摆脱防守后接教练员的传球，并迅速突破投射，防守队员积极防守①。无论投中与否，都将球回传给教练员，然后①去另一侧防守②，②再做摆脱防守接球突破投射，①积极防守。依此反复练习。

练习要求：突破投射后进行防守时，要快速跑到防守位置，力争在教练员传出球之前到位防守。

3）全场防守

练习目的：训练对进攻队的“重点队员”进行紧迫盯人时的移动与抢位。

练习方法：①～⑥为6个固定传球者，防守队员防守。练习从①传球开始，⑦根据球的位置不停地向前场跑动摆脱防守接球，防守队员积极移动、抢位，不让对方接到球。若⑦接到球，不要运球，可传给任何一人，再继续摆脱防守接球。练习一定时间后，交换练习。

练习要求：防守队员要随时根据球的位置调整防守位置和角度，控制住对方的“重点队员”，不让其接球。

4. 抢、打、断球

抢球、打球、断球是攻击性很强的防守技术，也是积极防守、主动获得控制球权的方法之一。通过大胆、果断、准确地运用抢、打、断球技术，不仅可以破坏对方的进攻，还可以鼓舞本队的士气，为反击快攻创造有利的战机。

1）抢球

抢球是从进攻队员手中夺取球的方法。抢球时，首先要判断好时机，在持球队员思想松懈或没有保护好球而使球暴露比较明显时，迅速接近对手，以快速、敏捷、有力的动作，把球抢夺过来。抢球一般有拉抢和转抢两种。

动作关键：掌握好时机，动作要迅速、突然、果断。

2）打球

打球是击落对手手中球的方法。当进攻队员持球、运球、投球时，防守队员可以用快速地脚步移动，抢占有利位置，把握好时机，进行打球。打球动作一般多用前臂、手腕、手指由上向下向后用力打球（或由下向上向后打球），且打球点应靠近持球队员的手指部位。打球主要分为以下几种情况：

（1）打持球队员手中的球。

（2）打运球队员手中的球。

（3）打行进间投篮队员手中的球。

（4）“盖帽”。

动作关键：准确判断打球时机，动作小而快速，击球部位与方向由持球高度决定。持球高则由下向上打，持球低则由上向下打。

3）断球

断球是截获对方传球的方法。根据传球方向和防守队员断球前所处的位置，一般分为横断球、纵断球和封断球三种。

动作关键：准确判断断球时机，快速移动，跨步用力蹬地起跳，身体伸展，手臂充分前伸，双手接球落地急停或运球，避免违例。

13.1.6 中锋技术

中锋由其进攻位置和活动区域而得名。由于比赛中经常处于限制区前进攻，从而立即显示了中锋技术在珍珠球比赛中的重要作用。它不仅是进攻得分的重点，还是全队进攻配合的纽带和防守的重点，所以更加显示了中锋的重要作用。

1）中锋进攻技术

移动是中锋队员最基本而又非常重要的技术，它直接影响中锋技术的发挥和战术配合的质量。

中锋的三角传球

练习目的：提高中锋移动接球技术。

练习方法：3 名中锋以罚球点为顶点站在三角形的 3 个点上，互相传球。继续接不同方向、高度传来的球，接球后做转身、跨步动作，将球传出。

练习要求：

（1）传球要有力量，要多做弱侧手的传球。

（2）转身、跨步幅度要大，同时注意保护球。

2）中锋防守技术

围绕防守

练习目的：提高防守中锋的移动能力。

练习方法：队员三人一组，防守队员围绕进攻队员不停地做移动防守。在围绕过程中，要紧贴住对方。当其传球时，要迅速起跳，跃出断球。

练习要求：移动中要紧贴对方。

13.1.7　投射球技术及其训练

珍珠球的投射球技术是运动员将球用各种方法投向网手并使网手抄中得分而采用的各种专门动作的总称。投射技术是珍珠球比赛中唯一的得分手段，是一切进攻技术、战术的最终目的和全部攻守矛盾的焦点。在珍珠球对抗中，所有的进攻行动都是在努力创造出更好的投球得分机会，所有防守的努力都是为了阻止和破坏对手的投球得分。全面、娴熟的投射技术和较高的投射命中率，是组织多变性进攻战术的先决条件，是“以小制大”的有力进攻武器。投射技术是珍珠球运动中最基本的核心技能。投射球技术方法很多，技术可分为原地投射、行进间投射、跳起投射等；方法可分为高抛球、中平快球、反弹球背后传射、边线界边跳射死角、近距离抛射、背射球。

1）原地投射

原地投射是珍珠球运动中最基本的投射方法，是行进间投射和跳起投射的基础。原地投射易于保持身体平衡，便于全身协调用力，比较容易掌握，一般在中、远距离投射或罚球时运用较多。

动作关键：正确持球，上、下肢协调用力，用抬肘伸臂、手腕前屈和手指拨球的动作（食指、中指最后离球）将球投出。

练习目的：熟练掌握投射技术动作。

练习方法：

（1）徒手做原地单手肩上投射动作模仿练习，要求全身动作协调，注意手腕、手指动作。

（2）每人一球（或实心球）自投自接或绕过一定高度的标记做投准的练习。

（3）两人一组，每组一球（或实心球）做投射动作的模仿练习。

（4）以上练习均可采用坐地、躺地姿势进行练习，主要目的是体会手腕、手指的拨球动作。

练习要求：

（1）投射时全身协调用力，腕、指拨压球。

(2) 投射时必须用单手且绕过一定的高度。

2) 行进间投射

行进间投射是比赛中最常用的投射方法之一，其特点是距得分区近，出手点高，命中率高，易变化。一般多在快攻或切入限制区前沿时运用，也可在近、中距离运用，俗称跑动中投射。

动作关键：由于它是在行进间完成的技术动作，手、脚、球、身体其他部位的协调配合十分重要。接球、跨步、引球、起跳、投球几个环节要连贯有力，对身体重心的控制也有很高的要求。

慢速移动中行进间投射

练习目的：体会行进间投射技术动作。

练习方法：拿固定球投射，教师在距罚球点 3～4 米处，平臂托球，让学生在慢跑中拿固定的球做行进间投射动作。

练习要求：在接球、跨步起跳协调的基础上，要让学生学会运用正确的投射手法，并加速加力来完成技术动作。

3) 跳起投射

跳起投射简称跳投，具有突然性强、出球点高的特点，可以与传球、运球突破等技术动作结合运用，在原地、行进中急停、背对网手转身，以及在不同距离和位置时都可采用，特别是界外跳射效果更好。

动作关键：原地、移动、运球突破急停等跳起投射都要垂直向上，起跳与举球和出手动作要协调一致。在接近最高点时，提肘、伸臂、压腕、手指拨球几个环节要连贯快速完成，并通过腰腹力量控制身体重心平衡，达到滞空时身体的稳定性。

两点移动投射

练习目的：掌握移动投射技术。

练习方法：在罚球点横线外，左右两边 20°～90°两点之间移动投射。两人一组一球，一人先投，另一人传球，投 10 个球后，换下一个人练习。

练习要求：右脚先落地为第一步，左脚跟上踏跳为第二步；向右相反。第一步接球时重心下降，第二步踏跳后随起跳重心上升，注意避免过早地提高重心，影响投切结合。

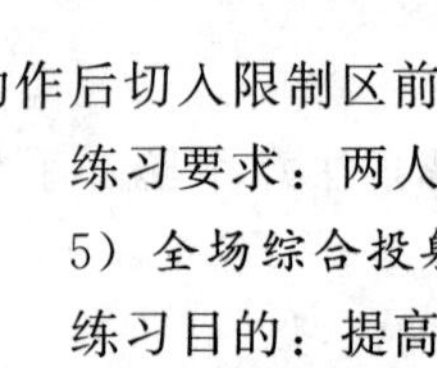

图 13.6 传切投射

4) 配合投射

传切投射

练习目的：提高传切投射技术。

练习方法：如图 13.6 所示，①号传球给②号后，向反方向做假动作后切入限制区前沿，可中途接急停跳投。

练习要求：两人拉开距离，变向加速跑要快。

5) 全场综合投射练习

练习目的：提高全场综合投射能力。

练习方法：三人一组用两球，①和教练员持球，开始①从中场运球至距罚球点横线 6 米附近做急停跳投，投射后反向左右移动再接教练员的传球投射，此时②接球传给教练员。①在底角投球落地时，立即向场内抛地滚球，①应尽全力加速跑追地滚球，接球后再向前场运球到距罚球点横线米处急停跳投，依此循环往返。投中 6 个球后换下一人做。

练习要求：追地滚球应全力在球未进限制区前接到，疲劳时不要乱投射，要保持动作的稳定性。

13.1.8　扳手技术及其训练

多点移动挡球练习，做到手快、脚快、起跳快、移动快。多点移动挡夹球要求连拍队员根据来球的高远情况选择并起跳或后撤垫步起跳。右侧站位练习与左侧相同，方向相反。多点移动夹、挡球练习要求正确应用夹、挡技术，对于边线界外球和后抛球，采用同侧单拍，可提高封锁的高远度；而对于前高抛球、中低平球或反弹球，采用双拍夹挡可扩大封锁面。持拍队员移动、转身均要求用前脚掌完成动作，并且转身要尽量减少转动的角度。

练习目的：提高扳手区域专项技术。

练习要求：不能超越规定区域完成动作。

1）移动技术

扳手移动技术是指扳手两手各持一拍，身体正对或侧对水区（不允许面对持网队员），在 1 米宽、15 米长的封锁区内来回跑动、跳跃，用夹、挡、按压和捅球等技术阻止对方投射得分的专门技术。

对扳手的具体规定如下：

原地或跳起封挡球时，身体的任何部位（含器械）不得接触封锁区以外的地面，可以在封锁区内起跳封挡飞越边线上空及边线垂直面外的球后落到边线外，但不得在身体和器械落在场外地面的同时触球，且跳向边线外封挡球时仍受两条延长虚线的限制。可以在封锁区用球拍触及处于限制区内和隔离区内的球，不得在落地时触及隔离区地面或落入隔离区内。隔离区与得分区之间的界线（得分线）被看作是立体的。防守时，持拍队员身体的任何部位（含器械）不得越过得分线的垂直面进入得分区空间或触及得分区的地面，更不能进入得分区触及得分区内的球或与持网队员发生身体（含器械）接触。

2）跳跃技术

（1）在高围墙边画一条宽 1 米的横线，扳手在横线内反复纵跳。

（2）在高围墙边画一条宽 1 米的横线，扳手在横线内跑动单脚或双脚起跳。

（3）在珍珠球场地上，扳手看教练员信号做原地、跑动中的单脚或双脚起跳练习。

（4）配合其他队员的各种跳跃练习。

3）夹球技术

（1）扳手用两只拍子将对方投射或滚入封锁区、限制区的球夹住，以获得球权。

（2）在高围墙边画一条宽 1 米的横线，扳手在横线内跑动，并用单脚或双脚夹球，教练员根据不同的位置，给不同的球。

（3）在珍珠球场地上，教练员或队员给各种不同的球，扳手做夹球练习。

（4）扳手面对墙面做自抛自夹球练习。

（5）配合队员的各种夹球练习。

4）挡球技术

（1）扳手用一只或两只拍子，将对方投射或滚入封锁区、限制区的球挡出去。

（2）教练员根据不同位置和角度给球，扳手用单拍向线外挡球。

（3）在珍珠球场地上，教练员或队员给各种不同的球，扳手做挡球练习。

（4）配合队员的各种挡球练习。

5）捅球技术

（1）扳手用一只或两只拍子，将对方投射或滚入封锁区、限制区的球捅出去。

（2）在高围墙边画一条宽1米的横线，教练员从不同角度给球，扳手在横线内跑动，并用单拍单脚或双脚起跳将球捅出去。

（3）在珍珠球场地上，教练员或队员给各种不同的球，扳手做捅球练习。

（4）配合队员的各种捅球练习。

6）按压球技术

（1）扳手用一只或两只拍子，将对方投射或滚入封锁区、限制区的球按压住，以获得球权。

（2）在高围墙边画一条宽1米的横线，教练员从不同的角度给各种球，扳手在横线内跑动并把球按住。

（3）在珍珠球场地上，教练员或队员给各种不同的球，扳手做按压球练习。

（4）配合队员的各种按压球练习。

13.1.9 网手技术及其训练

抄网队员的抄球技术包括：抄抛高球、抄中平快球、抄反弹球、抄背射球及抄边线界外空中球。持网队员手持一个抄网，可在得分区（宽80厘米、长15米）内抄采从水区投射来的或防守队员未挡住的球。

练习目的：提高网手区域抄球专项技术。

练习要求：不能超越规定区域完成动作。

对网手的具体规定如下：

（1）持网队员不得用手（持网手除外）、臂及膝以下部位主动触球。在得分区内，如不能一次抄球入网，可用抄网的任何部位（含持网的手）连续触球，以控制球并抄入网内。

（2）得分区与隔离区之间的界线（得分线）被看作是立体的。持网队员身体的任何部位（含器械）不得触及隔离区地面，不得越过得分线的垂直面进入隔离区空间，不得触及处在隔离区内的球。在得分区抄采整个球体越过得分线的垂直面进入得分区的球时，只有在不与对方持拍队员发生身体（含器械）接触的情况下，允许抄网的部分兜口和网兜越过得分线的垂直面。

（3）持网队员可以在得分区内抄采飞越边、端线上空及边、端线垂直面的球。但向边线外抄球时，球的位置仍受得分线延长虚线的限制。

（4）持网队员身体及器械的任何部位不得越过得分线的垂直面与对方持拍队员发生身体及器械接触。

13.2 珍珠球锻炼方法

综合性练习是珍珠球训练中的一种全新练习方法。这种练习方法，可以克服训练中的分割孤立、流于形式和练与战脱节的现象，使练习紧密结合实践，进一步适应珍珠球的高速度、高强度、激烈对抗的发展趋势。一般练习时间为30～40分钟，安排较多的、紧凑的内容，包括攻守的基本手法与步法，多种基本技术、战术的配合，攻与守的转化，以及一般与专项身体素质训练等，以达到身体训练与技术训练相结合、技战术相结合、技术与技术之间的衔接运用。

13.2.1　脚步动作综合锻炼方法

练习目的：练习各种脚步动作的衔接技术。

练习方法：在场内做起动、急停转身、各种跑和滑步练习。

练习要求：跑动中身体放松，注意观察场上情况，保持身体重心平衡，步法清楚，养成良好的习惯。

13.2.2　运球与其他技术组合锻炼方法

1）自抛自接变运球

练习目的：掌握多变的运球练习。

练习方法：全队分两组，每人持一球，自己向前上方抛球，并快速跑接着球变运球，然后再抛—再接—运球，至对面端线。

练习要求：抛球要有一定的远度，迅速起动，接球与运球衔接连贯、协调、不走步。

2）拾地滚球变运球

练习目的：掌握多变的运球练习。

练习方法：全队分成两组，一队员运球中传球给另一队员，然后跑至其身后接回传球，再传给中线附近的队友，接的回传球，运球至端线。

练习要求：运球衔接连贯、协调、不走步。

3）快速斜插接球变运球

练习目的：掌握多变的运球练习。

练习方法：队员一列纵队在底角站位，然后依次传球给站在限制区前或罚球处的教练员，接回传球变速运球，运到中线后返回队尾。

练习要求：运球衔接连贯、协调、不走步。

4）喊号接球，快速运球

练习目的：掌握多变的运球练习。

练习方法：教练员身边放两个球。开始时，教练员把球抛向一侧，同时喊出某个队员的号数，该队员立即跑上去接球，然后快速运球至端线，再返回原来位置上把球传给教练员。练习照此连续进行。

练习要求：反应、起动快，球落地前接住。接球变运球衔接连贯、协调，抬头运球。

5）两人相对传、接、运球

练习目的：掌握传、接球能力。

练习方法：两人一组用一球，向同一方向移动传、接扭曲后立即做后转身运球，然后再传球。连续进行，每组练习若干次后轮换。

练习要求：后转身运球和传球衔接好，用单手体侧传球。

6）全场运、传球投射

练习目的：掌握多变的运球练习。

练习方法：队员运球中传球给教练员，接回传球后快速运球；过中场后立即传球给另一位教练员，然后快速移动接教练员回传球运球投射。再拿球后以相同的运、传球方式和路线返回，换下一组练习。

练习要求：各种衔接技术连贯、协调、转换快。传球准确，用外侧手运球，抬头观察。

7）行进间接、运、传球

练习目的：掌握多变的运球练习。

练习方法：全队分为两组从两个端线开始练习。队员运球中传球给教练员，向前跑接回传球继续运球到限制区附近做后转身运球投射，然后拿球站在队组排尾。下一组重复练习。

练习要求：各种衔接技术连贯、协调、转换快。传球准确，用外侧手运球，抬头观察。

8）两人运、传球推进

练习目的：掌握多变的运球练习。

练习方法：两人一组做运、传球练习，做到对面端线后再返回。往返一次后，换下一组练习。开始做接球—运球—传球，做一段时间后改为接球—转身运球—传球。

练习要求：各种衔接技术连贯、协调、转换快。传球准确，用外侧手运球，抬头观察。

13.2.3 各种难度的传、接球锻炼方法

1. 快速运球看信号传球

练习目的：掌握在快速反应中的传、接球能力。

练习方法：三人一组，①快速运球推进，运球中观察②、③的动作信号，谁发出信号①立即传球给谁，然后紧跟着切入接回传球投射，并接球后运球到中间的排尾。下一人再开始练习。

练习要求：快速运球中始终要抬头观察，视野要广，看到信号反应要快，传球要及时、准确，如未发出信号，则应快速运球投射。

2. 突破后看信号分球

练习目的：掌握在快速反应中的传、接球能力。

练习方法：①和②各持一球，①在运球突破的过程中要观察③、④的动向。假如教练员传球给③，则①传球给④；反之，教练员传球给④，则①传球给③。如果教练员未传球，则① 直接运球投射，然后三人按逆时针轮转换位站在排尾。下一组再重复练习。

3. 传球找人

练习目的：掌握在快速反应中的传、接球能力。

练习方法：全队按四人一组，分成若干组分散在半场内，各组按 1～4 号编好固定的序号，每组 1 号队员持球。传球必须严格按照 1→2→3→4→1 规定的顺序进行。传球后必须快速跑动离开原来位置，在移动传、接球过程中，每个队员都可干扰和封堵传球人的视线。听教练员的信号后即开始传球，看哪一组在规定的时间内传球的次数最多。

练习要求：视野开阔，接球的同时应观察好下一序号队员的动向，以便立即传球给他。其他组的队员应对传球者进行干扰，但不准断球。传球要快速、及时、到位，不准运球、走步。

4. 全场看信号传、接球

练习目的：掌握在快速反应中的传、接球能力。

练习方法：全队按队形站好，①传球给④后立即弧线插上接④的回传球。接球后迅速观察③、⑤的动向，如⑤出示信号立即传球给⑤，快速向前跑再接③的回传球变运球，运球中观察③的动向，如③发出信号立即传球给③，再弧线切入接③的回传球直接投射，接球后运球到原队尾。下一个队员重新开始练习。

练习要求：接、传、运球中抬头观察，视野开阔，反应敏捷；传球准确、及时、到位。

13.2.4　突破与其他技术结合锻炼方法

持球突破技术与其他技术有机结合不仅能增大该项技术运用的变化性，使其更加灵活、更具有威胁力，还能有效地使其得以发挥，并易创造新的技术组合。

动作关键：这种技术组合主要在于衔接速率和质量。

1. 突破与急停结合

1）突破向前急停跳投

练习目的：增大技术运用的变化性，创造出新的技术组合。

练习方法：持球队员从中线运球，在罚球点前 3～4 米处做持球突破 1～2 步后做急停跳投。

练习要求：突破动作要正确、快速、有力；突破和急停跳投衔接协调、连贯、转换快。

2）向两侧交叉步或顺步突破急停跳投

练习目的：增大技术运用的变化性，创造出新的技术组合。

练习要求：队员在罚球点前做两侧的交叉步或顺步运一次球急停跳投。

练习要求：向两侧运球和急停跳投衔接协调、连贯、转换快。

3）突破起步时传球

练习目的：增大技术运用的变化性，创造出新的技术组合。

练习方法：队员在持球突破第一步跨步中用单手胸前或反弹球传给同伴。

练习要求：突破要逼真并与传球衔接好，传球动作不宜大，要隐蔽、突然、到位。

4）突破过程中传球

练习目的：增大技术运用的变化性，创造出新的技术组合。

练习方法：队员突破后第二步（一般指未起跳前）传球给移动中的同伴。

练习要求：突破要逼真并与传球衔接好，传球动作不宜大，要隐蔽、突然、到位。

2. 对抗情况下持球突破技术的运用

当队员持球突破有了一定的基础后，要积极防守，让他们在防守的情况下熟练地掌握技术，逐步培养队员运用技术的应变能力。

动作关键：突破要勇猛果断，动作要正确、快速有力。

1）一对一

练习目的：在防守的情况下熟练地掌握技术，逐步培养队员运用技术的应变能力。

练习方法：

（1）两人一组，每组一球，一人做持球突破，另一人消极防守，提高队员持球突破技术，培养其技术运用能力。

（2）一对一摆脱防守接球突破（外线队员）。两人一组，一攻一守。

（3）一对一摆脱防守接球突破（内线队员）。

（4）一对一固定防守人，队员持球突破过人后加速运球做并步跑投，一步投球；防守队员防守一轮后换另一人。

（5）一对二持球突破并防止盖帽练习，持球队员做突破。第一防守队员防摆脱球和持球突破。第二防守队员位于限制区前防投篮。当进攻队员持球突破后，由第二防守进行封盖，随后两人投球。

(6) 两个防守队员重叠站位，持球队员突破第一道防守后，根据第二个人的防守情况再做强行突破投球或急停跳投。

练习要求：

(1) 利用各种假动作创造突破机会，突破时应快速、勇猛。

(2) 突破后要观察第二防守人的情况，合理运用急停跳投。

2) 三对三

练习目的：在防守的情况下熟练地掌握技术，逐步培养队员运用技术的应变能力。

练习方法：

(1) 半场三对三，规定进攻队员不许掩护，只能突破和突破分球。防守队员只能人盯人防守，不许变换防守。看哪个队先得 8 分。

(2) 半场三对三，双方盯人防守，规定突破投射、突破急停跳投或突破分球给同伴，按珍珠球规则判得 1 分或 2 分。看哪个队先得 10 分。

练习要求：把握好突破时机，突破与传球、投射衔接好，运用合理，攻、守转换要快。

13.3 珍珠球运动竞赛规则与裁判法

13.3.1 比赛场地与器材

珍珠球比赛场地是一个长 28 米、宽 15 米的长方形坚实平面，无障碍物。场地内设水区、限制区、封锁区、隔离区和得分区。各区颜色显示不同，水区（22 米×15 米）为海蓝色，限制区（0.8 米×15 米）与隔离区（0.4 米×15 米）为红色，封锁区（1.0 米×15 米）与得分区（0.8 米×15 米）为黄色。场地中圈直径为 3.6 米，罚球点为 10 厘米的白色实心圆点，距端线内沿 7.0 米，距边线内沿 7.5 米（图 13.8）。

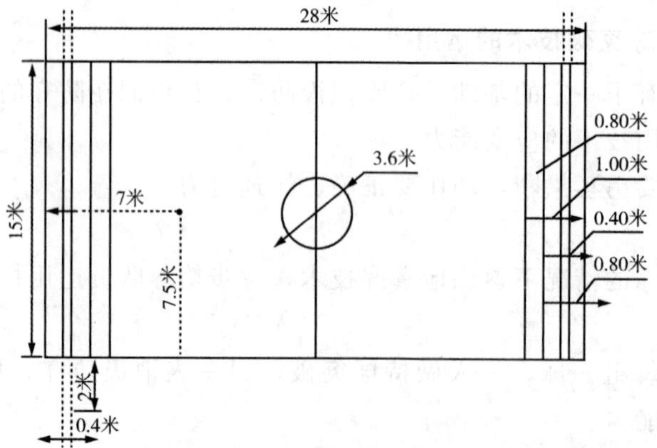

图 13.8 珍珠球比赛场地

比赛用球的外壳用皮革或橡胶制成，内装球胆，表面应为珍珠（白）色。球的圆周长 54～56 厘米，重量 300～325 克。球拍为蛤蚌形状，用具有韧性的树脂材料制成，总长 50 厘米，重量为 390～410 克。抄网兜口为圆形，兜口内径 25 厘米，网兜用细绳或尼龙绳织成，网深 30～35 厘米，抄网重量为 180～300 克（图 13.9）。

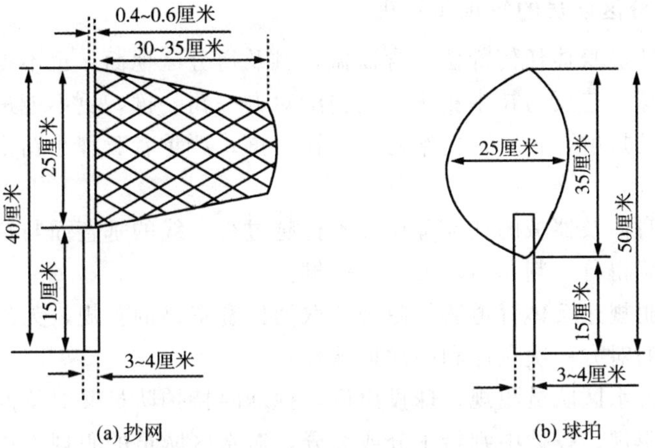

图 13.9　珍珠球抄网与球拍示意图

13.3.2　比赛规则

珍珠球比赛分上、下两个半场，每半场 20 分钟，中场休息 10 分钟。采用单循环赛制。赛前由主裁判召集双方队长用抛硬币的方式选择发球权和场地。比赛时，水区内双方各有 3 名运动员负责进攻或防守，进攻者可将球向任何方向传、拍、滚、运，目的是向站在本队得分区内的持抄网队员投球得分。封锁区内有 2 名持球拍的对方队员，用封、挡、夹、按等动作，阻挡进攻队员向网内投球。

比赛方法比较简单，每队出 7 名运动员，双方对垒，当主裁判员将球递交给中圈内发球队员并吹响比赛开始的哨声时，正式开始。其中一名队员站在一端准备持网捕捞，三名手拿蚌形木拍的队员站在对方捕珠者前面拦截珍珠球，其他三名队员下“水”与那名队员争夺珍珠球，夺到后把珍珠球投向自己队的持网人，而对方队员又要设法用蚌形木拍把投来的珍珠球拦截回去。每队有 1 名持抄网队员在得分区活动，用拍网试图抄（采）中本方队员投来的珍珠球。每抄中一球得一分。在规定的比赛时间内，得分多者为胜队。

水区内双方各有 4 名队员负责进攻和防守，进攻者可将球传到任何方向，向抄网内投球争取得分；封锁区内双方各有 2 名队员持球拍，用封、挡、夹、按等技术动作阻挡对方进攻队员向抄网内投球；得分区内双方各有 1 名手持抄网的运动员，他们的任务是用抄网抄（夺）本方队员投来的珍珠球。

13.3.3　犯规及判罚

1. 水区队员的犯规和判罚

(1) 防守队员在进攻队员射球时造成的侵人犯规，判罚点球。

(2) 队员在每场比赛中犯规累计达 5 次必须自动离场，该队换人后继续比赛。每个半场中，本队犯规累计达 8 次后的犯规均判罚点球。

(3) 队员故意犯规出示黄牌，每名队员累计两次黄牌可出示红牌；对于不道德的犯规行为，取消比赛资格，下场比赛停赛一场。

2. 封锁区、得分区队员的犯规和判罚

(1) 严禁持拍队员身体任何部位(含器械)触及得分区地面,也不得进入得分区空间或触及进入得分区的球,违反为技术犯规,判罚给对方一罚一掷,更不能进入得分区与持网队员发生身体与器械的接触,否则判罚给对方一罚一掷;严重者黄牌小罚出场,等对方发球后方可进场继续比赛。

(2) 持网队员身体及器械的任何部位都不得越过得分线的垂直面与持拍队员发生身体接触,违者抄中球不算得分,判罚给对方一罚一掷。

(3) 所有技术犯规违反体育道德的犯规、取消比赛资格的犯规,无论犯规时投(抄)中与否,判给犯规队的对方一次点球和一次掷球权。

(4) 正在投球的水区队员犯规,球投出后,抄球时持拍队员又对持网队员实施技术犯规或违反体育道德的犯规,投抄中判给1分或2分,对水区队员的犯规不再处罚。

13.4 珍珠球主要赛事及欣赏

当代我国民族体育的勃兴,以少数民族传统体育活动的繁荣最具有代表性,其中尤以少数民族运动会为标志。伴随着4年一次的全国少数民族传统体育运动会的举行,并在这种全国赛事的主导下,珍珠球项目得以发掘、开展并不断向外宣传与推广。珍珠球运动是从第四届全国少数民族传统体育运动会列入正式比赛项目的。

(1) 第四届全国少数民族传统体育运动会于1991年11月10日在广西南宁举行。竞赛项目共9项:龙舟、抢花炮、秋千、射弩、珍珠球、木球、摔跤、赛马和武术。

(2) 第五届全国少数民族传统体育运动会于1995年11月5日在云南昆明举行。竞赛项目共11项:毽球、赛马、龙舟、抢花炮、秋千、射弩、珍珠球、木球、摔跤、打陀螺和武术。

(3) 第六届全国少数民族传统体育运动会于1999年9月24日在北京举行。竞赛项目共13项:秋千、射弩、珍珠球、打陀螺、龙舟、抢花炮、毽球、蹴球、武术、木球、民族式摔跤、“押加”和马上项目。

(4) 第七届全国少数民族传统体育运动会于2003年9月7日在宁夏首府银川举行。竞赛项目共14项:花炮、秋千、射弩、珍珠球、打陀螺、龙舟、毽球、蹴球、武术、木球、高脚竞速、摔跤、“押加”和马术。

(5) 第八届全国少数民族传统体育运动会于2007年11月10日在广东广州举行。竞赛项目共15项:花炮、秋千、射弩、珍珠球、马术、龙舟、毽球、蹴球、武术、木球、高脚竞速、“押加”、板鞋竞速、民族式摔跤和打陀螺。

(6) 第九届全国少数民族传统体育运动会于2011年9月10日在贵州贵阳举行。竞赛项目共16项:花炮、珍珠球、毽球、蹴球、秋千、射弩、打陀螺、龙舟、独竹漂、木球、高脚竞速、板鞋竞速、“押加”、武术、民族式摔跤和马术。

思考题

1. 珍珠球运动起源于哪里?哪一年被正式列入竞赛项目?

2. 简述珍珠球运动的特点。
3. 试述珍珠球移动技术在比赛中的作用。
4. 简述行进间传、接球动作要领及要求。
5. 简述行进间运球技术动作关键及要求。
6. 何谓持球突破？何谓个人防守？
7. 试述投射球技术在比赛中的运用。
8. 简述扳手和网手的技术动作要求。
9. 珍珠球战术基础配合有哪几种？
10. 试述珍珠球比赛中水区队员的侵人犯规情况及判罚办法。

第 14 章 艺术体操

艺术体操是在原有体操基础上创造出的一种更自然、更抒情、更有利于女子身心健康发展，并富有艺术性的新体操，这项徒手或手持轻器械在音乐伴奏下进行、艺术性很强的女子特有体操，被誉为“地毯上的芭蕾”。学习艺术体操能培养女性的优雅气质，塑造健美形态。

14.1 艺术体操基本技术

艺术体操的特点是以自然和韵律性动作为基础，以节奏为中心，以摆动性动作、波浪形动作及弹性动作为基本运动形式。手持轻器械做动作是艺术体操的主要表现形式，也是竞技性艺术体操比赛的规定内容。艺术体操动作自然、协调，符合女性的生理特点，能全面锻炼女性身体各个部分，艺术体操的学习、培训及竞赛活动为女性提供了显露艺术才华的机会。

14.1.1 徒手技术

艺术体操徒手技术内容丰富，是学习艺术体操轻器械技术的基础，其作用在于培养练习者正确的身体姿态、协调性、节奏感及表现力。从站立的基本姿态、手臂及身体波浪的灵敏性练习到跑跳类动作，均具有很高的锻炼价值和艺术价值。其内容包括各种走、跑、舞步、摆动、波浪、跳跃、转体、平衡及近似技巧动作等。

1. 基本部位练习

1）站立的基本姿态

站立的基本要求：头正直、沉肩、挺胸、收腹、夹臀、腿上收。

脚的基本位置有两种：

（1）中国舞脚位：正步（图 14.1a)、八字步（图 14.1b)、大八字步（图 14.1c)、丁字步（图 14.1d)。

（2）芭蕾舞脚位：一位脚（图 14.2a)、二位脚（图 14.2b)、三位脚（图 14.2c)、四位脚（图 14.2d)、五位脚（图 14.2e)。

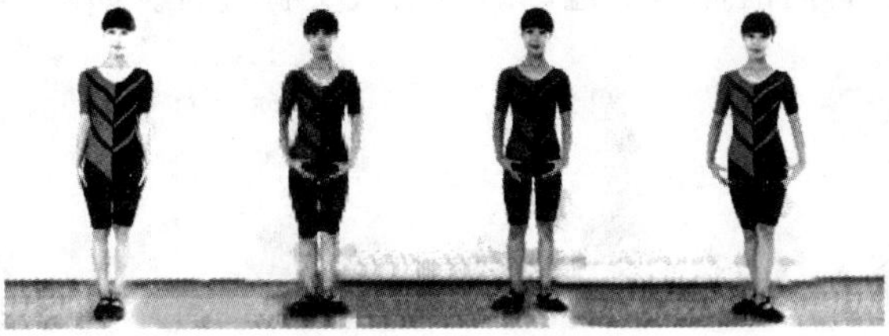

(a) (b) (c) (d)

图 14.1 中国舞脚位

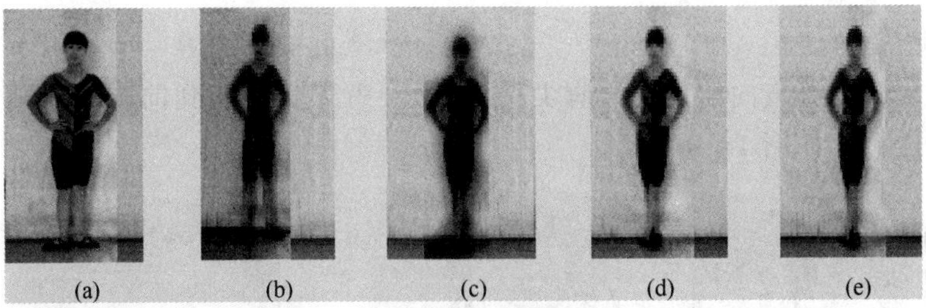

(a) (b) (c) (d) (e)

图 14.2 芭蕾舞脚位

2）手臂的基本位置

（1）两臂直举的基本位置：前举（图 14.3a）、侧举（图 14.3b）、斜举（图 14.3c）、斜上举（图 14.3d）。

(a) (b) (c) (d)

图 14.3 两臂直举的基本位置

（2）芭蕾七位手。一至七位手分别如图 14.4（a）～14.4（g）所示。

(a) (b) (c) (d) (e) (f) (g)

图 14.4 芭蕾七位手

2. 基本步法与舞步练习

1）柔软步

1，左腿屈膝，脚面绷直向前伸出，脚面向外，由脚尖过渡到全脚掌落地，身体重心随之前移；2，同 1，换右脚向前伸出落地，两腿依次交替进行。如图 14.5 所示。

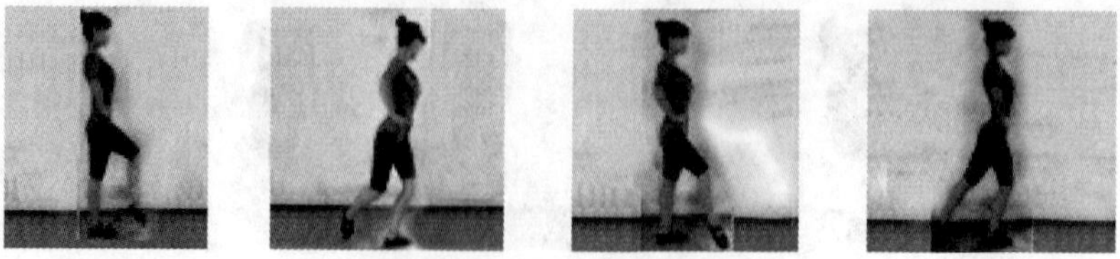

(a) (b) (c) (d)

图 14.5 柔软步动作

2）足尖步

左腿直膝和脚面绷直向前伸出（脚尖稍向外），由脚尖过渡到前脚掌落地支撑，重心前移，两腿交替进行，如图 14.6 所示。

(a) (b) (c)

图 14.6 足尖步动作

3）普通变换步

1，前半拍左脚向前一步做柔软步，重心前移；2，后半拍右脚并于左脚；3，前半拍左脚向前一步做柔软步；4，后半拍右脚后点地。如图 14.7 所示。

(a) (b) (c) (d)

图 14.7 普通变换步动作

4）华尔兹步

（1）向前华尔兹。

1，左脚向前做一次柔软步，落地稍屈膝，重心随之前移；2～3，右脚开始向前两次足尖步。换右脚开始做，动作相反。如图 14.8 所示。

（2）侧华尔兹。

1，左脚向侧做柔软步一次，重心随之移至左腿；2～3，右脚前掌踏在左脚跟后，右腿伸直立踵，接着左脚与右脚并立提踵。在三拍动作过程中，左臂摆至左侧上举。如图 14.9 所示。

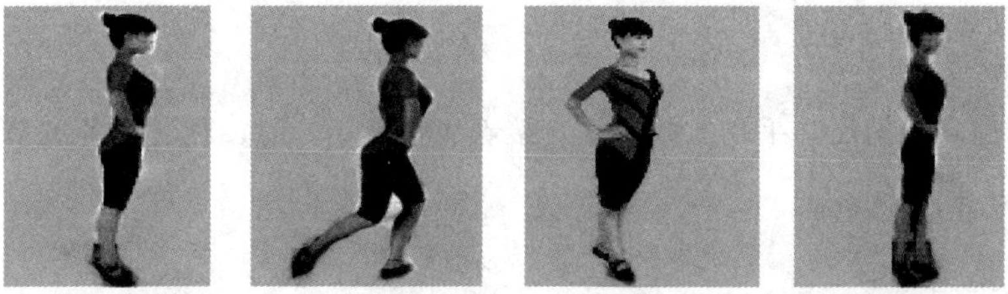

(a)　(b)　(c)　(d)

图 14.8　向前华尔兹动作

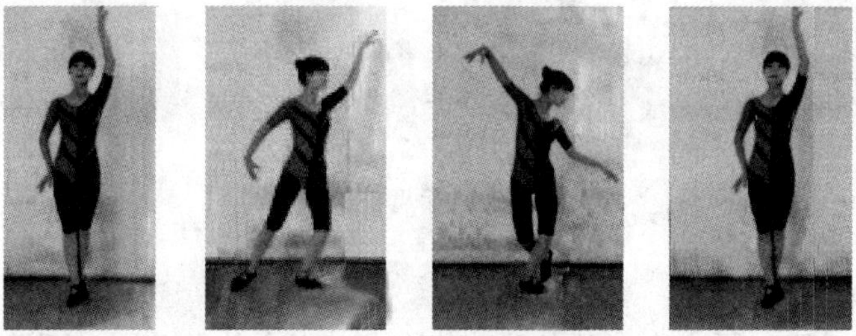

(a)　(b)　(c)　(d)

图 14.9　侧华尔兹动作

(3) 转体华尔兹 360°。

1，左脚向前柔软步；2，右脚向前一足尖步左转 90°；3，左脚足尖步并于右脚立踵，同时再左转 90°。接着，1，右腿后退一柔软步；2，左脚后退足尖步向左转 90°；3，右脚做足尖步与左脚并成提踵立，继续左转体 90°。如图 14.10 所示。

(a)　(b)　(c)　(d)　(e)　(f)

图 14.10　转体华尔兹 360°动作

5) 普通弹簧步

左脚向前一步，同时稍屈膝半蹲，重心移至左腿，左腿伸直提踵，如图 14.11 所示。

(a)　(b)　(c)

图 14.11　普通弹簧步动作

3. 波浪

1）手臂波浪

以肩带动肘，腕稍屈，手指放松下垂，接着肩稍下压，肘、腕、指各关节依次伸直至侧举，如图 14.12 所示。

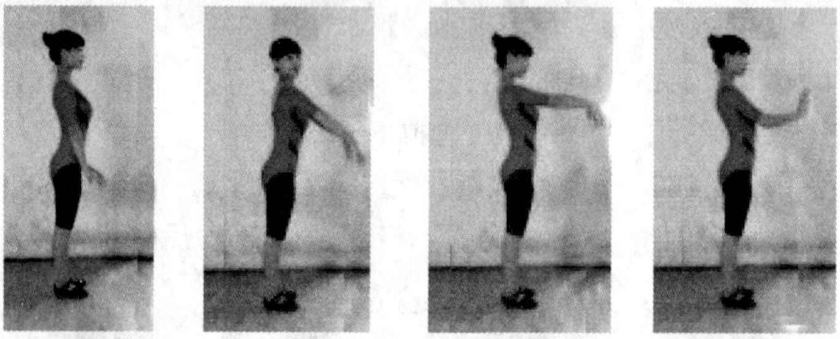

(a) (b) (c) (d)

图 14.12　手臂波浪动作

2）身体向前波浪

由踝开始经膝、髋、腰、胸、颈各关节依次向前上方伸展，同时两臂经下向后绕至上举成抬头挺胸、提踵立姿势，如图 14.13 所示。

(a) (b) (c) (d)

图 14.13　身体向前波浪动作

3）身体侧波浪

右腿稍屈，经两腿半蹲，向左侧移重心的同时做膝、髋、腰、胸、颈各关节的依次向左侧上方挺伸，成左腿站立，右脚侧点地，上体稍右侧屈，同时两臂随着重心移动经下摆至左上举，如图 14.14 所示。

(a) (b) (c) (d)

图 14.14　身体侧波浪动作

4. 基本跳步

艺术体操中跳跃类的形式多样，一般包括单脚起跳单脚落地、双起双落。

1）一位小跳

双手叉腰，节前动作——两腿经半蹲蹬地跳起；1，落地成一位半蹲，接着下半拍蹬地跳起；2，动作同 1，可连续进行练习。如图 14.15 所示。

(a)　(b)　(c)　(d)

图 14.15　一位小跳动作

2）前摆跳转体 180°（变身跳）

左脚向前一步蹬地向上跳起，右腿伸直向前上方摆起，空中向左转体 180°，右腿后举，左脚落地，同时两臂经一位、三位至七位，如图 14.16 所示。

(a)　(b)　(c)　(d)

图 14.16　前摆跳转体 180°动作

5. 转体图

转体是艺术体操的主要技术，转体的周数越多难度越大。

1）双脚转体

左脚在右脚前交叉一步，稍屈膝，提踵立，以两脚前脚掌为轴，向右转体 180°或 360°，成右脚在前的起踵站立，两臂上举，如图 14.17 所示。

(a)　(b)　(c)　(d)　(e)

图 14.17　双脚转体动作

2）后举腿转体 360°（阿拉贝司转体）

右臂向右摆至右斜上举，同时右脚支撑起踵立，向右转 360°，左腿后举 90°以上，左臂侧后下举，眼看右前方，如图 14.18 所示。

(a) (b) (c) (d) (e)

图 14.18 后举腿转体 360°动作

6. 平衡

平衡动作一般是用单脚、单膝或者臀部支撑，配合手臂、躯干和腿部所完成的姿态平衡。

1）屈膝前举腿平衡

左腿站立，同时右腿屈膝前举，大腿不低于 90°，大小腿成钝角，膝和脚面绷直向外，两臂成五位静止不动。重心控制在支撑腿上，左腿伸直，动作平稳，保持静止不动 2～3 秒。如图 14.19 所示。

2）俯平衡

左腿站立，右腿伸直向后上举起，同时上体前俯，抬头挺胸，一臂前举，一臂后举。腰、背、腹部的肌肉协调用力控制身体重心，后腿高于头部，保持静止不动 2～3 秒。如图 14.20 所示。

图 14.19 屈膝前举腿平衡动作

图 14.20 俯平衡动作

轻器械技术

轻器械包括：绳、圈、球、棒、带五种正式比赛用器械。大众艺术体操选择器械的目的旨在实现学习者的健身目标，在选择技术动作等方面，充分考虑到学习者的基本信息，力求遵循基础性、实用性、娱乐性和健身性的原则，本章选取的轻器械有球。

球是韵律体操最早使用的轻器械之一，在大众体育项目中较易于开展。在设计练习动作时重点突出表现球的圆润、流畅、柔和、弹性和优美的器械感。在完成球操练习的过程中，身体动作和球的动作始终融合连贯，无论是球在身体各部位的滚动动作，还是手持球的摆动和绕环动作，都要求做到轻捷自如、稳顺连绵。正确掌握球的各种基本技术，能提高练习者的协调性、柔韧性、灵活性和反应能力，同时，通过集中注意力运用身体肌肉用力感觉发展人对身体和自我意识的控制能力，体验运动过程中产生的成就感，提升人的自信心。

1）持球的方法

（1）单手托球，如图 14.21 所示。

（2）双手握球，如图 14.22a、图 14.22b 所示。

图 14.21　单手托球

(a)　(b)

图 14.22　双手握球

2）摆动

摆动是单手托球以肩为轴向各个方向做的钟摆式动作，有向前后、左右摆动，以及手托球绕和绕环动作。

（1）单手托球前后摆动动作。

右手握球向前向后摆动，同时两腿弹动或重心向前向后移动（图 14.23）。

要求：动作舒展，握球自然，摆动平稳；腿部移重心屈伸配合自然、柔和。

（2）单手托球水平摆动。

一手侧平举托球，经体前向相反方向摆至侧上举，再经前水平摆至侧平举，另一手臂随之自然摆动，上体稍向侧扭转（图 14.24）。

(a)　(b)

图 14.23　单手托球前后摆动动作

(a)　(b)　(c)

图 14.24　单手托球水平摆动动作

3）拍球

拍球是球的典型动作之一。拍球时，用手向下压球；手型与球体相吻合；手腕保持一定的张弛度，使拍球动作连贯；不打击球。还可以用脚拍球、膝拍球等。单手拍球时，另一侧手臂侧举或者上举，同时，双腿并拢半蹲，或者双腿随着向下拍球的节奏做弹性屈伸一次。可在体侧和体前拍球；双手拍球时与单手相同。如图 14.25 所示。

(a) (b) (c) (d)

图 14.25 拍球动作

4）绕“8”字绕环

（1）单手向外“8”字绕环。单手正托球前平举，由前举向外在头上直臂水平绕大圆，至侧下举成反托球，接着屈肘经后向内绕小圆至侧举，另一臂侧举，同时，双腿在绕大圆和小圆时做一次半蹲和伸直的动作，如图 14.26 所示。

(a) (b) (c) (d) (e)

图 14.26 单手向外“8”字绕环

（2）双手持球绕螺旋“8”字。双手左右相对持球上举，左脚向侧一部上体稍向右侧屈，同时双手向左绕至左下方，接着双腿并拢屈膝，低头含胸，双手在腹前逆时针方向绕一次水平小圆，顺势绕至左上方，经头后向右水平绕环，如图 14.27 所示。

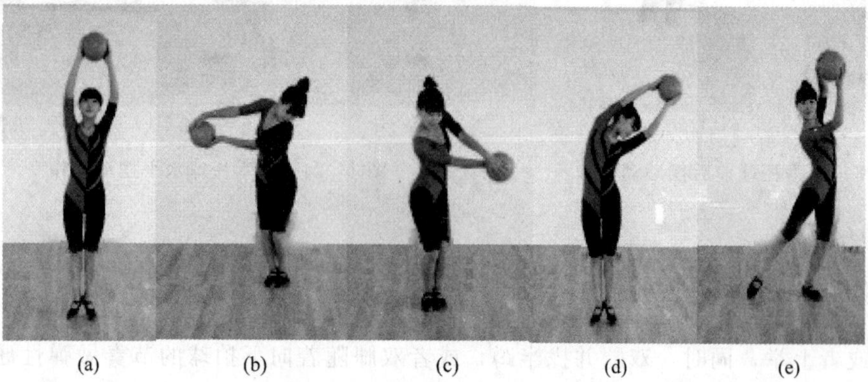

(a) (b) (c) (d) (e)

图 14.27 双手持球绕螺旋“8”字

5）滚球

可以在地上和身体的臂、胸、背等部位将球滚动。

（1）单臂滚球。直臂上举托球，使球沿臂的直线滚下。球滚动过程中要伸臂、送肩、挺胸迎球。如图 14.28 所示。

(a) (b) (c) (d)

图 14.28 单臂滚球动作

（2）地滚球。单手握球于体侧，屈膝成半蹲，手背落地，将球轻轻拨出，跟随球滚动的轨迹移动，然后弯腰屈膝伸出右手将球铲起，如图 14.29 所示。

(a) (b) (c) (d)

图 14.29 地滚球动作

（3）双手胸前滚球。双手托球于腹前，含胸低头，接着挺胸抬头，同时持球手向上拨球，球顺双臂滚动，如图 14.30 所示。

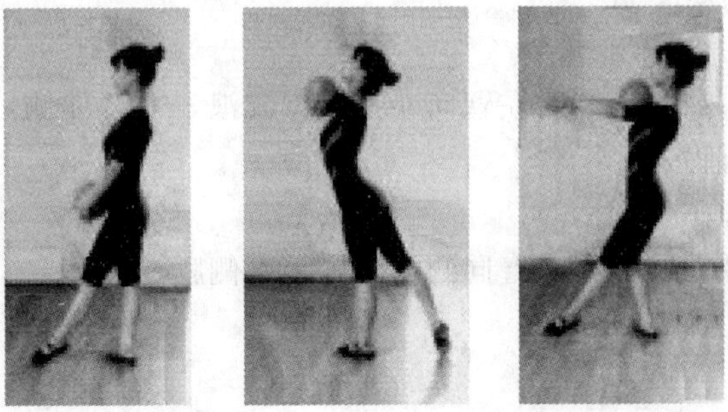

(a) (b) (c)

图 14.30 双手胸前滚球动作

6）抛接

抛接球是用手或身体其他部位向前、后、左、右等方向将球抛起，接着用单手或双手在身体的前、侧、后等各个方向接住球的动作。

单手一侧抛一侧接球。单臂体侧正托球，双腿屈膝下蹲，手臂下摆，然后双腿伸直同时托球手臂向侧上方抛球，双腿屈膝下蹲，另一侧手臂伸手接住球，缓冲下落于体侧，如图14.31所示。

(a) (b) (c) (d)

图 14.31 单手一侧抛一侧接球动作

14.2 艺术体操学练方法

艺术体操作为一项易于普及的锻炼形式，可以通过各种动作的设计达到锻炼身体的目的。将徒手动作技术和持轻器械动作技术有针对性地进行科学合理的组合，使练习者依据各自兴趣选择不同的艺术体操组合动作，以达到锻炼身体、增进健康、培养优雅气质和提高审美能力，以及愉悦身心的目的。

14.2.1 徒手动作技术的练习内容和方法

在学习基本步法和舞步的基础上，选择具有代表性的舞步设计成组合动作，在优美的音乐伴奏下进行教学和练习，可以达到提高运动水平、提高健身效果、培养优美姿态的效果。

1. 华尔兹组合——选 3/4 节奏的音乐

预备：自然站立，双手一位

1）1—8

1～：左脚向前华尔兹步，同时左臂向左一次侧波浪，右臂体侧，头左转看左手。

2～：同一，换右脚做。

3～4：同 1～2 动作。

5～：向左侧华尔兹，同时，双臂同侧摆动，稍下侧腰。

6～：同 5～，换右脚做。

7～8：同 5～6。

上述各动作如图 14.32 所示。

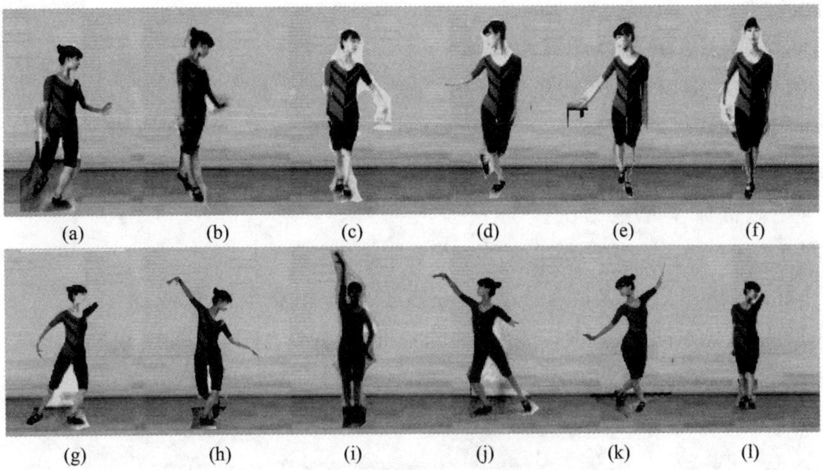

图 14.32　华尔兹组合 1—8 动作

2）2—8

1～：左脚开始做后退华尔兹，双手叉腰。

2～：同 1～，换右脚做。

3～4：同 1～2 动作，唯双手成三位手。

5～6：同 1～2，唯一手上举另一手叉腰。

7～8：左脚开始做向前向后摇床华尔兹各一次，手臂做同侧方向的单臂波浪，上体稍后侧腰，抬头挺胸，然后换右脚做。

上述各动作如图 14.33 所示。

图 14.33　华尔兹组合 2—8 动作

3）3—6

1～：左脚做转体 180°，双臂经侧下向前摆至三位。

2～：换右脚后退左转 180°华尔兹，双臂经前向下摆至侧上举。

3～4：同 1～2。

5～：左侧华尔兹，单臂体侧波浪一次。

6～：右侧华尔兹，手臂不变同 5。

上述各动作如图 14.34 所示。

4）4—8

1～2：向左做摇床华尔兹一次。

3～4：同 1～2。

5～：左脚后退华尔兹一次，左手叉腰，右手向右侧摆至侧平举。

6～：右脚向 8 点方向上一步，左脚后侧点地，右臂经下向前摆至右上举，左手叉腰，上体右旋，抬头看右前方。

上述各动作如图 14.35 所示。

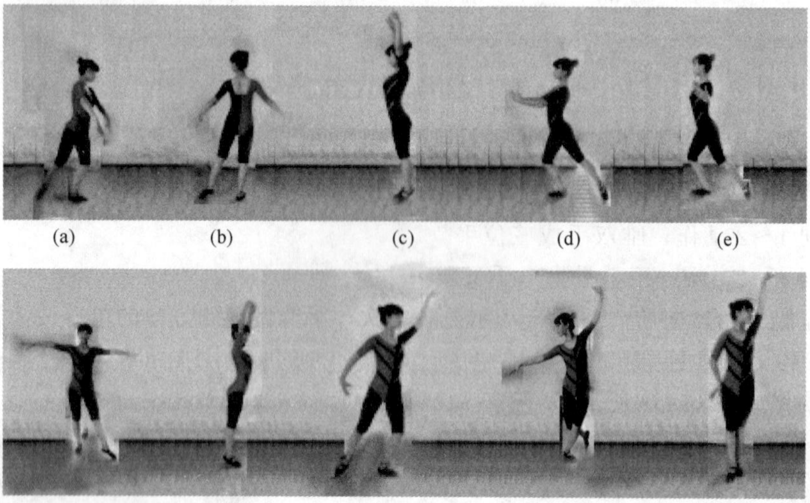

(a) (b) (c) (d) (e)

(f) (g) (h) (i) (j)

图 14.34　华尔兹组合 3—6 动作

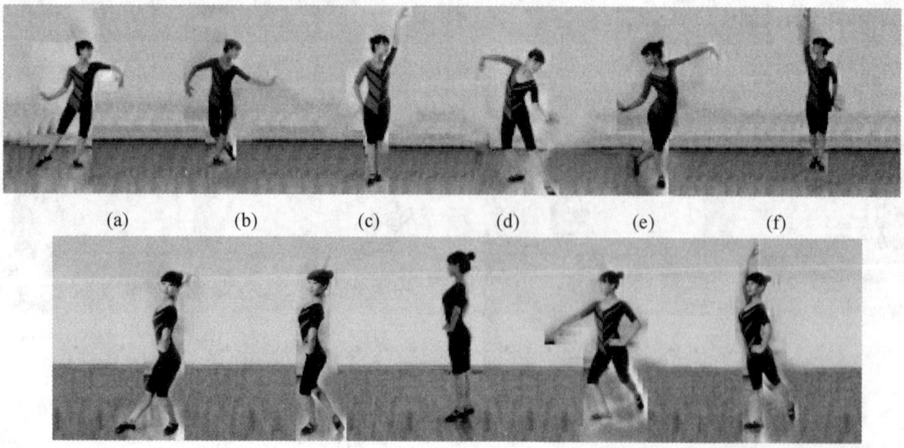

(a) (b) (c) (d) (e) (f)

(g) (h) (i) (j) (k)

图 14.35　华尔兹组合 4—8 动作

2. 波浪组合

预备：右腿直立，左腿屈膝脚点地，一位手。

1）1—8

1～4：左脚开始向前柔软步 2 次，同时，两臂前波浪 2 次，挺胸抬头。

5～8：同 1～4，上体向左扭转，同时，两臂做两次波浪体前体后。

上述各动作如图 14.36 所示。

(a)　(b)　(c)　(d)　(e)

图 14.36　波浪组合 1—8 动作

2）2—8

1～4：同 1—8 的 1～4，唯双臂做 4 侧波浪。

5～8：左脚并右脚立踵，同时两臂向内绕环成胸前交叉，半蹲。

上述各动作如图 14.37 所示。

(a)　(b)　(c)　(d)　(e)

图 14.37　波浪组合 2—8 动作

3）3—8

1～2：左脚向前一步，身体前波浪，同时两臂侧举，做前波浪一次。

3～4：同 1～2，换右脚做。

5～6：左腿并右腿，弹动一次，两臂摆至三位。

7～8：做身体向前波浪，同时，两臂经前向后摆至上举。

上述各动作如图 14.38 所示。

4）4—8

同 3—8，唯向右做。

5）5—8

1～2：右腿屈膝，左脚前点地，同时上体前屈，手臂前摆至三位。

3～4：右腿伸直，上体直立，左脚前点，手臂保持三位。

5～6：上体向后弯曲，重心保持在右腿，同时手臂后上举。

7～8：上体挺胸直立起，两臂上举。

上述各动作如图 14.39 所示。

(a) (b) (c) (d) (e) (f) (g)

图 14.38 波浪组合 3—8 动作

(a) (b) (c) (d)

图 14.39 波浪组合 5—8 动作

6）6—8

1～4：身体向左侧波浪。

5～8：右脚右侧一步右摆髋，同时右臂、左臂体侧波浪三次。

上述各动作如图 14.40 所示。

(a) (b) (c) (d) (e) (f) (g)

图 14.40 波浪组合 6—8 动作

7）7—8

同 6—8，换右侧。

8）8—8

1～4：右脚向左交叉转体 360°，同时做身体向左螺旋波浪。

5～7：右脚并左脚，右臂侧举，左臂经左绕至右前。

8～：左脚向 8 点方向上一步成弓步，右腿伸直，脚尖点地，上体右转 45°，同时右臂经下摆至前举。

上述各动作如图 14.41 所示。

(a)　(b)　(c)　(d)　(e)

图 14.41　波浪组合 8—8 动作

14.2.2　持轻器械动作技术的练习内容和方法

球操组合

预备：右脚在前左脚在后点地，双手持球于体前。

1）1—8

1～8：左脚左侧一步重心向左，同时，右脚并于左脚，双手上举向左开始做螺旋“8”字，身体随着做波浪。

上述动作如图 14.42 所示。

(a)　(b)　(c)　(d)　(e)　(f)

图 14.42　球操组合 1—8 动作

2）2—8

同 1—8，方向相反。

3）3—8

1～4：左脚向左一步移重心一次，右手托球向左摆动至，左臂摆至侧举，身体左 90°，抬头挺胸眼看球。

5～8：向右移重心，左脚侧点地，同时，右手持球经下向右摆动至右上举，右手托球，左臂向绕至左斜下举，身体右转 45°，面向 1 点位置。

上述各动作如图 14.43 所示。

(a) (b) (c) (d)

图 14.43 球操组合 3—8 动作

4）4—8

1～4：右脚后退，同时，右手做向后绕成头上反托球，左臂侧举，左脚并于右脚。

5～8：左臂经前向后绕，身体向前波浪起，右手做一次经左右水平摆动，眼睛看球。

上述各动作如图 14.44 所示。

(a) (b) (c) (d) (e) (f)

图 14.44 球操组合 4—8 动作

5）5—8

1～4：右臂体前滚球经左臂至左手，右臂侧举，同时左脚向前一次柔软步。

5～8：同 1～4，换左臂体前滚球至右手，成双脚并立。

上述各动作如图 14.45 所示。

(a) (b) (c) (d)

图 14.45 球操组合 5—8 动作

6）6—8

1～8：右脚向右后一步，转体 45°，向右外绕“8”字，左臂侧举，如图 14.46 所示。

(a)　(b)　(c)　(d)　(e)

图 14.46　球操组合 6—8 动作

7）7—8

1～4：右脚向右一步，右臂向右上方摆动，左臂斜下举。

5～8：右腿屈膝左腿并立，球顺右臂经右肩滚至左臂，成左手托球，头向左转看球，右手侧上举。

上述各动作如图 14.47 所示。

(a)　(b)　(c)　(d)

图 14.47　球操组合 7—8 动作

8）8—8

同 7—8，左臂滚球至右臂。

9）9—8

1～2：左脚向右交叉转体 90°，屈膝成半蹲，将球置于地面并轻轻拨出。

3～4：小碎步跟球跑，双臂斜下举。

5～8：右腿后伸脚尖点地，右手做铲球将球捡起，同时向左转体 90°，右臂托球向前摆动一次。

上述各动作如图 14.48 所示。

(a) (b) (c) (d)

图 14.48 球操组合 9—8 动作

10）10—8

1～2：右手水平摆动，身体重心移到左腿。

3～8：右手体前拍反弹球，左手接球向左摆侧上举，同时移重心一次。

上述各动作如图 14.49 所示。

(a) (b) (c) (d) (e)

图 14.49 球操组合 10—8 动作

11）11—8

同 10—8，方向相反。

12）12—8

1～4：左脚向前柔软步小跑，做身体波浪，同时双手将球从腹部向胸部拉动。

5～6：右腿并于左，双腿屈膝，抬头挺胸。使球经过肩部滚到背部，双手背后接球。

7～8：左腿后伸脚尖点地，成大弓步，同时，两臂向上摆动球，上体稍左侧屈。

上述各动作如图 14.50 所示。

(a) (b) (c) (d) (e)

图 14.50 球操组合 12—8 动作

14.3　艺术体操规则与裁判法简介

本节内容主要包括：艺术体操竞赛项目、内容及成绩评定；竞赛种类与成绩计算；艺术体操裁判方法简介等。

14.3.1　规则

1. 比赛和项目

艺术体操的正式比赛分为个人锦标赛和集体锦标赛。

（1）个人项目。个人全能赛，团体赛全能成绩进入前 26 名的运动员有权参加，每队最多 2 名，完成 4 套不同器械的自选动作，每项满分 10 分。以 4 套动作得分总和计算成绩，最高分 40 分，总分高者为胜；个人单项赛，团体赛各单项成绩进入前 8 名的运动员有权参加，每队最多 2 名，以单项决赛的得分计算成绩，最高分 10 分，得分高者名次列前。

（2）集体项目。由 5 人组成的集体，包括 2 套动作：同种器械和不同种器械，每 2 年换一次器械。每套动作时间为 2 分 15 秒至 2 分 30 秒。团体赛：每队 3 名运动员参赛，完成 4 套不同器械的自选动作，每项满分 10 分。以 3 名运动员得分总和计算成绩，最高分 120 分，总分高者为胜。

2. 裁判组

每个裁判组由 2 个裁判小组组成，A 组为编排组，B 组为完成组。其中编排组又分为 A1 技术价值和 A2 艺术价值。A1 组评判难度数量和水平，A2 组评判艺术编排（音乐、器械的选择与使用，身体动作的选择与使用，熟练性与独创性）。每个裁判组由一名裁判员（助理裁判员）协助工作，其将确定分差是否有效，并对出界、动作时间和其他有关纪律方面的问题（器械、体操服、入场等）进行扣分。

3. 总则

（1）场地范围。个人赛为 12 米×12 米的场地。集体赛时场地四边可向外扩展 50 厘米，即为 13 米×13 米的场地。场地高度最低为 12 米。比赛时人或器械越出规定的场地范围，按规则扣分。

（2）动作时间。个人赛自选成套动作时间为 1 分 15 秒至 1 分 30 秒；集体赛每套动作时间为 2 分 15 秒至 2 分 30 秒，时间不足或超过，按规则扣分。集体赛入场时间不得超过 10 秒钟。

（3）服装规定。运动员必须穿着符合规定的体操服。例如，体操服不能透明，胸、背现露部分应有限度，裤腿口应为半月形，不得穿窄肩带舞蹈服，不能有任何装饰品，不能采用金、银、铜色等，违反者按规则扣分。

（4）音乐规定。个人赛和集体赛的成套动作均必须在音乐伴奏下完成，如果长时间或全套不使用音乐伴奏，则不予评分；个人赛及集体赛音乐伴奏形式不限，但均不允许采用伴唱方式等。违反以上规定分别按规则扣分。

14.3.2　裁判法

1. 扣分

根据失误程度将给予以下扣分：

小失误扣0.05分或0.1分，中等失误扣0.2分，大失误扣0.3分或更多。

2. 分值分配和计算

（1）分值分配。A1技术价值：0至最多10分（用叠加法）；A2艺术价值：0至最多10分（用叠加法）；B完成：0至最多10分（裁判员公给出扣分的总数）。

（2）分数计算。最后得分的计算是将三个部分的分数相加（即A1技术价值＋A2艺术价值＋B完成），而助理裁判员的扣分只从完成分（B分）上扣分。

3. 场地

场地的规格是13平方米的正方形，根据比赛过程中场地利用情况判断出界与否。

4. 计时

计时表是从运动员或集体队第一名运动员开始做动作时计时，当运动员或集体队的最后一名运动员完全静止时停表。超过或少于规定的时间，每秒扣0.05分（由助理裁判员执行），不足1秒不扣分。

14.4 艺术体操主要赛事及欣赏

14.4.1 艺术体操主要赛事

20世纪初，瑞士日内瓦音乐学院教师雅克-达尔克罗兹（E. Jaques-Dalcroze）创编的韵律体操，将身体练习与音乐结合起来，并从最初的徒手发展为使用轻器械的形式，1962年被国际体操联合会确定为比赛项目。1963年举办第一届世界艺术体操锦标赛，1988年艺术体操被列为奥运会比赛项目。

1. 重大赛事

（1）世界艺术体操锦标赛。每2年举办一届，设个人团体、个人全能和4个单项，以及集体项目的比赛，其中个人全能和集体项目为奥运会正式比赛项目。

（2）奥运会艺术体操比赛。自1984年起每4年举办一届。

（3）洲际赛分为四大洲（美洲、亚洲、非洲及大洋洲）和欧洲锦标赛洲际艺术体操比赛。每2年举办一届。

（4）全国锦标赛、全国冠军赛和全国少年组比赛。每年举办一届。

2. 近20年世界艺术体操代表人物

艺术体操的世界最高水平在俄罗斯、乌克兰、白俄罗斯、意大利等国家。近20年来，历届世界锦标赛和奥运会艺术体操冠军令人瞩目。

（1）维特里琴科。乌克兰艺术体操运动员，1997年世界艺术体操锦标赛个人全能冠军，并在5个单项上均获得过世锦赛金牌，特别是其带操项目更是连续四度折桂。她还曾在亚特兰大奥运会上获得个人全能铜牌，被称为“艺术体操大师”。

（2）卡巴耶娃。俄罗斯艺术体操运动员，曾获1999年和2003年两届世界艺术体操锦标赛个人全能冠军和多次团体、单项冠军，并在雅典奥运会上一举夺得个人全能金牌，是艺术体操界多年来大名鼎鼎的标志性人物，被誉为“艺术体操美狐”。1998年是卡巴耶娃崭露头角的一年，她先是夺得欧洲锦标赛的冠军，接着在友好运动会上几乎横扫所有对手，夺得5

块金牌中的 4 块。2003 年夺得世锦赛的全能金牌。2004 年雅典奥运会终圆金牌梦。

(3) 安娜·贝索诺娃。乌克兰基辅的知名艺术体操选手。她是乌克兰排名第一的艺术体操选手，也是目前（2008 年 7 月 19 日）在棒、带、绳三项排名世界第一，球与环两项排名世界第三的艺术体操选手，总计赢得 22 块世界锦标赛奖牌、2 块奥运奖牌与 22 块欧洲锦标赛奖牌。

(4) 卡普拉诺娃。俄罗斯最优秀的艺术体操选手之一，她的脚背与膝盖都极其漂亮，而且四肢修长，脚背更是被誉为史上最美丽的脚背。1993 年开始艺术体操训练，2005 年首次参加国际比赛，最擅长的器械操是圈操。2005 年她成为俄罗斯的当家花旦，在当年的世锦赛上，她更是力压乌克兰名将安娜·贝索诺娃获得了除带操外的所有个人金牌（5 枚），一时风头无两。2007 年卡普拉诺娃在欧锦赛与世锦赛上均有不俗表现。这一年她收获了 3 个世界冠军头衔。

(5) 孙妍在。韩国艺术体操运动员，2010 年广州亚运会艺术体操个人全能铜牌。2011 年在世界艺术体操锦标赛中荣获个人全能第 11 名。2012 年荣获伦敦奥运会艺术体操第五名。2013 年 6 月 11 日，在亚洲艺术体操锦标赛上获得了三冠王。2014 赛季首战——莫斯科艺术体操大奖赛个人全能赛圈操比赛获得第三名，在艺术体操世界杯里斯本站的比赛中，荣获个人全能冠军，2014 年仁川亚运会荣获金牌，2014 年艺术体操世锦赛上取得个人全能第四，并在 2014 年艺术体操世界杯系列赛上连续 11 次荣获奖牌。

(6) 邓森悦。中国艺术体操运动员，广西玉林人。2010 年 3 月获法国大奖赛个人全能 14 名，2010 年 9 月获莫斯科世锦赛个人全能第 21 名，2010 年亚运会团体第五名，个人全能第五名。2011 年 6 月获亚锦赛团体第四名，个人全能季军，圈操亚军，球操亚军。2013 年 6 获亚锦赛团体季军，个人全能季军，2013 年 7 月获第 9 届世界运动会棒操第四，2013 年 8 月获乌克兰基辅世锦赛个人全能第四，2014 年仁川亚运会艺术体操个人全能银牌。

(7) 钟玲。曾经是中国的“艺术体操女皇”，地毯上真正的天鹅——国际体操界至今还有属于她的 4 个“钟玲加分动作”。她拥有中国人在世界舞台上最好的成绩，奥运会上也只有她为中国赢得了世界的尊重。2005 年激流勇退后，这位艺体女皇平静地回到了家乡，在“凤舞钟玲”艺术体操教室为中国培养着下一代的毯上天鹅。

14.4.2　艺术体操欣赏

艺术体操不仅是体育运动的健康美，而且融入了芭蕾舞、民族舞、竞技体操、技巧、武术、杂技、戏剧等技术之精髓，还创造了一整套的有思想、有表情、有层次、有结构、有难度的立体练习程式，从而构成艺术体操的美。艺术体操以其高超的难度技巧，独特新颖的编排，妩媚多姿的、袅袅婷婷的动作，以及协调一致的音乐配合等因素来展示出优美而和谐的姿态美。

1. 观赛礼仪

观看比赛应提前到场，比赛结束后再退场。比赛时，不要随意走动，最好在比赛暂停或休息时再走动。在场地内不要高声说话，不随地乱扔杂物，禁止吸烟。

观赛时应将手机关机或设置成振动、静音状态。

观众应全神贯注地观看比赛，不要鼓掌加油，不要欢呼，更不要喊运动员的名字。拍照不要使用闪光灯，在运动员即将出场时呐喊加油，在运动员动作结束时鼓掌。

当你认为有裁判不公的现象时，不要起哄，不要冲动，要克制自己的情绪。这种不公也许只是因为你对规则了解不够，而鼓励运动员、理解裁判员、继续观赏下面的比赛是最好的选择。

比赛结束，离开场馆时，请将垃圾随身带出场外。

2. 艺术体操的欣赏

欣赏，主要是欣赏选手的技术难度和艺术表现，艺术体操只有以高难度的技巧、优美的舞姿、动听的旋律、协调的色彩、感人的艺术形象和敢于表现等各种因素，综合成一个统一、和谐的有机整体，才能创造出鲜明、完美的意境，令人心驰神往，产生强烈的审美力量。学习必要的竞赛知识，既要看运动员优美的动作，也要看其动作技术和风格。既要欣赏运动员精湛的技艺，也要感受他们的顽强作风和内在品质。

（1）技术难度。艺术体操成套技术是由跳步、转体、平衡、柔韧、抛接构成的，技术难度可以欣赏选手的身体柔韧性、平衡能力，以及旋转、跳跃等。比如，旋转要注意欣赏运动员转体时度数是否够、姿态是否平稳；跳步看高度是否高、落地是否轻盈、双腿开叉的度数；平衡看时间是否够、是不是够稳；柔韧要看动作是否到位；抛接则是看难度和准确度等。集体项目的欣赏还要看参赛的每个运动员是否有合作精神，并且能否和谐一致地完成动作，在所有运动员之间，通过动作来体现这种精神。

（2）艺术表现。艺术表现主要可以欣赏选手的舞蹈、对音乐的表现和驾驭及感情的投入等。在艺术体操中绝不能把技巧、舞蹈、造型、音乐等看成是各自孤立的、个别的，而应严格地按照每一个局部美的规律进行创造，并把它们和谐、完整地统一在运动员的审美理想和民族风格之中，使其浑然成为一个整体，方可产生出韵味十足、风格突出、令人陶醉的艺术感染力。

艺术表现的特点应该是，从始至终尽可能用身体动作、器械动作，以及运动员之间、运动员和器械之间、所有器械之间的关系来表达一个主题思想，每一个动作的一招一式不仅具有线条美和节奏美，还要有大小、高低、强弱、快慢、缓急、正侧、主宾、虚实、方圆、奇偶、断续、顿挫、张弛、离合等变化，表现出艺术体操的高雅和谐、刚柔相济、动静结合的美姿，从而使人们赏心悦目。

思考题

1. 什么是艺术体操？艺术体操的特点是什么？
2. 艺术体操分为几类？
3. 正规的艺术体操比赛分为哪几种比赛？
4. 如何欣赏艺术体操比赛？

第 15 章
健　美　操

健美操是一项以有氧运动为基础，以健、力、美为特征，融体操、舞蹈、音乐为一体的身体练习。它既是健身美体、陶冶情操的大众健身方式，又是竞技运动的一个项目，还可以通过徒手、手持轻器械和专门器械进行练习，达到健身、健美和健心的目的，是以竞技性、娱乐性和观赏性为特征的一项现代的新兴体育运动项目。健美操一般分为竞技健美操、健身（大众）健美操和表演健美操三类。高度的艺术性、强烈的节奏性、力量性与多变性、广泛的适应性、健身美体的实效性、健心娱乐的群众性、节奏鲜明的时代性等构成了健美操的特点。其增进健康、增强体质、塑造健美形体、培养端正体态、培养艺术素养、焕发精神面貌、陶冶高雅情操等功能也被广大健美操锻炼者所认可，尤其是大学女生，对健美操教学中的减脂、塑型、提升气质等功效要求较高。

在大学体育教学中，健美操教学主要以健身健美操为主，因此本章只对健身健美操进行必要的阐述。

15.1　健美操基本技术

15.1.1　头颈动作

1. 动作方向

头颈动作的主要方向是前、后、左、右 4 个方向。另外，还有侧前、侧后、侧上、侧下等一些动作方向。

2. 动作内容

1）屈

动作描述：头颈向前、后、左、右 4 个方向分别做弯曲的运动。

注意要点：身体正直，动作缓慢，充分伸展颈部肌肉。

动作变化：前屈、后屈、左侧屈、右侧屈（图 15.1）。

图 15.1　头颈屈动作

2）转

动作描述：头颈部沿身体垂直轴向左、右转动 90°。

注意要点：身体正直，动作缓慢，下颌平稳地左右转动。

动作变化：左转、右转（图 15.2）。

图 15.2　头颈转动作

3）绕

动作描述：头颈部经前屈向左前、右前做伸的运动。

注意要点：身体正直，动作缓慢，充分活动头颈部。

动作变化：左前绕、右前绕（图 15.3）。

图 15.3　头颈绕动作

4）绕环

动作描述：头颈部经屈在 360°范围内做环形运动。

注意要点：身体正直，动作缓慢，充分活动头颈部。

动作变化：向左绕环、向右绕环（图 15.4）。

图15.4　头颈绕环动作

15.1.2　上肢动作

1. 手型

手型的变化不仅可以使手臂的动作更加丰富多彩、生动活泼，表现出美感，而且有助于加强动作的力量性。常用手型有以下几种。

1）掌

并指掌（亦称操化手型）：大拇指指关节弯曲内扣，其余四指并拢伸直。腕关节与掌指关节适度紧张。

分指掌（亦称健美掌）：五指用力分开并伸直，且在同一平面内。

屈指掌：手掌用力上屈，五指自然弯曲。

上述掌型如图15.5所示。

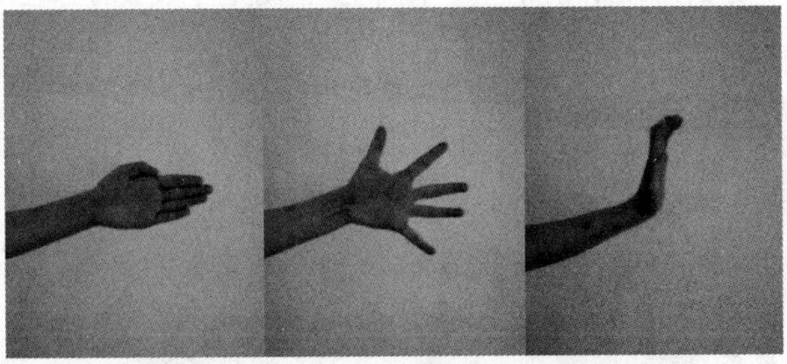

图15.5　并指掌、分指掌和屈指掌

2）拳

实心拳：四指弯曲，大拇指弯曲压住食指及中指指节，拳心无空隙。

空心拳：四指弯曲，大拇指弯曲压住食指及中指指节，拳心有空隙。

上述拳型如图15.6所示。

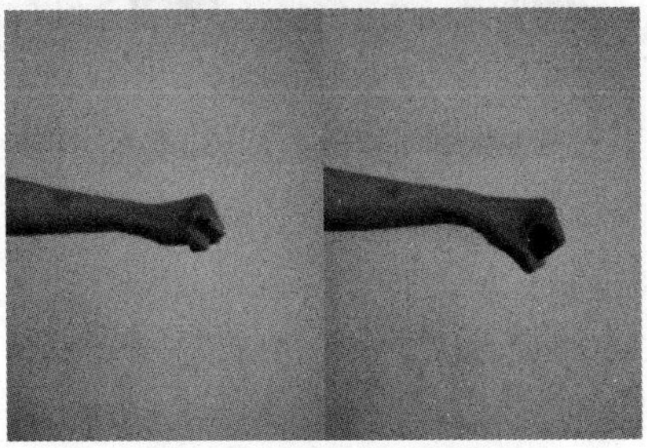

图15.6　实心拳和空心拳

3）其他手型

西班牙舞手型：五指分开，小拇指内旋，大拇指稍内收。

剑指：食指和中指并拢伸直，大拇指、无名指、小拇指弯曲内收。

“V”指：大拇指与小拇指、无名指弯曲，食指与中指伸直并尽量分开。

响指：无名指与小拇指弯曲，大拇指与中指、食指摩擦后，中指击打大鱼际处产生响声。

上述手型如图 15.7 所示。

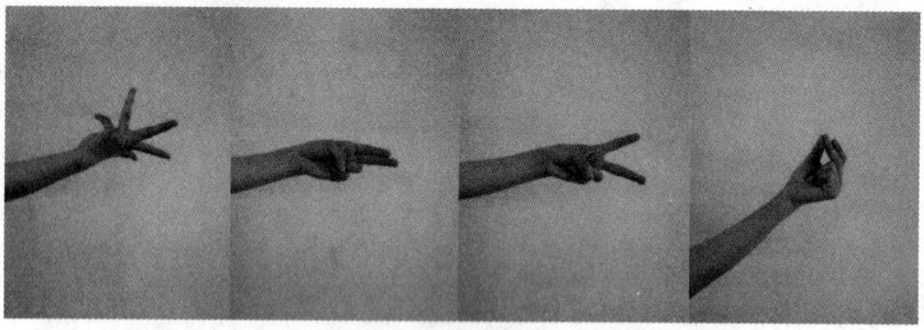

图 15.7 西班牙舞手型、剑指、“V”指、响指

2. 手臂动作

1）举

动作描述：以肩关节为轴，臂的活动范围不超过 180°，并停止在某一部位。

注意要点：动作到位，路线清晰，有力度。

动作变化：前平举、前上举、前下举、侧平举、侧上举、侧下举、上举、下举、后下举等（图 15.8）。

图 15.8 举的动作

2）屈、伸

动作描述：肘关节由弯曲到伸直或由伸直到弯曲的动作。

注意要点：关节做有弹性的屈伸。

动作变化：胸前上屈、胸前平屈、肩侧屈、肩侧上屈、肩侧下屈、腰侧屈、头后屈等（图 15.9）。

图 15.9 屈、伸动作

3）绕和绕环

动作描述：两臂或单臂以肩为轴做弧线运动。

注意要点：路线清晰，起始和结束动作位置明确。

动作变化：两臂或单臂向内、外、前、后绕或绕环。

15.1.3 下肢动作

1. 无冲击动作

无冲击动作是指在做动作时，双脚都不离地的动作。

1）半蹲

动作描述：两腿左右分开站立，与肩同宽或比肩稍宽，脚尖稍外开，两腿同时屈膝下蹲（图 15.10）。

注意要点：身体重心在两腿之间，屈膝时，膝关节朝着脚尖的方向，同时膝关节不能超过脚尖，下蹲时身体稍前倾。

动作变化：并腿半蹲、迈步半蹲、迈步转体半蹲等。

2）弓步

动作描述：两腿前后开立，两脚距离稍宽于肩，脚尖朝前，前腿屈，后腿伸直（图 15.11）。

注意要点：身体重心在两腿之间，前腿膝关节弯曲不能超过 90°，膝关节不能超过脚尖。

动作变化：原地前后弓步、原地左右弓步、转体弓步等。

图 15.10 半蹲动作

图 15.11 弓步动作

2. 低冲击动作

低冲击动作是指在做动作时，一脚着地，另一脚离地的动作。低冲击动作是目前健身健美操编排运用最多的动作类型。

1）踏步

动作描述：两腿依次抬起，依次落下（图 15.12）。

注意要点：下落时，注意膝、踝关节有弹性地缓冲。

动作变化：踏步转体、踏步分腿、踏步并腿、弹动踏步等。

2）走步

动作描述：迈步移动。向前走时，脚跟先落地，过渡到全脚掌，向后走时则相反（图 15.13）。

注意要点：落地时，注意膝、踝关节有弹性地缓冲，上体可以有节奏地协调摆动。

动作变化：向前向后走步、向侧前和侧后走步、向左右转体或弧线走步等。

图 15.12 踏步动作

图 15.13 走步动作

3）一字步

动作描述：以左脚起步为例。左脚向正前方迈一步，右脚并向左脚，然后左脚向后一步，右脚并向左脚（图 15.14）。

注意要点：偶数拍都有并步，落地时注意膝、踝关节有弹性地缓冲。

动作变化：向前向后的一字步、转体的一字步等。

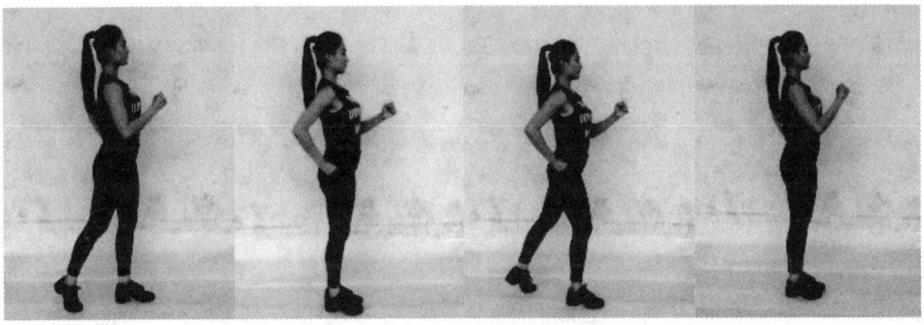

图 15.14 一字步动作

4）V 字步

动作描述：以左脚起步为例。左脚向左前方迈步，右脚随之向右前方迈步，两脚开立，形成 V 字轨迹，然后左右脚依次还原（图 15.15）。

注意要点：开立时两脚距离大于肩宽，重心在两腿之间，屈膝时膝关节朝着脚尖方向。

动作变化：倒 V 字步、转体 V 字步、跳的 V 字步等。

图 15.15 V 字步动作

5）漫步

动作描述：以左脚起步为例。左脚向前迈步，同时重心随之前移，接着右脚稍抬起，然后落下，重心随之后移，左脚迈于右脚之后，左脚稍抬起，然后落下（图 15.16）。

注意要点：重心的前后移动，动作有弹性。

动作变化：转体的漫步、跳的漫步等。

图 15.16 漫步动作

6）后屈腿

动作描述：以右脚为例。左脚向侧迈一步，同时膝盖微屈，重心移至左脚上，随后右脚抬离地面，向后屈腿，然后再做反方向动作（图 15.17）。

注意要点：屈膝时膝关节朝着脚尖方向，主力腿始终保持有弹性的屈伸，后屈腿脚跟朝着臀部，脚尖绷直。

动作变化：原地后屈腿、前后移动后屈腿、转体后屈腿等。

7）并步

动作描述：以左脚起步为例。左脚向侧迈步，同时重心左移，右腿并向左腿，两腿稍屈膝（图 15.18）。

注意要点：膝、踝关节的弹动缓冲，重心平稳过渡。

动作变化：左右的并步、前后的并步、向两侧的并步、转体的并步等。

图 15.17 后屈腿动作

图 15.18 并步动作

8）迈步移重心

动作描述：以左脚起步为例。左脚向左侧迈出一步，落地时双腿屈膝，随之重心下降并移至左腿，然后重心上移，膝盖伸直，右脚点地，然后再做反方向的动作（图 15.19）。

注意要点：下蹲屈膝时，膝关节朝着脚尖方向，重心上下、左右移动明显。

动作变化：左右移重心、前后移重心、转体移重心等。

图 15.19 迈步移重心动作

9）交叉步

动作描述：以左脚起步为例。左脚向左侧迈步，同时重心左移，接着右脚交叉于左脚之后，然后左脚再向侧移动，重心再向左移，最后右脚并于左脚（图 15.20）。

注意要点：重心要及时变换，膝、踝关节有弹性地缓冲。

动作变化：左右的交叉步、转体的交叉步等。

图 15.20 交叉步动作

10）吸腿

动作描述：一腿屈膝抬起，另一腿屈膝弹动缓冲（图 15.21）。

注意要点：上体保持正直，大腿抬起与地面平行，小腿自然下垂，绷脚尖。

动作变化：向前吸腿、向侧吸腿、向侧前吸腿、转体的吸腿、迈步吸腿、上步吸腿等。

11）摆腿

动作描述：一腿站立，另一腿自然摆动，然后还原成并步（图 15.22）。

注意要点：上体保持正直，主力腿注意屈膝缓冲，摆动腿抬起时幅度不要过大且要有控制。

动作变化：向前摆腿、向侧摆腿等。

12）踢腿

动作描述：一腿站立，另一腿加速向上摆动（图 15.23）。

注意要点：上体保持正直，主力腿脚跟不能离地，膝关节微屈缓冲，踢腿的幅度因人而异，避免受伤。

动作变化：向前踢、向侧踢、向后踢、移动中踢腿等。

图 15.21 吸腿动作

图 15.22 摆腿动作

图 15.23 踢腿动作

3. 高冲击动作

高冲击动作是指在做动作时，双脚都离地的动作，即平常所说的跳跃类动作。

1）跑

动作描述：两脚依次经过腾空后，一脚落地缓冲，另一腿小腿后屈，双臂配合下肢前后摆动（图 15.24）。

注意要点：膝、踝关节有弹性地缓冲，落地时由前脚掌过渡到全脚掌。

动作变化：原地跑、向前跑、向后跑、弧线跑、转体跑等。

2）双脚跳

动作描述：双脚并拢有弹性地向上跳起，双臂随身体协调摆动（图 15.25）。

注意要点：腾空时，双腿并拢，膝盖伸直，落地时屈膝缓冲，由前脚掌过渡到全脚掌。
动作变化：原地并腿跳、向前并腿跳、左右并腿跳、转体并腿跳等。

图 15.24　跑的动作

图 15.25　双脚跳动作

3）开合跳

动作描述：并腿向上跳起，左右分腿姿势落地，接着再向上跳起，并腿落地（图 15.26）。
注意要点：落地时，膝关节有弹性地缓冲，分腿落地时屈膝且朝着脚尖方向。
动作变化：原地开合跳、转体开合跳等。

图 15.26　开合跳动作

4）并步跳

动作描述：以左脚起步为例。左脚迈出，随之蹬地跳起，右脚并左脚，并腿落地（图 15.27）。
注意要点：身体重心随身体迅速移动，落地时注意缓冲。
动作变化：向前并步跳、向后并步跳、向侧并步跳等。

5）单脚跳

动作描述：一脚跳跃时，另一脚离地（图 15.28）。
注意要点：跳跃落地时注意屈膝弹动。
动作变化：原地单脚跳、移动单脚跳、转体单脚跳等。

图 15.27　并步跳动作

图 15.28　单脚跳动作

6）弹踢腿跳

动作描述：双腿起跳，单脚落地，另一腿小腿后屈，然后小腿前踢伸直（图 15.29）。

注意要点：无双脚落地的过程，弹踢腿脚尖伸直。

动作变化：向前弹踢腿跳、向侧弹踢腿跳、转体弹踢腿跳、移动弹踢腿跳等。

7）点跳（小马跳）

动作描述：以左脚起步为例。右脚蹬地跳起，同时左脚向侧迈步落地，随之右脚并左脚点地，随后反方向做一次，动作相同，方向相反（图 15.30）。

注意要点：两脚轻松蹬地，身体重心随之平稳移动，注意膝踝的弹动。

动作变化：原地点跳、向前点跳、向侧点跳、向后点跳、转体点跳等。

图 15.29　弹踢腿跳动作

图 15.30　点跳动作

15.2　健美操锻炼方法

健美操组合

1. A 组合

第一个八拍：1～2 拍面向前向右做一次侧并步，握拳，双臂胸前平屈下压至腹前；3～4 拍同 1～2 拍，动作相同，方向相反；5～8 拍同 1～4 拍（图 15.31）。

图 15.31　A 组合第一个八拍

第二个八拍：1～4 拍面向左 45°方向，向右做两次侧并步，双臂由上举至肩侧屈；5～8 拍面向右 45°方向，向左做两次侧并步，“之”字形路线（图 15.32）。

图 15.32 A 组合第二个八拍

第三个八拍：1～4 拍面向右 45°方向，向右做一次后交叉步，手臂屈肘前后自然摆动，4 拍击掌；5～8 拍面向左 45°方向，向左做一次后交叉步，“之”字形路线（图 15.33）。

图 15.33 A 组合第三个八拍

第四个八拍：面向右 45°方向，右脚上步，左腿做四次提膝，上臂由斜上举至腰侧屈，手型由操化到握拳（图 15.34）。

图 15.34 A 组合第四个八拍

第五个八拍至第八个八拍：同第一个八拍至第四个八拍，动作相同，方向相反。

2. B 组合

第一个八拍：1～4 拍面向左 45°方向，右脚做漫步两次，握拳，双臂向斜上方振臂两次；5～8 拍面向右 45°方向，动作同 1～4 拍（图 15.35）。

第二个八拍：1～4 拍，面向前方，右脚做一次 V 字步，握拳，双臂向前振臂两次，击掌两次；5～8 拍同 1～4 拍（图 15.36）。

图 15.35　B 组合第一个八拍

图 15.36　B 组合第二个八拍

第三个八拍：1～2 拍面向左 45°方向，右脚做一次漫步，右手握拳，手臂自上而下同方向摆臂；3 拍面向前方，右脚侧迈一步；4～5 拍面向右 45°方向，左脚做一次漫步，左手握拳，手臂自上而下同方向摆臂；6 拍面向前方，左脚侧迈一步；7～8 拍原地踏步两次（图 15.37）。

图 15.37　B 组合第三个八拍

第四个八拍：1～4 拍面向前方，开合跳一次，握拳，双臂侧平举，击掌两次；5～8 拍同 1～4 拍（图 15.38）。

图 15.38　B 组合第四个八拍

第五个八拍至第八个八拍：同第一个八拍至第四个八拍，动作相同，方向相反。

15.3 健美操规则与裁判法

规则不仅是裁判员执行评分的重要依据，而且是教练员进行训练安排、动作创编、把握健美操发展方向的重要文件。在中国，正规的大型比赛一般多采用国际体操联合会健美操委员会中国健美操协会制定的健美操评分规则，其他级别的比赛多是在此基础上，根据比赛的实际需要制定相应的规则。下面，仅对比赛的一般规则和裁判法进行说明。

15.3.1 总则

1. 目的

制定规则的目的是保证比赛评分的客观性、规范性、公正性。

2. 比赛内容

规定动作比赛、自选动作比赛。

3. 年龄与分组

儿童组，12 岁以下；少年组（中学生），13～17 岁；青年组，18～34 岁；中年组，35～49岁；老年组，50 岁以上。

4. 参赛人数

规定动作：每队 8 人，性别不限，或按比赛规程执行。

自选动作：每队 3～16 人，性别不限，或按比赛规程执行。

5. 比赛场地与设备

赛台高 80～100 厘米，比赛场地为 10 米×10 米的地板或地毯，后面有背景遮挡；有专业的放音设备和舞台灯光；裁判席设在比赛场地的正前方。

6. 比赛服装

着健身服或运动式休闲服和运动鞋（旅游鞋式，不可穿球鞋、体操鞋等）；服装上可以有亮片等装饰物，女运动员可化淡妆，比赛时运动员不得佩戴首饰。

7. 裁判组组成

裁判组由 1 名裁判长、5～7 名裁判员、1 名记录长、2～3 名记录员、1 名计时员（自选动作比赛）、1～2 名放音员、2～3 名检录员、1 名宣告员组成，也可根据比赛规模的大小适当增减裁判人员。

8. 评分方法

采取公开示分的方法，成套动作满分为 10 分，裁判员的评分精确到 0.1 分；裁判员的评分去掉 1 个最高分和 1 个最低分，中间 3 个分数的平均分即为总分，再减去裁判长减分，即为最后得分；对比赛成绩和结果不接受申述。

15.3.2 成套动作评分

1. 规定动作评分因素与分值（10 分制）

1）表演和团队精神（4 分）

（1）表现力与热情。动作要展示内心的激情，体现一种健康和向上的情绪。

（2）队形。队形变化清晰、流畅，体现集体配合意识。

（3）一致性。集体动作整齐，每个人在完成动作的时间、空间、能力和表现力上一致。

2）动作的完成（6分）

（1）动作的正确性。身体姿态舒展；动作技术正确；动作范围适当。

（2）动作的熟练性。动作熟练，无漏做动作。漏做个别动作，扣0.1～0.2分；漏做1×8拍以上动作，扣0.3～0.4分；漏做2×8拍以上动作，扣0.5分或更多。

（3）身体的协调性。全身协调运动；动作轻松有弹性；动作清晰无多余动作；避免过分松弛和过分紧张。

（4）连接动作的流畅性。动作之间的连接自然流畅；动作的转换及方向的变化要干净无多余动作。

（5）动作与音乐。动作要充分表现音乐体现的情绪；动作和音乐节奏配合要准确。若干动作不吻合，扣0.1～0.2分；半套动作不吻合，扣0.3～0.4分；整套动作不吻合，扣0.5分或更多。

2. 自选动作评分因素与分值（10分制）

1）动作设计（3分）

（1）艺术性。主题应健康、充满活力、富有激情，表演风格和形式不限，可以是健身街舞、拉丁操、搏击操和啦啦操等不同风格的健身操和舞，也可使用轻器械，如扇子、纱巾、健身球、哑铃、橡皮筋等；风格突出，富有寓意；动作类型丰富，动作的转换自然、流畅；音乐的选择与动作风格相一致并配合协调，录音质量高且清晰；充分利用场地和空间；服饰选择美观协调。

（2）安全性。成套中无可能对身体造成伤害的动作（不安全动作）；动作的难度适合参赛者的身体能力和运动水平；适合参赛者的年龄特点。

2）动作完成（4分）

动作完成轻松、准确、流畅；动作完成能体现所选择主题的风格和特点；动作与音乐须协调一致，包括风格、结构、动效等方面；基本姿态和技术正确，动作优美。

3）表演和团队精神（3分）

（1）表现力与热情。动作要展示内心的激情，体现一种健康和向上的情绪。

（2）队形。队形变化清晰、流畅，体现集体配合的意识。

（3）一致性。集体动作整齐，每个人在完成动作的时间、空间、能力和表现力上一致。

扣分原则：一般0.1～0.2分；较差0.3～0.4分；不可接受0.5分或更多。

3. 裁判长减分

裁判长对比赛的过程进行组织和监控，并对下列情况进行减分，每项均减0.2分：被叫到后20秒内没出场；参赛人数不符合规定；成套时间不足或超过；着装不符合规定；比赛时掉物或装束散落。

4. 不安全动作

不安全动作包括：各种竞技体操和技巧运动的翻转和抛接动作；过度背弓；仰卧翻臀；头绕环和过度后仰；膝转；足尖起；直腿仰卧起坐、直腿举腿、两头起；臀部低于膝关节的深蹲；在成套动作中不鼓励出现竞技健美操中的难度动作，如出现类似的动作，不仅不予加分，对可能出现的错误动作还要进行减分。

15.4 健美操主要赛事及欣赏

15.4.1 国际健美操比赛

1. 世界竞技健美操锦标赛

世界竞技健美操锦标赛是国际体操联合会健美操委员会（FIG）组织的正式比赛。首届世界竞技健美操锦标赛于1995年在法国巴黎举行，同时还颁布了第一本竞赛规则——《竞技健美操评分细则》，有效期为1994～1996年。此后世界竞技健美操锦标赛每年举办一届，2000年第六届后改为每2年举办一届。我国派队参加了在法国举行的第一届世界健美操锦标赛。虽然我们的比赛成绩不够理想，但它毕竟是我国竞技健美操走向世界的一个良好开端。1997年至今，我国先后派出多人次参加FIG组织的国际裁判员培训班和国际教练员培训班，通过交流与学习，我们了解到国际健美操发展的动向和技术发展趋势，加深了我们对国际规则和健美操技术的理解，相信今后随着国际交流的逐步正规化，必将极大地促进我国健美操运动的发展和技术水平的提高。

2. 健美操世界杯赛

健美操世界杯的参赛资格是公开的，国际健美操联合会（IAF）的会员国或非会员国都可以派队员参加，每个国家在每个项目上最多2人（项）。前三名运动员将获得400万日元的奖励。世界杯赛分青少年和成人比赛，项目有：青少年1组（15～17岁），女单、男单、三人；青少年2组（12～14岁），单人、三人；成人组，男单、女单、混双、三人。

3. 世界健美操冠军赛

世界健美操冠军赛是国际健美操联合会举办的比赛，每年举行一次。国际健美操冠军联合会（ANAC）世界健美操冠军赛包括加拿大—美国优胜者杯、日本AFLAC杯、阿根廷公开赛、世界竞技健美操锦标赛和世界青少年竞技健美操锦标赛，在这些比赛中挑选胜利者进行比赛，决定谁是当年世界最高水平的竞技健美操运动员。

4. 世界运动会健美操比赛

世界运动会是非奥运项目的综合性运动会，每4年举行一届。各项目世界锦标赛的前8名选手才有资格参加。1997年在芬兰举行的世界运动会上，竞技健美操被确立为正式比赛项目。

2004年第八届世界健美操锦标赛上，中国的六人操突破欧洲堡垒获得铜牌，取得了参加世界运动会的资格。功夫不负有心人，在2005年7月第七届德国杜伊斯堡世界运动会竞技健美操比赛中，中国竞技健美操队六人项目以高超的技艺、独创的编排击败了卫冕冠军罗马尼亚队获得金牌。这是中国在历届大赛中获得的第一枚竞技健美操金牌，实现了中国健美操金牌“零”的突破。

获得金牌的六人操运动员分别是来自西安体育学院的严松、华中师范大学的敖金平、武汉体育学院的何世剑、哈尔滨体育学院的于巍、江西科技师范大学（原江西科技师范学院）的秦勇、熊德良，总教练为王宏。

15.4.2　国内健美操比赛

1. 全国健美操锦标赛

2000 年首届全国健美操锦标赛在江苏南京举行，其影响力和知名度日益扩大，每次健美操锦标赛都有来自全国各省（自治区、直辖市）的代表队踊跃参赛。目前，这项赛事不仅代表了国内竞技健美操比赛的最高水平，也为出征世界健美操比赛的国家集训队成员提供了锻炼的机会。

全国健美操锦标赛青年组按比赛成绩分为精英组、新人组、行业组和院校组，同时还增设了青少年和中老年组的健美操比赛。这样增加了比赛项目的多样性，吸引了更多的人参与到健美操比赛中来，现今每年都有数百人参赛。

2. 全国健美操冠军赛

该赛由国家体育总局体操运动管理中心、中国健美操协会主办。参赛资格是年龄在18～35岁，并在本年度全国健美操锦标赛中获得竞技精英组、新人组各项前 8 名的运动员（队）以及院校组、行业组获得前 3 名的优胜者。

3. 全国体育大会

全国体育大会是由国家体育总局、中华全国体育总会主办的，与全国运动会相对应的非奥运项目的全国性大型运动会。大会的宗旨是促进我国体育事业的全面发展，推动我国非奥运项目的普及和提高，满足广大人民群众对体育运动项目多样化的需求，推进全民健身活动的开展，同时促进我国优秀的非奥运体育项目向全世界推广，尽快与世界运动会接轨。全国体育大会的竞赛项目众多，异彩纷呈，具体有健美操、技巧、健美、高尔夫球、体育舞蹈等 17 个项目，既体现比赛的竞技性、广泛性，又注重观赏性、娱乐性。赛期约为 10 天，运动员、裁判员及工作人员近万人。

4. 全国大学生运动会健美操比赛

全国大学生运动会是根据国务院批准的《学校体育工作条例》，由教育部、国家体育总局、共青团中央联合主办的，每 4 年进行一届的综合性运动会。大学生运动会的宗旨是：团结，奋进，文明，育人。赛会突出教育特色，讲求综合效益，对于承办省（自治区、直辖市）的学校体育基础建设发挥积极作用。全国大学生运动会共设田径、篮球、排球、足球、健美操等 9 个比赛项目，并根据运动技术水平分为由普通院校组成的甲组和高水平运动队试点校及体育院校组成的乙组分别进行比赛。

思考题

1. 健美操的特点有哪些？
2. 谈谈你学习健美操后的感受。
3. 谈谈你对健身健美操比赛规则及裁判法的了解。

第 16 章 瑜　伽

瑜伽，这种有着近六千年历史的印度文化被人们称为“世界的瑰宝”。它作为一种塑身、美体、缓解精神压力的辅助治疗练习曾一度风靡整个西方世界。在美国、澳大利亚等国家每年都有数以百万的人加入瑜伽练习的行列，其中有许多人们熟悉的著名影星、模特。如今瑜伽作为一种时尚的健身方式走进我们的生活，帮助我们在塑造完美形体的同时，使我们回归宁静、祥和和自信。“瑜伽”一词来自梵文“YUJ”，之后又被翻译成“YOGA”，意为联合、加入、结合和束缚，即把人的注意力集中起来加以引导、运用和实施，也有结合或交融的意思，它的含义是把精神和肉体结合到最佳状态，把生命和大自然结合到最完美的境界。瑜伽是一种集智育和体育于一身的练习方法。它不同于体操和舞蹈，也不同于一般的有氧练习，只有当呼吸、意识和姿势结合成一体时，才是真正的瑜伽练习。

现代社会，人们都会面临各种压力和紧张，所引发的疲劳会使人体内分泌失调，各个系统失去平衡。而根据瑜伽的理论，人的身体、精神和才智的能量若能和谐地互相配合就会健康，反之就会生病。人们认为，神经系统能否发挥其正常功能，是身心健康与否的关键，瑜伽中的姿势练习和冥想练习，是最有益于整个神经系统的锻炼体系。经常正规地练习瑜伽，可以使神经系统达到平衡，进而使身体各系统得到调理。瑜伽的功能在于：释放和缓解精神上的压力和紧张；塑造形体并改善身体的柔韧性；帮助提高集中精神的能力；稳定神经并加强内分泌系统的调理；预防各种疾病，如失眠、偏头痛、脊椎病、肠胃病、哮喘、关节炎等。瑜伽对身体柔韧性的锻炼效果，以及在减压、稳定情绪等方面的作用是大家有目共睹的，当今世界，自然灾害频频发生，求生的本能使我们更加深刻地体会到瑜伽带给我们的生存机会，因此，将瑜伽练习作为日常生活的一部分是有必要的。

16.1 瑜伽基本技术

瑜伽练习的三个要素是：体位法、调息和冥想。

16.1.1 体位法

体位法就是我们平常所说的瑜伽姿势，瑜伽体位法注重呼吸的配合，以达到身心统一的功效。瑜伽体位法通过跪、立、扭、转、挤、压、蹲、弯曲、伸拉、平衡等以静带动的动作，使全身的每一根血管、每一条韧带、每一块肌肉、每一处关节、每一个脏器都得到有效的锻炼。每一种体位都恰到好处地对身体进行补养和润滑，使身体刚柔相济，达到最完美的状态。瑜伽的常用姿势有 84 种，经过数千年来历代大师的整理与创作，瑜伽的姿势发展为 840 万种左右。下面，根据同学们的实际情况，介绍常用的体位法。

1. 手臂伸展式

手臂伸展式见图 16.1。

预备姿势：直立，两脚并拢，两臂体侧下垂（基本站立式）。

做法：两手腕腹前交叉，吸气的同时，两臂经前慢慢向上举起，举至头顶上方，仰头，颈向后弯，保持几秒钟，然后呼气的同时，两臂经侧还原至侧平举，保持这个姿势几秒钟，均匀自然地呼吸，再吸气，将两臂经侧上举至头顶交叉，仰头，颈后弯，屏息几秒钟，呼气，两臂经前还原至腹前。重复做 10～12 次。

(a)　(b)　(c)　(d)

图 16.1　手臂伸展式

保健功效：矫正驼背，放松双肩，促进双肩血液循环；伸展脊柱，加强脊柱神经；刺激大脑觉醒中枢，消除昏沉，放松身心。

注意事项：动作要与呼吸配合，而且一定要认真对待每个细节。即使是很简单的动作，只要专注，效果就会很显著。

2. 树式

树式见图 16.2。

预备姿势：基本站立式。

做法：右脚底抵住左大腿内侧，左腿支撑，单脚站立，双手胸前合十，两臂伸直，高举过头，深深吸气，保持 30～60 秒，然后双手臂还原至胸前，最后还原至基本站立式。换左方向。

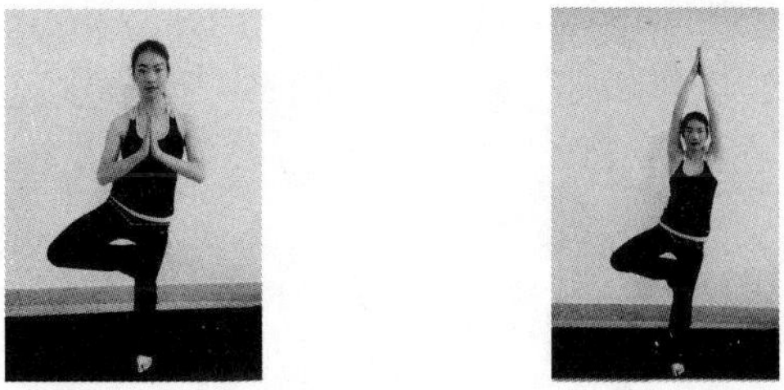

(a)　(b)

图 16.2　树式

保健功效：充分锻炼腿部、手臂、肩部、背部、胸部和腹部的肌肉，使身体线条匀称；活动所有关节；提高人体的平衡能力；增强注意力；改善下半身麻痹或气血循环不良；增强内脏功能，对便秘有效。

注意事项：练习时，意识应放在身体的平衡感和身体向上的伸展感上；要注意稳住呼吸，双脚要交替进行。

3. 蹲式

蹲式见图 16.3。

预备姿势：挺身直立，在感到舒适的情况下，将两脚宽阔地分开，脚尖向外。

做法：两手十指相交，两臂轻松下垂。弯曲双膝，慢慢将身躯降低。降低约 1 英尺（0.3048 米）之后，伸直双腿，恢复挺身直立的姿势。再次弯曲双膝，把身躯降低得比第一次还要略微低一些。伸直双腿，恢复挺身直立的姿势。再次弯曲双膝，把身躯降低到两大腿与地面平行。伸直双腿，恢复挺身直立的姿势。最后把身躯降低到略微高于地面，恢复挺身直立的姿势。身体下降时呼气，上升时吸气。重复做 6～12 次。

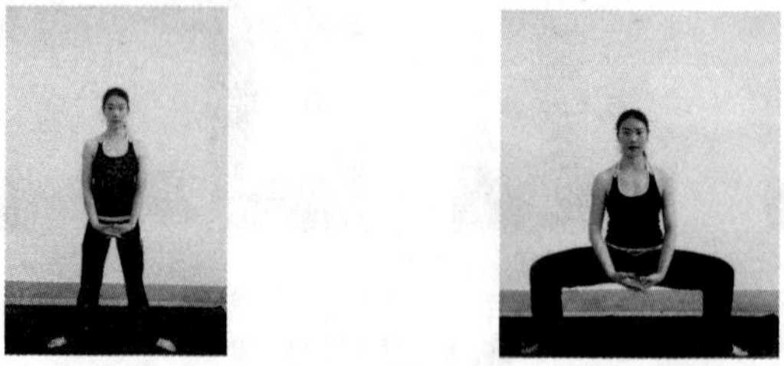

(a) (b)

图 16.3 蹲式

保健功效：加强腰背、双踝、双膝、双大腿内侧和子宫肌肉；美化臀形，训练身体的平衡感；延缓衰老。

注意事项：动作过程舒缓，配合呼吸。脊柱保持正直。

4. 腰躯转动式

腰躯转动式见图 16.4。

预备姿势：挺身直立，两腿宽阔地分开。

做法：两臂侧平举，将躯体转向右方，左手轻触右肩，右手臂背在身后，进一步轻柔地把脊柱转向右方。均匀自然地呼吸。反方向完成动作。两个方向各做 4～6 次。

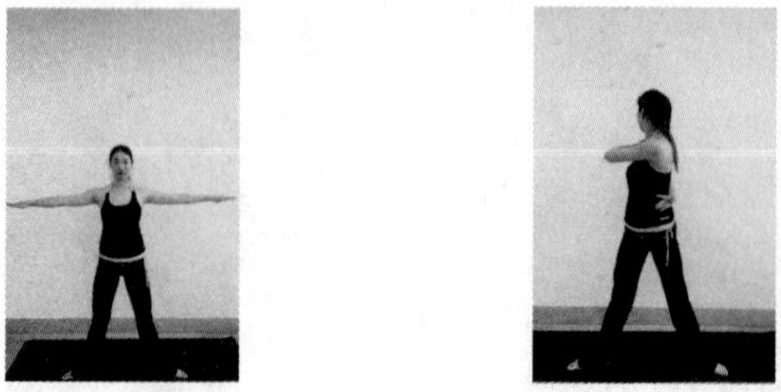

(a) (b)

图 16.4 腰躯转动式

保健功效：补养和加强双臂、腰部、背部和髋关节；腹部器官得到按摩，腰围线上的脂肪也得到减少和分散。

注意事项：双侧保持时间一致。

5. 战士第二式

战士第二式见图 16.5。

(a)　　(b)

图 16.5　战士第二式

预备姿势：基本站立式。

做法：深吸气，两脚分开，两臂侧平举。右脚右转 90°，左脚右转 15°～30°。屈右膝，直至大腿与地面平行，小腿垂直于地面。头转向右侧，两手臂尽量向两侧伸展，两眼注视右手指尖。一边深深呼吸，一边尽量伸展左小腿腘旁腱及肌肉。保持约 30 秒。然后吸气，恢复到两脚开立，换方向完成动作。

保健功效：强化虚弱的下肢、膝盖、脚踝，使大小腿肌肉变柔韧，并消除腿部痉挛；舒缓下背部；收紧腹部，按摩内脏器官；胸部得到伸展。

注意事项：头颈部、膝盖有伤患，或者心脏虚弱者可以适当降低弯曲程度，呼吸要轻松有节奏，避免屏息。

6. 直角式

直角式见图 16.6。

预备姿势：基本站立式。

做法：十指交叉相握上举，抬头，两眼注视双手，呼气，上体前倾，直至与地面平行，保持 6～12 秒，然后还原成直立姿势。重复完成 12 次。

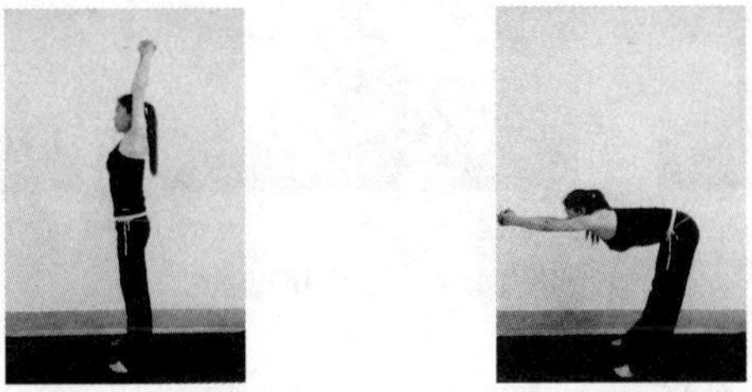

(a)　　(b)

图 16.6　直角式

保健功效：矫正驼背、脊柱弯曲和双肩下垂；消除颈、肩、背紧张，加强背部力量；伸展下肢肌肉，加强下肢力量；辅助治疗肥胖症。

注意事项：练习时意识集中在整个身体的后侧伸展上；可以分开两脚站立完成此体位；手臂要向上用力，腰部向下用力；眼睛始终盯着双手。

7. 三角伸展式

三角伸展式见图 16.7。

预备姿势：两脚开立，脚尖稍向外。

做法：两臂侧平举，呼气，身体尽量向右侧屈，手臂尽量在一条直线上，整个身体保持在同一平面，眼看左手，保持 10 秒，吸气，身体还原。换方向完成动作，各做 5 次。

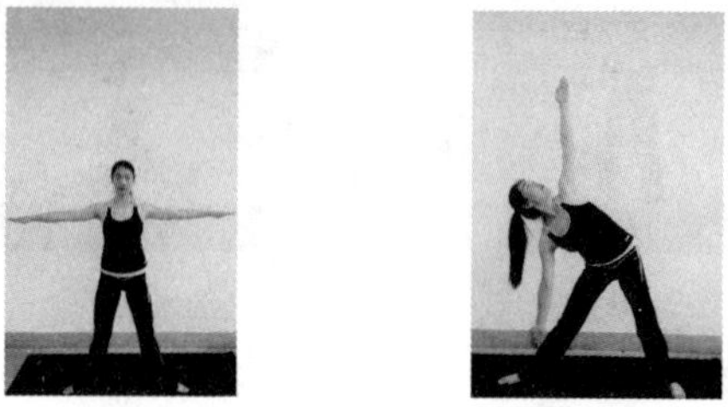

(a) (b)

图 16.7 三角伸展式

保健功效：消除腰围脂肪，健壮髋部肌肉，增强腰肌力量；辅助治疗皮肤病，改善肌肤粗糙、调节情绪、刺激神经系统，伸展、按摩腹部器官，改善消化功能；舒缓背痛及头痛；消除大腿肌肉僵硬感；强健脊柱、臀部和脚踝。

注意事项：身体保持同一平面；头颈部与脊柱保持同一直线，颈部要有控制地伸展。

8. 脊柱扭动式

脊柱扭动式见图 16.8。

预备姿势：直角坐，上体直立。

做法：左腿屈膝，脚底抵住右大腿内侧，将右脚放在左膝外侧，左手臂从右膝外侧握住右踝，右臂前平举，两眼注视右手指尖，身体慢慢转向右方，眼睛始终盯住手指，当身体转到不能继续后转时，右手背在身后，做深长而舒缓的呼吸，保持 10 秒。换方向完成动作。

(a) (b) (c)

图 16.8 脊柱扭动式

保健功效：伸展脊柱，激活整个神经系统；消除腰部赘肉，塑造身体线条；预防腰背部疼痛；强健肾脏、肝和脾，促进肠蠕动，利于排泄与吸收的改善；调节肾上腺的分泌，胰腺分泌加强，有助于治疗糖尿病；治疗轻微的脊柱椎间盘错位。

注意事项：脊柱挺直，双肩水平。

9. 单腿背部伸展式

单腿背部伸展式见图 16.9。

预备姿势：直角坐，上体直立。

做法：屈左腿，左脚抵住右大腿内侧，吸气，两臂上举，呼气，上体前倾，躯干慢慢靠近腿部，双手去抓住右脚，颈部下垂，闭目，集中意念在两眉心处，保持 10 秒，吸气抬上体还原，换方向完成动作。

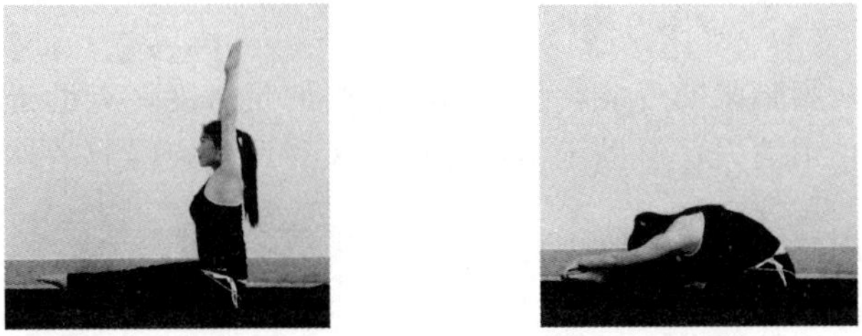

(a)　(b)

图 16.9　单腿背部伸展式

保健功效：加强膝盖和髋关节的灵活性；加强腹部器官的功能，帮助消化；消除脚部疲劳；舒缓精神紧张。

10. 腿旋转式

预备姿势：仰卧，两腿伸直，手臂放在体侧。

做法：头部及身体放松，平躺在地面上，举起左腿，顺时针方向做圆周运动 8～12 次，然后换方向完成动作。再换腿完成。也可双腿同时做圆周运动（图 16.10）。

保健功效：增强腹部肌肉，消除肠道中的气体；补养和加强两膝、两大腿和骨盆区域。

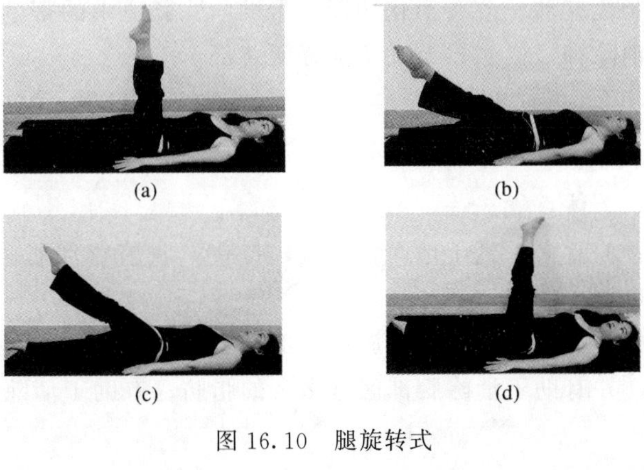

(a)　(b)　(c)　(d)

图 16.10　腿旋转式

11. 英雄式

预备姿势：跪坐在垫子上。

做法：双膝并拢，两脚分开，脚趾向后指，臀部落在两脚之间的垫子上，左臂上举屈肘，左手放在肩胛骨之间，右手臂屈肘，从背后抓住左手手指，头颈部、背部挺直，目光平视，均匀自然地呼吸。也可两手十指交叉相握，双臂向上伸直，掌心向上。还可以两手放在脚底板下，上体前倾下压，额头触地（图 16.11）。

(a) (b) (c)

图 16.11 英雄式

保健功效：消除两脚脚跟的疼痛，促使形成适当的足弓度，有助于治疗扁平足；减轻跟骨骨刺痛苦，逐渐使骨刺消失；有助于治愈膝部痛风和风湿症引起的疼痛。

12. 船式

船式见图 16.12。

预备姿势：仰卧，两臂平放在体侧，掌心向下。

做法：吸气，抬起头部、躯干、两腿和双臂，头部和脚部离地 30～40 厘米，双臂前伸与地面平行，一边蓄气不呼，一边尽量长久地保持此姿势，呼气时，缓慢还原。

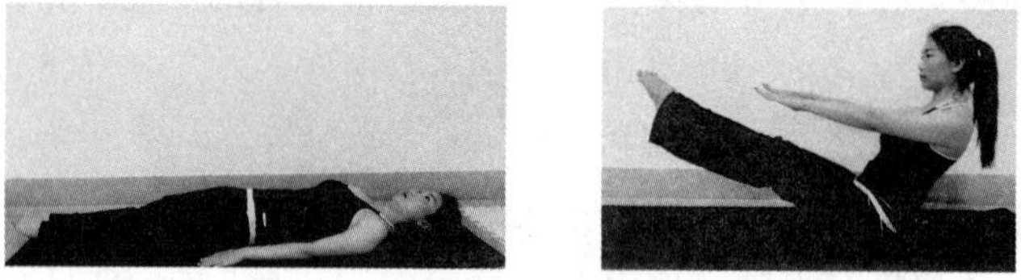

(a) (b)

图 16.12 船式

保健功效：促进肠道蠕动，改善消化功能，帮助消除肠道中的寄生虫；可以放松身体许多肌肉和关节，进而消除神经紧张；有助于加强腰背部。

13. 猫伸展式

猫伸展式见图 16.13。

预备姿势：跪坐，上体直立。

做法：跪撑，两臂伸直，垂直于地面。吸气，抬头，收缩背部肌肉，塌腰撅臀，呼气，头下垂，含胸收腹、拱背弓腰。

保健功效：使脊柱更加富有弹性，并放松颈部和肩部；补养和增强神经系统，改善血液循环，增进消化作用，并有助于消除腹部区域多余的脂肪；有助于消除月经痉挛的痛苦；帮助子宫恢复正常位置。

(a) (b) (c) (d)

图 16.13 猫伸展式

14. 虎式

虎式见图 16.14。

预备姿势：跪坐，上体直立。

做法：跪撑，两臂伸直，垂直于地面。吸气，两眼平视前方，左腿向后伸展，蓄气不呼，两眼向上凝视，屈左腿至右腿旁，膝不落地，呼气，低头，继续收回左腿，使左膝靠近或轻触胸部，同时拱背弓腰。换腿完成动作。

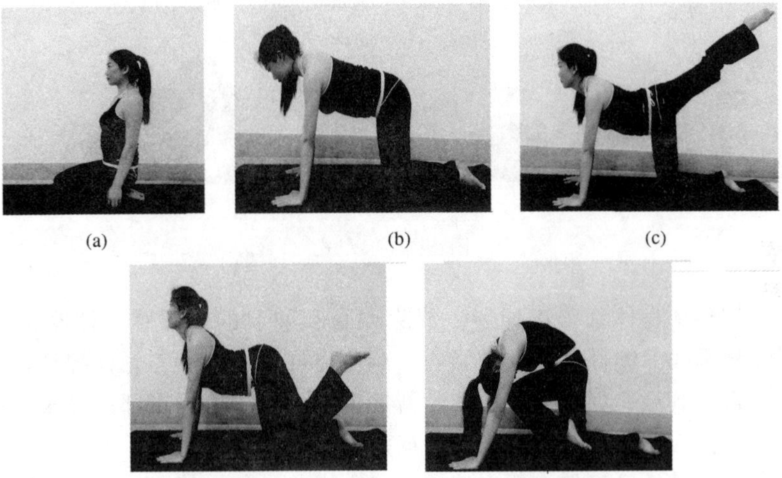

(a)　(b)　(c)　(d)　(c)

图 16.14　虎式

保健功效：有助于使脊柱得到伸展和运动，强壮脊柱神经和坐骨神经；减少髋部和大腿区域的脂肪；强壮生殖器官，是产后妇女的极好练习。

15. 腰转动式

预备姿势：分腿直立。

做法：吸气，十指交叉相握，翻掌，两臂上举，呼气，上体前倾，与地面平行，两眼注视双手，吸气，躯干尽量水平转向右方，双脚不动，呼气，转向反方向。完成若干次后，身体直立还原（图 16.15）。

(a)　(b)　(c)　(d)

图 16.15　腰转动式

保健功效：补养和加强双臂、腰部、背部和髋关节；腹部器官得到按摩，腰围线上的脂肪也得到减少和分散。

16. 犁式

犁式见图 16.16。

预备姿势：仰卧，两腿并拢，两手臂放在体侧。

做法：吸气，双腿上举至头上方，呼气，两手臂下压，同时将两腿后摆至两脚过头，臀部和下背部自然离地，两脚趾尽量去接触头上方的地面，双膝伸直；双手臂滑向上举。保持10 秒左右，背部、腰部、臀部缓慢还原。

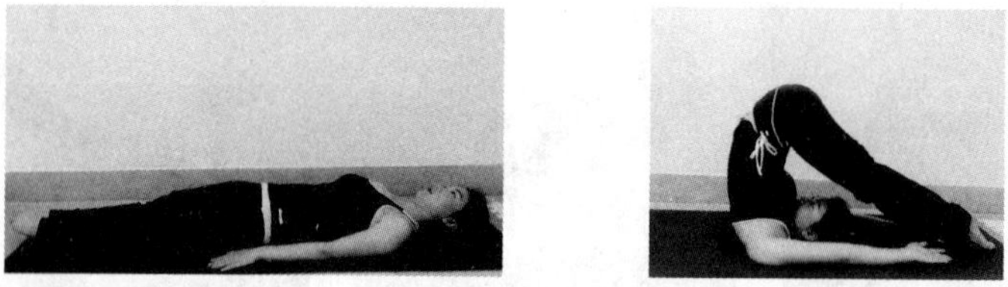

(a) (b)

图 16.16 犁式

保健功效：使整个身体都得以伸展，消除肩膀和两肘的僵硬感；补养和加强腘旁腱肌肉；有助于消除腰围线、髋部、腿部的脂肪；刺激血液循环，滋养脊柱神经，滋养面部和头部；收缩腹部器官，刺激、促进消化功能，帮助消除便秘；消除胃部的气胀疼痛；纠正月经失调的毛病；辅助治疗各种头痛、痔疮和糖尿病。

注意事项：有坐骨神经痛的人不应该练习这个姿势；年老体弱的人应向医生咨询后再决定是否练习该体位法。

17. 半月式

半月式见图 16.17。

预备姿势：两脚开立，两臂侧平举。

做法：深深吸气，右脚右转 90°，左脚稍右转，呼气，将躯干向右侧弯曲，右手轻触右脚旁，弯曲右膝，右手右脚前撑地，左手放在左髋部，保持两次正常呼吸之久，呼气时，进一步弯曲右膝，躯干前倾，右脚平衡身体，右手帮助控制平衡，左脚抬离地面，慢慢伸直右腿、右臂，缓慢深长地呼吸，保持 20 秒。换方向完成动作。

(a) (b)

图 16.17 半月式

保健功效：消除腰围线上多余的脂肪；补养和增强脊柱下段、双髋及腿部肌肉；强壮神经系统；帮助消化和排泄过程，有助于消除肠胃问题。

18. 门闩式

门闩式见图 16.18。

预备姿势：跪立，双脚并拢。

做法：把右腿伸向右方，脚尖向外，使右脚与左膝同一直线，两臂侧平举，呼气，将躯干和右臂屈向右腿，右手腕和前臂放在右脚踝和胫上，掌心向上，左臂举起，经头上方与右掌合十，保持 45 秒，吸气还原。换方向完成动作。

(a)　(b)

图 16.18　门闩式

保健功效：帮助消除腰围线上的脂肪；补养和增强腹部肌肉和器官，以及腰腹与横膈膜区域的皮肤；使脊柱神经旺盛有生气，有助于消除背部僵硬强直。

19. 半蝗虫式

半蝗虫式见图 16.19。

预备姿势：俯卧，双手放在体侧，掌心向上。

做法：下巴轻触垫子，两手握拳，深深吸气，两拳向下按，右腿向下撑压，尽量把左腿向上抬起，蓄气不呼，保持姿势 5～30 秒，慢慢放下，呼气放松，换方向完成动作。

(a)　(b)

图 16.19　半蝗虫式

保健功效：增加脊柱区域的血流供应，滋养脊柱神经，使脊柱变得更有弹性；增强下背部与腰部的肌肉群及韧带；消除腰骶疼痛；对消化系统及膀胱、前列腺也有益处，减轻或消除便秘、泌尿疼痛、胃肠不适、月经不调等症状。

20. 弓式

弓式见图 16.20。

预备姿势：俯卧，手臂放在体侧，掌心向上。

做法：屈膝，将小腿尽量收回臀部，两手抓住两脚或脚踝，深吸气后，尽量翘起躯干，背部成反弓形，尽量抬高双膝，头部尽量后仰，保持姿势，均匀自然呼吸，然后放开双脚，慢慢放下，俯卧，脸颊贴垫子，彻底放松。

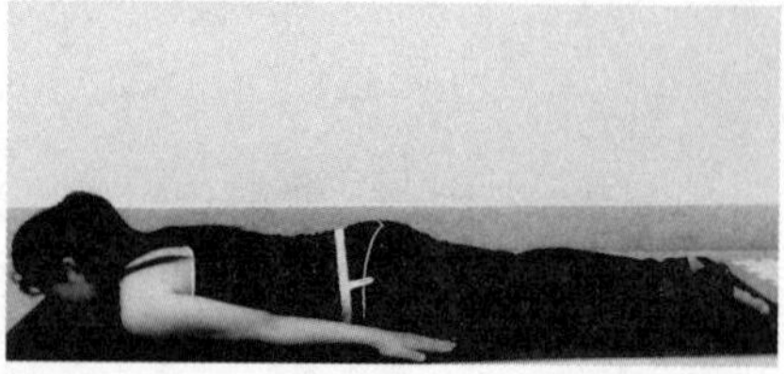

(a)

(b)

图 16.20 弓式

保健功效：背部肌肉群得到增强，消除由于疲劳而产生的疼痛和僵硬不灵；胸腹部肌肉得到强壮，肩、髋部肌肉及关节得到放松；腿、臂、颈等部位的肌肉得到伸展和强壮；肝脏、肾脏、膀胱等内脏器官得到按摩，获得更多的血流供应，功能得到改善；有助于纠正肠胃失调、消化不良、慢性便秘及肝脏机能不足的毛病；刺激和增强各内分泌腺体，特别是刺激和增强甲状腺；有益于骨盆区域，减少腰围线上的脂肪，有助于治疗糖尿病。

21. 骆驼式

骆驼式见图 16.21。

预备姿势：跪立，两腿分开。

做法：吸气，两手放在髋部，轻轻将脊柱向后弯曲，伸展大腿的肌肉，呼气的同时，两手抓脚踝，头后仰，髋部向前顶，保持大腿始终与地面垂直，收缩臀部肌肉，保持 30 秒，然后双手扶髋，慢慢还原。

(a)

(b)

图 16.21 骆驼式

保健功效：伸展和强壮脊柱；促进血液循环，特别是使脊柱神经得到额外血液的滋养；纠正驼背和双肩下垂的不良体态。

22. 拱背伸腿式

拱背伸腿式见图 16.22。

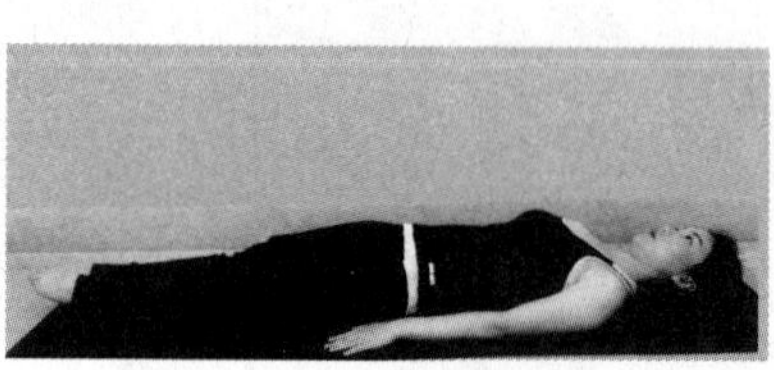

(a)

(b)

图 16.22 拱背伸腿式

预备姿势：仰卧，两腿并拢。

做法：拱起背部，伸直颈项，头顶着地，伸展背部，做几次呼吸，呼气，举起两腿，两脚离地约 2 英尺（0.6096 米），双手合十，举起双臂，使两臂与双腿平行，保持姿势 15～30 秒，呼气，慢慢还原。

保健功效：强壮颈项和背部；强壮脊柱，增进脊柱的弹性；对胸部、腹部和甲状腺非常有益。

23. 双角式

双角式见图 16.23。

预备姿势：直立，两脚微分。

做法：吸气，两手体后十指交叉相握，呼气，上体前倾，头下垂，尽量把两臂向头的上方和后方伸展，保持姿势 20 秒，吸气，慢慢还原。

保健功效：伸展两小腿、腘旁腱和手臂的肌肉；补养和增强上背部和肩膀的肌肉群；有助于发展颈部和胸部；镇定神经系统。

(a)

(b)

图 16.23　双角式

16.1.2　呼吸方式

1. 胸式呼吸

仰卧或伸直背坐着，深深吸气，胸部区域扩张，腹部应保持平坦，吸气越深，腹部会向内、朝脊柱方向回缩，肋骨向外和向上扩张。呼气时，肋骨向下并向内收。

2. 腹式呼吸

仰卧或伸直背坐着，把左手或右手轻轻放在小腹肚脐部位，吸气时，腹部向外扩张，随着腹部扩张，横膈膜就会下降，呼气时，腹部向内、朝脊柱方向回缩，凭着尽量收缩腹部的动作把所有气体呼出，横膈膜就自然而然地升起。

3. 瑜伽完全式呼吸

完全式呼吸是把以上两种呼吸方法结合起来进行。这是一种自然的呼吸方法。轻轻吸气，首先吸向腹部区域，腹部扩张，然后是胸部区域的下半部分、上半部分依次扩张，尽量将胸部吸满空气而扩张到最大程度，此时，双肩可能略微抬起，腹部会向内略微回缩。呼气，首先放松胸部，把胸部的气体完全呼出，然后放松腹部，用收缩腹部肌肉的方法将气体呼出，结束呼气。完全式呼吸是顺畅而轻柔的，呼吸交替的时候没有屏息（憋气），整个呼吸像一个波浪轻轻从腹部波及胸部下半部再到胸部上半部，然后减弱消失，呼气应稳定、渐进，不应匆忙或使劲。

益处：增加氧气供应，使血液得到净化；强壮肺部组织，从而增强对感冒、支气管炎、哮喘或其他呼吸系统疾病的抵抗力；横膈膜和胸腔区域都得到发展和加强，增长活力与耐力；改善面部肤色；使心灵变得更清澈、更警醒。

16.1.3 瑜伽冥想坐姿及手印

1. 坐姿

1）简易坐

只要坐下来，双腿交叉就可以了。眼睛直视前方，双肩放松，下巴稍内收，双膝弯曲，双脚交叉，腰背挺直。简易坐是冥想练习最容易掌握的姿势之一，适用于初学者掌握练习。它保持脊柱直立，把内脏器官置于有益于健康的位置，如果感觉身体后倾或驼背，可以在臀部放一个垫子，使臀部与膝关节保持在一条水平线上，有利于脊柱保持正直（图 16.24）。

2）至善坐

右腿弯曲，并把脚跟贴在会阴部。左脚重叠放在右腿上，并把左脚尖塞进右腿弯曲处，右脚尖塞进左腿弯曲处。腰部挺直，挺起胸部，智慧手印，并轻放在双膝上（图 16.25）。

图 16.24 简易坐

图 16.25 至善坐

3）半莲花坐

弯起右小腿并让右脚脚底板抵在左大腿内侧，弯起左小腿并把左脚放在右大腿上面，使头、脖子和身体保持在一条直线上，可以交换两腿位置。下颌微收，智慧手印，肩膀放松，胸打开，臀部贴地，脊柱向上挺直（图 16.26）。

4）莲花坐

双腿向前伸直，弯曲左膝，左脚放在右大腿上，双手搬右脚放左大腿上，智慧手印并轻放在双膝上，腰背部挺直，深长而缓慢地呼吸，双腿、双膝尽量贴地（图 16.27）。

图 16.26 半莲花坐

图 16.27 莲花坐

2. 手印

1）禅那手印

两手叠成碗状，将拇指指尖相连，是比较古典的手印，意味着空而充满力量的容器。女性右手和右脚在上，男性则相反。可以平和、稳定精神（图 16.28）。

2）智慧手印

手掌向上，大拇指和食指指端轻贴在一起，意味着大宇宙和小宇宙合一。另外，三指或合拢或张开，要伸直（图 16.29）。

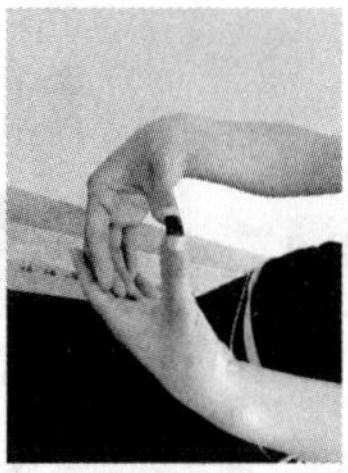

图 16.28 禅那手印

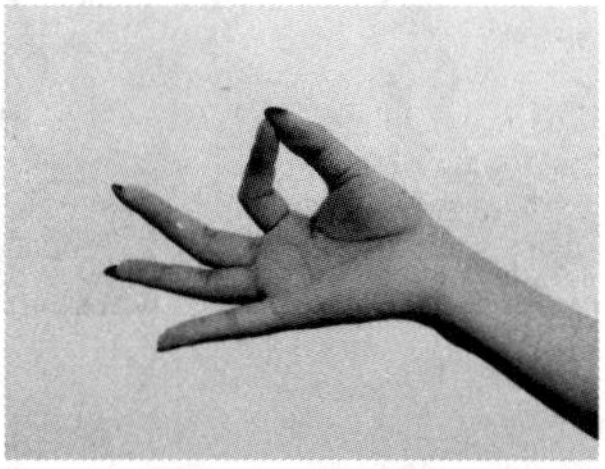

图 16.29 智慧手印

3）秦手印

也称下巴式。手掌向下，大拇指和食指指端轻贴在一起，作用与智慧手印相同（图 16.30）。

4）双手合十手印

双手合十，放在胸前做成冥想的姿势，手掌之间要留下一些空间。意味着身体和心灵的合一，大自然和人类的合一。有助于集中精神，活跃和协调左右脑，获得平和的心态（图 16.31）。

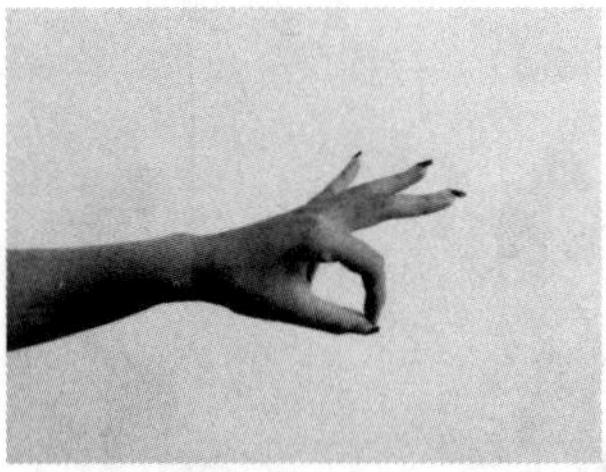

图 16.30 秦手印

图 16.31 双手合十手印

16.2 瑜珈锻炼方法

16.2.1 呼吸及调息练习

开始练习瑜伽时，首先要让自己安静下来，进入一种瑜伽氛围中，那么，集中意念进行呼吸和调息，是非常有效的习练瑜伽前奏曲。

呼吸：胸式呼吸、腹式呼吸、瑜伽完全式呼吸。

调息：喉呼吸、清凉调息、清理经络调息。

16.2.2 准备活动（热身练习）

练习瑜伽体位法之前，做好热身是非常必要的，不仅可以提高练习效果，而且可以预防伤害事故的发生。

1. 头颈部

跪坐，头部做前屈、后伸、左（右）侧屈、左（右）转、绕环的动作（图 16.32）。

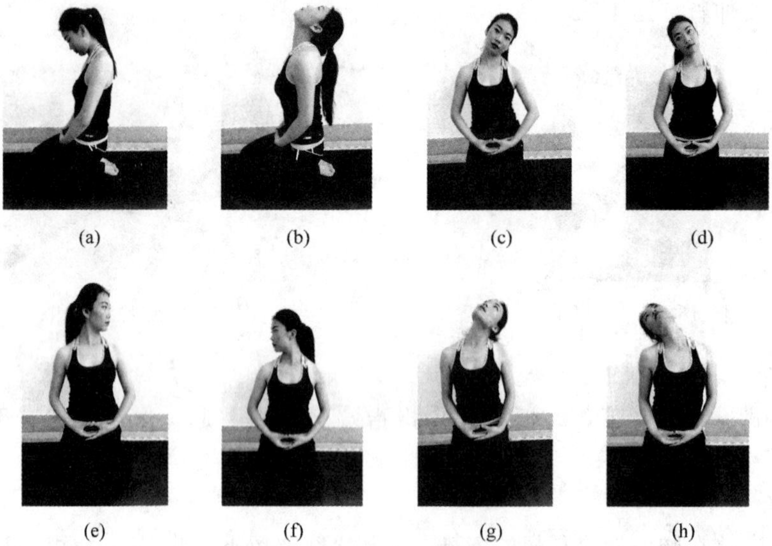

图 16.32　头颈部练习

2. 肩部

跪坐，双手手指触肩，做向前（后）绕环（图 16.33）。

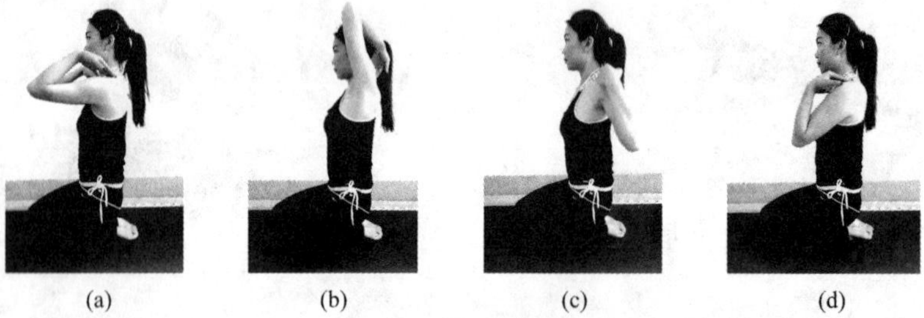

图 16.33　肩部练习

3. 腰背部

跪坐，十指交叉相握，翻掌上举，身体向左（右）侧屈，臀部移向右（左）侧（图 16.34）。

图 16.34　腰背部练习

4. 髋部

直角坐，弯曲右（左）腿，将右（左）脚放在左（右）大腿面上，脚底向上，左（右）手握住右（左）脚，右（左）手扶住右（左）膝下压（图 16.35）。

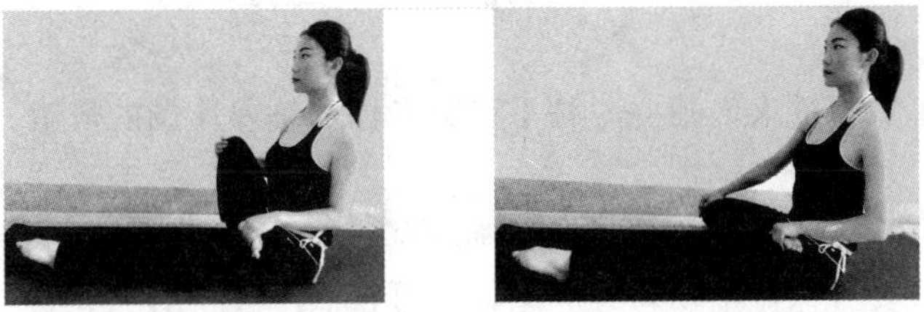

(a) (b)

图 16.35 髋部练习

5. 腿部

直角坐，双腿伸直并拢，上体直立下压（图 16.36）。

6. 脚踝

直角坐，双手直臂后撑，两腿微分，做脚踝的屈、伸、绕环（图 16.37）。

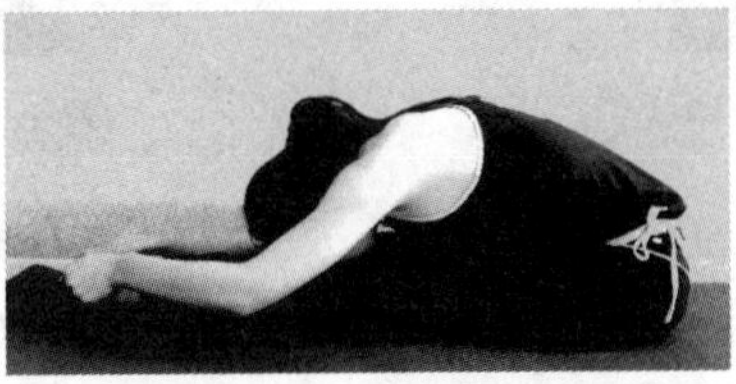

图 16.36 腿部练习

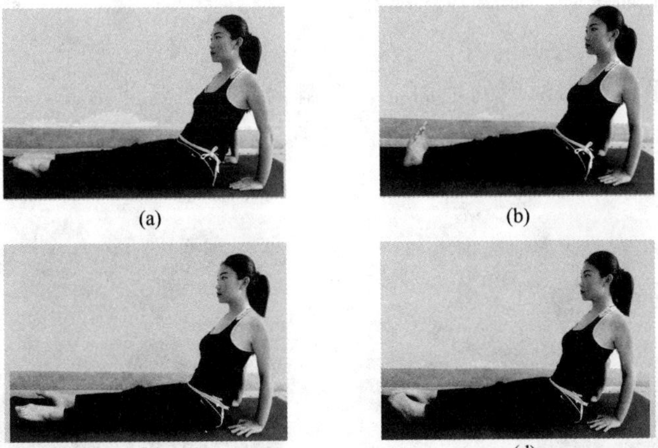

(a) (b) (c) (d)

图 16.37 脚踝练习

7. 拜日 12 式（向太阳致敬式）

拜日式是最好的暖身动作，是一组非常完整、连续、全面的身心练习，配合流畅的呼吸。它可以伸展、按摩、加强、放松身体所有关节、肌肉和内脏；促进血液循环，增强抵抗力；调节神经系统，强化心肺功能；彻底消除疲劳、解除压力，使体内产生能量，更具活力。

1）祈祷式

站直，脊柱伸展，两脚并拢，双手在胸前合掌，大拇指抵在胸骨上，意念放在胸部，调息3次（图16.38）。

功效：此姿势可以帮助人们建立一种平静、专注的练习瑜伽的情绪。

2）展臂式

向太阳表示敬意，吸气时，将双臂向上伸展高举，举过头与肩同宽，掌心向前。呼气时，上半身向后仰。姿势保持不动，可屏息，也可自然呼吸（图16.39）。

功效：更好地伸展腹部及所有的腹腔器官，并改善消化功能；使手臂和肩膀得到充分的锻炼，加强脊柱神经，更好地打开肺部，去除多余脂肪。

图16.38　祈祷式

图16.39　展臂式

3）前屈式

吸气时，将前半身回正，呼气时，身体向下弯曲，直到双手触及双脚两侧的地面，上半身弯曲，气息吐尽后，调息3次。头触膝和小腿（图16.40）。

功效：可以预防、去除腹腔器官疾病，去除腹部多余脂肪；改善消化，去除便秘。加强血液循环，使脊柱更加柔软，加强脊柱神经。

4）骑马式

吸气时，双手平放在脚两侧的地面上，左脚向正后方延伸出去，伸直，屈右膝，呼气时，上半身挺直，动作末尾时，身体重量由双手、右脚、左膝、左脚脚趾支撑（可脚面着地），头后仰，眼睛向上看（图16.41）。

图16.40　前屈式

图16.41　骑马式

功效：按摩腹腔器官并加强其功能，加强腿部力量和身体平衡性。

5）顶峰式

吸气，抬起臂部，左脚向后移动，放在右脚旁侧，呼气的同时将臀部向后移动，脚跟踩地，贴住地板。背脊朝下挺直，头夹在两臂之间尽量向后，眼睛看脚趾，靠近膝盖，注意不要过于用力（图16.42）。

图16.42 顶峰式

功效：加强手臂、腿的力量，加强脊柱神经，刺激上背部的血液循环。

6）八体投地式

上半身朝地板放落，慢慢放低身体，膝、肘触地，同时双膝、胸部、下巴贴地，下巴伸出，双手夹紧腋下，保持均匀呼吸。最好同时放，也可以先放双膝，再放胸部，最后放下巴（图16.43）。

图16.43 八体投地式

功效：增强手臂、腿的肌肉力量，加强胸部，使两个肩胛骨之间的区域得到更好的锻炼。

7）眼镜蛇式

吸气时，放下臀部、髋部，靠近地面。手脚同时拉直，伸直双肘，胸前挺，背向后弯曲，呼气，上半身尽量向后仰（图16.44）。

图16.44 眼镜蛇式

功效：保持脊柱的柔韧性，刺激脊柱区域的血液循环，加强脊神经，增强生殖系统功能，刺激消化，缓解便秘。

8）顶峰式

同第5）式。

9）骑马式

同第4）式。

10）前屈式

同第3）式。

11）展臂式

同第2）式。

12）祈祷式

同第1）式。

16.2.3 体位法

体位法的练习，宗旨是冲击自身极限，不必强求。初学瑜伽，可以选择相对比较简单的、自己基本能完成的体位法进行习练，随着习练程度的加深和习练水平的提高，可以适当选择有难度的体位法去做。当然，根据自身的身体状况和需求，可以有的放矢地去选择适合自身情况的体位法。

16.2.4 瑜伽松弛功（休息术）

仰卧，两腿自然分开，两手掌心向上，放在身体两侧，让膝盖和脚趾自然、放松地朝外垂下，闭上眼睛。深呼吸，让手臂和腿部轻轻往里和往外转动几次，头部也轻轻转动几次，然后停止身体的一切动作，去感受身体的放松状态——开始让身体有融化的感觉，每一次吐气都感觉身体不断下沉，接下来让意识从下往上慢慢地放松身体的每一个部分，做缓慢、平静的呼吸。放松每一个脚趾、脚踝、小腿、膝盖、大腿、髋部；随着呼气的动作，放松整个腰部，感觉身体下沉；再继续让意识上行，放松肋骨、胸部、心脏、肩膀、手臂、手肘、手腕和每一个手指；继续调匀呼吸，放松颈部、下巴、脸部肌肉、嘴唇、牙齿、舌头、鼻子、眼球、眉心、太阳穴，整个头部慢慢放松；接着放松整个身体的背部，包括上背部、中背部、下背部；放松整根脊柱；放松腰部、臀部及大腿的后侧、膝盖和小腿的后侧；再次放松脚踝、脚跟、脚背、脚趾。整个身体的每一部分都变得十分放松，你的呼吸也随之越来越放松、越来越稳定。你可以根据自身的情况从脚到头再次放松，把意识停留在呼吸上，给自己心理暗示——我正在吸气，我正在呼气，直至你的身心完全平静下来。

16.2.5 瑜伽练习注意事项

1. 服装

宽松、有弹性、适合身体伸展的服装都可以；女性摘掉胸罩，不佩戴任何首饰。

2. 练习场地

尽可能选择一个有足够空间伸展身体，并且空气清新流通、干净、舒适且不易受干扰的安静场所。

3. 练习时间

早晨、中午、黄昏和睡前都是瑜伽习练者比较喜欢的时间，也可以在一天中空腹的任何时候进行习练，必须光脚练习，傍晚时身体比早晨灵活，瑜伽姿势会做得比其他时间好，并能帮助消除一天的疲劳与紧张，恢复精力。

4. 洗浴

练习瑜伽前后30分钟之内，不宜冲浴，但之前1小时左右洗冷水澡，能提高习练效果。

5. 饮食

习练前最好保持空腹3～4小时，如果低血糖或担心过于饥饿，可以在练习前1～2小时食用一些易于消化的流体食物，也可以吃点面包，喝少量牛奶；练习后 1 小时不要大量进食；补充水应当在习练后 20 分钟以后，以温水为宜，慢慢喝下。

6. 其他

任何瑜伽姿势的完成都是冲击个人的极限，不必做横向对比；练习过程中，注意力要集中，用心去体会身体伸展时产生的感觉，这样才能达到身体和精神的放松；练前的热身和练后的放松是必要的；注意动作的对称性，需要完成两侧的动作一定要做完整，使身体得以平衡发展；女性月经期间，不适宜做任何倒立姿势及腹部用力的姿势。

16.3 瑜伽饮食

瑜伽是一种哲学，它提倡健康、自然的生活方式。瑜伽倡导的饮食方式是瑜伽生活方式最为重要的一个环节。瑜伽哲学认为，人有了健康的体魄才会有健康的思想，而健康的体魄来自健康的生活方式，健康的生活方式最重要的一点就是正确、健康的饮食习惯。

16.3.1 食物分类

瑜伽哲学把食物分为三类：悦性食物、惰性食物、变性食物。

1. 悦性食物

指最健康、最完整的食物，包括各种新鲜、干净的或是用十分少量的调味品烹调的各种蔬菜、新鲜的水果，以及谷物、豆类食品、牛奶等。这类食物使人身心轻松、纯净、性情平和。

2. 惰性食物

包括各类肉食和刺激性强的食物，如酒、咖啡及各种煎、烤、炸的食物，特别是过热或腐败的食物，属于自然中的“惰性”元素，特征是没有生气。这类食物容易使人发胖，经常食用会变得性情犹豫、烦躁不安。

3. 变性食物

是指通过各种刺激性强的调味品烹制的食物，任何一种食物，不管是悦性的还是惰性的，只要加上刺激性强的调味品都会变成变性食物。经常食用会变得性情暴躁、缺乏耐心，身心会遭受极大的压力。

悦性食物是深受瑜伽习练者喜爱的食物，变性和惰性食物是瑜伽习练者应该禁忌的。

另外，瑜伽也常将食物分为阴性食物和阳性食物。

阴性食物使人寒冷，一般生长在阳光充足的南方，富含水分，颜色多为紫色、青色、绿色或白色等。这类食物包括香蕉、西瓜、茄子、萝卜、菠菜、芋头等。阴性食物更适合在炎热的夏天食用，可以避暑、降温，而冬天食用就会使身体寒气加深。大部分的水果是阴性的，因此在体寒或寒冷的冬天，应有选择地、适度地食用水果，以多吃干果类为宜。

阳性食物使人温暖，是较适合在北方生长的食物，水分较少，颜色多为橙色、黑色、黄色等。这类食物包括柿子、葡萄干、酸梅、南瓜、胡萝卜、芹菜等。这类食物更适合在冬天食用，体寒的人也应多食用此类食物。

16.3.2 饮食原则

不管你是否在习练瑜伽，养成一种均衡的饮食习惯都是健康生活的保障。

(1) 多吃悦性食物，每天定量摄取，少吃变性食物，尽量不吃惰性食物；

(2) 多吃含叶绿素的蔬果和豆制品；

(3) 用蜂蜜取代白糖，用豆腐取代鸡蛋，用枣和干果制品取代甜品；

(4) 在食物还温热的时候食用，每天煮新鲜的蔬菜；

(5) 尽量在食品处在最自然状态时摄取，全面进行身心整合，要细嚼慢咽；

(6) 选择新鲜的食品，尽量不要摄入冷冻、加工或处理过的农产品和罐头，避免吃经过防腐处理、加入色素和添加剂的食品，避免油腻或油炸过的食品；

(7) 适量进食，吃八分饱，以便胃能较完全地吸收食物的养分，尽量做到定时进食，不能过快过饱；

(8) 尽可能选择意识发展比较低的物种为食物。

16.3.3 断食法

瑜伽断食法，和中国道家的“辟谷”相似，是瑜伽生活中一项重要的清洁身体和精神的方式，是积极的、健康的，不是用来减肥的。有些人甚至在实行断食法后，体重还会有所增加。断食使得器官可以休息，断食后人的精力反而更加旺盛。断食法是瑜伽修行者常常实行的。远古的时候，瑜伽修行者通过这种方式来净化身体和精神，从而达到最高直觉状态。断食法是另一种对抗和驱除身体疾病而达到自愈的方法。当人体出现疾病时，消化系统就会做出反应：没有胃口。这其实是一种身体的自然反应，让消化系统暂时得到休息，让身体自行排毒。

月亮的新月、满月之后的第十一天，也就是差不多阴历十一及阴历二十六这两天适合断食，如果一个月要断 4 天的话，则可增加新月及满月两天。最适合的断食方法是短而有规律的断食，一般是从日出开始到第二天的日出，差不多 28 小时。一天断食法是最简单、最没有危险的一种断食法，是初学者尝试断食的开始，也是世界上比较推行的一种简单的断食方法，不仅作用于身体，对精神的治疗作用也十分显著，可以消除各种神经症，如神经衰弱等。每一个实行断食的人首先要确定自己断食的时间和方式，应该选择一个休息日，根据自己的具体情况，选择饮水断食法、果汁断食法或蔬菜断食法。复食和断食一样重要，在复食刚开始，先喝一杯柠檬水、吃一根熟香蕉，再吃早餐。复食的第一餐最好是一些容易消化的食物，如水果、粥或酸奶等，当天的饮食以清淡为主，并且细嚼慢咽，使饥饿感和倦怠感慢慢消退。

16.4 瑜伽主要代表人物

16.4.1 张蕙兰，柏忠言

张蕙兰（瑜伽名字：瓦伊史那瓦·达西），出生并生长于香港。东西方瑜伽学院（The East-West Yoga lnstitute）的合作创建人之一，被称为当代中国“瑜伽之母”。在接受了造诣深厚正统的瑜伽宗师——柏忠言的启发与严格专门的训练，以及其他瑜伽前辈们的指点后，开始在全国各地免费传授瑜伽课程，深切渴望能为中国人民服务，她知道把瑜伽带给中国人民就是她此生的目的。

柏忠言（瑜伽名字：悉达斯瓦鲁普·阿南达），美国夏威夷人，从 20 世纪 60 年代后期便开始教授瑜伽。他有许多学生分布在美国、澳大利亚及其他许多国家。柏忠言同时还是一位艺术家，他谱曲作词、灌唱 CD，声韵悦耳并触人心弦、感人肺腑，同时歌词含义都是鼓励人心向善、向上的，因而获得了极高的赞评。

1980 年，通过张蕙兰的努力和安排，中华全国青年联合会邀请到了柏忠言访问中国，与国内的社会问题学者、教育家和西方社会问题的研究者会谈并做演讲。1982 年，张蕙兰和柏忠言接受中华全国青年联合会和中国唱片总公司的邀请，举办了一系列的音乐会，把现代电子音乐（摇滚流行音乐）介绍给中国人民。

在了解到电视传媒对瑜伽推广的重要性后，张蕙兰便开始着手一项艰巨的工作——制作世界一流的瑜伽电视系列节目。1985 年，通过中央电视台，张蕙兰和瑜伽走入了亿万中家庭，深入到了成万上亿人的心中，瑜伽就此深受中国人民的喜爱，张蕙兰也就成为中国内地家喻户晓的传奇人物。以前在中国只有寥寥可数的学者听过“瑜伽”这个词。这一状况直到张蕙兰的电视系列节目 1985 年在中央电视台开播才得以改变，从 1985 年到 2000 年，中央电视台一台和二台几乎每天早晨和晚上都播放张蕙兰每集 30 分钟的电视系列节目，15 年来，张蕙兰系列电视节目从未间断地播放，并成为中国电视史上播放时间最长的节目之一，她的瑜伽电视节目也一直有规律地在各省级电视台播出。

除了电视节目，张蕙兰又与瑜伽宗师柏忠言共同著作了《瑜伽——气功与冥想》这本长达 630 页的畅销书，这本书在国内畅销超过 25 年，数次印刷，已拥有数百万读者，成为国内连续畅销的瑜伽经典之作。20 世纪 90 年代，国外开始注意到张蕙兰和她独树一帜的瑜伽练习技法。自 1998 年以来，她的瑜伽电视系列节目通过 PBS 电视网在全美播出，掀起了美国现代瑜伽热潮。如今，几十个国家的数百万人曾经或正在欣赏着张蕙兰获奖的瑜伽电视系列节目、DVD、音乐 CD 和书籍，这使她成为当今世上最有名的瑜伽教师之一。

16.4.2 艾扬格

艾扬格（B. K. S. Iyengar），1918 年 12 月 14 日出生于印度，2014 年 8 月 20 日，因肾衰竭在医院去世，享年 95 岁。从 17 岁开始，他教授瑜伽。艾扬格被看作是全世界最伟大的瑜伽导师，在西方享有盛誉。18 岁时，艾扬格到印度南部传授瑜伽。1952 年，艾扬格结识了小提琴大师耶胡迪·梅纽因，在梅纽因的帮助下开始把瑜伽传入西方。1956 年，艾扬格第一次前往美国推广瑜伽，时至今日，全美国已至少有 1600 万人练习瑜伽，这项活动已成为一个数十亿美元的产业。1966 年，艾扬格出版了他的瑜伽经典名著《瑜伽之光》，在西方引起轰动，被评为“通往东方古老健康艺术的捷径”、瑜伽体式习练的“圣经”。《瑜伽之光》被译成 18 种文字，累计售出 100 多万册。艾扬格本人则被赞誉为“现代瑜伽创始人”。2003 年，“艾扬格”（Iyengar）一词被牛津英语词典正式收录。2011 年，艾扬格第一次来到中国，在广州进行演讲，与瑜伽爱好者分享练习心得，当时 93 岁的他仍在练习瑜伽。

艾扬格瑜伽是当今世界最广泛练习的一种瑜伽习练体系。它的 180 所学院遍布全球 40 个国家。艾扬格还是国际公认的“哈他瑜伽”领导权威，以他所创立的瑜伽治疗和瑜伽减压著称于世。他获得无数荣誉，包括联合国和平宪章授予的“医学博士”、瑜伽传记研究所的“瑜伽教育年度人物”、整体医学联合“Purna Swasthya”奖。他的经典著作包括《瑜伽之光》《调息之光》《瑜伽之树》《光耀生命》等。美国著名的《瑜伽杂志》在介绍艾扬格时这样写道："如果没有艾扬格的卓越贡献，尤其是他对每一个瑜伽体式细节精确细致而系统的要求、对瑜伽治疗的研究和他所培养的严格的瑜伽培训体系，我们现在的瑜伽世界将难以想象。"

思考题

1. 瑜伽练习的功能有哪些？其要素是什么？并谈谈瑜伽练习的注意事项。

2. 简述瑜伽完全式呼吸。

3. 选取8～10个学过的瑜伽体位法，合理地连接成串，与同学分享。

4. 了解瑜伽饮食，并且根据自己的具体情况进行一次断食，记录断食过程和体会，大家一起讨论，分析断食失败的原因，分享断食成功的经验。

第 17 章 武　术

武术是以技击动作为主要内容，以功法、套路和搏斗为主要运动形式，注重内外兼修的中国传统体育项目。它是中国传统技击术，归属于传统的民族体育，又是民族文化的一部分，集防身、健身、修性、娱乐等多种功能于一身。广义的武术，是一种包含实用技击的人体文化；狭义的武术应称为武术运动，是一种体育运动。

17.1 武术套路运动的主要技法

17.1.1 武术的主要内容

武术运动内容丰富，分类方式很多。按其运动形式可分为功法运动、套路运动和搏斗运动三大类。

1. 功法运动

功法运动是以单个动作为主进行练习，以达到健体或增强某方面体能的运动，如肩功、腰功、腿功、鼎功、桩功等。功法运动不仅为套路演练和攻防格斗打好基础，其本身也是很好的锻炼方法。传统功法运动按其形式与功用可分为内壮功、外壮功、轻功和柔功四类。

2. 套路运动

套路运动是指以技击动作为内容，以攻防进退、动静疾徐、刚柔虚实等矛盾运动的变化规律为依据编成的组合及整套练习。按照练习时的人数多少，可分为单练、对练和集体演练。

1）单练

单练是指个体独自进行套路练习的方式。根据练习时是否手持器械，单练又分为拳术和器械运动两种。

（1）拳术。拳术是指徒手练习的套路运动。拳术的种类很多，如长拳、南拳、太极拳、象形拳、形意拳、八卦掌、八极拳、通臂拳、劈挂拳、翻子拳、地躺拳等。

（2）器械运动。器械运动是指手持武术兵器进行练习的套路运动，可分为短器械（刀、剑等）、长器械（枪、棍等）、双器械（双刀、双剑等）、软器械（九节鞭、流星锤等）等四种。

目前，武术竞赛中主要的器械项目是刀、剑、棍、枪。

2）对练

对练是指在单练基础上，两人或两人以上，在预定条件下进行的假设性攻防练习的套路形式。主要包括徒手对练、器械对练、徒手与器械对练等。

3）集体演练

集体演练是指多人（竞赛中通常要求六人或六人以上）徒手、器械或徒手与器械同时进行演练的套路形式，如集体基本功、集体拳、集体剑、集体攻防技术等。演练时可变换队形，也可用音乐伴奏，要求队形整齐，动作协调一致。

3. 搏斗运动

搏斗运动是两个人在一定条件下按照一定的规则进行斗智、较力、较技的实战攻防格斗，如散手、推手、短兵、长兵等。目前武术竞赛中开展较为普遍的有散打和推手，短兵和长兵尚未普遍开展。

17.1.2 长拳的基本动作与方法

长拳是新中国成立后，在吸取查、华、炮、红等传统拳种之长的基础上发展起来的新拳种。它具有动作舒展大方、快速有力、动速静定、节奏鲜明的运动特点。长拳类套路既适合武术的基础训练，又适合竞赛，是我国重点推广普及的武术项目之一。

武术基本动作是武术技术的基础，是拳术中最基础、最具有代表性的动作。长拳的基本动作包括上肢的基本手型、手法，下肢的基本步型、步法、腿法，以及通过躯干表现的折叠俯仰、闪展拧转等基本身法。

1. 基本手型

手型主要有掌、拳、勾等。

1）掌

（1）各部位名称：掌心、掌背、掌指、掌根、掌外沿（图 17.1）。

（2）动作说明：四指并拢伸直，拇指弯曲紧扣于虎口处。手腕伸直为“直掌”；手腕向拇指侧伸，掌指朝上为“立掌”（图 17.2）。

（3）动作要点：掌心开展、竖指。

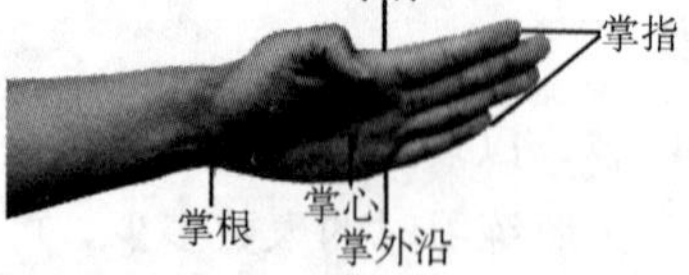

图 17.1 掌的部位名称

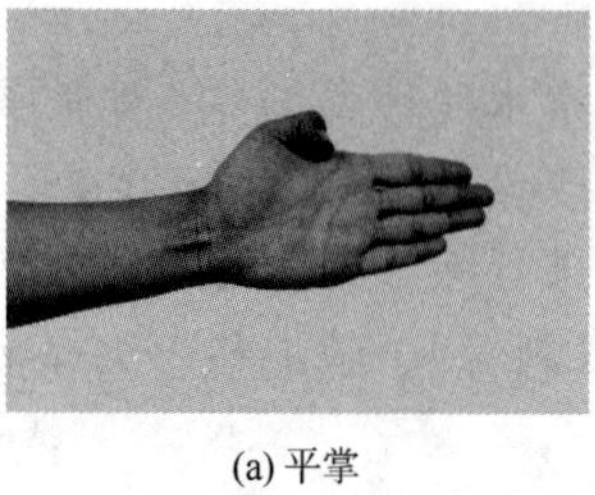

(a) 平掌

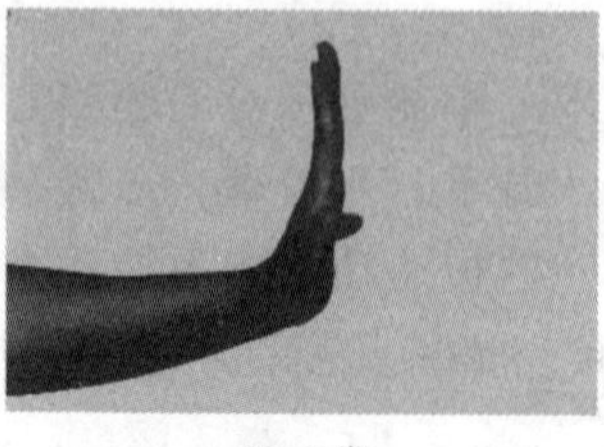

(b) 立掌

图 17.2 掌

2）拳

(1) 各部位名称：拳眼、拳心、拳面、拳背、拳轮（图 17.3）。

(2) 动作说明：四指并拢卷紧，拇指紧扣于食指、中指第二指节上。拳眼向上为“立拳”，拳心向下为“平拳”（图 17.4）。

(3) 动作要点：拳握紧、拳面平、直腕。

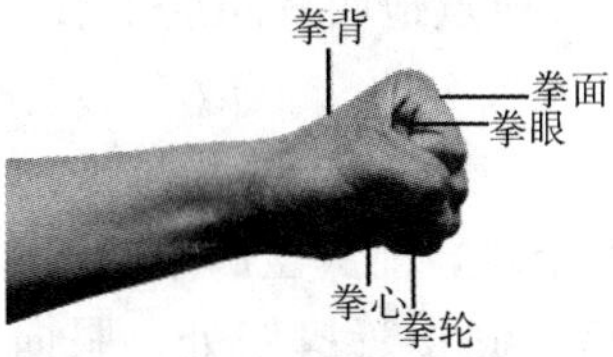

图 17.3　拳的部位名称

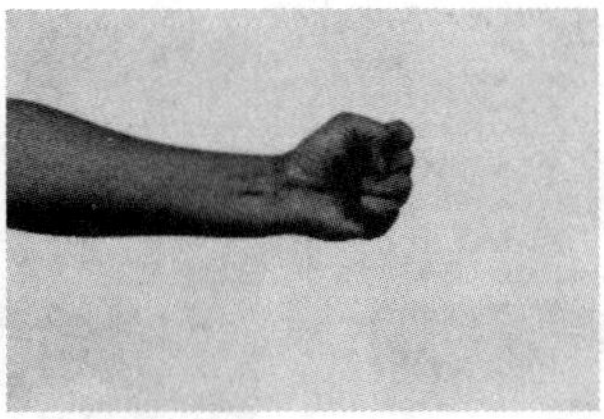

(a) 平拳

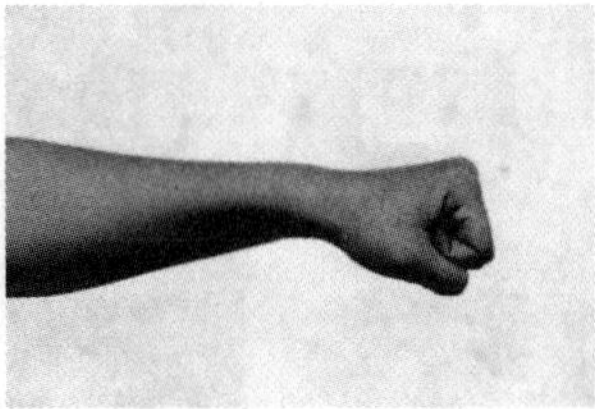

(b) 立拳

图 17.4　拳

3）勾

(1) 各部位名称：勾尖、勾顶（图 17.5）。

(2) 动作说明：屈腕、五指尖捏拢。

(3) 动作要点：指尖捏紧、尽量屈腕。

图 17.5　勾的部位名称

2. 基本步型

基本步型主要有弓步、马步、仆步、虚步、歇步、坐盘、丁步等。

1）弓步

(1) 动作说明：两脚前后开立（为本人脚长的 4～5 倍），前弓后蹬。前脚微内扣、全脚掌着地，前腿屈膝半蹲、大腿接近水平、膝与脚尖垂直；后髋下沉，后腿挺膝伸直，全脚掌着地、脚尖内扣斜向前方，上体正对前方，两眼平视前方（图 17.6）。左腿在前叫“左弓步”；右腿在前叫“右弓步”。

(2) 动作要点：前腿弓、后腿蹬，两脚全脚掌着地，挺胸、塌腰、沉髋。

2）马步

(1) 动作说明：两脚左右开立（约为本人脚长的 3 倍），两脚脚尖正对前方、全脚掌着地，屈膝半蹲，大腿成水平，身体重心落于两腿之间，两眼平视前方（图 17.7）。

(2) 动作要点：头正、挺胸、塌腰、展髋，脚尖正前、脚跟外蹬。

3）仆步

(1) 动作说明：两脚左右开立（约为本人脚长的 4 倍），一腿（全蹲腿）屈膝全蹲，大、小腿紧靠，臀部接近小腿，膝与脚尖稍外展，全脚掌着地；另一腿（仆腿）伸直平铺，全脚掌着地，脚尖内扣。上体微前倾，两眼平视仆腿方向（图 17.8）。左腿平铺叫“左仆步”；

右腿平铺叫“右仆步”。

(2) 动作要点：挺胸、塌腰、沉髋、展髋，全脚掌着地。

4) 虚步

(1) 动作说明：两脚前后开立，后脚脚尖斜向前（外展45°）、屈膝半蹲，大腿接近水平，全脚掌着地；前腿微屈、脚面绷平，脚跟离地、脚尖稍内扣虚点地面。身体重心落于后腿，两眼平视前方（图17.9）。左脚前点地叫“左虚步”；右脚前点地叫“右虚步”。

(2) 动作要点：挺胸、塌腰、虚实分明。

5) 歇步

(1) 动作说明：两腿交叉靠拢全蹲，前脚全脚掌着地，脚尖外展；后脚前脚掌着地，膝部贴于前腿外侧，臀部外侧坐于后小腿接近脚跟处，眼向前腿一侧平视（左腿在前向左平视）（图17.10）。左腿在前叫“左歇步”；右腿在前叫“右歇步”。

(2) 动作要点：挺胸、塌腰、两腿紧贴。

图17.6 左弓步

图17.7 马步

图17.8 左仆步

图17.9 左虚步

图17.10 左歇步

3. 主要手法

主要手法包括拳法（冲拳、架拳、劈拳、砸拳、栽拳等）、掌法（推掌、亮掌、挑掌、砍掌、穿掌等）、肘法（盘肘、顶肘、架肘等）等。

1) 冲拳

(1) 动作过程：两脚左右开立、与肩同宽，两拳抱于腰间、肘尖向后、拳心向上，头正颈直、挺胸、收腹、直腰，平视前方预备。右拳拳心向上，以拳面为力点从腰间向前伸臂冲出，接近顶点（肘关节过腰）时拧腰左转、顺肩前伸、前臂加速内旋，使手臂伸直、拳心向下、力达拳面，高与肩平，目视右拳。同时左肘向后引伸。左拳冲出同右拳。左拳冲出的同时右拳前臂外旋屈肘回收至腰间，拳心向上，两拳交替前冲（图17.11）。

(2) 动作要点：挺胸、收腹、拧腰、顺肩、急旋前臂，出拳快速有力。拳沿直线冲出，肘关节内侧要贴肋运行。

（3）练习方法：原地冲拳；马步冲拳（图 17.12）；弓步冲拳（图 17.13）。

(a)　(b)　(c)　(d)　(e)

图 17.11　原地冲拳

图 17.12　马步冲拳

图 17.13　弓步冲拳

2）亮掌

（1）动作过程：预备姿势同冲拳。左亮掌时，左拳变掌，经体侧向左、向上画弧，至头左上方时抖腕亮掌，臂成弧形，掌心向前，拇指一侧朝下。头随左手向左转，目视左掌，亮掌时，迅速向右摆头，目视右方（图 17.14）。右亮掌同左，方向相反。

（2）动作要点：抖腕、亮掌与转头要同时完成。

（3）练习方法：原地亮掌；歇步亮掌（图 17.15）；虚步亮掌（图 17.16）。

(a)　(b)　(c)

图 17.14　原地亮掌

图 17.15　歇步亮掌

图 17.16　虚步亮掌

3）盘肘

（1）动作过程：预备姿势同冲拳。右盘肘时，右臂后伸、拳心向下，经体后向右向前平摆，眼随拳走，至体前时用力屈肘，肘尖向前，高与肩平，平视前方（图 17.17）。左盘肘同右，方向相反。

（2）动作要点：快速有力，同侧肩前顺。

（3）练习方法：原地盘肘；马步盘肘（图 17.18）。

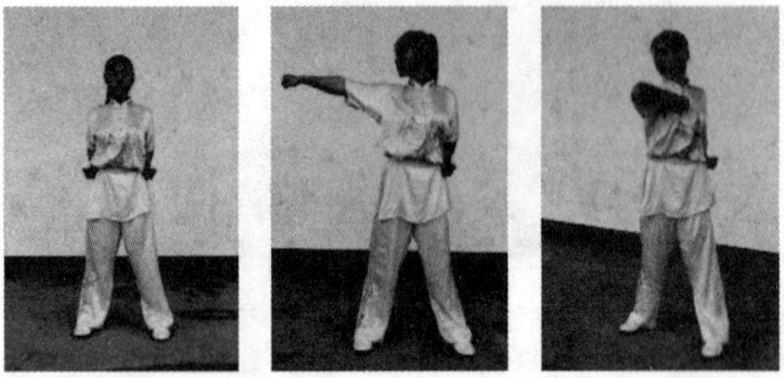

(a)　(b)　(c)

图 17.17　原地盘肘

图 17.18　马步盘肘

4. 主要步法

主要步法包括上步、退步、盖步、插步、击步、垫步、行步、纵步、跨跳步、跃步、踏步等。

（1）盖步：一脚经另一脚前横迈一步，两腿交叉。

（2）插步：一脚经另一脚后横迈一步，两腿交叉。

5. 主要腿法

主要腿法有压腿法、搬腿法、踢腿法（直摆性、屈伸性、扫转性等）、劈腿法（横叉、纵叉）等。

1）压腿法（图 17.19）

(a) 正压腿　(b) 侧压腿

图 17.19　压腿

2）搬腿法（图 17.20）

(a) 正搬　(b) 侧搬　(c) 后搬

图 17.20　搬腿

3）直摆性踢腿法

A. 正踢腿

（1）动作过程：并步侧推掌、目视前方预备。支撑腿上步直立，全脚着地，起踢腿膝部挺直，脚尖勾起向前额处猛踢，动作轻快有力，上体保持正直，目视前方（图 17.21）。

（2）动作要点：挺胸、收腹、立腰。踢腿时迅速收髋，收腹、脚尖勾起绷落，过腰后动作加快，要有寸劲。

（3）练习方法：一侧腿行进间重复正踢；左、右腿交替行进间正踢。

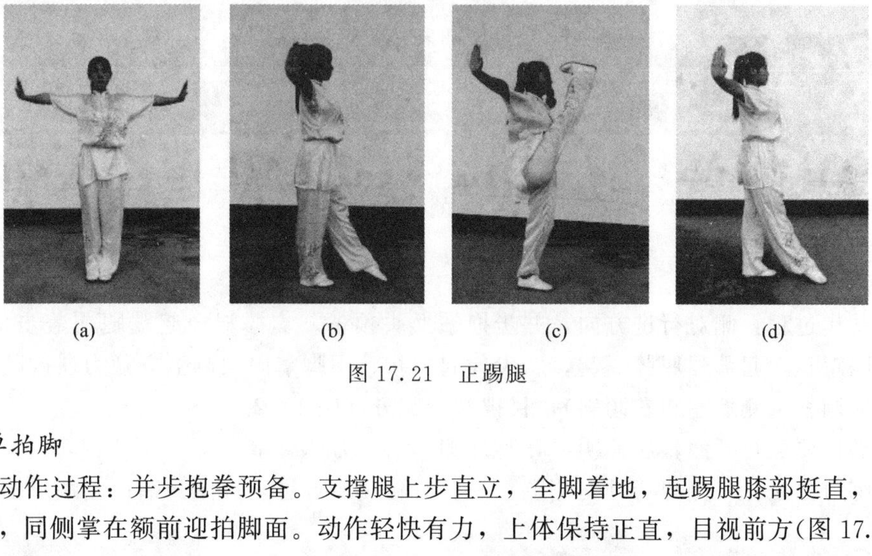

(a)　(b)　(c)　(d)

图 17.21　正踢腿

B. 单拍脚

（1）动作过程：并步抱拳预备。支撑腿上步直立，全脚着地，起踢腿膝部挺直，脚面绷平向上踢摆，同侧掌在额前迎拍脚面。动作轻快有力，上体保持正直，目视前方(图 17.22)。

(a)　(b)　(c)　(d)

图 17.22　单拍脚

（2）动作要点：挺胸、收腹、立腰。踢腿高要过胸，击拍准确、响亮。

（3）练习方法：一侧腿行进间重复拍踢；左、右腿交替行进间单拍脚；行进间双击响右拍脚（左掌在上右掌在下，右腿起踢后在额前右手背迎击左手掌，随即右掌拍击右脚面，左臂下落至侧平，左掌变勾。两响之间的时差越短越好）。

4）屈伸性踢腿法

A. 弹腿

（1）动作过程：并步抱拳预备。支撑腿上步直立或稍屈，起踢腿由屈到伸向前弹出，高不过腰，膝部挺直，脚面绷平，小腿弹出脆快有力，力达脚尖。上身保持正直，目视前方（图 17.23）。

（2）动作要点：收髋，屈伸明显，弹击有寸劲，力达脚尖。

（3）练习方法：一侧腿行进间弹踢；左、右腿交替行进间弹踢；弹腿冲拳（弹左腿冲右拳，弹右腿冲左拳）。

(a) (b) (c) (d) (e)

图 17.23 弹腿

B. 侧踹腿

（1）动作过程：侧对行进方向，并步抱拳摆头预备。支撑腿经起踹腿前盖步，稍屈膝；随即支撑腿蹬直，起踹腿屈膝提起，脚尖勾起内扣，用脚掌向同侧上方猛力展髋踹出，高与腰平，上体倾斜（侧踹左腿右倾斜），目视起蹬腿方（图 17.24）。

（2）动作要点：开髋，屈伸明显，脚外侧朝上，力达脚掌。

（3）练习方法：一侧腿行进间侧踹；左、右腿交替行进间转体侧踹；侧踹双推掌。

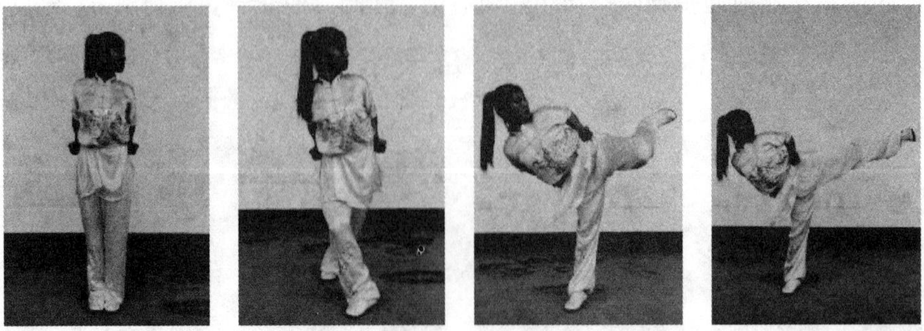

(a) (b) (c) (d)

图 17.24 侧踹腿

6. 平衡

平衡泛指一腿支撑，另一腿抬高离地的单腿独立动作。分为持久性平衡和非持久性平衡。依平衡动作的姿势可分为提膝平衡、望月平衡、扣腿平衡等。

(1) 提膝平衡：支撑腿直立站稳，上体正直，另一腿屈膝高提近胸，小腿斜垂里扣，脚面绷平内收（图 17.25）。

(2) 望月平衡：支撑腿伸直或稍屈站稳。上体侧倾拧腰向支撑腿同侧方上翻，挺胸塌腰。另一腿在身后向支撑腿的同侧方上举，小腿屈收，脚面绷平，脚底朝上（图 17.26）。

图 17.25 提膝平衡

图 17.26 望月平衡

7. 跳跃

跳跃包括腾空飞脚、旋风脚、腾空摆莲、大跃步前穿等跳跃。

17.1.3 长拳类主要器械方法

1. 刀术

1) 简介

“刀为百兵之帅。”它是一种平直、细长、带尖、一面有刃的武术短器械（图 17.27）。刀术主要方法有缠头刀、裹脑刀、扎刀、劈刀、撩刀、藏刀、扫刀、截刀、格刀、剪腕花刀等。刀术的运动特点是勇猛快速、刚劲有力、凶猛剽悍、气势逼人，有“刀如猛虎”的比喻。

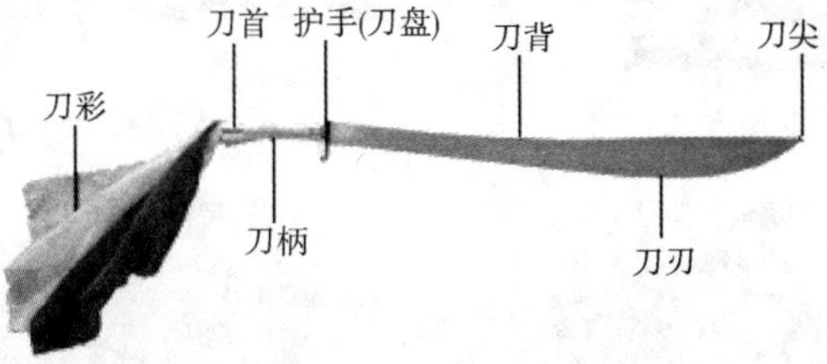

图 17.27 刀

2) *刀基本握法、抱刀礼*

(1) 左手抱刀法：左手屈腕，食指与中指夹住刀柄，拇指和虎口扣住护手盘、刀背贴于微屈的左臂内侧，刀尖朝上，刀刃朝前（图 17.28）。

(2) 右手握刀法：右手虎口靠贴刀盘，五指屈握刀柄。手腕要灵活，随刀法变换，适当调整握力（图 17.29）。

(3) 抱刀礼：并步站立，左手抱刀，屈臂抬起使刀横于胸前，刀刃向上；右手成掌，以掌心附于左手拇指第一指节上，高与胸齐，两手与胸间距离为20～30厘米(图17.30)。

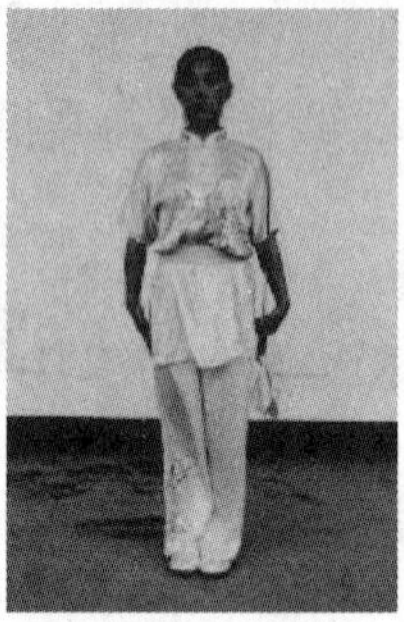

图17.28　左手抱刀

图17.29　右手握刀

图17.30　抱刀礼

3) *主要刀法*

(1) 扎刀：刀刃朝下，朝上或朝左，刀尖向前直刺为扎（图17.31）。要求：力达刀尖，臂与刀尖成一直线。

(2) 缠头刀、裹脑刀：刀尖下垂，刀背沿左肩贴背绕过右肩为“缠头刀”(图17.32)，刀背沿右肩贴背绕过左肩为“裹脑刀”。要求：刀背紧贴肩背绕行，头部正直。

(3) 劈刀：刀由上向下为劈（图17.33）。要求：动作连贯，力达刀刃，臂与刀成一直线。

(4) 砍刀：刀向左向下方斜劈为砍（图17.34）。要求：以腰助力，力达刀刃，动作用力短促。

图17.31　弓步扎刀

(a)　(b)

图17.32　缠头刀

图17.33　提膝劈刀

图17.34　歇步砍刀

2. 剑术

1）简介

“剑为百兵之秀。”它是一种平直、细长、带尖、两边开刃的武术短器械（图 17.35），主要剑法有劈、刺、点、崩、撩、挂、斩、抹、云、绞等。剑术的运动特点是轻快敏捷、把活腕灵、潇洒飘逸、刚柔相兼、富有韵律，有“剑似飞凤”之美誉。

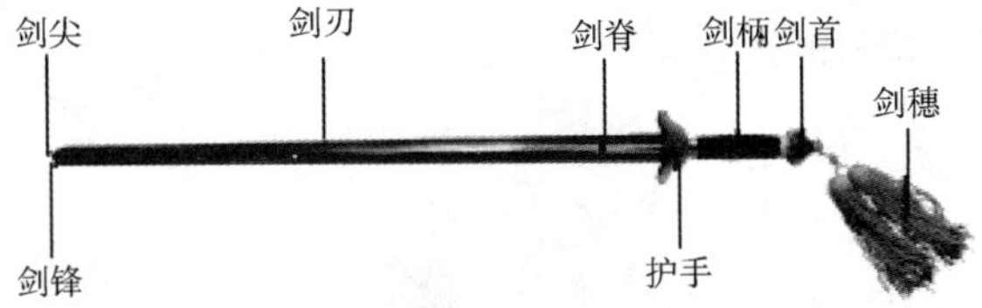

图 17.35　剑

2）剑指、剑的基本握法和持剑礼

（1）剑指：中指与食指伸直并拢，其余三指屈于手心，拇指压在无名指第一指节上（图 17.36）。

（2）左手持剑法：臂内旋成手心向后贴紧剑格，食指伸直扶于剑柄，拇指和其余手指分别扣握剑柄格两侧（图 17.37）。

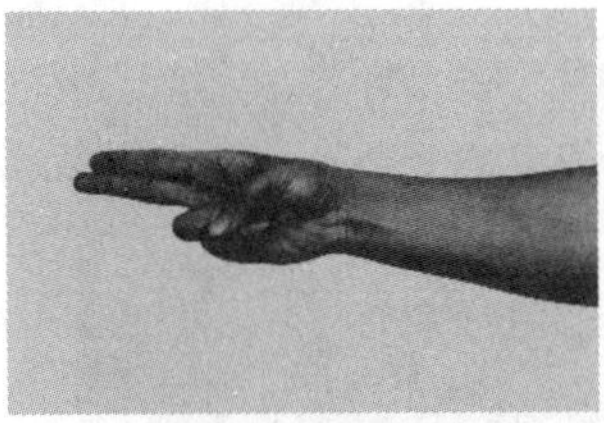

图 17.36　剑指

图 17.37　左手持剑

（3）右手握剑法：虎口靠近剑格，拇指与其余手指相对握拢剑柄。剑刃朝向上下为立剑握，剑刃朝向左右为平剑握（图 17.38）。握剑还有螺把、钳把、满把等。根据攻防方法，握剑要腕松指活、变换灵活、时紧时松、时握时放、有竖有垂、得心应手、顺其自然。

（4）持剑礼：并步站立，左手持剑，屈臂抬起使剑身贴前臂外侧斜横于胸前；右手成掌，以掌外沿附于左手食指根节，高与胸齐，两手与胸距离为 20～30 厘米（图 17.39）。

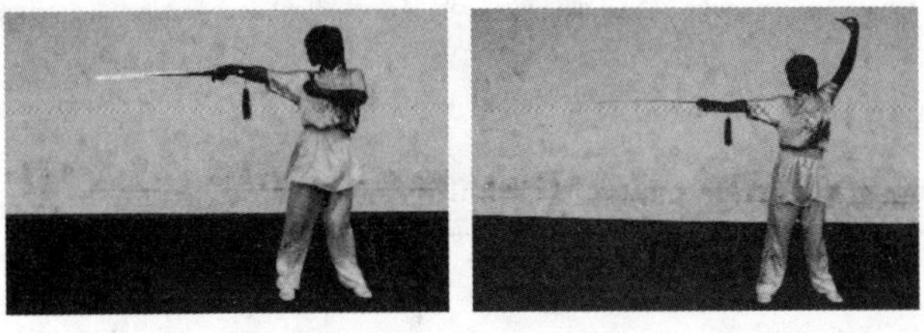

(a) 右手立剑握　(b) 右手平剑握

图 17.38　右手握剑

图 17.39　持剑礼

3）主要剑法

（1）刺剑：立剑或平剑，向前直出为刺（图 17.40）。要求：腰部发力为主，力达剑尖，臂与剑成一直线。

（2）带剑：平剑或立剑，由前向侧后或侧后上方抽回为带（图 17.41）。要求：以腰带臂，以腕带剑，上体稍侧倾，力达剑身。

（3）点剑：立剑，提腕使剑尖猛向前下为点。通常“带剑”之后接“点剑”（图 17.42）。要求：臂伸直，力达剑尖和剑锋。

图 17.40　弓步刺剑

图 17.41　带剑

图 17.42　丁步点剑

（4）撩剑：立剑，由下向前上方为撩。前臂外旋为正撩，内旋为反撩（图 17.43）。要求：手腕要灵活，以腰带臂，用力较柔和，力达剑身前部。

(a)正撩　(b)插步反撩

图 17.43　撩剑

3. 棍术

1）简介

“棍为百兵之祖。”它是长而直的坚韧圆木制作的武术长器械，无尖无刃，把端较粗，构造简单、朴实无华（图 17.44）。棍术主要方法有劈、戳、抡、扫、崩、拨、绞、格、舞花等。棍术的运动特点是一招一式虎虎生风，动如疾风骤雨，产生“棍打一大片”的功效，有“棍似旋风”之美誉。

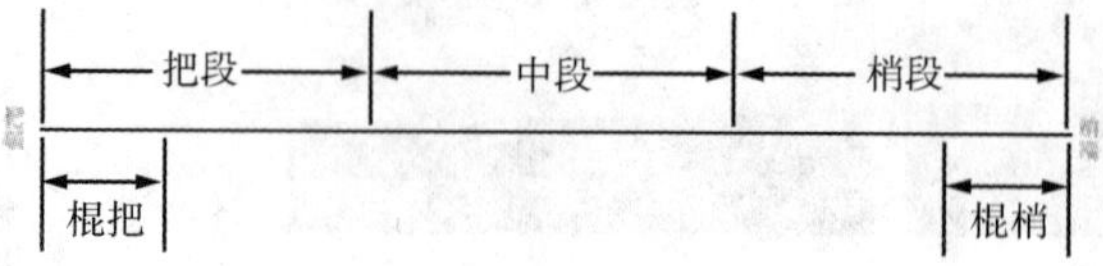

图 17.44　棍

2）棍的基本握法和持棍礼

（1）右手持棍法：右手持棍，以拇指和食指卡握棍身，其余三指自然弯曲，虎口朝向棍梢，使棍身紧贴于身体右侧，把端触地（图17.45）。

（2）握棍法。①单手握：右手握住棍身距把端1/3处（图17.46）。②双手握：双手虎口顺向握棍为“顺把握”，双手虎口相对握棍为“对把握”（图17.47）。

（3）持棍礼：并步站立，右手持棍把端（靠把端1/3处），屈臂置于胸前，棍身直立，左手成掌，附于右手拇指第二指节上，两手与胸间距离20～30厘米（图17.48）。

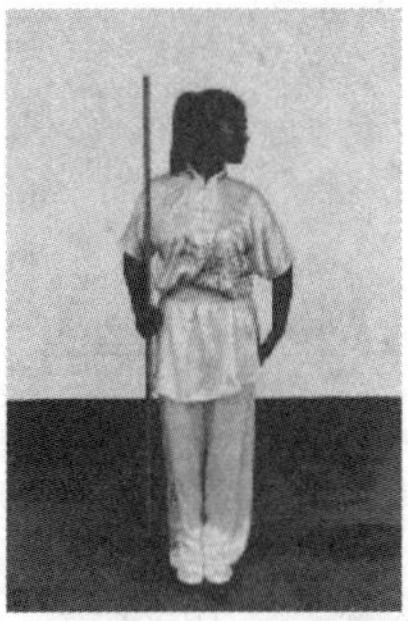

图17.45　右手持棍

图17.46　单手握棍

(a)顺把握

(b)对把握

图17.47　双手握棍

图17.48　持棍礼

3）主要棍法

（1）劈棍：棍由上向下为劈（图17.49）。

要点：棍杆贴腰，下劈要迅速有力，右手可伴同下劈微向后滑把，两臂稍微屈。

（2）戳棍：棍梢或棍把直线向前、向侧或向后戳击（图17.50）。

要点：用力短促准确，直进直出，滑把灵活，力达梢端或把端。

图17.49　弓步劈棍

图17.50　插步下戳棍

4. 枪术

1）简介

“枪为百兵之王。”它是中国古代最主要的冷兵器之一。现代武术器械用枪，多用韧性较强的白蜡杆制作枪杆，演练时既柔且刚，表现出步稳枪颤的特点。在枪杆梢端安有铁制枪头，系有红色枪缨，因此也常被人们称为“红缨枪”（图 17.51）。枪的技法以拦、拿、扎为主，配合劈、崩、挑、点、绞、抡、舞等枪法，以及戳、横击、挑等把法。枪术的运动特点是翻转自如、灵活多变、节奏明快，体现出“枪扎一条线”“去如箭、来如线”的特点，有“枪如游龙”之美誉。

2）枪的基本握法和礼仪

（1）持枪法：右手心握于枪把为后手，左手握于枪杆中段为前手；两臂微屈，枪杆紧靠腰腹（图 17.52）。

（2）握枪法：同棍法。

（3）持枪礼：同持棍礼（图 17.53）。

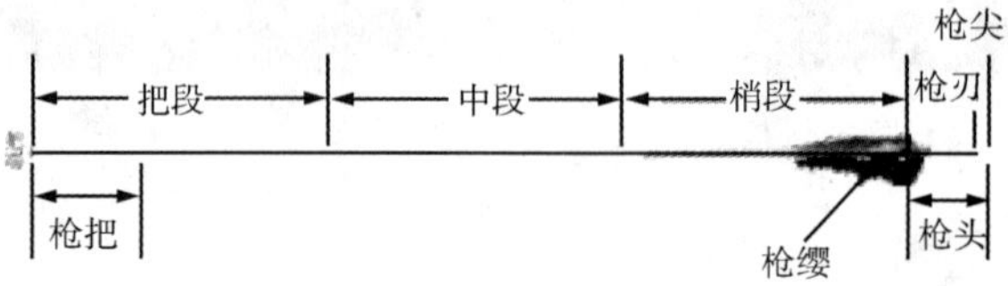

图 17.51　枪

图 17.52　持枪

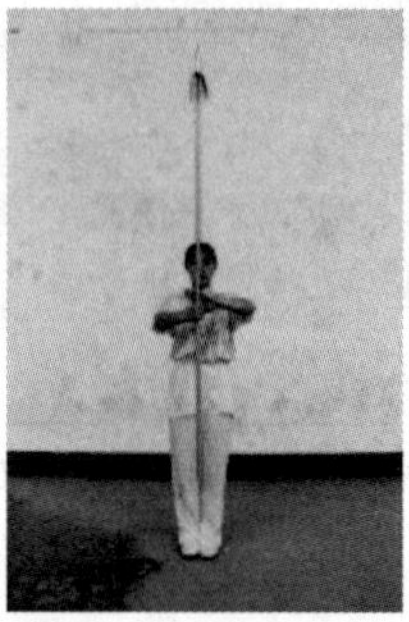

图 17.53　持枪礼

3）枪术的主要基本方法

（1）拦、拿枪：左手握枪身中段，虎口朝上，右掌心握枪把（枪不露把），置于右腰侧，枪尖高与肩平预备。拦枪：左臂外旋、左手向上翻腕，使枪尖向上向左（逆时针）绕一直径约 30 厘米的半圈，右手握枪把随之在腰间转动，目视枪尖（图 17.54）。拿枪：左臂内旋、左手向下翻腕，使枪尖向上向右（顺时针）绕一直径约 30 厘米的半圈，右手握枪把随之在腰间转动，目视枪尖（图 17.55）。要点：枪身贴腰，绕圈不要太大，拦、拿有力。

（2）扎枪：通常接在“拿枪”动作之后，或持枪预备，右手发力作用于枪的纵轴，使枪沿直线扎出，左手随之松握并控制枪的高度（图 17.56）。

要点：两臂伸直，枪身平直扎出，右手必须触及前手，并与蹬腿左转腰一致，力达枪尖。

图 17.54　插步拦枪

图 17.55　半马步拿枪

(a) 弓步中平扎枪

(b) 仆步低平扎枪

图 17.56　扎枪

17.1.4　太极拳基本技法

太极拳是一种用中国古代的"阴阳""太极"理论来解释拳理并命名的传统拳术。太极拳动作柔和缓慢，势势相连，绵绵不断。关于太极拳的起源有各种各样的附会和传说。据中国武术史学家唐豪考证，最早传习太极拳的是明末清初时期河南温县陈家沟的陈王廷。后人又将陈式太极拳发展成杨、吴、武、孙等式。各式太极拳虽然各有其具体特征，但拳理相同，练习时身体各部位的姿势要求和运动特点基本一致。

1. 太极拳的基本手型和步型

同长拳类拳种一样，太极拳的基本技术也表现在型和法两方面，也包括上肢的基本手型、手法，下肢的基本步型、步法、腿法，以及通过躯干表现的身型和基本身法。本章节仅简单介绍基本手型和步型。

1）基本手型

基本手型主要有掌、拳、勾等。

（1）掌：五指微屈分开，掌心微含，虎口成弧形。手指不可僵直，也不可过于弯曲（图 17.57）。

（2）拳：手指自然握拢，拳心要虚，但外形不能散（图 17.58）。

（3）勾：勾有两种，即五指勾和三指勾。五指靠拢要自然（图 17.59）。

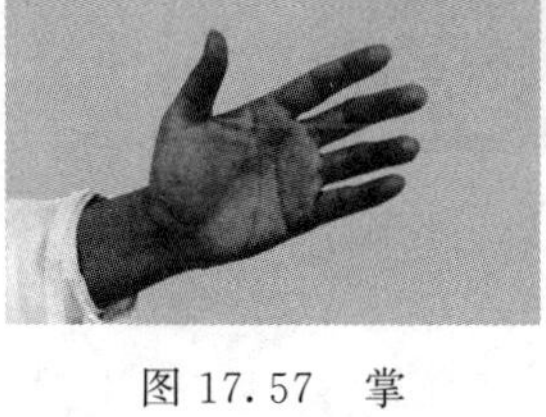

图 17.57　掌

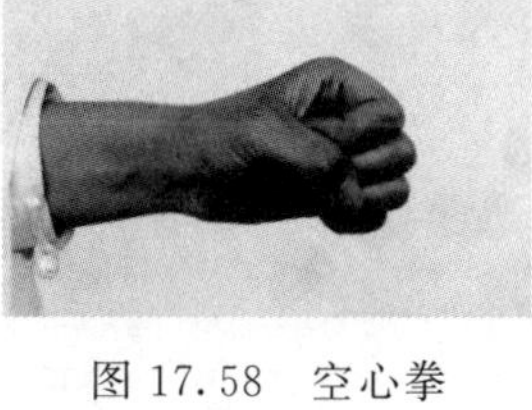

图 17.58　空心拳

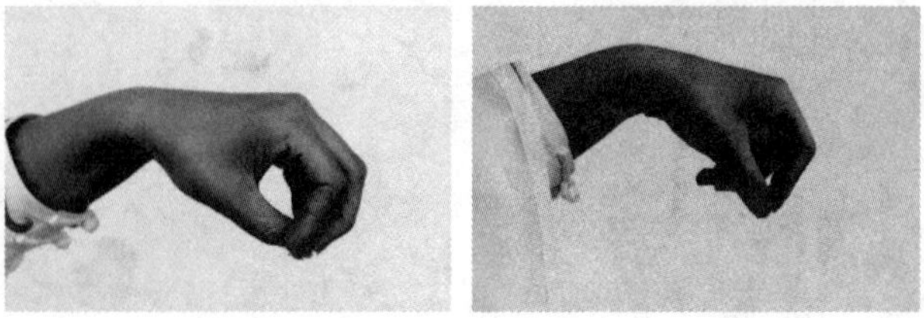

(a)五指勾　　(b)三指勾

图 17.59　勾

2）基本步型

基本步型主要有丁步、弓步、虚步、仆步、独立步、马步、半马步、歇步等。因为太极拳的弓步、马步、仆步、虚步（有脚跟着地和脚尖点地两种）、歇步等步型与长拳的步型基本一致，仅太极拳的步型幅度可以稍小、重心可以稍高（图 17.60），所以本章节仅简单介绍丁步、独立步。

（1）丁步：支撑腿屈膝半蹲，全脚掌着地。另一腿屈膝外展，脚尖点落于支撑脚内侧约 20 厘米处。左脚点落为“左丁步”；右脚点落为“右丁步”（图 17.61）。

（2）独立步：支撑腿微屈，全脚掌着地。另一腿屈膝提起，大腿抬高与地面呈水平，脚尖自然下垂。左腿支撑为“左独立步”；右腿支撑为“右独立步”（图 17.62）。

(a) 弓步　　(b) 马步　　(c) 仆步　　(d) 歇步

(e) 虚步（脚跟着地）　　(f) 虚步（脚尖着地）

图 17.60　五种步型

图 17.61　左丁步抱球

图 17.62　右独立步挑掌

2. 太极拳基本姿势要求

1）头部

要求头部自然上顶，下颌微内收，颈部肌肉放松；运动中随着各种动作的进行，头部在沿纵轴转动时，不能前倾后仰、左右歪斜；面部表情应自然，口轻闭，舌尖微抵上颚，用鼻呼吸。

2）上肢

要求“沉肩垂肘”“舒指塌腕”。“沉肩垂肘”是指练习时肩关节要放松、下沉，并有意识地使两肩向外引伸，肘尖下垂，不可外翻。两臂要保持弧形，不可过分弯曲与伸直。“舒指塌腕”是指做推掌时，手掌自然伸展，手腕微微下沉。总之，上肢动作要做到既舒松伸展又不绵软无力。

3）躯干部

要求上体正直，以腰为轴带动两臂运动。胸部应做到“含胸圆背”。所谓“含胸”是相对长拳而言，练太极拳时不能挺胸，也不可使两肩前送而使胸部内陷，应求其自然正直。“圆背”是指要放松胸背肌肉，两肩向外牵引，使背部略成弧形。腰部动作应注意松沉，不能使上体前俯后仰、左右歪斜。运动中要以腰带臂，使两臂的运动随着腰的左右转动进行。

4）下肢

要求虚实分明，进退轻灵。练太极拳时，多是一腿负重多，一腿负重少，负重多者为实，负重少者为虚，须做到虚实分明，避免重心落于两腿之间（起、收势除外）；进退轻灵，即提脚落步要轻起轻落，前进用足跟着地，后退用脚前掌着地。无论前进后退，都要求脚着地以后，身体重心再移过去，以保持全身动作的稳定与灵活。弓步前腿膝盖的投影点不能超过脚面。

17.2　武术锻炼方法

17.2.1　武术自学自练的原则与注意事项

1. 原则

①少而精；②循序渐进；③持之以恒；④平衡发展；⑤术道并重。

2. 注意事项

①重视准备活动和整理活动；②重视基本功与基本动作；③重视基本技法；④重视身体

素质。

17.2.2 自我练习流程范例

1. 准备活动

适度提高神经系统的兴奋性、降低肌肉的黏滞性、预防运动损伤。

1）热身跑

通常以身体发热或微微出汗为宜。

2）活膝腕（幅度由小到大、力度由弱到强）

(1) 屈伸压膝（图 17.63）。

(2) 步型压腿（图 17.64）。

(a) 伸膝后压　(b) 屈膝蹲压

图 17.63　压膝

(a) 弓步压腿　(b) 仆步压腿

图 17.64　压腿

(3) 活腰（前俯、后仰、绕环等）。

(4) 活肩（前后肩绕环）。

2. 专项基本功练习

规范基本手型、手法、步型、腿法，提高基本功及专项素质。

1）自编行进间手法步型练习

(1) 行进间左右弓步冲拳：左弓步右冲拳→上右步成马步右冲拳→蹬转成右弓步左冲拳→上左步成马步左冲拳→蹬转成左弓步右冲拳（图 17.65）。

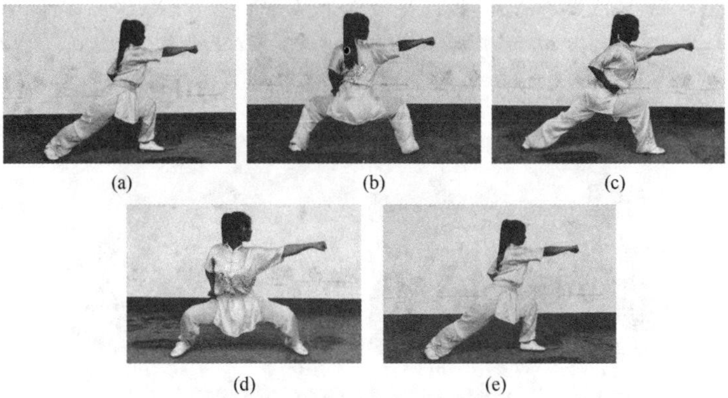

图 17.65　行进间左右弓步冲拳

（2）行进间左右仆步摆掌：左仆步左立掌→起身左后转、左右掌依次左摆、右提膝→右仆步右立掌→右后转、右左掌依次右摆、左提膝→左仆步左立掌（图 17.66）。

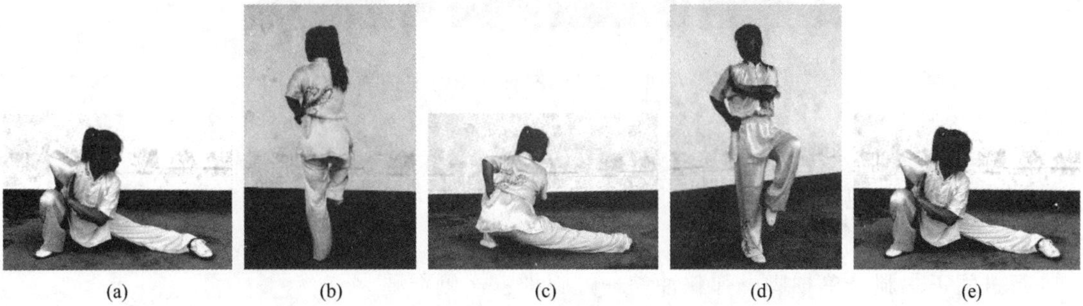

图 17.66　行进间左右仆步摆掌

（3）行进间左右虚步挑掌：左虚步左挑掌→起身插掌→转体右扣膝左架掌→右虚步右挑掌→起身插掌→转体左扣膝右架掌→左虚步左挑掌（图 17.67）。

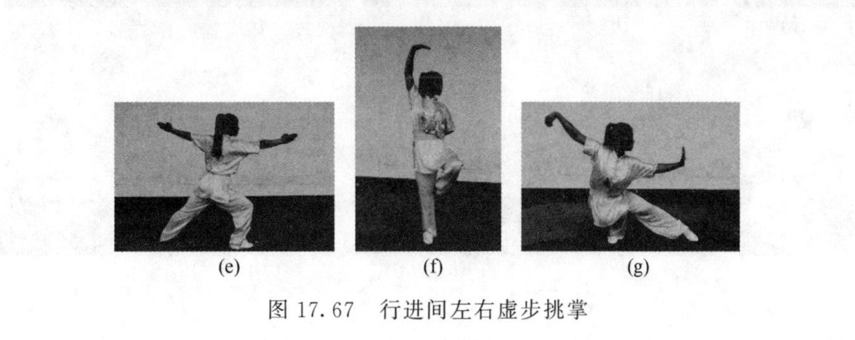

图 17.67　行进间左右虚步挑掌

(4) 行进间左右歇步亮掌：右砍掌、左穿掌、右插步、左歇步右亮掌→起身右后转、左砍掌、右穿掌、左插步、右歇步左亮掌→起身左后转、右砍掌、左穿掌、右插步、左歇步右亮掌（图 17.68）。

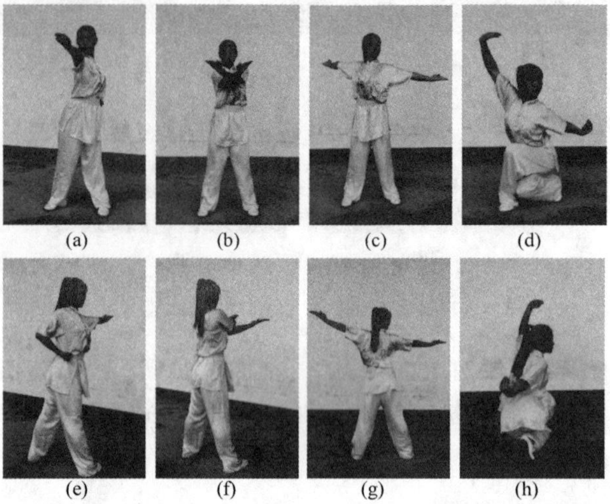

图 17.68 行进间左右歇步勾手亮掌

2) 柔韧练习（加大振压力度、幅度，提高柔韧素质）

压腿（肋木、把杆等高处）、搬腿等。

3) 踢腿练习

行进间正踢腿→单拍脚→弹腿冲拳→蹬腿推掌→侧踹腿。

4) 跳跃练习

大跃步前穿、腾空飞脚等。

3. 组合或小套路练习

五步拳（五种步型的组合练习）：并步抱拳→弓步冲拳→弹腿冲拳→马步架打→插步盖掌→歇步冲拳→提膝穿掌→仆步穿掌→虚步挑掌→并步抱拳（图 17.69）。

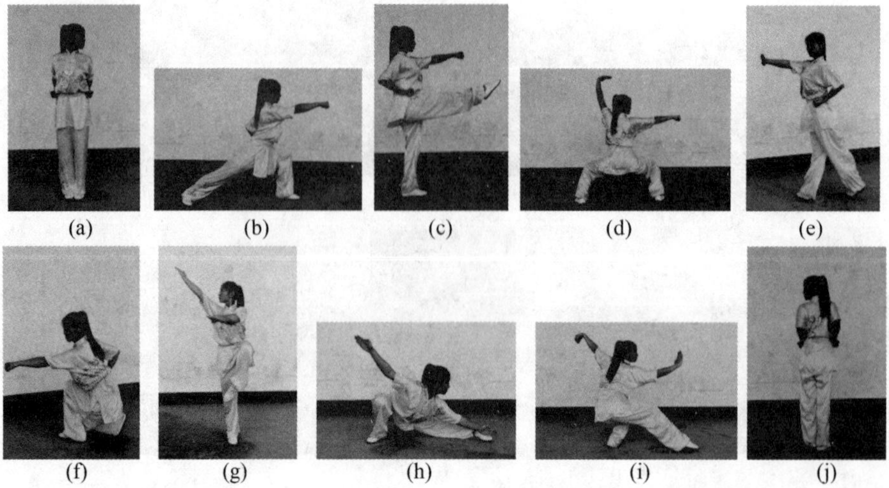

图 17.69 五步拳

4. 放松肌肉

两人一组用拍打、揉捏等方法互相放松全身肌肉，互助消除疲劳。

17.3 武术套路比赛规则

17.3.1 竞赛的一般常识

1. 执行裁判人员组成

总裁判长 1 人、副总裁判长 1～2 人。裁判组设裁判长 1 人、副裁判长 2 人；A 组评分裁判员 2～3 人；B 组评分裁判员 3 人；C 组评分裁判员 2～3 人。编排记录长 1 人，检录长 1 人。

2. 竞赛分类

竞赛按类型可分为个人赛、团体赛、个人及团体赛；按年龄可分为成年赛、青少年赛、儿童赛。

3. 竞赛项目

长拳、太极拳、南拳、剑术、刀术、枪术、棍术、太极剑、南刀、南棍、传统拳术、传统器械、对练项目和集体项目。

4. 竞赛年龄分组

成年组、青少年组和儿童组。

5. 比赛顺序

在竞赛监督委员会和总裁判长的监督下，由编排记录组抽签决定比赛顺序。

6. 检录

运动员须在赛前 40 分钟到达指定地点报到，参加检录，并检查服装和器械。

7. 礼仪

运动员听到上场点名时和完成比赛套路后，应向裁判长行抱拳礼（左掌右拳）（图 17.70）或持械礼。

图 17.70 抱拳礼

8. 得分相等的处理

个人分别以难度分高者、完成高等级难度数量多者、演练水平分高者、演练水平扣分少者、动作质量扣分少者顺序排列名次。全能或团体以比赛中获单项第一名多者列前，依次类推。

9. 竞赛有关规定

（1）难度填报。参赛的运动员必须根据竞赛规则和规程要求选择难度和必选主要动作，于赛前 20 天在规定网站填报“武术套路难度及必选动作申报表”，并确认打印，签字、盖章后寄往赛会（以到达邮戳为准）。

（2）套路完成时间。长拳、南拳、剑术、刀术、枪术、棍术、南刀、南棍套路：成年不少于1分20秒；青少年（含儿童）不得少于1分10秒。

太极拳、太极剑自选套路为3～4分钟；太极拳规定套路为5～6分钟。对练不得少于50秒。集体项目为3～4分钟。传统套路不得少于1分钟。

（3）比赛音乐。配乐项目必须在音乐（不带歌词）伴奏下进行，音乐自行选择。

（4）比赛服装。裁判员应穿统一的服装，佩戴裁判等级标志；运动员应穿武术比赛服装（本章节示范者的服装即为长拳比赛服和太极比赛服）。

（5）竞赛场地。个人项目的场地为长14米、宽8米；集体项目的场地为长16米、宽14米。场地四周内沿，应标明5厘米宽的白色边线。场地的地面空间高度不少于8米。两个比赛场地之间的距离在6米以上。

（6）比赛器械。国家体育总局武术运动管理中心制定的器械。

（7）比赛设备按照国家体育总局武术运动管理中心的技术标准与要求执行。

17.3.2 评分标准与方法

武术套路各项目评分是以规则为准绳，以运动员现场技术发挥为依据，均为10分制。其中，自选项目的动作质量分为5分（A组，动作错误及其他错误扣分制），演练水平分为3分（B组，档次等级评分及编排不符扣分制），难度分为2分（C组，难度和连接难度确认给分制）；传统项目或无难度的自选项目的动作质量分为5分（A组，动作错误及其他错误扣分制），演练水平分为5分（B组，档次等级评分制）。

17.4 武术主要赛事及套路欣赏

17.4.1 武术赛事

目前，各级各类武术赛事很多，可分为单项武术比赛，如全国武术锦标赛、全国武术冠军赛、全国武术精英赛、大学生武术锦标赛、世界武术锦标赛、亚洲武术锦标赛、亚洲青少年武术锦标赛、国际武术大赛，以及综合性运动会的武术比赛，如亚运会、全运会、农运会、少数民族运动会、大运会、各省运会、各市运会的武术比赛。

1. 亚运会武术比赛

1990年第11届北京亚运会上，武术首次成为亚运会比赛项目。中国选手共获4枚金牌，分别为：原文庆（男子全能），陈思坦（男子太极拳），何强（男子南拳），梁艳华（女子南拳）。

2011年第16届广州亚运会，首次增加了女子散打项目。中国选手共获9枚金牌，分别为：吴雅楠（男子太极拳太极剑全能），黄光源（男子南拳男棍全能），阚文聪（女子枪术），林凡（女子南刀南拳全能），袁晓超（男子长拳），张勇（男子散打70公斤级），张军勇（男子散打65公斤级），李新杰（男子散打56公斤级），鄂美蝶（女子散打52公斤级）。

2. 奥运会武术比赛

虽然武术还没有正式成为奥运会比赛项目，但2008年北京奥运会特设了武术表演赛，共设置男女套路 10 枚金牌，男女散打 5 枚金牌，但金牌数不计入奥运奖牌榜。武术表演赛中中国选手共获金牌 8 枚，分别为：马灵娟（女子剑术枪术全能），赵庆建（男子刀术棍术全能），袁晓超（男子长拳），林凡（女子南拳南刀全能），吴雅楠（男子太极拳太极剑全能），崔文娟（女子太极拳太极剑全能），秦力子（女子散打 52 公斤级），张帅可（男子散打 56 公斤级）。

3. 全国武术锦标赛

全国武术锦标赛是由原国家体育运动委员会（1998 年 3 月 24 日改组为国家体育总局）举办的全国最高水平的武术竞赛，分为武术套路团体赛、武术套路个人赛，武术散打团体赛、武术散打个人赛，太极拳、剑、推手三类比赛。1985 年以前，全国武术比赛团体赛和个人赛，统称为全国武术比赛。1985 年开始按团体赛和个人赛两种形式进行，上半年举行团体赛和个人资格赛，下半年举行个人赛。

4. 全运会武术比赛

全运会，即中华人民共和国全国运动会，是中国国内水平最高、规模最大的综合性运动会。全运会的比赛项目除了武术外基本与奥运会相同，其原意是为国家的奥运战略锻炼新人、选拔人才。全运会每四年举办一次，一般在奥运会年前后举行。

5. 世界武术锦标赛

首届世界武术锦标赛于 1991 年在中国北京举行，其后每两年举行一届，由国际武术联合会主办，各武术会员国轮流举办。是世界武术界最高级别的国际大赛。所有参赛的国家或地区都必须为国际武术联合会的成员。

17.4.2　武术套路欣赏

俗话说“内行看门道，外行看热闹”，不管是“看门道”还是“看热闹”，都是欣赏武术表演的形式。“欣赏无定法，触类可旁通”，武术表演的欣赏与其他艺术欣赏的方式方法不相同，每个欣赏者根据自己对于武术表演的认识和价值取向有着不尽相同的欣赏角度与方式。武术内容和分类的丰富多彩，客观上为武术的欣赏提供了较广的遐想空间。总体来看，对于武术套路表演的欣赏主要有以下三个方面。

1. 欣赏动作的“节奏美”

“节奏”是指武术表演的韵律变化。具体就是长拳传统技法中的“十二型”，即动如涛、静如岳、起如猿、落如鹊、站如松、立如鸡、转如轮、折如弓、快如风、缓如鹰、轻如叶、重如铁。“十二型”所对应的六对矛盾在武术表演中体现得越充分，动态的美就越吸引观众。

2. 欣赏动作的“写意美”

中国古代的审美情趣重在“写意”，也就是通过形象的创造表现出主观意识的主旨。“不求形似，但求神似”，武术表演的美感欣赏和传统审美观念是一致的。欣赏武术表演主要注重意境。武术表演不仅在对练中能传神地表现出技击的勇猛惊险，在单练套路中也能体现不同的意境。武术表演者通过动作、节奏和神态给观众会意的视觉冲击。

3. 欣赏动作的“和谐美”

武术套路运动的本质属性是传统的技击术，动作的“形”和“神”的表现与攻防搏斗含义紧密关联。因此，武术套路演练客体要将自己置于一个战斗的场合，并通过“形”“神”

的和谐来达到“形神兼备”，以体现武术的魅力。武术表演从“形似”到“神似”便有了“传神写意”的欣赏价值。

思考题

1. 什么是武术？什么是套路运动？什么是长拳？
2. 长拳的基本手型、步型有哪些？
3. 长拳腿法中踢腿的方法有哪些？
4. 什么是太极拳？太极拳的基本姿势要求是什么？
5. 与长拳的基本手型、步型相比，太极拳的基本手型、步型的特点是什么？
6. 现代竞技武术套路比赛中常用的四种器械是什么？它们的运动特点分别是什么？
7. 武术的自学自练应该遵循哪些原则，注意哪些事项？
8. 武术套路比赛的竞赛场地和套路完成时间是如何规定的？

第 18 章 跆 拳 道

在生产力水平低下的原始社会，人类祖先为了生存、为了获取食物、为了防御外来势力的侵入、为了抵御野兽的侵袭，朝鲜人在实践中逐渐摸索出一些锻炼身体和搏斗的方法。随着社会的不断发展，种族之间的矛盾、外来入侵者的袭击，要求人们必须有强健的体魄和良好的格斗技能，才能保障生活的安定，这为古代跆拳道的形成奠定了良好的基础。

跆拳道运动是一项起源于朝鲜半岛的古老而又新颖的竞技体育运动，是朝鲜民族在生产和生活基础上发展起来的一项运用手、脚技术和身体能力进行自身修炼和搏击的传统体育项目。跆拳道中的“跆”字，意为脚猛烈地、强劲地踢击、蹬踢和腾跃；“拳”字意为用拳掌进行攻击和防守的武器；“道”是指一种方法，一种结合，也可以寓意为使用脚的方法和原理。跆拳道在学习的过程中不仅要求习练者掌握技术动作，而且还要求习练者注重跆拳道的礼仪、注重道德修养和为人处世的态度。每次练习要求“以礼始、以礼终”，培养具有谦让、忍让、克己、恭敬、坦诚和坚忍不拔的精神，对当代青少年具有特殊的教育意义。

18.1 跆拳道基本技术

18.1.1 跆拳道基本动作的使用部位

1. 拳法

跆拳道在竞赛中主要以直拳为主，在品势中常见的有正拳、勾拳、平拳等。

(1) 正拳：四指并拢卷握，大拇指扣于食指和中指的第二关节处，面平、腕直。用拳的正面击打（图 18.1）。

(2) 勾拳：握拳同正拳，使用食指和中指根部的突起部分击打（图 18.2）。

(3) 平拳：手掌平伸，并弯曲手指第二关节，指尖紧贴手掌，用平拳的前部击打（图 18.3、图 18.4）。

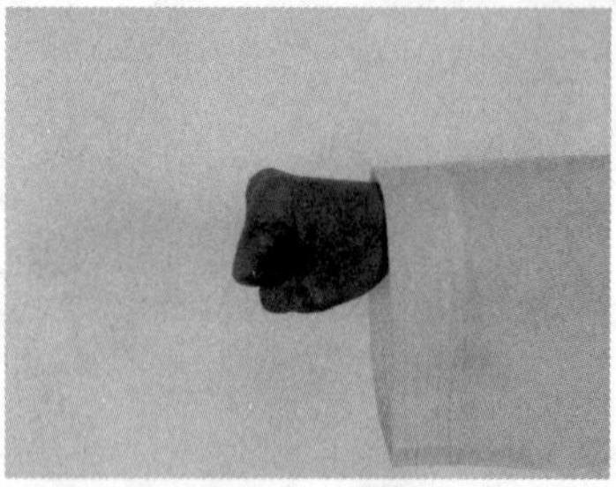

图 18.1　正拳

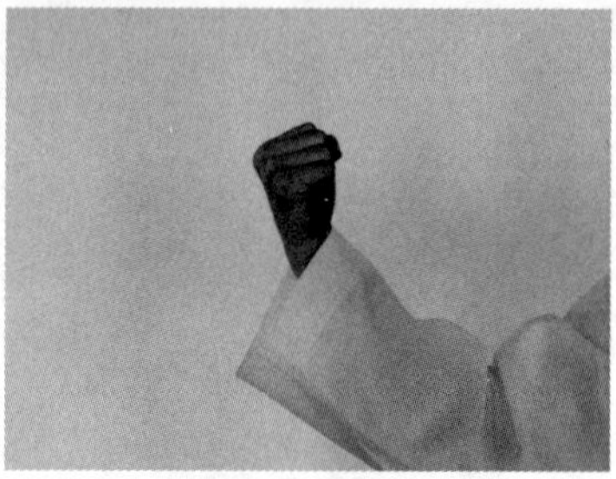

图 18.2　勾拳

图 18.3　侧面平拳

图 18.4　正面平拳

2. 掌法

（1）手刀：手指伸直，拇指弯曲紧靠食指。用小指侧的手掌外延攻击，多见于品势中（图 18.5、图 18.6）。

（2）贯手：手型和手刀相似，中指和食指微曲，实战时用来戳击对方的主要器官（图 18.7）。图 18.8 为二指贯手。

图 18.5　手刀

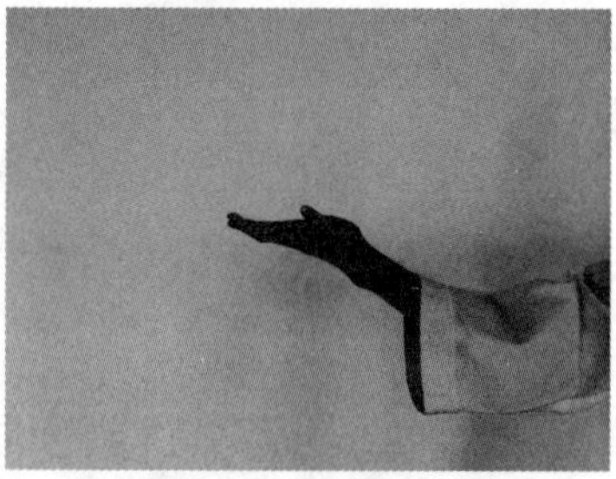

图 18.6　背刀

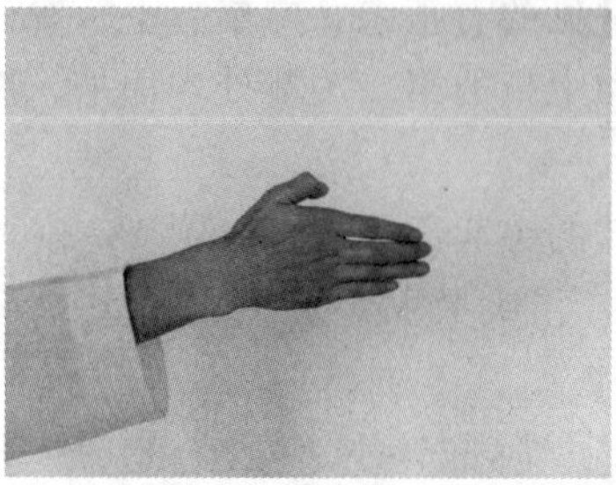

图 18.7　贯手

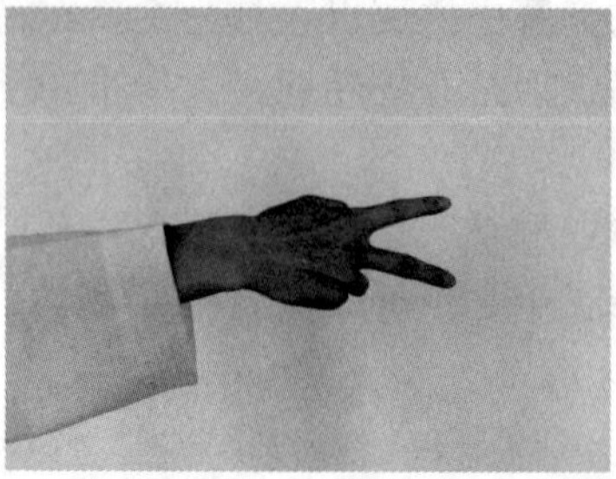

图 18.8　二指贯手

3. 脚部和膝部

（1）脚面：用脚的正面部分来攻击对方（图 18.9）。

（2）足刀：指脚的外侧边缘部位，主要用于侧踢（图 18.10）。

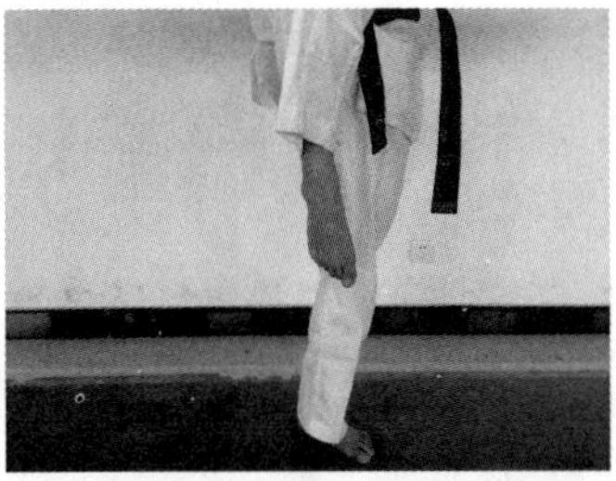

图 18.9　脚面

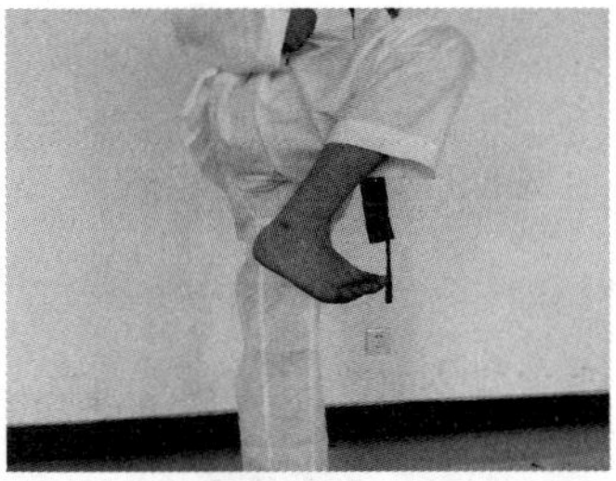

图 18.10　足刀

（3）脚尖：指脚趾前端的部位，主要用来攻击对方（图 18.11）。

（4）脚跟：指脚后部踝关节以下的部位，进攻时主要用于后蹬、劈腿等动作（图 18.12）。

（5）膝关节：指股骨和胫腓骨之间的骨连接，主要用于攻击对方（图 18.13）。

图 18.11　脚尖

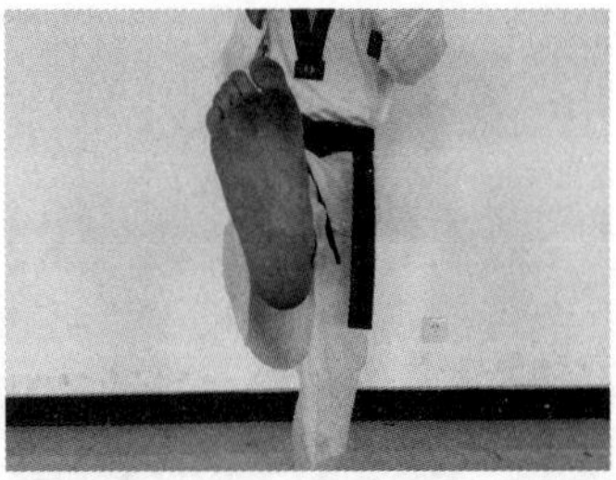

图 18.12　脚跟

图 18.13　膝关节

18.1.2　跆拳道实战的基本步型

基本步型

（1）并步：两脚并拢，身体直立，两拳紧握自然垂于体侧（图 18.14）。

（2）开立步：两脚自然开立，与肩同宽，两脚尖微外展，两膝微曲，两臂自然下垂于体侧，两手轻握拳（图 18.15）。

图 18.14　并步

图 18.15　开立步

（3）准备姿势：两脚自然开立，与肩同宽，两脚尖微外展，两手握拳置于腹前（图 18.16）。

(4) 马步：两脚尖自然开立并大于肩宽，两脚尖朝前，挺胸收腹，两膝微曲下蹲，重心落于两腿之间（图 18.17）。

(5) 弓步：两脚前后开立，前后脚之间的距离为本人的 3～4 个脚长，前腿微曲，膝关节与脚尖垂直，后退伸直，重心落于前脚。左腿在前称为左弓步，右腿在前称为右弓步（图 18.18）。

(6) 虚步：前脚脚尖点地，脚跟提起，两膝关节微内扣，重心落于后脚跟（图 18.19）。

(7) 交叉步：脚尖着地，两腿屈膝交叉（图 18.20）。

图 18.16 准备姿势

图 18.17 马步

图 18.18 右弓步

图 18.19 虚步

图 18.20 交叉步

18.1.3 跆拳道的基本步法

1. 准备姿势

准备姿势也可以称为预备姿势或实战姿势，也是现代竞技跆拳道比赛开始时的基本站立姿势。准备姿势可以分为右架势（图 18.21）和左架势（图 18.22）。准备姿势有利于进攻、防守反击和步法之间的变换移动。

图 18.21 右架势

图 18.22 左架势

动作方法：

(1) 两脚自然开立，与肩同宽，两臂垂于体侧。

（2）右脚或左脚向前跨出一步，两脚之间的距离与肩同宽或略大于肩宽，并前后站立，身体侧对对方，同时两手半握拳、两臂屈肘一手置于腰部附近，一手置于下颚附近（如右架势，左脚在前，右脚在后，左手置于下颚附近，右手置于腰部附近）。

（3）重心落于两腿之间，两膝微屈，目视前方。

2. 上步

亦称进步。以右架势（也称右架实战姿势）开始，左脚迅速向前移动一步，成左架势（也称左架实战姿势）（图 18.23）。

实战用法：主要用来逼迫对方后撤，或引诱对方进攻。

(a)

(b)

图 18.23　上步

3. 后撤步

亦称退步。右架势站立，左脚迅速向后撤退一步，成左架势站立（图 18.24）。

实战用法：调整和对方的相对距离，也常用于对方前踢和连续进攻之时。

(a)

(b)

图 18.24　后撤步

4. 前跃步

右架势站立，两脚同时向前跃出一步，保持右架势。两脚离开地面不宜过高，始终保持重心平稳（图 18.25）。

实战用法：主要用于快速接近对方，然后使用进攻动作。

5. 后跃步

两脚同时向后撤一步。两脚离开地面不宜过高，始终保持重心平稳（图 18.26）。

实战姿势：常用于拉开与对方的距离，避开对方的进攻，准备做反击动作。

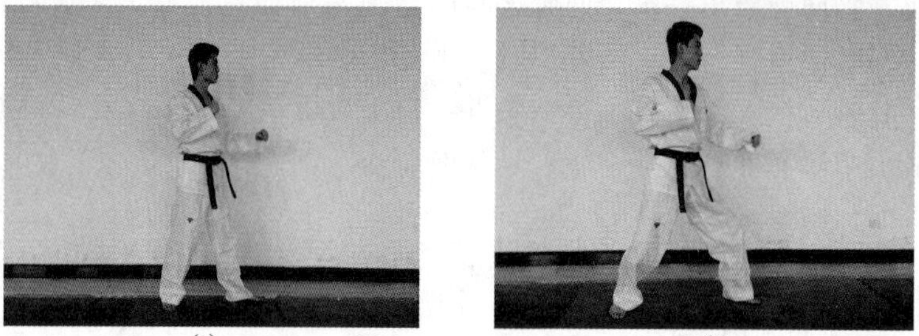

(a) (b)

图 18.25 前跃步

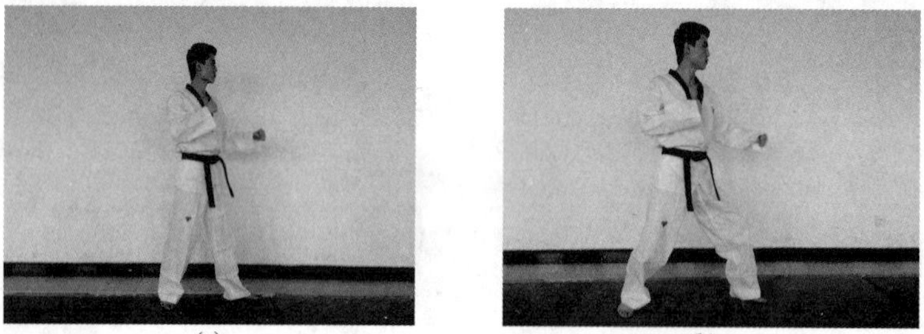

(a) (b)

图 18.26 后跃步

6. 原地换步

右架势站立，两脚前后交换，右架势变成左架势，反之左架势也可以转换成右架势。跳换步的腾空不宜高，略离地即可（图 18.27）。

实战用法：常采用跳换步，找到合理准确的进攻机会。

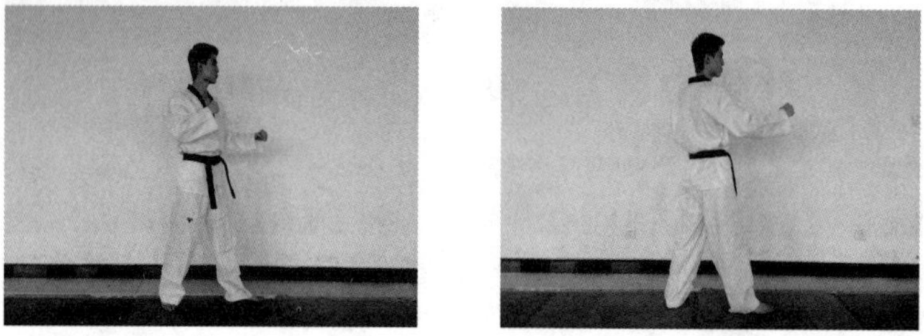

(a) (b)

图 18.27 原地换步

18.1.4 跆拳道的基本腿法

1. 前踢

1）动作方法

（1）右架势站立，重心移至左腿（图 18.28a）。

（2）提膝时，膝盖朝前，脚面绷直，两手握拳自然垂放在身体两侧（图 18.28b）。

（3）髋关节向前送出，右大腿向前抬提，当大腿抬至水平或稍高时，向前弹出小腿，用脚面击打目标（图 18.28c）。

（4）向右转髋使右小腿折叠快速收回原位，然后后撤右腿还原（图 18.28d、图 18.28e）。

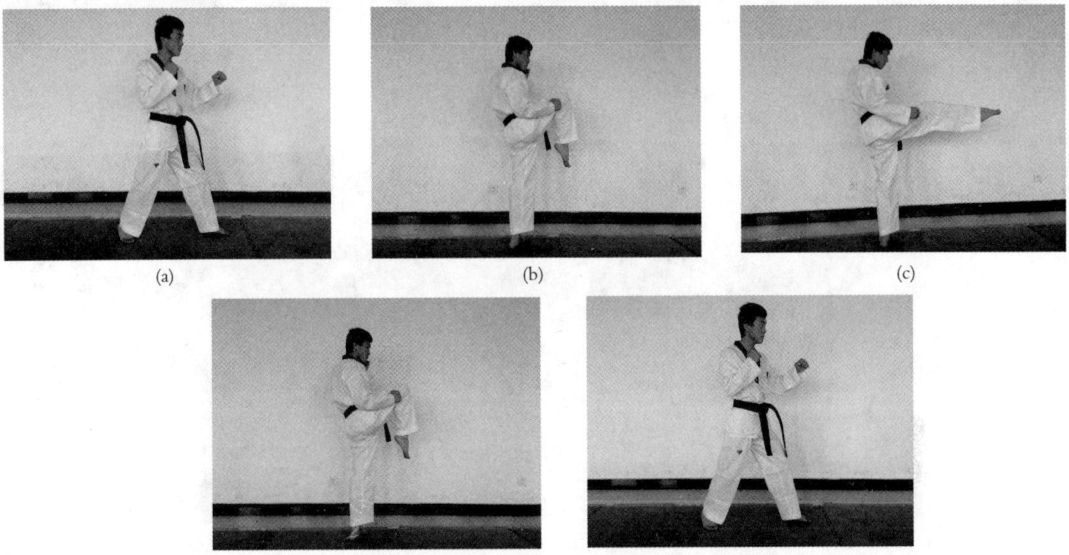

(a) (b) (c) (d) (e)

图 18.28 前踢

2）动作要领

膝关节夹紧，小腿放松；髋往前送，高踢时髋往上送；小腿收回的速度同前踢速度一样快。主要攻击面部、腹部、裆部等。

3）练习步骤和方法

（1）采用分解教学，先练习提腿送髋。

（2）弹小腿。

（3）左右架势变换练习。

（4）完整练习并熟练使用。

（5）踢靶练习。

（6）两人一组分组练习。

2. 横踢

1）动作方法

（1）右架势站立，重心移至左腿，提右大腿时髋步略向左转，大小腿夹紧，从前迅速提至腰间（图 18.29a、图 18.29b）。

（2）继续将右大腿向前提高，左脚脚尖向外侧转动，右腿快速踢出小腿，膝盖朝向左侧（图 18.29c、图 18.29d）。

（3）用脚面击打对方胸腹部、面部或两肋部。

（4）击打后，右脚自然下落成左架势（图 18.29e）。

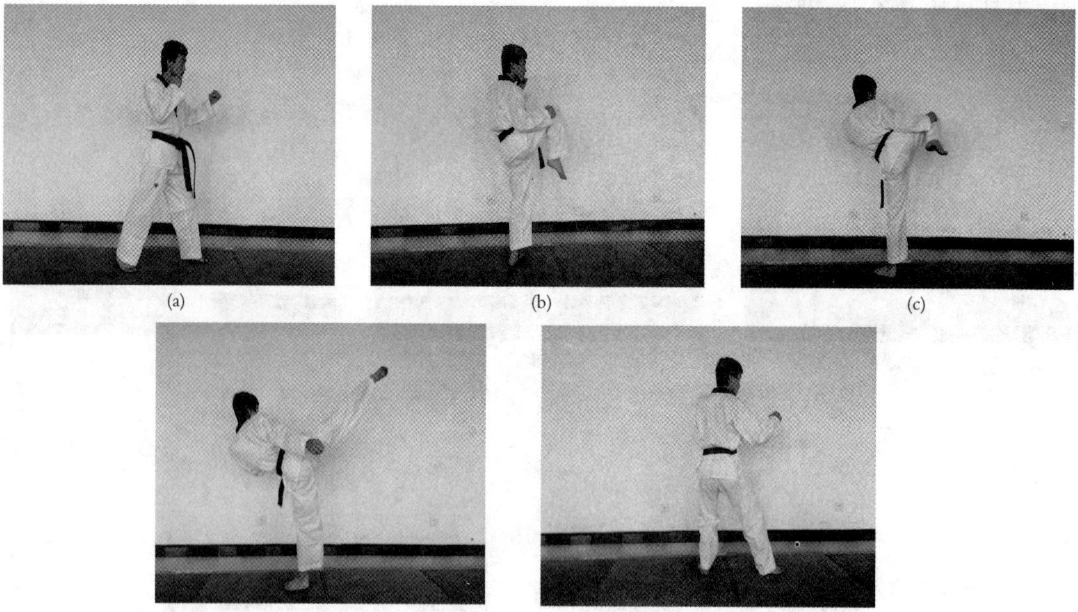

(a) (b) (c) (d) (e)

图 18.29　横踢

2）动作要领

膝关节夹紧，向前提膝走直线；支撑脚外旋大于 90°；髋关节往前顺，身体与大小腿成直线；击打的力点在正脚背；踝关节击打像“鞭梢”。主要击打部位为头部、胸腹部和肋部。

3）练习步骤和方法

（1）提后腿（提膝），支撑脚外旋转髋，大小腿折叠。

（2）弹出小腿。

（3）熟练后横踢击头部。

（4）左右交替练习。

（5）脚靶配合练习。

（6）高横踢击靶练习。

（7）两人一组、交替进行横踢护具练习。

（8）结合步法练习。

（9）练习反击横踢。

3. 后踢

1）动作方法

（1）右架势站立，重心移至左腿（图 18.30a）。

（2）以左脚为轴，左脚跟外旋，身体向右后方转动（图 18.30b）。同时提右大腿，使大小腿折叠，脚尖勾起，头稍向右后方转动（图 18.30c）。

（3）右腿向后平伸后蹬，在蹬直前膝关节稍外翻（图 18.30d）。

（4）用脚跟部位击打对方胸部和腹部。

（5）击打后右脚自然下落（图 18.30e）。

图 18.30 后踢

2）动作要领

起腿后上体和大小腿折叠收紧；后踢时动作延伸要长，用力延伸；转身、提膝、出脚动作连续一次性完成。后踢主要攻击位置有裆部、腹部、胸部和面部。

3）练习步骤和方法

（1）开始练习时可扶支撑物，体会后蹬感觉。

（2）练习转身同时提膝。

（3）平伸后蹬。

（4）进行完整的后踢练习，采用固定靶练习。

（5）左右架均可同时练习。

（6）用沙袋进行后踢练习。

4. 劈腿

1）动作方法

（1）右架势站立，重心移至左腿（图 18.31a）。

（2）提起右大腿，同时略转髋向左并向上送髋，使右腿膝盖与胸部尽量贴近，身体重心向上（图 18.31b）。

（3）右腿举高过头，右脚伸直贴近上体，上体保持正直或稍向前俯，重心向上（图 18.31c）。

（4）右脚面稍绷直，右腿快速下压，用脚掌或脚后跟快速下砸对方的头部，身体重心前移至右腿上，身体要稍后仰来控制重心。

（5）击打后右脚自然下落（图 18.31d）。

2）动作要领

腿要高，要向头后举，要向上送髋，重心往高起；起腿要快速果断。劈腿主要用于攻击对方头顶、脸部和锁骨。

(a)

(b)

(c)

(d)

图 18.31　劈腿

3）练习步骤和方法

（1）手扶支撑物先练习上举腿。

（2）手扶支撑物练习下劈动作。

（3）完整练习。

（4）同时左右架交替练习。

（5）采用脚靶劈腿练习。

5. 侧踢

1）动作方法

（1）右架势站立，重心移至左腿，同时左脚内旋（图 18.32a）。

（2）提右腿，使大小腿折叠，同时转左髋，身体右侧对对方（图 18.32b）。

（3）膝关节朝内，勾脚面，展髋，走直线平蹬出右腿，用脚掌外侧攻击对方（图 18.32c）。

（4）右腿自然下落，并撤回原地（图 18.32d）

(a)

(b)

(c)　(d)

图 18.32　侧踢

2）动作要领

起腿时大小腿、膝关节夹紧，踢出发力时头、肩、腰、髋、膝、腿和踝成一直线；大小腿直线踢出。侧踢主要攻击的部位有膝部、腹部、肋部、胸部和头面部。

3）练习步骤和方法

（1）先练习提膝转髋。

（2）再练习平蹬腿动作。

（3）完整练习侧踢动作。

（4）练习高侧踢。

（5）用护具进行侧踢练习。

18.1.5　跆拳道基本组合技术

1. 进攻技术—防守技术

（1）右横踢→左后踢（图 18.33）。

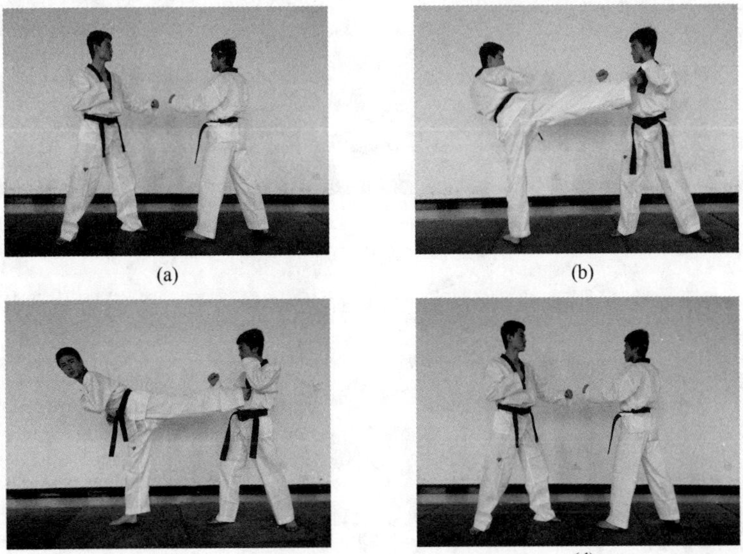

(a)　(b)

(c)　(d)

图 18.33　右横踢→左后踢

要点提示：在对方原地换位时用横踢进攻，趁对方反击时用后踢攻击对方。

（2）右横踢→左劈腿（图 18.34）。

(a) (b) (c)

图 18.34 右横踢→左劈腿

要点提示：以右横踢为假，趁对方后撤或上步反击时可用劈腿。

（3）右劈腿→左后踢（图 18.35）。

(a) (b) (c)

图 18.35 右劈腿→左后踢

要点提示：劈腿要快，后踢转身要快，动作要连贯、有力。

2. 进攻技术—进攻技术

（1）左横踢→右横踢（图 18.36）。

(a) (b) (c)

图 18.36 左横踢→右横踢

要点提示：当第一个横踢直接得分时，可以贴近对方。第一个横踢也可以是假动作，诱使对方后撤，再用第二个横踢进攻。

（2）左前横踢→右横踢（图 18.37）。

(a) (b) (c)

图 18.37 左前横踢→右横踢

要点提示：当第一个左前横踢直接得分时，可以贴近对方。第一个横踢也可以是假动作，诱使对方后撤，再用第二个横踢进攻。

（3）右劈腿→左横踢（图 18.38）。

(a)　(b)　(c)

图 18.38　右劈踢→左横踢

要点提示：注意动作的连贯性和击打的准确性。

3. 进攻技术—防守技术—进攻技术

（1）右横踢→左后踢→右横踢（图 18.39）。

(a)　(b)　(c)　(d)

图 18.39　右横踢→左后踢→右横踢

要点提示：如横踢直接可以得分，则应贴住对方；如未得分，在对方反击的瞬间可使用后踢；如后踢阻击没有成功，则用横踢进攻对方。

（2）右横踢→右劈腿→左横踢（图 18.40）。

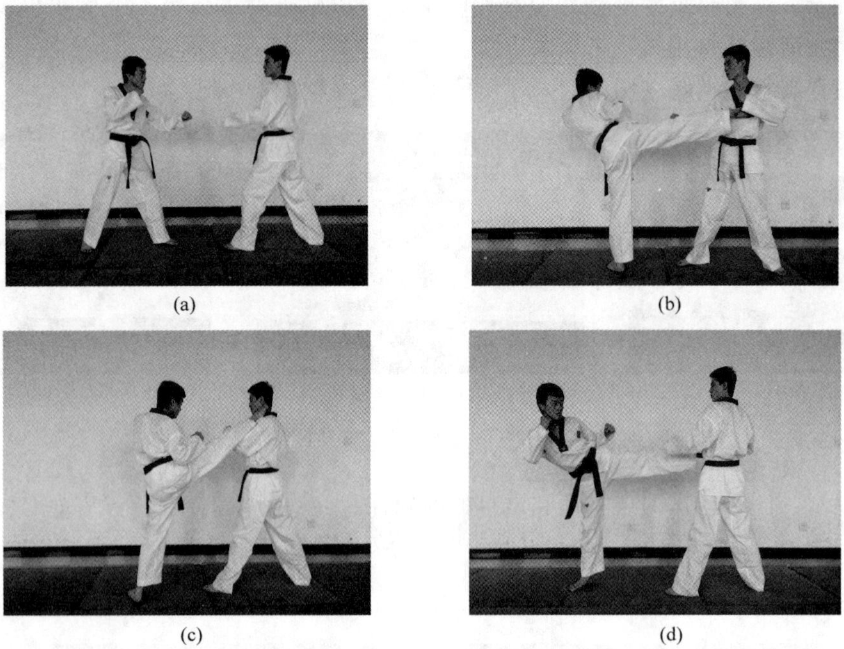

图 18.40 右横踢→右劈腿→左横踢

要点提示：第一个动作可以做成假动作，用劈腿迎击。

(3) 右劈腿→左劈腿→右横踢（图 18.41）。

图 18.41 右劈腿→左劈腿→右横踢

要点提示：两个劈腿要快速用力，趁对方撤退或进攻时可用横踢击打对方。

4. 防守技术—进攻技术

（1）右后踢→左横踢（图 18.42）。

(a) (b) (c)

图 18.42 右后踢→左横踢

要点提示：在对方进攻瞬间用后踢阻击，然后边转体边用横踢进攻。

（2）右侧踢→左横踢（图 18.43）。

(a) (b) (c)

图 18.43 右侧踢→左横踢

要点提示：如对方用横踢进攻，可用侧踢阻击，然后迅速用左横踢进攻。

（3）左后踢→右劈腿（图 18.44）。

(a) (b) (c)

图 18.44 左后踢→右劈腿

要点提示：如对方用横踢进攻，则用后踢反击，然后迅速用下劈进攻。

18.2 跆拳道技术的学习方法

18.2.1 自我学习法

自我学习法是自己进行专门技术动作的练习。此方法可以使练习者充分地体会到动作技术的特点、动作技术的结构路线、动作技术和变化的规律，有利于掌握和提高运动技术。常用具体方法有以下两种。

1. 对镜练习法

对照镜子练习动作技术，能够及时发现自身动作技术存在的问题，便于自我观察。通过对镜练习法可以正确掌握技术动作。同时，也可以通过镜子及时反馈自身动作，及时发现错误、纠正错误，建立良好、正确的动作概念，并提高练习，形成正确的动作记忆。

2. 模仿练习法

通过模仿国内外优秀运动员的技术动作或有效技术组合进行练习。通过反复的模仿，了解并掌握技术动作的特点或进攻与防守技术的转换。通过模仿学习优秀运动员的优点，来提高模仿者自身单个组合或多个组合动作的技术水平。

18.2.2 配合练习法

1. 听口令完成技术动作

练习者按照教练员或同伴的不同口令，来完成相应的动作技术。练习者处于静止准备状态，当听到教练员或同伴发出的动作技术口令时以最快的速度来完成，如“左后踢”“右劈腿”“左后旋踢”。这种练习既有利于提高练习者的反应速度，又有利于提高动作技术的综合运用。

2. 脚靶练习法

教练员或同伴手持脚靶，让练习者运用进攻技术来击打脚靶。踢脚靶的练习先从固定靶开始，逐渐由慢到快、由易到难、由不变到多变，提高练习难度。踢脚靶练习，可以有效地提高练习者的反应速度、击打目标的准确性、灵敏性、进攻的距离感，也可以提高实战能力，还可以培养练习者实战的意识。

18.2.3 模拟比赛法

模拟比赛可以使练习者在心理上得到足够的重视，再加上受外界环境的影响，使练习者能够积极认真地投入到比赛当中去。因此，练习者通过模拟比赛，有助于提高竞技意识、竞技能力水平，也有助于增强练习者坚忍不拔、不屈不挠的意志品质。

18.2.4 学习动作技术（以横踢为范例）

1. 准备活动

准备活动是指在正式训练和比赛前为提高身体机能而进行的有组织、有目的、专门的身体练习。准备活动有利于提高中枢神经系统兴奋水平，使中枢神经系统与内分泌系统协同调控全身各个脏器机能活动，以适应机体承受大负荷强度刺激的需要；有利于提高工作肌的代谢水平；准备活动使体温升高，有利于供氧；有利于降低肌肉的黏滞性，增强弹性，防止肌肉损伤。因此，在学习跆拳道技术之前，应该认真积极地做好准备活动。

（1）站立活动各关节：活动颈部、扩胸、左右侧拉、前后肩绕环、俯背后撑、弓箭步、正压、侧压、活动手腕、膝关节、脚踝。

（2）慢跑、前绕臂跑、后退跑、前踢腿跑、后踢腿跑、高抬腿跑、左右绕髋走、实战姿势滑步、交叉步、并步、跳起空中转髋、左右各一次抬单腿、空转360°、连续双飞、10次点地后冲刺（前后）。

（3）柔韧练习。

2. 动作方法

（1）右架势站立，重心移至左腿，提右大腿时髋步略向左转，大小腿夹紧，从前迅速提至腰间（图 18.45a、图 18.45b）。

（2）继续将右大腿向前提高，左脚向外侧转动，右腿快速踢出小腿，膝盖朝向左侧（图 18.45c、图 18.45d）。

（3）用脚面击打对方胸腹部、面部或两肋部。

（4）击打后，右脚自然下落成左架势（图 18.45e）。

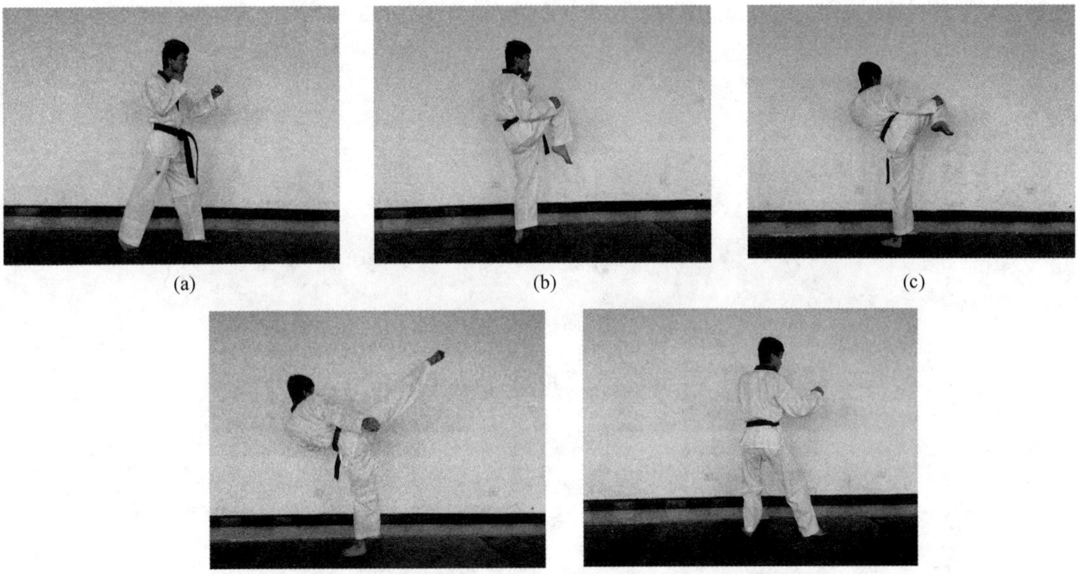

(a)　(b)　(c)　(d)　(e)

图 18.45　横踢动作方法

3. 动作要领

（1）膝关节夹紧，向前提膝走直线。

（2）支撑脚外旋大于 180°。

（3）髋关节往前顺，身体与大小腿成直线。

（4）击打的力点在正脚背；踝关节击打像“鞭梢”。

4. 主要击打部位

主要击打部位为头部、胸腹部和肋部。

5. 易犯错误

（1）膝关节未夹紧，大小腿折叠不够，发力时没有鞭打动作。

（2）提膝时未走直线，而是由外向内斜上提起，造成外提弧线过大，动作失去了隐蔽性和突然性。

（3）上体太直或向前俯身体，致使脚横踢不高，发力顺序不合理，造成击打力度不够。

（4）踝关节紧张，无鞭打动作和用正脚背踢击，而是用脚内侧击打。

6. 练习的步骤

（1）实战姿势开始，身体重心落于两腿之间略靠前腿，后退前脚掌着地准备后蹬。

（2）后脚后蹬，提后腿（提膝），使身体的重心向前移至前腿，右腿上提至水平或高于水平（图 18.46a、图 18.46b）。

（3）左脚以左脚掌为轴，支撑脚外旋转髋，脚跟向内旋转约 180°，大小腿折叠，右膝内扣，右脚面绷直（图 18.46c）。

（4）弹出小腿（图 18.46d）。

（5）左右交替练习。

（6）脚靶配合练习。

（7）高横踢击靶练习。

（8）两人一组交替进行横踢护具练习。

（9）结合步法练习。

（10）练习反击横踢。

(a) (b) (c) (d)

图 18.46 横踢练习的步骤

7. 练习的方法

（1）弹踢练习：有效地提高弹腿的速度、力量，也可以提高提膝的速度，以及各个关节协调运动的能力。

（2）分解练习：注意各个部分的动作要领，通过分解练习提高横踢动作技术。

（3）空击练习：空击练习是没有任何护具和脚靶的情况下，徒手进行对空击打的练习。通过左右腿交替空击的练习，可以进一步地提高和巩固横踢的动作技术。

（4）攻防练习：两人一组，在两人身体不接触的情况下按照实战要求而进行。由开始的单击进攻逐渐到多击进攻。也可以由单个的横踢技术过渡到其他跆拳道动作技术。

（5）喂靶练习：喂靶练习是由于它具有针对性、目的性这样的特点，有助于提高横踢技术，也有助于培养跆拳道意识。

（6）递靶练习：递靶练习是在同伴或教练的帮助下使用护具、手靶、脚靶进行的，在练习者进行练习时，及时给出横踢技术动作的靶位，这样练习者就可以根据横踢技术动作的靶位做出迅速反应的练习方法。

18.3 跆拳道竞赛规则

18.3.1 比赛场地

比赛场地是12米×12米水平的、无障碍物、正方形场地。比赛场地应有弹性的垫子。必要时，比赛场地可根据实际情况高出地面五六十厘米，为了安全，比赛台的支撑装置与地面的夹角要小于30°。

比赛场地的划分

(1) 8米×8米的区域称为比赛区，用蓝色标注。

(2) 比赛区的外缘线称为边界线。

(3) 比赛记录台和临场医务台面对比赛区的边缘线为第1边界线，顺时针旋转依次为第2、第3、第4边界线。

(4) 边界线以外需铺设比赛垫，保护运动员的安全；尺寸大小可根据比赛的实际情况确定，宽度为1.2米，边界线外的保护区用红色或黄色标注。

18.3.2 对参加比赛运动员的要求

1. 运动员的参赛资格

(1) 必须是中国跆拳道协会的个人会员，其代表的参赛运动队属于在中国跆拳道协会注册的团体会员。

(2) 当年度在中国跆拳道协会登记注册有效。

(3) 持有中国跆拳道协会颁发或经中国跆拳道协会推荐获得国技院、世界跆拳道联合会(The World Taekwondo Federation，WTF) 颁发的相应段位、级位证书。

(4) 无违反《跆拳道竞赛纪律处罚条例》的行为。

2. 比赛服装和护具

(1) 运动员穿着和佩戴的道服和护具必须由中国跆拳道协会指定或认可。

(2) 运动员比赛时须佩戴护具、头盔、护裆、护臂、护腿、护齿、手套、感应脚套(使用电子护具的情况)。其中护裆、护臂、护腿应穿戴在道服内；除了头盔，头部不得佩戴其他物品。与宗教信仰相关的物品，应提前获得许可并佩戴在头盔或道服内。

(3) 跆拳道比赛道服、护具及其他装备的具体要求应分别指定。

(4) 教练员在赛场执教时，必须穿着规范的运动服、运动鞋。严禁穿着与比赛不相适应的衣着入场执教。

3. 药物的控制

所有参赛的运动员严禁使用国际奥委会禁用的任何药品。世界跆拳道联合会、中国跆拳道协会在认定需要时，可进行药监，以确认运动员是否违规；拒绝药监或药检证明触犯相关规定者，取消比赛成绩。

18.3.3 比赛体重级别与称量

1. 成年跆拳道锦标赛、冠军赛

男子	女子
54 公斤以下	46 公斤以下
54～58 公斤	46～49 公斤
58～63 公斤	49～53 公斤
63～68 公斤	53～57 公斤
68～74 公斤	57～62 公斤
74～80 公斤	62～67 公斤
80～87 公斤	67～73 公斤
87 公斤以上	73 公斤以上

2. 奥运会、全运会

男子	女子
58 公斤以下	49 公斤以下
58～68 公斤	49～57 公斤
68～80 公斤	57～67 公斤
80 公斤以上	67 公斤以上

3. 青年奥运会

男子	女子
48 公斤以下	44 公斤以下
48～55 公斤	44～49 公斤
55～63 公斤	49～55 公斤
63～73 公斤	55～63 公斤
73 公斤以上	63 公斤以上

4. 世界青年锦标赛、全国青年锦标赛

男子	女子
45 公斤以下	42 公斤以下
45～48 公斤	42～44 公斤
48～51 公斤	44～46 公斤
51～55 公斤	46～49 公斤
55～59 公斤	49～52 公斤
59～63 公斤	52～55 公斤
63～68 公斤	55～59 公斤
68～73 公斤	59～63 公斤
73～78 公斤	63～68 公斤
78 公斤以上	68 公斤以上

18.3.4 比赛的种类和方法

1. 比赛种类

1）个人赛

个人赛一般在相同体重级别的运动员之间进行，运动员在 1 次赛事中只允许参加 1 个级别的比赛。

2）团体赛

（1）按体重级别进行 5 人制团体赛，级别如下。

男子	女子
54 公斤以下	47 公斤以下
54～63 公斤	47～54 公斤
63～72 公斤	54～61 公斤
72～82 公斤	61～68 公斤
82 公斤以上	68 公斤以上

（2）按体重级别进行 8 人制团体赛。

（3）按体重级别进行 4 人制团体赛（将 8 个体重级别中相邻 2 个级别合并成为 4 个级别）。

2. 比赛方法

跆拳道比赛常采用单败淘汰赛和循环赛两种形式。奥运会的跆拳道比赛采用个人赛制，没有团体赛。中国跆拳道协会主办的全国性竞赛至少有 4 个队参加，每个级别至少有 4 名运动员参赛，不足 4 名运动员的级别不计比赛成绩。

3. 比赛时间

比赛时间是指每场比赛为 3 局，每局比赛 2 分钟，局间休息 1 分钟；比赛时间和比赛局数也可根据实际情况做相应调整，由比赛技术代表决定调整为每局比赛 1 分钟或 1 分半钟，或者调整为每场比赛设 2 局。

18.3.5 比赛的程序

1. 检录

比赛开始前 30 分钟，检录处开始检录，宣告该场参赛运动员名字 3 次，运动员在规定时间持有效参赛证件到检录区进行身份确认，穿戴并测试护具，等候赛前检查。

2. 检查

检录后运动员必须接受身体、服装和护具的检查，不得携带任何可能给对象造成伤害的物品。检查员由中国跆拳道协会或比赛组委会指定专人担任，运动员不得有任何不服从的表示。

3. 点名

每场比赛开始前 3 分钟开始点名，共 3 次。比赛开始 1 分钟仍未到场者，按自动弃权论。

4. 入场

点名后，运动员和 1 名教练员进入比赛场地指定位置，并允许 1 名队医同时入场。

5. 比赛开始和结束

（1）比赛开始前，双方运动员在指定位置相向站立互相敬礼。

（2）主裁判发出“准备”（Joon. bi）和“开始”（Shi. jak）口令开始比赛。

（3）最后一个回合结束后互相敬礼，然后立正等待最后判定。

（4）主裁判举起自己的一侧手臂，宣布同侧方的运动员获胜。

6. 团体赛程序

（1）团体赛的点名和检查程序与个人赛相同。

（2）两个参赛队的所有运动员从双方参赛选手位置起向第一边界线方向按顺序排列，相向站立。

（3）比赛开始前和结束后程序与个人赛相同。

（4）每队除参赛队员外，其他运动员须到比赛场地外指定位置等待，按顺序上场。

（5）比赛全部结束后，双方运动员进场，相向队列站立。

（6）主裁判举起自己的一侧手臂，宣布同侧方的参赛队获胜。

18.3.6 比赛中的有效得分

1. 有效得分的部位

（1）躯干：包括腹部和两肋部。

（2）面部：面部允许被攻击的部位。

2. 有效得分

使用允许的技术，准确有效地击中有效得分部位得分；使用允许的技术，攻击用护具的非有效得分部位，击倒对方时，也按得分计。得分一次累计 1 分（+1）。最后比分为 3 局比赛得分的总和。

3. 下列情况不计分

（1）攻击后故意倒地。

（2）攻击后犯规行为。

（3）使用任何犯规行为攻击。

18.3.7 犯规行为

（1）比赛过程中所出现的犯规行为，由场上的主裁判员执行判罚。

（2）判罚分为“警告”（Kyong. go）和“扣分”（Gam. jeom）。

（3）两次“警告”应给对方运动员加 1 分，最后 1 次奇数警告不计入总分。

（4）一次“扣分”应给对方运动员加 1 分。

（5）关于犯规行为的判罚，以下犯规行为将被判罚“警告”：双脚越出边界线；回避或拖延比赛；倒地；抓、搂抱或推对方运动员；故意攻击对方运动员腰以下部位；用膝部顶撞或攻击对方运动员；用手攻击对方运动员头部；教练员或运动员有任何不良言行；提膝阻碍对方运动员的攻击；运动员提示本方教练员申请录像审议。

以下犯规行为将被判罚“扣分”：主裁判员发出“分开”（Kal. yeo）口令后攻击对方运动员；攻击已倒地的对方运动员；抓住对方运动员进攻的脚将其摔倒，或者用手推倒对方运动员；故意用手攻击对方运动员头部；恶意攻击对方运动员腰以下部位；教练员或运动员打断比赛进程；教练员或运动员使用过激言语、出现严重违反体育道德的行为；故意回避比赛。

运动员违背竞赛规则或故意不服从主裁判员时，主裁判员可计时1分钟后直接判其“失格败”。

运动员被判罚“警告”和“扣分”累计达4分时，主裁判员判其“犯规败”。

“警告”和“扣分”次数按3局比赛累计。

18.3.8 获胜方式

主裁判员依据本规则对比赛胜负进行宣判。获胜方式包括以下10种：击倒胜；主裁判员终止比赛胜；比分胜；分差优势胜；加时赛先得分胜；优势判定胜；弃权胜；对方失去资格获胜；主裁判员判罚犯规胜；特定比赛中，按照称重记录，体重轻者获胜。

18.3.9 击倒

运动员在比赛中受到合法的强有力攻击后，出现以下三种情况之一，判定为“击倒”：除双脚以外的身体任何部位触地；身体摇晃，丧失继续比赛的意识和能力；主裁判员判定被攻击的运动员不能继续比赛。

18.3.10 击倒后的处理

1. 运动员被“击倒”时，主裁判员将采取以下处理程序

(1) 主裁判员立即发出“分开”（Kal. yeo）口令分开双方运动员，并将进攻运动员置于远处。

(2) 主裁判员大声从“1”到“10”向被击倒的运动员读秒，每间隔1秒读1次，并用手势在其面前提示时间。

(3) 即使被击倒的运动员在读秒过程中示意可以继续比赛，主裁判员也必须读到“8”，使其获得休息，并确认是否恢复，如已恢复就发出“继续”（Kye. sok）口令继续比赛。

(4) 主裁判员读到“8”时，被击倒的运动员仍无法示意可以继续比赛，则读秒至“10”后宣判另一方运动员“击倒胜”。

(5) 即使1局或整场比赛时间结束，主裁判员也要继续读秒。

(6) 如果双方运动员同时被击倒，有任何一方尚未恢复，主裁判员将继续读秒。

(7) 如果双方运动员同时被击倒，读秒到“10”后双方运动员均不能恢复，应按“击倒”前的比分判定胜负。

(8) 主裁判员判定一方运动员不能继续比赛，可以不读秒或者停止读秒，宣判另一方运动员获胜。

2. 比赛结束后的处理

因身体任何部位受到击打而被“击倒”判负的运动员30天内不得参加比赛，须由代表单位指定的医生证明并由代表单位有资格的领队或教练担保。

18.4 跆拳道主要赛事及代表人物

18.4.1 跆拳道主要赛事

1. 世界跆拳道锦标赛

世界跆拳道锦标赛是世界跆拳道联合会举办的国际高水平跆拳道赛事之一，第 1 届世界跆拳道锦标赛于 1973 年在韩国汉城（今首尔）举办，之后每两年举办一届，截止到 2013 年，世界跆拳道锦标赛已经举办了 21 届（表 18.1）。随着世界各国对跆拳道运动的重视和推广，世界跆拳道锦标赛成为仅次于奥运会的国际赛事，历经 40 余年的发展无论是赛事规模还是赛事影响力，世界跆拳道锦标赛都发生了极大的改变，已经发展成为现阶段国际最高级别的跆拳道专项赛事。

表 18.1 历届世界跆拳道锦标赛

届数	时间	地点	所属洲域	参赛国家	参赛人数
1	1973	韩国汉城	亚洲	19	200
2	1975	韩国汉城	亚洲	30	165
3	1977	美国芝加哥	美洲	46	720
4	1979	联邦德国斯图加特	欧洲	38	435
5	1982	厄瓜多尔瓜亚基尔	美洲	36	229
6	1983	丹麦哥本哈根	欧洲	51	353
7	1985	韩国汉城	亚洲	63	280
8	1987	西班牙巴塞罗那	欧洲	62	434
9	1989	韩国汉城	亚洲	59	446
10	1991	希腊雅典	欧洲	49	434
11	1993	美国纽约	美洲	83	663
12	1995	菲律宾马尼拉	亚洲	77	598
13	1997	中国香港	亚洲	80	710
14	1999	加拿大艾德蒙顿	美洲	66	550
15	2001	韩国济州	亚洲	90	643
16	2003	德国加尔米施	欧洲	97	894
17	2005	西班牙马德里	欧洲	114	748
18	2007	中国北京	亚洲	124	994
19	2009	丹麦哥本哈根	欧洲	142	1010
20	2011	韩国庆州	亚洲	145	1089
21	2013	墨西哥普埃布拉	美洲	130	812

2. 世界大学生跆拳道锦标赛

世界大学生跆拳道锦标赛是由国际大学生体育运动联合会主办，各参赛国大学生体育联合会协助地方省市体育或教育部门申请承办的，也是一项世界大学生跆拳道最高规格的体育锦标赛，每两年举办一届。从 1990 年创办该项赛事至今已连续举办了 12 届，该项赛事每两年举行一次。参赛代表队均是来自世界各个国家（地区）高校的大学生。

18.4.2 跆拳道代表人物

1. 崔泓熙

崔泓熙将军于 1918 年 11 月 9 日出生在咸镜北道的一个偏僻的地方，因从小体弱父母经常为他担忧。不过，他幼年就已具备突出的坚强性格和爱国心。在他 12 岁时他就读的小学以抵抗日本政府为理由使他蒙受了无期停学的处分，这也可以说是有名的韩国光州学生反抗日本统治事件的余波。此后，他的父亲将他带到朝鲜半岛著名的书法家韩溢东先生那里学习书法。韩先生不仅是当时著名的书法家，而且对韩国古典武道也颇有造诣。韩先生见新徒弟的体质薄弱所以在教他书道的同时还传授了一些韩国古典武道，目的是想增进他的健康。1955 年 4 月 11 日，由各界著名人士组成的名称制定委员会，在每人无记名提出的名称中，一致通过了崔将军提出的“跆拳”二字。由此，产生了跆拳道。唐手、空手、拳法、韩国古典武道等各种叫法不同的武道被统一为跆拳道。从此，他真正开始了普及跆拳道的事业。经过他的不懈努力不仅跆拳道在全军普及，而且在各个大学也成立了跆拳道的组织。1959 年 3 月，崔泓熙将军带领韩国国军跆拳道队前往越南与中国台湾巡回表演，这是跆拳道第一次走出韩国本土，表演完毕后，随即返回韩国。1959 年 9 月 3 日崔将军盼望已久的大韩跆拳道协会成立了，他就任了会长。尽管跆拳道名称统一之前的各种门派不断地抵制跆拳道，但这丝毫没有动摇崔将军普及跆拳道的热情。那时他再一次认识到，要为后世留下具有优秀技术和崇高精神的跆拳道。从此，他开始了基础技术和精神修养两个领域的进一步研究和完善。

2. 陈中

陈中出生于 1982 年 11 月 22 日，河南焦作人。1995 年开始练习跆拳道，1997 年入选国家集训队。2000 年从北京体育大学附属竞技体育学校毕业，进入北京体育大学运动系。1996～2007 年，陈中多次蝉联全国跆拳道比赛冠军，并两次获得奥运会跆拳道冠军，摘取了世界杯、世锦赛、亚运会、亚锦赛等多项重大比赛的金牌，成就了中国跆拳道运动历史上的第一个“大满冠”。陈中的特点是身体素质好，速度快，头脑灵活，打法简洁实用，是目前这个项目上世界最具实力的选手之一。她曾获得 1997 年东亚运动会 67 公斤级第三名；1998 年亚锦赛女子 65 公斤级亚军，亚运会女子 67 公斤级第三名；1999 年世界军人运动会女子 67 公斤以上级冠军，世锦赛女子 67 公斤以上级季军；2000 年亚锦赛女子 67 公斤以上级冠军，奥运会女子 67 公斤以上级冠军；2001 年第九届全国民族运动会女子 67 公斤以上级冠军，世界杯女子 72 公斤级冠军，世锦赛女子 72 公斤级亚军；2002 年亚锦赛女子 72 公斤级冠军，亚运会72公斤级亚军；2003年世锦赛72公斤级第三名；2004年雅典奥运会67公斤以上级冠军；2006年多哈亚运会67公斤以上级冠军；2007年世锦赛67公斤以上级冠军。2008年1月7日，全国体育局长会议上宣布，两届奥运会冠军得主、26岁的陈中同全国176名优秀运动员一起，被国家体育总局授予体育运动荣誉奖章。

思考题

1. 跆拳道运动中动作使用部位有哪些？
2. 简述练习横踢和后踢的方法与步骤。
3. 简述跆拳道技术练习的方法。

第 19 章 定向越野

19.1 定向越野运动概述

定向越野，又称“定向跑”“定向运动”“识图越野”“野外定向”，它是一种借助地图和指北针，按规定顺序和方向到达地图上所指示的各个点标，并以最快速度完成全部赛程的体育运动项目。

19.1.1 定向越野运动的起源和发展

定向越野运动起源于北欧，其雏形是瑞典童子军针对孩子的心理特点和行为特点设计的一项“寻宝游戏”。此项活动后来在军队、学校中受到欢迎，许多国家将其列为军校和地方院校的必修课。在它的发源地北欧，定向越野爱好者的人数甚至超过了足球运动的爱好者。目前，国际上最主要的定向越野赛事是“瑞典五日”，这是世界上最大规模的定向运动赛事，每年参赛的各国运动员都达到 15 000 名以上。

20 世纪 80 年代初，定向越野运动传入我国，并以极快的速度蓬勃发展。除了作为一项专业的体育比赛项目外，我国部分省（自治区、直辖市）已将定向越野作为素质教育的重要内容列入体育、军事教育课程。

定向越野不仅可以在野外的森林、山地里进行，还可以在城市的公园、校园里进行。定向越野运动按运动工具的不同可分为徒步定向和工具定向两种。徒步定向包括传统定向越野跑、接力定向、积分定向、夜间定向、五日定向、公园定向等；工具定向包括滑雪定向、山地自行车定向、摩托车定向等。

虽然定向越野运动有不同的分类，但不论何种形式的定向越野，其基本技能概括起来都包括以下四个方面：一是在野外能够迅速地辨别方向；二是能熟练地使用地图和指北针；三是善于进行长距离的越野跑；四是既果断又细心，能够迅速选择最佳的行进路线。

19.1.2 定向越野运动的价值

定向越野运动是一项智力与体力相结合的运动，被誉为“风靡世界的绿色休闲健身项目”。相对于其他的户外运动形式，定向越野只需绘制定向地图和很少的器材，就可以充分利用校园、公园、郊外田野、森林等现有地形条件，有效地拓展学校体育课程的内容和空间，具有费用低、安全性高的特点和优势，非常适合在各级各类学校广泛地开展。就个人价值而言，定向越野是一种良好的素质养成或素质教育项目，可以提高学生的体能水平，增长学生的知识和技能，改善学生的心理素质，有助于培养学生自尊、自信和独立解决问题的能力。

19.2 定向越野运动的基本知识

定向越野运动的关键技术在于，能够熟练地识读地图，正确使用指北针确定方向。与一般的地图相比，定向越野地图上的“语言”更为详细、丰富，不同的符号、标记代表着实际地形中的实物。参加这项运动，必须熟练掌握这些符号标记，具备快速识读地图和用指北针辨别方向的技能。

19.2.1 定向越野地图的识读

定向越野地图，是按一定比例尺表示地貌、地物的平面位置及高程的正射投影平面的地形图，简称地图。

在定向越野地图中，地貌是指高低起伏的各种地形形态，如山地、谷地、平地等；地物是指自然形成和人工建造的固定物体，如江河、湖泊、居民点、道路、工程建筑物等；地形是对地貌和地物的统称。

与一般的地形图相比，定向越野地图对实际地形状况的表述更为精细，其中不同的颜色和特定的符号，所表示的是不同的地貌、地物特征和实际的可通行状况。要想准确识读定向越野地图，就要熟悉和掌握它所特有的比例尺、地貌符号、地物符号、磁北方向线、地图颜色、图例注记等符号标记（图 19.1）。

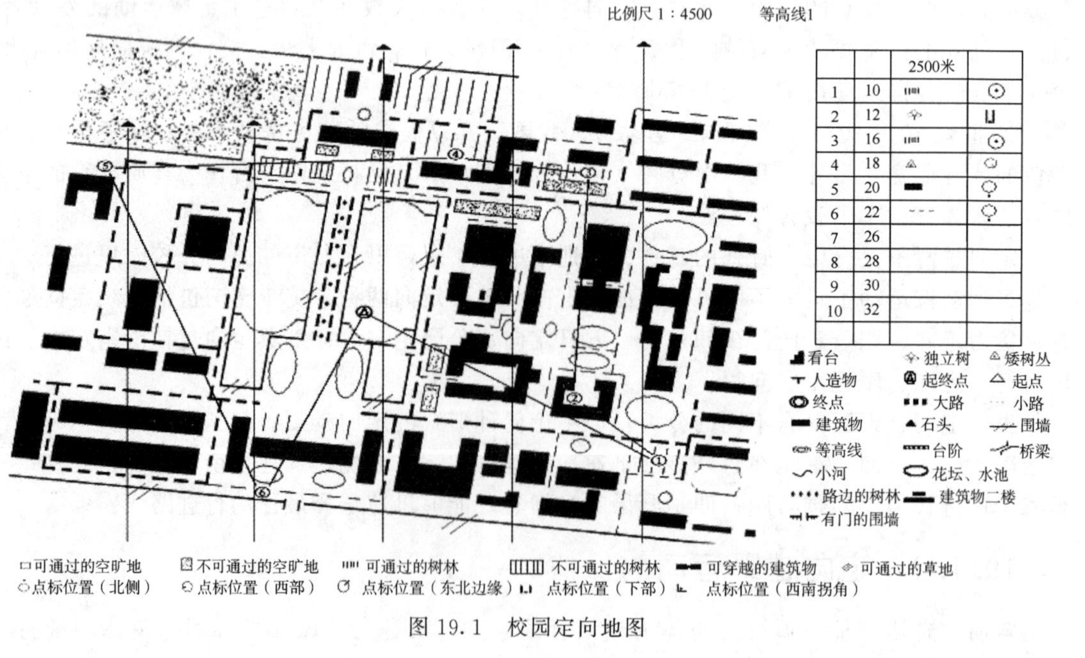

图 19.1 校园定向地图

1. 方向指示标识

阅读地图，首先要辨别图上的方向。定向越野地图是用磁北方向线和指向箭头指示地图方向的。一般而言，定向越野地图的上方为磁北方向，下方为磁南方向，左边为磁西方向，右边为磁东方向。通常情况下，定向越野地图上都绘制有若干条等距平行的磁北方向线，它们之间的实际距离是250米或500米（图19.2）。

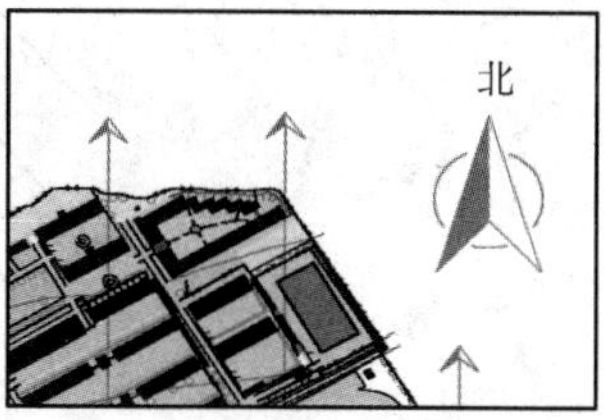

图19.2 方向指示标识

磁北方向线的北端带有箭头，即指北矢标，它所指示的方向为磁北方向。依据磁北方向线，可以确定地图的方位和地图与实地的方位关系。

2. 地图比例尺

比例尺是地图上两点之间的距离与两地之间的实际距离之比。在定向越野地图中，比例尺的表述方式主要有线段式、数字式和文字式三种。通常情况下，定向越野地图的比例尺为1∶15 000和1∶20 000。根据地图上两点之间的长度和比例尺，可以计算出两地之间的实际水平距离，计算公式为

实地水平距离＝图上长度/比例尺

在实际计算中，如果实地地形起伏较小，算出的水平距离就比较接近实地距离，相反则小于实地距离。因此，在计算两地之间实际的水平距离时，还应结合地形的起伏程度，用经验系数修正法或曲线系数修正法进行修正。

(1) 经验系数修正法：实地路程距离＝实地水平距离＋（实地水平距离×经验修正系数），经验修正系数见表19.1。

表19.1 地形种类与经验修正系数

地形种类	微丘地	丘陵地	一般山地
经验修正系数	10%～15%	15%～20%	20%～30%

(2) 曲线系数修正法：实地路程距离＝实地水平距离＋（实地水平距离×曲线修正系数），曲线修正系数见表19.2。

表19.2 坡度与曲线修正系数

坡度	0～4°	5°～9°	10°～14°	15°～19°	20°～24°	25°～29°
曲线修正系数	3%	10%	20%	30%	40%	50%

3. 等高线及其辅助符号

等高线是由地面上高程相等的各点连接而成的曲线。在地图上，等高线表示的是山地、谷地、平地等地貌的海拔。在测绘某一地貌的等高线时，先要在实地测出这一地貌各点的海拔，然后把海拔相同的各点连接起来标注在地图上，以成组的等高线组成的平面图形显示地貌的立体形态（图19.3）。

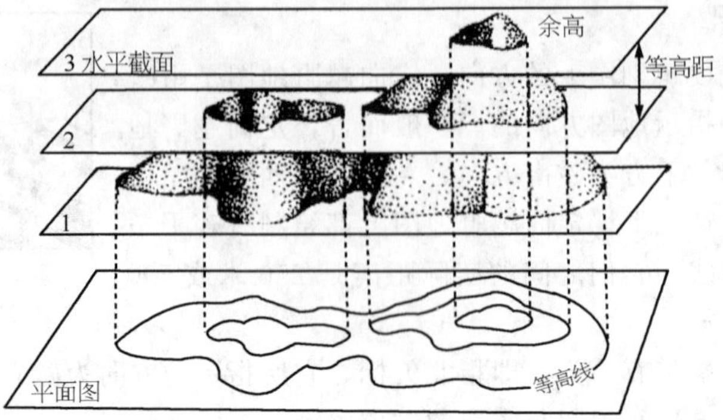

图 19.3　等高线

从等高线的密度、宽窄，可以判断出山体的坡度。相邻的两条等高线之间的间隔越小，山体就越陡；相邻的等高线之间的间隔越大，山体就越平缓。

为了区别凹地与山顶，山顶的等高线呈小的闭合环圈，而表示凹地的环圈则要加绘示坡线。

示坡线是显示地势坡度方向的线段，在定向越野地图中一般都与等高线配合使用。示坡线与等高线正交，其相交端指向上坡方向，未相交端指向下坡方向。

如果示坡线与等高线所形成的闭合小环圈外侧相交，则表示凸出的山包或山头；若示坡线与等高线所形成的闭合小环圈内侧相交，则表示凹形的山头；单个小环圈内有示坡线，则表示无水的低洼地（图 19.4）。

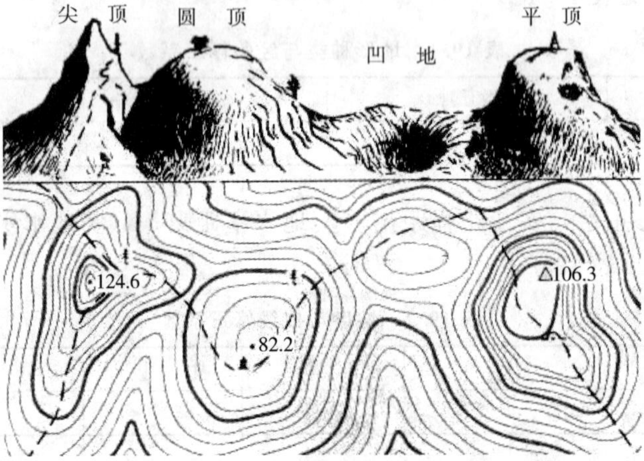

图 19.4　示坡线

1）山顶的形态

根据等高线，可以基本判断出山顶的形态。例如，如果表示山顶的等高线的环圈较小，外围的等高线较密，外侧还标注有示坡线，则说明山体是高峻陡峭的尖山顶，通常情况下，这种山的山体为石质；如果表示山顶的等高线的环圈较圆、外围等高线间隔排列较均匀，则说明实地山体较为低矮，坡面相对平缓，山顶圆浑，这种山多为土质圆顶山；如果表示山顶的等高线环圈较大，而与山顶环圈相邻处的等高线比较密、远处的等高线比较疏，等高线排列具有明显的密疏对比，则说明这种山体可能是风化时间较长、土质的平顶山；如果表示山顶的等高线的环圈内有示坡线，则说明这种山体有可能是由火山喷发形成的凹山顶。

2）山背与山谷

山背，从山顶到山脚的凸出部位称为山背，亦称山梁。在地图上以成组的等高线向外凸出的曲线来表示，这些成组的等高线凸出部位顶点的连线即为分水线。山背按其外部形态可以分为尖山背、圆山背、梯山背等。

山谷，是相邻山背、山脊之间的低凹狭窄的地方，在地图上用等高线表示山谷时，以等高线所围成的闭合曲线的凹入部分表示。成组的等高线向内凹入部位顶点的连线称为合水线。山谷按其外部形态可分为尖山谷、圆山谷、槽山谷等。

3）鞍形地貌

相邻两山之间的地形如马鞍状的部分称为鞍形，在地图上用一对表示山背的等高线和一对表示山谷的等高线组合显示。鞍形地貌按形态可以分为V形、U形和槽形，识别方法同山谷地貌。

4）山脊地貌

在绘制地图的等高线时，将山头、山背及鞍形地貌中凸出的部位用一根曲线连接起来，就犹如动物背部凸起的脊椎，这根线被称为山脊线。

4. 地貌符号

在自然界中，地貌的形态可谓千姿百态，许多特殊的地貌无法用等高曲线显示出来，只能用一些特殊的地貌符号来表示，如冲沟、滑坡、山崖、堤坝、岩峰、山洞和地面的起伏状态等。在定向越野地图中，经常用以下几种方式来显示特殊的地貌形态（图19.5）。

1）颜色显示地貌

常见的彩色地图，都在不同的等高线间，用褐色、黄色、绿色等不同的颜色来表示地势高低起伏的状态。一般地图上都附有分色高度表，以供对照、查看。

2）形象符号显示地貌

是以各种表意形象符号来显示地貌。通常情况下，这些形象符号都是与其他表示地貌形态的方法一起配合使用的。例如，山形符号是表现山地分布或山的走向的。

3）特殊地貌符号

（1）山地：在地图上，密集的等高线显示这里是山地区域。

（2）谷地：等高线之间的距离较为疏松，其间的空旷区域显示的是谷地。在定向越野地图上，谷地区域的等高线线条较少，或者无等高线。

（3）台地：山地中高于附近地表面的平缓地区称为台地。在地图中，相邻的等高线中间如果有某处的间隔距离较大，而其外侧等高线又比较密集，通常情况下这表示的是台地。

（4）凹地：等高线的小环圈中标有示坡线，表示这里是地势低洼的凹地。较小的洼地或者小坑，则用符号V来表示。

（5）小山：呈小环圈状的等高线，显示的是小山或者是小山包、小山丘。在定向越野地图中，有时也用小三角形（▲）符号来表示小山或小山包。

（6）陡崖：陡崖在定向越野地图上，通常以┬┬┬┬符号来表示。

（7）堤坝：堤坝在定向越野地图上，是以┼┼┼┼符号来表示的。

5. 地物符号

地物符号是地表面上自然形成或者人工建造的固定物体在地图上形象表意的标志符号。

在定向越野地图上，地物符号是由符号与颜色组成的。地物符号分为岩石与石块符号（图 19.6）、水系与淤泥地符号（图 19.7）、植被符号（图 19.8）、人工地物符号（图 19.9）、比赛路线与技术符号（图 19.10）和检查点说明符号等。

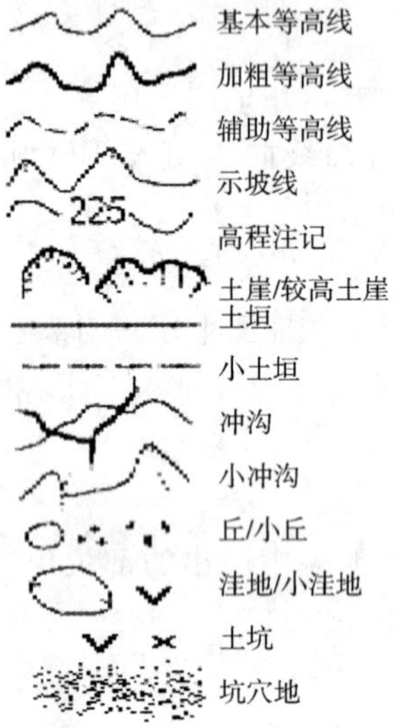

图 19.5　各种地貌符号（棕色）

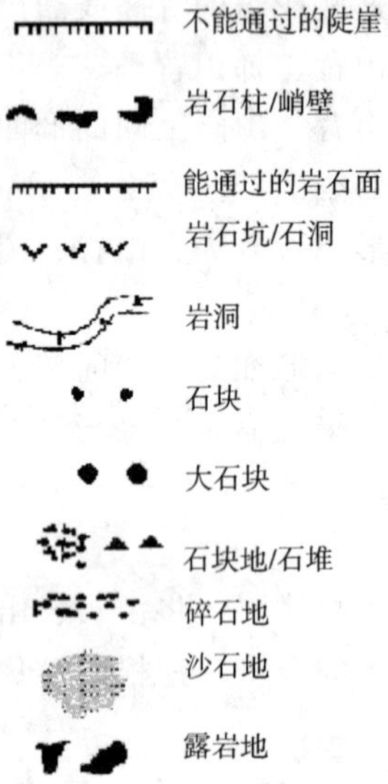

图 19.6　岩石与石块符号

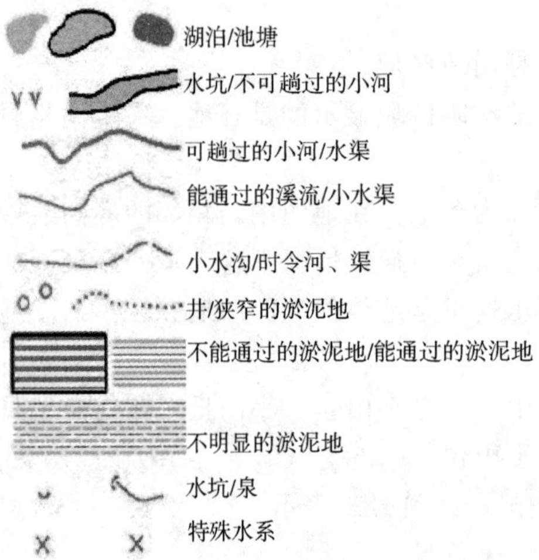

图 19.7　水系与淤泥地符号（蓝色）

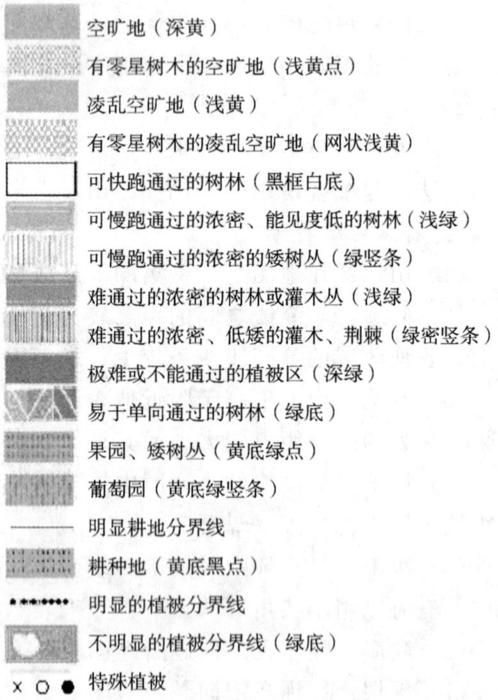

图 19.8　植被符号（黄、绿、白）

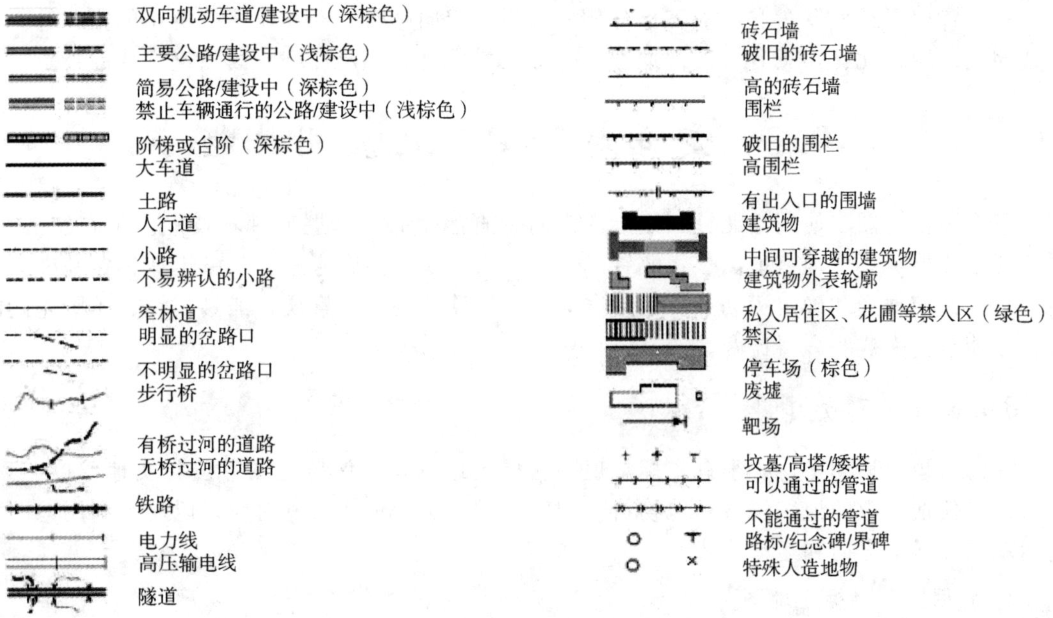

图 19.9　人工地物符号（棕色、黑色）

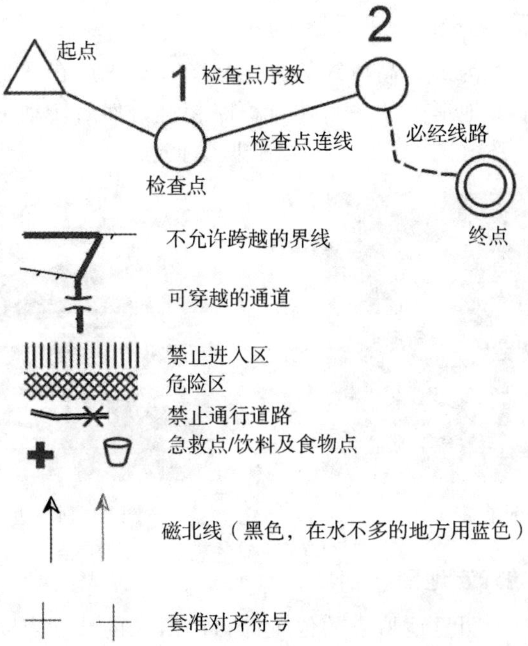

图 19.10　比赛路线与技术符号（紫色）

19.2.2　指北针及其功能

指北针也叫指南针或罗盘，是我国古代的“四大发明”之一。红色端指向磁北方向，白色端指向磁南方向的是指北针；红色端指向磁南方向，白色端指向磁北方向的是指南针。指

北针是定向越野运动必备的工具，主要作用是确定方向和磁方位角，

指北针由磁针、罗盘和底板三部分构成。目前定向越野运动和比赛中所用的指北针，多为透明式多用指北针，具有可透视地图、磁针灵敏度高、稳定性好、读图速度快的特点。

19.3 定向越野运动的实用技能

学会识读地图、使用指北针，是参加定向越野运动必须掌握的基本技能。但在实战中，参赛者还要能够熟练地将地图、指北针和实地三者有机地结合起来，具备迅速标定地图、对照地形、判定地形和确定运动点、运动方向、运动路线的综合素质，兼具长跑、越野跑的能力，才能最终完成和赢得比赛。

19.3.1 标定地图

在定向越野运动中，必须首先标定地图。标定地图，即保持地图方位与实地方位一致，其目的是使地图上的地貌符号、地物符号与实地的地貌、地物一一对应，以便于利用地图确定运动点、运动方向和运动路线。

1. 利用指北针标定地图

先使指北针的红色箭头朝向地图上方，并使箭头与定向地图上的磁北方向线重合或平行，然后转动地图，使磁针北端对准地图上的磁北方向（图 19.13），地图即已标定。

2. 利用直长地物标定地图

利用直长地物如道路、沟渠、高压线等标定地图，首先应在图上找到这段直长地物，对照两侧地形，使图与实地各地形点的关系位置概略相符，然后转动地图，使图上的直长地物与实地的直长地物方向一致（图 19.14），地图即已标定。

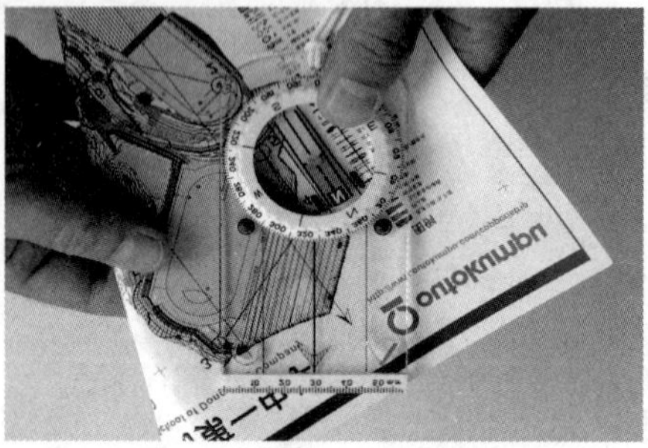

图 19.13　指北针标定地图

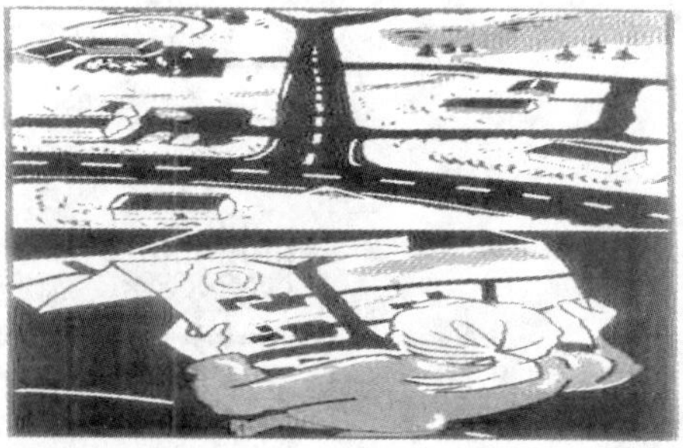

图 19.14　直长地物标定地图

3. 利用明显地物地貌标定地图

从地图上找到本人位于明显地形点的位置即自己所在的站立点时，可以利用明显地形点标定地图。方法是：先选择一个图上与实地都有的远方明显地形点（目标），然后转动地图，使图上的站立点至目标的连线与实地的站立点至目标的连线相重合，此时地图即已标定。

19.3.2 确定站立点

1. 直接确定站立点

即当自己所处的位置是在明显地形点上时，只要从图上找出该地形点，站立点即可确定。

明显地形点的地物主要有：单个的地物，如房屋、水塔、凉亭、小桥等；线状地物的拐弯点、交叉点、交汇点和端点；平面状地物的中心或者有特征的边缘。

明显地形点的地貌主要有：山地、鞍部、洼地。

特殊的地貌形态主要有：陡崖、冲沟，谷地的拐弯、交叉和交汇点，山脊、山背线上的转折点、坡度变换点等。

2. 综合分析确定站立点

利用位置关系法确定站立点主要是依据两个要素，一是站立点至明显点的方向，二是站立点至明显点的距离。在地形起伏明显的地方，还可以结合高差情况进行综合判定，确定站立点。

19.3.3 确定前进方向

定向越野运动在每次出发时，也包括途中每一段落出发，都必须判明出发点的图上位置、明确前进方向和目标点。然后标定地图选准前进方向，向目标点进发。确定前进方向的步骤如下所示。

(1) 将指北针长边切与站立点和目标点连线，即“连接你现在所在图上的点位与你将要去的图上点位”。

(2) 转动身体，使指北针磁针红端与地图北端一致，即“北对北”。这时指北针面板上的箭头所指的方向即为目标前进方向。

(3) 向目标方向出发！

19.3.4 选择前进路线

1. 路线选择三大原则

在定向越野运动中，具备正确选择前进路线的能力，是取得好成绩的关键。在选择前进路线时，应遵循以下几条原则。

1) 有路不越野

应尽量选择沿道路行进，原因有二：一是在道路上容易确定站立点，使自己对比赛更有信心；二是道路上地面相对平坦，有利于提高奔跑速度。

2) 走高不走低

比赛中，如果不得不越野，当目标点在半山腰、周围又没有明显的地貌地物时，应选择从山顶向下寻找的方法，这也就是人们常说的“从上到下法”。

3) 遇障提前绕

识读地图时，要注意通观全局，发现前进道路上有大的障碍，不易穿越时，应该全面分析地貌地形，提前选择好最佳迂回运动路线，提前绕行。如果等到抵近障碍时再作折线绕行，会大大影响前进的速度，浪费更多的体力和时间。

2. 方向修正技巧

在选择了最佳路线后的前进过程中，还要采取一些相应的辅助方法，不断修正前进方向，始终保持行进方向的正确，这样才能安全、快速、准确地到达目的地。

1) 拇指辅行法

在定向越野运动中，最常用的方向修正法是拇指辅行法，即用大拇指压住图上本人目前站立点的位置，并将大拇指想象为自己，当向前运动时，拇指也在图上作相应移动。用拇指辅行法，可以帮助参赛者随时明确自己在图上的位置。

2）“扶手”法

“扶手”是把实地中的线形地形，如各种道路、输电线、溪流等地物地貌，比喻为上下楼梯时的扶手，作为行进中的“引导”。利用“扶手”的引领，可以比较容易、安全地抵达目的地。

3）记忆法

一般要按行进的顺序，分段记住路线的方向、距离、经过的地形点、两侧的辅助（参照）物，即“人在地上跑，心在图上移”。这样可以减少途中读图的时间，提高运动成绩。

19.3.5 定向越野训练经典项目

1. 校园定向

项目说明：校园定向，即将定向越野训练放在学校范围内进行。此项训练操作相对简单，对场地的要求较为简单，非常适宜在中小学、大学校园开展。

训练目标：提高学生兴趣，锻炼学生的跑步能力，培养学生沉着冷静的心理品质。提高学生识图、读图的能力。

训练方法：充分利用学校的有效资源，在学校范围内设置定向越野路线。组织者应事先设计好活动或比赛的线路，并将参加人员分成人数相等的若干小组，在各组间开展比赛。每组一幅地图、指北针，把各小组召集到一起，公布信息规则、要求等。

2. 野外寻宝

项目说明：野外寻宝是在规定的时间和范围内，寻找到事先藏在野外的野炊用具和食品。

训练目标：增强野外定向、识图的技能，培养团队精神。

训练方法：将参加人员分成人数相等的若干小组。

（1）组织者事先应把“宝藏”隐藏在营地附近一定的范围之内，“宝藏”地点应该分别分布在不同的环境里，如密林中、岩石下、溪水旁、大树上等，每个地点的“宝”要比小组的总数少一套，找到宝藏后，每组只能取走一件。

（2）“宝藏”品种包括火种、炉具、炊具、燃料、食品、饮料、工具、宿营用品、奖品等。炉具、炊具的数量要比小组的总数少一套，使一组没有做饭的用具，食品总体数量必须满足全体人员，但从包装上也要比小组总数少一套。

（3）把各小组召集到一起，公布关于“宝藏”的信息，如海拔、周围环境、方位、距离、位置（地面、地下、树上、石头、水下、草丛等）和宝藏的名称等。例如，北偏西15°；距离3千米；海拔185米；河道内弯，水下；炉具一套。

（4）每组一幅地图（事先绘制的局部地图）、指北针、海拔仪和记步器等。

（5）中午后开始“寻宝”，晚饭用寻找的东西自己解决。

（6）此项活动的最后结果，是各组在做晚饭时都会遇到一些问题，如有的组没有炉灶，有的组没有火种，有的组没有食物，各组之间需要相互协调。组织者不要参与他们之间的协调分配，只需暗地观察大家的表现，在总结时进行引导讨论。

思考题

1. 什么叫定向越野？它的关键技术是什么？

2. 定向越野地图上的这些颜色（蓝色，黄色，黑色，白色，绿色，棕色，黄绿色）分别代表什么？

3. 在定向越野地图中，地貌、地物、地形分别是指什么？阅读地图，首先要辨别什么？
4. 在定向越野比赛中，该如何迅速标定地图？
5. 在定向越野比赛中，应怎样确定前进方向？
6. 定向越野比赛路线选择的三大原则是什么？
7. 在定向越野比赛中，迷失方向时应该怎么办？
8. 定向越野比赛线路有几种基本形式？请绘图加以说明。
9. 发挥想象力，设计几种可行的校园趣味定向越野比赛。
10. 试着绘制一幅校园定向越野比赛的地图。

第 20 章
野外生存与拓展训练

随着我国体育课程的改革，野外生存与拓展训练被引入到学校体育教学中，这种新的运动形式，把学校体育课堂跑、跳、投、攀爬、跨越等基本内容扩展到社会和大自然中，打破了长期以来体育课所固有的封闭格局，使原本充满竞技意味的学校体育教学更具趣味性和实用性，不仅进一步丰富和完善了学校体育的课程体系，也使素质教育和心理健康教育更好地贯穿、融入到学校体育教学中。

野外生存与拓展训练包括野外生存和心理拓展两种体验式教学，一般都在野外或户外进行，主要是通过一系列精心设计的、富有挑战性的项目，让团队、个人在各种典型场景和活动中，经历磨难，克服困难，从而达到磨炼意志、陶冶情操、发掘潜能、完善人格、熔炼团队的目的。

20.1　野外生存训练概述

20.1.1　野外生存训练的起源和发展

野外生存训练起源于第二次世界大战时期。第二次世界大战期间，严酷的战争对军队的作战能力以及在野外的适应能力、生存技能提出了更高要求。在英国，库尔特·哈恩博士把他战前在德国创建的野外生存训练模式应用到军队的训练中，并取得了很好的效果。自此，各国军队纷纷效仿，利用一些自然条件或人工设施，对军队进行强化训练，提高士兵在困境中的生存能力、野外作战能力和心理素质。到了 20 世纪 60 年代，美国军队正式将野外生存训练列为军队训练的一个科目。

由于野外生存的许多训练项目对青少年的体质健康、心理品质及社会适应性都有着非常显著的锻炼价值，欧美各国及澳大利亚、日本等发达国家将其引入到高等学校的教学中。从 2001 年开始，针对我国高校的实际情况，教育部将野外生存训练引入大专院校。

20.1.2　野外生存训练的概念和内容

野外生存训练，是指在一种有意的情况下，人们将自己置身于特定的野外环境中，为了培养、锻炼自己的意志，提高生存能力而进行的特殊训练。

野外生存训练通常都在野外进行，针对高山、丛林、荒漠、雪域、水域、交通和灾难等不同的环境和情况，野外生存训练在具体项目的安排和设计上会有所区别，但野外生存训练一般都是围绕着远足露营、登山攀岩、野外定向、扎筏划艇、渡河溯溪等项目和活动来进行基本技术和技能训练的。例如，在野外如何宿营、如何获取食物和水、如何辨别方向、如何预测天气、如何自救和求救、如何保障安全，以及如何进行丛林沙漠穿越、攀登下降、架桥渡河、海上逃生等，这些基本知识和技术、技能，都是进行野外活动和生存训练时所必须掌握的。

20.2　野外生存要略和求救策略

对许多生活在大都市里的人来说，野外是一个完全陌生的环境，要想顺利地完成野外生存训练，更好地体验这项活动的特殊魅力，就需要遵守野外生存活动的基本原则，了解和掌握野外生活、生存的基本常识。

20.2.1　野外生存的生存要略

在野外，安全第一，生存第一。尤其在碰到一些意外的情况时，首先应该对自己当前的处境和所面临的困境迅速做出判断，然后依据判断，确定该怎样去做。在野外虽然没有什么是一成不变的，但不管在什么情况下，食物、水、火、庇护所、药物都是必需的。

1. 基本需求

尽管食物、水、火和庇护所都是野外生存的基本需要，但哪种最为重要，应该根据当时所处的环境来决定。

在野外，食物很重要，但在某些情况下，食物也并非是人们的第一需要。比如，在沙漠地区，水才是最重要的；而在冰天雪地的环境下，火是最重要的；在各种恶劣的天气条件下，首先考虑如何建立一个临时的庇护所才是明智的决定。不要小看庇护所，不论是在冰雪覆盖的雪原，还是灼热的沙漠地带，或者是茂密的丛林山区，小小的庇护所都是必需的。

一般情况下，一个身体健康的人体内贮存的能量可以在较长的一段时间内维持生命，而毫无遮掩地暴露在风雨与寒冷之中，或许会要了人的命。而在海上、洪灾之后，尽管到处都是水，但这些水却不能饮用，解决饮用水的问题这时就变得尤为重要。况且，地球上还有很多地方除非下雨，否则就根本没有水。

所以，在不同的野外环境中，首先必须确定此刻的第一需求到底是什么。

2. 确保安全

野外无小事，这句话在更多的时候是指安全问题。不论是主动性的野外生存训练，还是因为突发性事件使人在不得已的情况下置身于野外，安全问题都是十分重要的。只有确保安全，才能谈到最终的成功。

如果在野外生存训练活动中发生迷路、掉队、受伤等意外情况，或者由于天灾人祸不得不滞留野外，首先应该确定周围是不是还存在其他安全方面的威胁和隐患，如雪崩、水灾、火灾、爆炸等。如果安全方面仍然存在隐患，应该马上撤离，转移到一个相对安全的地方。如果没有安全问题，此时就应该考虑其他方面的问题，如搭建一个能防风避雨、防止曝晒的庇护所。如果有伤员，就更应该为他们搭建庇护所或者简易的掩蔽体，避免使人长时间地暴露在寒冷的环境中，或者在烈日下曝晒。庇护所还有一个作用，就是防止野兽的袭击和伤害。

庇护所建好后，生火取暖、寻找水源、获取食物等一系列问题将接踵而至。但是，在寻找水源、获取食物时应尽量避免单人行动，因为这样做在安全方面存在较大隐患。

3. 水和食物

在身陷险境并且不得不等待救援的时候，如果身边还剩有食物和水，应该尽可能地节约，以便应对更为糟糕的情况。要做好长时间被围困的心理准备，最好将现有的食物和水作为应急的储备，定额使用。

在有可能的情况下，应充分利用自然资源中的食物。例如，搜寻多种可食用植物，包括叶子、根、浆果、坚果或其他可食用的部分。另外，还可仔细观察动物的踪迹，在必要的时候可以狩猎或布置陷阱。但是要切记，如果有可以替代的食物，任何人都没有理由伤害濒危的动物，或者破坏植被，即使是身陷险境也不应该大肆捕杀野生动物。

在野外，为了生存，不能随便放弃不喜欢吃的食物。野外的许多食物可能不太符合人们平时的饮食习惯，但在缺乏食物或者危急的时刻，这样做几乎等于自杀，这些食物虽然不太好吃，但能消除饥饿，维持生命。

对置身野外的人来说，寻找水源也是应该优先考虑的事。在很多情况下，水可能比食物更重要。如果无法获取新鲜流动的淡水，也可以利用其他的水资源，但必须消毒或煮沸，进行净化处理。

除了食物和水之外，还应尽可能多地收集一些燃料，用于做饭、烧水、取暖和发求救信号。大多数情况下，野外的昼夜温差都很大，即使白天的气候比较温暖，夜晚也说不定会很冷。在野外，保暖也很重要。

在寻找食物、水和燃料、遮挡材料时，最好两人一组一起行动，这样可以避免一些意外情况的发生。伤势较轻的伤员，也应该一起行动，做些力所能及的事情。

20.2.2 野外生存的求救策略

在野外，准确地确定自己所处的方向、位置十分重要。当意外发生时，应凭借地图、指北针等工具判断出比较准确的方位。此外，还应该根据地形、地貌来获取更多的信息，以便赢得最大的生存机会。如果无法准确地确定方位，最好待在原地不要乱走，等待救援。身陷险境时，坐等营救通常要比盲目乱闯明智得多，因为停留在原地可以尽量地节省能量。如果有人知道计划和行踪，并且一直保持着联系，那么联系一旦中断，应该很快会有人前来营救。如果遇到飞机失事或者发生车祸等意外情况，留在原地更容易获救。在事故原地，飞机、汽车的残骸可以当作临时的避难所，其庞大的体积更容易被救援者发现。此外，从这些失事的交通工具上抢救出来的一些材料、装备也可以加以利用。

在面临困境时，应想尽一切办法向外界求救。三堆火是国际上通用的遇险求救信号，火堆的设置应该尽可能地大和明显。此外，还可以利用各种声响、反光信号向外界求救，也可以试着用无线电、手机和失事交通工具上的通信设备求救。总之，要千方百计、尽可能多地向外界发送各种求救信号，以争取更多的获救机会。

如果身处困境而无人知道，并且确定没有救援的可能，就要作更长远的打算。当遇险之地无法提供生存必需的食品、水和庇护所时，就该正确估计一下脱离险地的可能性。在确定所携带的能量、配备都很充足，足以保证回到安全之地，或者可以转移到另一个更适宜生存的地方时，则应当机立断地选择自救，但行动最好在白天进行。

20.3　野外食物和水的补给

人体的所有能量和热量，都来自食物和水。在野外寻找食物和水，一定要仔细辨别，除非真的能够确定所找到的植物、动物或水可以食用，否则千万不要随意咽下。

20.3.1　常见的可食用植物

在世界各地，一年四季都会有许多常见的野生植物可以食用。这些植物，有些是极普通也极易辨认的，如温带地区的蒲公英、酸模、寻麻、车前草，热带及亚热带地区的棕榈树、野生无花果、竹子，荒漠地区的无刺仙人掌、刺梨、沙棘、猴面包树，温带和极地地区的云杉、柳树、地衣，以及海岸地区的巨藻和紫菜等。

除了人们较为熟悉的野菜外，在我国广泛的地域内，很多野生植物的根、茎、叶、花、果实都可以食用，如山药、狗宝、竹笋、香椿、槐花、榆树钱、野山梨、野生猕猴桃、山楂、野杏子、山葡萄、鸡头米、菱角、桑葚、野莓、山胡桃、松子、栗子、柿子、皂角、荞麦、野燕麦、野高粱、荸荠、野百合、野玫瑰、野葱、椰子、枸杞、薄荷、黑枣、睡莲、银杏、榛子、芦苇、木瓜、棕榈、樱桃、杜松子等。

沙漠并非都是寸草不生的。在世界各地，仙人掌、猴面包树、龙舌兰、野葫芦、沙枣、沙米、沙棘、肉苁蓉等沙漠植物分布广泛。各地的沙漠植物种类虽然不完全相同，但其中很多种植物都可食用。据不完全的统计，我国沙漠中的野生植物不少于 1000 种，有 300 多种可以当药材，其中有一些人们都很熟悉。但如果没有水，在沙漠中最好不要吃食物，因为在消化食物的过程中，人体会消耗掉很多水分，所以在沙漠中水比食物更重要。

生长于海洋或海边岩石上的海藻类植物大多都可食用，如海带、紫菜、裙带菜等，都是相对安全的野生食物，尤其对于在海岛上求生的人来说，海藻类植物是很好的食物来源。海洋中的很多海草也是可以食用的，如果海草摸上去比较硬并且没有特殊的异味，那么这类海草基本上都可以食用。而一些枝节较多、比较柔软的海草，原则上最好不要食用，因为这类海草含有的酸性刺激物，会造成人体不适。

20.3.2　野外狩猎的原则

与植物类食物相比，动物类食物含有更多的蛋白质和脂肪，可为人体提供更多的能量。但在野外捕猎动物，除了要具备一定的技巧之外，还应该严格遵循野外狩猎的原则。不到万不得已的地步，不要伤害动物，只有在生命受到饥饿的严重威胁的特殊情况下，才可以考虑用动物来充当食物。

哺乳类动物也就是人们称之为兽类的动物，这类动物可以为人类提供大量的蛋白质和脂肪，但哺乳类动物中有很多都属于国家级保护动物，甚至还有一些已濒临灭绝，一般情况下不要捕猎这类动物。哺乳类动物中也有一些种类分布广、数量大、繁殖快，并且不在保护动物之列，如野兔、狍子、田鼠、鼹鼠、松鼠、黄鼠、麝鼠、刺猬等，这些动物可以捕食。

在野外，针对动物的生活习性、行动路线来设置陷阱，是狩猎的一种好办法，另外，也可以利用绳子、细钢丝来制作套索来捕猎动物，在某些情况下还可以直接射杀。狩猎时，要注意尽量隐蔽，动作要轻，缓慢移动，隐蔽位置最好选择在逆风方向。

鱼类的营养价值很高，含有丰富的蛋白质和脂肪。虽然自然界中有一些种类的鱼有毒，但那一般都是海鱼。在野外，几乎所有的淡水鱼都能食用，安全性较高。

除了哺乳类动物、鱼类、鸟类之外，野外还有很多可食用的动物，有些动物的捕捉几乎不需要什么技巧，如一些爬行的蠕虫，蚂蚱、白蚂蚁等昆虫，河蟹等带壳的动物，各种贝类等，这些动物不仅营养价值高，而且还非常适口。在野外，通常都可以捕捉到大量这类食物。

20.3.3 寻找水源和水的补给

在野外，水的补给至关重要，在很多时候，水就是生存的第一需要。尤其是在遇到麻烦、陷入困境时，首先要考虑的问题就是寻找水源。在相对陌生的野外环境中，寻找水源需要掌握一定的技巧，如果漫无目的地四处乱找，不仅会无端地浪费大量体力，也会过多地损耗身体里的水分。

寻找水源首先要根据地势、地形来进行准确的判断。在山间丛林中，狭谷间通常都会有溪流。山间小溪水质较好，一般都可直接饮用。在某些情况下，比如旱季，山谷中可能只有干枯的河床，而没有溪流，这时可以选择河床的低洼处，试着挖一挖，河床沙砾下面很有可能挖到水。海边沙丘的低洼处，也有可能挖出淡水，尽量从最潮湿的地方挖下去，可能会有淡水渗出来。

植物分布的特性也可以指示水源。例如，芦苇、柳树常分布在水源附近；三角叶杨、梧桐等树木或灰菜、沙里旺生长较为茂盛的地方，地下水位一般都比较高。

在干旱少雨的沙漠中，发现植物就有可能挖到地下水。例如，在芦苇生长茂密的地方，地下一米多深的地方就能挖出水来；如果看到芨芨草，在地下 2 米左右就能挖出水来；生长甘草的地方，地下水在 4～5 米的深处；如果看到红柳和骆驼刺，就意味着下挖 6～8 米就有地下水；如果发现胡杨林，则意味着地下 8～10 米的地方有地下水。

动物活动的踪迹也会透露很多线索。比如，蚂蚁、蜗牛窝的附近都比较潮湿，周边可能有地下水。鸟类栖息的地方多半距离水源不远。另外，动物的足迹如果具有明显的方向性，顺着动物前进的方向很有可能找到水。很多动物都习惯于在傍晚去水边喝水，在傍晚时注意观察动物的行踪，可以获得很有价值的线索。

在野外，能够找到水源是很幸运的事，但在很多地方、很多时候也许会找不到水，这时就要尝试利用各种办法和一切条件来收集水、制造水。在缺水的情况下，雨水就是上天赐给人们的最好礼物。下雨天里，可以利用很多办法来收集雨水，如用塑料布、雨衣、油布和其他器具接水，也可以用挖坑、修挖渠道的办法来存储更多的雨水。雨后，还可以利用塑料袋、瓶子收集树上的雨水，为了让更多的雨水流进盛水的器具，可以将树枝、枝叶塞进容器口，这种办法非常有效。

在没有降水的情况下，尤其是在干旱地区或者是干旱季节，收集露水有时是唯一的选择。收集露水最好在黎明时进行，这时可以用吸水性强的棉布、毛巾等来吸附植物上的露水，然后再拧到盛水的容器里。用这种办法收集露水虽然水量不多，但关键时候这些露水却可以救命。

在炎热干旱的地区，比如沙漠里，地表每天也会向空中蒸发大量的水分，利用一些简单的装置可以收集到一些蒸发水。收集地表水的方法如下：在阳光可以直射的地方挖一个坑，找一块塑料布盖在上面，塑料布的边缘用沙子、石块压好，将一块石头压在塑料布当中，使塑料布呈弧形，以便使凝结到塑料布上的水汽能够沿着石块的定点位置，流入到坑底接水的容器中。这种装置收集的水量虽然不多，但多搞几个这样的装置，饮用水的问题基本可以解决。

在野外，还可以将植物、潮湿的泥土，甚至是污水放入坑里，生产蒸馏水。将树叶、青草等植物或者苔藓、地衣放在塑料袋里，将塑料袋口扎紧后放在阳光下，利用植物蒸腾的水汽，也可以收集到一点水。将塑料袋直接扎到树枝上，也可以收集到少量植物蒸腾水。

在海上或海岛，淡化海水可以获得饮用水。如果没有海水淡化药片或海水淡化器，可以用一些土办法获得淡水。例如，将锅里盛上海水，并放置一块较重的石头，石头上放置盛水的容器，然后将锅盖倒盖，把海水烧开，就可通过蒸馏获得淡水。如果身边没有可用的器具，也可以在沙滩上挖坑，等淡水慢慢渗出。如果海边有低洼的岩石，可以在低洼的石头上注入海水，上面用雨衣或塑料布罩上，利用阳光的热量，可以获得一些蒸馏水。

在野外找到水后，不能急于饮用，因为这些水的安全性还需进一步鉴定。看上去比较混浊的水肯定需要做进一步的净化处理，而对那些看上去比较干净的水，也不能掉以轻心，因为这样的水中可能含有重金属离子或各种细菌、寄生虫，直接饮用会造成身体不适，甚至会使人生病、中毒。因此，找到水后最好先对水进行净化处理。

对水进行净化处理，最好用漂白粉、明矾或消毒片，一般去野外都应随身携带这类消毒药物。但在消毒时，应掌握好药物的使用量，如果用量过多，水会有股怪味。如果没有消毒药物，也可以用煮沸消毒法、沉淀净化法、过滤净化法等办法对水进行净化处理。①煮沸消毒法：将水煮沸是一个简便易行的好办法，一般情况下，泉水、井水、雨水可以直接饮用，但煮沸饮用更好一些。溪水、池水、雪水也应煮沸后再饮用。②沉淀净化法：在盛水的容器中放入一些弄碎的植物枝叶或树皮，搅匀后沉淀一段时间，可以得到比较干净的水。捣碎的植物可以使水中的杂质沉降，但用这种办法沉淀净化的水最好煮沸后再饮用。此外，用牙膏、明矾对水进行沉淀，效果也比较好。③过滤净化法：对水质比较混浊的水，应先采用特殊的办法过滤，如将饮料瓶的底部割开倒置，然后将木炭、细砂一层一层交替填放整齐，就形成了一个自制的过滤器。可别小看这个自制的过滤器，它可以过滤水中的杂质、虫卵或幼虫。如果水看上去真的比较脏，可以多过滤几次，然后再结合沉淀法、吸附法进行净化，最后煮沸。

在野外环境中饮水切忌大口狂饮。即便是再口渴，也不能一口气把水壶里的水喝光，因为大口狂饮会加速身体的新陈代谢，而此时肾脏就会把体内多余的水分排泄掉。在饮水极其有限的情况下，这种饮水方法实际上是对水的严重浪费。

在野外，正确的饮水方法是少量饮用，一次只喝一小口。喝水时，应该将水在口中多含一会儿，然后分次慢慢下咽。这种饮水方法既可以缓解口干舌燥的感觉，又可以使喝下去的水被身体充分吸收，不会导致体内水分的排泄。

20.4　野外宿营和营地生活

野外生存的基本技能，还包括对宿营地的选择和营地生活的合理安排，并且需要掌握一些建立临时庇护所的知识，这对顺利完成野外工作和任务，保障野外安全至关重要。

20.4.1　野外宿营

野外宿营地的选择，应该遵循的一个基本原则就是“避险趋利”，首先要保证安全，同时还要综合考虑其他因素和条件。

在野外多变的自然环境和复杂的地理条件中，选择一个合适的宿营地不是一件简单的事，宿营地既要满足休息的需要，又要确保安全，同时还要便于开展各种活动。一个好的宿营地应该同时具备以下三个最基本的条件。

平坦开阔：宿营地的地面应该比较平坦、开阔，这样的地势便于搭建帐篷，组建营地，开展活动。宿营地不能建在坑坑洼洼、拥挤狭窄的地方，也不能建在遍布树根、碎石的地方。尖利的碎石、树枝不仅容易划破帐篷、损坏装备，还会影响睡眠、休息的质量。

如果是在遇险等特殊情况下滞留野外，在平坦开阔的空地扎营，可以更方便地用点火求救等方式，向外界发送求救信号，在等待救援中，也更容易被人发现。

避风向阳：要尽量选择在避风向阳的地方宿营，以保证营地的温暖和舒适。如果宿营地过于阴冷潮湿，装备和衣物很容易受潮，也会使人生病。如果将宿营地建在风大的地方，帐篷有可能会被大风扯破、吹跑，所以最好将宿营地选在有自然屏障的避风处，如小山丘或巨石的背后。

靠近水源：宿营地应该建在周边有水源的地方。在野外，水是选择宿营地时应该考虑的重要条件。但应该注意的是，宿营地距离水源不能过近，因为这样有可能与动物发生冲突，也容易受到蚊虫的骚扰。另外，如果离水源过近，水流的声音还会影响人的听觉，干扰人的判断力，在危险临近时不易察觉。

一个合理有序的营地，应包括宿营区、用餐区、用火区、用水区、活动区、卫生区等功能区。一般情况下，应首先确定好宿营区的位置，然后围绕宿营区，确定其他几个功能区。用火区要设在宿营区的下风处，最好离帐篷远一点，以防用火时四下飞溅的火星烧到帐篷。用火区的旁边，应该就是用餐区，可以更方便地烧水、做饭、用餐。活动区要设在用餐区的下风处，这样做是为了防止开展娱乐活动扬起的灰尘弄脏食物和餐具，活动区的周边同时还应比较开阔，植物较少，否则晚上活动点篝火时容易引起火灾。如果是在茂密的林地宿营，则应遵守林区规定，不要点燃篝火。卫生区要尽量设在离宿营区、用餐区、用水区稍微远一些的地方，最好设在这些功能区的下风处，否则难闻的气味会让人感觉很不舒服，而且也不卫生。用水区一定要设在河流、溪水的上游地段，要与宿营区保持一定的距离；用水区应该分为两段，上段是食用饮水区，下段为生活盥洗区。

集体宿营时，帐篷应该搭建在一个相对集中的区域内。为了便于夜间相互照应，帐篷最好按“马蹄型”排列，尽量不要排成“一”字形。因为按“一”字形排列，住在外围帐篷里的人会感到孤单和不安全。如果受到地形的限制，帐篷也可以前后交错地排列，或者排成两排。

布置帐篷时，记住要将所有帐篷的门都朝着避风的一面。通常情况下，野外的风都比较大，即便是在夏天也不例外。

帐篷之间，应该保持1米左右的距离，这样做既可以方便队员进出帐篷，也可以防止从帐篷顶部落下来的雨水过于集中，造成地面积水。

即使是在天气晴好的情况下，也不要忘记在宿营区外围挖一条排水沟。野外的天气说变就变，这项工作千万不要省略，否则真的下起大雨，会让人措手不及。

20.4.2 营地卫生

野外的生活条件比较艰苦，越是在这样的情况下越要注意保持良好的卫生习惯，防止疾病的发生。

修建厕所是营地生活的一项重要任务，哪怕只是一个人，也不能随便处置大小便。在野外，可以根据实际情况，选择一处离营地生活区较远的下风区域修建厕所。修建一个简易的厕所并不特别费事，只需在背风处挖一个约 0.5 米深的长方形的土坑，厕所内还需准备一些沙土，“方便”后要用沙土将排泄物稍加掩埋，防止异味扩散和苍蝇聚集。

当要撤离营地时，应用沙土将厕所、小便坑掩埋好，以减少对环境的污染。

营地生活中产生的生活垃圾，如果不及时处理，会对营地和周围的环境造成污染。在野外，生活垃圾可以用掩埋和焚烧两种办法来处理。撤离营地前，必须妥善处理好营地所有的生活垃圾。

20.4.3　野外庇护所的建立

在野外过夜或长时间滞留，有时需要寻找或者搭建一个能暂时栖身的临时庇护所，尤其是在遇到意外情况而又没有携带野外宿营装备的情况下，一个能遮风挡雨、相对温暖的庇护所可以在一定程度上增加处于野外环境中的安全系数。

关于搭建一个什么样的庇护所，需要根据当时所处的环境和在野外滞留的时间长短来决定。如果是暂时停留，或者第二天仍需长途跋涉，可以寻找一个合适的天然庇护所，也可以因地制宜地利用现有条件搭建一个简易的临时庇护所，但如果不得已需要在野外多待一段时日，或者是等待救援，则需就地取材，搭建一个稍为牢固一些的庇护所。

野外很多现有的条件稍加利用和改造，就是一个可以休息、栖身的天然庇护所，如背风处一块突出的岩石、一棵倒下的大树、山洞树洞等。但在很多情况下，野外并没有现成的或稍加改造就可以利用的庇护所，必须自己动手搭建。尤其是在有伤员需要照顾或者是在野外滞留时间较长的情况下，利用现有的各种条件，搭建一个简易、安全的庇护所非常必要，如茅草屋庇护所、树皮屋庇护所、掩体屋庇护所、草席棚庇护所、空中庇护所、雪地庇护所、沙漠庇护所、湿地庇护所、雨林庇护所，等等。

20.5　野外辨别方向和预测天气

野外活动常受到天气的影响，而行动的方向是否正确，直接关系到活动的成败。在没有地图、指北针和天气预报的情况下，需要运用所掌握的天文、地理、气候知识和经验来辨别方向和预测天气。

20.5.1　辨别方向

除了利用指北针辨别方向外，在野外还可运用太阳测定法、恒星测定法、植物测定法、工具测定法、风向测定法、残雪测定法等办法来辨别方向。但受主客观因素的制约，有些办法会有一定的误差，所以在具体应用中，最好使用两种以上的办法进行对比和验证。

太阳早晨升起的方向是东方，傍晚落下的方向是西方，但是，因为季节性的偏差，太阳升起或落下的方向有时并不是正东方向和正西方向。

在一块平地上，垂直竖立一根 1 米长的木棍，在地面上标明木棍投影顶端所在的位置，过 15 分钟后，再标明木棍投影顶端的新位置，用直线连接这两点，就是东西方向线。先标出木棍投影顶端的位置，这是西方，再用一条直线与东西方向的连线垂直相交，就是南北方向线。

利用太阳的影子不仅可以测定方向，还可以测定时间。在东西方向线和南北方向线的交会点，垂直竖立一根1米长的木棍，并以木棍底端为圆心，以当时木棍投影的长度为半径画圆，将圆圈平均分为24等分，东西方向线的西侧可表示6点的位置，东侧可表示18点的位置，南北方向线是一条正午分界线，木棍投影指示的位置就是当时的时间。

在北半球时，将手表水平放置，把时针的方向指向太阳，时针与12点刻度之间夹角的平分线是南北方向线；在南半球时，将手表水平放置，把12点刻度的方向指向太阳的位置，12点的刻度与时针之间夹角的平分线是南北方向线。利用手表的时针和分针确定方向时，手表表示的时间必须是当地的确切时间，而不是夏时制和统一的跨时区标准时间。越是远离赤道的地区，这种方法越可靠。如果阳光几乎是直射的话，就很难精确地确认方向了。

在北半球，许多星座都围绕着唯一一颗不动的恒星旋转，那就是北极星。在夜间，可利用北斗七星（大熊星座）寻找北极星，用眼睛连接勺子口的天璇星和天枢星，并将连线的长度延长4倍就能找到北极星。

此外，还可以利用恒星的升落指示方向。在地面上竖立两根相互平行的木棍，其中的一根木棍要短一些，沿着两根木棍顶点的连线，把视野向前延伸，观察任何一颗恒星，会看到它的移动。从恒星明显的运动轨迹，可以推断出面对的方向：在北半球，恒星明显上升面对着东方；恒星明显下降面对着西方；恒星沿着圆弧滑向右边，面对着的方向是南方；恒星沿着圆弧滑向左边，面对着的方向是北方。在南半球时，面对的方向则与北半球相反。

有野外生活经验的人，还可以通过植物的生长情况来获得有关方向的信息，但这些信息有时也并不十分准确，使用中还应结合其他方法印证。例如，大部分植物都有趋光性，在北半球，一般花朵、叶子都朝向南方。地衣、苔藓属于喜阴植物，可以根据它们的这种特性来判定方向。在阳面叶子较小、较干燥、手感较硬，有黄、棕、红的颜色；在阴面叶子较大、较湿润、容易折断，多呈绿色。由于季节风的原因，处于山嘴、岸边、风口处孤立的乔木、树枝和树叶都朝着一个固定的方向。例如，常年刮北风的地方，树枝、树叶茂盛的一边就是南方。树桩上的年轮南边的间距更宽一些。

在野外，还可以利用风向、残雪来测定方向。例如，每个地方的季节风往往有一定的方向性，在了解当地气象资料的前提下，可以通过风向大致确定方向。另外，在一般情况下，阳面的雪要比阴面的雪先融化，阳面的雪比阴面的雪硬，阳面的雪通常有蜂巢状的融痕。在有残雪的地方，可以利用这些常识来辨别方向。

20.5.2 预测天气

在没有天气预报的情况下，通过观察云彩的变化、动物的行为和其他自然现象，可以预测天气，这些方法都是人们经过长期实践总结出来的宝贵经验。一些流传甚广的民间谚语，对预测天气也很有帮助。

民间流传较广的谚语中，有很多是关于天气的，记住这些谚语，对自己会有帮助。

民间谚语

游丝天外飞，天晴便可期。

日晕三更雨，月晕午时风。

早霞不出门，晚霞行千里。

天上鱼鳞斑，晒谷不用翻。

有雨山戴帽，无雨云拦腰。
燕子低飞蛇过道，大雨不久就来到。
远山可见兆天晴，近山模糊要下雨。
青蛙叫不停，老天会下雨。
东虹日出西虹雨。
星星眨眼会下雨。
朝起红霞晚落雨，晚起红霞晒死鱼。
青蛙成群叫，大雨将来到。
猫洗脸，天下雨。
鸡宿迟兆阴雨，鸡晒翅天将雨。
鱼跃出水会下雨。
日出日落胭脂红，不雨就生风。
直雷雨小，横雷雨大。
蜘蛛张网补网兆天晴。
蚂蚁搬家会下雨。
乌鸦成群叫，寒潮快来到。
雷轰天边大雨连天，雷轰天顶有雨不狠。

20.6　野外求救和救援信号的识别

在野外环境中，各种危险随时都有可能发生。具有一定野外经验的人，可以凭借所掌握的野外生存知识，采取恰当的措施，将损害降到最低程度。

在野外如果陷入困境，一个人、一个团队的力量毕竟有限，需要与外界取得联系，借助他人的力量摆脱困境。及时、正确地发出请求援助的信号，是野外生存必须掌握的技能。救援信号一般都具有通识性和国际性，包含有求救者的处境、求救者的位置等基本信息。

1. 烟火信号

以等腰三角形排列的三堆火，是国际通用的求救信号。为了便于外界识别，夜间可以直接点燃三火堆，而白天在火堆上放些湿柴、青草、橡胶等材料，可以形成较大较浓的烟雾，更容易让处于远方或高处的人看到。用这种方式向外界求救时需要特别注意的是，点火地点应该选择开阔的地带，如果在山谷和树林里点火，不仅效果不好，而且容易引起火灾，比较危险。在野外做饭或举行篝火晚会时，不要将火堆排列成等腰三角形，以免发生误会。给救援飞机发送信号，火堆的距离应该在 20～30 米，以便于高空识别。

2. SOS 信号

SOS 信号应用广泛，可用图形、声音、灯光各种信号形式发出。

1）图形信号

在雪地和沙滩上，尽量大地写上 SOS；在开阔地上用石块摆成这样的三个字母；在室内的玻璃上写上 ZOZ，路上的行人从外面看上去就是 SOS；在地上挖出 SOS 形状的沟，在沟里倒上油，晚上点燃这些油；在漂浮物上写 SOS。

2）声音信号

用坚硬物敲击金属物或树干，发出“铛、铛、铛”三个短促音，然后接三声长音“铛——

铛——铛”，再接三声短促音“铛、铛、铛”。汽车喇叭、哨子也可以发出这样的声音信号。

3）灯光信号

用手电筒、头灯等工具，短促闪三下，接三下长闪，再短促闪三下，就是 SOS；在手电筒、头灯、蜡烛、灯笼等发光源上，用板子、书报、衣服等遮盖物遮挡，使光亮一闪一闪地断续发出三短三长，再接三短，表示 SOS。

3. 红色信号

把灯光用红布、红纸包上，使光源发出红光，抡动手臂对可能有人的地方画圆圈，这种红色圆圈信号也是通识的求救信号。

4. 旗语信号

用衣服、毛巾、丝巾等绑在树枝上做成旗子，在显眼的地方挥舞出“8”字。旗子的颜色要鲜艳，在绿色背景下用红色和橘色、在黑色背景下用浅色、在雪地上用深色。

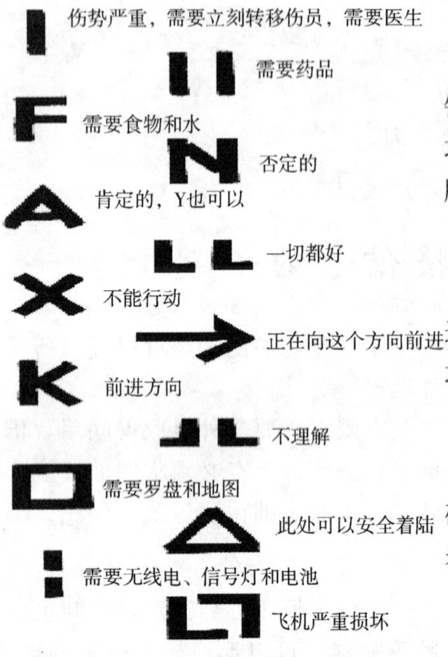

图 20.1 地面对天空的代码

5. 反光信号

用小镜子、汽车反光镜、保温瓶内胆、手表、眼镜、玻璃碎片、罐头盒、刀、磨光金属等方法，朝着求援目标方向不断晃动，或者把三个反光源排列成等腰三角形。

6. 汽车信号

同时打开汽车两侧的转向灯，“双闪”信号是交通部门和驾驶员通识的紧急信号。“双闪”信号既是求救信号，也是警示信号。

7. 地面对天空的代码

在野外求救时，还可以利用一些地面对天空的代码向外界求救，并且可以利用不同的代码，告诉救援者最需要什么样的帮助（图 20.1）。

8. 身体语言信号

在野外求救，还可以利用一些国际通用的身体语言，与空中救援人员进行沟通和交流。运用身体语言发出信号时，身体、双腿和手部的动作幅度应尽量大一些，动作流利干脆。还可以在手里拿一快颜色鲜艳的布，对 yes 或 no 进行强调，让救援人员对信号看得更清楚（图 20.2）。

9. 其他求救方法

1）电话求救

电话是非常简单直接的求救方式，在野外发生意外可以拨打匪警 110、急救 120、火警 119 等。

2）漂流瓶

在孤岛遇难，找一个瓶子，在里面装上写好的求救信，写清楚自己的处境和受困的方位，封好瓶口，将瓶子扔进海水、湖泊或河流中。如果可以绘画，还应在求救信中画出所处位置的草图。如果懂英文，还可以在信中附上英文求救信。

图 20.2　身体语言信号

3）风筝

用纸、薄布做个风筝，上面标明处境和方位，把风筝放飞，脱线的风筝会飞得很远，有人看到后很快会来营救。

4）投掷物

如果受伤后已经不能发声，或者处在陡峭的山崖上，可以向外或山下抛出写有字的物品求救。

5）灰尘

在干燥的土地上，用树枝等工具扬起弥漫的灰尘有时也能引起别人的警觉和注意。

20.7　野外生存活动的组织策划

开展野外生存活动，会遇到许多实际的问题和困难，一些意想不到的突发性事件和伤害事故也有可能发生。出发前，组织者应对整个活动进行周密细致的策划，做好各项准备工作，以确保野外实践活动顺利进行。

20.7.1　组织策划的基本原则

野外生存训练内容丰富，形式多样，可根据不同的训练对象和训练目的来进行组织策划。组织野外实践活动的基本原则是：明确目标任务、精心筹划组织、落实各项工作、防范突发事件。

策划组织野外生存活动，首先必须明确活动的目标和任务，如本次实践活动是一般的教学实践还是有一定难度的生存考验，要达到什么目的，主要进行哪些项目的训练，如何开展，等等。如果目标任务不明确，策划组织不严谨，这次野外实践活动就很有可能演变成一次集体旅游，使训练效果大打折扣。

野外实践活动，涉及交通、安全、装备、饮食、经费等诸多环节，各项工作都需要精心筹划、周密安排，如果有哪一项工作没有考虑到，没有安排好，就有可能影响整个活动的开展，甚至产生更为严重的后果。在前期的策划组织阶段，要充分考虑实践活动中可能遇到的问题和困难，提前做好计划，严密部署，以免因准备工作的疏漏而引起不必要的麻烦。

野外实践活动是一项较为复杂的综合性训练，活动的牵涉面非常庞杂，各项工作都要由专人负责落实。出发之前和出发之后，组织者都应严格按照计划进行部署，做到分工明确、责任到人，保证各项工作顺利进展。

安全第一。在野外实践活动中，必须要对可能遇到的各种意外有充分的考虑，要预先采取有效措施进行预防。出发前，必须做好应对各种紧急情况和突发事件的预案，如如果有人受伤该怎样对伤病员进行救治，在遇到突发性事件时应急人员如何开展援助，等等。这样，可以尽量避免紧急情况下的无所适从和手忙脚乱，将意外造成的损害降到最低程度。

20.7.2 野外生存训练的经典项目

野外生存训练活动的项目，可分为穿越、攀登、下降、漂流、探险等五大类。根据实践地点和训练侧重点的不同，这五大类项目还可以继续分解细化或重新整合，派生出很多项目。

以下介绍几种在野外生存训练活动中经常使用的经典项目。

1. 野外归队

项目介绍：在身无分文的情况下，穿越一座城市或一个特定的区域。主要是训练应变能力，锻炼、提高队员的综合素质。

训练方法：所有参加训练的队员不带任何通信工具，并且身无分文。乘车到距离出发点3千米左右的郊区或野外环境中，围绕出发点环行，每行进一段距离放下一个队员。组织者只交给队员一个大信封，但什么都不要跟队员说。由于队员事先并不知道要干什么，为什么被扔在半路上，下车后肯定会打开信封看，信封里是一封信和三个锦囊。

信的内容是：你现在参加的是综合能力训练，在身无分文和通信工具的情况下，必须在规定的时间内回到出发地点，否则，你将被当作“逃兵”处理，并自动退出这个团队。现在你有三个锦囊，但尽量不要使用它们，即使使用也不要全部打开，除非在万不得已时。打开锦囊的顺序是1、2、3。记住，不许告诉任何人你的训练计划，不许打电话向任何人求助，不许有任何破坏及违法行为。此项训练将根据返回时间、是否使用锦囊、打开锦囊的个数判别优胜、合格和不合格。请你本着对自己负责的态度，自觉遵守训练规则，相信你一定能按时归队，回到出发地点。

注意事项：

（1）锦囊上应事先标明序号。

（2）第一个锦囊是给一些简单的提示；第二个锦囊是回去最简单的路线图和方法；第三个锦囊里装有回去的乘车费用和一个保证安全返回的安慰性纸条。

2. 定点集合

项目介绍：定点集合是在规定的时间内找到事先设在野外的大本营。这个项目可以强化个人穿越、定向、识图等技能，培养个人“独立作战”的能力。

训练方法：组织者事先选择一个有环形公路的野外大本营，大本营距离公路的距离应在 20 千米以上。参与者携带必需的野外生存装备，乘车绕公路环行，每行进 2 千米放下一个队员，要求队员必须在规定的时间内找到大本营。下车前，组织者还需将一份大本营特征的说明书和一个包裹发给队员。包裹里装着两天的给养和报警器材，但队员并不知道。组织者要告诉队员，包裹不能随便打开、使用，除非在万不得已或遇到紧急情况时才能使用。

注意事项：

（1）此项训练也可以按小组或结对的方式进行。

（2）参训人员应具备一定的野外生存经验和穿越技能，并且要有可靠的交通、通信、救援等后勤支持作保障。

3. 野外生存

项目介绍：在有限的食物供给条件下，看谁的野外适应能力最强。该项目一般都作为野外实践活动的结业项目，只有在所有训练项目结束后，经考试合格的人员才有资格参加。

训练方法：

（1）组织者应事先勘察、联系好可以点火、采集植物的野外环境。这种环境一般是处于非保护区，活动应该选择在非防火期进行。

（2）按照划定好的生存区域绘制地图，活动范围不能超越划定区域。

（3）给养应按队员的体重的 1%配给，所有队员的食物种类应保持一致。

（4）野外用品应该由队员自己选择，因为每个人对工具、仪器的使用、爱好不同，应以习惯、顺手为原则，没有必要非得统一。

（5）宿营地点由队员自己选择。

注意事项：

（1）划定的生存区域应该保证没有大型野生动物，以防队员发生意外。

（2）必须保证通信畅通，要求队员定时打开通信工具，至少每天报告一次。对于 12 小时没有报告的必须及时派人查询，以免发生危险。

（3）给养、装备等野外生存用品一次性发放后，不再补充，但通信设备及耗材必须保证供应。

（4）为了保证安全，必须保证生存区域内有人巡视。

20.8　心理拓展训练

20.8.1　心理拓展训练概述

从广义上讲，心理拓展训练也是野外生存与拓展训练的一项重要内容。许多曾经经历过野外探险和生存训练活动的人，都有一个切身的体验和感受，就是当人们置身于较为危险或险恶的外部环境中时，将会承受巨大的心理压力，而如何克服心理压力是决定成败的关键。

心理拓展训练中的个人、集体挑战训练项目，需要在专门的训练场地上，利用各种大型专业设施，展开攀登、跳跃、下降、通过等活动，如空中抓杠、高空断桥、攀岩等，这些项目都具有一定的难度和惊险度，可以充分挖掘人的潜能，使参与者获得“成功”的体验，摆脱曾经有过的失败阴影，从而对自己充满信心，培养勇者无畏的勇气和精神。心理拓展训练中还有一些项目，需要团队密切配合，全体成员必须共同建立起一种良好的团队气氛，相互理解、相互信任、融洽默契、团结协作，共同克服活动中的困难。这些训练活动，能够创造一种环境，让人们重新认识自己、了解自己，并从中领悟更多的道理。

20.8.2 心理拓展训练的经典项目

1. 信任背摔

训练目标：克服心理恐惧，挑战自我，增强相互信任和理解，增强团队凝聚力，活跃气氛。

场地器材：一块平整的场地。背摔台一个，约 1.5 米高；捆手布条 2～3 条，约 0.6 米长；体操垫一块。

训练方法：每个人轮流站在台上，两臂交叉握于胸部，用捆手布条捆住双手，身体保持直立向台下后倒，台下由全体同学摆成保护姿势（两人一组对面弓步站立，手心向上搭在对方肩上，组与组之间不能有空隙），保护其安全。教师要特别强调说明：向后倒下之前一定要经过上下口令的呼应，如“我是某某，准备好了吗”“准备好了”“我来了”。教师要站在台上，随时提供保护。

注意事项：

（1）摘去个人身上可能造成伤害的物品。

（2）体重轻的先做或者后做，体重大的中间做。

（3）有心脏病、脑血管病、高血压和严重腰伤的人不能参加。

（4）每个人上台后都必须经过上下口令的呼应，否则不得进行。

（5）不得将做背摔的人抛起来或者顺势平放在地上。

2. 空中抓杠

训练目标：克服心理障碍，挑战极限、挑战自我；通过相互鼓励、相互保护的活动过程，培养相互信任、勇于拼搏的团队精神；学会换位思考。

场地器材：基地综合训练架（高 8 米、顶部带圆盘的铁柱，前上方约 1 米处悬挂横杠）；配套器材（10.5 毫米主绳 2 条、带锁铁锁 8 个、40 厘米绳套 4 条、下降器 2 个、安全带 5 条、安全帽 2 顶、手套 4 双等）。

训练方法：将学生带到场地内，讲解项目的活动方式，要求每个人都必须亲自体验。

（1）讲解如何使用安全带、安全帽，如何进行安全保护。

（2）讲解练习方法：攀到铁柱上，站起来，屈膝，奋力跃出，双手抓住空中的单杠。练习者与保护人员之间必须用口令相互联系。

（3）指定负责保护的人员和安全检查人员，做到分工明确、任务明确。每根主绳的保护者应为 3 人。

注意事项：

（1）检查保护绳和上保护点绳套是否完好无损，检查安全带、安全帽有无损坏。

（2）训练开始后，训练架下不得有人停留或走动，上下未经口令联系时不得操作。

（3）时刻注意参与保护学生的不规范动作，注意检查安全带及使用方法是否正确。

（4）禁止在没有安全保护的情况下攀上训练架。

（5）患有心脏病、高血压等心血管疾病的学生不能参与该项目。

（6）高空任务完成后，保护者应匀速将架上的学生放下来，以免由于剧烈摆动撞上训练架。

思考题

1. 野外生存的基本原则是什么？
2. 如何鉴别野生植物的安全性？
3. 野外遇险时，该如何建立庇护所？
4. 在野外，应遵守怎样的狩猎原则？
5. 在野外，如何对水进行净化处理？
6. 在干旱沙漠地区，如何寻找水源？有哪些方法可以收集到饮用水？
7. 野外宿营地应该具备哪些基本条件？
8. 野外宿营时，如何划分布局功能区？
9. 在野外，可用哪些方法来辨别方向？
10. 野外遇险，应采用怎样的求救策略？有哪些求救方式？

第 21 章 田　　径

田径运动是体育运动的重要项目之一，是从人们的生活技能中发起来的竞技性活动，在《国家学生体质健康标准测试》中占很大比例，是学校体育课的重要内容，是各项运动的基础。田径运动的项目较多，是以个人为主的运动项目。包括走、跑、跳跃、投掷，项目广泛，各专类项目对于提高身体素质各有侧重。通常把各种不同距离、不同形式的竞走、赛跑等凡是用时间计算成绩的项目均叫做径赛；把跳跃和投掷等以高度和远度为计算成绩的项目叫做田赛。中长跑运动员要求体重轻、腿长、吸氧及缺氧耐受能力强；跳高运动员要求身材高，腿部长而有力、动作灵敏、协调；投掷运动员要求身材高大，强壮有力、动作速度快。田径运动的比赛项目多达 40 余项。

21.1　田径基本技术

21.1.1　短跑的技术原理和技术

跑是人类长期社会实践发展起来的，是人体最基本的活动能力，也是一切活动的基础，是体育运动中最古老的运动形式，是人体腾空和支撑交替的周期性位移运动，是人体最有效的健身方式之一。按照功能划分一般包括健身跑和竞技跑。它的技术一般包括起跑、起跑后的加速跑、途中跑和终点跑等几个部分，因此，了解其技术要领，掌握技术特点，对于提高技术水平可以起到事半功倍的效果。

跑是人体迅速向前移动的一种基本活动能力，能有效提高身体素质，增强体质，是培养意志品质的有效手段，包括短跑、中长跑、马拉松、健身跑等形式，也是跳跃、投掷项目的基础。

根据田径运动的概念，以前人们一般将其分为田径竞技运动项目、田径健身运动项目两大类，随着时代的变迁和发展，一些田径创新项目不断涌现，这些创新项目，现在被列为田径运动的第三类。

以时间计算成绩的竞走、跑、接力跑和跨栏跑等项目称为径赛；以远度和高度计量成绩的跳跃和投掷项目称为田赛；以查分表计算成绩，并按规定组合的跑、跳、投项目称为全能运动。田径竞技运动成人各类竞赛项目一般分为竞走、跑步、跳跃、投掷和全能运动等五大类，国内外一般都是按这些分类和男女性别来设置比赛项目的。

1. 短跑技术的特点

短跑技术发展至今，在跑的周期动作结构上并没有根本性的变化，而只是围绕着步长、步频的相应关系，在后蹬和前摆的参数上发生变化，使短跑技术更完善（图 21.1）。现代短跑技术可归纳为以下三个特点。

图 21.1　短跑技术图

（1）快速蹬伸技术是现代短跑技术的主要特点之一。蹬伸动作包括蹬伸速度、蹬伸程度和蹬伸方向。适宜的蹬伸程度可以取得更快的蹬伸速度和更合理的蹬伸方向。根据这一原理，现代短跑技术中出现了屈蹬技术，提高了蹬伸速度。

（2）摆动腿积极快摆技术。摆动腿快速有力、大幅度的前摆技术，更加完善了“摆动式”跑法，有效地促进了身体迅速向前移动，加大了后蹬的力量和速度。同时加快了摆动腿的速率，缩短了跑动周期，提高了跑的频率。

（3）现代短跑也越来越重视前蹬支撑技术。通过摆动腿积极下压、鞭打扒地动作和退让肌工作能力的训练，减小前蹬支撑时的阻力，缩短前蹬支撑时间，使重心移动的速度在前蹬支撑阶段的损耗减少，从而提高跑的速度。

2. 影响跑速的外力

1）支撑反作用力

支撑反作用力是指人体在支撑时给地面一个作用力，同时地面也给人体一个大小相等、方向相反的支撑反作用力。支撑反作用力的方向和运动方向一致时会成为跑的动力；相反则成为阻力。

2）重力

重力是地心对人体的吸引力，即人体本身的重量。一般来讲，重力对跑起阻力作用。正确的跑步技术就是有效地克服重力对加速度所产生的阻力。

3）摩擦力

摩擦力是一种阻碍物体运动的力。但人在跑动时有摩擦力的存在才能保证有牢固的支撑点。所以，穿钉鞋跑时可以加大后蹬时的摩擦力，有利于提高跑速。

4）空气作用力

风向和运动方向一致时起助力作用；反之则起阻力作用。

3. 决定跑速的因素

1）步长与步频

步长是指跑时两脚着地点之间的距离；步频是指两腿在单位时间内交替动作的次数。步长越大，步频越快，则跑速越快。不同的人跑步时要找到适合于自己特点的步长和步频。

2）后蹬的效果

决定后蹬效果的因素有蹬地的力量、速度、方向，以及蹬伸的程度和蹬地的角度。跑的过程中的后蹬效果，直接影响跑速的快慢。

4. 跑的专门性练习方法

1）小步跑

（1）作用：体会用前脚掌积极着地技术培养协调能力和增强踝关节支撑力量。

（2）动作要求：躯干正直，肩和双臂放松，提起脚跟保持高重心。一腿伸膝蹬地一腿屈膝前摆，大腿前摆约与水平面呈45°角就开始髋部发力，大腿积极下压膝关节放松，小腿自然稍向前下方伸出，接着前脚掌迅速向前下方着地。着地要积极和富有弹性。着地点靠近身体重心投影点。此时着地腿膝关节伸直配合另一腿屈膝前摆使重心迅速前移。双臂屈肘前后摆动，步幅小频率快，整个动作配合要协调连贯。

2）高抬腿跑

（1）作用：增强快速摆腿和蹬地的力量，提高两腿交换的动作频率以及蹬摆配合的协调能力。

（2）动作要求：躯干正直，保持高重心大小腿折叠高摆大腿，与地面平行，另一腿充分伸展髋、膝、踝三关节。然后摆动腿大腿下压用前脚掌着地。两臂屈肘前后摆动，步幅小频率快，整个动作快速有力。

3）车轮跑

（1）作用：体会摆腿和大腿下压、小腿放松前伸，以及小腿和脚掌鞭打扒地技术，提高协调能力，增强蹬摆肌肉力量。

（2）动作要求：和高抬腿摆腿动作相同，但在大腿下压时，强调膝关节放松，小腿自然向前下方伸出。当脚掌接近地面时，膝关节呈伸直姿势，小腿的延长线约与地面成70°角。随着大腿继续向下后方压，用前脚掌在靠近身体重心投影点处积极完成扒地动作，着地支撑时要充分伸展髋、膝、踝三关节，并使重心迅速前移。双臂屈肘前后摆，整个动作配合要协调、连贯。

4）后蹬跑

（1）作用：体会蹬地和摆腿配合技术，增加蹬摆力量和幅度，提高协调能力。

（2）动作要求：两脚前后站立，躯干稍有前倾。后面的腿以膝领先，大小腿折叠前摆，同时支撑腿蹬地，充分伸展髋、膝、踝三关节并把同侧髋前送，尽力加大两大腿夹角，蹬摆结束瞬间，摆动腿小腿和后蹬腿大腿约呈平行姿势，接着摆动腿大腿积极向后下压，用前脚掌着地转入后蹬，另一腿大小腿折叠前摆。两臂屈肘前后摆动，整个动作节奏快，重心上下波动小，动作幅度大而有力。

21.1.2 接力跑的技术原理和技术

接力跑是由短跑和传、接棒技术组成的集体配合的径赛项目。它既能发展学生的快速奔跑能力，又能培养团结协作的集体主义精神。

接力跑成绩的好坏，不仅决定于每个队员的成绩，而且在很大程度上取决于队员之间的密切配合和传、接棒技术的好坏。接力跑时，跑的技术与短跑途中跑技术相同。

1. 4×100米接力跑技术特征

（1）起跑：第1棒运动员采用蹲踞式起跑，通常用右手持棒，接力棒不得触及起跑线或起跑线前的地面。第2、第3、第4棒运动员在预跑线以内自己确定的起跑位置上，用站立式或一手撑地的半蹲踞式起跑。第2、第4棒运动员应站在各自分道中线外侧用左手准备接棒，第3棒运动员站在自己分道中线内侧用右手准备接棒。

(2) 传接棒方法：传接棒的方法有上挑式和下压式两种。上挑式接棒人的手臂自然向后伸出，掌心向后，虎口张开朝下，传棒人将棒由下向上传到接棒人手中。下压式接棒人的手臂后伸，掌心向上，虎口张开朝后，拇指向内，其余四指并拢向外，传棒人将棒的前端由上向前下方传到接棒人手中。

(3) 传接棒的时机与位置：传接棒应该在传棒人跑速不下降和接棒人已发挥出接近自己最高跑速，两人相距约1.50米，跑速相等的瞬间完成。这个时机的位置应在接力区前段约16米处为宜。

2. 4×400米接力跑技术特征

4×400米接力跑，运动员跑速相对较慢，而且每名运动员跑到最后时速度还会下降。因此，对传接棒技术的要求相对降低。第1棒运动员用蹲踞式起跑，第2、第3、第4棒运动员用站立式起跑。传接棒方法可采用上挑式，也可采用下压式，但都是右手传棒，左手接棒。因此，第2、第3棒运动员在途中跑时，应将接力棒由左手换到右手。接棒运动员接棒前，头转向后方，密切注意本队运动员的跑进情况。如果传棒运动员最后仍保持一定的跑速，则应该早些起动；如果传棒运动员跑速较慢，起动则应该晚些，甚至等待接棒。传棒运动员将棒传出后，应在不影响其他运动员跑进的情况下退出跑道。

在田径场上正式比赛的接力跑项目有男、女4×100米接力和4×400米接力，在各级各类学校中，还有各种不同形式的接力跑，如迎面接力、越野跑接力、异程接力、圆圈接力、跨栏接力和不同距离的团体接力赛等。

在田径场上正式比赛的接力跑由四人配合，各跑一段距离完成全程跑。所以在传接棒时，要充分发挥手和眼的作用。从形式来看，传接棒的方法有两种：一种是上挑式的方法，一种是下压式的方法。采用下压式传接棒方法，练习时应培养运动员双手都能掌握传接棒的技术，双手不但会传，而且也会接。另外，在选择各棒队员时，必须根据各个队员的特长，即各个队员起跑技术、弯道跑技术、冲刺跑技术和传接棒技术等，发挥每一队员的特长，把最有特长的队员安排在最合适的棒次上。

各棒队员的安排，一般是第1棒持棒跑106～108米，安排起跑技术好并善于跑弯道的队员；第2棒持棒跑100米（实际跑126～128米），安排专项耐力好，并善于传接棒的队员；第3棒持棒跑100米（实际跑126～128米），安排除要具备第2棒的条件外，还要善于跑弯道的队员；第4棒持棒跑92～94米（实际跑120米），安排短跑成绩最好，冲刺跑能力强的队员。

接力跑被正式列为比赛项目是在19世纪末。当时的比赛规则规定接棒人在20米接力区内跑进中从传棒人手中接棒。20世纪后期，规则规定从接力区后沿向后延长10米，作为预跑线，接棒队员可以在10米的预跑段区域内任选一处开始起跑，但传、接棒仍然必须在20米接力区内完成。

接力跑的传接棒方法，有上挑式和下压式两种。在实践中又产生了两种方法兼用的混合式。从接力跑的竞赛规则和场地（接力区）的设计中可以看出，在快速奔跑中完成传接棒和提高跑的速度是接力跑技术的发展方向。

21.1.3 中长跑技术原理和技术

中长跑是中距离跑和长距离跑的合称。正式比赛项目有：男、女 800 米、1500 米属中距离跑；女 3000 米，男、女 5000 米、10 000 米属长距离跑。经常从事中长跑练习，能有效地增强体质和提高健康水平，发展耐力素质，培养学生克服困难的顽强意志品质。在我国，中长跑不仅是各级各类学校体育教学和《国家体育锻炼标准》的重要内容，而且成为一种具有广泛群众基础的运动项目，是广大学生锻炼身体的重要手段（图 21.2）。

图 21.2 中长跑技术图

中长跑技术由起跑、起跑后加速跑、途中跑和终点跑四个阶段组成：①起跑采用站立式起跑，包括“各就位”“鸣枪”两个环节。任务是使身体迅速摆脱静止状态，对起跑后的加速跑有直接影响。②起跑后的加速跑按最短距离原则迅速朝弯道“切点”方向跑去，或者根据战术需要迅速占据有利的战术位置。③途中跑是运用技术和战术合理分配体力，最大限度地减少耗时或争取有利于取得好名次的“跑位”。途中跑距离长，为节省能量消耗，要善于放松不参加工作的肌群，同时还要努力保持正确的技术动作和适宜的节奏。④终点跑要求动员全身力量，加强摆臂、摆腿与后蹬，以接近短跑技术的要求，一鼓作气地向终点冲去。冲刺跑的时机，应根据比赛项目、训练水平、战术要求及比赛情况而定。一般情况下，800 米跑可在最后 200～250 米处进入冲刺跑，1500 米跑可在最后 300～400 米处进入冲刺跑，3000 米跑以上的项目可在最后 400 米或更长一些距离处进入冲刺跑。耐力占优势的运动员，冲刺距离可长一些，速度占优势的运动员，冲刺时机可稍晚一些。⑤中长跑时呼吸的节奏应和跑的步调配合起来，一般是跑两三步 1 呼气、跑两三步 1 吸气。随着跑速的加快和疲劳的出现，呼吸的频率也应增加，可以采用跑 1 步 1 呼气、跑 1 步 1 吸气的方法。呼吸一般用鼻子与半张开的嘴同时进行，应有一定的深度，而且要着重呼气。

中长跑时，由于内脏器官的惰性，氧气供应暂时落后于肌肉活动的需要，再加上肌肉活动的大量代谢物得不到及时运走，因此跑一段时间后，就会不同程度地出现呼吸困难、胸部发闷、四肢无力、跑速下降，产生难以继续跑下去的感觉，这种现象就是所谓的“极点”。当“极点”产生后，只要坚持继续跑下去，经过一段时间，这种现象就会减轻，身体机能就会得到明显好转，这就是生理上的“第二次呼吸”。“极点”的克服，不仅是提高训练水平和锻炼效果的过程，也是培养顽强意志的过程。

中长跑技术是在长期的运动实践中发展起来的。现代奥运会以前，人们没有重视研究和改进中长跑的技术。在 20 世纪 30 年代，就出现了用前脚掌外侧先着地过渡到全脚掌着地的方法。第二次世界大战后，又出现了用前脚掌着地，摆动腿积极下压，脚着地距身体重心投影点较近，形成扒地动作，适当缩短步幅，加快步频的跑法。20 世纪 70 年代，世界上出现了“高频跑”，其技术特点是：后蹬结束后，小腿后摆很小，没有明显的折叠动作，迅速转入前摆，摆动腿脚掌着地时离身体重心投影点较近，小腿自然下落与地面近乎垂直角度，没有明显的扒地动作，而且，前摆大腿抬得也不高，这样就缩短了两腿交换的时间，步长相对减小，提高了频率，加快了速度。

当前中长跑技术在保留了传统的实效性和经济性的基础上，更加合理。过去高大运动员采用大步幅跑的技术，矮小运动员采用高频跑的技术的模式已被打破。例如，1992 年奥运会 3000 米决赛中，独联体选手罗曼诺婕，个子很矮，途中跑也是高频跑技术，实力并不占优势，但在最后 100 米处突然加大步幅跑，以有力的冲刺跑战胜其同胞多罗夫斯其克，以 0.81 秒之差险胜而获金牌。

高频跑节奏感强、经济省力，其特点表现为：上体平稳，身体重心上下起伏小，躯干前倾角度易保持，摆臂动作轻松自然，多余动作少。两脚落在同一条线上，上下肢配合协调，重心投影点与着地脚距离较近，身体由着地到腾空位移较快，因而很适合中长距离的途中跑技术。不足之处：步长相对较小，容易造成身体重心过高，膝关节蹬伸不充分，影响大腿积极前摆，使大小腿折叠幅度过小，影响腿部中小肌群的交替放松程度。因而单步实效性差，不利于发挥速度。一般情况下，内脏器官功能好的运动员采用高频跑，腿部力量强的运动员增大步长较为适宜。因此，在保持较高步频的条件下，适当增加步长（掌握变速跑、冲刺跑、疲劳时不变形等技术）的跑法是目前中长跑的发展趋势。中长跑技术新的发展趋势和特点强调局部肌肉群的力量，重视脚的着地缓冲技术，保持脚掌肌肉及踝关节的功能状态，加快末端关节的用力速度，使脚的扒地动作更加积极。

21.1.4　跳跃的技术原理

跳跃是周期性与非周期性相结合的混合性运动项目，包括跳远、三级跳远、跳高、撑竿跳高，它们的技术结构相近，一般经过助跑、起跳、腾空或过竿、落地几个部分。

田径运动中的跳跃项目，是运用人体自身能力（或同时借助一定的器材如撑竿），通过一定的运动形式，使人体腾越最大的高度或远度。虽然每一个项目水平位移的距离不同，抛射的角度和次数不同，但它们的共同点都是从静止开始水平位移，而后转变为抛射运动。跳跃项目从水平位移变为抛射运动的过程，可以分为密切相连的四个阶段，即人体的水平位移阶段（助跑）、从水平位移转变为抛射运动阶段（起跳）、人体的抛射运动阶段（腾空）、人体抛射后的落地阶段（落地）。

1. 技术特征

跳远技术由助跑、起跳、腾空和落地四个部分组成，这是一个紧密连贯的动作。现代跳远技术强调高速助跑和起跳衔接，落地前两腿尽量向前摆出。三步半的走步式是当今跳远竞技场上最流行的姿势。

（1）助跑的距离与运动员跑的能力有关，一般男子的助跑距离为 35～45 米，跑 18～24 步；女子的助跑距离为 30～40 米，跑 16～22 步。助跑时，身体重心要移动平稳，步长和节奏要保持稳定，以便于在助跑结束时能准确踏上起跳板。助跑的最后几步加速节奏明显，适当降低身体重心，为起跳后改变人体运动方向创造条件。

（2）起跳是跳远的关键技术。起跳时，应充分利用助跑所获得的速度，完成一系列正确的起跳动作，获得尽可能大的腾起初速和适宜的腾起角度向空中腾起。起跳动作分为起跳脚着地、缓冲和蹬伸三个阶段。起跳脚着地动作要积极、快速，以脚跟接触地面后应迅速滚动至全脚掌着地。屈膝缓冲是踏跳腿肌肉完成退让性收缩，为用力蹬伸做好充分准备的过程。这时，膝关节弯曲要适度，身体重心要快速前移，以缩短缓冲时间，加强缓冲效果并获得蹬伸动作前的合理身体姿势。蹬伸动作要快速、有力、充分，要使蹬伸动作的反作用力尽可能地通过身体重心，同时，摆动腿和两臂的摆动要积极、迅速、有力，并与蹬伸动作密切配合。

(3) 腾空阶段的主要任务是利用起跳时的身体重心运动轨迹，做出一定的姿势和动作，抑制身体的前旋，为下落着地动作创造条件。因此，腾空初始，身体保持着起跳结束时出现的跨步姿势（称为腾空步），腾空步之后的空中动作有蹲踞式、挺身式和走步式三种。

蹲踞式：起跳腾空后，上体正直，保持腾空步，当身体达到最高点后，起跳腿开始向前上方提举，逐渐向摆动腿靠拢，形成“蹲踞”姿势，随后两腿向上收，两臂由前向下、向后摆动，同时前伸小腿落地。

挺身式：起跳腾空后，起跳腿蹬直自然留在身后，摆动腿膝关节放松，下放后摆到身体的垂直面之后，整个身体充分伸展，形成“挺胸展髋”的挺身姿势，两臂自然后摆，收腹举腿，双腿前伸落地。挺身式的优点在于，空中能充分拉长整个身体，加大了身体前旋半径，减慢了身体前旋角速度，有利于维持身体平衡，动作自然舒展。

走步式：起跳腾空后，摆动腿以髋为轴下放并向后摆动，同时起跳腿大腿带小腿屈膝前摆，在空中完成一个自然的换步动作，随后摆动腿继续前摆靠拢起跳腿接着完成落地动作。空中完成一个换步动作的为两步半走步式，空中完成两个换步动作的为三步半走步式。走步式的摆臂是以直臂大幅度环绕动作的形式与下肢走步动作协调配合完成的。走步式动作的特点是，助跑起跳、蹬伸与摆动各部分技术动作衔接紧密，动作自然连贯（图 21.3）。

图 21.3　走步式跳远的技术动作

(4) 落地动作对运动成绩会产生一定的影响。因此，即将着地前，两腿要上举、前伸，两臂后摆；在两脚接触沙坑瞬间，身体总重心距离地面的高度越低，两腿触地点距身体重心投影点越远，就越能取得好成绩。着地时，要迅速屈膝、团身、两臂前摆，使身体重心尽快通过着地点，也可采用侧倒或向前滑倒在落地点前面的动作，避免身体后倒或坐入沙坑影响成绩。

2. 技术原理

1) 跳跃运动的力学基础

力学是研究物体机械运动的一门科学。我们通常以抛射运动规律作为田径跳跃运动的力学基础。力学抛射运动公式为

$$H=V_0^2\sin 2\alpha/2g$$
$$S=V_0^2\sin 2\alpha/g$$

式中，V_0 表示人体腾起初速度；α 表示人体腾起角；g 表示重力加速度；H 表示人体腾起高度；S 表示人体跳跃远度。

由此可以看出，人体跳跃的高度或远度，主要取决于跳跃的腾起初速度和腾起角。

2) 助跑

助跑是人体水平位移阶段。其目的是为了获得最大的水平速度，并为取得适宜的垂直速

度创造条件，包括直线助跑和弧线助跑两种。

3）起跳

起跳是人体从水平位移转变为抛射运动阶段。其目的是改变身体运动方向。跳远的腾起角一般为18°～24°；背越式跳高为50°～55°；俯卧式跳高为60°～65°。

4）腾空和落地

腾空和落地是指人体的抛射运动阶段和抛射后的落地阶段。人体的空中动作主要是维持身体平衡，更合理地越过横竿或落得更远。正确的落地动作在跳高中能起到积极缓冲的作用，以防止受伤，在跳远中能增加跳跃的距离。

21.1.5 投掷技能的基本技术原理

1. 推铅球技术

推铅球技术由最初的原地推球，逐步发展为上步推球、侧向滑步推球、半背向滑步推球，直至现代采用的背向滑步和旋转推铅球技术。现代推铅球技术包括握持铅球、预备姿势、滑步、最后用力，以及维持身体平衡五部分（图21.4）。

1）握持铅球、预备姿势（准备阶段）

握持铅球和预备姿势，应做到自然、放松，为预加速阶段和最后用力创造良好条件。

2）滑步（预加速阶段）

通过侧向滑步、背向滑步或旋转的形式，使人体和器械获得一定的速度。预加速阶段的动作要自然协调，应充分利用场地，均匀加速并保持一定的节奏，要能控制住器械，维持好身体平衡。此外，预加速的速度大小要与运动员的技术和身体素质水平相适应，并与投掷的最后用力阶段紧密结合，不应出现减速和停顿现象。预加速阶段结束时，身体应形成良好的超越器械的姿势。

3）最后用力阶段

在预加速阶段结束时身体取得超越器械姿势的基础上，合理调动全身各运动器官协调用力，最后通过投掷臂和手的动作，以最快的速度将力量集中到铅球上，并以适宜的角度，把器械投掷得更远。最后用力动作的要点是：蹬、转、送、抬、挺、撑、推、拨。

4）维持身体平衡（结束阶段）

器械出手后，要通过降低身体重心、交换两腿位置和改变身体运动方向等动作，维持器械出手后的身体平衡，避免犯规。

图21.4　推铅球技术图

2. 投掷的力学原理

投掷是非同期性运动项目，尽管投掷项目各种器械的掷法不同，但要求的是投掷的远度。为了把器械投掷得远，投掷动作必须符合力学原理和技术要求。投掷属于斜抛运动，投掷的远度取决于投出器械的初速度、器械出手点高度、投出的角度和空气的作用力，以及重

力加速度。根据力学原理，斜抛物体飞行的距离等于初速度的平方乘正弦二倍角除以重力加速度，用力学的斜抛公式表示为

$$S=V_0^2\sin2\alpha/g$$

式中，S 表示器械飞进的距离；V_0 表示器械出手的初速度；α 表示器械投出的角度；g 表示重力加速度。

公式中的 g 是不变的；出手角度以 45°为最大限度，超过 45°时，器械飞进的抛物线则陡而高，飞进距离反而缩短；出手初速度是没有限度的。上述公式计算的结果并不是器械飞进的实际距离，因为器械飞进的距离还受空气阻力、出手高度及投掷技术的影响。器械出手的初速度和角度决定着器械飞进的距离。在以远度来测定成绩的投掷项目中，出手的角度又受到一定的限制。因此，增加出手初速度的效果，大于增加出手角度的效果。出手初速度可以尽可能地提高，并应力求适宜的出手角度。

3. 决定投掷远度的因素

1）器械出手的初速度

投掷的器械是通过人体的作用力而获得加速度的，加速度的先决条件是力对器械作用的大小。作用力越大，器械所获得的推进力越大，器械飞行的距离就越远。同样的力，对器械作用的时间越短，则产生的初速度越大。由此可见，时间与力在增大投掷器械的初速度上成反比，即力的作用越大，时间越短，初速度才会更大，投掷的距离才能更远。

2）器械出手的角度

通常投掷器械的出手点往往高于落点而不在一个水平面上，出手点和落点的连线与水平线之间就形成了一个夹角 β，称为地斜角，它的正切等于出手高度 H 除以飞行远度 S，即 $g_\beta=H/S$。根据这一公式可以计算出各投掷项目的地斜角，从而求出理想出手角度。由于受地斜角的影响，器械出手的角度不是 45°，而是 45°－β/2。因而推铅球为 38°～42°，掷标枪、铁饼为 30°～35°，而掷链球为 42°～44°较为理想。

3）空气的作用力

在实践中各个项目与在理论上的计算结果往往还有一定的出入，都是由于器械的形状、结构、制作材料及空气作用力的影响造成的，如标枪的滑翔、铁饼在空气作用力下产生的升力作用、器械在飞行过程中冲击角度的变化等。

21.2 田径锻炼方法

21.2.1 短距离跑技术的练习方法

1. 学习掌握直道途中跑技术

（1）集体原地弓步摆臂练习。要求：深吸一口气，注意肩部放松下沉。练习过程中体会摆臂的正确动作。

（2）两人一组的摆臂练习。要求：练习者的同伴手扶练习者肩部（预防耸肩动作）。同时注意观察练习者的脸、颈、肩和双臂动作，及时提醒练习者注意这些动作要放松。

（3）慢跑中摆臂练习。注意随着跑速的提高，加大摆臂的幅度和速度。

（4）手扶肋木做跑的模仿练习。注意折叠前摆和蹬摆协调配合两个技术环节。

（5）跑的专门性练习接加速跑。要求学生在练习过程中体会膝、踝关节的放松和途中跑各环节的正确技术。

（6）站立式起跑 60～80 米的放松大步跑练习。注意摆臂配合。要求在神经系统和肌肉不紧张的情况下，通过反复中速跑练习，体会和掌握途中跑技术。

（7）加速跑 20～30 米后接不减速的轻松惯性跑练习。要求学生体会放松跑的效果，并通过反复跑的练习提高快速跑中的放松能力。以下几个练习主要是在技术掌握到一定程度后，用来提高素质和巩固技术熟练程度采用的。

（8）三至四个人一组的 50～60 米快速跑的练习。要求练习者既有竞争意识，又要动作放松自然，步伐开阔，上肢、下肢及躯干的姿势和动作正确。

（9）让距离跑。将学生分成前后两排，位置左右错开，跑得较快的学生编在后排，开始时，做原地高抬腿跑或站立，当听到口令后迅速跑出，后排学生追赶前排的同学。

（10）行进间 30～40 米计时跑。要求加速时先逐渐增大步幅，后加快节奏。

（11）接力游戏。可以采用迎面接力或沿跑道依次接力，主要是通过改变练习的形式，调动学生学习的积极性，使学生在紧张活泼的气氛中进一步掌握技术动作。

2. 学习掌握起跑后加速跑技术练习方法

（1）正面斜撑肋木，做推手摆臂练习。两人一组，要互相观察练习者面、颈、肩各部位的放松情况和摆臂的幅度和方向，及时指出错误动作，并帮助纠正。

（2）正面斜撑肋木，做高抬腿跑练习。要求练习者认真体会大腿快速有力的前摆动作。注意前摆时脚离地面不要太高，后蹬时，充分伸展髋、膝、踝三关节。

（3）直体前倒接加速跑 20～30 米后做不减速惯性跑练习。要求两脚开立同肩宽提起足跟，直体前倒。在身体失去平衡的瞬间，迅速跑出。要求认真体会加速跑的动作要领。

（4）由体前屈开始，加速跑 20～30 米后接不减速惯性跑。要求两脚开立同肩宽，一臂在前自然放松，一臂屈臂在后。然后前移，至身体失去平衡时迅速跑出。

3. 学习掌握蹲踞式起跑技术的练习方法

（1）采用各种姿势听不同信号起跑。

（2）学习安装起跑器，要求在教师的指导下，学生按小组自行安装。

（3）全组学习“各就位”“预备”口令时的动作。要求练习者练习时，本小组其他同学指导练习者完成动作。依次轮换，并且同学之间互相纠正错误（动作）。

（4）用胶皮带做阻力起跑练习或双人抗肩的阻力起跑练习。要求躯干保持前倾姿势，阻力适当，以不影响练习者动作的连贯性为准。

（5）在斜杆下做起跑和起跑后加速跑练习。要求斜杆前端不要压得太低，以免产生低头躲杆跑的错误。

（6）听口令后蹲踞式起跑 30 米。要求练习时对起跑信号做出快速反应，并注意体会正确技术。

（7）“预备”口令与“鸣枪”之间，以不同的时间间隔做起跑练习，要求对起跑信号做出快速反应。

（8）蹲踞式起跑 60 米。可以采用让距离的追逐跑或计时跑等形式。要求练习者认真体会加速跑和途中跑的衔接技术。

4. 学习掌握弯道跑技术练习方法

（1）原地摆臂练习。在一个半径10～15米的圆圈上，用慢速、中速和快速等不同的速度跑，反复体会弯道跑技术以及其与跑速的关系。

（2）在弯道上，中速跑、快速跑60～80米，体会和掌握弯道跑技术。

（3）学习进弯道跑技术。直道上15～20米加速跑，在进入弯道前2～3步时，有意识地内倾身体，用左脚掌外侧着地，右脚掌内侧着地，进入弯道后快速跑40～50米。

（4）学习出弯道跑技术。要求以很快的速度跑出弯道。进入直道时，顺惯性做2～3步自然跑进，使向内倾斜的身体逐渐恢复正常姿势，然后加速跑20～30米。

（5）直道→弯道→直道跑150～200米。

（6）学习弯道起跑器的安装方法。

5. 学习掌握终点跑技术练习方法

（1）在走和慢跑中做撞线动作。当离终点线一步时做上体前倾双臂后摆的撞线动作。做这个练习时可将学生分成小组，每一组一根终点带，让学生分组练习。

（2）中速跑30米后的撞线动作。

（3）加速跑40～60米。跑过终点后逐渐减速。要求以最快的速度跑过终点，不改变跑的动作。

（4）加速跑40～60米做撞线动作。要求在最后10米开始加大摆臂的幅度和力量，在最后一步做撞线动作。

（5）预防过早前倾上体撞线的练习。把终点带延后50厘米，做各种距离跑的终点撞线练习。

（6）100米全程跑终点撞线练习。

6. 身体素质与训练方法

1）力量素质

力量素质是人体或身体某部位肌肉收缩和舒张时克服阻力的能力，肌肉力量是人们完成各种动作的动力来源，特别是在以体能为主导因素的田径运动中，大多数项目都把力量素质视为决定运动成绩的关键因素。主要训练方法有以下几种。

（1）负重抗阻力训练：利用杠铃、壶铃、哑铃、实心球、沙衣等器械为负重物，结合身体各种姿势和不同重量来发展力量，如杠铃半蹲起、杠铃深蹲起、壶铃蹲跳、哑铃摆臂、前后抛实心球、双手接实心球头上抛或体侧抛、双手接抛实心球、跳起转体接实心球等。

（2）对抗性训练：利用对抗双方的相互力量，结合身体各种姿势来发展力量，如各种姿势的角力、肩负同伴的蹲起等。

（3）克服弹性物体阻力训练：利用拉力器、橡皮带等弹性物体的变形产生的阻力，结合身体各种姿势来发展力量，如拉力器体前扩胸、拉力器头上或体后伸展、橡皮带前后牵引跑等。

（4）克服外部阻力训练：利用水中、上坡、台阶、沙地等外部环境和条件，结合各种身体姿势来发展力量，如水中跳跃、水中抬腿、上坡跑、台阶跳、沙地跑跳等。

（5）专门力量器械训练：利用力量训练组合器械，结合身体各种姿势的练习发展力量。

（6）克服自身体重训练：利用自身的体重为阻力，结合身体各种姿势来发展力量，如立定跳远、立定三级跳远、跨步跳、单腿跳、连续蛙跳、直膝跳深、跳栏架、垫上后空翻、双腿起跳背跃过杆、连续左右转髋、连续交叉步、俯卧撑、抱头旋转等。

2）速度素质

速度素质是指人体快速运动的能力。按不同的表现形式速度能力可分为反应速度能力、动作速度能力和位移速度能力三种能力。反应速度能力是指人体对各种信号刺激的快速应答能力；动作速度能力是指人体快速完成某一动作的能力；位移速度能力是指在单位时间内人体快速位移的能力。主要训练方法有以下几种。

（1）反应速度训练：听信号起跑、各种姿势的听信号起动、听信号抓手等。

（2）动作速度训练：负重或徒手快速完成专项技术的完整与分解动作。

（3）位移速度训练：加速跑、追逐跑、行进间跑、重复跑、下坡跑等。

3）耐力素质

耐力素质是指有机体在较长的时间内，保持特定强度负荷或动作质量的能力。从事任何项目都要求运动员具有相应的耐力，尤其是以有氧代谢为主要功能来源的项目，耐力素质对提高运动成绩更有直接的意义。主要训练方法有以下几种。

（1）有氧耐力训练：匀速连续跑、越野跑、变速跑、间歇跑、高原训练等。

（2）速度耐力训练：固定间歇时间跑、逐渐缩短间歇时间跑、短段落间歇跑、长段落间歇跑等。

（3）有氧和无氧混合耐力训练：反复跑、间歇快跑、力竭重复跑、短距离重复跑、持续接力等。

4）灵敏素质

灵敏素质是指在各种突然变化条件下，运动员迅速、准确、协调地改变身体运动的能力，它是人的运动技能、神经反应和各种身体素质的综合表现。灵敏能力是一种综合能力，它与人对空间定位和对时间的感觉能力有关，也与速度和力量的发展有关，同时，它与协调能力和反应能力也有着直接联系。主要训练方法有以下几种。

（1）各种调整身体方位的练习：前后左右快速移动、徒手体操、各种滚翻、健美体操等。

（2）各种专门设计的复杂多变的练习：之字跑、躲闪跑、图形跑、折返跑等。

（3）各种变换方向追逐性游戏。

（4）各种非常规姿势完成的练习：侧向或倒退跳远、跳深、倒退大步走等。

5）柔韧素质

柔韧素质是人体各肌肉、关节、韧带等组织的伸展活动能力和弹性的总称。柔韧素质包括两方面的含义：一个是关节活动幅度的大小；另一个是关节的肌肉、肌腱、韧带等组织的伸展性。柔韧能力在人年龄较小的时候较容易发展，但随着人体的成长呈逐步下降趋势。主要训练方法有以下几种。

（1）静力性伸拉练习：原地或利用肋木的正压腿、侧压腿、后压腿、高弓步压腿、拉肩、体侧屈、坐立交叉压腿等。

（2）动力性伸拉练习：行进间或利用肋木的正摆腿、侧摆腿、后摆腿、左右转髋跳（走）等。

21.2.2 接力跑的练习方法

（1）让教师用不同速度滚动篮球，以培养接棒人正确判断起跑时机的能力。

（2）接力跑队员的个别练习，目的在于提高跑的绝对速度能力。练习方法基本与短跑队员的练习相同。

(3) 接力跑队员的持棒跑练习，着重培养队员持棒跑的习惯。一般可采用持棒慢跑，持棒加速跑 60 米 5～6 次；持棒起跑 30 米 5～6 次；在持棒快跑中完成送出接力棒练习。

(4) 两人或四人成组做快速传、接棒练习，可以慢跑中、中速跑中或在快速跑中传接棒；两组或多组在竞赛中进行传接棒练习，如 2×50 米或 4×50 米接力跑。

(5) 接力队内各棒次配合的练习。

①第 1 棒与第 2 棒的接力。第 1 棒队员听枪声起跑后把接力棒传给第 2 棒队员，2×100 米接力跑。

②第 1、第 2、第 3 棒的接力练习。要求同前，3×100 米接力跑。

③完整的 4×50 米或 4×100 米接力跑。

21.2.3 中长跑的练习方法

1. 站立式起跑的练习方法

(1) 行进间做弓箭步走练习。练习时上体前倾，头稍低，听到起跑信号后迅速向前跑出。要求：反应迅速，蹬地有力。

(2) 原地站立，身体前倾顺势跑出 20～30 米。要求：身体前倾不要太猛，不屈髋，跑出时积极蹬地。

(3) 以组为单位，在起跑线后做站立式起跑“各就位”口令的起跑预备姿势练习。要求：两脚位置正确，身体保持稳定。

(4) 以组为单位，在起跑线后站好，听口令后做站立式起跑练习（跑出 3～5 米）。要求：腿、臂蹬摆积极。

(5) 以组为单位，在集合线后站好，按口令做站立式起跑和起跑后加速跑 30～80 米练习。要求：速度不断加快，身体逐渐抬起。

(6) 让距离站立式起跑后的追逐练习。根据水平两人（或多人）一组让 3～5 米，听口令同时起跑 50～80 米。要求：在保持技术正确的前提下，全速追逐。

(7) 结合 1500 米起跑线学习站立式起跑和加速跑技术，教师讲解集合线以及起跑线的位置，以口令、吹哨、鸣枪 3 种响声进行分组发令起跑练习（以 10 人一组为宜）。要求：起跑后加速跑出 50 米后返回。

(8) 结合 3000 米、5000 米起跑线学习弯道上起跑后的加速跑技术。教师讲解在弯道上起跑后，抢道路线和注意事项，以口令、口哨、鸣枪 3 种响声进行集体发令起跑练习。要求：加速跑 30 米后返回。

2. 途中跑技术的练习方法

中长跑技术训练应以途中跑技术为主。

1) 途中跑技术训练

(1) 跑走交替。

(2) 匀速跑，中等以下速度到中等以上速度跑 80～100 米。

(3) 定时或定距跑。

(4) 重复跑。例如，由站立式起跑出发，进行 6×200 米、6×400 米或 6×600 米的反复跑。

(5) 800 米以上距离的匀速跑。

(6) 按个人计划的体力分配方案跑。

(7) 全程跑。

2) 终点跑技术训练

(1) 中等速度匀速跑 400 米，在最后 100～200 米处开始适当加速通过终点。

(2) 中等速度匀速跑 800 米，在最后 300～400 米处开始适当加速通过终点。

3) 耐力训练

中长跑的身体训练要在全面发展各项身体素质的基础上，重视专项耐力、速度耐力训练。

(1) 持续训练：长时间持续跑 40～120 分钟（中等强度）。

(2) 间歇训练：短距离要短间歇重复次数多，脉搏 150～168 次/分，如 300 米快＋100 米慢跑间歇 20～30 次；长距离要短间歇重复次数少，脉搏 168～180 次/分，如 1000 米快＋200 米慢跑间歇 10～12 次。

4) 速度训练

一般中跑常以行进间 100 米和 400 米作为衡量速度的标准；长跑以 1500 米衡量速度；马拉松则以 5000 米衡量速度。

(1) 反复跑 30～60 米×5 次×3 组。

(2) 上坡跑、下坡跑 60～80 米。

(3) 让距追逐跑 60～100 米。

(4) 20 米加速跑之后惯性跑 30～60 米。

5) 力量训练

中跑运动员采用负重练习，长跑马拉松运动员做在困难条件下的组合练习。

(1) 负重练习。中长跑运动员采用器械重量较轻、重复次数较多的练习，中跑一般力量（60%～80%）×8～15 次；长跑一般为（40%～60%）×15 次以上。

(2) 各种大强度的短跳跃练习，如立定跳、立定三级跳、五级跳、单足跳、蛙跳等。

(3) 各种中上强度的长跳跃练习，如 100～200 米跨跳、200 米单足跨跳交替跳、100 米单足跳。

(4) 软地、沙滩、草地、雪地、泥地等困难条件下的大量跑的训练。

6) 一般性练习

(1) 原地摆臂练习：两脚前后开立，前腿稍弯曲，上体稍前倾，两臂弯曲 90°左右前后摆动。要求：以肩为轴、肩带放松，摆动方向正确，摆幅适当。

(2) 原地摆臂并结合弹性小步跑。要求：上下肢配合协调。

(3) 有弹性 40～60 米跑：主要体会脚着地和大腿下压动作（膝关节放松）。要求：踝关节积极蹬地，脚离地瞬间由脚趾蹬离地面。

(4) 中速放松的匀速度跑 60～80 米，体会摆臂动作。要求：跑得自然放松，跑的姿势正确。

(5) 轻松自然的加速跑 30～60 米。要求：由慢到快，均匀加速，姿势正确，积极抬腿送髋和用力后蹬。

(6) 加速跑 30 米后慢跑 20 米。要求：加速明显，慢跑放松，均匀减速。

(7) 中等速度的反复跑 100～200 米，每跑一次休息一定的时间。要求：在中速情况下体会上下肢的摆、蹬技术协调配合。

(8) 走跑交替：200 米中速跑＋100 米走＋200 米中速跑＋100 米走。要求：跑的动作放松协调，走跑交替过渡自然。

(9) 快和慢的交替跑：30 米快+20 米慢+20 米快+30 米放松跑，或者 60 米快+40 米慢+40 米快+60 米慢。要求：快跑与慢跑之间的过渡自然，提高肌肉紧张和放松能力。

(10) 定时跑：以均匀的速度跑完一定的时间。要求：每隔一定的时间报一次时，以便学生根据跑的时间分配体力与掌握跑的速度。

(11) 定时定距跑：在规定的时期达到预定的距离。要求：勤报时，呼吸与跑的节奏协调配合，培养学生的速度感。

(12) 为了提高速度和耐力可跑 100 米+200 米+300 米+400 米+300 米+200 米+100 米。密度和强度可视对象水平而定。跑完一个距离后可以慢跑、走或完全休息再跑第二个内容，根据情况不断提出要求。

(13) 各种弯换形式的跑：快慢交替的四角跑、保持间距的蛇形跑、分组循环的接力跑……

(14) 因地制宜变换环境的跑：越野跑、坡道跑、阶梯跑……

21.2.4 跳远的练习方法

现代跳远技术应体现"快速力量"专项技术的特点，训练内容、负荷、方法和手段要更具针对性。

1) 起跳技术训练

(1) 原地起跳动作模仿练习。

(2) 行进间起跳动作模仿练习。

2) 助跑结合起跳技术训练

(1) 一步助跑起跳练习。

(2) 三步助跑起跳练习。

(3) 6~8 步助跑起跳练习。

(4) 全程助跑起跳练习。

3) 腾空和落地技术训练

(1) 原地空中动作模仿练习。

(2) 6~8 步助跑起跳空中技术练习。

(3) 6~8 步助跑踏俯角板起跳空中技术练习。

(4) 立定跳远、立定三级跳练习落地技术。

4) 完整技术训练

(1) 全程助跑起跳计时、变换助跑节奏练习。

(2) 全程助跑跳远。

5) 速度训练

速度是取得跑远优异成绩的基础。速度训练可采用下列手段与方法。

(1) 跑的专门性练习。包括小步跑、高抬腿跑、车轮跑和后蹬跑等。

(2) 40~60 米的加速跑或变速跑。

(3) 利用助力（顺风、下坡）40~60 米的加速跑。

(4) 30~60 米的牵引重物或负重跑。

(5) 各种短距离行进间跑。

（6）小步跑、高抬腿跑、后蹬跑过渡到加速跑。

（7）下坡全程助跑与平地全程助跑交替进行练习。

（8）橡皮筋牵拉摆腿练习。

（9）负重摆动练习。

6）力量训练

（1）杠铃抓举、提拉、快速负重半蹲、沙坑内快速起跳、深蹲、半蹲、负重腰腹肌练习。

（2）立定跳、立定三级跳、蛙跳、单足跳、跨步跳、障碍跳等跳跃练习。

7）灵敏度训练

灵敏、协调能力是跳远运动员的重要运动素质，训练方法、手段很多，如各种球类活动、体操练习和柔韧性练习，这些练习大部分在准备活动、整理活动和调整训练中进行。

8）快速力量训练

快速力量（爆发力）是跳远运动员必须具备的重要专项素质之一。训练中应注意将力量与速度紧密地结合起来。采用的力量练习手段着重于发展肩带肌、躯干肌、髋部肌和腿部肌的力量。快速力量训练可采用下列手段与方法。

（1）负中等重量的提踵练习。

（2）负轻重量杠铃原地双脚跳练习。

（3）负中等重量杠铃 50 米弓箭步走练习。

（4）负杠铃半蹲跳练习。

（5）负杠铃半蹲起练习。

（6）弓箭步快速连续抓举轻杠铃练习。

（7）轻重量杠铃快速挺举练习。

（8）负轻重量杠铃体前屈、体侧屈练习。

（9）仰卧起坐接抛实心球练习（两人配合）。

（10）前后抛铅球或实心球练习。

（11）负较大重量的杠铃深蹲起练习。

（12）各种形式组合的力量练习。

9）跳跃能力练习

跳跃能力是跳远运动员速度与快速度力量的综合体现，是创造优异的跳远成绩的最直接的手段。跳跃能力的训练可采用下列手段和方法。

（1）立定跳远练习。

（2）立定三级、五级、七级、十级跳远练习。

（3）30～60 米的单足跳练习。

（4）30～60 米的跨步跳练习。

（5）30～60 米的换腿跳练习。

（6）10～20 米的连续蛙跳练习。

（7）5～10 个低栏，双脚连续跳起过栏练习。

（8）由下向上的跳低台阶练习。

（9）由上向下的各种高度的跳深练习。

（10）各种负重的跳跃练习。

21.2.5 投掷铅球的训练方法

1）握持铅球、预备姿势技术训练

（1）半蹲、深蹲蹬腿伸臂高推铅球。

（2）双臂在体前弯曲至胸高处，双手用手指用力来回倒球。

（3）身体直立，在腿部轻微用力配合下右手将铅球高抛超过左肩，然后用左手接球。

2）滑步技术训练

（1）徒手模仿侧向、背向滑步技术。

（2）行进间连续侧向、背向滑步技术。

（3）持球练习侧向、背向滑步技术，铅球不出手。

3）最后用力和维持身体平衡技术训练

（1）原地正面左、右单臂或双臂推橡胶球、实心球或铅球。

（2）原地侧向推铅球。

（3）原地背向推铅球。

（4）侧向滑步推铅球完整技术练习。

（5）背向滑步推铅球完整技术练习。

4）力量训练

（1）杠铃练习：卧推；后颈负杠铃深蹲起和半蹲起；深蹲或下蹲时抬脚后跟；有或无弓箭步的抓举；抓提杠铃至颚部；在体前和体后双臂提铃；在体前和体后双臂举铃；负铃1/4转体；提铃至胸；从胸部前推杠铃；高举小杠铃；双臂提器械交替屈伸同时蹲起等。

（2）实心球、壶铃和沙袋练习：后抛或向前高抛实心球；侧臂高举壶铃；负器械腰回环和转体；仰卧起坐和俯卧抬体。

（3）立定三级跳；助跑三级跳；跳高；跳越障碍；台阶跳；跳绳。

（4）负沙袋或杠铃的各种跳：50米单腿跳；30～100米跨步跳等。

（5）推加重铅球练习；连续推一些相同和不同重量的铅球；双手头上掷铅球。

5）速度训练

深蹲式、站立式或行进中起跑后直至40米的快跑；100～200米变速跑、加速跑等。

21.3 田径各单项细则

1. 短跑竞赛的主要规则

（1）在分道的径赛中，运动员应自始至终在各自的分道内跑进。假如运动员由于他人推挤所迫，而跑出自己的跑道，但并未从中获得利益，则不应取消比赛资格。

（2）运动员串道或弯道跑时踩踏左侧分道线或者因摆臂或跌倒而影响他人，均为犯规。

（3）运动员必须按规则起跑，“各就位”时，手和脚均不得触及起跑线和起跑线前的地面。“预备”口令发出后，双手必须与地面接触，双脚也必须接触起跑器，应做好稳定的预备姿势，不得拖延，如故意拖延时间，应判为犯规。

（4）“各就位”或“预备”口令发出后，如运动员声音或动作影响他人起跑，可判为犯规。鸣枪前，如运动员的手或脚离开自己的位置，即可判为犯规。

（5）如有犯规，即可取消比赛资格，退出比赛场地。

2. 中长跑竞赛的主要规则

（1）站立式起跑时，双脚必须与地面接触（起跑犯规判断与处理同短跑）。

（2）运动员在比赛中不得擅自离开跑道或路线，如发生此类情况，则不准继续参加比赛，取消其比赛资格。

（3）从左侧强行抢道超越对方，应取消比赛或录取资格；如运动员自行让开左侧时，可以超越。

（4）比赛途中故意推、撞、挤、阻挡他人前进或踩脚，妨碍他人跑进时，则取消其录取资格。因故受到损失的运动员，可令其参加另一组或下一赛次的比赛或者重赛。

（5）800 米跑比赛在 400 米跑道上进行时，第一个弯道之前为分道跑。运动员未到抢道标志线提前切入里道，应取消其录取资格。

（6）运动员在比赛中不得接受或听取任何人的指导，也不得有人伴跑。

3. 跳高的主要竞赛规则

（1）运动员的试跳顺序由大会抽签排定。

（2）比赛开始前，裁判员应将规定的起跳高度及每轮递升高度的计划通知参赛运动员。每轮之间横竿的升高不得少于 1 厘米。比赛开始后，运动员不得使用助跑道或起跳区进行练习。

（3）运动员必须用单脚起跳。

（4）如有下列情况之一者，则判为试跳失败：①试跳中碰掉横竿者。②在越过横竿之前，身体任何部分触及立柱之间、横竿延长线垂直面以外的地面或落地区。

（5）运动员可以在规定起跳高度以上的任一高度开始起跳，并可在以后的任一高度上自己决定是否“免跳”，在一个高度上第一次或第二次试跳失败后，均可请求“免跳”，但在下一高度上试跳的次数只能是在前一个高度上试跳失败后所剩余的未跳次数。在任何高度上，凡连续失败三次，即失去继续比赛的资格。

（6）每名运动员应以其最好的一次试跳成绩作为其最终的比赛成绩。

（7）比赛中，不得移动跳高架。若裁判员认为起跳区或落地区已不适于比赛，须等全体参赛运动员都试跳完毕该轮次后再移动。

（8）跳高运动员可在助跑道上放置大会提供的标志物，也可在横竿上搭放小手帕或类似的物品作为标志物。

4. 跳远竞赛的主要规则

（1）参赛运动员，每人有三次试跳机会，按试跳成绩录取前 8 名运动员参加决赛，如第 8 名成绩相等，则成绩相等的运动员均可参加决赛。只有 8 名或不足 8 名参加比赛，则每人都可试跳 6 次。最后按运动员最好的一次试跳成绩决定名次。

（2）丈量成绩时，须从运动员身体任何部分落地的最近点至起跳线或起跳线的延长线成直角丈量。丈量成绩最小单位为 1 厘米，不足 1 厘米略去不计。

（3）如有下列情况之一者，则判为试跳失败：①助跑中或试跳时，身体的任何部分触及起跳线前面的地面，或者在沙台上留有痕迹。②由起跳线或起跳线两端延长线踏过或跑过，或者在延长线外面起跳。③在落地过程中触及沙坑以外的地面，而沙坑外的触及点比沙坑内的落点离起跳线近。④完成试跳后向后走出沙坑。⑤采用任何空翻式姿势。

5. 投掷项目竞赛规则简介

(1) 运动员的试掷顺序由大会抽签排定。

(2) 运动员超过 8 人时每人试掷 3 次。成绩最好的前 8 名可再试掷 3 次。若第 8 名成绩相等，则成绩相等的运动员均可再试掷 3 次。只有 8 人或不足 8 人时，每人均可试掷 6 次。

(3) 运动员应在投掷区（圈）内从静止姿势开始试掷。一旦比赛开始，运动员无论持器械与否，均不得使用投掷区（圈）或落地区以内地面练习或试掷，也不许持器械练习。

(4) 推铅球时。应将铅球抵住或靠近下颌，用单手从肩上推出，不得将铅球移至肩下或肩后抛掷。标枪应握在把手处，从肩部或投掷臂上方投出，不得抛甩，不得采用非传统姿势。

(5) 铅球运动员进入投掷圈内开始投掷后，身体任何部位触及圈外地面或抵趾板和投掷圈上面，或者以不符合规定的方式将球推出，均判为一次试掷失败。标枪运动员在枪出手以前，身体不得完全转向背对投掷弧，投掷后身体和四肢任何部位不得触及投掷弧、助跑道边界线及以外地面；否则均为试投失败。

(6) 运动员在器械落地之后，才能离开投掷圈或助跑道。离开时必须从圈或弧的延长线后边走出。

(7) 器械（标枪为枪尖）必须落在落地区角度线内沿以内方为有效。

(8) 每次有效试掷后应立即丈量成绩，丈量应以器械着地最近点（标枪为枪头所留下的痕迹的最近点），沿该点与圆心之间的直线量至投掷圈内沿（标枪为投掷弧的内沿）铅球项目以 1 厘米为单位，铁饼、标枪等以 2 厘米为单位，不足者不计。

(9) 运动员在比赛中不得使用任何有助于投掷的装置；除包扎伤口外，不得在手上使用绷带或胶布，不得使用手套（链球运动员可按规则要求佩戴专用护手套）；运动员可在腰上系一条皮带或其他适当材料制成的带子以保护脊柱；运动员可使用镁粉之类的物质，但仅限于两手，不得在鞋底或投掷圈内喷撒任何物质。

(10) 每次试掷后，必须将器械送回，不得掷回。

21.4 田径主要赛事及欣赏

国际业余田径联合会（International Amateur Athletic Federation，IAAF），简称国际田联，1912 年 7 月 17 日在瑞典首都斯德哥尔摩成立。现有协会会员 210 个，分属欧、亚、非、中北美、南美及大洋洲等 6 个地区联合会。国际田联的工作用语为英、法、俄/德、西班牙语等。不同工作用语文本发生冲突时，以英语文本为准。国际田联总部 1912～1946 年设在斯德哥尔摩，1946～1993 年移至伦敦。1994 年 6 月 10 日新的总部在摩纳哥公国启用。

田径是夏季奥运会的基础项目。国际田联在国际体育和奥林匹克运动中举足轻重。国际田联有两位主席担任过国际奥委会主席，前任国际田联主席内比奥罗也是世界大学生体育联合会和夏季奥运会项目国际单项体育联合会协会主席。

国际田联的宗旨是保护国际业余田径运动的权益，在各个协会之间建立友好和真挚的合作关系，反对任何种族、宗教、政治和其他形式的歧视。其任务是：在世界上开展田径运动，在所有会员之间建立友好关系，采取必要措施反对种族、政治和宗教信仰歧视，为不同种族、不同政治态度和不同宗教信仰的运动员参加国际比赛消除障碍，制定国际比赛的章程和规则，保证会员之间的比赛按国际田联制定的章程和规则进行，与新的国家田协联系，解决在田径运动中出现的有争议的问题，与奥运会组委会合作举办田径比赛，确认世界纪录。

国际田联的最高权力机构是代表大会，每两年举行一次，拥有修改章程、制定竞赛规则、批准项目、选举官员等权力。大会选出的理事会负责处理日常事务。理事会由 1 名主席、4 名副主席、1 名司库、6 名大洲代表和 15 名理事共 27 人组成，任期 4 年。前任主席意大利人内比奥罗于 1999 年 11 月 7 日突然辞世，11 月 18 日国际田联特别会议一致通过由塞内加尔的迪亚克继任主席至 2001 年，2002 年国际田联举行换届选举，迪亚克成功当选新一届国际田联主席。

国际田联设有 6 个委员会，除了医学委员会由理事会指定外，技术、女子、越野、竞走、老运动员共 5 个委员会均由大会选举产生。这些委员会协助理事会向代表大会提出建议，其成员任期均为 4 年。此外，国际田联理事会下设的专门委员会有运动员委员会、兴奋剂检测委员会、发展委员会、财政预算委员会、奖金资助委员会、新闻发布和电视转播委员会等。这些委员会定期向理事会提交报告和提供咨询。国际田联在全世界设有 9 个地区发展中心，其中之一设在中国北京。

国际田联的主要赛事有世界锦标赛、世界青年锦标赛、世界室内锦标赛、世界杯赛、世界越野锦标赛、世界竞走杯赛、世界半程马拉松锦标赛、世界公路接力锦标赛、国际巡回大奖赛和国际越野巡回赛等。此外田径也是 14 个地区综合性运动会的比赛项目。

中国田径运动协会于 1978 年加入国际田联。

国际田联把欧洲原来几个独立的比赛串联在一起，因此叫联赛。每个赛站除了发给前 8 名优胜者奖金外，还为整个联赛设一份 50 公斤的纯黄金金锭，由各站保持不败的 6 名选手分享了价值 100 万美元的黄金大奖，全部六站赛事中任意五站冠军的选手都可以分享 100 万美元奖金总额的一半——50 万美元，余下的 50 万美元则归夺得全部六站冠军的选手所有。运动员共同分享，因此比赛称为黄金联赛。一般黄金联赛的各项比赛规则仍遵照国际田联原来的规则。

随着布鲁塞尔站的结束，有着 12 年历史的国际田联黄金联赛也完美地落下了帷幕，从 2010 年开始，国际田联启动全新的钻石联赛赛制。

21.4.1 短距离跑风云人物

1. “一代天骄”——杰西·欧文斯（美国）

1935 年在美国大学生运动会上，杰西·欧文斯在 45 分钟内，破平 100 码、跳远、220 码、200 米、220 码跨栏和 200 米跨栏 6 项世界纪录。1936 年柏林奥运会获 100 米、200 米、跳远、4×100 米接力 4 枚金牌。

2. 田径天之骄子——卡尔·刘易斯（美国）

1983 年以 9 秒 93 打破了保持 15 年的 100 米世界纪录。1984 年洛杉矶奥运会获得 100 米、200 米、跳远、4×100 米接力 4 枚金牌。1988 年在汉城（今首尔）奥运会上获得 100 米、4×100 米接力两枚金牌。

3. 女飞人——坦尼斯拉娃·瓦拉谢维奇（波兰）

20 世纪 30 年代田坛颇有影响也颇多争议的人物，1914 年她 3 岁时随家移居美国，改名斯特拉·沃尔什。1934、1935年两次在华沙田径赛中以11秒7和23秒6创造女子100米、200米第一个世界纪录。她曾两度代表波兰并用原名参加奥运会，1932年奥运会获100米冠军，成绩为11秒9，为当时世界最快速度；1936年奥运会100米亚军，成绩为11秒5，平世界纪录。1937年以11秒6刷新了自己保持的100米世界纪录。她的一生，共获奖牌5000枚之多；并在50、60、80、100、200、1000米6个不同距离项目中，13次创世界纪录。

4. 跑道上的女王——布兰克尔斯·科恩（荷兰）

1938年创造第一个女子100码世界纪录。1943年创造女子跳远、跳高世界纪录。在1948年的伦敦奥运会上，获得100米、200米、80米栏、4×100米接力4项金牌，1951年创造了女子五项全能世界纪录。是奥运会田径史上在一届赛事中取得如此出色成绩的唯一女选手。

5. 花蝴蝶——格里菲斯·乔伊娜（美国）

1988年破100米世界纪录。同年汉城（今首尔）奥运会获得100米、200米、4×100米接力三枚金牌。

6. 中国奥运第一人——刘长春（中国）

1932年刘长春作为中国体育代表团的唯一成员，首次参加第10届洛杉矶奥运会的100米和200米比赛。

7. 亚洲羚羊——纪政（中国）

1970年6月至7月，在短短的30几天时间里，6次破平100码、220码、100米、200米、200米跨栏5项世界纪录。

8. 尤塞恩·博尔特（牙买加）

奥运会冠军，男子100米、200米世界纪录保持者。2004年，博尔特成为职业运动员。同年在加勒比共同体运动会的200米比赛中，跑出了19秒93的成绩，成为有史以来第一个跑入20秒的青年运动员。2008年5月31日，博尔特在纽约锐步田径大奖赛上，以9秒72的成绩打破世界纪录，博尔特创造了属于他的第一个世界纪录。同年8月，北京奥运会男子100米比赛中，博尔特以9秒69的成绩打破了自己保持的世界纪录，并在随后的200米比赛中，以19秒30的成绩打破了迈克尔·约翰逊创造的世界纪录。2009年，柏林世锦赛上，博尔特在男子100米比赛中以9秒58的成绩夺冠，并刷新了自己创造的世界纪录。在男子200米比赛中，博尔特以19秒19打破自己保持的世界纪录。博尔特由此成为世锦赛双冠王，更是历史上唯一一位奥运会、世锦赛双冠王。2012年，博尔特在伦敦奥运会上成为奥运会历史上首位同时卫冕100米和200米冠军的选手，而在奥运会男子200米项目的历史上，博尔特是首个实现卫冕的运动员。2013年，莫斯科世锦赛上，博尔特包揽了男子100米、200米和4×100米接力3枚金牌，他的世锦赛的金牌总数达到8枚，追平美国名将卡尔·刘易斯和迈克尔·约翰逊共同保持的纪录。

9. 苏炳添（中国）

中国男子短跑运动员。2004年11月，第一次参加了正规的比赛。2006年12月，第一次参加了成人组的比赛并在全国城市运动会上获得了100米第五名的好成绩。2011年9月8日，苏炳添夺得全国田径锦标赛男子100米冠军并以10秒16打破了13年前周伟创造的全国纪录。2012 年 8 月 4 日，在伦敦奥运会上，苏炳添成为中国第一位晋级奥运会男子百米半决赛的短跑选手，创造了历史。2013 年 5 月 21 日，在世界田径挑战赛北京站百米比赛中以 10 秒 06 的成绩获得铜牌，并刷新个人最好成绩。2014 年 3 月 8 日，在波兰索波特室内世锦赛上，苏炳添成为第一个闯入世界级大赛（世锦赛、奥运会）短跑决赛圈的中国选手，并打破自己保持的全国纪录，创中国在世界大赛短跑项目上历史最好成绩。2014 年 9 月 28 日，以 10 秒 10 的赛季个人最佳成绩获得仁川亚运会 100 米亚军。2015 年 5 月 31 日，在国际田联钻石联赛美国尤金站决赛中以 9 秒 99 的成绩获得季军并打破由张培萌保持的 10 秒整的全国纪录。

21.4.2 中长跑风云人物

1. 飞行的芬兰人——鲁米

从 1920 年起，在近 20 年的运动生涯里，创造了从 1500 米到 20 000 米的 29 项世界纪录，参加了三届奥运会，获得 9 枚金牌和 3 枚银牌。

2. “人类火车头”——埃·扎托皮克（捷克）

1948 年伦敦奥运会获得 10 000 米金牌和 5000 米银牌；1952 年赫尔辛基奥运会包揽了 5000 米、10 000 米和马拉松 3 项桂冠；共打破了 5 次 10 000 米和 1 次 5 000 米世界纪录。

3. “赤脚大仙”——阿贝贝（埃塞俄比亚）

1960 年罗马奥运会赤脚夺得马拉松冠军，从此开创了非洲长跑领先世界的时代。

4. 非洲奇迹——罗诺（肯尼亚）

1978 年 79 天连破 5000 米、3000 米障碍、10 000 米和 3000 米 4 项世界纪录。

5. 中跑之王——塞巴斯蒂安·科（英国）

1979 年，在 42 天的时间里改写 800 米、1 英里和 1500 米 3 项世界纪录。

6. 美国旋风——玛丽·德克尔（美国）

1980 年，三个星期里创造了女子 5000 米、1 英里、10 000 米 3 项世界纪录。1982 年 5 创 1 英里、2000 米、3000 米室内世界最好成绩；2 次创造 5000 米和 10 000 米世界纪录。

7. 中国骄傲——女子中长跑

曲云霞于 1993 年以 3 分 50 秒 46 的成绩创造女子 1500 米跑世界纪录。在第 25 届巴塞罗那奥运会上获得 1500 米铜牌。

王军霞于 1993 年以 8 分 6 秒 41 和 29 分 31 秒 78 的成绩创造女子 3000 米跑和 10 000 米跑的世界纪录。在第 26 届亚特兰大奥运会上分别获得女子 10 000 米跑的金牌和 5000 米跑的银牌，成为中国第一位获奥运会长跑金牌的运动员，被誉为“东方神鹿”。

邢慧娜 2004 年在第 28 届雅典奥运会上获女子 10000 米金牌。

21.4.3 跨栏跑风云人物

1. 现代跨栏运动之父——克伦茨莱茵（美国）

19 世纪末，美国运动员克伦茨莱茵完善了直线前跨和单臂前导的技术，后来成了现代跨栏技术的基础，在 1900 年第 2 届巴黎奥运会上，他以 15 秒 4 夺得冠军。

2. 跨栏王——埃德温·摩西（美国）

20世纪70年代后期至80年代后期，摩西以他独特的13步跨栏方法创造了连续122次取得400米栏胜利的骄人战绩，获两届世界锦标赛、三届世界杯赛和两届奥运会冠军，四次打破世界纪录。

3. 中国田径骄子——刘翔（中国）

2003年3月16日，英国伯明翰第9届国际室内田径锦标赛男子60米栏第三名，以7秒52的成绩打破了亚洲室内纪录，成为参加本次比赛唯一获得奖牌的亚洲选手，实现了中国男选手在该项赛事18年来奖牌“零”的突破。

2004年8月27日，雅典，奥运会男子110米栏决赛，冠军，12秒91，平由英国选手科林·杰克逊1993年创造的世界纪录，打破12秒95的奥运会纪录。这枚金牌是中国男选手在奥运会上夺得的第一枚田径金牌。

2006年7月12日，瑞士洛桑，瑞士洛桑田径超级大奖赛，男子110米栏，12秒88，冠军，打破沉睡13年之久、由英国名将科林·杰克逊创造的12秒91的世界纪录（现已被美国名将梅里特打破）。

2007年8月31日，日本大阪世锦赛男子110米栏决赛，12秒95冠军，成为集世界纪录、奥运会冠军、世锦赛冠军于一身的男子110米栏大满贯得主。

2010年11月24日，广州亚运会，110米栏决赛中，以13秒09获得冠军，也是在亚运会此项目中，唯一三连冠的运动员。

21.4.4 跳远风云人物

1. 纪录之王——拉尔夫·博斯顿（美国）

1960年博斯顿以8.21米打破欧文斯保持了25年的世界纪录，以后又5次刷新了世界纪录。

2. 亚洲跳王——南部忠平（日本）

1931年，南部忠平第一次用“挺身式”跳出7.98米的成绩，这是现代田径史上迄今亚洲人第一次也是唯一一次打破的男子跳远世界纪录。

3. 惊世一跳——比蒙（美国）

1968年，在墨西哥城举办的第19届奥运会中，黑人选手比蒙以8.90米的优异成绩超出了当时的世界纪录55厘米，这一惊人的成绩被誉为“21世纪的一跳”。这是世界田径史上罕见的表现。他在这次比赛中的动作仍然是行家们津津乐道的话题。权威性的美国《田径新闻》杂志评选比蒙为1968年“世界最佳运动员”，同时比蒙也是第一批进入美国奥林匹克纪念堂的世界体育名人之一。

4. 7米大关——巴尔道斯克涅（苏联）

1978年，在10天时间两次创造7.07米和7.09米世界纪录，成为第一个突破7米的女运动员。

21.4.5 跳高风云人物

1. “橡皮人”——雷·尤里（美国）

从小患有小儿麻痹症的雷·尤里，连续 3 次参加奥运会（1900、1904、1908 年），获得 8 枚金牌，是立定跳远、跳高、三级跳远最伟大的运动员。

2. 背越式跳高鼻祖——福斯贝里（美国）

1968 年，在第 19 届墨西哥城奥运会上，福斯贝里采用了一种弧线助跑、背向越过横竿的新技术，以 2.24 米的成绩夺得男子跳高冠军。

3. 亚洲飞人——朱建华（中国）

在 18 岁时飞身越过 2.30 米的高度，打破了保持 11 年之久的亚洲纪录，在 1983 年和 1984 年又分别以 2.37 米、2.38 米和 2.39 米的成绩 3 破世界纪录，获得第 23 届洛杉矶奥运会跳高第三名。

4. 一统天下——约·巴拉斯（罗马尼亚）

1956～1967 年，在 140 场比赛中，场场获胜，成绩都排在世界第一位。1960 年和 1964 年，两次获得奥运会金牌，是目前唯一的连获奥运会金牌的跳高女运动员。1961 年她最后一次的世界纪录保持了 10 年，是田径历史上获胜次数最多、保持单项领先地位最久的女运动员。

5. “独占魁首”——科斯塔迪诺娃（保加利亚）

科斯塔迪诺娃少年时代就显示出非凡的运动才华。1986 年 5 月 25 日，她以 2.07 米平世界纪录，6 天之后，又以 2.08 米创造新纪录。1987 年，她先以 2.04 米和 2.05 米两度刷新世界室内纪录，后又在第 2 届世界田径锦标赛中，以 2.09 米创造世界纪录，夺得冠军。

21.4.6 铅球风云人物

1. “常胜将军”——帕·奥布莱恩（美国）

田径史上一位划时代的人物。1956 年 7 次改写世界纪录，1953～1959 年先后 10 次正式打破世界纪录，1952 年到 1956 年参加了 116 场重大比赛取得了全胜，连获第 15、第 16 届奥运会冠军。奥布莱恩能取得如此辉煌的战绩，是因为他首创了先进的背向推球技术。

2. 引人注目——亚·巴雷什尼科夫（苏联）

1976 年，第一个采用旋转推铅球的技术，打破了铅球界沿用多年的背向滑步推球的格局。这一年，他以 22 米整的成绩刷新了世界纪录。

3. 突破 23 米——乌尔夫·蒂默曼（民主德国）

1988 年，在希腊的哈尼亚举行的田径赛上创造了 23.06 米的世界纪录，成为第一个突破 23 米大关的运动员。同年，他在汉城（今首尔）奥运会上获得了金牌。

4. 人才辈出——苏联女子铅球

在女子铅球发展史中，苏联运动员成绩卓越。代表人物有 20 世纪 50 年代的济宾娜、60 年代的普雷斯、70 年代的奇约娃和 80 年代的利索夫斯卡娅。从 1948 年至 1968 年，苏联垄断了全部世界纪录，先后 19 次刷新世界纪录。

参考文献

艾扬格．2006. 瑜伽之光．北京：世界图书出版公司北京公司．

柏忠言，张蕙兰．2000. 瑜伽：气功与冥想．北京：人民体育出版社．

比约恩·埃克布洛姆．2003. 运动医学与科学手册——足球．陈易章等译．北京：人民体育出版社．

毕春佑．2003. 健身教育教程．2 版．北京：科学出版社．

吉姆·布莱尔．2007. 健身营养指南．糜漫天，吕利译．重庆：重庆出版社．

蔡仲林．2000. 武术．桂林：广西师范大学出版社．

蔡仲林，张建军．2006. 武术．桂林：广西师范大学出版社．

蔡仲林，周之华．2000. 武术．北京：高等教育出版社．

蔡仲林，周之华．2009. 武术．北京：高等教育出版社．

陈鸽．2014. 跆拳道横踢的学法．郑州大学硕士学位论文．

陈钧，杨铁黎．2004. 体育教学中游戏运用的方法与技巧．北京：北京体育大学出版社．

陈小珍，肖丽．2001. 排球．北京：北京体育大学出版社．

崔秀馥．2003. 乒乓球．北京：北京体育大学出版社．

戴维斯．2009. 吃的营养与保健．王明华译．重庆：重庆出版社．

邓树勋，王健，乔德才．2005. 运动生理学．北京：高等教育出版社．

邓树勋，王健，乔德才．2009. 运动生理学．2 版．北京：高等教育出版社．

丁真如．1990. 艺术体操．北京：高等教育出版社．

董德平．2009. 大学体育教程．西安：西安电子科技大学出版社．

付杰．2003. 小学足球．兰州：甘肃民族出版社．

付杰．2009. 兰州铁路第二小学创建大通足球俱乐部的实证研究．西北师范大学硕士学位论文．

高谊，陈立人．1998. 跆拳道．北京：北京体育大学出版社．

谷明昌．2005. 现代足球理念．北京：北京体育大学出版社．

郭秀文，段海俊．2011. 大学体育与健康教程．北京：人民体育出版社．

国家教育委员会体育卫生司．1993. 普通高等学校本科体育教育专业 11 门课程基本要求．北京：高等教育出版社．

国家体育委员会．1991. 足球教学训练大纲．北京：人民体育出版社．

国家体育总局《全民健身指导丛书》编委会．2002. 体质自我评价和健康运动处方．北京：北京体育大学出版社．

韩志忠．2006. 乒乓球教学、训练、竞赛与科研．北京：人民体育出版社．

何维民．2003. 大学生体育与健康教育理论教程．兰州：甘肃人民出版社．

胡小明．1990. 体育美学．成都：四川教育出版社．

黄宽柔，姜桂萍．2001. 舞蹈与健美操．北京：高等教育出版社．

黄涛．2010. 运动损伤的治疗与康复．北京：北京体育大学出版社．

黄玉山．2005. 运动处方理论与应用．桂林．广西师范大学出版社．

纪秋云．2004. 武术．北京：北京体育大学出版社．

姜桂萍．2007. 舞蹈 体育舞蹈 艺术体操．2 版．桂林：广西师范大学出版社．

《篮球技术战术训算法》编写组．1979. 篮球技术战术训练法．北京：人民体育出版社．

李华东．2007. 大学生运动健身营养误区现状调查研究．世纪桥，(10)：144-145.

李淑芳，蔡锡．1998. 体育游戏．北京：人民体育出版社．

李卫军．2004. 跆拳道．北京：高等教育出版社．

李振斌，王庆波，李梦译，等. 2002. 体育教程. 北京：高等教育出版社.
林建成. 2009. 羽毛球技、战术训练与运用. 北京：人民体育出版社.
林立. 2006. 大学生体育生活导论. 福州：福建科学技术出版社.
林敏. 2004. 清心瑜伽. 广州：广东教育出版社.
刘飞，王丹. 2015. 世界跆拳道锦标赛发展特征及竞争格局分析. 体育世界，2：6.
刘宏等. 2005. 运动营养学. 合肥：安徽科学技术出版社.
刘纪清，李国兰. 1993. 使用运动处方. 哈尔滨：黑龙江科学技术出版社.
刘同员. 2006. 体育健身学. 北京：人民体育出版社.
刘永祥. 2006. 健康体育与养生保健. 北京体育大学出版社.
麻雪田，高原，陈效科. 2010. 校园足球比赛练习法：兼谈青少年足球后备人才培养. 北京：北京体育大学出版社.
麻雪田，李仪. 2008. 足球比赛理论与实践. 北京：北京体育大学出版社.
孟宪君. 2003. 大众流行健身项目理论与实践. 北京：高等教育出版社.
闵捷，高涵. 2003. 大学体育与健康基础教程. 北京：北京体育大学出版社.
彭美丽，侯正庆. 2003. 跟专家练羽毛球. 北京：北京体育大学出版社.
蒲西安. 2013. 珍珠球运动教学与训练. 成都：西南交通大学出版社.
《球类运动——乒乓球 手球 垒球 羽毛球》编写组. 1989. 球类运动——乒乓球 手球 垒球 羽毛球. 北京：高等教育出版社.
曲绵域，于长隆. 2003. 实用运动医学. 4版. 北京：北京大学医学出版社.
全国体育学院教材委员会. 1989a. 武术. 北京：人民体育出版社.
全国体育学院教材委员会. 1989b. 艺术体操. 北京：人民体育出版社.
全国体育学院教材委员会. 1990. 体育学院通用教材运动医学. 北京：人民体育出版社.
全国体育院校教材委员会. 1999. 排球运动. 北京：人民体育出版社.
全国体育院校教材委员会. 2000. 艺术体操. 北京：人民体育出版社.
荣湘江，孙绪生，杨霞. 2000. 体育康复 运动处方 医务监督. 桂林：广西师范大学出版社.
沈维德. 2004. 瑜伽健身术. 上海：上海文化出版社.
沈芝萍，王瑞玉. 2004. 艺术体操. 北京：北京体育大学出版社.
宋光明. 2004. 瑜伽轻松练. 上海：世界图书出版公司.
苏丕仁. 1995. 乒乓球教学与训练. 北京：人民体育出版社.
苏丕仁. 2004. 乒乓球运动教程. 北京：高等教育出版社.
孙庆祝. 2006. 体育测量与评价. 北京：高等教育出版社.
唐建军. 2005. 乒乓球运动教程. 北京：北京体育大学出版社.
体育院、系教材编审委员会《篮球》编写组. 1985. 篮球. 北京：人民体育出版社.
体育院校成人教育协作组《武术》教材编写组. 1997. 武术. 北京：人民体育出版社.
《田径》教材编写组. 1997. 田径. 北京：高等教育出版社.
童昭岗. 2006. 健美操. 桂林：广西师范大学出版社.
王爱兰. 1991. 艺术体操运动训练之研究. 北京：人民体育出版社.
王安利，矫伟，王琳. 2003. 健身运动的误区. 北京：北京体育大学出版社.
王洪. 2000. 健美操教程. 北京：人民体育出版社.
王连景. 2003. 大学体育基础理论. 合肥：合肥工业大学出版社.
王茂生. 2015. 网球运动的基本理论与技术点拨. 长春：吉林大学出版社.
王民享，吴金贵. 2006. 现代欧美足球训练理念与方法. 北京：北京体育大学出版社.
乌尔里希·菲舍尔，赫伯特·措克罗卫克，克尔斯汀·艾森伯格. 2006. 排球教学. 甄珍译. 北京：北京体育大学出版社.

乌尔里希·菲舍尔，乌伟·沃尔夫 . 2007. 羽毛球教学 . 王悦译 . 北京：北京体育大学出版社 .
吴为群 . 2011. 营养防病圣典 . 北京：中国医药科技出版社 .
《武术》教材编写组 . 1988. 武术 . 北京：高等教育出版社 .
萧嘉丽，李丽会，陈亚慧 . 2001. 某高校大学生早餐就餐情况调查 . 中国学校卫生，32（7）：777，778.
肖光来 . 2004. 健美操 . 北京：人民体育出版社 .
许世岩，张广林 . 2008. 田径类课程设计与教学设计 . 兰州：甘肃科学技术出版社 .
杨斌 . 2002. 形体训练纲要 . 北京：北京体育大学出版社 .
杨锡让，傅浩坚 . 2000. 运动生理学进展——质疑与思考 . 北京：北京体育大学出版社 .
杨一民 . 1999. 亚洲足球教练员 C 级培训教程 . 北京：人民体育出版社 .
杨则宜 . 2008. 运动营养师培训教程 . 北京：人民体育出版社 .
杨忠令 . 2011. 现代网球教程 . 杭州：浙江大学出版社 .
姚鸿恩 . 2006. 体育保健学 . 4 版 . 北京：高等教育出版社 .
袁作生，南仲喜 . 1997. 现代田径运动科学训练法 . 北京：人民体育出版社 .
张冰，仇军 . 2007. 运动营养指导 . 北京：清华大学出版社 .
张贯亚，张伟 . 1996. 大学生体育健身指南 . 北京：华夏出版社 .
张路萍，陈国耀 . 2000. 运动创伤学推拿与按摩 . 桂林：广西师范大学出版社 .
张庆春 . 2008. 青少年足球训练理念与实践 . 北京：北京体育大学出版社 .
张瑞林，徐景朝，孙晓春，等 . 2005. 跆拳道 . 北京：高等教育出版社 .
张瑞林 . 2005. 健美操 . 北京：高等教育出版社 .
张先松 . 2010. 健身营养科学方案 . 北京：中国地质大学出版社 .
中国乒乓球协会 . 2007. 乒乓球竞赛规则 . 2 版 . 北京：人民体育出版社 .
中国武术协会 . 2013. 武术套路竞赛规则与裁判法（2012）. 北京：人民体育出版社 .
中国羽毛球协会 . 2015. 羽毛球竞赛规则 . 北京：北京体育大学出版社 .
钟秉枢，苏丽敏 . 2004. 排球技巧图解 . 北京：北京体育大学出版社 .
周海雄，祁兵 . 2007. 网球技战术训练手册 . 北京：人民体育出版社 .
周之华，蔡仲林 . 2001. 武术 . 北京：高等教育出版社 .
周之华 . 2013. 太极拳 太极剑 . 北京：高等教育出版社 .
邹继豪 . 1993. 理论教程 . 大连：大连理工大学出版社 .
芭芭拉·德林克沃特 . 2004. 女子与体育运动 . 高崇玄译 . 北京：人民体育出版社 .